소청심사제도의 이론과 실제

한봉기 | 한강수 | 장익준

박영사

▶ 머리말

소청심사제도는 공무원에 대한 사후 권리구제 수단으로서, 공무원이 징계처분 또는 그 밖에 그 의사에 반하는 불리한 처분 등을 받은 후 이의를 제기하는 경우에 이를 심사·결정하는 특별행정심판제도이다. 이 제도는 임용권자의 위법·부당한 인사상의 불이익 처분을 취소 또는 변경하는 등의 사법보완적 기능을 통하여 직접적으로는 공무원의 신분을 보장함으로써 직업공무원제도의 확립에 기여하고, 간접적으로는 행정의 자기통제 효과를 도모하는 데 그 목적이 있다.

국가공무원법(1963.4.17, 법률 제1325호)에 소청심사제도의 근거가 마련되고 내각사무처에 소청심사위원회가 설치된 이래 50년이 흘렀다. 그동안 소청심사제도는 제도의 근간을 그대로 유지한 채 비상임위원 임명과 소속기관의 변경 등과 같은 부분적 변화를 가져 왔다. 이와 같이 반세기의 연혁을 가지고 있으면서도 소청심사에 관한 학계의 연구와 입문서로서의 책자가 발간된 사례는 매우 드물고 미흡한 수준에 머물러 있는 것이 현실이다.

이에 따라 각급 행정기관에서 소청업무를 담당하는 공무원뿐만 아니라 소청심사위원회에 근무하면서 소청청구사건을 조사하고 심사·결정해야 하는 조사관과 심사위원의 경우에도 그 업무를 처음 담당하여 익숙하게 되기까지는 관계자료의 부족 등으로 상당한 어려움을 겪게 된다. 저자들 또한 다르지 않았다. 특히 소청심사를 청구하는 공무원의 경우 대부분 처음으로 소청심사제도를 접하게 되어 모든 절차와 방식이 생소하고, 나아가 자신의 소청결과에 큰 관심을 가지게 되나 이를 체계적으로 가늠해 볼 참고 서적이 없어 답답함과 안타까움을 느끼는 경우가 많았다. 이 책은 이러한 현실적 상황을 개선하는 데 삭세나마 기여히고자 하는 인식에서 구상되었다.

따라서 이 책은 소청심사에 관한 연구사례와 입문서 등이 부족한 현실 속에서 소청심사를 담당하는 관계자들에게 실무적으로 도움을 주고, 공무원신분의 변화에 직면한 소청인들에게 소청심사에 관한 전반적인 정보를 제공하는 등의 실무지침서가 되도록 하였으며, 아울러 소청심사제도에 대한 이론적 배경을 함께 소개함으로써 향후 공무원에 대한 권리구제제도의 발전과 연구의 과정에도 기여할 수 있는 바탕을 제공하는 데에 그 목적을 두었다.

이 책의 특징은 다음과 같다.

첫째, 소청심사에 관한 전반적인 내용을 다룸으로써 소청심사에 대하여 궁금한 독자들이 이 책 한권만으로도 관련 정보를 쉽게 얻을 수 있도록 하였다.

둘째, 독자들의 이해를 돕기 위하여 각 단락마다 관계되는 소청결정 사례, 대법원과 헌법재판소의 판례, 관계법령 등을 소개하면서 관련 사례와 법령들이 체계적인 연결성을 갖도록 구성하였다.

셋째, 소청심사 실무현장에서 자주 부딪치게 되는 문제를 사례별로 정리하였다. 예컨대, 쟁송의 대상이 되는지 여부를 구분하기 위한 처분성의 문제와 소의 이익 등에 관한 판단 기준과 사례, 처분절차가 위법하여 취소결정을 받게 되는 사례, 소청제기요건이 결여되어 부적법한 심사청구라고 보는 사례 등은 독자들이 소청심사제도를 이해하는 데 도움을 주고, 무용한 절차의 진행 등으로 인한 시간적·경제적 낭비를 줄이는 데에도 기여할 것이다.

넷째, 소청결정요인이 무엇인가에 대하여 비위유형별로 실제 사례를 들어 설명하였다. 소청사건을 심사하고 결정하는 일은 고도의 가치판단을 요하는 작업에 속한다. 왜냐하면 청구되는 소청사건마다 동일한 경우는 거의 없으므로, 사건의 결과만을 살펴보는 것이 아니라 그 발생 동기와 배경, 진행상의 고의 또는 과실 여부, 비위발생을 회피하려는 노력과 원상회복의 노력 유무, 개전의 정과 처분청의 평가 등 다양하고도 복잡하게 얽힌 객관적·주관적 요인 등을 모두 고려해야 하기 때문이다. 이러한 점에서 소청심사 결정사례에 적용되었던 제반 결정요인들을 제시해줌으로써 독자들로 하여금 자기 사건 또는 관심 사건의 처리 방향을 쉽게 가늠해볼 수 있도록 하였다.

본서는 모두 7개의 장으로 구성되어 있다. 제1장은 소청심사제도의 연혁과 기능, 행정쟁송과의 관계와 관장기관 등에 대하여 서술하였다. 제2장은 소청심사의 대상이 되는 징계처분과 그 밖에 그 의사에 반하는 불리한 처분의 유형과 내용에 대하여 서술하였고, 특히 징계와 소청심사의 이론적 근거에 대하여 고찰하였다. 제3장은 소청인과 피소청인의 입장에서 청구서의 작성과 답변서의 제출 및 소청심사의 심리단계에서 알아야 할 절차와 방법 등을 자세하게 살펴보았다.

제4장은 소청심사의 결정방식과 결정의 효력 그리고 결정에 대한 불복의 방법에 대하여 서술하였다. 제5장은 소청심사 실무현장에서 착오와 혼동을 가져오기 쉬운 경우를 사례 중심으로 서술하였다. 제6장은 1981년부터 2010년까지 30년간의 소청심사 청구와 결정에 대한 통계를 연도별, 비위유형별, 공무원유형별로 구분하여 분석함으로써 소청심사제도의 발전과 흐름을 한눈에 알 수 있도록 하였다. 특히 어떤 기준에 의하여 소청심사가 이루어지고 어떤 요인이 작용하여 기각 또는 인용 등으로 결정되는지를 쉽게 이해할 수 있도록 유형별로 총 40개의 소청심사 결정사례를 상세하게 분석하였다. 제7장은 외국의 소청심사제도를 소개하여 권리구제제도에 대한 이해의 폭을 넓히도록 하였다.

본서의 저자 한봉기는 2008.12.11.부터 2011.12.10.까지 3년간 행정안전부(현 안전행정부) 소청심사위원회의 상임위원으로 재직하면서 3천여 건의 소청청구사건을 직접 심사·결정하였고 「한국 소청심사의 결정요인에 관한 연구」라는 주제로 행정학 박사 학위를 취득(2012.2월)하였으며, 공동 저자인 한강수와 장익준은 같은 위원회에서 소청청구사건을 직접 조사·정리하고 간사 등으로 심사에 참여하면서 소청심사에 관한 다양한 경험을 쌓았다. 이러한 관계로 저자들이 행정안전부(현 안전행정부) 소청심사위원회에서 주로 경험하였던 일반직 국가공무원과 경찰공무원 등의 특정직 공무원에게 적용되었던 이론과 실제 사례를 바탕으로 이 책을 서술하였다.

국가공무원과 경찰공무원 이외의 지방공무원, 교원, 입법부, 사법부와 헌법재판소 등 각각의 영역에 속한 공무원에게는 별도로 적용되는 소청심사에 관한 법령들이 존재한다. 그러나 그 절차와 내용들이 약간의 차이만 있을 뿐 소청심사제도의 근본 취지 및 절차는 같거나 거의 비슷한 형태를 이루고 있으므로, 이 책의 내용은 다른 법령의 적용을 받는 공무원들에게도 소청청구 또는 관련 심사업무를 진행하는 데에 도움을 줄 것으로 기대한다.

이 책이 출판되기까지 많은 분들로부터 직접적 또는 간접적으로 도움을 받았다. 먼저, 2008~2011년의 기간 동안 저자와 함께 소청심사회의를 진행하면서, 풍부한 경륜으로 합리적인 판단의 모범을 보여주셨던 강병규 전 소청심사위원장님(현 한국지방세연구원 원장), 폭넓은 사고와 정확한 논리를 보여주셨던 최민호 전 소청심사위원장님(현 공주대학교 교수), 구기찬 위원님(전 행정공제회 이사장), 신정완 위원님(현 한국지방재정공제회 감사), 박재영 위원님(현 국민권익위원회 부위원장), 윤시영 위원님(현 경일대학교 교수), 백운현 위원님(현 부산광역시 정무특별보좌관), 김윤동 위원님(현 한국화재보험협회 상무이사)과 비상임위원으로 함께 심사를 담당하였던 문한식 변호사님, 임준호 인하대 법학전문대학원 교수님, 김수진 변호사님, 고영석 변호사님, 강정혜 서울시립대 법학전문대학원 교수님, 함정민 변호사님 모두에게 감사드린다. 소청심사 시에 보여주셨던 위원님들의 고견과 조언들이 큰 도움이 되었다.

그리고 최근까지 훌륭한 인품으로 소청심사 업무를 총괄하시다가 2013. 3. 14.자 정부인사발령에 따라 안전행정부 제1차관으로 영전하신 박찬우 전 소청심사위원장님과 현재 소청심사위원회 상임위원으로서 엄정하면서도 균형된 심사업무에 노력하고 계시는 박성권 위원님, 오형국 위원님, 채한철 위원님께 감사드린다. 이 책이 있기까지 항상 성원해주고 격려해주셨다.

연간 1,000여 건에 달하는 소청청구사건을 조사하고 정리하기 위하여 야근과 주말 특근을 마다하지 않으면서 열심히 일하고 있는 소청심사위원회의 직원들에게도 감사드린다. 항상 학문적 연구에 매진하며 후학을 키우고 계시는 강원대학교의 장노순 교수님, 홍형득 교수님, 임의영 교수님, 김대건 교수님, 이복수 교수님께도 고마운 말씀을 전한다. 교수님들께서 이 책이 보다 논리적으로 전개되도록 많은 도움을 주셨다.

마지막으로 이 책의 출간을 위해 노력해주신 박영사의 안종만 회장님, 조성호 기획부장님과 임직원 여러분, 그리고 박상철 옥수개발 감사님께도 깊이 감사드린다.

2013. 3.

저자들을 대표하여 한 봉 기 씀

▶ 일러두기

저자들이 행정안전부(현 안전행정부) 소청심사위원회에서 근무한 과거의 경험(한봉기)과 현재의 경험(한강수 · 장익준)들을 토대로 하여 이 책을 기술하였으나, 이는 소청심사위원회의 공식적인 견해와 다를 수 있음을 먼저 밝혀둔다.

행정심판 절차의 일반법인 행정심판법 제4조 제2항을 보면, "다른 법률에서 특별행정심판이나 이 법에 따른 행정심판 절차에 대한 특례를 정한 경우에도 그 법률에서 규정하지 아니한 사항에 관하여는 이 법에서 정하는 바에 따른다"고 규정하고 있으므로, 국가공무원법과 소청절차규정에 정해져 있지 아니한 사항은 행정심판법령을 준용하여 설명하였다. 다만, 소청심사제도와 연관성이 부족한 행정심판법령의 조항은 열거하거나 설명을 하지 않음으로써 혼란을 주지 않도록 하였다.

기본적으로 소청심사청구는 법률적 지식과 소양을 갖추고 있는 현직 공무원 등이 자신에게 행해진 인사상 불이익 처분 또는 신분관계의 효력 유무를 다투는 쟁송절차에 해당하므로, 관련 사안에 대한 법령이나 판례 · 소청례를 다양하게 소개하였고 가급적 법령이나 판례의 취지 등에 대한 설명을 따로 하지 않음으로써 중복을 피하는 등으로 간결하면서도 사례 위주의 실무지침서가 되도록 하였다.

소청례는 행정안전부 소청심사위원회가 2010년에 편찬한 '소청 및 고충심사 업무편람'과 매년 발간하는 소청결정사례집에 수록된 내용을 참고하였다. 소청심사청구서에 대하여 피소청인이 당해 처분의 적정성을 입증하기 위해 제출하는 '변명서'는 '답변서'로 통일하여 표기하였다(소청절차규정 제4조의2에서 '변명서'라고 칭하고 있으나, 행정심판법은 이를 '답변서'라고 칭한다).

그 밖에 이 책에 언급된 용어의 정의와 약칭을 소개하면, 가장 중요한 용어에 해당하는 '처분'은 다음 박스에서 설명하고 있는 행정처분을 뜻한다는 사실을 깊이 인식하기 바란다.

행정소송법은 취소소송의 대상인 처분을 "행정청이 행하는 구체적 사실에 관한 법집행으로서의 공권력의 행사 또는 그 거부와 그 밖에 이에 준하는 작용"으로 정의하고 있다. 소청심사는 공무원에 대한 징계처분 또는 그 의사에 반하는 불리한 처분 등을 대상으로 심사·결정하는 특별행정심판제도로서 행정소송의 전심절차에 해당한다.

대법원 판례는 이 같은 처분에 대하여 "행정청의 공법상의 행위로서 특정사항에 대하여 법률에 의해 권리를 설정하고 의무를 명하며, 기타 법률상 효과를 발생케 하는 등 국민의 권리의무에 직접 관계가 있는 행위이어야 하고, 그 자체로서 구체적인 권리의무에 직접적인 변동을 초래하는 것"으로 보면서 행정청이 우월적 지위에서 그 공권력을 행사하는 것이라고 해석하고 있다.

따라서, 인사권자(행정청)가 소속 공무원에 대하여 우월적 지위에서 행하는 인사권 또는 징계권의 발동으로서의 징계처분과 그 밖에 그 의사에 반하는 불리한 처분에 해당하는 것만이 소청심사의 대상인 '처분'에 해당한다.

행정청의 처분 또는 부작위에 대하여 제기하는 소송을 '항고소송'이라 하는데, 항고소송은 다시 취소소송, 무효등 확인소송, 부작위위법확인소송 등으로 구분된다(행정소송법 제3조, 제4조). 따라서 이 책에서 언급하는 '항고소송'의 용어는 이를 뜻하는 것이고, 항고소송의 대상이 되는 처분에 해당한다는 말은 소청심사의 대상이 되는 처분에 해당한다는 뜻이다.

'안전행정부 소청심사위원회'는 약칭하여 '소청심사위원회'로 하였고, 교원소청심사위원회 등 다른 소속기관의 위원회는 가급적 정식의 명칭을 사용하였다. 그리고, 관계법령은 2013. 3. 현재 시행중인 아래 법령들을 인용하거나 기초로 하였고, 법명을 본문에 인용할 때에는 그대로 적었으나 ( )로 기재할 때에는 약칭하여, 국가공무원법은 '국공법', 소청절차규정은 '소청규정', 소청업무처리지침은 '소청지침', 행정심판법은 '행심법', 행정소송법은 '행소법', 행정절차법은 '절차법' 등으로 표기하였다.

소청심사의 대상이 되는 처분의 당사자로서, '피소청인'은 그 처분단계에서 처분청, 행정청, 행정기관, 인사권자, 징계권자 등으로도 칭해지고, '소청인'은 혐의자, 피징계자 등으로 달리 칭해질 수 있으므로, 이 책의 판례 또는 소청례 등에 언급된 이 같은 용어들은 피소청인 또는 소청인을 뜻하는 동일한 지칭에 해당할 수 있다.

이 책에는 '항고소송의 대상이 되는 처분성'의 존재여부에 관한 기본적인 판례를 비롯하여 국가·지방·교원·군인 등의 소청을 거쳐 형성된 다양한 사례들을 소개하였고, 필요한 경우에는 하급심의 판례도 일부 포함하였다. 법원 판례의 분류기호를 설명하면, 각 심급별로 민사사건은 가·나·다를 사용하여 가합(민사1심 합의부사건), 가단(민사1심 단독사건), 나(민사항소사건), 다(민사상고 즉 대법원사건)로 표시되고, 행정사건*은 구·누·두를 사용하여 구(행정1심사건), 누(행정항소사건), 두(행정상고사건)로 표시되며, 형사사건은 고·노·도를 사용하여 고(형사1심사건), 노(형사항소사건), 도(형사상고사건)로 표시된다.

이 책에 소개된 소청례와 판례의 끝말이 '…함', '…사례', '…다' 등으로 기술되어 통일성이 결여된 느낌을 주고 있으나, 이는 인용사례의 문구를 임의로 조정할 경우 그 원문의 취지나 뉘앙스가 조금이라도 달라질 수 있는 것이므로 이를 방지하기 위하여 정부간행물과 대법원 인터넷사이트에 게재된 판례 등의 원문을 그대로 적었기 때문이다.

2013. 2. 25. 박근혜 정부가 공식 출범하고, 2013. 3. 23. 정부조직법이 개정·공포됨에 따라 종전의 행정안전부와 교육과학기술부는 각각 안전행정부와 교육부로 개편되었다. 그러나 위 기관들에 소속된 소청심사위원회와 교원소청심사위원회의 기능과 절차 등은 전혀 변함이 없으므로 이 책에 인용된 종전(행정안전부 소청심사위원회)의 간행물과 소청례 등은 그대로 유효하다. 그러므로 이 책의 사례 등에 포함된 기관 명칭의 표현 부분에서, 종전의 기관 명칭을 꼭 써야 할 필요성이 높은 부분에 한해서만 행정안전부 등의 옛 명칭을 그대로 사용하였고, 그렇지 않은 부분은 정부조직 개편에 따라 가급적 '안전행정부'로 변경하여 표기하였다.

《이 책에서 주로 인용한 법령》

국가공무원법(시행 2013.3.23. 법률 제11690호, 2013.3.23, 타법개정)

소청절차규정(시행 2013.3.23. 대통령령 제24425호, 2013.3.23, 타법개정)

---

* 행정소송이 2심제로 운영되던 1998.3.1. 이전에는 대법원 판결사건을 '누'로 분류하였다가 3심제로 변경되면서 '구(1심), 누(2심), 두(3심)'의 분류체계로 바뀌었다.

소청업무처리지침(시행 2013.3.24. 소청심사위원회예규 제8호, 2013.3.24, 일부개정)

행정심판법(시행 2012.7.1. 법률 제11328호, 2012.2.17, 일부개정)

행정심판법 시행령(시행 2010.7.26. 대통령령 제22311호, 2010.7.26, 전부개정)

행정심판법 시행규칙(시행 2012.9.20. 총리령 제993호, 2012.9.20, 일부개정)

행정소송법(시행 2002.7.1. 법률 제6627호, 2002.1.26, 타법개정)

공무원 징계령(시행 2013.3.23. 대통령령 제24425호, 2013.3.23, 타법개정)

공무원 징계령 시행규칙(시행 2013.3.23. 안전행정부령 제1호, 2013.3.23, 타법개정)

경찰공무원 징계령(시행 2012.1.26. 대통령령 제23554호, 2012.1.26, 일부개정)

차 례

제 1 장 총 설

제 2 장 소청심사의 대상

제 5 장 소청심사 실무 및 사례소개

제 7 장 외국의 소청심사제도

부 록

총 설

제1장

제1장 총 설

제1절 소청심사제도 개관

소청심사제도는 1963.4.17. 법률 제1325호로 종전 국가공무원법이 폐지되고 새로 제정(폐지제정, 시행일 1963.6.1.)되면서 소청심사위원회의 설치 근거가 마련되어 공무원에 대한 사후 권리구제제도로 운영되어 왔다.

현행 국가공무원법은 '공무원의 징계처분, 그 밖에 그 의사에 반하는 불리한 처분이나 부작위에 대한 소청을 심사・결정하게 하기 위하여 소청심사위원회를 둔다(제9조)'고 규정하고 있는데, 먼저 소청심사제도의 개념과 법적 성격 및 연혁 등에 관하여 개괄적으로 살펴본다.

1. 소청심사의 개념 정의

행정학계에서는 소청심사의 개념을 '징계처분 기타 그 의사에 반한 불리한 처분(강임, 휴직, 면직, 직위해제 등)을 받고 불복하는 자의 재심사청구를 받아 심사・결정하는 행정심판제도'(김중양, 2002: 401) 또는 '징계처분이나 강임・휴직・직위해제 또는 면직처분과 같이 그의 의사에 반하는 불이익처분을 받은 공무원이 그에 불복하여 이의를 제기하는 경우 이를 심사해서 구제하는 절차'(강성철 외, 2011: 540; 이종수 외, 2010: 459)라고 정의하고 있다.

행정법학계에서는 '공무원에 대한 징계처분 기타 그 의사에 반하는 불리한 처분이나 부작위에 대한 불복이 있는 경우 구제받는 행정심판절차'(홍준형, 2011: 1135; 김남진 외, 2011: 218), 또는 '행정기관 소속 공무원의 징계처분, 기타 그 의사에 반하는 불리한 처분이나 부작위에 대하여 소청심사위원회에 제기하는 불복신청'(박균성, 2011: 308)이라 정의하고 있다.

이와 같이 소청심사에 대한 개념 정의는 대동소이함을 알 수 있는데 이를 종합해보면, 소청심사제도는 공무원이 징계처분, 그 밖에 그 의사에 반하는 불리한 처분이나 부작위에 대하여 이의를 제기하는 경우 이를 심사·결정하는 특별행정심판제도로서, 직접적으로는 공무원의 신분을 보장하여 직업공무원제도의 확립에 기여하고, 간접적으로는 행정의 자기통제 효과를 도모하는 데 그 목적이 있다(소청심사위원회, 2010a: 3).

2. 소청심사제도의 법적 근거 및 성격

헌법 제107조 제3항은 행정심판에 대해 사법절차를 준용할 것을 규정하고 있으므로 특별행정심판의 일종인 소청심사 역시 심사기관의 독립성과 공정성, 대심적 심리구조[1] 및 당사자의 절차적 권리보장 등의 사법절차를 준용하고 있다.

소청절차에 관한 기본사항은 국가공무원법에 규정되어 있고, 세부사항은 대통령령인 소청절차규정(대통령령 제21214호)에서 정하고 있으며, 소청업무처리에 관한 세부사항을 정하고 있는 소청업무처리지침(소청심사위원회예규 제8호)이 운용되고 있다.

소청심사제도는 자신의 의사에 반하는 불리한 처분이나 부작위에 불복하는 당사자로부터 소청제기가 있을 경우, 구체적인 사실관계에 대하여 심리하고 법령을 해석·적용하여 이를 판단한다는 점에서 준사법적 작용의 성격을 가지고 있으며, 또한 행정청의 의사의 표현으로서 그 자체가 행정작용이라는 이중적 성격을 가지고 있다(소청심사위원회, 2010a: 3).

---

1) 대심적 심리구조(對審的 審理構造)란 심리에 있어 대립하는 당사자 쌍방에게 공격방어 방법을 제출할 대등한 기회를 보장하는 당사자주의적 사법구조를 말하는데, 이에 따라 소청인과 피소청인이 제3자인 심판기관 앞에서 공격과 방어를 함으로써 심리가 진행되게 된다(홍준형, 2001: 432). 헌법 제107조 제3항은 "재판의 전심절차로서 행정심판을 할 수 있다. 행정심판의 절차는 법률로 정하되, 사법절차가 준용되어야 한다"고 규정하고 있다. 여기서 사법절차의 본질적인 요소는 판단기관의 독립성과 공정성, 대심적 심리구조, 당사자의 절차적 권리보장 등이다. 따라서 소청심사위원회는 이러한 사법절차의 본질적인 요소를 갖추어야 한다.

3. 소청심사제도의 기능

소청심사제도는 공무원이 징계처분 기타 그 의사에 반하는 불리한 처분을 받고 이에 불복할 경우 이에 대한 사후 구제기능으로서의 역할을 수행하고 있다.

일반적인 구제방법으로는 ① 당해 행정기관 내부에서 이의신청에 따른 재심이 인정되는 경우 ② 당해 행정기관 외의 중앙인사기관에서 재심하는 경우 ③ 행정기관과는 별개로 강한 독립성과 합의성을 지닌 행정재판에 의하는 경우 등이 있다(김중양, 2002: 401).

이러한 구제방법은 국가별로 다양하게 운영되고 있으나, 우리나라는 ②의 방법에 따라 독립성과 합의성이 있는 소청심사위원회를 설치하여 공무원의 불이익처분에 대한 구제기능을 수행하고 있다.

4. 소청심사제도의 연혁

가. 소청심사제도

최초로 행정심판절차로서 사후 구제장치가 행정 내부적으로 마련된 것은 1961.9.18. 구(舊) 국가공무원법 개정(법률 제721호)시 항고심사위원회를 설치하여 징계처분에 대하여 부분적으로 불복절차를 진행할 수 있도록 한 것으로서, 5급 이상 공무원의 징계처분에 대하여는 내각 수반 소속하에 설치된 특별항고심사위원회에서, 6급 이하 공무원의 징계처분에 대하여는 각 기관의 보통항고심사위원회에서 심사하도록 하였다(김방호, 2011: 46).

이후 1963.4.17. 국가공무원법이 폐지제정(법률 제1325호)되어 사후 구제기관으로서의 항고심사위원회는 폐지되고 소청심사위원회의 설치 근거가 새로 마련되어 내각사무처에 소청심사위원회가 설치되었다. 이 당시 소청심사위원회의 심사관할에는 국가공무원 외에도 교원 및 5급 이상의 지방공무원이 포함되었다.

그 이후 정부조직개편에 따라 명칭은 그대로 유지되면서 소속기관을 달리하게 된다. 1963.12.16. 소청심사위원회의 소속은 내각사무처에서 총무처로 변경되었고(국공법, 법률 제1521호), 1998.2.28. 다시 행정자치부 소속으로 변경되었다가(정부조직법, 법률 제5529호), 2004.6.12. 행정자치부에서 중앙인사위원회 소속으로 변경되었으며(정부조직법, 법률 제7187호), 2008.2.29. 정부조직개편에 따라 중앙인사위원회에서 행정안전부로 소속이 변경되었다가(국공법, 법률 제8857호), 현재는 2013.3.23. 정부조직 개편에 따라 안전행정부 소속으로 변경되어 오늘에 이르고 있다(정부조직법, 법률 제11690호).

| 소청심사제도의 연혁[2] |

- '63. 4.17. : 내각사무처에 소청심사위원회 신설(국공법, 법률 제1325호) 사무보좌기관으로 소청과를 둠
  위원장: 차관급, 위원: 별정 1급(위원장 포함 위원 7인)
  ※ 법 시행일은 '63.6.1.이며 위원회 발족일은 '63.6.20.임
- '63.12.16. : 소청심사위원회 소속 변경(내각사무처 → 총무처)
- '66. 5. 7. : 소청과를 행정실로 개편, 3개 계를 둠
- '73. 2. 5. : 위원회 구성을 위원장 포함 5인 이상 7인 이내로 조정
- '78.12. 5. : 소청심사위원회에 비상임위원을 둘 수 있도록 함
- '91. 8.24. : 비상임위원제 직제반영, 행정실을 행정과 · 심사과로 개편
- '98. 2.28. : 소청심사위원회 소속 변경(총무처 → 행정자치부)
- '99. 5.24. : 행정과 · 심사과를 행정과로 통합
- '04. 6.12. : 소청심사위원회 소속 변경(행정자치부 → 중앙인사위원회)
- '07. 3. 1. : 소청심사위원회 비상임위원 2인 임명(제1기)
- '08. 2.29. : 소청심사위원회 소속 변경(중앙인사위원회 → 행정안전부)
- '11. 2. 1. : 소청심사위원회 비상임위원 2인 증원(2명 → 4명)
- '13. 3.23. : 소청심사위원회 소속 명칭 변경(행정안전부 → 안전행정부)

나. 지방소청심사제도

1963.11.1. 지방공무원법이 제정(법률 제1427호)되면서 지방소청심사위원회의 설치 근거가 마련되었다. 다만, 이때에도 3급 이상의 지방공무원(현행 5급 이상 공무원)에 대한 소청은 내무부장관을 경유하여 국가공무원법에 의하여 설치된 소청심사위원회에서 심사하도록 하였다.

2) 소청심사위원회, 소청 및 고충심사 업무편람(2010) 10쪽 참조.

이후 1981.4.20. 지방공무원법 개정(법률 제3448호)으로 일반직공무원의 계급 구분이 1~5급으로 되어 있었던 것이 1~9급으로 변경되면서, 5급 이상 지방공무원은 총무처 소속의 소청심사위원회에서, 6급 이하 지방공무원은 지방소청심사위원회에서 심사하는 것으로 변경되었다.

1994.12.22. 지방공무원법이 개정(법률 제4797호)되어 종전에 총무처 소청심사위원회에서 관장해 왔던 5급 이상 지방공무원에 대한 소청심사를 시・도에 설치된 소청심사위원회의 관할로 조정함에 따라 지방직 공무원 모두가 지방소청심사위원회에서 심사・결정하게 되어 오늘에 이르고 있다.

참고로 기초지방자치단체인 시・군・구 소속 지방공무원에 대한 소청심사의 경우 광역자치단체인 시・도 소청심사위원회에서 모두 담당하고 있다. 이는 시・군・구 단위에서는 법률적・행정적 경험과 학식을 지닌 민간위원들을 위촉하기 어려울 뿐만 아니라, 징계권자의 위법 부당한 징계권 행사에 대해 독립적인 기관에서 그 처분의 당위성・합리성을 판단해야 하는 소청제도의 목적상 한 단계 상위기관인 시・도에서 이를 심사하게 하려는 입법자의 의도가 반영된 결과라고 할 수 있다.

다. 교원소청심사제도

1963.12.5. 교육공무원법이 전부 개정되면서 교육공무원의 소청심사에 관하여 최초로 규정을 두었는데, 별도의 소청심사를 담당하기 위한 기관을 설치하지 아니하고 국가공무원법에 의하여 내각사무처에 설치된 소청심사위원회에서 교원에 대한 소청도 심사・결정하도록 하였다.

당시 교육공무원법의 적용대상은 국립 또는 공립교육기관에 근무하는 교원, 교육행정기관에 근무하는 교육장・장학관・장학사, 연구기관 또는 교육행정기관에 근무하는 교육연구관・교육연구사이므로 사립학교 교원은 소청심사대상이 아니었다(1963.12.5. 법률 제1463호).

1991.5.31. 교원에 대한 예우 및 처우를 개선하고 신분보장을 강화하기 위하여 '교원지위향상을 위한 특별법'이 제정(법률 제4376호)되었고, 교원의 징계처분, 기타 그 의사에 반하는 불리한 처분에 대한 재심을 위하여 교육부에 교원징계재심위원회를 두어 사립학교의 교원까지 소청제기가 가능하도록 하였다.[3] 다만, 장

학관 · 장학사 · 연구관 · 연구사 등 교육전문직에 대한 소청심사는 소청심사위원회에서 계속 담당하도록 하였다.

이후 2005.1.27. '교원지위향상을 위한 특별법' 개정(법률 제7354호)을 통해 종전의 교원징계재심위원회는 폐지되고 교육인적자원부에 교원소청심사위원회를 두었으며, 2008.2.29. 정부직제의 개정으로 교원소청심사위원회는 교육과학기술부 소속으로 변경되었다가(법률 제8852호), 현재는 2013.3.23. 다시 정부직제의 개정에 따라 교육부 소속으로 변경되어 오늘에 이르고 있다(정부조직법, 법률 제11690호).

라. 소결(小結)

이상에서 살펴본 것과 같이 국가공무원과 지방공무원의 소청심사를 관장하는 기관으로는 1963년 4월 소청심사위원회가 설치된 이후 국가 · 지방공무원 모두를 관장하여 오다가 1963년 11월 지방공무원법이 제정되면서 5급 이상의 지방공무원의 경우는 소청심사위원회에서, 6급 이하의 지방공무원은 시 · 도 소청심사위원회에서 관장하여 왔다.

이러한 제도는 이후 약 30년을 지속하여 오다가 지방자치가 전면적으로 시행된 시기인 1995년 1월부터 5급 이상의 지방공무원도 시 · 도 소청심사위원회에서 관장하게 되었다(한봉기, 2011: 186-187).

이상의 연혁을 그림을 통해서 정리하면 [그림 1-1]과 같다.

제2절 소청심사와 행정쟁송과의 관계

소청심사는 불이익 처분을 받은 당사자가 이에 불복하여 소청심사를 청구한 경우에 사법절차를 준용하여 그 처분 등에 대한 적법 여부 및 적정성을 심사 · 결정하는 제도로서 행정소송의 전심절차에 해당한다.

또한, 소청심사는 공무원 관계의 인사행정에 관한 불이익 처분 등의 구제절차로서 그 처리에 있어서 행정심판법의 규정이 준용되는 특별행정심판제도에 해

3) 현재 유치원의 원장 · 원감 · 교사, 초중고등학교 등의 교장 · 교감 · 교사, 대학 · 산업대학 등의 총장 · 학장 · 교수 · 부교수 · 조교수 · 조교가 포함된다.

그림 1-1 공무원별 소청심사대상기관 및 관장 범위의 변천

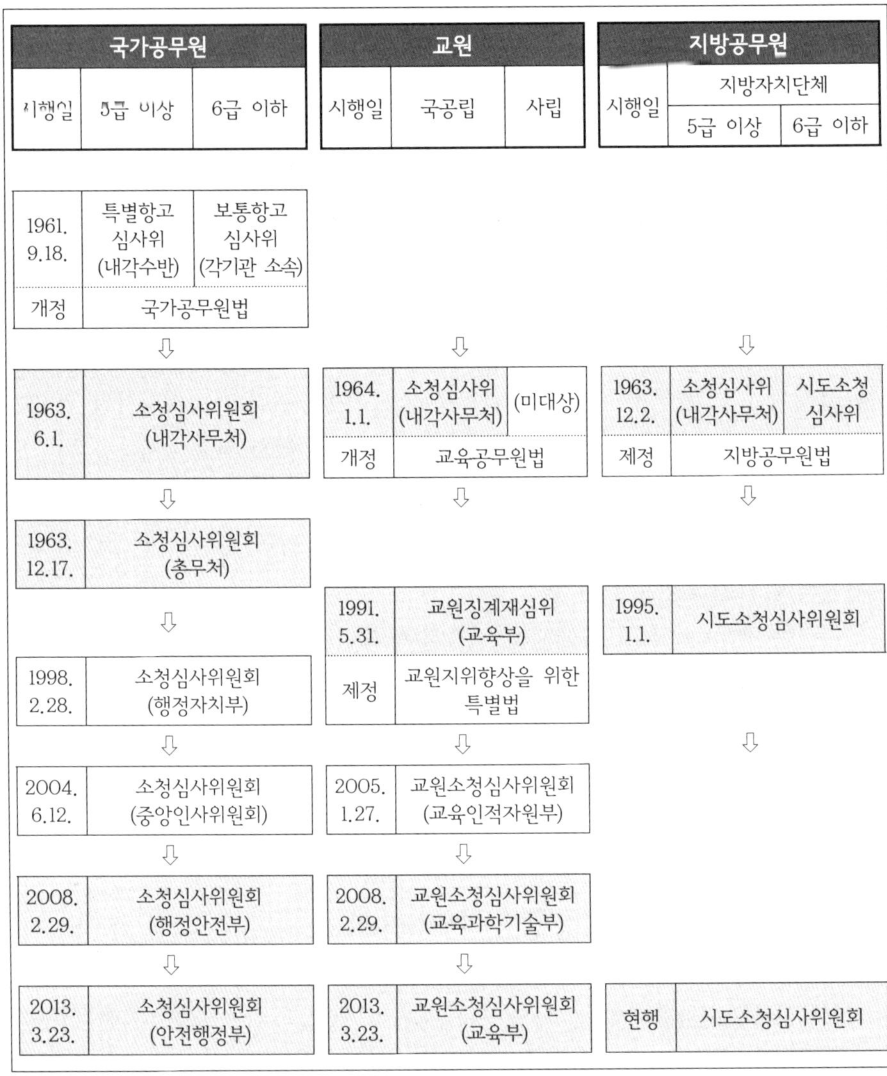

당하고, 행정소송법에서 규정하고 있는 항고소송의 대상 등에 관한 법률의 규정은 소청심사의 대상을 결정하는 데에도 그대로 적용될 수 있는 등 그 절차와 성격에 있어서 이들은 서로 밀접한 관련이 있다.

1. 소청심사의 법적 지위 및 성격

헌법 제107조 제3항은 "재판의 전심절차로서 행정심판을 할 수 있다. 행정심판의 절차는 법률로 정하되, 사법절차가 준용되어야 한다"고 하여 행정심판제도가 헌법에 근거를 둔 권리구제수단임을 천명하고 있다.

이에 바탕을 둔 행정심판법 제3조 제1항은 "행정청의 처분 또는 부작위에 대하여는 다른 법률에 특별한 규정이 있는 경우 외에는 이 법에 따라 행정심판을 청구할 수 있다"고 규정하여 행정심판의 대상을 정하고 있고, 같은 법 제4조 제1항은 '사안(事案)'의 전문성과 특수성을 살리기 위하여 특히 필요한 경우 외에는 이 법에 따른 행정심판을 갈음하는 특별한 행정불복절차(이하 '특별행정심판'이라 한다)나 이 법에 따른 행정심판절차에 대한 특례를 다른 법률로 정할 수 없다고 하여 특별행정심판의 근거를 규정하고 있고 국가공무원법 등에서 소청심사절차를 규정하고 있으므로, 결론적으로 소청심사제도는 헌법에 근거한 특별행정심판절차에 해당한다.

특별행정심판의 법적 성격은 준사법적 판단작용으로서의 성격과 행정행위로서의 성격을 함께 가진다. 따라서 소청심사는 재판에 준하는 작용으로서 사실을 인정하고 그에 대하여 법을 해석·적용한다.

소청심사의 존재이유는 행정심판의 그것을 그대로 가진다고 볼 수 있는데, 법제처(국무총리행정심판위원회[4])가 2002년에 발간한 '행정심판의 이론과 실제'의 내용을 참고하여 정리해보면, 소청심사제도는 ① 행정기관의 자기통제를 통하여 법원으로부터 행정의 자율성을 확보하려는 것을 목적으로 하고, ② 신속·간편한 약식의 쟁송을 통하여 징계 등 불이익처분에 관한 분쟁을 신속하게 해결함으로써 행정능률을 보장하고, ③ 공무원 관계의 인사행정에 관한 행정청의 전문지식을 활용하는 등 행정의 전문성·기술성에 의하여 법원의 사법적 기능의 결함을 보충하는 효과가 있으며, ④ 정식쟁송절차인 사법절차에 비해 약식의 절차로서 비용과 시간을 크게 절감하고 소송제기 이전단계에서 주요 쟁점이 정리됨으

---

4) 2010.1.25. 개정된 행정심판법(법률 제9968호)에 따라 국무총리행정심판위원회의 명칭이 '중앙행정심판위원회'로 변경되었고, 현재 중앙행정심판위원회는 국민권익위원회에 소속되어 있다.

로써 불필요한 행정소송의 제기를 방지할 수 있게 되므로 법원의 소송부담을 경감시켜 소송경제에 기여하게 된다.

2. 행정심판과의 관계

행정청의 위법 또는 부당한 처분이나 부작위로 인하여 침해된 국민의 권리 또는 이익을 구제(행심법 제1조)하기 위하여 운영되는 행정심판제도는 다른 법률에서 특별한 불복절차를 규정하고 있는 경우에는 행정심판법에 의한 행정심판을 제기할 수 없다(행심법 제3조).

따라서, 행정청이 소속 공무원에 대한 징계처분, 그 밖에 그 의사에 반하는 불리한 처분이나 부작위에 대해 제기하는 소청심사의 경우, 국가공무원의 경우는 국가공무원법 제9조, 지방공무원의 경우 지방공무원법 제13조에 규정되어 있는 바에 따라 행정심판이 아닌 소청심사 제기를 통해 권리구제를 청구해야 한다.

한편, 청구인이 소청심사절차와 행정심판절차를 혼동하여 행정심판의 대상인 사안을 소청심사위원회에 심사청구한 경우에는 그 청구서를 행정심판 관계기관에 송부하여 청구인으로 하여금 올바른 절차를 밟을 수 있게 하는 것이 타당할 것이나, 청구인이 끝까지 소청심사절차의 이행을 고집하는 경우에는 소청심사위원회의 심리·의결을 거쳐 이를 '각하'하는 방식으로 그 절차를 마무리할 수밖에 없을 것이다(소청심사위원회, 2010a: 4).

행정심판절차의 일반법인 행정심판법 제4조 제2항을 보면, "다른 법률에서 특별행정심판이나 이 법에 따른 행정심판절차에 대한 특례를 정한 경우에도 그 법률에서 규정하지 아니한 사항에 관하여는 이 법에서 정하는 바에 따른다"고 규정하고 있으므로, 국가공무원법과 소청절차규정(대통령령)에 정해져 있지 아니한 사항에 대해서는 행정심판법령의 절차규정을 준용한다.

결론적으로, 소청심사는 행정심판절차의 요소를 대부분 따르고 있으나 특별행정심판절차로서 특례규정에 따라 약간 다르게 운영되고 있는데 이를 요약하면 다음 표와 같다.

표 1-1 행정심판과 소청심사 비교

구분	행정심판	소청심사
절차근거	행정심판법에 근거한 통상적인 일반행정 심판 절차	국가공무원법 등 개별법에 근거한 특별 행정심판 절차
행정소송과의 관계	임의적 전심절차 - 행정심판을 거치지 않더라도 행정소송을 제기할 수 있음	필요적 전심절차 - 소청심사를 거치지 않고는 행정소송을 제기할 수 없음
다툼의 대상	주로 수익적 행정행위가 다툼의 대상 - 허가·인가 등의 거부처분 등	침해적 행정행위가 다툼의 대상 - 징계처분 및 기타 불이익 처분 등
인용 방법	인용하는 경우 취소 또는 무효확인 등 (운전면허 취소 등 침해적 행정행위에 대해서는 변경재결도 병행)	주로 징계수위를 하향조정하는 변경결정
청구인 사망시 지위 승계	심판청구의 대상에 관계되는 권리나 이익을 승계한 자가 청구인의 지위를 승계	일신전속적인 신분관계를 다루므로 원칙적으로 청구인의 지위가 승계되지 않음

3. 행정소송과의 관계

가. 필요적 전치주의

행정청의 위법한 처분 그 밖에 공권력의 행사·불행사 등으로 인하여 국민의 권리 또는 이익의 침해를 구제하고, 공법상의 권리관계 또는 법적용에 관한 다툼을 적정하게 해결할 목적으로 제정된 행정소송법에서는 기본적으로 법령의 규정에 의하여 당해 처분에 대한 행정심판을 제기할 수 있는 경우에도 이를 거치지 아니하고 소송을 제기할 수 있다(행소법 제1조, 제18조 ①항).

다만, 다른 법률에 당해 처분에 대한 행정심판의 재결을 거치지 아니하면 취소소송을 제기할 수 없다는 규정이 있는 때에는 그러하지 아니하다(행소법 제18조 ①항 단서)라고 규정하고 있으므로 이 경우에는 선심절차로서 행정심판절차를 거쳐야 행정소송을 제기할 수 있다.

소청심사의 경우 공무원에 대한 징계처분, 그 밖에 본인의 의사에 반한 불리한 처분이나 부작위에 관한 행정소송은 소청심사위원회의 심사·결정을 거치지 아니하면 소송을 제기할 수 없다(국공법 제16조 ①항)고 규정하고 있으므로, 소청심사는 행정소송을 제기하기 전에 반드시 거쳐야만 하는 필요적 전심절차(前審節次)에 해당한다.

헌재판례

| 행정소송은 소청심사위원회의 심사·결정을 거치지 아니하면 이를 제기할 수 없다는 국가공무원법 제16조의 법률조항이 재판청구권을 침해하는지 여부(소극) |

입법자는 행정심판을 통한 권리구제의 실효성, 행정청에 의한 자기시정의 개연성, 문제되는 행정처분의 특수성 등을 고려하여 행정심판을 임의적 전치절차로 할 것인지, 아니면 필요적 전치절차로 할 것인지를 결정하는 입법형성권을 가지고 있는데, 교원에 대한 징계처분은 그 적법성을 판단함에 있어서 전문성과 자주성에 기한 사전심사가 필요하고, 판단기관인 재심위원회의 독립성 및 공정성이 확보되어 있고 심리절차에 있어서도 상당한 정도로 사법절차가 준용되어 권리구제절차로서의 실효성을 가지고 있으며, 재판청구권의 제약은 경미한 데 비하여 그로 인하여 달성되는 공익은 크므로, 재심제도가 입법형성권의 한계를 벗어나 국민의 재판청구권을 침해하는 제도라고 할 수 없다(2007.1.17. 2005헌바86 전원재판부).

나. 필요적 전치요건의 완화

행정소송법 제18조는 소청심사와 같은 필요적 전심절차가 늦어지거나 특별한 사정이 있는 경우에 행정심판의 재결절차, 즉 소청심사의 결정을 거치지 아니하고도 행정소송을 제기할 수 있다는 다음과 같은 특례를 정하고 있다.

행정소송법

제18조(행정심판과의 관계) ① 취소소송은 법령의 규정에 의하여 당해 처분에 대한 행정심판을 제기할 수 있는 경우에도 이를 거치지 아니하고 제기할 수 있다. 다만, 다른 법률에 당해 처분에 대한 행정심판의 재결을 거치지 아니하면 취소소송을 제기할 수 없다는 규정이 있는 때에는 그러하지 아니하다. <개정 1994.7.27>

② 제1항 단서의 경우에도 다음 각 호의 1에 해당하는 사유가 있는 때에는 행정심판의 재결을 거치지 아니하고 취소소송을 제기할 수 있다. <개정 1994.7.27>

1. 행정심판청구가 있은 날로부터 60일이 지나도 재결이 없는 때
2. 처분의 집행 또는 절차의 속행으로 생길 중대한 손해를 예방하여야 할 긴급한 필요가 있는 때
3. 법령의 규정에 의한 행정심판기관이 의결 또는 재결을 하지 못할 사유가 있는 때
4. 그 밖의 정당한 사유가 있는 때

③ 제1항 단서의 경우에 다음 각 호의 1에 해당하는 사유가 있는 때에는 행정심판을 제

기함이 없이 취소소송을 제기할 수 있다. <개정 1994.7.27>

1. 동종사건에 관하여 이미 행정심판의 기각재결이 있은 때
2. 서로 내용상 관련되는 처분 또는 같은 목적을 위하여 단계적으로 진행되는 처분 중 어느 하나가 이미 행정심판의 재결을 거친 때
3. 행정청이 사실심의 변론종결후 소송의 대상인 처분을 변경하여 당해 변경된 처분에 관하여 소를 제기하는 때
4. 처분을 행한 행정청이 행정심판을 거칠 필요가 없다고 잘못 알린 때

④ 제2항 및 제3항의 규정에 의한 사유는 이를 소명하여야 한다.

대법원 판례

| 행정소송법 제18조 제3항 제1호 소정의 "동종사건"의 의미 |

행정소송법 제18조 제3항 제1호 소정의 '동종사건'에는 당해 사건은 물론이고, 당해 사건과 기본적인 점에서 동질성이 인정되는 사건도 포함되는 것으로서, 당해 사건에 관하여 타인이 행정심판을 제기하여 그에 대한 기각재결이 있었다든지 당해 사건 자체는 아니더라도 그 사건과 기본적인 점에서 동질성을 인정할 수 있는 다른 사건에 대한 행정심판의 기각재결이 있을 때도 여기에 해당한다(대법원 1993.9.28. 선고 93누9132 판결, 사업계획변경승인신청거부처분취소등).

| 처분청이 아닌 재결청 소속의 행정심판 업무 담당 공무원이 행정심판을 거칠 필요가 없다고 잘못 알린 경우, 행정심판 제기 없이 그 취소소송을 제기할 수 있는지 여부(적극) |

행정소송법 제18조 제3항 제4호의 규정이 행정청이 행정심판을 거칠 필요가 없다고 잘못 알린 때에는 행정심판을 제기하지 않고도 취소소송을 제기할 수 있도록 행정심판 전치주의에 대한 예외를 두고 있는 것은 행정에 대한 국민의 신뢰를 보호하려는 것이므로, 처분청이 아닌 재결청이 이와 같은 잘못된 고지를 한 경우에도 행정소송법 제18조 제3항 제4호의 규정을 유추 · 적용하여 행정심판을 제기함이 없이 그 취소소송을 제기할 수 있다고 할 것이고, 이때에 재결청의 잘못된 고지가 있었는지 여부를 판단함에 있어서는 반드시 행정조직상의 형식적인 권한분장에 구애될 것이 아니라 담당자의 조직상의 지위와 임무, 당해 언동을 하게 된 구체적인 경위 및 그에 대한 행정심판청구인의 신뢰가능성에 비추어 실질에 의하여 판단하여야 한다(대법원 1996.8.23. 선고 96누4671 판결, 택지초과소유부담금부과처분취소).

다. 소결(小結)

공무원의 징계처분 등에 대한 취소소송 및 부작위위법확인소송 등의 경우 행정소송법 제18조 제1항 단서 및 국가공무원법 제16조 제1항의 규정에 따라 소청심사의 절차를 거치지 아니하면 행정소송을 제기할 수 없다.

다만, 무효등확인소송의 경우 행정소송법 제18조를 준용하지 않도록 규정(행소법 제38조)하고 있으므로, 소청심사를 거치지 아니하고도 행정소송을 제기할 수 있다.

대법원 판례

| 행정처분의 무효확인을 구하는 소송에 있어서는 전치요건을 구비할 필요가 없음 |

행정처분이 무효인 경우에는 권한 있는 기관에 의한 무효선언을 기다릴 것도 없이 누구든지 그 무효를 주장할 수 있는 것이고, 따라서 무효확인을 구하는 행정소송을 제기하기에 앞서 전치요건을 구비하지 아니하였다고 하더라도 무효인 처분이 유효로 확정될 이치도 아니라 할 것이니 원심이 이와 같은 법리 아래에서 본건 직위해제 처분의 무효확인 청구 소에 대하여 그 전치요건의 구비 여부에 관한 심리를 하지 아니한 채 동 직위해제 처분이 무효라고 판시하였다 한들 이는 정당한 것이다(대법원 1980.9.30. 선고 79누65 판결, 직위해제처분등무효확인).

행정처분의 무효확인청구소송에서는 이른바 소원전치주의나 제소기간의 제한 등에 관한 규정은 적용되지 않는다(대법원 1984.5.9. 선고 82누332 판결).

행정법원의 일반적인 처리 관행을 첨언하면, 필요적 전심절차인 소청심사를 청구한지 60일이 지나기도 전에 행정소송을 제기하더라도 이를 부적법하다고 곧바로 각하하지는 아니하고 소청심사의 결정이 있을 때까지 기다린 후에 그 실질적인 변론절차를 진행하는 것으로 보이며, 소청제기 후 60일이 지난 뒤에까지 그 결정이 없는 때에도 가까운 시일 내에 소청결정이 있을 것을 예상하여 이를 기다린 후에 변론절차를 속행하는 것으로 보인다.

따라서, 다른 특별한 사정이 없이 소청결정이 늦어지는 사정만 존재할 경우에는 소청절차가 종결되기도 전에 행정소송을 제기하는 것은 소송비용 절약 차원에서 자제함이 타당하다. 소청심사와 행정소송의 관계를 대별해보면 다음 표와 같다.

표 1-2 소청심사와 행정소송의 비교[5)]

<table>
<tr><th>소청심사</th><th>행정소송</th></tr>
<tr><td colspan="2">같은 점</td></tr>
<tr><td colspan="2">행정의 합법성 보장을 위해 위법한 행정처분에 의하여 침해된 권익구제를 도모하는 실질적 쟁송</td></tr>
<tr><td colspan="2">구체적인 당사자의 분쟁을 전제로 하여 행정처분의 적법 여부를 판단하는 사법적 성질의 작용</td></tr>
<tr><td colspan="2">쟁송의 제기(소청심사청구 또는 소송의 제기)에 의해서만 개시</td></tr>
<tr><td colspan="2">심리에 있어 직권심리주의, 불고불리의 원칙 및 불이익변경금지의 원칙이 인정됨[6)]</td></tr>
<tr><td colspan="2">집행부정지의 원칙이 적용됨</td></tr>
<tr><td colspan="2">원칙적으로 대심구조(소청인 대 피소청인, 원고 대 피고)를 취함</td></tr>
<tr><td colspan="2">법률상 이익이 있는 자(소청인적격 또는 원고적격이 있는 자)만이 제기할 수 있음</td></tr>
<tr><td colspan="2">청구의 변경 또는 소의 변경이 인정됨</td></tr>
<tr><td colspan="2">적법한 쟁송의 제기가 있는 한 판단기관은 이를 심리·판단할 의무를 짐</td></tr>
<tr><td colspan="2">사정결정(청구가 이유 있다고 인정되지만 공익상의 이유로 기각하는 결정) 또는 사정판결이 인정됨</td></tr>
<tr><td colspan="2">결정(소청심사) 또는 판결(행정소송)에 기속력 또는 기판력 등 특별한 효력이 부여됨</td></tr>
<tr><td colspan="2">다른 점</td></tr>
<tr><td>행정감독적 기능을 통하여 공무원의 권리구제</td><td>행정작용에 의하여 침해된 국민의 권익구제를 위해 독립된 사법권에 의한 행정통제</td></tr>
<tr><td>행정의 자율적 통제절차로서 사후적 행정절차의 성질도 지님</td><td>법원이 소송절차를 통하여 판단하는 재판작용으로서 형식적 의미의 사법작용</td></tr>
<tr><td>행정의 적법성 유무에 관한 판단뿐만 아니라 합목적성(당·부당)의 판단도 대상으로 함</td><td>원칙적으로 행정의 적법성 유무, 즉 법률문제의 판단과 재량권의 일탈·남용을 대상으로 함</td></tr>
<tr><td>준사법적 절차를 취하고 있으나 약식의 쟁송
(소청심사청구일로부터 60일 내에 결정)</td><td>정식쟁송으로 변론 및 증거조사절차 등이 완전함
(심급별로 5개월 내에 판결 선고)</td></tr>
<tr><td>부작위위법확인등의 결정뿐만 아니라 의무이행을 명하는 결정이 인정됨</td><td>의무이행소송은 인정되지 않고, 부작위위법확인소송만이 인정됨</td></tr>
<tr><td>징계양정이 과중하다고 판단될 경우에는 그 징계수위를 하향조정하는 변경결정을 주로 함</td><td>징계양정이 과중하여 재량권을 남용했다고 판단될 경우 징계처분을 취소하는 판결을 주로 함[7)]</td></tr>
</table>

5) 법제처(국무총리행정심판위원회)가 2002년에 반간한 '행정심판의 이론과 실제'를 참고하여 정리하였다.

6) 소청심사와 행정소송에는 직권심리가 인정되므로 불고불리의 원칙이 완전하게 적용되는 것은 아니다(이에 대해서는 159, 182~183쪽 참고 요망).

7) 행정소송법 제4조 제1호는 취소소송을 '행정청의 위법한 처분 등을 취소 또는 변경하는 소송'으로 규정하여, 처분을 변경하는 판결이 가능해 보이지만, 법원은 '변경 판결'을 거의 하지 않고 대부분 '취소 판결'을 하고 있음.

제3절 소청심사 관장기관

공무원은 국가공무원과 지방공무원으로 구분되고, 국가공무원은 다시 행정부와 입법부 및 사법부 등의 소속으로 구분된다. 이와 같이 신분과 소속이 다름에 따라 그 담당업무의 성격과 여건도 매우 다르다고 할 것인데, 소청심사가 행정청 내부의 자율적이고 사후적인 통제절차에 해당하므로 공무원의 신분과 그 소속에 따라 소청심사를 관장하는 기관도 서로 다르게 정해져 있다.

1. 개 설

국가공무원법은 공정한 소청심사를 위하여 독립성과 합의성이 보장되는 위원회의 형식으로 소청심사기관을 설치할 것을 규정하고 있고(제9조), 형식적으로는 중앙인사기관의 장 소속하에 설치되어 있으나 소청심사에 관한 업무는 어떠한 감독이나 지시도 받지 않으며, 소청심사위원회의 상임위원은 금고 이상의 형벌 또는 장기의 심신쇠약으로 직무를 수행할 수 없게 된 때를 제외하고는 그의 의사에 반하여 면직되지 않는 등 강한 신분보장을 받고 있다(제11조).

2. 소청심사 관할

현행 법령은 행정부 소속의 공무원을 국가공무원과 지방공무원으로 나누고 맡은 업무의 특성에 따라 경력직과 특수경력직 등으로 나누면서, 특수경력직은 원칙적으로 소청대상에 해당하지 않도록 하는 등의 특례를 정하고 있다.

또한, 입법부, 사법부, 헌법재판소, 중앙선거관리위원회 소속 공무원에 대한 소청심사는 별도의 법령에 따라 진행하도록 하는 등의 체계를 갖고 있는데, 공무원의 구분과 그에 대한 소청심사기관을 정리해보면 다음 표와 같다.

표 1-3 공무원 구분 및 소청심사기관[8)]

<table>
<tr><th>구분</th><th colspan="6">소청심사기관</th></tr>
<tr><td rowspan="17">행정부</td><td rowspan="14">국가공무원</td><td rowspan="13">경력직</td><td>일반직</td><td colspan="3">안전행정부 소청심사위원회</td></tr>
<tr><td rowspan="11">특정직</td><td>외무공무원</td><td colspan="2">안전행정부 소청심사위원회</td></tr>
<tr><td rowspan="2">경찰공무원</td><td colspan="2">안전행정부 소청심사위원회</td></tr>
<tr><td colspan="2">※ 단, 전투경찰대의 경사, 경장, 순경은 당해 전투경찰대가 소속된 기관에 설치된 경찰공무원징계위원회</td></tr>
<tr><td>소방공무원</td><td colspan="2">안전행정부 소청심사위원회</td></tr>
<tr><td>검 사</td><td colspan="2">소청제도 없음</td></tr>
<tr><td>교 원</td><td colspan="2">교원소청심사위원회</td></tr>
<tr><td rowspan="2">군 인</td><td>장교 및 준사관</td><td>• 국방부 중앙군인사소청심사위원회(징계처분 외)
• 항고심사위원회(징계처분)</td></tr>
<tr><td>부사관</td><td>• 각군 본부의 군인사소청심사위원회(징계처분 외)
• 항고심사위원회(징계처분)</td></tr>
<tr><td>군 무 원</td><td colspan="2">국방부 군무원인사소청심사위원회(징계처분 외)
항고심사위원회(징계처분)</td></tr>
<tr><td>국가정보원</td><td colspan="2">안전행정부 소청심사위원회</td></tr>
<tr><td>대통령실경호처</td><td colspan="2">안전행정부 소청심사위원회</td></tr>
<tr><td>기능직</td><td colspan="3">안전행정부 소청심사위원회</td></tr>
<tr><td colspan="2">특수경력직</td><td colspan="3">원칙적으로 소청대상에 포함되지 않음</td></tr>
<tr><td rowspan="3">지방공무원</td><td rowspan="2">경력직</td><td>일반·기능직</td><td colspan="3">• 각 시·도 지방소청심사위원회
• 교육소청심사위원회(지방교육청 소속 공무원)</td></tr>
<tr><td>특정직</td><td>지방소방공무원</td><td colspan="2">지방공무원 소청심사위원회</td></tr>
<tr><td colspan="2">특수경력직</td><td colspan="3">원칙적으로 소청대상에 포함되지 않음</td></tr>
<tr><td>입법부</td><td colspan="6">국회사무처 소청심사위원회</td></tr>
<tr><td>사법부</td><td colspan="6">법원행정처 소청심사위원회</td></tr>
<tr><td>헌재소</td><td colspan="6">헌법재판소사무처 소청심사위원회</td></tr>
<tr><td>중선위</td><td colspan="6">중앙선거관리위원회사무처 소청심사위원회</td></tr>
</table>

참고로, 2012.10.16.자 행정안전부의 보도자료 등에 따르면, 정부는 현행 6개의 세분화된 공무원 직종 체계를 4개 직종으로 통합하여 2014년경부터 시행할

8) 소청심사위원회, 소청 및 고충심사 업무편람(2010) 8쪽 참조.

방침을 갖고 있다. 이 같은 안을 담은 국가공무원법과 지방공무원법 개정안이 2010.10.16.에 국무회의를 통과하였고, 국회 의결을 거쳐 2012.12.11.에 국가공무원법과 지방공무원법이 개정 공포(법률 제11530호 및 제11531호, 공포 후 각 1년이 경과한 날부터 시행)됨으로써 1년 후인 2013.12.13.부터는 현행의 기능직공무원과 계약직공무원의 직종이 폐지되는 것으로 확정되었다.

개편방향의 주요내용은 업무의 유사성, 인사관리의 동일성 등을 고려하여 일반직 중심으로 공무원 직종체계를 통합·간소화하는 것인데, 직종별로 보면 기능직을 폐지하여 모두 일반직으로 통합하고, 별정직은 일반직과 별정직(비서·비서관 등)으로 재분류하며, 계약직을 폐지하고 일반직(임기제)과 별정직(장관 정책보좌관 등)으로 재분류한다는 내용이다.

1981년부터 전체 공무원을 6개 직종으로 분류하여 채용, 승진, 보직 등 인사관리를 해 왔으나, 이러한 직종체계가 변화된 행정환경을 반영하지 못하고 지나치게 세분화되어 있다는 등의 문제가 꾸준히 제기되어 그동안 학계·노조·공무원 등 각계각층이 참여하는 『공무원직종개편위원회』를 통해 1년 남짓 동안 심도 있는 논의를 거쳐 개정안을 마련하였다는 것인데, 이 같은 계획이 현실화되는 2013.12.13.부터는 공무원 구분의 변화에 따라 표 1-3의 소청심사 관장기관도 일부 변화될 수 있을 것으로 보인다.

그림 1-2 공무원 직종체계 개편안

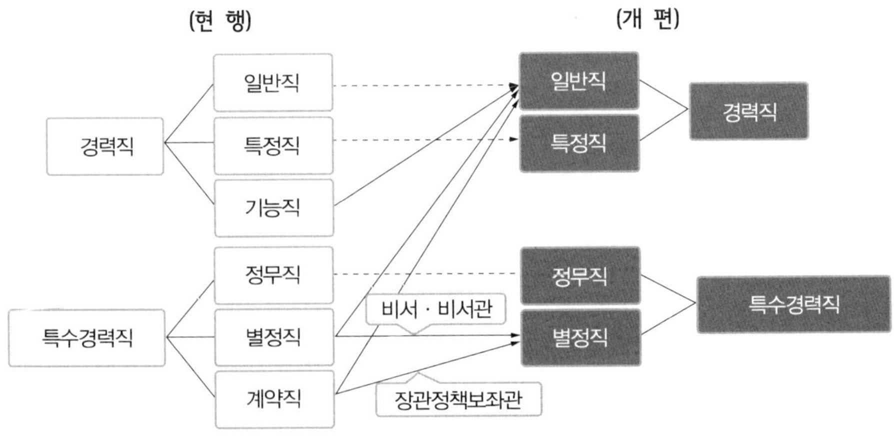

※ 자료: 2012.10.16.자 행정안전부 보도자료.

관련 질의 회신

Q 별정직공무원에 대한 징계 등 불이익처분시 구제수단은?

A 별정직공무원은 국가공무원법 제3조의 규정에 의하여 소청제도의 적용이 배제되므로 행정심판법에 의한 행정심판을 청구하여야 하나, 대통령의 처분 등에 대하여는 다른 법률에 특별한 규정이 있는 경우를 제외하고는 행정심판을 제기할 수 없으므로(행심법 제3조), 대통령이 임용하는 별정직 고위공무원은 행정소송을 직접 제기할 수밖에 없고, 3급 상당 이하의 공무원은 행정심판법에 의한 행정심판을 제기하거나 행정소송을 제기하여야 한다.

Q 징계처분 이후 전직시의 소청 관할은?

A 징계처분시 교육연구직으로 있다가 소청심사위원회에 소청을 제기한 이후 교원(교사)으로 전직되었을 경우, 처분 당시의 신분을 기준으로 하여 안전행정부 소청심사위원회에서 관할한다.

Q 징계처분 이후 국가직에서 지방직으로 전환시 소청 관할은?

A 국가공무원의 신분을 가진 공무원을 징계처분 함과 동시에 동일자로 지방공무원으로 임명하였을 경우에도 국가공무원을 관할하는 안전행정부 소청심사위원회의 관할을 벗어나는 것은 아니다(소청사건 70-299, 70-325).

3. 안전행정부 소청심사위원회

가. 설치 근거

국가공무원법 제9조 제1항에 그 설치 근거를 두고 있다.

▪ 국가공무원법

제9조(소청심사위원회의 설치) ① 행정기관 소속 공무원의 징계처분, 그 밖에 그 의사에 반하는 불리한 처분이나 부작위에 대한 소청을 심사·결정하게 하기 위하여 안전행정부에 소청심사위원회를 둔다.

나. 위원회 구성 및 조직

2011.5.23.에 '안전행정부에 설치된 소청심사위원회는 위원장 1명을 포함한 5명 이상 7명 이내의 상임위원과 상임위원 수의 2분의 1 이상인 비상임위원으로 구성'하도록 개정되었다(국공법 제9조 ③항).

이에 따라, 안전행정부 소청심사위원회는 2011.7.6.부터 위원장 1인을 포함하여 5인의 상임위원과 4인의 비상임위원 등 총 9인으로 구성되어 있으며, 위원회의 사무를 처리하기 위하여 하부조직으로 행정과를 두고 있다.

그림 1-3 소청심사위원회 조직도 (2013. 3. 현재)

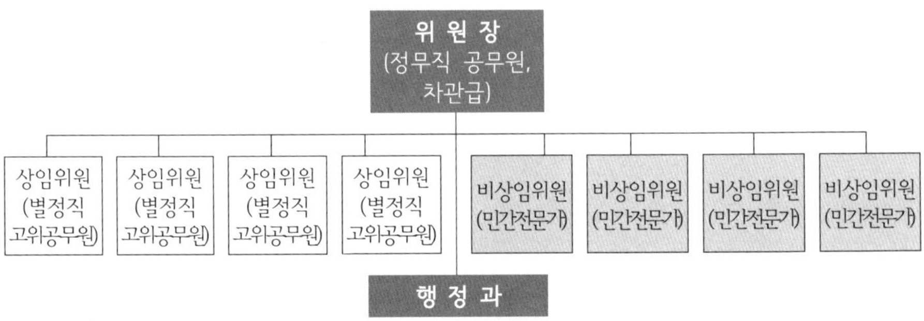

다. 위원의 자격과 임명

소청심사위원회의 위원(위원장을 포함한다. 이하 같다)은 다음 각 호의 어느 하나에 해당하고 인사행정에 관한 식견이 풍부한 자 중에서 안전행정부장관의 제청으로 국무총리를 거쳐 대통령이 임명한다. 비상임위원은 제1호 및 제2호의 어느 하나에 해당하는 자 중에서 임명하여야 한다(국공법 제10조).

국가공무원법 제10조 제1항 각 호(위원의 자격 요건)

1. 법관・검사 또는 변호사의 직에 5년 이상 근무한 자
2. 대학에서 행정학・정치학 또는 법률학을 담당한 부교수 이상의 직에 5년 이상 근무한 자
3. 3급 이상 공무원 또는 고위공무원단에 속하는 공무원으로 3년 이상 근무한 자

라. 위원의 임기 및 직급 등

소청심사위원회의 상임위원의 임기는 3년으로 하며, 한 번만 연임할 수 있다. 상임위원은 다른 직무를 겸할 수 없고, 비상임위원은 형법이나 그 밖의 법률에 따른 벌칙을 적용할 때에 공무원으로 본다(국공법 제10조).

소청심사위원회 위원장은 정무직으로 하고, 상임위원은 고위공무원단에 속하는 별정직공무원으로 하며, 비상임위원의 임기는 1년으로 하되 연임할 수 있다(안전행정부와 그 소속기관 직제 제59조).

마. 위원장의 직무 및 직무대행

소청심사위원회의 위원장은 위원회를 대표하여 소관사무를 통할하고, 소속공무원을 지휘·감독한다. 위원장이 부득이한 사유로 직무를 수행할 수 없는 때에는 선임 상임위원의 순위에 의하여 위원장의 직무를 대행하되, 동일순위의 상임위원이 2명 이상 있을 때에는 연장자의 순으로 위원장의 직무를 대행한다(안전행정부와 그 소속기관 직제 제60조).

바. 소청심사 관할

행정기관 소속 일반직 및 기능직 국가공무원과 다른 법률이 정하는 바에 따른 특정직공무원의 소청을 심사·결정한다(국공법 제9조 ①, ④항).

현재 특정직공무원 중 외무공무원·경찰공무원·소방공무원(지방소방직공무원 제외)·국가정보원 소속 공무원·대통령경호처 소속 공무원 등이 안전행정부 소청심사위원회의 관할에 속한다.

4. 지방소청심사위원회

가. 설치 근거

지방공무원법 제13조에 그 설치 근거를 두고 있다.

지방공무원법 제13조(소청심사위원회의 설치)

공무원의 징계, 그 밖에 그 의사에 반하는 불리한 처분이나 부작위에 대한 소청을 심사·결정하기 위하여 시·도에 제6조에 따른 임용권자별로(임용권을 위임받은 자는 제외한다) 지방소청심사위원회 및 교육소청심사위원회(이하 '심사위원회'라 한다)를 둔다.

나. 위원회의 구성

위원장 1인을 포함한 7인의 비상임위원으로 구성하며, 소속 국장급 이상의 공무원을 제외한 위원이 4명 이상 되어야 한다(지방공무원법 제14조 ①항, 지방공무원 징계 및 소청규정 제16조의2).

위원장은 심사위원회에서 위촉위원 중 호선하며, 위원장이 사고가 있을 때에는 위원장이 미리 지정한 위원이 그 직무를 대행한다(지방공무원법 제15조 ①, ③항).

다. 위원의 자격과 임명

지방공무원법 제14조 제2항에 따라 아래에 해당하는 자 중에서 시·도지사 또는 교육감이 임명 또는 위촉한다. 다만, 인사위원회 위원·정당법에 의한 당원 및 지방의회 의원은 심사위원회의 위원이 될 수 없다(지방공무원법 제14조 ②항).

① 법관·검사 또는 변호사로 재직하는 사람

② 대학에서 법률학을 담당하는 부교수 이상으로 재직하는 사람

③ 소속 국장급 이상의 공무원

라. 소청심사 관할

각 시·도 지방소청심사위원회의 경우, 각 지방자치단체 소속 일반직, 기능직 지방공무원 및 지방소방공무원을 그 대상으로 하며, 시·도 교육소청심사위원회의 경우 지방교육청 소속 일반직과 기능직 지방공무원을 그 대상으로 한다.

다만, 각 지방자치단체에 소속되어 있는 국가공무원에 대한 소청심사는 안전행정부 소청심사위원회에서 관할한다.

5. 교원소청심사위원회

가. 설치 근거

교원지위향상을 위한 특별법 제7조 제1항에 그 설치 근거를 두고 있다.

교원지위향상을 위한 특별법 제7조(교원소청심사위원회의 설치)

① 각급 학교 교원의 징계처분과 그 밖에 그 의사에 반하는 불리한 처분(교육공무원법 제11조의3 제4항 및 사립학교법 제53조의2 제6항에 따른 교원에 대한 재임용 거부처분을 포함한다. 이하 같다)에 대한 소청심사를 하기 위하여 교육부에 교원소청심사위원회를 둔다.

나. 위원회의 구성

위원장 1명을 포함하여 7명 이상 9명 이내의 위원으로 구성하고, 위원장과 위원 중 1인은 상임으로 한다(교원지위향상을 위한 특별법 제7조 ②항, 교육부와 그 소속기관 직제 제32조 ①항).

다. 위원의 자격과 임명

교원지위향상을 위한 특별법 제8조 제1항에 따라 다음에 해당하는 자 중에서 교육부장관의 제청으로 대통령이 임명한다.

① 판사, 검사 또는 변호사의 직에 5년 이상 재직중이거나 재직한 자

② 교육 경력이 10년 이상인 교원 또는 교원이었던 자

③ 교육행정기관의 3급 이상 공무원 또는 고위공무원단에 속하는 일반직공무원이거나, 3급 이상 공무원 또는 고위공무원단에 속하는 일반직공무원이었던 자

④ 사립학교를 설치·경영하는 법인의 임원이나 사립학교 경영자

⑤ 교육기본법 제15조 제1항에 따라 중앙에 조직된 교원단체에서 추천하는 자

한편, 현재 교육부와 그 소속기관 직제 제32조에 의하면, 교원소청심사위원회의 위원장 및 상임위원은 고위공무원단에 속하는 별정직공무원으로 보하도록

규정되어 있다.

위원의 임기는 3년으로 하되 1차에 한하여 연임할 수 있고, 위원장과 상임위원은 대통령령으로 정하는 다른 직무를 겸할 수 없다(교원지위향상을 위한 특별법 제8조 ②,③항, 교원소청에 관한 규정 제20조).

라. 소청심사 관할

국·공·사립을 망라하여 유치원에서 대학에 이르기까지 유아교육법 제20조, 초·중등교육법 제19조, 고등교육법 제14조에 명시된 교원을 그 대상으로 한다. 다만, 교육부 소속 전문직·연구직 공무원의 소청은 안전행정부 소청심사위원회에서 관할한다.

6. 군인사소청심사위원회 및 항고심사위원회

가. 설치 근거

군인사소청심사위원회는 군인사법 제50조 및 제51조 제1항에 그 설치 근거를 두고 있으며, 항고심사위원회는 군인사법 제60조 및 제60조의2 제1항에 그 설치 근거를 두고 있다.

군인사법 제50조(위법·부당한 전역 및 제적등에 대한 소청)

장교·준사관 및 부사관은 위법·부당한 전역·제적 및 휴직등 그 의사에 반한 불리한 처분(징계처분을 제외한다)에 대하여 불복이 있는 때에는 그 처분이 있음을 안 날부터 30일이내에 이에 대한 심사를 소청(訴請)할 수 있다.

군인사법 제51조(인사소청심사위원회)

① 제50조의 규정에 의한 장교 및 준사관의 소청을 심사하기 위하여 국방부에 중앙군인사소청심사위원회를, 부사관의 소청을 심사하기 위하여 각군 본부에 군인사소청심사위원회를 둔다.

군인사법 제60조(항고)

① 징계처분을 받은 자는 인권담당군법무관의 조력을 받아 그 처분의 통지를 받은 날부

터 30일 이내에 장관급 장교가 지휘하는 징계권자의 차상급 부대 또는 기관의 장에게 항고할 수 있다. 다만, 국방부장관이 징계권자이거나 장관급 장교가 지휘하는 징계권자의 차상급 부대 또는 기관이 없는 경우에는 국방부장관에게 항고할 수 있다.
② 제1항 본문의 규정에 불구하고 중징계를 받은 장교 및 준사관은 국방부장관에게, 중징계를 받은 부사관은 소속 참모총장에게 항고할 수 있다.
③ 방위사업청장이 징계권을 가지는 방위사업청 소속 군인이 징계처분을 받은 경우에는 국방부장관에게 항고할 수 있다.
④ 제1항 본문의 규정에 의한 항고를 함에 있어서 징계처분을 받은 자의 소속이 변경된 때에는 항고 당시의 소속 부대 또는 기관의 차상급 부대 또는 기관의 장에게 항고하여야 한다. 이 경우 차상급 부대 또는 기관의 장은 장관급 장교로서 징계처분을 한 자보다 상급자이어야 한다.
⑤ 제1항 또는 제4항의 규정에 따라 영창처분에 대한 항고가 제기된 경우에는 그 집행을 정지하여야 한다.
⑥ 제1항 내지 제4항의 규정에 따라 항고를 받은 국방부장관과 부대 또는 기관의 장은 제60조의2의 규정에 의한 항고심사위원회의 심사를 거쳐 원징계처분을 취소 또는 감경할 수 있다. 다만, 원징계처분보다 과중하게 처분할 수 없다.

군인사법 제60조의2(항고심사위원회)

① 징계처분에 대한 항고를 심사하기 위하여 장관급 장교가 지휘하는 징계권자의 차상급 부대 또는 기관에 항고심사위원회를 둔다. 다만, 국방부장관이 징계권자인 경우와 제60조 제2항의 규정에 의하여 국방부장관에게 항고한 경우에 이를 심사하기 위한 항고심사위원회는 국방부에 둔다.

나. 위원회의 구성과 위원의 자격

중앙군인사소청심사원회 및 군인사소청심사위원회는 군인사법 제51조 제2항에 따라 다음에 해당하는 자로서 군사행정에 관한 식견이 풍부한 5인 이상 9인 이하의 위원으로 구성하되 군인사소청심사위원회 위원 중 1인 이상은 부사관으로 하여야 하며(군인사법 제51조 ②항), 위원장은 위원 중 가장 선임인 장교로 한다(군인사법 제55조 ②항).

① 법관·검사 또는 변호사의 직에 5년 이상 근무한 자

② 영관급 이상의 군인. 다만, 군인사소청심사위원회는 부사관 이상의 군인으로 한다.

③ 군법무관으로 5년 이상 근무한 자

④ 군사행정과 관련된 분야에서 4급 이상 공무원으로 근무한 자

항고심사위원회는 장교 5인 이상 9인 이내의 위원으로 구성하며, 위원 중 1인은 군법무관 또는 법률에 소양이 있는 장교로 하여야 한다(군인사법 제60조의2 ②항). 또한, 위원장은 위원 중 최상위 서열자로 한다(군인 징계령 제30조 ②항).

다. 소청심사 관할

군인사소청심사위원회는 군인의 소청(불이익한 처분)을 관할하며 항고심사위원회는 징계에 대한 항고를 담당한다.

7. 군무원인사소청심사위원회 및 군무원항고심사위원회

가. 설치 근거

군무원인사법 제34조, 제35조 제1항 및 제43조 제1항에 그 설치 근거를 두고 있다.

군인사법 제34조(인사소청)

군무원은 위법 또는 부당하게 휴직, 직위해제, 강임 또는 면직되었다고 판단하면 이에 대한 심사를 청구할 수 있다.

군인사법 제35조(군무원인사소청심사위원회)

① 제34조의 규정에 따른 인사소청 청구를 심사하기 위하여 국방부에 군무원인사소청심사위원회(이하 '인사소청심사위원회'라 한다)를 둔다.

군인사법 제42조(항고)

① 징계처분을 받은 사람은 그 처분을 통지받은 날부터 30일 이내에 장관급 장교가 지휘

하는 징계권자의 차상급 부대 또는 기관의 장에게 항고할 수 있다. 다만, 국방부장관이 징계권자인 경우에는 국방부장관에게 항고할 수 있다.
② 제1항 본문에도 불구하고 파면·해임·강등 또는 정직 처분을 받은 5급 이상의 일반군무원은 처분의 통지를 받은 날로부터 30일 이내에 직접 국방부장관에게 항고할 수 있다.
③ 제1항 본문에 따른 항고를 할 때에 징계처분을 받은 사람의 소속이 변경된 경우에는 항고 당시의 소속 부대 또는 기관의 차상급 부대 또는 기관의 장에게 항고하여야 한다. 이 경우 항고를 받은 차상급 부대 또는 기관의 장은 장관급 장교로서 징계처분을 한 사람보다 상급자이어야 한다.
④ 제1항부터 제3항까지의 규정에 따라 항고를 받은 국방부장관과 부대 또는 기관의 장은 제43조에 따른 군무원항고심사위원회의 심사를 거쳐 원래의 징계처분을 취소하거나 감경할 수 있으나 원래의 징계처분보다 무겁게 처분할 수는 없다.

군인사법 제43조(군무원항고심사위원회)

① 군무원의 징계처분에 대한 항고를 심사하기 위하여 장관급 장교가 지휘하는 징계권자의 차상급 부대 또는 기관에 군무원항고심사위원회를 둔다. 다만, 국방부장관이 징계권자인 경우와 제42조 제2항의 규정에 따라 국방부장관에게 항고한 경우에 이를 심사하기 위한 항고심사위원회는 국방부에 둔다.

나. 위원회의 구성

군무원인사소청심사위원회는 위원장 1인을 포함하여 5인 이상 9인 이내의 위원으로 구성되며, 위원장은 영관급 이상의 군인 또는 5급 이상의 일반군무원·일반직공무원에 해당하는 위원 중 상위직인 자로 한다(군무원인사법 시행령 제91조 ①항).

군무원항고심사위원회는 5인 이상 7인 이하의 위원으로 구성되며(군무원인사법 시행령 제118조 ①항), 위원장은 위원 중 상위직인 자로 한다(군무원인사법시행령 제118조 ②항).

다. 위원의 자격과 임명

군무원소청심사위원회는 군무원인사법 시행령 제91조 제2항에 따라 다음에 해당하고 군사행정에 관한 식견이 풍부한 자 중에서 국방부장관이 임명하되, ②

호 및 ③호에 해당하는 자는 소청인보다 상위직에 있는 자이어야 한다(군무원인사법 시행령 제91조 ②항).

① 법관 · 검사 · 군법무관 또는 변호사로 근무한 경력이 5년 이상인 자
② 영관급 이상의 군인
③ 5급 이상의 일반군무원 또는 일반직공무원

군무원항고심사위원회는 항고인보다 상위직인 장교 · 군무원 또는 일반직공무원 중에서 항고심사위원회가 설치되는 부대의 장이 임명 또는 위촉한다(군무원인사법 시행령 제118조 ①항).

라. 소청심사 관할

군무원인사소청심사위원회에서는 군무원의 소청(불이익한 처분)을 관할하며, 군무원항고심사위원회에서는 징계에 대한 항고를 담당한다.

8. 국회사무처, 법원행정처, 헌법재판소사무처 및 중앙선거관리위원회사무처 소청심사위원회

가. 설치 근거

국가공무원법 제9조 제2항에 그 설치 근거를 두고 있다.

국가공무원법 제9조(소청심사위원회의 설치)

② 국회, 법원, 헌법재판소 및 선거관리위원회 소속 공무원의 소청에 관한 사항을 심사 · 결정하게 하기 위하여 국회사무처, 법원행정처, 헌법재판소사무처 및 중앙선거관리위원회사무처에 각각 해당 소청심사위원회를 둔다.

나. 위원회의 구성 및 위원의 자격 · 임명

위원장 1인을 포함한 위원 5인 이상 7인 이내의 비상임위원으로 구성된다(국공법 제9조 ③항).

소청심사위원회의 위원(위원장을 포함한다. 이하 같다)은 국가공무원법 제10조 제1항 각 호의 어느 하나에 해당하고 인사행정에 관한 식견이 풍부한 자 중에서 국회사무총장, 법원행정처장, 헌법재판소사무처장, 중앙선거관리위원회사무총장의 제청으로 국회의장, 대법원장, 헌법재판소장, 중앙선거관리위원회위원장이 임명한다(국공법 제10조).

국가공무원법 제10조 제1항 각 호(위원의 자격 요건)

1. 법관 · 검사 또는 변호사의 직에 5년 이상 근무한 자
2. 대학에서 행정학 · 정치학 또는 법률학을 담당한 부교수 이상의 직에 5년 이상 근무한 자
3. 3급 이상 공무원 또는 고위공무원단에 속하는 공무원으로 3년 이상 근무한 자

다. 소청심사 관할

국회, 법원, 헌법재판소, 선거관리위원회 소속 공무원의 소청에 관한 사항은 각 기관의 사무처에 별도로 설치된 소청심사위원회에서 소속 공무원들이 제기한 소청을 관할한다(국공법 제9조 ②항). 이들 기관에 소속된 소청심사위원회의 조직에 관하여 필요한 사항은 국회규칙, 대법원규칙, 헌법재판소규칙, 중앙선거관리위원회규칙 등으로 정할 수 있다(국공법 제9조 ⑤항).

제2장

소청심사의 대상

제2장 소청심사의 대상

제1절 징계처분

헌법은 "공무원의 신분과 정치적 중립성은 법률이 정하는 바에 의하여 보장된다(제7조 ②항)"고 규정함으로써 신분상의 안정을 도모하면서도 "공무원은 국민 전체에 대한 봉사자이며, 국민에 대하여 책임을 진다(제7조 ①항)"고 규정하여 그 책임성을 강조하고 있다. 따라서, 공무원이 신분상의 의무와 직무상의 의무를 위반하는 경우에는 그에 따른 징계처분을 받게 된다.

최근 30년간(1981~2010년) 소청이 제기된 사건 중에서 징계처분과 관련된 사건은 전체의 약 90%에 해당하는 것으로 나타나므로 징계사건이 소청심사에서 차지하는 비중은 거의 절대적이라고 할 수 있다(관련 통계는 제6장의 소청심사 청구현황을 참고하기 바란다).

이 절에서는 징계의 의의와 근거에 관한 이론 등을 고찰하고, 징계의 대상이 되는 공무원의 주요 의무와 징계의 종류 및 효과 등을 구체적으로 살펴봄으로써 소청심사의 대부분을 차지하고 있는 징계처분에 대한 이해를 높이고자 한다.

1. 징계의 의의

민주국가에서 공무원은 국민 전체에 대한 봉사자라는 점에 그 본질이 있다. 즉 공직자는 국민을 위해, 국민에 의해 마련된 법과 행정업무를 수행하는 국민의 대리인이므로, 공직은 어디까지나 국민의 이익을 위해 존재한다(조강환, 2009: 329). 한편 국가의 살림을 맡아서 일을 처리하는 공무원 그리고 국가의 질서유지를 위하여 일하는 공무원 등 국가기관의 존립과 국민의 생활을 지켜주는 일과 한 나라의 장래를 위해 안전과 발전이라는 측면에서 일하는 공무원들에게는 그들이 공정하고 장래성 있는 국가 발전을 위하여 일처리를 할 수 있도록 신분을 보호해 줄 필요가 있다고 본다(박영규, 2004: 4). 그렇기 때문에 국가공무원법에서 공무원의 신분보장에 관한 명시적인 규정[1])을 두고 있다.

다른 한편으로, 공무원은 국민에 대하여 책임을 진다(헌법 제7조). 공무원으로서 법령에 따라 신분을 보장받을 수 있는 권리가 있는 한편 제반 법규를 준수하여야 할 의무가 수반된다. 뒤에서 살펴보겠으나, 공무원으로서 지켜야 할 의무는 국가공무원법 등에 명시하고 있으며 이에 위반하였을 때는 국민에 대하여 책임을 지는 차원에서 징계를 받게 된다. 이와 같이 공무원의 책임은 공무원이 지고 있는 의무를 위반하였기 때문에 법률상 제재를 받거나 법률상 불리한 결과를 받는 지위를 말한다(김중양, 2002: 413). 징계의 개념에 관해서는 학자별로 다양하게 정의하고 있다.

첫째, 학문적 정의로 행정학 측면에서, 징계는 '공무원의 의무위반에 대하여 공법상의 특별권력관계의 질서를 유지하기 위하여 국가 또는 지방자치단체가 그의 특별권력에 의거하여 가하는 제재'(김중양, 2002: 43), '징계는 공무원의 의무위반에 대한 제재, 즉 법령, 규칙, 명령 위반자에 대한 처벌'을 뜻한다(강성철 외, 2011: 535)라는 등으로 정의를 내리고 있다.

한편 행정법학 측면에서는 '국가공무원의 제(諸) 의무위반에 대하여 국가가 공법상의 특별권력관계에서 공무원 관계의 질서유지를 위해 국가공무원법에 따라 당해 공무원에게 법적 제재를 가하는 징계벌로서 공법상의 행정처분'(김철용, 2010: 244), '공무원에게 법령이 정하는 의무위반 또는 비위가 있는 경우 공무원 관계의 질서유지를 위하여 임용권자에 의해 법령이 정하는 절차에 따라 가해지는 제재'(김남진 외, 2011b: 242; 홍준형, 2011: 1126), 또는 '공무원이 공무원으로서 부담하는 의무를 위반한 경우에 공무원관계의 질서를 유지하기 위하여 행정적 제재를 가하는 것'(박균성, 2011: 283)이라고 정의하고 있다.

둘째, 판례에서는 '공무원의 직무상의 의무위반 기타 비행이 있는 경우 공무

---

1) 공무원의 신분보장에 관하여 국가공무원법은 제8장에 신분보장에 관하여 규정하고 있는데, 의사에 반한 신분조치금지(제68조), 당연 퇴직 제한(제69조), 직권면직 기준(제70조), 고위공무원의 적격심사의 원칙(제70조의2), 휴직(제71조 내지 제73조의2), 직위해제(제73조의3), 강임(제73조의4), 정년(제74조), 명예퇴직(제74조의2) 등을 규정하고 있다.

원관계의 질서를 유지하고 기강을 숙정하여 공무원으로서의 의무를 다하게 하기 위하여 과하는 제재'(대판 83누130, 90누5627, 90누8954 등), 또는 '공무원이 공무원으로서 부담하는 의무를 위반하였을 때 공무원관계의 질서유지를 위해 공무원법에 따라 당해 공무원에게 법적 제재, 즉 벌을 가하는 것'(헌재 2005헌마586)이라고 판시하고 있다.

이렇듯 행정학계 및 행정법학계에서 징계에 관하여 다양한 정의를 내리고 있으나 큰 차이는 없다고 할 수 있다.

이를 종합하면 징계란 공무원의 법령상 의무위반 행위에 대하여, 즉 징계사유가 발생하였을 경우, 공무원 관계의 질서를 유지하기 위한 목적으로, 국가 또는 지방자치단체가 그의 사용자로서의 지위에서 과하는 행정상 제재 또는 불이익이라고 할 수 있다.

이러한 의미로서 징계는 정당한 절차(due process)의 원리에 따라야만 한다. 이는 누구도 공정하고 정당한 절차에 의하지 않고서는 가치 있는 것을 박탈당하지 않는다는 원리이다(Thompkins, 1995: 312 ; 박천오, 2007: 225 재인용). 그렇기 때문에 징계는 당사자의 수용가능성에 의미를 두어야 한다. 근거가 모호하거나 일관성과 형평성이 의문시되는 징계조치는 당사자들의 불평불만을 초래할 뿐 아니라 조직구성원 전체에 갈등과 분열을 조장하고 근무의욕을 저하시킬 우려가 있으므로 징계의 합리적인 운영이 요구된다(김중양, 2002: 414).

한편, 공무원에 대한 징계가 공식적이고 구조화되기 위해서는 다음 원칙들이 분명히 제시되어야 한다(Kearney & Whitaker, 1988: 342~343 ; 박천오, 2007: 225 재인용). 첫째, 예측성(predictability)의 원칙으로서, 그릇된 행위에 대해 신속히, 확실히, 그리고 동일한 패션(in a uniform fashion)으로 처벌함을 의미한다. 둘째, 일관성(consistency)의 원칙으로서, 유사한 문제 행위에 대해서는 유사한 처벌이 적용되어야 함을 의미한다. 유사 행위에 대해 징계절차와 조치가 일관성 있게 반복적으로 적용될 경우, 다수 공무원들이 조직의 반응을 예측할 수 있는 반면, 변덕스럽고 일관성 없는 징계절차는 많은 비용과 시간을 소모케 하는 법적 분쟁을 초래하기 쉽다. 셋째, 형평성(equity)의 원칙으로서, 모든 징계결정에 있어서 특정 사례와 연관된 완화요소들(mitigating factors), 예컨대 과거의 업무실적, 근무시간 등을 고려하는 융통성을 발휘하여야 함을 의미한다. 다만 융통성의 원칙과 예측가능성 및 일관성의 원칙이 정면으로 충돌하는 상황에서는 후자의 원칙이 우선시되어야 할 것이다. 위와 같은 징계에 있어 지켜져야 할 원칙에 비추어 보면, 피징계자의 입장에서 자신의 비위에 대해 징계양정이 어느 정도에 해당될 것이라는 예측과 기대를 가지게 되는데, 자신의 기대와 실제 징계양정 결과에 차이가 발생했을 때 소청을 제기하게 된다. 따라서 징계를 함에 있어 지켜져야 할 원칙들이 준수되었을 때 비로소 징계의 수용성이 높아지고 징계로서 얻고자 하는 소기의 목적을 달성할 수 있다.

징계사유는 공무원이 징계처분을 받지 않으면 안 될 의무위반행위를 말한다. 징계사유에 관하여는 국가공무원법 및 동 법에 따른 명령[2]을 위반한 경우, 직무상의 의무를 위반하거나 직무를 태만히 한 때, 직무의 내외를 불문하고 그 체면 또는 위신을 손상하는 행위를 한 때에 해당하면 징계의결을 요구하여야 하고 그 징계의결의 결과에 따라 징계처분을 하여야 한다(국공법 제78조 ①항). 이와 같은 징계사유에는 과실이 있음으로 충분하고 또한 행위자뿐만 아니라 감독자도 감독의무를 태만히 한 경우 징계책임을 면치 못한다. 아울러 징계의결요구권자는 소속공무원에게 징계사유가 있는 때에는 반드시 징계의결을 요구하여야 한다.

2. 징계의 목적과 근거에 대한 이론적 고찰

앞에서 살펴보았듯이, 징계란 공무원의 법령상 의무위반행위에 대하여 공무원 관계의 질서를 유지하기 위한 목적으로, 국가 또는 지방자치단체가 그의 사용자로서의 지위에서 과하는 행정상 제재라고 정의하였다. 이러한 정의는 특히 공무원을 대상으로 하는 것이지만 이론적 논의의 도입을 위하여 먼저 학교에서 학생에 대하여 가하는 제재로서의 벌(punishment)이 정당화 이론에 관하여 살펴보

2) 국가(지방)공무원법의 제 규정과 동 법에서 위임한 바에 따라 제정된 일반적·추상적 행정명령(대통령령·총리령·부령 등)과 개별적·구체적 집행명령(훈령·지침·유권해석 등)에 위반한 경우를 말한다. 예를 들어 국가공무원법에서 직접 공무원의 의무로 명시하고 있는 성실의 의무, 복종의 의무 등의 규정에 위반한 경우뿐만 아니라 국가공무원법 제67조에 따라 공무원의 복무에 관하여 필요한 사항을 대통령령으로 정하도록 위임되어 있는데, 이에 따라 제정된 국가공무원 복무규정에 위반한 경우도 징계의 근거가 된다. 지방공무원의 경우 지방자치단체의 조례·규칙도 징계의 근거가 된다. 징계제도와 운영에 있어 국가공무원법과 지방공무원법이 유사하게 규정되어 있어 차이가 없다.

고, 형법학에서 논의되고 있는 형벌의 목적이론과 일반기업에서 소속직원에 대하여 가하는 징계권의 근거에 관한 이론을 살펴본다.

형벌과 징계는 그 적용의 대상이 일반국민이냐 공무원이냐의 차이만 있을 뿐 법률위반 내지는 의무위반이라는 점에서는 동일하기에, 형법학에서 말하는 범죄에 대해 가하는 제재의 목적 즉, 형벌의 목적이론은 그대로 징계의 목적이론으로서 원용할 수 있고 또한 소청심사에서의 양정을 하는 목적이론과도 동일하게 볼 수 있다. 이러한 점을 전제로 하여 이론적 배경을 살펴보기로 한다.

가. 벌의 정당성에 대한 이론적 논의

벌의 일반적 개념을 살펴보면 잘못하거나 죄를 지은 사람에게 주는 고통이라거나 행위를 금지하기 위하여 또는 습관을 파기하기 위하여 주는 불쾌한 자극(국립국어원 표준국어대사전, 2011), 사회조직체나 사회집단이 정해진 규칙을 위반한 사람에게 고통을 가하는 것(두산백과사전, 2011)이라고 규정하고 있다. 이렇듯 벌이란 모호한 개념을 지니고 있으면서 사람들에게 혐오자극을 줌으로써 어떤 행동에 후속되어 그 행동이 재발될 확률을 감소시키는 데 주안을 두는 방법이고 한 개인이 해야 할 일을 못했거나 허용되지 않는 일을 했을 때 주어지는 불쾌, 고통, 만족의 박탈 등의 부정적 보수를 의미한다(이수남, 1983: 438; 이영준, 1988: 157)고 광범위하게 정의를 내리는 경우도 있다.

벌에 관하여 많은 논의와 연구가 있는 분야는 교육계인데 학생체벌의 교육적 의미와 가치에 대한 연구의 필요성에 기인한 것으로 보인다. 벌의 정당화에 관한 이론적 논의로 대두되고 있는 것을 보면 다음과 같다. 첫째, 가장 상식적인 이론은 응보론이다. 피터스(Peters)는 벌은 규칙을 위반한 사람에게 고통을 주는 것이며, 그것은 규칙을 위반한 데 대한 응보라고 하고, 규칙위반에 대하여 벌이 주어져야 한다는 것은 직관적으로 너무나 당연하기 때문에 더 이상의 정당화에 대한 요구가 불필요해 보인다고 하였다. 둘째, 제지론 또는 예방론이다. 벌을 주어야 하는 이유는 장래의 규칙위반을 제지 또는 예방하기 위한 것이다. 그러므로 제지 또는 예방의 목적을 달성할 수만 있다면 죄의 크기와는 상관없이 벌은 가벼울수록 좋다. 셋째, 개전론 또는 교도론이다. 벌을 주는 이유는 죄를 지은 당사자를 개선하기 위한 것으로, 규칙위반은 오직 규칙의 존재를 모르거나 준수할 의사가 없는 상태는 개선되어야 할 악의 상태이며 학교는 그러한 상태를 개선해야 한다는 것이다(김희중, 2010: 4~5).

학교에서 사용되는 벌은 성인사회에서 주어지는 벌과 다른 점이 많다. 마샬(Marshall)은 "성인 세계에서는 도덕성의 규율을 어겼기 때문에 벌하지 않는다. 성인은 법률을 어겼기 때문에 벌을 받는다. 학교에서는 엄밀한 범죄의 의미에서 법을 위반했다고 벌을 주지 않는다. 명시된 학교 규율을 위반하거나 이성 없는 행위 때문에 벌을 받는다"고 설명하고 있다(Marshall, 1975: 220; 이영준, 1988: 157 재인용). 이는 학교에서 학생들에게 주는 벌이 개전론 또는 교도론에 근거하고 있음을 보여주는 것이다.

나. 징계의 목적에 대한 이론적 논의

일반인이 사회적 규범인 법을 위반하였을 경우 일반인은 국가와의 일반권력관계의 지위에 따라 국가의 형벌체계에 의해 형벌을 받게 된다. 한편 국가와 특별권력관계의 지위에 있는 공무원은 공무원으로서 준수해야 할 의무를 위반하였을 경우 징계를 받는다. 위의 두 경우는 공통적으로 법 규정을 위반하였다는 점에서 형벌 또는 징계를 받게 되는데 이런 형벌과 징계의 목적에 관하여는 동일한 이론적인 배경을 가지므로 아래와 같이 살펴보기로 한다.

먼저, 소청심사의 전제가 되는 징계의 목적에 대하여 살펴보면, 행정학적인 측면에서는 징계는 성격상 사후적 제재로서 교정의 목적도 있지만, 예방적 목적도 함께 내포한다. 즉 징계를 적극적인 측면에서 보면 단순한 처벌이 아닌 교육훈련의 의미도 지닌다. 징계는 범법행위나 직무태만을 처벌하는 수단인 동시에 그러한 사유의 발생을 억제하려는 예방적 목적도 가지고 있다(강성철 외, 2011: 535).

한편, 형벌의 본질적인 목적에 관한 논의, 즉 형벌이론적 측면에서 보면 절대설(절대형주의, 응보형주의)과 상대설(상대형주의, 목적형주의) 및 절충설이 있다(이재상, 2010: 46; 김일수 외, 2006: 717; 최준, 2006: 31). 이는 형벌의 목적이 무엇인가에 따라 견해를 달리 하는 것이다. 이 형벌목적론은 징계위원회에서 징계양정을 결정하는 단계에서뿐만 아니라, 독립적인 준사법기관으로서의 소청심사위원회가 심사결정을 함에 있어 무엇을 염두에 두고 결정하는가 하는 문제와도 동일하기 때문에 형벌의 이론적 배경을 징계의 목적과 소청심사에 있어 양정결정의 목적을 동일하게 다루어도 무리가 없다 하겠다. 이러한 관점에서 형벌의 목적에 대한 이론을 살펴보기로 한다.

(1) 절대설(절대형주의 · 응보형주의)

절대설은 형벌의 의미를 그것이 가져올 결과와 상관없이 파악하는 입장이다. 즉, 죄를 범하였기 때문에 처벌해야 한다(punitur, quia peccatum est)는 입장이다(김일수 외, 2006: 717). 이러한 입장에서 징계를 공무원 의무위반행위에 대한 응보로서 이해할 수 있다. 따라서 응보형이라고도 할 수 있다.[3] 공무원 자신이 행한 비위행위에 대하여 그 비위에 상응하는 제재를 가하는 것이 정의의 원리에도 부합하는 일이다.

절대형주의를 주창한 대표자는 칸트(Kant)와 헤겔(Hegel)인데, 칸트가 주장하는 형벌이론의 절대성은 그의 섬의 비유(Insel-Beispiel)에서 가장 분명하게 나타나고 있다. 정의가 땅에 떨어진 세상에서는 인간은 더 이상 살아야 할 가치가 없다는 것이 그의 신념이다(배종대, 2009: 25). "어느 공동체가 전체 구성원의 합의로 해체되는 경우에도(예컨대 섬에 사는 일단의 사람들이 그 섬을 버리고 각각 흩어지기로 결의한 경우) 감옥에 남아 있는 마지막 살인자는 미리 처형하고 떠나야 한다. 그렇게 함으로써 사람들은 범죄행위의 대가가 어떤 것인가를 체험하게 되고, 살인 책임은 다른 사람이 아닌 바로 살인자 자신이 져야 하는 것임을 깨닫게 된다. 만일 처형하지 않고 떠날 경우 그 사람들은 정의에 대한 공공연한 침해를 방조하는 결과가 된다"[4]라는 것으로 그의 형벌관은 탈리오(Talio)의 원칙[5]처럼 범죄에 대해 그와 동일한 다른 해악을 가지고 응보하는 것이다. 절대형주의는 형벌의 의미와 정당성을 "형벌은 그 효과와 관계없이 절대적이다"는 원칙에 따라 형벌의 범

---

3) 원래 절대형주의는 형벌을 범죄에 대한 응보(Vergeltung)로 이해한다. 따라서 응보형, 응보형주의라고도 하며, 형벌을 절대적 정의의 순수한 요구로 이해하는 정의설, 속죄의 형태로 이해하는 입장인 속죄설 등이 모두 절대형주의에 속한다(최준, 2006: 32~33).

4) Kant, Die Metaphysik der Sitten, §49, E 1(455면)(배종대, 2009: 25)

5) 구약성서에도 "…목숨을 앗았으면 제 목숨으로 갚아야 한다. 눈은 눈으로, 이는 이로…멍은 멍으로 갚아야 한다"는 구절에서 응보의 원리에 근거한 형벌을 선언하고 있다(이종갑, 2007: 675).

죄자나 일반인에 대한 작용을 고려하지 않고 응보라는 목적 속에서 찾으려는 입장을 말한다(신치재, 1994: 117; 임웅, 2003: 32~33).

헤겔은 국가지상주의의 입장에서 국가지도자로서의 법의 권위를 훼손하는 범죄행위를 행한 사람을 형벌로 보복함으로써 국가의 권위를 되찾아야 한다고 주장하였다. 헤겔의 범죄 또는 형벌관은 법, 침해, 제재의 삼자를 변증법적으로 전개하고 있다. 즉 법은 정(正)이며 불법은 법의 부정(否定)이며 제재는 부정인 범죄의 재부정(再否定)인 것이다. 이러한 견해는 형벌은 절대정신(이성)이 부정의 부정이며, 범죄라는 악덕에 대하여 해악으로 응보함으로써 정의를 회복한다고 보기 때문에 이성적 응보주의인 것이다. 헤겔의 경우는 칸트와는 달리 응보가 감정적이고 원시적인 동해적 복수[6]를 의미하는 것이 아니라 정의의 실현을 목적으로 하고 범죄와 형벌의 균형을 전제로 하는 가치의 등가(等價)로 만족하는 데 있다. 그리고 그는 응보가 아닌 개선과 같은 예방목적으로 형벌을 가한다면 그것은 인간을 자유와 명예에 따라 대우하지 않고 개처럼 취급하여 개한테 겁을 주기 위해 막대기를 드는 것이라 하여 예방형이론을 배척했다(배종대, 2009: 25).

(2) 상대설(상대형주의 · 목적형주의)

응보형주의와는 달리 형벌의 목적을 범죄예방의 수단으로 보는 목적형주의 사상이 있다. 즉 범죄를 행하였기 때문에 처벌하는 것이 아니라 장래에 죄를 범하지 않도록 하기 위해 처벌한다(punitur, ne peccetur)는 입장이다. 다시 말해 과거의 죄값에 대한 응보가 아니라 장래의 범죄를 저지하려는 예방사상에 기초하고 있다. 여기에서 형벌은 그 자체가 목적이 아니라 사회보호에 봉사해야 할 목적을 가지고 있다. 이러한 목적 실현에는 일반예방주의와 특별예방주의 이론이 있다(손제헌, 2000: 75; 김일수 외, 2006: 720).

---

6) 동해적 복수(同害的 復讐)란 '이에는 이, 코에는 코'라는 대응 방식으로 동일한 정도의 해악을 준다는 것을 말한다. 즉 사람을 죽인 자는 사형, 이빨을 상하게 한 자는 이를 뽑는 방식의 처벌을 말한다. 칸트가 주장하는 이론으로 동해응보론(同害應報論)이라 한다. 한편 헤겔은 동가치응보론(同價値應報論)을 주장하는데 이는 반드시 동일한 해악을 줄 것이 아니라 범죄에 대한 해악만큼의 동일한 가치의 해악을 주면 된다는 이론이다. 즉 상해를 가했다고 상처를 줄 것이 아니라 그에 해당하는 벌금이나 징역형으로 대신 할 수 있다는 주장이다.

① 일반예방주의

일반예방이란 형벌을 사회에 대한 위하적(威嚇的) 작용으로 이해하여 일반인, 즉 잠재적 범죄인에 대한 위하[7]에 의하여 범죄를 예방하는 것이라고 이해되고 있다(이재상, 2010: 50). 일반예방이론은 다시 소극적 일반예방이론과 적극적 일반예방이론으로 나누어진다.

소극적 일반예방이론이란 형 선고의 엄격함을 통하여 장래의 잠재적 행위자에게 동종 또는 유사한 범행을 저지르는 것에 대한 위협을 가함으로써 범행을 저지를 가능성을 억제하는 데 그 목적을 둔 이론이다(권오걸, 2011: 8; 배정은, 1995: 25). 그러나 일반예방적 고려는 단지 형을 중(重)한 방향으로 뿐만 아니라 경(輕)한 방향으로도 작용하는 것이기 때문에 일괄적으로 배척할 수는 없지만 적어도 형을 중(重)한 쪽으로만 방향지우는 것은 타당하지 않다. 제3자를 위하시키기 위해서 범인에게 중(重)한 부담을 지우는 것은 범인에 대한 형벌로서 그 정당성을 얻을 수 없기 때문이다(박광섭, 2006: 39). 한편 적극적 일반예방이론은 단순히 형벌의 위하적 성격을 통해서 범죄를 예방하는 것이 아니라 형법이라는 법규범의 규범력을 국민 스스로가 인정하고 이를 준수하도록 함으로써 범죄예방의 효과를 거둘 수 있다는 이론을 말한다(권오걸, 2011: 8; 신동운, 2010: 7). 이러한 결과로 형벌의 목적을 범죄의 예방과 범죄인의 개선과 교육에 있다는 것을 강조함으로써 범죄인이 적어도 응보의 대상만이 아닌 교육과 개선의 대상임을 분명히 하고 있다(이종갑, 2007: 677).

② 특별예방주의

특별예방주의란 형벌의 목적을 범죄인에 대한 위하와 범죄인의 사회복귀 또는 격리를 통하여 바로 그 범죄인이 다시 죄를 범하는 것을 방지하는 데 있다고 하는 이론이다. 특별예방주의는 19세기 중엽 이후 자본주의의 발전과 함께 재범자가 격증하게 됨에 따라 자유의사를 전제로 한 응보형주의의 한계가 나타나고 자연과학의 발달이 형법학에 대해서도 영향을 미치게 되자, 범죄를 빈곤이나 질병과 함께 사회의 3대 악에 속하는 사회적 병리적 현상으로 파악하는 한편, 형벌

---

7) 위하(威嚇)란 위협한다 또는 힘으로 협박한다는 의미로 여기서는 범죄를 저지를 경우 형벌을 받는다는 점을 일반인에 대하여 인식시켜 심리적으로 압박을 함으로써 범죄를 예방하는 방법이란 의미로 사용된다.

에 대해서도 자연과학적 실증적 방법에 의하여 그 본질을 규명하고자 한 이론이다(이재상, 2010: 53).

(3) 응보와 예방의 조화: 절충설(결합설)

형벌은 본질적으로 해악에 대한 응보로서의 성질을 가지지만 행위-책임-응보의 원칙에 의하여 그어진 범위 안에서 일반예방과 특별예방의 목적도 동위적으로 고려해야 한다는 입장이다(이중백, 2010: 32). 응보형론과 예방론(일반예방주의와 특별예방주의)의 대립을 지양하면서, 양 형벌론이 가지는 장점을 최대한 결합하여 형벌의 본질과 목적을 파악하고자 하는 견해를 결합설 또는 절충설이라 한다. 이는 지금까지 제시된 모든 형벌이론을 대립적으로 보지 않고 서로 타협・절충시키고자 하는 이론이다(이재상, 2010: 57; 권오걸, 2011: 11).

(4) 소결(小結)

요약하면 형벌은 응보와 동시에 예방의 의미를 가진다고 봄이 타당하다. 응보와 예방은 서로 별개의 의미를 가지는 것이 아니라 상호 보완적인 측면이 있다고 본다. 왜냐하면 일반국민에게는 형벌이 고통, 즉 응보라는 인식을 가질 때 비로소 범죄로 나가지 않기 때문이다. 즉 형벌이 응보라는 것 때문에 범죄예방의 목적도 달성될 수 있기 때문이다. 그러나 경우에 따라서는 형벌에 대한 고통이 전혀 효력을 가지지 못하는 경우도 있다. 예컨대 벌금형의 경우에는 부자에게는 벌금액에 따라서는 전혀 고통의 의미를 가지지 못하는 경우도 있을 수 있다. 응보 또는 예방의 어느 한 면만을 가지고 형벌의 본질을 설명하는 것은 어렵다. 따라서 형벌은 응보인 동시에 예방의 의미를 가질 때 비로소 그 형사정책적 효력을 유지할 수 있다고 본다. 또한 범죄와의 관계에 있어서 응보와 예방의 의미를 함께 가져야 하는 형벌은 질문에 대한 대답과 같이 의미내용과 가치판단이 그 안에 들어가 있는 '의사소통의 관계' 안에서 작동되어야 한다. 일정한 '의미관련' 속에서 부과되지 않은 형벌은 맹목적으로 흐를 위험성이 크다(권오걸, 2011: 11).

비위를 저지른 공무원에 대해서 가하는 징계의 경우도 위의 이론을 원용할 수 있으리라 본다. 징계의 목적도 공무원 비위행위 자체에 대한 응징으로서의 목적과 함께 다른 공무원으로 하여금 동일한 유형의 비위를 저지르지 않도록 하는 심리적 압박을 주는 것과 동시에 비위 공무원 자신이 다시는 비위를 범하지 않도록 하는 효과를 동시에 갖는다고 하겠다. 따라서 위에서 살펴본 바와 같이 징계의 목적은 절충설의 입장에 서 있다.

이러한 관점에서 소청심사에서 징계양정의 목적에 대한 이론적 근거를 도출한다면, 소청인에 대한 억압과 다른 공무원에 대한 비위의 재발을 방지하기 위한 예방의 목적을 함께 지닌다 할 것이므로 절충설에 입각하고 있다.

3. 징계권의 근거에 대한 이론적 고찰

일반적으로 어떤 집단이든지 특별한 집단 또는 사회단체 등에서 질서유지를 위해 필요로 하는 규범으로서 징계권이 요구된다.[8] 광의의 의미에서 징계권에는 특별권력관계에서의 징계처분, 친권자의 징계처분, 교육자의 징계처분도 포함된다. 그러나 이러한 징계처분은 그 근거와 한계를 입법적으로 해결하고 있고 상하관계성도 일반적으로 긍정된다(이상국, 2007: 595). 그렇기 때문에 징계권의 근거는 일반 사기업에서의 사용자와 근로자 관계에서 주로 논의되고 있다.

징계권에 대한 논의를 살펴보면 우리나라와 노동법 체계를 같이하고 있는 일본에서는 1950년대 이후 매우 격렬한 논쟁의 시기를 거쳐 오늘에 이르고 있으나 아직도 합일점을 찾지 못하고 있다. 독일에서도 이에 관한 논의가 오랫동안 계속되어 왔고 19세기 말까지 통설 및 판례는 사용자의 지시권을 기초로 한 고유권설에 가까운 입장이었으나, 1952년 경영조직법과 동법의 1972년 개정을 토대로, 기업 내에서의 징계처분에 관한 사항은 노사의 경영협정(공동결정)에 의하여 설정되는 경우에 적법하다는 공동 규범설이 지배적 견해로 되어 있다(이상국, 2007: 596).

징계권이 정당화되는 근거를 어디에서 구할 것인가에 관하여는 아직도 의견이 다양하나, 크게 보아 징계권 부정설, 고유권설, 집합적 합의설, 계약설, 법규범설의 다섯 가지로 구분할 수 있다(정우일, 2010: 351; 이상국, 2007: 597; 방현우, 2005:

8) 징계권의 법적 근거에 관한 논의는 우리나라에 있어서는 아직 본격적인 논쟁을 벌이고 있지 않다. 우리나라에서는 2001년 이후 일부 노동법학교재에서 간략히 소개되고 있으며 이에 대한 논문도 일천한 편이다(이상국, 2007: 596).

8: 임종률, 1989: 156).

가. 징계권부정설

사용자의 징계는 원칙적으로 허용되지 않으며 법률이 특별히 수권한 경우에는 징계의 허용근거를 이 법률의 수권에서 찾을 수 있다는 입장이다. 그 근거로는 징계는 자유·평등한 인격자를 전제로 하는 근대 시민법상의 원리상 용인 될 수 없는 것이고, 더구나 종속 노동관계의 규제를 목적으로 하는 노동법의 이념에도 합치하지 않으므로, 공무원법상의 징계규정이나 근로기준법상의 징계제한 규정처럼 국가법의 적극적인 수권이 있는 경우에만 이에 근거하여 징계가 인정된다는 것이다(임종률, 1989: 156).

나. 고유권설

이 설에 의하면 사용자의 징계권은 취업규칙이나 단체협약 등에 징계처분에 관하여 아무런 규정이 없다 하더라도 인정된다고 한다. 이 설은 기업의 경영질서의 형성·유지 및 위반에 대한 제재는 사용자의 고유권으로서 기업에게 부여된다고 보고, 구체적인 처벌규정의 매개 없이 기업질서의 유지라는 실제적인 요청에 의해 징계권의 근거가 인정된다고 보는 견해이다. 이러한 견해에 의하면 사용자는 기업 및 근로계약의 본질상 기업목적 수행을 해치는 근로자의 행위에 대해서는 취업규칙이나 단체협약에 준거할 명시적 규범이 없는 경우라도 제재를 가할 수 있게 된다(이상국, 2007: 597).

다. 계약설

고유권설에 대한 비판으로 등장한 계약설에 의하면 취업규칙에 징계에 관한 규정이 있는 경우, 이 규정에 대한 개별 근로자와 사용자의 합의에서 징계권의 근거를 찾는 입장이다. 취업규칙상의 징계규정은 그 자체로서는 징계에 대한 계약의 초안에 불과하지만 근로자 개개인이 이에 대하여 동의했거나 동의한 것으로 볼 수 있기 때문에 근로계약의 내용으로서 구속력을 갖게 되고, 따라서 사용자가 이에 근거하여 근로자를 징계할 수 있다고 설명하는 것이다(임종률, 1989: 157).

라. 집단적 합의설

징계의 허용근거를 노사간의 집단적 합의(단체협약이나 노사협의회 합의 또는 취업규칙에 대한 근로자집단의 동의)에서 구하는 입장이다. 징계규정을 포함하는 경영질서는 노사간의 합의에 의하여 설정되지 않으면 안 되겠지만 노사가 개개인의 합의에 의한 질서의 설정은 기대할 수 없고, 따라서 근로자 측의 집단적·통일적·자각적 의사가 근로자 개개인의 의사에 대치됨으로써 노사간의 합의에 도달하게 된다는 입장이다. 그러므로 집단적 의사는 단체협약에 의할 경우에는 노동조합과의 합의에 의하여 성립하고, 취업규칙에 의한 경우에는 근로자와의 집단적 합의에 의하여 사용자가 설정한 징계규정에 의해서만 징계권을 행사할 수 있다고 한다(방현우, 2005: 10).

마. 법규범설

취업규칙에 대한 법적 성질을 법규범이라고 생각하는 입장에서 취업규칙에 정해진 징계규정도 법규범성을 갖는다는 것이다. 이 설은 고유권설과는 달리 징계권을 사용자의 고유권으로 보는 견해에 반대한다. 이 설은 유기적 조직체인 기업이 가지는 기업질서 중에는 근로자의 이익도 존재하므로 원활한 공동 작업의 질서는 유지되어야 한다는 규범의식이 기업사회에 존재하며 이것이 근로기준법에 모순되지 않는 한 법적으로 승인되어 있다고 하는 학설이다. 특히 법규범설 중 수권설은 징계권의 본질이 복무규율을 강제하는 일종의 권력작용이므로 이를 개개의 근로계약에 따라 약정하는 것은 양립될 수 없으며, 사적 기업에 징계권을 고유의 권력으로 인정할 수 없으나, 근로기준법의 요건을 구비하면 취업규칙에 의하여 사용자 징계권의 설정이 인정된다고 한다(방현우, 2005: 10).

바. 소결(小結)

징계권의 근거에 관한 이론적 논의는 주로 사용자와 근로자간의 일반고용계약 관계에 있어 징계권의 근거가 어디에 있는가 하는 문제로 제기되어 왔다. 공무원신분관계를 전통적 특별권력관계로 보는 시각에서는 공무원 신분관계로서 특별권력관계에는 법이 침투할 수 없으며, 따라서 법으로부터 자유로운 영역인 것으로 간주되어 징계에 아무런 법률적 수권도 필요 없는 것으로 생각되어 징계권의 근거에 대해 고유권설의 입장을 취한다. 그러나 공무원의 신분이 헌법에 의해 보장되어 있고 실적주의에 입각한 오늘날의 직업공무원제도하에서는 통용되기 어려운 입장이다. 즉 공무원의 징계처분은 국가공무원법에 따르도록 규정되어 있고 징계의 종류와 절차, 방법과 효력을 구체적으로 명시하고 있다. 따라서 공무원 징계권에 대한 이론적 배경은 법령의 근거를 필요로 한다는 의미에서 법규범설을 따르고 있다.[9]

이와 관련하여 소청심사위원회가 심사결정을 하는 근거나 소청인의 소청심사청구권 역시 국가공무원법에 명시함으로써 성립되는 것으로 이론적 배경은 법규범설에 근거하고 있다고 말할 수 있다.

4. 징계의 대상이 되는 공무원의 주요 의무

국가공무원법에 규정된 공무원의 의무는 그 표현에 있어 추상적이고 관념적인 표현이 많으므로 소청심사위원회의 결정이나 법원의 판결을 통하여 그 성격과 범위가 구체화되고 있는데, 위반시에 징계사유가 발생하는 공무원의 의무를 신분상의 의무와 직무상의 의무로 나누어 살펴보면 다음과 같다.[10]

9) 공무원관계를 특별권력관계로 볼 것이냐 여부에 대해서는 긍정설(일반권력관계와 특별권력관계는 그 성립원인이나 지배권의 성질에 있어서 본질적인 차이가 있으므로 특별권력관계에는 법치주의가 적용되지 않는다는 입장인바 오늘날 지지자는 찾아볼 수 없다), 제한적 긍정설(일반권력관계와 특별권력관계의 본질적인 차이를 부정하면서도 특별권력관계에서는 특별한 행정목적을 위하여 필요한 범위 내에서 법치주의가 완화되어 적용될 수 있음을 긍정하는 입장이다), 부정설(특별권력관계의 개념을 부정하는 입장으로 모든 공권력 행사에는 법률의 근거를 요한다)이 있는데 오늘날 긍정설을 지지하는 자는 찾을 수 없으며, 특별권력관계 또한 법으로부터 자유로운 영역이 될 수 없고 행정목적 달성을 위하여 특별권력주체에게 포괄적인 재량의 여지가 인정되는 경우가 많나는 점에서 일반권력관계와 차이가 있을 수 있다(김남진 외, 2011a: 117).

10) 공무원의 의무에 관해서는 국가공무원법에 규정되어 있는데, 그 이외의 법령에서 규정된 공무원의 의무로는 재산등록의 의무(공직자윤리법 제3조), 병역신고의무(공직자등의 병역사항 신고 및 공개에 관한 법률), 선물신고의 의무(공직자윤리법 제15조), 영리기업에의 취업제한(공직자윤리법 제17조)이 있다.

가. 신분상 의무

첫째, 선서의 의무이다. 공무원은 취임할 때에 소속기관장 앞에서 선서를 해야 한다. 선서를 해야 하는 공무원은 국가공무원법 제3조에 따라 경력직공무원은 물론 특수경력직 공무원도 당연히 포함되지만 임시직이나 비상근직원은 법상 공무원의 범주에 해당되지 않으므로 선서는 불필요한 것이다. 다만 정무직 공무원 중 선거에 의하여 취임하는 대통령은 헌법 규정에 의하고, 국가공무원법은 나머지 공무원의 선서에 관한 기본 규범이라 할 수 있다(김중양, 2002: 287). 선서 시점인 '취임할 때'는 신규임용을 의미하는데, 국민에 대한 봉사자로서 사명감과 각오를 다지는 의미가 부여된다.[11]

둘째, 영예 등의 제한 의무로 공무원은 대통령의 허가를 받지 않고서는 외국정부로부터 영예나 증여를 받지 못한다.[12] '외국정부'는 우리나라와의 국교수립 여부와 관계없이 국제법상 주권을 가진 독립된 국가의 정부를 말한다.

셋째, 품위유지의무로서 공무원은 직무의 내외를 불문하고 그 품위를 손상하는 행위를 하여서는 아니 된다. 공무원이기 때문에 직장에서뿐만 아니라 직장 밖의 사회생활에서도 공무원의 신분에 적합한 품위를 유지해야 한다. 구체적인 품위의 내용은 정부조직의 규범과 사회통념에 의하여 규정되는데, 복장·언동·두발의 모양 등도 어느 정도 품위에 관한 것으로 볼 수 있다(오석홍, 2009: 529).

넷째, 영리업무 및 겸직금지의무로는 공무 이외의 영리를 목적으로 하는 업무에 종사하지 못하며 소속기관장 허가 없이 다른 직무를 겸할 수 없다.[13]

---

11) 선서문은 국가공무원 복무규정 별표 1에 규정되어 있으며 그 내용은 '나는 대한민국 공무원으로서 헌법과 법령을 준수하고, 국가를 수호하며, 국민에 대한 봉사자로서 임무를 성실히 수행할 것을 엄숙히 선서합니다'이다.

12) 공직자윤리법(제15조 및 제16조)과 동법 시행령은 공무원(가족 포함)이 직무와 관련하여 외국 또는 외국인(단체 포함)으로부터 100달러 또는 10만원 이상의 선물을 받으면 지체 없이 소속 기관·단체의 장에게 신고하고 그 선물을 인도하여야 한다고 규정하고 있다. 신고된 선물은 신고 즉시 국고에 귀속된다.

13) 사실상 많은 공무원들이 외부강의를 하고 있는 현실을 감안하여, 공무원은 대가를 받고 외부강의·회의를 할 때에는 미리 외부강의·회의 등의 요청자, 요청사유, 장소·일시 및 대가를 소속기관의 장에게 신고하여야 한다. 다만, 외부강의·회의 등의 요청자가 국가나 지방자치단체인 경우에는 그러하지 아니하다. 공무원이 외부강의·회의 등을 할 때 받을 수 있는 대가는 외부강의·회의 등의 요청자가 통상적으로 적용하는 기준을 초과해서는 안 된다(공무원행동강령 제15조, 2008.12.31.).

다섯째, 정치운동의 금지의무는 공무원은 정당, 기타 정치단체의 결성에 관여하거나, 이에 가입하는 것을 비롯한 선거에 있어서 특정정당 또는 특정인의 지지나 반대를 하기 위한 일정한 정치행위가 금지된다. 이는 공무원이 국민 전체에 대한 봉사자이기 때문에 그 정치적 중립성을 유지할 수 있도록 하기 위함이다.[14]

여섯째, 집단행위 금지의무이다. "공무원인 근로자는 법률이 정하는 자에 한하여 단결권, 단체교섭권 및 단체행동권을 가진다"라는 헌법 제33조 제2항 규정에 의거하여 공무원은 노동운동과 기타 공무 이외의 일을 위한 집단행위를 모두 금지하고, 다만 사실상 노무에 종사하는 공무원과 대통령령으로 정하는 공무원에 대하여는 이 집단행위금지에 대한 예외를 인정하고 있다.

나. 직무상 의무

첫째, 성실의 의무로서 모든 공무원은 법령을 준수하며 성실히 직무를 수행하여야 한다. 공무원은 국민 전체에 대한 봉사자로서 주어진 직무와 관련하여 국민 전체의 이익을 도모하는 법적 의무를 지며, 성실의무는 공무원에게 부과된 가장 기본적인 중대한 의무로서 최대한으로 공공의 이익을 도모하고 그 불이익을 방지하기 위하여 전(全)인격과 양심을 바쳐서 성실히 직무를 수행해야 하는 것을 내용으로 한다. 이는 공무원은 단지 법령의 준수나 상관의 명령에 복종하는 데 그치지 않고 법령이 허용하는 범위 내에서 국가의 이익을 도모하도록 항상 노력하여야 하는 윤리적인 의무라고도 할 수 있다. 따라서 윤리성을 본질로 하고 있는 까닭에 단순한 사(私)경제주의적 고용관계와 구별된다. '성실'의 개념이 매우 추상적이나 직무에 전념하는 도덕적 규범으로 보면 무난하다고 보며, 판례는 성실의무의 범위를 폭넓게 인정하고 있다(김중양, 2002: 288).

둘째, 복종의 의무로서 직무를 수행함에 있어 소속상관의 직무상 명령에 복종하여야 한다. '직무명령'은 일정한 요건을 갖추어야 하는데 ① 정당한 권한을 가진 자가 내려야 하고 ② 직무에 관한 명령이어야 하며 ③ 그 내용이 법률상 실현가능하고 적법한 것이어야 한다. 이 중 어느 하나라도 흠이 있는 경우에는

14) 다만 대통령령으로 정하는 일부 정무직, 별정직공무원에 대해서는 정치운동의 금지에 관한 국가공무원의 규정이 적용되지 아니한다(국공법 제3조 ③항, 국가공무원법 제3조 제3항의공무원의범위에관한규정 제2조).

위법 또는 부당한 명령이 되고 부하는 복종할 의무가 없다.

셋째, 직장이탈금지의무는 소속 상관의 허가나 정당한 이유 없이 직장을 이탈하지 못하며 이 의무는 근무시간중에 성립하는 것이나 시간외 근무명령이 있는 경우에도 성립한다. '직장'은 공무원이 소속되어 근무하고 있는 공간개념으로서의 부서라고 보아야 하며, 이 의무의 위배는 징계사유가 될 뿐만 아니라 형법상 직무유기죄를 구성한다.

넷째, 친절 공정의 의무로서 공무원은 공사를 분별하고 국민의 인격을 존중하며 친절·공정하게 업무를 처리해야 한다. 현대행정에 있어서는 서비스 행정 부분이 많아지고 그에 따라 대민봉사의 질을 높이는 것이 정부의 중요한 과제 중의 하나이므로 친절성 발휘와 공평성 유지의 가치개념이 특히 강조되고 있다(김중양, 2002: 304).

다섯째, 비밀엄수의 의무로서 공무원은 재직중은 물론 퇴직 후라도 직무상 알게 된 비밀을 엄수하여야 한다. '직무상 비밀'은 자신이 처리하는 직무에 관한 비밀뿐만 아니라 직무와 관련하여 알게 된 비밀도 포함한다.

여섯째, 청렴의 의무로서 공무원은 직무와 관련하여 직접 또는 간접을 불문하고 사례·증여 또는 향응을 받을 수 없으며, 직무상의 관계여하를 불문하고 그 소속 상관에게 증여하거나 소속공무원으로부터 증여를 받아서는 아니 된다. 이 취지는 공무원이 직무에 관하여 사전에 부정한 청탁을 받고 직무상 부정행위를 하는 것을 방지하는 데 그치는 것이 아니고, 사전에 부정한 청탁이 있었는지의 여부나 금품수수의 시기 등을 가릴 것이 없이 공무원이 직무와 관련한 금품수수 행위를 방지하여 공무원의 순결성과 직무행위의 불가매수성(不可買收性)을 보호하여 공무원의 직무집행의 적정성을 보장하려는 것으로 이 의무위반은 징계사유가 될 뿐만 아니라 형사상의 증·수뢰죄를 구성한다(형법 제129조, 제132조).

다. 직무상의 주요 의무에 관한 판례 소개

앞에서 공무원의 의무에 관하여 간략하게 정리하였으나, 그중에서도 공무원에 대한 징계사유로 가장 많이 언급되는 직무상의 의무에 관한 판례를 아래와 같이 소개하면서 그 내용을 추가적으로 보충하였다. 여기에 소개한 판례들은 징계처분 단계에서 공무원의 의무위반 여부에 대한 판단기준이 되면서 소청심사

단계에서도 그 처분의 적정성을 판단하는 중요한 기준으로 자주 인용된다.

(1) 성실의무 관련

모든 공무원은 법령을 준수하며 성실히 직무를 수행하여야 한다(국공법 제56조). 여기에서 준수해야 할 '법령'은 공무원 재직중 적용받는 국가공무원법 등 공무원신분관계의 법령뿐만 아니라 자기직무에 관련된 소관규정을 비롯한 모든 법령으로, 법치행정의 원칙상 그 법령에 규정한 대로 직무를 성실히 수행해야 한다.

'직무'는 법령에 규정된 의무, 상관으로부터 지시받은 업무내용, 사무분장 규정상의 소관업무 등을 말하며, 감독자의 경우 부하직원에 대한 상사로서의 감독의무를 게을리 하지 않음으로써 부하직원의 비위행위를 사전에 방지하는 노력도 성실의무에 포함된다.

대법원 판례

| 지방공무원법 제48조 소정의 성실의무의 내용 |

지방공무원법 제48조 소정의 성실의무는 공무원에게 부과된 가장 기본적인 중요한 의무로서 최대한으로 공공의 이익을 도모하고 그 불이익을 방지하기 위하여 전인격과 양심을 바쳐서 성실히 직무를 수행하여야 하는 것을 그 내용으로 한다(대법원 1989.5.23. 선고 88누3161 판결, 견책처분취소).

※ 이 판결 당시에 시행 중이던 지방공무원법 제48조(법률 제3877호, 1986.12.31, 일부개정)의 규정 내용은, 현재 국가공무원법 제56조의 규정과 대동소이하다.

○ 지방공무원법(시행 1987.1.1. 법률 제3877호, 1986.12.31, 일부개정)
제48조(성실의 의무) 모든 공무원은 법규를 준수하며 성실히 그 직무를 수행하여야 한다.

○ 국가공무원법(현행)
제56조(성실 의무) 모든 공무원은 법령을 준수하며 성실히 직무를 수행하여야 한다.

| 공무원의 성실의무가 미치는 범위 |

국가공무원법상 공무원의 성실의무는 경우에 따라 근무시간 외에 근무지 밖에까지 미칠 수도 있다(대법원 1997.2.11. 선고 96누2125 판결, 파면처분취소).

(2) 복종의 의무 관련

공무원은 직무를 수행할 때 소속 상관의 직무상 명령에 복종하여야 한다(국공법 제57조). '소속 상관'이라 함은 그 기관이 관청 또는 보조기관인지의 여부에 관계없이 당해 공무원의 직무에 관하여 지휘·감독권을 가진 자를 말하므로, 기관의 장뿐만 아니라 보조기관인 상관과 기타 지휘·감독권을 가지는 상급자를 포함한다.

앞에서 본 바와 같이 '직무명령'은 일정한 적법요건을 갖추어야 하는데, 흠이 있는 상사의 명령에 대하여 부하는 의견을 진술할 수 있으며 위법한 직무명령에 대하여는 복종할 의무를 지지 않는다. 따라서, 위법한 직무명령을 거부하지 아니하고 불법행위에 이른 때에는 그 직무명령자뿐만 아니라 그 행위자도 함께 책임을 면할 수 없다.

실무적으로는, 각 기관의 훈령·예규 등에 구체적으로 정해진 근무지침과 업무처리기준을 위반하였을 때에 복종의 의무를 위배한 것이 되며, 필요에 따라 수시로 발령되는 지시공문을 위반하는 경우에도 이에 해당한다. 단순히 법령해석상의 견해 차이에 불과하거나 직무상 명령이 부당하다고 인정되는 데 불과한 경우에는 그에 대한 종국적 판단권은 상사에게 있는 만큼 이에 복종하여야 할 것이다.

대법원 판례

| 철도기관사에 대하여 전국기관차협의회가 주도하는 집회에 참가하지 못하도록 한 지방철도청장의 명령을 정당한 직무상의 명령이라고 본 사례 |

전국기관차협의회가 주도하는 집회 및 철도파업은 정당한 단체행동의 범위 내에 있는 것으로 보기 어렵고, 또한 그 집회가 적법한 절차를 거쳐 개최되었고 근무시간 외에 사업장 밖에서 개최되었다고 하더라도 철도의 정상적인 운행을 수행하여야 할 철도기관사로서의 성실의무는 철도의 정상운행에 지장을 초래할 가능성이 높은 집회에 참석하지 아니할 의무에까지도 미친다고 보아, 철도기관사에 대하여 그 집회에 참석하지 못하도록 한 지방철도청장의 명령은 정당한 직무상 명령이라고 본 원심판결을 수긍한 사례(대법원 1997.2.11. 선고 96누2125 판결, 파면처분취소).

| 교사가 법률상 허용되지 아니하는 목적을 위한 집회에 참석하지 말라는 학교장의 명령에 복종하지 아니한 것이 국가공무원법 제57조 소정의 복종의 의무를 위반한 것인지 여부(적극) |

교육과 교원의 특수성을 감안하더라도 법률상 허용되지 아니하는 목적을 위한 집회에 참석하지 말라는 학교장의 교사에 대한 명령은 감독자의 지위에서 교육에 전심전력하여야 할 교원에게 발하여지는 정당한 직무상의 명령이라 할 것이므로 교사가 이에 복종하지 아니하였음은 국가공무원법 제57조 소정의 복종의 의무를 위반한 것이다(대법원 1992.6.26. 선고 91누11780 판결, 직위해제처분등취소).

| 호적담당 공무원이 호적부에 변조사실이 있음을 알고도 즉시 적절한 조치를 취하지 아니하여 허위내용의 호적등본 2통이 발급되는 등의 경우, 그에 대한 징계해임처분에 재량권의 남용 또는 일탈의 위법이 없다고 한 사례 |

호적담당 공무원인 원고가, 부정한 목적을 위하여 호적부를 변조하려고 수차에 걸쳐 시도한 사실이 있는 자의 호적부에 변조사실이 있음을 알고도 즉시 이를 상사에게 보고하고 위 변조된 호적부를 별도 관리하는 등 적절한 조치를 취하지 아니하고 이틀 후에야 비로소 호적계장에게 이를 말함으로써, 그 사이에 허위내용의 호적등본 2통이 발급되었으며, 또 원고가 상급자인 시민봉사실장의 종용과 결재에 따라 허위내용의 호적정정신청서를 작성, 행사하였다 하더라도 이에 관여하여 허위공문서작성 및 동행사에 책임이 있는 이상, 원고에 대한 징계해임 처분은 적법하고 거기에 재량권의 남용 또는 일탈의 위법이 없다(대법원 1991.10.22. 선고 91누3598 판결, 해임처분취소).

| 상관의 위법 내지 불법한 명령과 하관의 복종의무 |

공무원이 그 직무를 수행함에 있어 상관은 하관에 대하여 범죄행위 등 위법한 행위를 하도록 명령할 직권이 없는 것이고, 하관은 소속상관의 적법한 명령에 복종할 의무는 있으나 그 명령이 참고인으로 소환된 사람에게 가혹행위를 가하라는 등과 같이 명백한 위법 내지 불법한 명령인 때에는 이는 벌써 직무상의 지시명령이라 할 수 없으므로 이에 따라야 할 의무는 없다. 설령 대공수사단 직원은 상관의 명령에 절대 복종하여야 한다는 것이 불문율로 되어 있다 할지라도 국민의 기본권인 신체의 자유를 침해하는 고문행위 등이 금지되어 있는 우리의 국법질서에 비추어 볼 때 그와 같은 불문율이 있다는 것만으로는 고문치사와 같이 중대하고도 명백한 위법명령에 따른 행위가 정당한 행위에 해당하거나 강요된 행위로서 적법행위에 대한 기대가능성이 없는 경우에 해당하게 되는 것이라고는 볼 수 없다(대법원 1988.2.23. 선고 87도2358 판결, 특정범죄가중처벌등에관한법률위반).

| 상관의 위법한 명령에 따른 범죄행위의 위법성 조각 여부(소극) |

상관의 적법한 직무상 명령에 따른 행위는 정당행위로서 형법 제20조에 의하여 그 위법성이 조각된다고 할 것이나, 상관의 위법한 명령에 따라 범죄행위를 한 경우에는 상관의 명령에 따랐다고 하여 부하가 한 범죄행위의 위법성이 조각될 수는 없다(대법원 1997.4.17. 선고 96도3376 전원합의체 판결, 반란수괴・반란모의참여・반란중요임무종사・불법진퇴・지휘관계엄지역수소이탈・상관살해・상관살해미수・초병살해・내란수괴・내란모의참여・내란중요임무종사・내란목적살인・특정범죄가중처벌등에관한법률위반(뇌물)).

(3) 직장이탈금지의 의무 관련

공무원은 소속 상관의 허가 또는 정당한 사유가 없으면 직장을 이탈하지 못한다(국공법 제58조 ①항). 공무원이 사직원을 제출한 후 사직원이 수리되어 면직되기 전에 무단결근을 한 경우와 법정연가일수의 범위 내에서 연가신청을 하였으나, 결재권자의 허가가 있기 전에 근무지를 이탈하는 경우도 직장이탈금지의무의 위반으로 징계사유가 된다.

대법원 판례

| 수뢰혐의로 구속될 것을 두려워하여 사직원을 제출하고 동 사직원이 수리되어 면직되기 전에 10일간 무단결근한 공무원에 대한 파면처분의 당부(적극) |

사직원을 제출하였다 하더라도 임용권자에 의하여 수리되어 면직될 때까지는 근무업무가 있는 것이므로 원고가 수뢰혐의를 받고 구속될 것을 두려워한 나머지 1983. 11.30.부터 같은 해 12.2.까지 무단결근하고, 같은 해 12.6. 사직원을 제출한 후 동 사직원이 수리되어 면직되기 전인 12.10.부터 12.16.까지와 12.19.부터 12.22.까지 각 무단결근하였다면 결국 공무원으로서 직장이탈금지의무에 위반하였다 할 것이고 또 원고가 무단결근한 경위 및 원고의 뇌물수수 피의사건이 기소중지되어 있는 점들을 고려하면 원고에 대한 징계로 파면을 택하였다 하여 재량권을 남용 또는 일탈하였다고 볼 수 없다(대법원 1985.6.25. 선고 85누52 판결, 파면처분취소).

| 검찰의 뇌물수수혐의 수사를 모면하기 위하여 3개월 남짓 직장을 이탈하였다가 그 후 무혐의결정을 받은 세무공무원에 대한 해임처분이 재량권 남용에 해당하지 않는다고 본 사례 |

세무공무원인 원고가 검찰에서 뇌물수수혐의로 수사를 개시하자 1989.4.12.부터 같은 해 7.18.까지 직장을 무단이탈하였다면, 비록 그와 같은 혐의가 없어서 검찰의 부당한 수사를 모면하기 위한 것이었다고 할지라도 이는 헌법 제12조 제2항 소정의 형사상 자기에게 불리한 진술을 강요당하지 않을 권리를 실현하기 위한 정당하고도 부득이한 행위라고 볼 수 없으며, 또한 원고가 그 후 검찰에 자진출석하여 무혐의결정을 받았더라도 원고의 직장이탈의 경위와 기간 및 공무원의 징계처분제도의 목적 등에 비추어 보면 원고에 대한 해임처분이 재량의 한계를 넘거나 남용한 처분에 해당한다고 볼 수 없다(대법원 1990.10.12. 선고 90누3737 판결, 해임처분취소).

| 연가신청에 대한 허가가 있기 전에 근무지를 이탈한 행위가 지방공무원법 제50조(직장이탈금지) 제1항 위반의 징계사유인지 여부 |

공무원이 법정연가일수의 범위 내에서 연가신청을 하였고 그와 같은 연가신청에 대하여 행정기관의 장은 공무수행상 특별한 지장이 없는 한 이를 허가하여야 한다고 되어 있더라도 그 연가신청에 대한 허가도 있기 전에 근무지를 이탈한 행위는 지방공무원법 제50조 제1항에 위반되는 행위로서 징계사유가 된다(대법원 1987.12.8. 선고 87누657 판결, 해임처분취소).

(4) 비밀 엄수의 의무 관련

공무원은 재직 중은 물론 퇴직 후에도 직무상 알게 된 비밀을 엄수하여야 한다(국공법 제60조). 이 의무의 위반은 징계사유가 될 뿐만 아니라 법령에 의한 직무상 비밀을 누설한 경우에는 형사상의 피의사실공표죄, 공무상비밀누설죄를 구성한다.

형법

제126조(피의사실공표) 검찰, 경찰 기타 범죄수사에 관한 직무를 행하는 자 또는 이를 감독하거나 보조하는 자가 그 직무를 행함에 당하여 지득한 피의사실을 공판청구전에 공표한 때에는 3년 이하의 징역 또는 5년 이하의 자격정지에 처한다.

제127조(공무상비밀의 누설) 공무원 또는 공무원이었던 자가 법령에 의한 직무상 비밀을 누설한 때에는 2년 이하의 징역이나 금고 또는 5년 이하의 자격정지에 처한다.

대법원 판례

| 국가공무원법상 '직무상 비밀'의 의미 및 그 판단기준 |

국가공무원법상 직무상 비밀이라 함은 국가 공무의 민주적, 능률적 운영을 확보하여야 한다는 이념에 비추어 볼 때 당해 사실이 일반에 알려질 경우 그러한 행정의 목적을 해할 우려가 있는지 여부를 기준으로 판단하여야 하며, 구체적으로는 행정기관이 비밀이라고 형식적으로 정한 것에 따를 것이 아니라 실질적으로 비밀로서 보호할 가치가 있는지, 즉 그것이 통상의 지식과 경험을 가진 다수인에게 알려지지 아니한 비밀성을 가졌는지, 또한 정부나 국민의 이익 또는 행정목적 달성을 위하여 비밀로서 보호할 필요성이 있는지 등이 객관적으로 검토되어야 한다고 한 원심판결을 수긍한 사례(대법원 1996.10.11. 선고 94누7171 판결, 파면처분취소).

| 직무상 비밀 엄수의 의무를 위반하였다고 인정한 사례 |

수사경찰관이 고소인에게 수사방향을 미리 알려 추가고소를 하도록 종용한 것이 징계사유에 해당한다고 본 사례(대법원 1985.10.22. 선고 85누250 판결, 감봉처분취소).

내무부 및 서울특별시 경찰국의 지시에 따른 유흥접객업소 퇴폐영업행위특별단속반원에 편입되어 그 단속계획을 알게 되자 고고클럽주인에게 미성년자출입 등 퇴폐행위특별단속계획을 사전에 전화로 알려 주어 단속 당일에 고고클럽의 영업을 아니하게 하였다면, 위와 같은 비위는 경찰공무원법 제53조 제1항 제1호 및 제3호 소정의 징계사유에 해당하고 이를 이유로 한 파면처분은 정당하다(대법원 1983.4.26. 선고 83누9 판결, 파면처분취소).

세무공무원이 제3자를 고용하여 고정보수를 지급하면서 1년 여에 걸쳐 그의 공적 업무를 처리하게 하였다면 이는 국가공무원법 제56조(성실의 의무), 제60조(비밀엄수의 의무)에 위배되므로 이를 이유로 한 징계 파면처분은 타당하다(대법원 1981.7.28. 선고 81누33 판결, 파면처분취소).

(5) 청렴의 의무 관련

공무원은 직무와 관련하여 직접적이든 간접적이든 사례·증여 또는 향응을 주거나 받을 수 없고, 직무상의 관계가 있든 없든 그 소속 상관에게 증여하거나 소속 공무원으로부터 증여를 받아서는 아니 된다(국공법 제61조). "직무에 관련하여"라 하는 데는 당해 공무원이 직무의 결정권을 갖고 있지 않더라도 그 직무행위와 밀접한 관계가 있는 경우 및 사실상 관리하는 직무행위도 포함된다.

관련 형사판례에 비추어보면, 뇌물을 수수한 후 후일에 이를 반환하였다 하더라도 뇌물죄가 성립하고, 공무원의 직무와 관련하여 사교적 의례의 형식을 빌어 금품을 수수한 경우에도 뇌물성이 인정될 경우 청렴의 의무에 위배되어 징계의 대상이 된다.

여러 사람이 함께 향응을 수수한 경우라면, 그 수뢰액을 인정함에 있어 먼저 혐의자의 접대에 요한 비용과 향응 제공자가 소비한 비용액을 가려내어 혐의자의 접대에 요한 비용을 징계혐의자의 수뢰액으로 인정하여야 하고 만일 각자에 요한 비용액이 불명일 때에는 이를 평등하게 분할한 금액을 가지고 혐의자의 수뢰액으로 인정하여야 한다. 만약 향응을 제공받는 자리에 혐의자 스스로 제3자를 초대하여 함께 접대를 받은 경우에는, 그 제3자가 혐의자와는 별도의 지위에서 접대를 받는 공무원이라는 등의 특별한 사정이 없는 한 그 제3자의 접대에 요한 비용도 혐의자의 접대에 요한 비용에 포함시켜 혐의자의 수뢰액으로 보아야 한다. 위와 같은 수뢰액의 산정방법을 그르친 경우에는 그 징계양정이 타당성을 잃을 수 있고, 그에 기초한 징계부가금의 부과처분액도 소청심사 단계에서 변경되어야 할 것이다(이 경우에도 소청심사에서는 불이익변경 금지의 원칙에 따라 징계부가금을 증액할 수는 없다).

대법원 판례

| 공무원의 청렴의무를 규정한 법령의 취지 및 관련 직무의 범위 |

지방공무원법 제53조 제1항은 공무원은 직무에 관련하여 직접 또는 간접을 불문하고 사례, 증여 또는 향응을 수수할 수 없다고 규정하였는바, 그 취지는 공무원이 직무에 관하여 사전에 부정한 청탁을 받고 직무상 부정행위를 하는 것을 방지하려는 데에 그치는 것이 아니고, 사전에 부정한 청탁이 있었는지의 여부나 금품수수의 시기 등을 가릴 것 없이 공무원의 직무와 관련한 금품수수행위를 방지하여 공무원의 순결성과 직무행위불가매수성을 보호하고 공무원의 직무집행의 적정을 보장하려는 데에 있다. 위 법조항 소정의 "직무에 관련하여"라 하는 데는 당해 공무원이 직무의 결정권을 갖고 있지 않더라도 그 직무행위와 밀접한 관계가 있는 경우 및 사실상 관리하는 직무행위도 포함된다(대법원 1992.11.27. 선고 92누3366 판결, 해임처분취소).

| 징계처분에 있어서의 재량권남용 여부에 관한 판단기준(금품수수의 경우) |

공무원에 대한 징계처분이 사회통념상 현저하게 타당성을 잃었는지 여부는 구체적인 사례에 부딪혀 수행직무의 특성, 징계의 원인된 비위사실의 내용과 성질, 징계에 의하여 달성하려는 행정목적, 징계양정의 기준 등 여러 가지 요소를 종합하여 판단하여야 할 것이며, 특히 금품수수의 경우는 수수액수, 수수경위, 수수시기, 수수 이후 직무에 영향을 미쳤는지 여부 등이 고려되어야 할 것이다(대법원 1991.7.23. 선고 90누8954 판결, 해임처분취소).

| 수뢰죄에 있어서의 직무의 범위 및 영득의 의사로 수수한 물건을 반환한 때 뇌물죄의 성부 |

수뢰죄에 있어서 직무라는 것은 공무원이 법령상 관장하는 직무행위뿐만 아니라 그 직무에 관련하여 사실상 처리하고 있는 행위 및 결정권자를 보좌하거나 영향을 줄 수 있는 직무행위도 포함된다. 영득의 의사로 뇌물을 수수한 것이라면 후일 이를 반환하였다 하더라도 뇌물죄의 성립에는 영향이 없다(대법원 1983.3.22. 선고 83도113 판결, 뇌물수수).

| 공무원의 직무와 관련하여 사교적 의례의 형식을 빌어 금품을 수수한 경우, 뇌물성 여부(적극) |

공무원이 그 직무의 대상이 되는 사람으로부터 금품, 기타 이익을 받은 때에는 그것이 그 사람이 종전에 공무원으로부터 접대 또는 수수받은 것을 갚는 것으로서 사회상규에 비추어 볼 때에 의례상의 대가에 불과한 것이라고 여겨지거나, 개인적인 친분관계가 있어서 교분상의 필요에 의한 것이라고 명백하게 인정할 수 있는 경우 등 특별한 사정이 없는 한 직무와의 관련성이 없는 것으로 볼 수 없고, 공무원의 직무와 관련하여 금품을 수수하였다면 비록 사교적 의례의 형식을 빌어 금품을 주고받았다 하더라도 그 수수한 금품은 뇌물이 된다(대법원 2000.1.21. 선고 99도4940 판결, 특정범죄가중처벌등에관한법률위반(뇌물)・뇌물수수・뇌물공여).

| 공무원이 제3자를 초대하여 함께 향응을 접대받은 경우, 뇌물수수액의 산정 방법 |

피고인이 증뢰자와 함께 향응을 하고 증뢰자가 이에 소요되는 금원을 지출한 경우 이에 관한 피고인의 수뢰액을 인정함에 있어서는 먼저 피고인의 접대에 요한 비용과 증뢰자가 소비한 비용을 가려내어 전자의 수액을 가지고 피고인의 수뢰액으로 하여야 하고 만일 각자에 요한 비용액이 불명일 때에는 이를 평등하게 분할한 액을 가지고 피고인의 수뢰액으로 인정하여야 할 것이고, 피고인이 향응을 제공받는 자리에 피고인 스스로 제3자를 초대하여 함께 접대를 받은 경우에는, 그 제3자가 피고인과는 별도의 지위에서 접대를 받는 공무원이라는 등의 특별한 사정이 없는 한 그 제3자의 접대에 요한 비용도 피고인의 접대에 요한 비용에 포함시켜 피고인의 수뢰액으로 보아야 한다(대법원 2001.10.12. 선고 99도5294 판결, 뇌물수수 · 부동산실권리자명의등기에관한법률위반).

(6) 품위유지의 의무 관련

공무원은 직무의 내외를 불문하고 그 품위가 손상되는 행위를 하여서는 아니 된다(국공법 제63조). '품위'라 함은 주권자인 국민의 수임자로서의 직책을 맡아 수행해 나가기에 손색이 없는 인품을 말하는 것이고, 공무원으로서 갖추어야 할 품위에는 직무의 내외를 불문하므로 사적인 행위까지 포함하는데 그것이 손상되기 위해서는 공개성을 필요로 한다.

따라서, 도박, 강 · 절도, 사기, 폭행, 축첩, 성범죄, 음주운전, 마약류 소지 및 투여, 과다 채무에 의한 물의야기 등과 같이 그 행위사실이 공무집행과 관련된 것이 아니더라도 공무원으로서의 체면 또는 위신을 손상한 때에는 징계사유에 해당한다고 본다.

앞에서 살펴본 청렴의 의무는 '공무원이 직무와 관련하여 직접적이든 간접적이든 사례 · 증여 또는 향응을 주거나 받을 수 없다(국공법 제61조 ①항)'고 규정되어 그 직무관련성을 요건으로 하고 있는 데 비하여, 품위유지의 의무는 직무의 내외를 불문하므로 그 적용범위가 매우 넓다.

공무원이 직무상 관련성이 없는 자로부터 금품을 수수하여 물의를 야기한 경우라면, 청렴의 의무를 위반한 것이 아니라 성실의무 및 품위유지의 의무를 위반하였다고 볼 수 있고, 형사상 책임이 없는 등의 사유에 해당한다고 하더라도 그것이 사회통념상 비난가능성이 높아 공직의 체면과 위신을 손상한 것에 해당한 경우 품위유지의 의무에 위반되어 징계처분을 받을 수 있다.

대법원 판례

| 국민에게 보장된 기본권행사행위가 지방공무원법 제55조 소정의 품위유지의무 위반행위에 해당될 수 있는지 여부(적극) |

지방공무원법 제55조에서의 '품위'라 함은 주권자인 국민의 수임자로서의 직책을 맡아 수행해 나가기에 손색이 없는 인품을 말하는 것이므로 공무원이 모든 국민에게 보장된 기본권을 행사하는 행위를 하였다 할지라도 그 권리행사의 정도가 권리를 인정한 사회적 의의를 벗어날 정도로 지나쳐 주권자인 국민의 입장에서 보아 바람직스럽지 못한 행위라고 판단되는 경우라면 공무원의 그와 같은 행위는 그 품위를 손상하는 행위에 해당한다 할 것이다(대법원 1987.12.8. 선고 87누657 판결, 해임처분취소).

| 공무원의 품위유지의무의 적용 범위와 '품위'의 의미 |

국민으로부터 널리 공무를 수탁하여 국민 전체를 위해 근무하는 공무원의 지위를 고려할 때 공무원의 품위손상행위는 본인은 물론 공직사회에 대한 국민의 신뢰를 실추시킬 우려가 있으므로 지방공무원법 제55조는 국가공무원법 제63조와 함께 공무원에게 직무와 관련된 부분은 물론 사적인 부분에 있어서도 건실한 생활을 할 것을 요구하는 '품위유지의무'를 규정하고 있고, 여기에서 '품위'라 함은 주권자인 국민의 수임자로서의 직책을 맡아 수행해 나가기에 손색이 없는 인품을 말한다(대법원 1998.2.27. 선고 97누18172 판결, 해임처분취소).

| 공무원의 비위가 공무집행에 관련한 것이 아니라 소속노동조합 지부의 직무에 관련된 경우 징계사유에의 해당여부 |

공무원의 비위사실이 공무집행과 관련된 것이 아니라 그 소속노동조합 지부의 직무와 관련된 것이라 하더라도 공무원으로서의 체면 또는 위신을 손상시킨 경우이면 국가공무원법상의 징계사유에 해당한다. 공무원이 국가공무원법상의 징계사유에 해당하는 이상 징계권자는 당연히 국가공무원법에 기한 징계권을 행사할 수 있는 것이고 그 공무원이 소속한 노동조합의 규약에 임원들의 직무상 부정행위에 대하여 별도의 징계처분을 규정하고 있다 하여 위 징계권자의 징계권행사가 배제되거나 제한되는 것이 아니다(대법원 1982.7.13. 선고 80누198 판결, 파면처분취소).

| 지방공무원으로서 관내의 사업자로부터 금품을 수수하면 직무상 관련성이 없어도 징계사유가 되는지 여부 |

지방공무원으로서 관내의 사업자로부터 금품을 수수하는 행위는 설사 그것이 직무상 관련성이 없다 하더라도 공무원으로서 지켜야 할 성실의무를 저버리고 공무원의 품위를 손상하는 행위를 저지른 것으로서 지방공무원법 제69조 제1항 제1호 및 제3호의 징계사유에 해당한다(대법원 1985.5.14. 선고 84누575 판결, 파면처분취소).

| 국가공무원법 제78조 제1항 제3호 소정의 징계사유인 "직무의 내외를 불문하고 그 체면 또는 위신을 손상하는 행위를 한 때"의 의미 |

국가공무원법 제78조 제1항 제3호가 정하는 징계사유인 직무의 내외를 불문하고 그 체면 또는 위신을 손상하는 행위를 한 때라 함은 공무원의 신분상의 의무로서의 품위유지의 의무에 반하는 것으로 주권자인 국민의 수임자로서 또는 국민에의 봉사자인 직책을 다하는 공직자로서 공직의 체면, 위신을 손상하는 데 직접적인 영향이 있는 행위를 한 때를 말하는 것이므로 이와 같은 의무위반의 행위가 있었다면 비록 그것이 형사상 책임이 없는 것이라고 하더라도 형사책임의 유무에 불구하고 징계사유가 된다(대법원 1985.4.9. 선고 84누654 판결, 파면처분취소).

| 불법집회에 참석하여 머리띠를 두르고 구호를 외치는 등의 집단행동을 한 경우 |

전교조의 결성을 위한 불법집회에 참석하여 머리띠를 두르고 구호를 외치는 등의 집단행동을 한 것은 교육자로서의 체면과 위신을 손상한 경우에 해당한다 할 것이므로 위와 같은 행위는 국가공무원법 제63조 소정의 품위유지의 의무에 위반된다(대법원 1992.6.26. 선고 91누11780 판결, 직위해제처분등취소).

라. 소결(小結)

이상에서 살펴본 바와 같이 공무원의 의무와 관련된 규정에는 추상적인 표현들이 있고, 현실에서 발생하는 비위의 행태가 다양하기에 그 구체적인 의무위반에 해당하여 징계사유가 되는지 여부는 법령의 유권해석이나 소청심사위원회의 결정, 판례를 통하여 정립되고 있는 실정이다.

5. 징계의 종류 및 효과

징계의 종류는 소청심사 결정에 있어서도 준거가 된다. 징계의 종류에는 파면, 해임, 강등, 정직, 감봉, 견책의 여섯 종류가 있다(국공법 제79조). 파면・해임은 공무원 신분을 완전히 해제하는 것으로 배제징계이고, 강등・정직・감봉・견책은 공무원의 신분을 보유하면서 신분적 이익의 일부를 제한함을 내용으로 하는 교정징계이다. 징계의 종류와 관련하여 소청심사 결정시 의미 있는 분야를 아래와 같이 살펴본다.

첫째, 강등제도와 관련된 문제이다. 2009.4.1.부터 시행된 강등제도[15]는 그동안 징계결정을 하거나 소청심사결정을 함에 있어 해임과 정직 사이에 징계효력의 차이가 다른 징계보다 지나치게 커서 징계감경 또는 가중시 현격한 효력의 차이로 징계목적을 효과적으로 달성하기 어려운 점이 있으므로, 징계처분의 실효성을 확보하기 위해 해임과 정직 사이의 단계로 강등을 신설하였으며 강등의 효력은 계급을 한 단계 내리고 정직 3월에 해당하는 불이익을 부과하고 있다. 여기에서 경력직 공무원의 계급구조상 최하위 공무원의 경우 강등제도가 적용되는지 여부가 문제가 된다. 계급구조상 최하위 계급의 공무원의 경우 1계급 아래로 내릴 계급이 없어서 강등처분의 효력이 온전하게 발생할 수 없다는 견해가 있을 수 있으나, 징계위원회는 징계혐의자의 비위의 유형, 비위의 정도 및 과실여부를 참작하여 징계사건을 의결하여야 할 뿐, 의결된 징계가 사실상 집행 가능한지 여부에 따라 징계의 종류를 결정할 수 있도록 규정하고 있지 않으므로 징계혐의자가 최하위 계급이어서 1계급 아래로 내릴 계급이 없다는 이유로 징계기준과 다른 징계를 의결할 수는 없다. 아울러 일정한 공적이 있는 경우 등 그 정상을 참작하여 감경기준에 따라 징계를 감경할 수 있는데 징계기준이 해임인 경우 강등, 강등인 경우 정직으로 감경하도록 감경기준을 정하고 있으므로, 감경된 징계가 강등일 경우 징계의결이 요구된 자가 최하위 계급의 자라는 이유로 강등을 다시 정직으로 낮출 수는 없다고 할 수 있기에 최하위 계급의 자에 대해서도 징계의 종류로서 강등을 적용할 수 있다.[16] 위와 같이 해석함에 따라 소청심사위원회에

---

15) 강등제도는 국가공무원법이 2008.12.31. 개정・공포되고 3개월이 경과한 날로부터 강등규정이 시행됨에 따라, 일반직공무원의 경우 공무원 징계령과 동 시행규칙이 마련된 2009.4.1.부터 시행되었으며, 경찰공무원의 경우 경찰공무원법이 2010.3.22. 공포되는 날로부터 시행되었으나 사실상 경찰공무원 징계령에 근거가 마련된 2010.7.1.부터 시행되었다. 2009년의 경우 징계로서 강등은 모두 6건이 있었으며 이 중 1건이 소청에 제기되었으나 기각되었다. 2010년의 경우 징계로서 강등은 28건이 있었고, 이 중 12건이 소청에 제기되었으며 기각 5건, 인용 7건으로 결정되었다. 시행 초기인 만큼 강등제도의 적용 사례는 적음을 알 수 있다.

16) 국가공무원법 제80조(징계의 효력)에는 강등은 1계급 아래로 직급을 내리고(고위공무원단에 속하는 공무원은 3급으로 임용하고, 연구관 및 지도관은 연구사 및 지도사로 한다) 공무원신분은 보유하나 3개월간 직무에 종사하지 못하며 그 기간 중 보수의 3분의 2를 감하

서의 결정에 있어서도 일반직 공무원의 경우 9급, 경찰공무원의 경우 순경인 최하위 계급의 소청인에 대해서도 강등의 양정으로 결정할 수 있다.

둘째, 징계부가금의 문제이다. 2010.3.22.부터 시행된 징계부가금 제도는 징계사유가 금품 및 향응수수, 공금의 횡령・유용인 경우에는 해당 징계 외에 금품 및 향응수수액, 공금의 횡령・유용액의 5배 내에서 징계부가금 부과 의결을 징계위원회에 요구하여야 한다. 징계위원회는 징계부가금 부과 의결을 하기 전에 다른 법률에 따라 형사처벌을 받거나 변상책임 등을 이행한 경우에는 조정된 범위 내에서 부과 의결하여야 하며, 징계부가금 의결을 한 후에 형사처벌을 받거나 변상책임 등을 이행한 경우에는 대통령령으로 정하는 바에 따라 징계부가금의 감면 등의 조치를 하여야 한다(국공법 제78조의2). 소청심사위원회에서는 징계부가금의 취소 또는 변경을 구하는 소청이 있을 경우 금품 및 향응 수수액, 공금의 횡령・유용액의 5배 이내에서 변경 또는 취소결정을 할 수 있다.[17)]

셋째, 불문경고의 문제이다. 징계사유에 해당하더라도 훈장 또는 포장을 받은 경우, 국무총리 이상의 표창을 받은 경우(6급 이하 공무원에 대해서는 차관급 이상 표창), 모범공무원으로 선발된 경우(공무원징계령시행규칙 제4조: 징계의 감경)에는 불문 또는 불문경고로 감경할 수 있다. 아울러 비위의 도가 경하고 과실에 의한 비위로서 성실하고 능동적인 업무처리 과정에서 발생되었거나 행위 당시의 여건, 기타 사회통념상 적법하게 처리할 것을 기대하기가 극히 곤란하다고 인정되는 때에는 징계의결을 아니할 수 있는바, 위 요건을 충족하는 경우에는 불문 및 불문경고 의결이 가능하다고 하겠다(국가공무원 복무・징계관련 예규 제12장). 소청심사에서도 견책 이상의 징계에 대한 심사시 위에서 적시한 조건에 충족할 경우 불문경고 또는 취소의 결정을 내릴 수 있다.

징계의 종류 및 효력을 표로 정리하면 다음과 같다.

도록 되어 있다. 한편 고등교육법 제14조에 해당하는 교원 및 조교에 대하여는 강등을 적용하지 아니한다고 명확히 규정되어 있다. 이에 대하여 행정안전부 복무과-285(2011.3.7.) 질의회신도 법제처의 유권해석에 기초하여 동일한 의미로 해석하고 있다.

17) 보통 비위사건이 발생할 경우 먼저 징계위원회에서 징계조치와 함께 징계부가금을 결정하나, 이후 형사사건을 통해 벌금이 부과되고 당사자의 변상이 있는 경우 그 이전에 부과하였던 징계부가금을 포함하여 5배를 초과하는 경우가 발생하는데, 소청심사위원회에서 변경 또는 취소 결정을 할 수 있게 된다.

표 2-1 징계의 종류 및 효력[18]

<table>
<tr><th rowspan="2">구분</th><th rowspan="2">종류</th><th colspan="2">효력</th></tr>
<tr><th>신분 · 복무</th><th>보수 · 퇴직급여</th></tr>
<tr><td rowspan="2">배제
징계</td><td>파면</td><td>• 공무원관계로부터 배제
• 5년간 공직재임용 제한</td><td>• 퇴직급여 및 퇴직수당 1/2감액
※ 재직기간 5년 미만인 자의 퇴직급여는 1/4만 감액
• 보수: 일할계산</td></tr>
<tr><td>해임</td><td>• 공무원관계로부터 배제
• 3년간 공직재임용 제한</td><td>• 퇴직급여 및 퇴직수당 전액지급 원칙
※ 금품 · 향응수수, 공금 횡 · 유용으로 해임된 경우 퇴직급여 및 퇴직수당을 1/4감액하되, 5년 미만 재직자의 퇴직급여는 1/8만 감액
• 보수: 일할계산</td></tr>
<tr><td>교정
징계</td><td>강등</td><td>• 1계급 아래로 직급을 내림
※ 고위공무원 ⇒ 3급
연구관 · 지도관 ⇒ 연구사 · 지도사
외무공무원 ⇒ 1등급 강등,
교육공무원 ⇒ 하위 직위에 임명
• 신분은 보유하나 3개월간 직무에 종사하지 못함
• 승진관련제한: 3개월+18월
(금품 · 향응수수, 공금 횡령 · 유용 경우 3개월 추가)
- 승진소요최저연수에서 제외
- 승진임용제한기간에 해당
- 특별승진임용제한기간에 해당
※ 경찰공무원의 경우 승진임용제한기간 동안 승진시험 응시자격도 제한됨
• 경력평정에서 3개월 제외
• 처분기간은 연가일수에 산입</td><td>• 승급제한: 18월+3개월
(금품 · 향응수수, 공금 횡령 · 유용 경우 3개월 추가)
• 초임호봉 및 호봉 재획정시 승급제한기간을 감하여 획정
• 처분기간(3월) 동안 봉급의 2/3감액
※ 연봉적용자는 연봉월액의 7할 감
• 각종수당지급 제한
- 정근수당 1회 미지급
- 정근수당 가산금, 가족수당, 가족수당 가산금, 자녀학비보조수당, 주택수당 등은 2/3감액
- 대우공무원수당, 모범공무원수당 미지급
• 정액급식비, 직급보조비 미지급
• 연가보상비: 강등에 따라 직무에 종사하지 않는 기간을 연가일수에서 공제 후 지급</td></tr>
</table>

18) 징계의 종류 및 효력과 관련한 규정은 다음과 같다.
- 국가공무원법 제33조, 제79조, 제80조, 공무원임용령 제31조, 제32조, 제35조의2
- 공무원 성과평가 등에 관한규정 제25조, 공무원인사기록 · 통계 및 인사사무처리규정 제9조
- 경찰공무원 승진임용 규정 제6조, 제29조
- 공무원연금법 제23조, 제64조, 공무원연금법 시행령 제16조의3, 제55조
- 공무원보수규정 제8조, 제9조, 제13조, 제14조, 제15조, 제29조, 제45조, 제48조
- 공무원수당 등에 관한 규정 제7조, 별표 4(제6조의2, 제7조, 제10조, 제11조, 제11조의2 및 제19조 관련)
- 모범공무원규정 제8조의2
- 국가공무원 복무규정 제17조
- 국가공무원 복무 · 징계 관련 예규 제8장(휴가)-3-가-(8)-(가)

구분	종류	효력	
		신분 · 복무	보수 · 퇴직급여
교정 징계	정직 (1~3월)	• 신분은 보유하나 처분기간(1~3월)만큼 직무에 종사하지 못함 • 승진관련제한: 18개월+정직처분기간 (금품 · 향응수수, 공금 횡령 · 유용 경우 3개월 추가) – 승진소요최저연수에서 제외 – 승진임용제한기간에 해당 – 특별승진임용제한기간에 해당 ※ 경찰공무원의 경우 승진임용제한기간 동안 승진시험 응시자격도 제한됨 • 경력평정에서 처분기간(1~3월) 제외 • 처분기간은 연가일수에 산입	• 승급제한: 18개월+정직처분기간 (금품 · 향응수수, 공금 횡령 · 유용 경우 3개월 추가) • 처분기간(1~3월) 동안 봉급의 2/3감액 ※ 연봉적용자는 연봉월액의 7할 감 • 초임호봉 및 호봉 재획정시 승급제한기간을 감하여 획정 • 각종수당지급 제한은 강등과 같음
	감봉 (1~3월)	• 승진관련제한: 12개월+감봉처분기간 (금품 · 향응수수, 공금 횡령 · 유용 경우 3개월 추가) – 승진소요최저연수에서 제외 – 승진임용제한기간에 해당 – 특별승진임용제한기간에 해당 ※ 경찰공무원의 경우 승진임용제한기간 동안 승진시험 응시자격도 제한됨	• 승급제한: 12개월+감봉처분기간 (금품 · 향응수수, 공금 횡령 · 유용 경우 3개월 추가) • 초임호봉 및 호봉 재획정시 승급제한기간을 감하여 획정 • 봉급의 1/3감액 ※ 연봉적용자는 연봉월액의 4할 감 • 각종수당지급 제한 – 정근수당 1회 미지급 – 대우공무원수당, 정근수당 가산금, 가족수당, 가족수당 가산금, 자녀학비보조수당, 주택수당 등은 1/3감액 – 모범공무원수당 미지급
	견책	• 승진관련제한: 6개월 (금품 · 향응수수, 공금 횡령 · 유용 경우 3개월 추가) – 승진소요최저연수에서 제외 – 승진임용제한기간에 해당 – 특별승진임용제한기간에 해당 ※ 경찰공무원의 경우 승진임용제한기간 동안 승진시험 응시자격도 제한됨	• 승급제한: 6개월 (금품 · 향응수수, 공금 횡령 · 유용 경우 3개월 추가) • 초임호봉 및 호봉 재획정시 승급제한기간을 감하여 획정 • 각종수당지급 제한 – 정근수당 1회 미지급 – 모범공무원수당 미지급

※ 강등처분은 2009.4.1.(경찰공무원은 2010.3.22.) 이후 발생한 징계사유에 대하여 처분 가능하다.

※ 징계기록 말소기간(강등 9년, 정직 7년, 감봉 5년, 견책 3년)을 경과하면 처분기간을 제외한 승급제한 기간은 승급기간에 산입한다.

표 2-2 직위해제처분의 효력(참고자료)

신분 · 복무	보수 · 퇴직급여
• 승진관련제한: 직위해제기간 – 승진소요최저연수에서 제외 – 승진임용제한기간에 해당 – 특별승진임용제한기간에 해당 – 경력평정대상기간에서 제외 • 연가일수 공제 – 직위해제로 인하여 직무에 종사하지 못하는 일수가 있는 연도에는 이를 당해 연도의 잔여연가일수에서 공제함	• 승급제한: 직위해제기간 • 초임호봉 및 호봉 재획정시 승급제한기간을 감하여 획정 • 봉급의 8할 지급 – 3호, 4호 사유: 3월 경과 후부터 5할 지급[19] • 연봉적용자는 연봉월액의 7할 지급 – 3호, 4호 사유: 3월 경과 후부터 4할 지급 • 각종수당지급 제한 – 정근수당은 지급대상기간 중 실제 근무한 기간만큼 일할 계산하여 지급 – 대우공무원수당, 정근수당 가산금, 가족수당, 가족수당 가산금, 자녀학비보조수당, 주택수당 등은 20~50% 감액 – 모범공무원수당 미지급 • 퇴직수당 지급을 위한 재직기간 계산시 직위해제기간의 1/2을 감함

6. 징계부가금

징계사유가 금품 및 향응 수수(授受), 공금의 횡령(橫領) · 유용(流用)인 경우에는 해당 징계 외에 금품 및 향응 수수액, 공금의 횡령액 · 유용액의 5배 내의 징계부가금 부과 의결을 징계위원회에 요구하여야 한다(국공법 제78조의2 ①항).

징계위원회에서 징계부가금 부과의결을 하기 전에 금품 및 향응 수수, 공금의 횡령 · 유용으로 다른 법률에 따라 형사처벌을 받거나 변상책임 등을 이행한 경우(몰수나 추징을 당한 경우를 포함한다)에는 징계위원회는 대통령령으로 정하는 바에 따라 조정된 범위에서 징계부가금 부과를 의결하여야 하며, 징계부가금 부과의결을 한 후에 형사처벌을 받거나 변상책임 등을 이행한 경우(몰수나 추징을 당한 경우를 포함한다)에는 징계위원회는 대통령령으로 정하는 바에 따라 징계부가금의 감면 등의 조치를 하여야 한다(국공법 제78조의2 ②항).

이는 징계의 실효성을 높이기 위하여 2010.3.22.자 개정법률에 신설한 조항

19) 국가공무원법 제73조의3(직위해제) ① 임용권자는 다음 각 호의 어느 하나에 해당하는 자에게는 직위를 부여하지 아니할 수 있다.
3. 파면 · 해임 · 강등 또는 정직에 해당하는 징계 의결이 요구 중인 자
4. 형사 사건으로 기소된 자(약식명령이 청구된 자는 제외한다)

으로, 국가공무원 복무·징계 관련 예규에서 "직무관련성 유무와 상관없이 금품·향응 수수, 공금 횡령·유용은 징계부가금 대상이 된다"는 등의 구체적인 징계부가금 처리의 기준을 정하고 있다.

징계부가금 부과 및 납부 절차에 대해 간단히 정리하면 다음과 같다.

그림 2-1 징계부가금 부과 및 납부 절차

① 징계부가금 부과의결 요구: 징계의결 등 요구권자

징계의결 등 요구권자가 소속 공무원의 금품 및 향응 수수, 공금 횡령·유용 비위로 징계의결 요구시 관할 징계위원회에 징계부가금 부과의결 동시에 요구(국공법 제78조의2)
※ '10.3.22. 이후 발생한 사건에 대해서는 반드시 징계부가금을 함께 요구하여야 함
※ 징계부가금 부과여부 및 부과배수산정은 징계위원회의 재량사항이나, 징계부가금 미부과 의결시에는 벌금액, 벌금외 형사처벌, 비위정도, 기타 제정상을 참작하여 신중히 결정해야 함

⇩

② 부과의결: 관할 징계위원회

금품수수 금액 등의 5배 이내에서 징계부가금 부과의결
형사처벌이나 변상책임 등을 이행한 경우, 징계부가금과의 합계액이 금품수수 금액 등의 5배를 초과할 수 없음(공무원 징계령 제17조의2)

⇩

③ 부과처분: 징계 등 처분권자

의결서를 받은 날부터 15일 이내 집행
징계처분 사유설명서 등을 교부시에 징계부가금 납부고지서를 함께 교부

⇩

④ 징계부가금 납부: 징계부가금 부과 처분을 받은 자

60일 이내에 징계부가금 처분권자가 지정하는 금융기관 등을 통해 납부
※ 미납시 처분권자는 관할 세무서장에게 체납 징수의뢰
(징계부가금 납부고지서 등은 국고금관리법 등에 따름)

▪ 국가공무원 복무·징계 관련 예규(안전행정부예규 제1호, 2013.3.25, 일부개성·시행)

제12장 징 계

Ⅰ. 공무원 징계업무 처리

7. 징계부가금 제도도입 관련 사항

가. 징계의결등 요구권자의 징계부가금 부과의결 요구

○ 징계의결등 요구권자가 소속 공무원의 금품·향응 수수, 공금 횡령·유용 비위로 징계의결 요구시 관할 징계위원회에 금품수수액 등의 5배 내에서 징계부가금 부과

의결 동시에 요구

※ 징계의결등 요구권자가 징계부가금 부과의결 요구를 누락한 경우 징계위원회는 징계의결 전까지 징계의결등 요구권자에게 보정 요구

○ 직무관련성 유무와 상관없이 금품·향응 수수, 공금 횡령·유용은 징계부가금 대상이 됨

○ 금품·향응을 요구하였으나 미수에 그친 경우에는 징계부가금 대상이 되지 않음

○ 금품·향응 수수 후 반환한 경우에는 징계부가금 대상이 되고, 징계부가금 부과·감면 의결시 반드시 고려

※ 적용시점: 시행일('10.3.22) 이후 발생한 징계사유부터 적용

나. 관할 징계위원회의 징계부가금 부과·감면 의결

○ 금품수수액 등의 5배 내에서 징계부가금 부과의결할 수 있음

○ 징계부가금 부과 여부 및 부과 배수 산정은 징계위원회의 재량사항이나, 징계부가금 미부과 의결시에는 벌금액, 벌금외 형사처벌, 비위정도, 기타 제정상을 참작하여 신중히 결정해야 할 것임

○ 징계부가금 부과의결 전 형사처벌을 받거나 변상책임 등을 이행한 경우

- 벌금액, 변상금, 몰수 또는 추징금에 해당하는 금액과 징계부가금의 합계액이 금품수수액 등의 5배를 초과하지 않는 범위 내에서 부과의결

○ 징계부가금 부과의결 후 형사처벌을 받거나 변상책임 등을 이행한 경우

- 부과의결을 받은 자의 신청 등에 의해 징계의결등 요구권자가 관할 징계위원회에 별도 징계부가금 감면 의결 요구
- 벌금, 변상금, 몰수 또는 추징금에 해당하는 금액과 징계부가금의 합계액이 금품수수액 등의 5배를 초과하지 않는 범위에서 감면 의결

○ 벌금 외의 형을 선고받은 경우 형의 종류, 형량 및 실형, 집행유예 또는 선고유예 여부 등을 종합적으로 고려하여 징계부가금 조정 또는 감면 의결

다. 징계등 처분권자의 부과 처분

○ 의결서를 받은 날부터 15일 이내 처분, 납부고지서 교부

○ 미납시 관할 세무서장에게 체납 징수의뢰

○ 부가금액 등을 명시한 서면통지, 감면 의결시 감면 부분 환급 조치 등

※ 징계부가금 납부고지서 등은 국고금관리법 등에 따름

라. 징계부가금 부과 처분을 받은 자가 징계부가금 납부

○ 60일 이내에 징계부가금 처분권자가 지정하는 금융기관 등을 통해 납부

7. 징계벌과 형사벌과의 비교

징계벌은 원칙상 형사벌과 구별되는 독자적인 체계이다. 그러나 동일한 공무원의 의무위반 행위가 징계벌의 대상이 됨과 동시에 형벌의 대상이 될 수 있으므로 징계벌과 형사벌은 일정한 관계를 가지고 있다(박균성, 2011: 283). 징계벌과 형사벌은 그 권력적 기초, 목적, 내용 및 대상, 병과 여부 등에서 차이가 있다. 그 차이점에 대해서 살펴보면 아래와 같다.

첫째, 권력적 기초와 행사목적에 차이가 있다. 징계벌은 특별행정법관계에서 특별권력주체에게 부여되는 특별권력(징계권)에 기초하여 부과되는 것으로서 공무원관계의 내부질서유지를 목적으로 하는데, 형사벌은 일반통치권에 기초하여 부과되는 것으로 국가의 일반적인 법질서유지를 목적으로 한다.

둘째, 대상의 차이로는, 징계벌은 공무원의 공무원법상의 의무위반을 대상으로 하나 형사벌은 형법위반을 대상으로 한다. 따라서 징계벌과 형벌은 상이한 기준에 의해 부과된다. 그 결과 법원에 의해 무죄로 선고된 공무원이 징계벌의 대상이 될 수 있고, 징계벌의 대상이 되지 않으면서 형벌의 대상이 되는 경우도 있을 수 있다. 그리고 명문의 규정이 없는 한 형벌이 사면되어도 징계벌이 당연히 소멸되는 것은 아니다. 아울러 징계벌은 형사벌과 같이 고의나 과실 같은 책임요소를 요건으로 하지 않으며 상관에게 부하공무원의 의무위반에 대한 감독 책임도 물을 수 있다.

셋째, 내용 면에 있어서도, 징계벌은 공무원의 신분상 이익의 전부나 일부를 박탈함을 내용으로 하는 반면, 형벌은 신분상의 이익은 물론 재산상의 이익이나 자유・생명까지 박탈하는 내용을 가진다.

넷째, 성질과 부과절차 면에 있어서도, 징계벌은 행정적 제재인 반면에, 형벌은 형사적 제재이다. 따라서 징계벌의 결정권자, 즉 징계권자는 행정기관이며 징계절차라는 행정절차에 의해 부과되는데, 형사벌은 형사법원에 의해 형사소송절차에 의해 부과된다(박균성, 2011: 283~284; 홍준형, 2011: 1126~1127; 김남진 외, 2011b: 242~243).

이상에서 살펴보았듯이 결과적으로 형사벌은 일반국민을 대상으로 범죄를 억제하고 사회질서를 유지하는 기대효과를 발생시키며 징계벌은 공무원 관계의 질서유지와 기강의 확립, 공무원으로서의 법령상 의무를 이행토록 하는 효과를 가져온다. 징계벌과 형사벌의 차이를 간략하게 대비하여 아래 표와 같이 정리하였다.

표 2-3 징계벌과 형사벌의 비교

구분	징계벌	형사벌
개념	공무원의 의무위반에 대하여 공무원관계의 질서유지와 기강 확립을 위해 국가나 자치단체가 사용자의 지위에서 소속 직원에게 과하는 행정상 제재	일반사회의 법익을 침해하고 사회를 해체시키는 반인륜적·반사회적 행위들을 처벌하는 것
대상	경력직 공무원 전체와 특수경력직 공무원 중 별정직·계약직 공무원	일반국민
근거법	공무원신분보장의 견지에서 징계의 사유와 절차, 효력 등을 법령(공무원 징계령 등)에서 직접 규정하고 있음	죄형법정주의 원칙에 따라 법적 근거가 필요하며 원칙적으로 형법 등의 처벌법규와 형사소송법의 절차에 따름
내용	파면, 해임, 강등, 정직, 감봉, 견책	사형, 징역, 금고, 자격상실, 자격정지, 벌금, 구류, 과료, 몰수
처벌 주체	중앙부처의 장, 지방자치단체의 장 등 (당해 공무원에 대한 인사권자의 처분)	국가 (법원의 판결)
진행 절차	비위사실 적발 → 징계의결 요구 → 징계의결 → 의결통고 → 징계집행	입건 → 수사 → 검찰에 송치 → 기소 → 재판 → 확정 → 형집행
대상 비위	중대한 과실, 직무태만, 소행불량 등 예) 금품수수, 품위손상 등	반인륜적, 반사회적 행위 등 예) 살인, 강도, 폭행 등
기대 효과	공무원 관계의 질서유지, 기강 확립, 공무원으로서의 의무이행	범죄를 억제하고 사회 질서를 유지

대법원 판례

| 징계와 형벌(형사재판 계류 중이라 하더라도 징계처분이 가능함) |

징계관리에 관한 지방공무원법 제73조 제1항에는 감사원에서 조사 중인 사건에 대하여 징계절차를 진행하지 못한다고만 규정되어 있을 뿐 형사사건으로 조사나 기소 중인 사실에 관해서도 징계절차를 진행할 수 없다는 취지는 규정되어 있지 아니하므로 비위사건에 관하여 현재 형사사건으로 기소되어 재판계류 중이라 하더라도 형사사건의 귀추를 기다릴 것 없이 징계처분을 할 수 있음은 물론, 징계와 형벌은 그 권력의 기초, 목적, 내용 및 그 사유를 각각 달리하는 것이므로 형사재판의 결과는 징계사유의 인정에 방해가 되지 아니한다(대법원 1982.9.14. 선고 82누46 판결, 파면처분취소).

| 행정벌과 형벌(형사재판 계류 중이라 하더라도 행정처분이 가능함) |

일정한 법규위반 사실이 행정처분의 전제사실이 되는 한편 이와 동시에 형사법규의 위반사실이 되는 경우에 행정처분과 형벌은 각기 그 권력적 기초, 대상, 목적을 달리하고 있으므로 동일한 행위에 관하여 독립적으로 행정처분이나 형벌을 과하거나 이를 병과할 수 있는 것이고 법규가 예외적으로 형사소추선행의 원칙을 규정하고 있지 아니한 이상 형사판결 확정에 앞서 일정한 위반사실을 들어 행정처분을 하였다고 하여 절차적 위반이 있다고 할 수 없다(대법원 1986.7.8. 선고 85누1002 판결, 영업정지처분취소).

제2절 그 밖에 의사에 반하는 불리한 처분

국가공무원법 제9조는 소청심사의 대상을 '공무원의 징계처분과 그 밖에 그 의사에 반하는 불리한 처분이나 부작위'로 정하고, 같은 법 제75조에서 '징계처분 이외에 강임·휴직·직위해제 또는 면직처분'을 할 때에는 처분사유를 적은 설명서를 교부(交付)하도록 규정하고 있다.

징계처분과 강임·휴직 등 법령에서 명시적으로 정한 사항은 논란이 있을 수 없으나, 소청심사의 대상이 되는 '그 밖에 그 의사에 반하는 불리한 처분'이 무엇인지에 대해서는 소청심사위원회와 법원이 견해를 달리할 수 있는 등 논란의 소지가 있는 실정이다. 이 절에서는 징계처분 이외에 공무원의 의사에 반하는 불리한 처분에 관하여 살펴본다.

1. 강 임

'강임(降任)'이란 같은 직렬 내에서 하위 직급에 임명하거나 하위 직급이 없어 다른 직렬의 하위 직급으로 임명하거나 고위공무원단에 속하는 일반직공무원(특수 업무 분야에 종사 또는 연구·지도·특수기술 직렬의 공무원 등 1~9급까지의 계급 구분을 적용하지 아니하는 공무원은 제외한다)을 고위공무원단 직위가 아닌 하위 직위에 임명하는 것을 말한다(국공법 제5조 제4호).

임용권자는 직제 또는 정원의 변경이나 예산의 감소 등으로 직위가 폐직되거나 하위의 직위로 변경되어 과원이 된 경우 또는 본인이 동의한 경우에는 소속 공무원을 강임할 수 있고, 이에 따라 강임된 공무원은 상위 직급 또는 고위공무원단 직위에 결원이 생기면 법 제40조·제40조의2·제40조의4 및 제41조에도 불구하고 우선 임용된다. 다만, 본인이 동의하여 강임된 공무원은 본인의 경력과 해당 기관의 인력 사정 등을 고려하여 우선 임용될 수 있다(국공법 제73조의4).

위와 같은 사유에 따르지 아니하고는 본인의 의사에 반하여 강임을 당하지 아니하므로(국공법 제68조), 의사에 반한 '강임처분'을 받았을 경우에 소청심사 등의 불복절차를 진행할 필요가 있다.

국가공무원법

제73조의4(강임) ① 임용권자는 직제 또는 정원의 변경이나 예산의 감소 등으로 직위가 폐직되거나 하위의 직위로 변경되어 과원이 된 경우 또는 본인이 동의한 경우에는 소속 공무원을 강임할 수 있다.

② 제1항에 따라 강임된 공무원은 상위 직급 또는 고위공무원단 직위에 결원이 생기면 제40조·제40조의2·제40조의4 및 제41조에도 불구하고 우선 임용된다. 다만, 본인이 동의하여 강임된 공무원은 본인의 경력과 해당 기관의 인력 사정 등을 고려하여 우선 임용될 수 있다.

---

2. 휴　　직

휴직에는 공무원 본인의 원에 의하여 휴직하게 되는 청원휴직과 임용권자가 본인의 의사에도 불구하고 휴직을 명하는 직권휴직이 있다. 휴직 중인 공무원은 신분은 보유하나 직무에 종사하지 못하고, 휴직 기간 중 그 사유가 없어지면 30일 이내에 임용권자 또는 임용제청권자에게 신고하여야 하며 임용권자는 지체 없이 복직을 명하여야 한다. 휴직 기간이 끝난 공무원이 30일 이내에 복귀 신고를 하면 당연히 복직된다(국공법 제73조).

소청심사는 공무원이 그 의사에 반하는 불리한 처분에 대하여 제기할 수 있는 것이므로, 육아휴직 등 본인의 원에 의한 휴직 신청을 임용권자가 불허하는 때에도 소청심사를 청구할 수 있겠으나 이러한 경우는 극히 예외적인 사항에 해당하고, 주로 본인의 의사에 반하는 직권휴직처분을 받았을 때에 소청심사를 통한 불복절차가 필요하게 된다.

국가공무원법

제71조(휴직) ① 공무원이 다음 각 호의 어느 하나에 해당하면 임용권자는 본인의 의사에도 불구하고 휴직을 명하여야 한다.

1. 신체·정신상의 장애로 장기 요양이 필요할 때
2. 삭제 <1978.12.5>
3. 병역법에 따른 병역 복무를 마치기 위하여 징집 또는 소집된 때
4. 천재지변이나 전시·사변, 그 밖의 사유로 생사(生死) 또는 소재(所在)가 불명확하게 된 때
5. 그 밖에 법률의 규정에 따른 의무를 수행하기 위하여 직무를 이탈하게 된 때
6. 공무원의 노동조합 설립 및 운영 등에 관한 법률 제7조에 따라 노동조합 전임자로 종사하게 된 때

② 임용권자는 공무원이 다음 각 호의 어느 하나에 해당하는 사유로 휴직을 원하면 휴직을 명할 수 있다. 다만, 제4호의 경우에는 대통령령으로 정하는 특별한 사정이 없으면 휴직을 명하여야 한다.

1. 국제기구, 외국 기관, 국내외의 대학·연구기관, 다른 국가기관 또는 대통령령으로 정하는 민간기업, 그 밖의 기관에 임시로 채용될 때
2. 국외 유학을 하게 된 때
3. 중앙인사관장기관의 장이 지정하는 연구기관이나 교육기관 등에서 연수하게 된 때
4. 만 8세 이하(취학 중인 경우에는 초등학교 2학년 이하를 말한다)의 자녀를 양육하기 위하여 필요하거나 여성공무원이 임신 또는 출산하게 된 때
5. 사고나 질병 등으로 장기간 요양이 필요한 부모, 배우자, 자녀 또는 배우자의 부모를 간호하기 위하여 필요한 때
6. 외국에서 근무·유학 또는 연수하게 되는 배우자를 동반하게 된 때

③ 제1항과 제2항의 휴직 제도 운영에 관하여 필요한 사항은 국회규칙, 대법원규칙, 헌법재판소규칙, 중앙선거관리위원회규칙 또는 대통령령으로 정한다.

④ 임용권자는 제2항 제4호에 따른 휴직을 이유로 인사에 불리한 처우를 하여서는 아니 된다.

---

3. 직위해제

직위해제는 일반적으로 공무원이 직무수행능력이 부족하거나 근무성적이 극히 불량한 경우, 공무원에 대한 징계절차가 진행중인 경우, 공무원이 형사사건으로 기소된 경우 등에 있어서 당해 공무원이 장래에 있어서 계속 직무를 담당하게 될 경우 예상되는 업무상의 장애 등을 예방하기 위하여 일시적으로 당해 공무원에게 직위를 부여하지 아니함으로써 직무에 종사하지 못하도록 하는 잠정적인 조치로서의 보직의 해제를 의미하므로 과거의 공무원의 비위행위에 대하여 내부질서 유지를 목적으로 행하여지는 징벌적 제재로서의 징계와는 그 성질이 다르다(대판 2003두5945 참조).

현행 국가공무원법은 직위해제의 사유를 크게 네 가지로 정하고 있고(국공법 제73조의3), 이에 대한 판례와 소청례가 비교적 많이 형성되어 있다.

국가공무원법

제73조의3(직위해제) ① 임용권자는 다음 각 호의 어느 하나에 해당하는 자에게는 직위를 부여하지 아니할 수 있다.

1. 삭제 <1973.2.5>
2. 직무수행 능력이 부족하거나 근무성적이 극히 나쁜 자
3. 파면・해임・강등 또는 정직에 해당하는 징계 의결이 요구 중인 자
4. 형사 사건으로 기소된 자(약식명령이 청구된 자는 제외한다)
5. 고위공무원단에 속하는 일반직공무원으로서 제70조의2 제1항 제2호 및 제3호의 사유로 적격심사를 요구받은 자

② 제1항에 따라 직위를 부여하지 아니한 경우에 그 사유가 소멸되면 임용권자는 지체 없이 직위를 부여하여야 한다.

③ 임용권자는 제1항 제2호에 따라 직위해제된 자에게 3개월의 범위에서 대기를 명한다.

④ 임용권자 또는 임용제청권자는 제3항에 따라 대기 명령을 받은 자에게 능력 회복이나 근무성적의 향상을 위한 교육훈련 또는 특별한 연구과제의 부여 등 필요한 조치를 하여야 한다.

⑤ 공무원에 대하여 제1항 제2호와 제3호 또는 제4호의 직위해제 사유가 경합하면 제3호 또는 제4호의 직위해제 처분을 하여야 한다.

소청례

| 처분사유통보를 흠결한 직위해제처분(취소 결정) |

직무수행능력 부족과 근무성적 불량을 사유로 하는 직위해제의 경우 임용권자의 주관적 판단이 개입할 여지가 많고 징계처분의 전단계로 남용될 소지도 있으므로 신중하게 적용할 필요가 있다고 할 것이며, 직위해제 사유 통보에 관한 위 규정의 취지는 이러한 점을 감안하여 본인에게 직위해제를 당하게 된 경위를 알리도록 하여 그에 대한 불복의 기회를 보장함과 아울러 인사권자로 하여금 직위해제사유의 존부를 신중하고 합리적으로 판단하게 하여 그 자의를 배제하도록 함으로써 직위해제에 관한 권한 행사의 적정을 기하려는 데 있고, 또 직위해제의 경우에는 징계의 경우와는 달리 해당 직원이 자신에게 유리한 진술을 할 사전의 기회나 공정한 심의를 받을 수 있는 길이 마련되어 있지 아니하여 위 국가공무원법 제75조의 취지가 새삼 강조되어야 할 것이라는 점 등을 종합하여 보면 처분사유통보를 흠결한 직위해제는 그 효력이 부정되어진다고 보아야 할 것이다(같은 취지: 대법원 1992.7.28. 선고 91다30729 판결). 이 사건의 경우 '직위해제처분 사유설명서(1999.10.24.)'를 보면 처분청은 구체적인 처분사유의 설명이 없이 국가공무원법 제73조의2(현 제73조의3) 제1항 제2호를 그 처분 이유로 통보한 사실을 알 수 있는데, 이는 인사발령통지와 동일한 내용으로서 처분의 법적근거를 통보한 것일 뿐 처분청이 소청인에 대하여 위와 같은 직위해제처분 사유에 해당되는 자라고 판단하게 된 구체적인 이유를 통보한 것으로 보기는 어렵다고 하겠음(소청사건 99-966).

| 직무수행능력이 부족하다고 보기 어렵다고 결정한 사례(취소 결정) |

피소청인이 소청인의 직무수행능력 부족을 이유로 직위해제 처분한 부분에 대해서는, 소청인의 직무수행능력이 부족한지 여부는 그 기준이 되는 직무성과계약평가, 근무성적평정 등의 결과에 의해 판단하여야 할 것인데, 소청인의 경우는 그러한 평가결과에 대한 근거자료가 없어 직무수행능력 부족 여부를 판단하기가 곤란하나 소청인의 과거 포상 수상실적과 현 직위까지의 보직경로, 기타 ○○본부장 재임시의 주요업무실적 등에 비추어 직무수행능력이 부족하다고는 볼 수 없을 것이며, 이번 사고가 소청인의 직무수행능력 부족이 직접적인 원인이 되어 발생하였다고는 보기 어렵고 이와 관련된 대법원의 판례도 같은 취지임을 고려해 볼 때, 피소청인이 국가공무원법 제73조의3 제1항 제2호의 규정을 적용하여 소청인을 직위해제 처분한 것은 위법·부당하다고 판단함(소청사건 07-193).

| 중징계의결 요구를 이유로 행한 직위해제처분의 적정성 판단사례(기각 결정) |

진정사건에 대한 조사가 충분히 실시되었던 것으로 보이는 점, 위와 같이 조사를 실시한 후 소청인에게 중징계사유가 있다고 판단하여 중징계의견으로 징계의결요구를 한 것은 징계의결요구권자의 정당한 행위였던 것으로 보이는 점, '중징계의결이 요구 중인 자'에 대하여 직위해제처분을 할 것인지 여부는 소속공무원에 대하여 지휘감독권을 가진 임용권자의 재량에 속하는 사항으로서 처분청에서도 2008.11.19. 소속공무원에 대한 경각심 고취 및 유사사례 예방 등을 목적으로 '비위혐의 공무원에 대한 조치계획'을 수립하여 임용권자인 장관의 결재를 받은 후 2008.11.19.자 이 사건 직위해제처분을 하게 되었던 것이라는 점 등을 종합해 볼 때, 본건 직위해제처분은 형식적·절차적 요건을 모두 갖춘 인사상의 처분으로서 여기에 피소청인이 재량권을 일탈하였거나 남용하였다고 볼 만한 사정이 있었다고 보기는 어려움(소청사건 08-639).

대법원 판례

| 군무원에 대한 직권면직사유인 군무원인사법 제16조 제1항 제2호의 "근무성적이 극히 불량한 때"에 해당하기 위한 요건 |

군무원인사법 제16조 제1항 제2호, 같은법시행령 제14조 제3호, 제47조, 같은 법 시행규칙 제19조 제3항의 각 규정취지에 의하면, 군무원에 대한 직권면직사유인 위 법 제16조 제1항 제2호 소정의 "근무성적이 극히 불량한 때"에 해당하려면 그 평정이 객관적으로 공정하게 이루어져야 하고, 근무평정결과에 비추어 피평정자가 그 직무를 감당할 자질과 능력이 있을지 의심될 정도로 평소의 근무태도가 지극히 불성실하다는 점이 인정되는 경우라야 하고 따라서 그 평정의 공정성에 의심이 있거나 평소의 직무수행이 성실하였다고 인정되는 경우에는 단지 위 시행령 제14조 제3호, 위 시행규칙 제19조 제3항이 규정하는 계속적인 최하위등급평정 2회라는 사유만으로써 위 면직사유의 요건이 충족되는 것은 아니다(대법원 1989.10.10. 선고 89누1605 판결, 면직처분취소).

| 동일사유로 직위해제처분하고 다시 감봉처분을 한 경우와 일사부재리원칙 |

직위해제처분이 공무원에 대한 불이익한 처분이긴 하나 징계처분과 같은 성질의 처분이라 할 수 없으므로 동일한 사유로 직위해제 처분을 하고 다시 감봉처분을 하였다 하여 일사부재리원칙에 위배된다 할 수 없다(대법원 1983.10.25. 선고 83누184 판결, 감봉처분취소).

| 직위해제처분을 한 후 동일한 사유로 징계처분을 한 경우, 직위해제처분의 효력이 상실되는지 여부(적극) 및 이때 직위해제처분의 무효확인을 구할 이익이 있는지 여부(원칙적 소극) |

직위해제처분은 그 근로자로서의 지위를 그대로 존속시키면서 다만 그 직위만을 부여하지 아니하는 처분이므로 만일 어떤 사유에 기하여 근로자를 직위해제한 후 그 직위해제 사유와 동일한 사유를 이유로 징계처분을 하였다면 뒤에 이루어진 징계처분에 의하여 그 전에 있었던 직위해제처분은 그 효력을 상실한다고 할 것이고, 이와 같이 직위해제처분이 효력을 상실한 경우에는, 인사규정 등에 의하여 승진·승급에 제한이 가하여지는 등의 특별한 사정이 없는 한, 그 무효확인을 구할 이익은 없다고 할 것이다(대법원 2007.12.28. 선고 2006다33999 판결, 직위해제및정직무효확인등).

| 구 국가공무원법 제73조의2 제1항 제4호에 의한 직위해제처분의 위법여부의 판단기준 |

헌법 제27조 제4항은 형사피고인은 유죄의 판결이 확정될 때까지는 무죄로 추정된다고 규정하고 있고, 구 국가공무원법(1994.12.22. 법률 제4829호로 개정되기 전의 것) 제73조의2 제1항 제4호에 의한 직위해제제도는 유죄의 확정판결을 받아 당연퇴직되기 전단계에서 형사소추를 받은 공무원이 계속 직위를 보유하고 직무를 수행한다면 공무집행의 공정성과 그에 대한 국민의 신뢰를 저해할 구체적인 위험이 생길 우려가 있으므로 이를 사전에 방지하고자 하는 데 그 목적이 있는바, 헌법상의 무죄추정의 원칙이나 위와 같은 직위해제제도의 목적에 비추어 볼 때, 형사사건으로 기소되었다는 이유만으로 직위해제처분을 하는 것은 정당화될 수 없고, 당사자가 당연퇴직 사유인 국가공무원법 제33조 제1항 제3호 내지 제6호에 해당하는 유죄판결을 받을 고도의 개연성이 있는지 여부, 당사자가 계속 직무를 수행함으로 인하여 공정한 공무집행에 위험을 초래하는지 여부 등 구체적인 사정을 고려하여 그 위법 여부를 판단하여야 할 것이다.
단순히 일반 형사사건이 아닌 국가보안법위반으로 기소되었다는 사유만으로 구 국가공무원법 제73조의2 제1항 제4호에 의하여 직위해제처분을 한 것이 재량권의 범위를 일탈·남용하였다고 본 사례(대법원 1999.9.17. 선고 98두15412 판결, 직위해제처분취소).

| 형사사건으로 기소된 공무원의 유·무죄와 직위해제와의 관계 | (※ 적용 불가 판례)

공무원이 형사사건으로 기소되면 임용권자는 국가공무원법 제73조의2 제1항 제4호에 의하여 그 사건의 유·무죄에 관계없이 일단 당연히 그 직위를 해제하여야 한다고 할 것이고, 또 위 규정이 헌법 제26조 제4항(무죄추정의 원칙)에 위반된다고도 볼 수 없다(대법원 1987.5.26. 선고 87누60 판결, 직위해제처분취소).

※ 위 적용 불가 판례의 근거가 된 구 국가공무원법 제73조의2 제1항 단서의 규정(1994.12.22. 법률 제4829호로 개정되기 이전의 것)[20]은 아래의 헌법재판소 결정(96헌가12)으로 헌법에 위반된다는 결정이 있었고, 이 부분 국가공무원법의 개정 이후에는 "유죄판결을 받을 고도의 개연성이 있는지 여부, 당사자가 계속 직무를 수행함으로 인하여 공정한 공무집행에 위험을 초래하는지 여부 등 구체적인 사정을 고려하여 그 위법 여부를 판단하여야 한다"는 위 판례(98두15412)가 형성되어 있으므로, 이 판례는 더 이상 원용될 수 없는 것이나 현재 대법원 홈페이지에서 계속 사례로 검색됨에 따라 참고용으로 기술하였다.

헌재판례

| 형사사건으로 기소되면 필요적으로 직위해제처분을 하도록 한 국가공무원법 규정의 위헌 여부(적극) |

형사사건으로 기소되기만 하면 그가 국가공무원법 제33조 제1항 제3호 내지 제6호에 해당하는 유죄판결을 받을 고도의 개연성이 있는가의 여부에 무관하게 경우에 따라서는 벌금형이나 무죄가 선고될 가능성이 큰 사건인 경우에 대해서까지도 당해 공무원에게 일률적으로 직위해제처분을 하지 않을 수 없도록 한 이 사건 규정은 헌법 제37조 제2항의 비례의 원칙에 위반되어 직업의 자유를 과도하게 침해하고 헌법 제27조 제4항의 무죄추정의 원칙에도 위반된다.
입법자가 임의적 규정으로도 법의 목적을 실현할 수 있는 경우에 구체적 사안의 개별성과 특수성을 고려할 수 있는 가능성을 일체 배제하는 필요적 규정을 둔다면, 이는 비례의 원칙의 한 요소인 '최소침해성의 원칙'에 위배된다(1998.5.28. 96헌가12 전원재판부).

4. 면　　직

장래에 향하여 공무원 관계를 소멸시키는 면직에는 공무원 본인의 의사표시

---

20) 구 국가공무원법 제73조의2(직위의 해제) ① 임용권자 또는 임용제청권자는 다음 각호의 1에 해당하는 자에 대하여는 직위를 부여하지 아니할 수 있다. 다만, 제4호에 해당하는 자에 대하여는 직위를 부여하여서는 아니된다. <개정 1973.2.5, 1982.12.28, 1991.5.31>
4. 형사사건으로 기소된 자(약식명령이 청구된 자는 제외한다)

에 따른 의원면직과 임용권자가 강제적으로 행하는 직권면직이 있다.

의원면직은 공무원 본인이 자신의 뜻에 따라 스스로 공무원직을 그만두는 것이므로 원칙상 소청심사의 대상이 되지 않는 것이고(외부의 강박에 의하여 사직원을 제출한 경우 등은 소청심사의 대상이 될 수 있다), 자신의 의사에 반하는 불리한 처분, 즉 직권면직을 당하는 처분을 받은 경우에 소청심사를 청구할 수 있다.

가. 직권면직

현행 법령에는 직제와 정원의 개폐 또는 예산의 감소 등에 따라 폐직(廢職) 또는 과원(過員)이 되었을 때와 직무능력이 현저히 떨어지는 경우 등 여러 사유를 직권면직의 사유로 정하고 있는바, 이에 따른 불이익이 배제징계에 못지않을 만큼 크므로 엄격한 면직처분의 절차를 규정하고 있다. 이러한 절차를 위반하여 무리하게 직권면직처분을 한 경우 또는 재량권을 현저히 남용하여 직권면직에 이른 경우 등이 쟁송절차에서 구제될 수 있다.

국가공무원법

제70조(직권 면직) ① 임용권자는 공무원이 다음 각 호의 어느 하나에 해당하면 직권으로 면직시킬 수 있다.

1~2. 삭제 <1991.5.31>

3. 직제와 정원의 개폐 또는 예산의 감소 등에 따라 폐직(廢職) 또는 과원(過員)이 되었을 때
4. 휴직 기간이 끝나거나 휴직 사유가 소멸된 후에도 직무에 복귀하지 아니하거나 직무를 감당할 수 없을 때
5. 제73조의3 제3항에 따라 대기 명령을 받은 자가 그 기간에 능력 또는 근무성적의 향상을 기대하기 어렵다고 인정된 때
6. 전직시험에서 세 번 이상 불합격한 자로서 직무수행 능력이 부족하다고 인정된 때
7. 징병검사·입영 또는 소집의 명령을 받고 정당한 사유 없이 이를 기피하거나 군복무를 위하여 휴직 중에 있는 자가 군복무 중 군무(軍務)를 이탈하였을 때
8. 해당 직급에서 직무를 수행하는 데 필요한 자격증의 효력이 없어지거나 면허가 취소되어 담당 직무를 수행할 수 없게 된 때
9. 고위공무원단에 속하는 공무원이 제70조의2에 따른 적격심사 결과 부적격 결정을 받

은 때

② 임용권자는 제1항 제3호부터 제8호까지의 규정에 따라 면직시킬 경우에는 미리 관할 징계위원회의 의견을 들어야 한다. 다만, 제1항 제5호에 따라 면직시킬 경우에는 징계위원회의 동의를 받아야 한다.

③ 임용권자나 임용제청권자는 제1항 제3호에 따라 소속 공무원을 면직시킬 때에는 임용형태, 업무 실적, 직무수행 능력, 징계처분 사실 등을 고려하여 면직 기준을 정하여야 한다.

④ 제3항에 따른 면직 기준을 정하거나 제1항 제3호에 따라 면직 대상자를 결정할 때에는 임용권자 또는 임용제청권자(임용권자나 임용제청권자가 분명하지 아니하면 중앙인사관장기관의 장을 말한다)별로 심사위원회를 구성하여 그 심사위원회의 심의·의결을 거쳐야 한다.

⑤ 제4항에 따른 심사위원회의 위원장은 임용권자 또는 임용제청권자가 되며, 위원은 면직 대상자보다 상위 계급자 또는 고위공무원단에 속하는 일반직공무원 중에서 위원장이 지명하는 5명 이상 7명 이내로 구성하되, 면직 대상자의 상위 계급자 또는 고위공무원단에 속하는 일반직공무원을 우선하여 지명하여야 한다. 다만, 상위 계급자 또는 고위공무원단에 속하는 일반직공무원이 부족하면 4명 이내로 구성할 수 있다.

⑥ 제1항 제4호에 따른 직권 면직일은 휴직 기간이 끝난 날 또는 휴직 사유가 소멸한 날로 한다.

소청례

| 절차상 하자있는 직권면직 사례(취소 결정) |

직제와 정원의 개폐(국공법 제70조 제1항 제3호)로 인한 직권면직대상자를 결정함에 있어 그 심사위원회는 임용권자 또는 임용제청권자가 위원장이 되고, 위원은 면직대상자보다 상위직급자 5인 내지 7인으로 하여야 하며, 관할징계위원회의 의견을 들어야 함에도, 심사위원회 위원장으로 임용권자가 참여하지 않고 임용권자가 지명한 7인의 위원으로 구성한 평가위원회에서 대상자를 결정하여 이에 대해 상급기관에 설치된 보통징계위원회의 동의를 얻어 직권면직 처분을 한 것은 평가위원회 구성원의 수 및 심사위원회에 임용권자가 포함되지 아니한 점으로 볼 때 국가공무원법상 직권면직심사위원회라 할 수 없고, 위 보통징계위원회는 직권면직에 관한 동의권이 없는 기관임이 규정상 명백하여 결과적으로 권한없는 자의 결정에 의한 처분이라 아니할 수 없으므로 동 처분을 취소함(소청사건 99-311).

| 내용과 절차상 하자가 없는 직권면직사례(기각 결정) |

운전원에게 운전면허의 취득 및 보유는 공무원으로 임용되기 위한 자격요건일 뿐만 아니라 임용된 후에도 공무원 신분을 유지하기 위하여 요구되는 필수요건이므로, 소청인은 음주운전으로 운전면허가 취소되어 위 요건의 흠결로 인하여 사실상 직무를 수행할 수 없게 되었고, 이러한 요건의 흠결이 소청인이 회피할 수 없는 다른 원인에 의한 것이 아니라 음주운전이라는 소청인의 중대한 과실행위에서 비롯되었으며, 면허취소와 관련한 구제절차인 행정심판 및 취소소송 모두 기각된 상황에서 소청인이 특별 사면으로 인하여 2008.6.25. 운전면허를 다시 취득한 사실로 직권면직처분 당시로 소급하여 소청인의 직권면직 사유인 자격요건의 흠결을 치유하였다고 볼 수 없다고 판단되며, 또한 처분청에서 직권면직을 결정하면서 관할 징계위원회로부터 동 처분이 정당하다는 의견을 듣고서 내린 결정이므로 결정의 내용과 절차에 특별한 하자가 없는 점 등을 살펴볼 때 소청인에 대한 직권면직이 부당하다고 볼 여지가 없어 소청인에 대한 피소청인의 직권면직처분은 정당한 처분이라고 판단(소청사건 08-293).

대법원 판례

| 국가공무원법 제70조 제3항 소정의 '임용형태·업무실적·직무수행능력·징계처분사실'을 고려하지 아니한 채 이와는 다른 기준을 정하여 한 면직처분은 위법함 |

국가공무원법 제70조 제1항 제3호는 직제와 정원의 개폐 또는 예산의 감소 등에 의하여 폐직 또는 과원이 되었을 때에는 임용권자는 공무원을 직권에 의하여 면직시킬 수 있다고 규정하는 한편, 1998.2.24. 법률 제5527호로 신설된 같은 조 제3항에서 임용권자는 임용형태·업무실적·직무수행능력·징계처분사실 등을 고려하여 면직기준을 정하도록 규정하고 있는바, 이는 합리적인 면직기준을 구체적으로 법률로 규정하여 객관적이고 공정한 기준에 의하지 아니한 자의적인 직권면직을 제한함으로써 직업공무원의 신분을 두텁게 보장하려는 데 그 취지가 있다고 할 것이므로, 위 법조항에 정해진 기준인 '임용형태·업무실적·직무수행능력·징계처분사실'을 고려하지 아니한 채 이와는 다른 기준을 정하여 한 면직처분은 이를 정당화할 만한 특별한 사정이 없는 한 위법하다고 보아야 한다.

국립대학교총장이 기능직공무원을 단지 '휴직자와 정년이 가까운 자'를 면직 우선 대상자로 한다는 기준만을 정하여 면직처분을 한 경우, 이는 국가공무원법 제70조 제3항의 규정에 반하는 위법한 처분이라고 한 사례(대법원 2002.9.27. 선고 2002두3775 판결, 직권면직처분취소).

나. 의원면직

형식상 의원면직으로 처리된 경우라 하더라도 그 사직원의 제출이 본인의 자유로운 의사표시에 의한 것이 아니라 외부의 강박행위 등에 따른 것이거나, 임용권자의 의원면직처분이 있기 전까지 그 사직의 철회의사가 적법하게 도달한 경우 등 타당한 사유가 있을 때에는 당해 의원면직처분이 그 의사에 반하는 불리한 처분에 해당할 수 있으므로 소청심사의 대상이 될 수 있다.

다만, 사직원 제출 이후에 이에 터잡아 행해진 의원면직처분이 자신의 의사에 반하는 불리한 처분에 해당함을 입증하기는 매우 어려운 일이므로 진의 아닌 사직서를 제출하는 일이 없어야 할 것이고, 공무원이 사직원을 제출하였어도 임용권자의 수리행위가 있을 때까지는 공무원관계가 존속되므로 수리되기 전에 직장을 떠나는 것은 무단결근으로 처리되어 징계의 대상이 됨을 유의해야 한다.

소청례

| 의원면직처분의 하자(취소 결정) |

감사담당 직원이 "만약 사표를 내지 않으면 더 큰 금품수수 건이 몇 건 더 있는데 그것으로 구속을 시켜버리겠다"라고 구체적인 내용을 밝힘이 없이 조사 중인 비위 외에도 더 중한 다른 비위가 있음을 주장하면서 사직서 제출을 요구한 행위는 감찰조사 중인 비위에 따른 "객관적 상황을 고지한 것"을 넘어서서 소청인들이 사직서를 제출하지 않을 경우 소청인들로서는 구체적인 내용은 물론 그 존재여부도 확인이 불가능한 비위를 근거로 하여 검찰수사 등 불이익한 상황이 도래하도록 할 의지를 가지고 있다고 경고한 것이 되므로 소청인들에게 사실상 강박으로 작용했을 개연성이 큰 것으로 보여 원처분에 취소 사유가 될 수 있는 하자가 있는 것으로 판단되며, 처분청에서 소청인들의 비위를 인정한다면 본건 비위와 관련된 징계절차를 진행하여 적법한 징계처분이 이루어지도록 하는 것이 바람직하다고 판단되고, 국가기관에서 공무원의 비위사실이 적발되었음에도 불구하고 사회적으로 물의가 야기될 것을 우려하여 의원면직의 형식을 빌려 징계절차 없이 관련 공무원을 공직에서 배제시키거나, 파면 등의 징계처분이 예상되는 경우 관련 공무원이 퇴직금 수령 등에 있어서 불이익을 받지 않도록 온정적인 조치를 취하기 위하여 의원면직을 이용하는 일이 없도록 인사관행을 바로잡아 공정하고 투명한 인사운영이 이루어지도록 하는 것이 바람직하다고 판단되어 원처분을 취소함(소청사건 06-213, 226).

| 의원면직 발령 후 사직의사 철회요청이 된 경우(기각 결정) |

소청인의 사직서 제출은 '감사기관이나 상급관청 등의 강박'에 의한 것이 아니었고 소청인의 자유로운 의사결정에 의해 이루어진 것이며, 소청인은 건강상의 이유로 사직서를 제출한 이후 인사담당자에게 전화로 사직서 철회를 요청하였으나 철회를 요청한 때에는 이미 결재가 완료되어 의원면직 발령이 난 상태였는바, 대법원 판례에 따르면 '공무원이 한 사직의 의사표시는 그에 터잡은 의원면직처분이 있을 때까지는 원칙적으로 이를 철회할 수 있는 것이지만, 다만 의원면직처분이 있기 전이라도 사직의 의사표시를 철회하는 것이 신의칙에 반한다고 인정되는 특별한 사정이 있는 경우에는 그 철회는 허용되지 아니 한다'고 판시(대법원 1993.7.27, 선고 92누16942 판결)하고 있는 점을 볼 때 소청인의 사직의사는 철회될 수 없다 하겠음(소청사건 07-3).

대법원 판례

| 공무원이 일정시기까지 수리를 보류해 줄 것을 당부하면서 작성일자를 기재 않은 사직서를 제출한 경우 행정청이 바로 그 사직서를 수리하여 행한 면직처분의 당부 |

국가 또는 지방자치단체의 공무원이 사직의 의사를 표시하여 의원면직처분을 하는 경우에 그 사직의 의사표시는 그 법률관계의 특수성에 비추어 객관적으로 표시된 바를 존중하여야 할 것이므로, 공무원이 사회적 물의로 징계파면이 될 경우 퇴직금조차 받지 못하게 될 것을 우려하여 일정시기까지 사표수리를 보류해 줄 것을 당부하면서 작성일자를 기재하지 아니한 사직서를 작성 제출한 경우, 행정청이 그 시기까지 기다리지 않고 바로 그 사표를 수리하고 면직처분을 하였다 하여 그 면직처분에 하자가 있다고 할 수 없다(대법원 1986.8.19. 선고 86누81 판결, 의원면직처분취소).

| 근로자가 사직원의 제출방법에 의하여 근로계약관계의 합의해지를 청약하고 이에 대하여 사용자가 승낙함으로써 당해 근로관계를 종료시키게 되는 경우에 근로자가 위 사직의 의사표시를 철회할 수 있는지 여부 |

근로자가 일방적으로 근로계약관계를 종료시키는 해약의 고지방법에 의하여 임의사직하는 경우가 아니라, 근로자가 사직원의 제출방법에 의하여 근로계약관계의 합의해지를 청약하고 이에 대하여 사용자가 승낙함으로써 당해근로관계를 종료시키게 되는 경우에 있어서는, 근로자는 위 사직원의 제출에 따른 사용자의 승낙의사가 형성되어 확정적으로 근로계약 종료의 효과가 발생하기 전에는 그 사직의 의사표시를 자유로이 철회할 수 있다고 보아야 할 것이며, 다만 근로계약 종료의 효과발생 전이라고 하더라도 근로자가 사직의 의사표시를 철회하는 것이 사용자에게 불측의 손해를 주는 등 신의칙에 반한다고 인정되는 특별한 사정이 있는 경우에 한하여 그 철회가 허용되지 않는다고 해석함이 상당하다.
교사가 교직의 계속적인 수행이 어려워 사직하기로 결심하고 작성일자를 3개월 뒤로 한 사직원을 제출하였다가 사직원의 작성일자 이전에 학교측에 대하여 다시 근무할 것을 희망하는 의사를 밝혔으나 학교측이 위 사직원을 근거로 면직처분을 하였다면, 위 사직원 제출은 사용자에 대하여 근로계약관계의 합의해지를 청약한 경우에 해당한다고 볼 것이고, 학교측에 대하여 다시 근무할 것을 희망하는 의사를 밝힌 것은 종전의 사직의사표시를 철회한 것으로 보아야 할 것인바, 이는 위 사직원 제출방법에 따른 근로계약관계의 종료를 위한 합의해지의 청약에 대하여 학교측의 내부적인 승낙의사가 형성되기 전에 이루어진 것으로서 특별히 위 사직의사표시의 철회를 허용하는 것이 학교측에 대한 불측의 손해를 주게 되는 등 신의칙에 반한다고 인정되는 특별한 사정이 없는 한 적법하게 그 철회의 효력이 생긴 것이라고 보아야 하고 따라서 학교측이 위 교사의 사직의사 철회 이후에 비로소 종전의 사직원에 기하여 그를 의원면직처분한 것은 무효라고 한 사례(대법원 1992.4.10. 선고 91다43138 판결, 해고무효확인등).

| ① 공무원이 사직의 의사표시를 하여 의원면직된 경우, 그 사직의 의사표시에 민법 제107조가 준용되는지 여부(소극)
② 공무원이 감사기관이나 상급관청 등의 강박에 의하여 사직서를 제출한 경우, 그 강박의 정도와 당해 사직서에 터잡은 면직처분의 효력 |

① 공무원이 사직의 의사표시를 하여 의원면직처분을 하는 경우 그 사직의 의사표시는 그 법률관계의 특수성에 비추어 외부적·객관적으로 표시된 바를 존중하여야 할 것이므로, 비록 사직원제출자의 내심의 의사가 사직할 뜻이 아니었다고 하더라도 진의 아닌 의사표시에 관한 민법 제107조는 그 성질상 사직의 의사표시와 같은 사인의 공법행위에는 준용되지 아니하므로 그 의사가 외부에 표시된 이상 그 의사는 표시된 대로 효력을 발한다.
② 사직서의 제출이 감사기관이나 상급관청 등의 강박에 의한 경우에는 그 정도가 의사결정의 자유를 박탈할 정도에 이른 것이라면 그 의사표시가 무효로 될 것이고 그렇지 않고 의사결정의 자유를 제한하는 정도에 그친 경우라면 그 성질에 반하지 아니하는 한 의사표시에 관한 민법 제110조의 규정을 준용하여 그 효력을 따져보아야 할 것이나, 감사담당 직원이 당해 공무원에 대한 비리를 조사하는 과정에서 사직하지 아니하면 징계파면이 될 것이고 또한 그렇게 되면 퇴직금 지급상의 불이익을 당하게 될 것이라는 등의 강경한 태도를 취하였다고 할지라도 그 취지가 단지 비리에 따른 객관적 상황을 고지하면서 사직을 권고·종용한 것에 지나지 않고 위

공무원이 그 비리로 인하여 징계파면이 될 경우 퇴직금 지급상의 불이익을 당하게 될 것 등 여러 사정을 고려하여 사직서를 제출한 경우라면 그 의사결정이 의원면직처분의 효력에 영향을 미칠 하자가 있었다고는 볼 수 없다(대법원 1997.12.12. 선고 97누13962 판결, 의원면직처분취소).

| 공무원의 사직 의사표시의 철회 또는 취소가 허용되는 시한(=의원면직처분시) |

공무원이 한 사직 의사표시의 철회나 취소는 그에 터잡은 의원면직처분이 있을 때까지 할 수 있는 것이고, 일단 면직처분이 있고 난 이후에는 철회나 취소할 여지가 없다.
이른바 1980년의 공직자숙정계획의 일환으로 일괄사표의 제출과 선별수리의 형식으로 공무원에 대한 의원면직처분이 이루어진 경우, 사직원 제출행위가 강압에 의하여 의사결정의 자유를 박탈당한 상태에서 이루어진 것이라고 할 수 없고 민법상 비진의 의사표시의 무효에 관한 규정은 사인의 공법행위에 적용되지 않는다는 등의 이유로 그 의원면직처분을 당연무효라고 할 수 없다고 한 사례(대법원 2001.8.24. 선고 99두9971 판결, 면직무효확인등).

하급심 판례

| 의원면직한 공무원에게 징계사유가 있었다 하여 의원면직처분을 취소하고 직위해제 후 파면처분을 한 경우, 위 각 처분의 적부 |

징계사유가 있는 공무원에 대하여 징계처분을 하지 아니하고 그가 제출한 사직원을 수리하여 의원면직처분을 하였다 하더라도 그 자체에 어떠한 하자가 있다고 볼 수 없으므로, 그 후 직권으로 의원면직처분을 취소하고 직위해제 후 파면처분을 하였다면, 위 의원면직처분을 취소한 처분은 아무런 하자도 없는 행정행위를 취소한 것이 되어 위법하고, 직위해제처분과 파면처분은 그 대상인이 공무원의 신분을 유지하는 것을 전제로 하므로, 위 의원면직취소처분이 위법하여 그 취소청구를 인용하는 이상 위 직위해제처분과 파면처분 역시 위법하다(광주고법 1991.5.16. 선고 90구911 판결, 파면처분취소).

여기에서 유의해야 할 사항은, 사직의사의 적법한 철회 또는 강박에 의한 의원면직에 해당한다는 이유 등으로 쟁송절차에서 당해 의원면직처분이 취소된 이후에, 비위사실에 대한 징계처분으로서 의원면직보다 더 불리한 해임이나 파면

처분이 행해진 경우라 하더라도 이는 별개의 처분행위로서 불이익변경금지의 원칙에 위배되지 않는다고 본다.

한편, 정부는 재직중 비위를 저지른 공무원이 형사벌이나 징계처분을 회피하기 위하여 의원면직을 하는 사례를 방지함으로써 공직기강을 확립하고 깨끗한 공직사회를 구현함을 목적으로 '비위공직자의 의원면직 처리제한에 관한 규정'을 제정하여 시행중에 있다.

비위공직자의 의원면직 처리제한에 관한 규정(대통령훈령 제143호, 2005.2.24. 제정 시행)

제3조(의원면직의 제한) 임용권자 또는 임용제청권자는 의원면직을 신청한 공무원이 다음 각 호의 어느 하나에 해당하는 때에는 의원면직을 허용하여서는 아니된다. 다만, 제1호, 제3호 및 제4호의 경우에는 당해 공무원이 공무원징계령 제1조의2 제1호에 규정된 중징계에 해당한다고 판단되는 경우에 한한다.

1. 비위와 관련하여 형사사건으로 기소중인 때
2. 징계위원회에 중징계의결 요구중인 때
3. 감사원, 검찰, 경찰 및 그 밖의 수사기관(이하 "조사 및 수사기관"이라 한다)에서 비위와 관련하여 조사 또는 수사중인 때
4. 각급 행정기관의 감사부서 등에서 비위와 관련하여 내사중인 때

제4조(의원면직 제한사유의 확인) 임용권자 또는 임용제청권자는 재직중인 공무원이 의원면직을 신청한 경우 당해 공무원이 제3조의 규정에 의한 의원면직 제한대상에 해당하는지 여부를 조사 및 수사기관의 장에게 확인하여야 한다.

대법원 판례

소청심사위원회가 절차상 하자가 있다는 이유로 의원면직처분을 취소하는 결정을 한 후 징계권자가 징계절차에 따라 당해 공무원에 대하여 징계처분을 하는 경우, 국가공무원법 제14조 제6항에 정한 불이익변경금지의 원칙이 적용되는지 여부(소극)

국가공무원법 제14조 제6항은 소청심사결정에서 당초의 원처분청의 징계처분보다 청구인에게 불리한 결정을 할 수 없다는 의미인데, 의원면직처분에 대하여 소청심사청구를 한 결과 소청심사위원회가 의원면직처분의 전제가 된 사의표시에 절차상 하자가 있다는 이유로 의원면직처분을 취소하는 결정을 하였다고 하더라도, 그 효력은 의원면직처분을 취소하여 당해 공무원으로 하여금 공무원으로서의 신분을 유

지하게 하는 것에 그치고, 이때 당해 공무원이 국가공무원법 제78조 제1항 각 호에 정한 징계사유에 해당하는 이상 같은 항에 따라 징계권자로서는 반드시 징계절차를 열어 징계처분을 하여야 하므로, 이러한 징계절차는 소청심사위원회의 의원면직처분취소 결정과는 별개의 절차로서 여기에 국가공무원법 제14조 제6항에 정한 불이익변경금지의 원칙이 적용될 여지는 없다(대법원 2008.10.9. 선고 2008두11853,11860 판결, 해임처분취소 · 파면처분취소).

다. 명예퇴직

공무원으로 20년 이상 근속(勤續)한 자가 정년 전에 스스로 퇴직하면 예산의 범위에서 명예퇴직 수당을 지급할 수 있고(국공법 제74조의2 ①항), 대통령령인 국가공무원 명예퇴직수당 등 지급 규정에 따라 정년퇴직일부터 최소한 1년 전에 스스로 퇴직하는 사람은 법령이 정하는 바에 따른 명예퇴직수당을 지급받을 수 있다. 지방공무원도 별도규정에 따라 같은 혜택이 주어진다.

국가공무원 명예퇴직수당 등 지급 규정 제3조 제3항은 명예퇴직수당의 지급대상에서 제외되는 자를 규정하고 있다. 따라서 적법요건을 갖춘 자가 명예퇴직의 신청을 하였는데도 이를 불승인할 경우 그 의사에 반한 불리한 처분에 해당하므로 이에 대하여 소청심사를 청구할 수 있다.

그러나, 당해 공무원이 명예퇴직수당을 지급받고 퇴직을 한 이후에 이미 지급한 명예퇴직수당을 환수하는 처분을 받게 되는 경우에는, 공무원 신분을 상실한 상태 또는 다른 직종의 공무원에 재임용된 상태 등의 어느 경우에 해당하더라도, 이를 인사상의 처분에 해당한다고 볼 수 없으므로 소청심사의 방식이 아닌 행정심판 또는 행정소송 등의 방식으로 다투어야 할 것이다.

국가공무원 명예퇴직수당 등 지급 규정(대통령령 제23553호, 2012.1.26, 일부개정)

제3조(명예퇴직수당의 지급대상)

③ 명예퇴직수당 지급 신청일 현재 다음 각 호의 어느 하나에 해당되는 사람은 명예퇴직수당 지급대상에서 제외한다.

1. 징계의결 요구 중인 사람 또는 징계처분으로 승진임용 제한 기간 중에 있는 사람
2. 형사사건으로 기소 중인 사람

3. 감사원 등 감사기관과 검찰 · 경찰 등 수사기관에서 비위조사 중 또는 수사 중인 사람
4. 정부기능이 이관되면서 그 이관되는 기능을 수행하는 기관의 소속 직원이 되기 위하여 퇴직하기로 예정된 사람
5. 법 제2조 및 지방공무원법 제2조에 따른 경력직공무원 및 특수경력직공무원 중 정무직공무원(선거로 임용되는 정무직공무원은 제외한다)이 되기 위하여 퇴직하기로 예정된 사람

대법원 판례

| 구 지방공무원명예퇴직수당지급규정 제3조 제3항 제4호 소정의 명예퇴직수당 지급 제외 대상인 '지방자치단체의 기능이 공사화 또는 민영화되는 경우 공사화 또는 민영화되는 기관의 소속 직원이 되기 위하여 퇴직하기로 예정된 자'의 의미 |

명예퇴직제도는 정년 이전에 퇴직하는 공무원에게 정년 이전의 퇴직으로 받게 되는 불이익, 즉 계속 근로로 받을 수 있는 수입의 상실이나 새로운 직업을 얻기 위한 비용지출 등에 대한 보상으로 명예퇴직수당을 지급함으로써 정년 이전의 퇴직을 유도하여 조직의 신진대사를 촉진하려는 제도인데, 이와 같은 경우에는 퇴직하는 공무원이 바로 공사화 또는 민영화되는 기관의 직원이 됨으로써 종전과 마찬가지로 계속 근로를 할 수 있는 것이 확실하여 퇴직으로 인하여 수입이 상실되거나 새로운 직업을 얻기 위한 비용을 지출하는 등의 불이익을 받을 가능성이 없으므로 명예퇴직수당을 지급하지 않더라도 부당하지 않다는 데에 있다 할 것이고, 위와 같은 규정의 취지에 비추어 볼 때 '공사화 또는 민영화되는 기관의 소속 직원이 되기 위하여 퇴직하기로 예정된 자'의 범위에는 지방자치단체의 기존의 부처에서 근무하던 공무원이 새로운 법령의 제정 등에 의하여 공사화 또는 민영화되는 기관으로 포괄승계되는 경우뿐만 아니라 지방자치단체의 기능이 공사화 또는 민영화되는 기관에 개별적으로 채용되더라도 채용되기로 사실상 확정적으로 예정되어 퇴직하는 경우도 포함된다 할 것이고, 나아가 공사화 또는 민영화되는 기관이 설립되는 것이 확실하고 그 기관의 소속직원이 되기 위하여 퇴직하기로 예정된 것이 분명하다면 공사화 또는 민영화되는 기관의 설립 시기가 수당지급신청기간 개시일보다 다소 앞서거나 뒤라는 사정은 문제가 되지 아니한다고 봄이 상당하다(대법원 2001.11.9. 선고 2000두2389 판결, 명예퇴직원반려처분취소).

| 공무원 명예퇴직수당제도의 취지 및 명예퇴직한 공무원이 다시 재임용된 경우 기지급된 명예퇴직수당의 환수 범위 |

공무원의 명예퇴직수당제도는 정년 이전에 퇴직하는 공무원에게 정년 이전의 퇴직

으로 받게 되는 불이익, 즉 계속 근로로 받을 수 있는 수입의 상실이나 새로운 직업을 얻기 위한 비용지출 등에 대한 보상으로 명예퇴직수당을 지급함으로써 정년 이전의 퇴직을 유도하여 조직의 신진대사를 촉진하고자 하는 데 그 취지가 있다. 따라서 명예퇴직수당을 지급받고 명예퇴직하였던 공무원이 다시 경력직 공무원으로 재임용된다면, 명예퇴직수당을 지급하였던 본래의 취지가 몰각되므로 기지급된 명예퇴직수당을 환수할 필요가 있으나, 그러한 경우에도 기지급된 명예퇴직수당 중 적어도 명예퇴직시부터 재임용시까지의 퇴직기간에 상응하는 부분은 명예퇴직수당을 지급하였던 원래의 목적에 부합하므로 그 퇴직기간에 상응하는 부분을 제외한, 적정한 환수비율에 따라 환수하여야 한다. 행정청이 명예퇴직한 교사를 재임용하면서 명예퇴직수당을 환수함에 있어, 명예퇴직시부터 재임용시까지의 퇴직기간을 고려하지 않은 채 기지급된 명예퇴직수당 전액을 반환하도록 한 것은 그 하자가 중대하고 명백하여 당연무효에 해당한다고 본 사례(대법원 2007.11.15. 선고 2005다24646 판결, 부당이득금).

※ 2002.1.19. 국가공무원법의 개정(법률 제6622호)에 따라 명예퇴직수당을 지급받은 자가 '재직중의 사유로 인하여 금고 이상의 형을 받은 경우', '공무원으로 재임용되는 경우' 등의 사유에 해당하면, 그 명예퇴직수당을 환수하여야 하며 환수금을 납부할 자가 기한 이내에 납부하지 아니한 때에는 국세체납처분의 예에 의하여 이를 징수할 수 있다는 근거가 신설되었다(국공법 제74조의2 ③항). 따라서, 위 판례(대판 2005다24646)는 민사상의 부당이득금 반환 소송으로 진행되었으나, 이와 같이 환수금의 강제징수 근거가 법에 명시된 이후부터의 명예퇴직금 환수 방법은 '민사상의 부당이득금 반환 소송'에 의할 것이 아니라 '명예퇴직금 환수 처분'에 의하여야 하고, 당사자가 이에 불복하는 방법도 위 환수 처분의 취소를 구하는 행정심판 또는 행정소송이 되어야 할 것이다.

5. 기타 의사에 반하는 불리한 처분

국가공무원법 제9조 제1항은 '행정기관 소속 공무원의 징계처분, 그 밖에 그 의사에 반하는 불리한 처분'을 명시하고, 같은 법 제75조는 징계처분 이외에 강임 · 휴직 · 직위해제 또는 면직처분을 명시하고 있으므로, 위 불이익한 처분들을 소청심사의 대상으로 보는 데에는 의문이 없다.

다만, '그 밖에 그 의사에 반하는 불리한 처분'을 어디까지 보아야 하는지가 문제되는데, 같은 법 제16조 제1항에서, 징계처분등과 그 밖에 본인의 의사에 반한 불리한 처분에 관한 행정소송은 소청심사위원회의 심사・결정을 거치지 아니하면 제기할 수 없다고 규정하고 있으므로, 행정소송의 대상이 될 수 있는 처분성을 갖고 있는 행정행위만이 소청심사의 대상이 될 수 있다고 봄이 타당하다.

처분의 범위에 대하여 살펴보면, 행정소송법은 취소소송의 대상인 처분을 '행정청이 행하는 구체적 사실에 관한 법집행으로서의 공권력의 행사 또는 그 거부와 그 밖에 이에 준하는 작용'으로 정의하고 있고, 대법원은 "항고소송 대상이 되는 행정청의 처분이란 원칙적으로 행정청의 공법상 행위로서 특정사항에 대하여 법규에 의한 권리의 설정 또는 의무의 부담을 명하거나 기타 법률상 효과를 직접 발생하게 하는 등 국민의 권리의무에 직접 관계가 있는 행위를 말하므로, 행정청의 내부적인 의사결정 등과 같이 상대방 또는 관계자들의 법률상 지위에 직접 법률적 변동을 일으키지 않는 행위는 그에 해당하지 아니한다"고 본다(대판 2010무111 참조).

이에 대하여 안전행정부 소청심사위원회는 "최근 들어 사법부에서 처분의 개념을 확대하는 추세에 비추어 소청심사의 대상이 되는 처분의 범위 역시 공무원의 권익구제 및 행정의 자기통제라는 소청심사제도의 취지를 살릴 수 있도록 보다 넓게 해석하는 것이 바람직할 것"이라는 태도를 보이면서,[21] 공무원의 신분과 관련된 인사상의 불리한 처분에 해당하는 것을 소청심사의 대상으로 해석하고 있다.

따라서, 행정청이 행정쟁송의 대상이 되는 처분행위, 즉 임용권자가 인사상의 행위로서 소속공무원의 의사에 반하는 불리한 처분을 한 경우에 해당공무원은 이에 불복하여 소청심사를 청구할 수 있는 소청인 적격을 갖게 되는데, 현재 법원의 판례와 소청심사위원회의 소청례에서 인정하는 '기타 불리한 처분'은 불문경고, 전보, 경찰관에 대한 수사경과 해제, 근속승진 누락, 호봉획정 등이 있다.

위에 열거된 처분 이외의 개별적인 행정행위가 '소청심사의 대상이 되는 그

---

21) 소청심사위원회, 소청 및 고충심사 업무편람(2010) 24쪽 참조.

밖에 그 의사에 반하는 불리한 처분 또는 부작위'에 해당하는지에 관하여는 그동안의 판례와 소청례를 통하여 정리될 수밖에 없는 실정이고, 소청기관 또는 법원이 서로 견해를 달리할 가능성이 상존해 있는 등 처분성 유무와 소청심사의 대상에 관한 논란이 존재한다.

이하에서는 처분성 등과 관련한 선결문제를 검토하고, 현재 소청심사위원회에서 소청심사의 대상이 된다고 보는 사례 등에 관하여 기술하였다.

국가공무원법

제9조(소청심사위원회의 설치) ① 행정기관 소속 공무원의 징계처분, 그 밖에 그 의사에 반하는 불리한 처분이나 부작위에 대한 소청을 심사·결정하게 하기 위하여 안전행정부에 소청심사위원회를 둔다.

제16조(행정소송과의 관계) ① 제75조에 따른 처분, 그 밖에 본인의 의사에 반한 불리한 처분이나 부작위(不作爲)에 관한 행정소송은 소청심사위원회의 심사·결정을 거치지 아니하면 제기할 수 없다.

② 제1항에 따른 행정소송을 제기할 때에는 대통령의 처분 또는 부작위의 경우에는 소속 장관(대통령령으로 정하는 기관의 장을 포함한다. 이하 같다)을, 중앙선거관리위원회위원장의 처분 또는 부작위의 경우에는 중앙선거관리위원회사무총장을 각각 피고로 한다.

제75조(처분사유 설명서의 교부) 공무원에 대하여 징계처분등을 할 때나 강임·휴직·직위해제 또는 면직처분을 할 때에는 그 처분권자 또는 처분제청권자는 처분사유를 적은 설명서를 교부(交付)하여야 한다. 다만, 본인의 원(願)에 따른 강임·휴직 또는 면직처분은 그러하지 아니하다.

가. 처분성과 소의 이익에 관한 선결문제

앞에서 기술한 바와 같이 소청심사는 공무원에 대한 징계처분과 인사상의 불리한 처분만을 그 대상으로 한다. 또한, 이 같은 처분에 해당하더라도 그 처분의 취소 등으로 인하여 회복되는 법률상 이익(소의 이익)이 존재하여야만 소청심사의 대상이 될 수 있다. 위와 같은 요건들이 결여된 소청심사의 청구는 그 자체로서 부적법하다는 이유로 '각하' 결정을 받게 된다. 따라서, 당해 사건이 이 같은 소청심사의 적법요건을 충족하고 있는지에 대하여 사전에 면밀히 검토하는 것은 매우 중요한 과정에 해당한다.

어떠한 행위가 행정쟁송의 대상이 되는 처분행위, 즉 법적 다툼의 대상이 되는 처분성을 갖고 있는지에 대해서는 개별적으로 따져봐야 할 것인데, 소청심사에 준용되는 행정심판법 제2조(정의)는 '처분'이란 행정청이 행하는 구체적 사실에 관한 법집행으로서의 공권력의 행사 또는 그 거부, 그 밖에 이에 준하는 행정작용을 말한다고 하고, '부작위'란 행정청이 당사자의 신청에 대하여 상당한 기간 내에 일정한 처분을 하여야 할 법률상 의무가 있는데도 처분을 하지 아니하는 것을 말한다고 규정하고 있다.

또한, 행정심판법 제13조(청구인 적격)는 "취소심판은 처분의 취소 또는 변경을 구할 법률상 이익이 있는 자가 청구할 수 있다. 처분의 효과가 기간의 경과, 처분의 집행, 그 밖의 사유로 소멸된 뒤에도 그 처분의 취소로 회복되는 법률상 이익이 있는 자의 경우에도 또한 같다(1항)", "무효등확인심판은 처분의 효력 유무 또는 존재 여부의 확인을 구할 법률상 이익이 있는 자가 청구할 수 있다(2항)", "의무이행심판은 처분을 신청한 자로서 행정청의 거부처분 또는 부작위에 대하여 일정한 처분을 구할 법률상 이익이 있는 자가 청구할 수 있다(3항)"고 규정함으로써, 당해 처분에 대해 그 취소 또는 무효 등을 소구할 법률상 이익이 있는 자만이 심판을 청구할 수 있도록 규정하고 있다.

따라서, 소청심사에 있어서도 위와 같은 처분행위에 대하여 '법률상 이익'이 있는 자(공무원)가 그 심사를 청구할 수 있으므로, 당해 공무원에게 일정한 불이익이 주어지거나 불이익으로 작용할 개연성을 내포하고 있는 인사권의 행사라고 하더라도 그것에 대해 그 취소 또는 무효 등을 소구할 법률상 이익이 있다고 볼 수 있는 사항에 대해서만 소청심사를 청구할 수 있는 것이고, 그렇지 않은 경우, 즉 임용권자의 인사권 행사 등으로 인해 법률상 이익이 침해되지는 아니하고 다만 당해 행정행위와 관련하여 간접적이거나 사실적·경제적 이해관계를 가지는데 불과한 경우에는 소청심사를 청구할 수 없다고 본다(이러한 경우 소청심사청구서를 제출하더라도 부적법한 청구에 해당한다고 하여 '각하'결정을 하게 된다).

소청례

| '그 의사에 반하는 불리한 처분'의 의미 |

국가공무원법 제9조 제1항의 '그 의사에 반하는 불리한 처분'이라 함은 인사행정의 근본기준을 확립하고자 하는 국가공무원법의 제정목적과 징계처분, 강임, 직위해제, 직권면직 등 신분상 불리한 처분을 소청심사 대상으로 하고 있는 위 규정의 제정취지에 비추어 볼 때, 공무원이 신분과 관련하여 받은 불리한 처분으로 보는 것이 타당함(소청사건 98-864, 변상명령 청구 각하결정 사례).

대법원 판례

| 행정청의 행위가 행정소송의 대상이 되는 행정처분에 해당하는지 여부의 판단기준 |

행정소송법 제1조의 행정청의 처분이라 함은 행정청의 공법상의 행위로서 특정사항에 대하여 법규에 의한 권리설정 또는 의무의 부담을 명하며 기타 법률상의 효과를 발생하게 하는 등 국민의 권리의무에 직접관계가 있는 행위를 말한다고 할 것이므로, 어떤 행정청의 행위가 행정소송의 대상이 되는 행정처분에 해당하는가는 그 행위의 성질, 효과 외에 행정소송제도의 목적 또는 사법권에 의한 국민의 권리보호의 기능도 충분히 고려하여 합목적적으로 판단되어야 할 것이다(대법원 1984.2.14. 선고 82누370 판결, 행정처분무효확인).

| 행정청의 행위가 행정처분인지 여부의 판단기준 |

행정청의 어떤 행위를 행정처분으로 볼 것이냐의 문제는 추상적 일반적으로 결정할 수 없고, 구체적인 경우 행정처분은 행정청이 공권력의 주체로서 행하는 구체적 사실에 관한 법집행으로서 국민의 권리의무에 직접 영향을 미치는 행위라는 점을 고려하고 행정처분이 그 주체, 내용, 절차, 형식에 있어서 어느 정도 성립 내지 효력요건을 충족하느냐에 따라 개별적으로 결정하여야 하며, 행정청의 어떤 행위가 법적 근거도 없이 객관적으로 국민에게 불이익을 주는 행정처분과 같은 외형을 갖추고 있고, 그 행위의 상대방이 이를 행정처분으로 인식할 정도라면 그로 인하여 파생되는 국민의 불이익 내지 불안감을 제거시켜 주기 위한 구제수단이 필요한 점에 비추어 볼 때 행정청의 행위로 인하여 그 상대방이 입는 불이익 내지 불안이 있는지 여부도 그 당시에 있어서의 법치행정의 정도와 국민의 권리의식 수준 등은 물론 행위에 관련한 당해 행정청의 태도 등도 고려하여 판단하여야 한다(대법원 1993.12.10. 선고 93누12619 판결, 부당이득금환수처분취소)

| 행정처분의 직접 상대방이 아닌 제3자가 행정처분의 취소 등을 구할 수 있는 요건으로서의 '법률상 이익'의 의미 |

행정소송법 제12조에서 말하는 법률상 이익이란 당해 행정처분의 근거 법률에 의하여 보호되는 직접적이고 구체적인 이익을 말하고 당해 행정처분과 관련하여 간접적이거나 사실적·경제적 이해관계를 가지는 데 불과한 경우는 여기에 포함되지 아니하나, 행정처분의 직접 상대방이 아닌 제3자라 하더라도 당해 행정처분으로 인하여 법률상 보호되는 이익을 침해당한 경우에는 취소소송을 제기하여 그 당부의 판단을 받을 자격이 있다(대법원 2007.1.25. 선고 2006두12289 판결, 추진위원회승인처분취소).

| 참고자료 2-1 | 처분성의 인정과 관련한 판례의 변경사례

어떠한 행위가 항고소송(소청심사)의 대상이 되는 행정처분에 해당하는지를 결정하는 것은 매우 어려운 작업에 해당하고, 시대의 변천 등에 따라 그 견해가 바뀌는 경우도 발생한다.

대법원은 2004.4.22. 전원합의체 판결로서 토지의 지목변경에 관한 종전의 판례를 변경하였는데, 과거에는 '지목변경 행위'에 관하여 "행정사무집행의 편의와 사실증명의 자료로 삼기 위한 것이고 그 등재나 변경으로 인하여 당해 토지에 대한 실체상의 권리관계에 어떤 변동을 가져오는 것은 아니어서 이를 행정처분이라고 할 수 없다(대판 94누4295 판결)"는 태도를 보여 오다가, 2004.4.22. 전원합의체 판결(2003두9015)로서 이를 처분성이 있는 행위라고 인정하여 항고소송의 대상이 되는 것으로 판례를 변경하였다.

또한, 대법원은 대학교수에 대한 재임용의 거부행위도 종전에는 행정소송의 대상이 되는 행정처분에 해당하지 않는다고 하였다가, 2004.4.22. 전원합의체 판결(2000두7735)로서 이 같은 재임용 거부 행위는 대학교원의 법률관계에 영향을 주는 것으로서 행정소송의 대상이 되는 처분에 해당한다고 판례를 변경하였다.

이와 같이 처분성의 존부에 관한 사항은 일의적으로 특정되기 곤란한 경우가 많고 소송경제를 고려한 대법원 판결 사례도 시대에 따라 변경될 가능성이 있으므로, 공무원에 대한 인사상의 행위에 있어서도 그 처분성의 인정 여부(소청심사의 대상 여부)에 대한 변화의 가능성이 상존한다고 볼 수 있다.

※ 소송경제(訴訟經濟): 소송 법규의 바탕을 이루는 이념의 하나. 소송 제도의 능률성과 실용성을 도모하는 것으로, 이를 위하여 법률 관계자들은 될 수 있으면 기왕의 절차를 살리고 불필요한 절차의 반복을 피하여야 한다(네이버국어사전).

| 지목변경 행위에 대한 대법원 판례 변천 |

(종전판례 요지 - 대법원 1995.12.5. 선고 94누4295 판결, 토지분할등거부처분취소)

토지대장에 일정한 사항을 등재하거나 등재된 사항을 변경하는 행위는 행정사무집행의 편의와 사실증명의 자료로 삼기 위한 것이고 그 등재나 변경으로 인하여 당해 토지에 대한 실체상의 권리관계에 어떤 변동을 가져오는 것은 아니어서 소관청이 그 등재사항에 대한 변경신청을 거부한 것을 가리켜 항고소송의 대상이 되는 행정처분이라고 할 수 없다고 하는 것이 당원의 확립된 판례(당원 1991.2.12. 선고 90누7005 판결, 1991.12.24. 선고 91누8357 판결, 1993.6.11. 선고 93누3745 판결 각 참조)이고, 이를 변경할 필요성도 보이지 아니한다.

(현행판례 요지 - 대법원 2004.4.22. 선고 2003두9015 전원합의체 판결, 지목변경신청반려처분취소청구각하취소)

구 지적법(2001.1.26. 법률 제6389호로 전문 개정되기 전의 것, 이하 같다) 제20조, 제38조 제2항의 규정은 토지소유자에게 지목변경신청권과 지목정정신청권을 부여한 것이고, 한편 지목은 토지에 대한 공법상의 규제, 개발부담금의 부과대상, 지방세의 과세대상, 공시지가의 산정, 손실보상가액의 산정 등 토지행정의 기초로서 공법상의 법률관계에 영향을 미치고, 토지소유자는 지목을 토대로 토지의 사용·수익·처분에 일정한 제한을 받게 되는 점 등을 고려하면, 지목은 토지소유권을 제대로 행사하기 위한 전제요건으로서 토지소유자의 실체적 권리관계에 밀접하게 관련되어 있으므로 지적공부 소관청의 지목변경신청 반려행위는 국민의 권리관계에 영향을 미치는 것으로서 항고소송의 대상이 되는 행정처분에 해당한다고 할 것이다.
그럼에도 불구하고, 이와는 달리 지목변경(정정이나 등록전환 등 포함, 이하 같다) 신청에 대한 반려(거부)행위를 항고소송의 대상이 되는 행정처분에 해당한다고 할 수 없다고 판시한 대법원 1981.7.7. 선고 80누456 판결, 1991.2.12. 선고 90누7005 판결, 1993.6.11. 선고 93누3745 판결, 1995.12.5. 선고 94누4295 판결 등과 지적공부 소관청이 직권으로 지목변경한 것에 대한 변경(정정)신청 반려(거부)행위를 항고소송의 대상이 되는 행정처분에 해당한다고 할 수 없다고 판시한 대법원 1971.8.31. 선고 71누103 판결, 1972.2.22. 선고 71누196 판결, 1976.5.11. 선고 76누12 판결, 1980.2.26. 선고 79누439 판결, 1980.7.8. 선고 79누309 판결, 1985.3.12. 선고 84누681 판결, 1985.5.14. 선고 85누25 판결 등을 비롯한 같은 취지의 판결들은 이 판결의 견해에 배치되는 범위 내에서 이를 모두 변경하기로 한다.

| 대학교수에 대한 재임용 거부에 대한 대법원 판례 변천 |

(종전판례 요지 - 대법원 1997. 6.27. 선고 96누4305 판결, 교수재임용거부처분취소)

교육공무원법 제11조 제3항, 교육공무원임용령 제5조의2 제2항에 의하면 대학에 근무하는 조교수는 4년 이내의 기간을 정하여 임용하도록 규정하고 있을 뿐, 위 법률의 어디에도 임용권자에게 임용기간이 만료된 자를 재임용할 의무를 지우거나 재임용절차 및 요건 등에 관하여 아무런 근거규정을 둔 바 없으므로, 기간을 정하여 임용된 대학교원은 그 임용기간의 만료로 대학교원으로서의 신분관계는 당연히 종료되는 것이고, 그 임용기간의 만료에 따른 재임용의 기대권을 가진다고 할 수 없으며, 이와 같이 기간을 정하여 임용된 대학교원이 그 기간이 만료된 때에 만약 재임용계약을 체결하지 못하면 재임용거부결정 등 특별한 절차를 거치지 않아도 당연퇴직되는 것이므로 임용권자가 인사위원회의 심의결정에 따라 교원을 재임용하지 않기로 하는 결정을 하고서 이를 통지하였다고 하더라도 이는 교원에 대하여 임기만료로 당연퇴직됨을 확인하고 알려주는 데 지나지 아니하고, 이로 인하여 어떠한 법률효과가 발생하는 것은 아니므로 이를 행정소송의 대상이 되는 행정처분이라고 할 수 없다.

(현행판례 요지 - 대법원 2004.4.22. 선고 2000두7735 전원합의체 판결, 교수재임용거부처분취소)

기간제로 임용되어 임용기간이 만료된 국·공립대학의 조교수는 교원으로서의 능력과 자질에 관하여 합리적인 기준에 의한 공정한 심사를 받아 위 기준에 부합되면 특별한 사정이 없는 한 재임용되리라는 기대를 가지고 재임용 여부에 관하여 합리적인 기준에 의한 공정한 심사를 요구할 법규상 또는 조리상 신청권을 가진다고 할 것이니, 임용권자가 임용기간이 만료된 조교수에 대하여 재임용을 거부하는 취지로 한 임용기간만료의 통지는 위와 같은 대학교원의 법률관계에 영향을 주는 것으로서 행정소송의 대상이 되는 처분에 해당한다.

나. 소청심사의 대상이 된다고 보는 사례

(1) 불문경고

불문경고는 법령에 따른 징계의 종류에 해당하지 않으나 대법원에서 처분성을 인정하고 있으므로 논란 없이 소청심사의 대상이 되고 있다.

그러나, 불문경고 처분은 징계위원회가 그 비위를 인정하면서도 세반사정을 고려하여 불문에 부치되 인사권자에게 경고할 것을 권하는 의결을 함에 따라 취해진 조치[22]이므로, 그 비위사실 자체가 전혀 존재하지 않음에도 불구하고 처분

22) 공무원 징계령 시행규칙 제6조 제2항은 “징계위원회가 견책에 해당하는 비위를 불문(不問)으로 의결하였을 때에는 징계등 의결서의 의결주문란에 「불문으로 의결한다. 다만, 경

청이 근거 없이 위법하게 처분을 하였다고 볼 만한 특별한 사정이 없는 한 소청심사에서도 이를 취소하기는 어려우므로(인사권 존중 차원), 소청인의 청구가 인용되는 사례는 드문 실정이다.

대법원 판례

| 불문경고처분이 항고소송의 대상이 되는 행정처분에 해당한다고 한 사례(어떠한 처분의 근거나 법적인 효과가 행정규칙에 규정되어 있는 경우, 그 처분이 항고소송의 대상이 되는 행정처분에 해당하기 위한 요건) |

항고소송의 대상이 되는 행정처분이라 함은 원칙적으로 행정청의 공법상 행위로서 특정 사항에 대하여 법규에 의한 권리의 설정 또는 의무의 부담을 명하거나 기타 법률상 효과를 발생하게 하는 등으로 일반 국민의 권리 의무에 직접 영향을 미치는 행위를 가리키는 것이지만, 어떠한 처분의 근거나 법적인 효과가 행정규칙에 규정되어 있다고 하더라도, 그 처분이 행정규칙의 내부적 구속력에 의하여 상대방에게 권리의 설정 또는 의무의 부담을 명하거나 기타 법적인 효과를 발생하게 하는 등으로 그 상대방의 권리 의무에 직접 영향을 미치는 행위라면, 이 경우에도 항고소송의 대상이 되는 행정처분에 해당한다.

행정규칙에 의한 '불문경고조치'가 비록 법률상의 징계처분은 아니지만 위 처분을 받지 아니하였다면 차후 다른 징계처분이나 경고를 받게 될 경우 징계감경사유로 사용될 수 있었던 표창공적의 사용가능성을 소멸시키는 효과와 1년 동안 인사기록카드에 등재됨으로써 그동안은 장관표창이나 도지사표창 대상자에서 제외시키는 효과 등이 있다는 이유로 항고소송의 대상이 되는 행정처분에 해당한다고 한 사례(대법원 2002.7.26. 선고 2001두3532 판결, 견책처분취소).

(2) 전 보

근무처가 변경되는 전보처분은 생활상의 불이익이 따르는 것이므로 소청심사의 대상이 된다. 전보처분은 일반적으로 임용권자에게 재량권이 폭넓게 인정되고 있으므로 권리남용에 해당하지 않는 한 소청심사에서 이를 취소하는 경우는 극히 드물고 소청심사가 제기되는 사례도 매우 드문 실정이다. 서울지역에 근무하던 근로자를 부산지역으로 발령한 사례에 대해 그 전보명령이 권리남용에

고할 것을 권고한다」라고 적는다"는 취지의 불문경고에 관한 징계의결서 작성요령을 기술하고 있다. 이 의결에 따라 행해진 처분을 실무적으로 '불문경고'라고 칭한다.

해당하지 않는다고 한 대법원 판례가 존재한다.[23)]

소청례

| 전보처분 취소청구 |

전보명령은 임용권자의 재량행위이므로 자체규정과 기준에 의하여 이루어진 이상 부당한 전보처분이라고 볼 수 없음(소청사건 89-931).

소청인을 전보대상자로 선정할 때 소청인의 비위뿐만 아니라 여론 및 종전 징계처분 등을 종합적으로 고려하여 전보조치한 점, 대법원에서는 "직원에 대한 전직이나 전보는 원칙적으로 인사권자의 권한에 속하며 업무상 필요한 범위 내에서는 상당한 재량이 인정된다"고 판시하고 있으며, 소청심사위원회에서도 "전보조치가 다소 문책성의 성질을 가지고 있다고 하더라도 이는 조직관리의 효율성을 기하기 위한 임용권자의 재량사항에 속한다"라고 판단해 왔던 점 등을 고려할 때 본건 전보처분은 정당한 처분임(소청사건 09-262).

대법원 판례

| 교육공무원에게 전보명령의 취소를 구할 법률상 이익이 있는지 여부(적극) |

불규칙적이고 잦은 전보명령이나 보직변경 등의 인사발령에 의하여 침해될 수 있는 교육공무원의 근무환경 또는 근무조건과 직무의 연속성 및 일상생활의 안정성 등은 교육공무원법 제21조, 교원지위향상을위한특별법 제7조 제1항, 제9조 제1항, 제10조 제3항, 국가공무원법 제16조 제1항, 제2항 등 관계 법규에 의하여 보호되는 직접적이고 구체적인 법률상의 이익이라 할 것이므로, 전보명령을 받은 교육공무원에게는 그 처분의 취소를 구할 소의 이익이 있다(서울고법 1998.3.26. 선고 97구6200 판결: 확정, 인사발령처분취소).

| 근로자에 대한 전보나 전직처분에 관한 사용자의 재량권 및 전보처분 등이 권리남용에 해당하는지 여부의 판단 기준 |

근로자에 대한 전보나 전직은 원칙적으로 인사권자인 사용자의 권한에 속하므로

---

23) 기업체가 업무상의 필요에 따라 근로자에게 전보발령을 함으로 말미암아 근로자가 입게 되는 생활상의 불이익이 근로자로서 통상 감수하여야 할 정도를 현저하게 벗어난 것이라고는 볼 수 없으므로, 그 전보발령은 정당한 인사권의 범위 내에 속하는 것으로서 권리남용에 해당하지 않는다고 한 사례(대법원 1997.7.22. 선고 97다18165,18172 판결, 전직무효확인등 · 해고무효확인).

> 업무상 필요한 범위 내에서는 사용자는 상당한 재량을 가지며, 그것이 근로기준법에 위반되거나 권리남용에 해당되는 등의 특별한 사정이 없는 한 유효하고, 전보처분 등이 권리남용에 해당하는지 여부는 전보처분 등의 업무상의 필요성과 전보 등에 따른 근로자의 생활상의 불이익을 비교·교량하여 결정되어야 하고, 업무상의 필요에 의한 전보 등에 따른 생활상의 불이익이 근로자가 통상 감수하여야 할 정도를 현저하게 벗어난 것이 아니라면, 이는 정당한 인사권의 범위 내에 속하는 것으로서 권리남용에 해당하지 않는다(대법원 2007.10.11. 선고 2007두11566 판결, 부당해고구제재심판정취소).

(3) 경찰관에게 부여된 수사경과의 해제

경찰관에 대한 경과의 부여는 소속 경찰관의 경력과 실적에 따라 능력을 적절히 발전시킬 수 있도록 그 보직을 부여함으로써 조직의 활력을 도모함은 물론 경찰조직이 국민전체에 대한 봉사자로서의 역할을 효과적으로 수행하기 위한 수단, 즉 조직 관리 및 인사운영의 구체적인 실행의 한 과정이라 할 수 있는데, 경과의 부여는 필연적으로 보직의 이동을 가져오게 되고 이는 결국 전직 또는 전보와 연계되어 있으므로 인사권자에게는 그 재량권의 한계가 이들 전보 등과 유사하게 인정된다고 보인다.

따라서, 수사경과의 해제 등 '경찰관에 대한 경과의 변경 처분'은 처분성을 갖고 있어 소청심사의 대상이 되기는 하나, 위 전보처분의 경우와 마찬가지로 인사권자에게 폭넓은 재량이 인정되고 있으므로 소청심사에서 원처분이 취소되는 사례는 드문 실정이다.

다만, 수사경과의 도입 목적은 수사업무에 대한 경험과 전문성을 갖춘 인력을 양성하고 그들의 신분과 지위를 보장하는 한편, 우수한 수사인력이 일반경과로 무분별하게 전환됨으로써 경찰의 수사력이 약화되는 것을 방지하는 데 있다고 보이는 사정과 경찰공무원법령의 경과 및 특기제도, 보직관리의 원칙과 경찰청 훈령인 수사경찰 인사운영규칙의 수사경과자의 해제에 관한 제반 절차규정을 엄격하게 해석할 경우에는 그 재량권의 범위가 상당히 축소될 수 있으므로, 재량권의 한계를 현저히 일탈·남용한 경우에는 소청심사에서 그 처분을 취소할 수 있다고 본다.

소청례

| 경찰관에 대한 수사경과의 해제처분에 있어서의 재량권의 정도 |

피소청인이 소청인의 수사경과를 해제하여 일반경과로 변경하는 처분은 「원칙적으로 업무상 필요한 범위 내에서 인사권자는 상당한 재량을 가지며, 그것이 경찰공무원법에 위반되거나 권리남용에 해당되는 등의 특별한 사정이 없는 한 유효하고, 경과의 변경이 권리남용에 해당하는지 여부는 그 업무상의 필요성과 경과 변경 등에 따른 해당 공무원의 생활상의 불이익을 비교·교량하여 결정되어야 하고, 그에 따른 생활상의 불이익이 소속 공무원이 통상 감수하여야 할 정도를 현저하게 벗어난 것이 아니라면 이는 정당한 인사권의 범위 내에 속하는 것으로서 권리남용에 해당하지 않는다」고 봄이 상당하다(소청사건 2011-90).

(4) 근속승진

근속승진의 경우는 일반승진과는 달리 상위직급의 결원과 상관없이 근속승진소요연수 이상 재직하고 승진임용 배수범위에 포함되며 승진임용제한사유가 없으면 수시로 근속승진할 수 있는 것으로서 장기간 재직한 하위직 공무원의 사기진작과 조직의 활성화를 도모하고자 하는 차원에서 운영되는 제도이다.

따라서, 위와 같은 일정한 자격요건을 갖춘 공무원은 법령이 정하고 있는 근속승진의 임용을 요구할 권리가 있고 이 경우 인사권자의 재량은 인사관계법령이 허용하는 수준으로 축소되는 성질을 갖고 있으므로, 근속승진의 거부행위는 일반승진과는 달리 사법심사의 대상이 되어 소청심사를 청구할 수 있다.

소청례

| 근속승진임용 제외처분 취소청구(청구 인용) |

경찰공무원의 경우 근속승진 대상자로 최근 2년간 근무성적평정점 각각 37.5점 이상일 것을 요구하는 것은 근무성적이 불량하지 않은 자를 대상자로 하고자 하는 것이며, 근무성적이 불량한 것이 아니라 가사휴직 등과 같이 특별한 경우에 발생될 수 있는 근무성적평정점이 없는 사람을 배제하려는 것은 아닌 것으로 판단됨. 따라서 근무성적이 불량한 것이 아닌 가사휴직 등과 같은 특별한 사유로 근무성적평정점이 없는 연도가 있는 때에는 근무성적평정점을 예외적으로 산정해 주어야 한다

고 함.
청구를 인용하여 근무성적평정점을 재산정토록 하고 그 결과 소청인의 근무성적평정점이 37.5점 이상인 경우에는 관련 규정에 따라 소청인에 대한 근속승진 임용절차를 이행하라는 취지로 결정한 사례(소청사건 06-97).

| 근속승진누락 처분에 대한 승진임용 이행청구(청구 기각) |

근무성적평정 제도의 취지는 합리적이고 상대적인 차별을 부여함으로써 각 구성원들의 자기계발에 대한 노력을 촉진하고 업무처리의 효율성을 제고하며 인사권자의 지휘권을 확립하는 방편인바, 그 평정자가 즉흥적이고 일시적인 기분에 의해 평가한 것이라는 사실을 입증하지 못하는 한 평정자가 부여하는 점수는 합리적 주관성에 바탕을 두고 있다고 보아야 할 것이고, 경찰공무원근속승진운영규칙 제4조 제1항은 근무성적이 불량하지 않은 자를 근속승진 대상자로 삼고자 하는 취지도 있는 것이므로 이와 관련한 소청인의 주장은 이유없음(소청사건 06-105).

하급심 판례

| 경찰공무원의 근무성적 평정점이 일정기준 이상이면 특별한 제한사유가 없는 한 근속승진임용을 하여야 하는지 여부(적극) |

지방경찰청장의 소속 경찰공무원에 대한 승진임용이 재량행위에 해당된다 할지라도 재량권 행사가 잘못된 사실관계에 근거하여 행하여진 경우에는 그 재량권의 행사는 적절하게 행사된 것으로 볼 수 없어 위법함을 면할 수 없고, 경찰청장의 근속승진개선지침은 근속승진임용에 있어 근속승진대상자의 근무성적 평점을 중시함으로써 근무성적이 좋지 아니하면 근속승진임용이 되지 않을 수도 있다는 경각심을 일깨워 근무태도를 일신하는 데 그 취지가 있는 것이므로, 지방경찰청장으로서는 근무성적 평정점이 기준치 이하인 경찰공무원은 근속승진임용에서 제외시키는 한편, 근무성적 평정점이 일정기준 이상이면 특별한 제한사유가 없는 한 근속승진임용을 하여야 한다. 경찰공무원 임용령 제6조는 지방경찰청장이 적법한 승진심사를 거쳐 인사권을 행사하는 경우에 한하여 적용되고, 지방경찰청장이 스스로 위법한 처분을 시정하기 위한 경우이거나, 법원이 지방경찰청장의 승진심사 과정이 위법하다고 판단하여 그로 인하여 권리를 침해받은 사람의 권리를 구제하기 위하여 승진임용제외처분의 취소를 명한 경우에는 예외적으로 위 규정의 적용을 배제하고 해당 경찰공무원을 소급임용시키는 것이 가능하다고 해석함이 신의칙에 합당하다(청주지법 2002.3.14. 선고 2001구698 판결, 근속승진확인).

(5) 임용취소

공무원임용시험령 제51조 제1항은, 다른 수험생의 답안지를 보거나 본인의 답안지를 보여주는 행위 또는 대리 시험을 의뢰하거나 대리로 시험에 응시하는 행위 등의 부정행위 사례를 열거하면서 이에 해당하는 행위를 한 사람에 대해서는 "그 시험을 정지 또는 무효로 하거나 합격을 취소하고, 그 처분이 있은 날부터 5년간 이 영에 따른 시험이나 그 밖에 국가공무원 임용을 위한 시험의 응시 자격을 정지한다"고 규정하고 있다.

이에 따라 임용시험에서 부정행위를 한 자가 공무원으로 임용되었다고 하더라도 후에 이와 같은 사실이 적발될 경우 그 시험의 합격과 임용행위를 모두 취소하게 되는데, 당해 시험에 있어서의 부정행위 여부를 공권적으로 판단하여 무효로 확정하는 확인행위가 필요하므로, 임용취소 처분을 받은 자가 부정행위 여부 그 자체를 인정하지 않을 경우에는 소청심사를 청구할 수 있다고 본다.

또한, 33년이 경과한 뒤에서야 채용과정에서의 부정행위가 드러나 그 임용이 취소된 사례에 대하여 그 취소처분이 적법하다는 대법원 판결이 존재하므로, 이와 같이 오랜 기간이 경과한 뒤에 이루어진 임용취소 처분에 대해 당사자가 그 부정행위를 인정하면서도 장기간 동안의 신뢰 이익과 재량권 남용 등의 주장을 할 경우에는 항고소송의 대상이 될 수 있으므로 소청심사의 대상에 포함된다.

한편, 부정행위가 합격 여부에 영향을 미치지 아니하였어도 그 합격을 무효로 할 사유에 해당하고, 응시자 모르게 부모가 부정행위를 하였고 그 부정행위가 없었더라도 응시자의 합격이 확실시 되는 상황이라 하더라도 그 합격을 취소한 처분에 대해 위법하지 않다고 한 대법원의 판례가 있다. 따라서, 각종 시험에 있어서의 부정행위가 후에 밝혀졌다면 그와 관련된 임용행위는 당초부터 관련 근거규정에 따라 '무효'에 해당함을 선언하는 의미에서 그 임용을 취소함이 마땅하므로, 이에 대하여 당사자가 소청심사를 청구하더라도 인용될 가능성은 거의 없다고 본다.

소청례

| 합격취소 및 임용취소를 각 취소해 달라는 소청심사청구가 소청심사 대상이 된다고 본 사례 |

국가공무원법 제33조의 임용결격사유 또는 같은 법 제28조 제2항의 특별채용요건 불비 등의 사유로 임용을 취소한 건에 대하여 소청이 제기된 경우, 기존에는 무효의 사유가 법령에 명백하게 규정되어 있어 심사의 실익이 없을 뿐만 아니라, 비록 '취소'의 형태로 처리되었으나 사실상 '당연무효임을 확인하는 사실통지'에 불과하여 소청심사의 대상이 되지 않는다는 이유로 '각하' 처리를 해 왔으나, 구체적 사안에 따라 소청심사 대상여부를 별도로 검토하여 판단할 필요가 있음.
예컨대, 피소청인이 채용시험과정에서의 부정행위를 무효사유로 삼아 합격취소 및 임용취소를 한 사안에 대하여 소청인이 부정행위와 임용자격요건 충족여부에 대하여 다른 견해를 가지고 소청을 제기한 경우, 원처분이 적정한지를 판단하기 위해서는 소청인의 행위가 국가공무원법 제44조(시험 또는 임용의 방해행위 금지) 및 제45조(인사에 관한 부정행위 금지)에 해당하는지에 대한 판단이 선행되어야 한다는 점, 판례(서울행법 2006.11.29. 선고 2006구합6437)에서도 부정행위 여부를 공권적으로 판단하여 그 시험의 결과를 무효로 확정하는 준법률행위적 행정행위(확인행위)를 행정소송의 대상이 되는 행정처분으로 보고 있는 점 등을 고려하여 소청심사의 대상이 된다고 보고 본안심사를 한 사례(소청사건 09-646, 650).

대법원 판례

| 행정처분에 당사자의 사실은폐나 기타 사위의 방법에 의한 신청행위에 기인하는 하자가 있음을 이유로 처분청이 이를 취소하는 경우, 당사자의 신뢰이익을 고려하여야 하는지 여부(소극) |

행정처분에 하자가 있음을 이유로 처분청이 이를 취소하는 경우에도 그 처분이 국민에게 권리나 이익을 부여하는 처분인 때에는 그 처분을 취소하여야 할 공익상의 필요와 그 취소로 인하여 당사자가 입게 될 불이익을 비교교량한 후 공익상의 필요가 당사자가 입을 불이익을 정당화할 만큼 강한 경우에 한하여 취소할 수 있는 것이지만, 그 처분의 하자가 당사자의 사실은폐나 기타 사위의 방법에 의한 신청행위에 기인한 것이라면 당사자는 그 처분에 의한 이익이 위법하게 취득되었음을 알아 그 취소가능성도 예상하고 있었다고 할 것이므로 그 자신이 위 처분에 관한 신뢰이익을 원용할 수 없음은 물론 행정청이 이를 고려하지 아니하였다고 하여도 재량권의 남용이 되지 않는다.

허위의 고등학교 졸업증명서를 제출하는 사위의 방법에 의한 하사관 지원의 하자를 이유로 하사관 임용일로부터 33년이 경과한 후에 행정청이 행한 하사관 및 준사관 임용취소처분이 적법하다고 한 사례(대법원 2002.2.5. 선고 2001두5286 판결, 임명취소처분취소).

| 시험에 있어서 부정행위의 의미와 무효에 관한 판례 |

의료법 제10조 제2항 소정의 '부정행위'란 국가시험의 공정성을 해하거나 해할 우려가 있는 시험에 관한 일체의 부정행위를 통틀어 지칭하는 것으로서 그것이 합격 여부에 영향을 미치지 아니하였어도 부정행위에 해당되어 그 합격을 무효로 하는 사유가 된다고 풀이함이 상당하다(대법원 1991.12.24. 선고 91누3284 판결, 한의사국가시험합격무효처분취소).

대학교 입학시험의 응시자가 자신을 합격시키기 위한 부모의 부정행위를 전혀 알지 못하였다거나 나아가 그러한 부정행위가 없었더라도 응시자의 합격이 확실시되는 상황이라고 하더라도, 대학교측이 위 부정행위를 들어 응시자에 대한 합격 및 입학을 취소한 조치에 이익형량에 관한 위법이 없다고 한 사례(대법원 2006.7.13. 선고 2006다23817 판결, 합격및입학취소무효확인).

여기에서 유의할 사항은, 시험에 있어서의 부정행위 여부를 공권적으로 판단하여 무효로 확정하는 확인행위가 필요 없이, 임용 이전에 이미 확정된 형벌 등의 사유로서 공무원임용결격자에 해당함이 명백함에도 이를 간과한 채 임용이 이루어졌을 경우 사후에 그 임용취소를 하는 것은 원래의 임용행위가 당초부터 '당연무효'이었음을 통지하여 확인시켜 주는 행위에 불과하므로, 이를 항고소송의 대상이 되는 처분으로 볼 수 없다는 것이다. 따라서, 이러한 이유로 행해진 임용취소는 처분성이 결여되어 소청심사의 대상에 해당하지 않는다.

소청례

| 국가공무원법 제33조 임용결격사유 해당자 임용취소 취소청구 |

임용결격자를 공무원으로 임용하였다면 그 임용행위는 당연무효이므로, 처분청에서 신규 임용된 날로 소급하여 임용취소하는 인사발령은 임용이 당연무효임을 확인시켜주는 행위에 불과하므로 소청심사의 대상이 되지 아니함(소청사건 98-203).

대법원 판례

| 공무원임용결격자에 대한 임용행위의 취소의 법적 성질 및 신의칙의 적용과 취소권의 시효소멸여부 |

국가가 공무원임용결격사유가 있는 자에 대하여 결격사유가 있는 것을 알지 못하고 공무원으로 임용하였다가 사후에 결격사유가 있는 자임을 발견하고 공무원임용행위를 취소하는 것은 당사자에게 원래의 임용행위가 당초부터 당연무효이었음을 통지하여 확인시켜 주는 행위에 지나지 아니하는 것이므로, 그러한 의미에서 당초의 임용처분을 취소함에 있어서는 신의칙 내지 신뢰의 원칙을 적용할 수 없고 또 그러한 의미의 취소권은 시효로 소멸하는 것도 아니다(대법원 1987.4.14. 선고 86누459 판결, 임용행위취소처분취소).

(6) 호봉획정

공무원의 호봉은 매년 1호봉씩 승급하는 성격을 갖고 있으므로 주로 문제가 되는 것은 초임호봉의 획정 또는 새로운 경력을 합산해야 할 사유가 발생한 때에 이루어지는 호봉의 재획정과 정정이다.

아래와 같이 판례 및 소청례는 호봉의 획정 등을 항고소송의 대상으로 하고 있으므로, 현재 소청심사위원회는 이를 소청심사의 대상으로 보고 있다.

소청례

| 유사경력 호봉합산 거부처분 취소청구 |

소청인이 ○○복지근무지원단에서 근무원으로 근무한 경력은 공무원 보수규정 및 공무원 보수업무 등 처리지침에서 행정안전부장관이 인정하는 유사경력인 '기타 국가 또는 지방자치단체 등의 기관에서 사실상 공무를 수행하고 3월 이상 상근한 경력' 등에 해당된다고 보기 어려움(소청사건 09-121).

대법원 판례

| 호봉획정 이후 1년 5개월 이상 경과한 뒤에 제기된 행정소송을 부적법한 청구라고 '각하'한 사례 |

원고들은 각 그 임용일자에 피고로부터 기능직공무원으로 임용받음에 있어 초임 1호봉으로 획정되었음을 통보받은 다음 상당기간 별다른 이의가 없다가 길게는 5년 5개월(원고 1), 짧게는 1년 5개월(원고 2)이 지난 1989. 12.말경에 이르러 피고에 대하여 위 초임 1호봉 획정처분에 대한 행정심판청구를 하였다는 사실은 원심이 확정한 바이고 이에 대하여 철도청장이 위 심판청구의 제기기간 도과의 부적법을 문제삼지 아니한 채 실질심사를 하여 위 초임1호봉획정처분이 적법하다는 이유로 위 심판청구를 기각하였으며, 그 후 원고들이 위 초임획정처분의 취소를 구하는 본건 항고소송을 제기하였음이 기록상 명백한바, 그렇다면 위 기각재결이 있었다고 하더라도 위 심판청구 자체가 기간도과의 청구로서 부적법한 것인 이상 이 건 행정소송 또한 전심절차를 경유하지 아니한 것이 되어 부적법한 소로서 각하되어야 할 것이므로, 같은 취지에서 원심이 이 사건 소를 각하한 조치는 정당하고 거기에 논지가 지적하는 바와 같은 행정심판청구기간에 관한 법리오해의 위법이 있다고 할 수 없다(대법원 1991.6.25. 선고 90누8091 판결, 초임호봉획정처분취소).

| 신규임용된 공무원의 호봉획정이 종전 공무원 경력 중 당연퇴직사유 발생 이후 사실상 공무원으로서 근무한 기간을 포함한 채 이루어진 경우, 현재의 호봉획정시행권자가 이를 배제하고 발령일자를 기준으로 소급하여 호봉을 정정할 수 있는지 여부(적극) |

지방공무원보수규정 제17조 제1항, 제2항에 의하면, 지방공무원의 호봉획정이 잘못된 때에는 현재의 호봉획정시행권자가 그 잘못된 호봉 발령일자로 소급하여 호봉을 정정하도록 규정하고 있으므로, 신규임용되는 공무원의 호봉을 획정함에 있어 그 기초가 된 종전의 공무원 경력 중에 당연퇴직사유 발생 이후 사실상 공무원으로서 근무한 기간이 포함되어 있음에도 이를 배제하지 아니한 채 그 전부를 경력으로 인정하여 호봉을 획정하였으나 나중에 이러한 사실이 밝혀졌다면 당연퇴직사유 발생 이후 사실상 공무원으로서 근무한 기간은 적법한 공무원 경력으로 인정될 수 없으므로 호봉획정시행권자로서는 이 부분을 배제하고 발령일자를 기준으로 소급하여 호봉을 정정할 수 있다(대법원 2002.7.26. 선고 2001두205 판결, 퇴직급여지급처분취소).

* 위 판례의 피고는 '공무원연금관리공단'이었음.

하급심 판례

| 호봉정정거부처분을 행정소송의 대상으로 삼아 그 청구를 인용해준 사례 |

중등학교 교사가 교원으로 신규채용되기 전 학습지 지도교사로 근무한 경력을 합산하여 초임호봉을 정정해 달라는 내용의 호봉정정신청을 하였으나 학교장이 위 근무경력은 공무원보수규정 [별표 22] 교육공무원 등의 경력환산율표에서 정하는 경력에 해당하지 않는다는 이유로 이를 거부한 사안에서, 학습지 지도교사로 근무한 경력도 위 규정의 '기타 직업에 종사한 경력'에 해당하므로 일정 비율로 환산한 경력연수를 합산하여 정정하여야 한다고 한 사례(수원지법 2009.11.26. 선고 2009구합7210 판결, 호봉정정거부처분취소).

| 참고자료 2-2 | 호봉획정 또는 정정의 불복방법에 관한 검토(私見)

호봉의 획정은 공무원임용령에서 정하고 있는 '임용' 행위에 포함되지 아니하고, 다만, 공무원보수규정에서 정하고 있는 급여의 지급, 즉 공무원법관계에서 발생하는 공법상의 보수청구권의 문제로 귀결된다.

※ 공무원임용령 제2조(정의) 이 영에서 사용하는 용어의 뜻은 다음과 같다.

1. '임용'이란 신규채용, 승진임용, 전직(轉職), 전보, 겸임, 파견, 강임(降任), 휴직, 직위해제, 정직, 강등, 복직, 면직, 해임 및 파면을 말한다.

행정소송법 제3조 제2호는 '공법상의 법률관계에 관한 소송으로서 그 법률관계의 한쪽 당사자를 피고로 하는 소송'은 당사사소송에 의할 것을 규정하고 있으므로, 위 보수청구권이 공법상의 권리로 해석되는 이상 '행정소송(당사자소송)'으로 다루어져야 할 것이다. 그렇다면, 이는 행정청의 처분등이나 부작위에 대하여 제기하는 소송(항고소송)의 대상으로 볼 수 없고, 위 항고소송의 필요적 전치절차로서의 소청심사의 대상도 될 수 없다고 볼 수 있다.

좀 더 구체적으로 살펴보면, 현행 공무원보수규정 제4조는 보수의 종류를 봉급과 그 밖의 각종 수당을 합산한 금액으로 정하고 있는데, 호봉의 획정 또는 정정과 1년을 단위로 하는 정기승급 행위 등은 공무원관계에서 발생하는 보수의 지급액을 산정하기 위한 기초 자업에 해당하다. 따라서, 이를 그르칠 경우 그 차액상당을 청구 또는 반환받는 행위는 모두 보수청구권과 연계되어 있다고 봄이 타당하다.

이와 같이 호봉의 획정 또는 정정은 항고소송의 대상이 되는 '공권력의 행사로서의 행정처분'행위에 해당한다기보다는 공법상의 보수지급기준을 정하는 일종의 설정행위라고 볼 수 있으므로, 이에 불복할 경우에는 이후 지급되는 보수액의 위법 또는 부당함을 이유로 하여 공법상의 당사자소송(정당한 보수액의 지급 청구 등)으로 다투어야 한다고 생각한다.
이를 현행과 같이 항고소송의 대상으로 보아 소청심사의 대상으로 보게 될 경우에는, 해당공무원은 불리한 호봉획정의 행위(처분)가 있음을 안 날로부터 30일 이내에 소청심사를 제기해야 하고 그 소청심사결정에 불복할 때에 비로소 당해 처분의 취소 등을 구하는 항고소송을 제기할 수 있는 것이므로 위 단기(30일)의 소청제기기간이 경과된 뒤에는 불가쟁력이 발생하여 더 이상 다투지 못하는 결과가 초래될 수 있다.
그런데, 위 검토내용과 같이 호봉의 획정 · 정정 행위를 공무원관계의 보수지급기준을 정하는 설정행위로서 공법상의 당사자소송의 대상으로 보게 될 경우에는, 그 청구의 소멸시효기간(5년, 국가재정법 제96조) 안에 소송을 제기하기만 하면 시효중단의 요건을 충족하게 되는 것이므로, 불가쟁력의 발생 등으로 인한 청구 권리의 단기 소멸 없이 보수청구권 행사자의 이익이 더 커질 수 있는 것이다.
또한, 공무원보수규정 제7조 등의 규정에 따라 모든 공무원들에게 획일적으로 적용되는 호봉의 획정 행위를 '행정청이 소속 공무원에 대하여 우월적 지위에서 행하는 공권력의 행사(처분)'에 해당한다고 보는 것은 다소 무리가 있고, 보수의 일종에 해당하는 초과근무수당의 미지급 등에 관한 쟁송이 민사소송으로 다루어지고 있는 것에 비추어 보더라도 재고의 필요가 있다고 판단된다(공무원의 보수에 관한 소송은 행정소송으로서 당사자소송에 의해야 할 것이나 소송실무에서는 민사소송으로 다루어지는 사례가 많다).
따라서, 호봉의 획정 및 정정 행위를 소청심사 및 항고소송의 대상으로 삼은 기존의 소청례와 판례에 대해서도 추후 면밀한 재검토가 필요하다고 본다.

국가재정법(참고)

제96조(금전채권 · 채무의 소멸시효) ① 금전의 급부를 목적으로 하는 국가의 권리로서 시효에 관하여 다른 법률에 규정이 없는 것은 5년 동안 행사하지 아니하면 시효로 인하여 소멸한다.
② 국가에 대한 권리로서 금전의 급부를 목적으로 하는 것도 또한 제1항과 같다.
③ 금전의 급부를 목적으로 하는 국가의 권리에 있어서는 소멸시효의 중단 · 정지 그 밖의 사항에 관하여 다른 법률의 규정이 없는 때에는 「민법」의 규정을 적용한다. 국가에 대한 권리로서 금전의 급부를 목적으로 하는 것도 또한 같다.
④ 법령의 규정에 따라 국가가 행하는 납입의 고지는 시효중단의 효력이 있다.

제3절 부 작 위

국가공무원법 제9조 제1항은 “행정기관 소속 공무원의 징계처분, 그 밖에 그 의사에 반하는 불리한 처분이나 부작위에 대한 소청을 심사·결정하게 하기 위하여 안전행정부에 소청심사위원회를 둔다”고 규정하고 있는바 여기에서 소청심사의 대상이 되는 “부작위”를 어디까지 보아야 하는지가 문제된다.

같은 법 제16조 제1항에서, 징계처분등과 그 밖에 본인의 의사에 반한 불리한 처분이나 부작위(不作爲)에 관한 행정소송은 소청심사위원회의 심사·결정을 거치지 아니하면 제기할 수 없다고 규정하고 있으므로, 부작위의 경우에도 행정소송의 대상이 될 수 있는 처분성을 갖는 행정행위만이 소청심사의 대상이 될 수 있다.

행정심판법 제2조 제2호는 ‘부작위’란 행정청이 당사자의 신청에 대하여 상당한 기간 내에 일정한 처분을 하여야 할 법률상 의무가 있는데도 처분을 하지 아니하는 것을 말한다고 규정하므로, 처분성을 갖는 행정행위가 상당한 기간 동안 이행되지 않아 부적법한 ‘부작위’의 상태에 놓여있을 때에 한하여 소청심사의 대상이 된다고 봄이 타당하다.

안전행정부 소청심사위원회는 소청심사의 대상이 되는 부작위의 요건에 대해 ① 당사자의 신청(신청은 법령에 명시된 경우뿐만 아니라, 헌법의 기본권과 관련하여 법해석상, 조리상 신청권이 있는 것으로 인정되는 경우를 포함함) ② 상당한 기간(부작위가 성립하기 위해서는 당사자의 신청이 있은 후 상당한 기간이 지나도 행정청이 어떠한 처분도 하지 않은 상태가 존재하여야 하는바, 상당한 기간이라 함은 합리적으로 볼 때 ‘사회통념상 당해 신청을 처리하는 데 소요될 것으로 판단되는 기간’을 의미함) ③ 처분을 하여야 할 법률상의 의무(처분을 하여야 할 법률상의 의무는 기속행위와 재량행위에 따라 그 내용을 달리할 것인바, 기속행위에 있어서는 처분요건이 충족되는 경우 행정청은 당해 법령이 규정하고 있는 특정처분을 할 의무가 존재하나, 재량행위에 있어서는 상대방의 신청에 대응하여 어떠한 처분을 할 의무는 있지만 종국처분에 대하여는 행정청에 재량권, 즉 독자적 판단권이 부여되어 있으므로, 행정청으로서는 상대방이 신청한 특정처분을 할 의무는 존재하지 않음), ④ 처분을 하지 아니하였을 것(부작위는 행정청이 신청에 따른 인용 또는 거부 등의 어떠한 처분도 하지 않은 상태를 말함)을 충족하여야 한다고 보고 있다.[24)]

위 충족요건은 소청심사위원회의 심사종결시까지 부작위 상태가 계속되었을 때를 판단의 기준시점으로 삼아야 할 것이고, 그 심사일 이전에 부작위 상태가 해소된 경우에는 당해 소청사건을 '각하' 결정함이 타당하다고 본다.

소청례

| 육아휴직 이행명령 청구를 인용한 사례 |

소청인이 육아휴직제도를 당초 제도 취지와 다르게 남용하는 경우 등에 대한 피소청인의 추후 대응은 별론으로 하더라도, 국가공무원법 제71조(제2항 제4호)의 '공무원이 자녀를 양육하기 위하여 필요한 때에는 육아휴직을 신청할 수 있으며, 처분청은 특별한 사정이 없는 한 휴직을 명하여야 한다'는 법 규정에 비추어 볼 때, 동 규정은 공무원의 육아휴직을 자의적으로 억제할 수 없도록 하기 위해 마련된 강행규정으로 보이며, 중앙인사위원회 등 동 법령의 해석·운용기관에서도 육아휴직 허용여부에 관하여는 신청인이 요건을 갖추었을 경우 특별한 사유가 없는 한 허용하는 것이 바람직하다고 판단하고 있는 점, 특정인의 육아의 필요성을 부인할 수 있는 명백한 사유가 없음에도 행정관청에서 특정인의 육아휴직 신청을 거부할 수 있는 재량을 인정할 경우 이로 인하여 더 많은 선의의 피해자가 발생할 우려가 있는 점 등을 고려하여, 피소청인에게 소청인이 신청한 육아휴직을 발령할 것을 명함(소청사건 04-305).

| 육아휴직 이행명령 청구를 기각한 사례 |

비록 공무원인 부 또는 모가 3세 미만의 자녀를 슬하에 두고 있고 또 육아휴직의 의사를 갖고 있어야 한다는 육아휴직의 두 가지 형식적 요건을 모두 충족하고 있다고 하더라도 동 휴직이 국가공무원법상의 '자녀를 양육하기 위하여 필요한 경우'에 해당되는지에 대한 실질적 요건의 심사까지 모두 배제하는 것은 아니라고 해석하는 것이 타당하다 할 것이고, 따라서 휴직의 주된 목적이 명백히 육아가 아님이 밝혀지는 경우까지 소속기관의 장에게 육아 휴직을 강제로 명하여야 한다고 보는 것은 동 법의 입법취지를 지나치게 확대 해석한다 할 것이므로 소청인에게 육아휴직을 허용하지 않은 것을 위법·부당하다고 볼 수 없음(소청사건 05-300).

24) 소청심사위원회, 소청 및 고충심사 업무편람(2010) 42쪽 참조.

대법원 판례

| 부작위위법확인의 소의 요건 |

국민의 신청에 대한 행정청의 거부행위가 항고소송의 대상이 되는 행정처분에 해당하기 위하여는 국민이 행정청에 대하여 그 신청에 따른 행정행위를 하여 줄 것을 요구할 수 있는 법규상 또는 조리상의 권리가 있어야 하고(대법원 1984.10.23. 선고 84누227 판결, 1998.10.13. 선고 97누13764 판결 등 참조), 또한 부작위위법확인의 소에 있어 당사자가 행정청에 대하여 어떠한 행정행위를 하여 줄 것을 요구할 수 있는 법규상 또는 조리상 권리를 갖고 있지 아니한 경우에는 원고적격이 없거나 항고소송의 대상인 위법한 부작위가 있다고 볼 수 없어 그 부작위위법확인의 소는 부적법하다(대법원 1999.12.7. 선고 97누17568 판결, 건축허가및준공검사취소등에대한거부처분취소).

| 인사위원회의 심의를 거쳐 3급 승진대상자로 결정된 사실이 대내외에 공표된 4급 공무원으로부터 소청심사를 통한 승진임용신청을 받은 행정청이 그에 대하여 적극적 또는 소극적 처분을 하지 않는 경우, 그러한 행정청의 부작위가 위법한 것인지 여부(적극) |

4급 공무원이 당해 지방자치단체 인사위원회의 심의를 거쳐 3급 승진대상자로 결정되고 임용권자가 그 사실을 대내외에 공표까지 하였다면, 그 공무원은 승진임용에 관한 법률상 이익을 가진 자로서 임용권자에 대하여 3급 승진임용을 신청할 조리상의 권리가 있고, 이러한 공무원으로부터 소청심사청구를 통해 승진임용신청을 받은 행정청으로서는 상당한 기간 내에 그 신청을 인용하는 적극적 처분을 하거나 각하 또는 기각하는 등의 소극적 처분을 하여야 할 법률상의 응답의무가 있다. 그럼에도, 행정청이 위와 같은 권리자의 신청에 대해 아무런 적극적 또는 소극적 처분을 하지 않고 있다면 그러한 행정청의 부작위는 그 자체로 위법하다(대법원 2009.7.23. 선고 2008두10560 판결, 부작위위법확인의소).

소청심사의 청구 및 심리

제3장

제3장 소청심사의 청구 및 심리

제1절 소청심사 처리절차 개관

징계처분 등을 받은 공무원은 관계규정이 정하는 절차에 따라 당해 처분의 위법 또는 부당함을 주장하여 그 취소 등을 구할 수 있는데, 이 같은 불복절차에 대한 소청심사의 결정 및 행정소송의 판결 등은 일정한 절차를 거쳐야 하고 상당한 시일이 요구된다.

이 절에서는 징계처분 등에 관한 불복시부터 소청심사 및 행정소송까지의 처리 흐름과 소청심사 단계에 있어서의 구체적인 절차를 개략적으로 정리하였다.

1. 징계처분 등에 대한 불복과 심사결정의 절차

징계처분 등을 받은 자가 이에 불복하여 소청심사를 제기하고 그 소청심사 결정에도 불복하여 행정소송을 제기하는 경우, 그 일련의 처리과정을 그림으로 정리하면 다음과 같다.

그림 3-1 징계처분 등에 대한 불복과 심사결정의 흐름도

징계 · 불이익처분 등
(각급 행정기관)

- 파면, 해임, 강등, 정직, 감봉, 견책 등 징계처분
- 강임, 휴직, 면직, 직위해제, 불문경고, 전보 등 불이익 처분

〈처분에 불복〉

⇩

소청심사 청구
(30일 이내 제기)

- 처분사유 설명서 수령 또는 처분이 있음을 안 날부터 30일 이내

⇩

소청심사 및 결정
(60일 이내 결정 - 불가피한 경우 90일 이내 결정)

- 이유 있다고 인정되는 경우 취소, 변경, 무효확인, 의무이행 결정
- 이유 없는 경우 기각
- 청구가 부적법한 경우 각하

〈소청인이 결정에 불복하는 경우〉

⇩

행정소송 제기
(결정문 수령한 날부터 90일 이내)

- 관할 행정법원(1심) → 고등법원(2심) → 대법원(3심)

* 1심법원은 처분청을 관할하는 행정법원 또는 지방법원본원(행정합의부)

2. 소청심사의 처리절차 체계

징계처분 등을 받은 자가 소청심사를 제기한 경우에 소청심사위원회에서 단계별로 진행하는 처리절차를 그림으로 정리하면 다음과 같다. 소청당사자는 소청심사청구서 또는 답변서를 제출한 뒤에도 소청심사가 종결되기까지는 자신의 주장을 보충하는 서면을 계속해서 위원회에 제출할 수 있다.

그림 3-2 소청심사의 처리절차 체계도[1)]

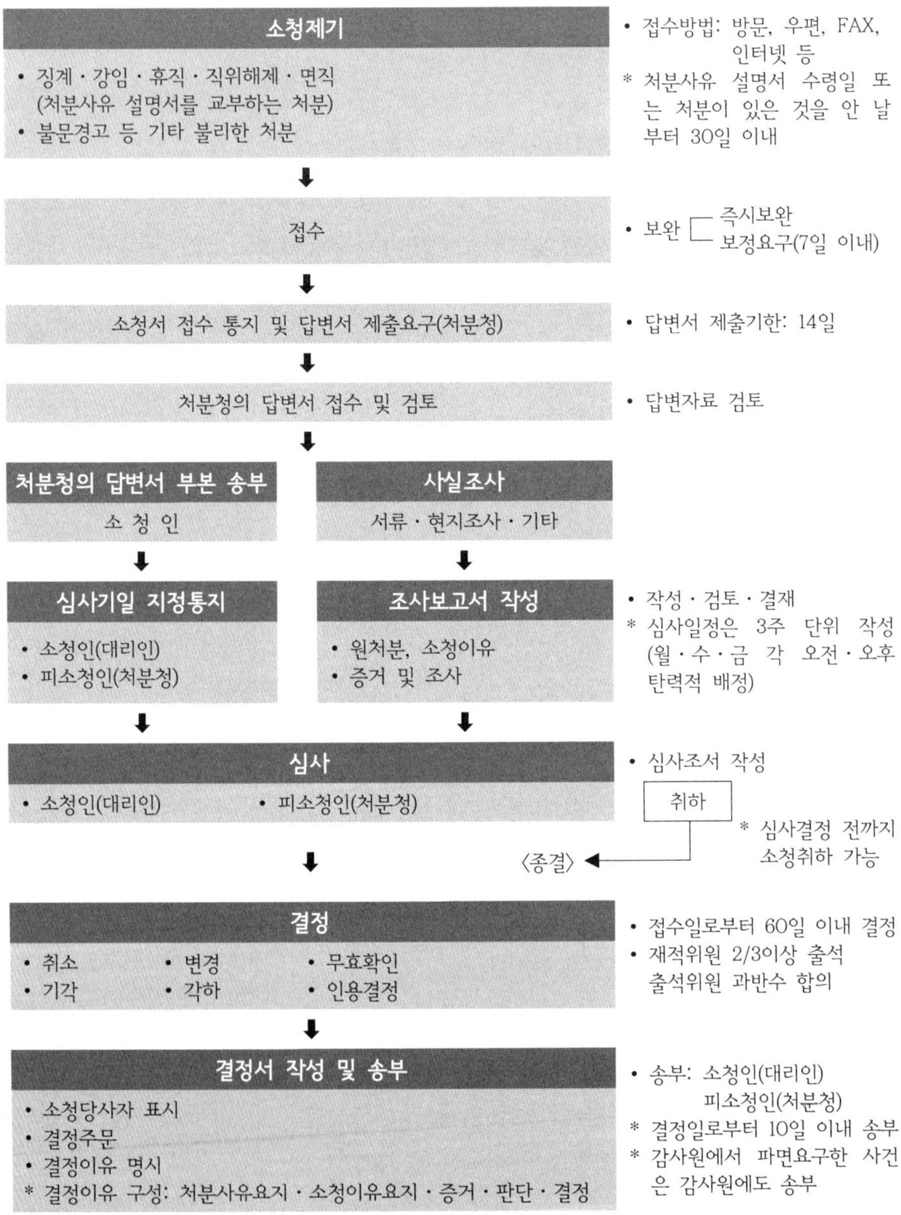

1) 소청심사위원회, 소청 및 고충심사 업무편람(2010) 121쪽 참조.

제2절 소청당사자와 관계인

징계처분 등을 받은 공무원이 이에 불복하여 소청을 제기하는 경우에 소청인이 되고, 그 소청대상인 처분을 행한 자 또는 처분의 제청권자가 피소청인이 된다. 이 같은 소청당사자 이외에도 그 대리인과 이해관계 있는 제3자는 법령이 정하는 절차에 따라 소청심사 과정에 참여할 수 있으며, 필요한 경우에는 검증과 감정에 관여한 자와 증인 등이 소청심사에 참여할 수 있다.

1. 개 설

소청심사는 소청인과 피소청인 사이의 대심구조로 이루어지고, 일반적인 행정심판의 절차보다 출석 진술의 기회를 더 충분히 보장하고 있으며 사법절차가 준용된다.

헌법 제107조 제3항

재판의 전심절차로서 행정심판을 할 수 있다. 행정심판의 절차는 법률로 정하되, 사법절차가 준용되어야 한다.

국가공무원법 제13조

① 소청심사위원회가 소청 사건을 심사할 때에는 … 소청인 또는 제76조 제1항 후단에 따른 대리인에게 진술 기회를 주어야 한다.

② 제1항에 따른 진술 기회를 주지 아니한 결정은 무효로 한다.

헌재 판례

| 행정심판에 관한 헌법 제107조 제3항에서 규정하고 있는 '사법절차의 준용'의 의미 |

헌법 제107조 제3항은 "재판의 전심절차로서 행정심판을 할 수 있다. 행정심판의 절차는 법률로 정하되, 사법절차가 준용되어야 한다"고 규정하고 있으므로, 입법자가 행정심판을 전심절차가 아니라 종심절차로 규정함으로써 정식재판의 기회를 배제하거나, 어떤 행정심판을 필요적 전심절차로 규정하면서도 그 절차에 사법절차가 준용되지 않는다면 이는 헌법 제107조 제3항, 나아가 재판청구권을 보장하고 있는 헌법 제27조에도 위반된다. 여기서 말하는 '사법절차'를 특징지우는 요소로는 판단기관의 독립성・공정성, 대심적(對審的) 심리구조, 당사자의 절차적 권리보장 등을 들 수 있으나, 위 헌법조항은 행정심판에 사법절차가 '준용'될 것만을 요구하고 있으므로 위와 같은 사법절차적 요소를 엄격히 갖춰야 할 필요는 없다고 할지라도, 적어도 사법절차의 본질적 요소를 전혀 구비하지 아니하고 있다면 '준용'의 요구에 마저 위반된다(2000.6.1. 98헌바8 헌법재판소 전원재판부).

2. 소 청 인

가. 소청인의 의의

소청인이란 소청심사의 대상이 되는 징계처분 등 기타 신분상 불리한 처분에 대하여 불복하여 소청을 제기하는 자를 말한다. 행정심판제도의 취지상 처분의 상대방만을 의미하는 것이 아니라 제3자도 소청인이 될 수 있으나, 행정심판에 비해 소청심사는 일신전속적인 공무원 신분과 관계되므로 처분상대방이 아닌 자가 소청인으로서의 적격을 갖게 되는 경우는 찾아보기 어렵다.

나. 소청인 적격

국가공무원법 제75조는 "공무원에 대하여 징계처분등을 할 때나 강임・휴직・직위해제 또는 면직처분을 할 때에는 그 처분권자 또는 처분제청권자는 처분사유를 적은 설명서를 교부(交付)하여야 한다. 다만, 본인의 원(願)에 따른 강임・휴직 또는 면직처분은 그러하지 아니하다"고 규정하고, 같은 법 제76조 제1항은 위 처분사유 설명서를 받은 공무원이 그 처분에 불복할 때에는 그 설명서를 받은 날부터, 공무원이 제75조에서 정한 처분 외에 본인의 의사에 반한 불리한 처분을 받았을 때에는 그 처분이 있은 것을 안 날부터 각각 30일 이내에 소청심사위원회에 이에 대한 심사를 청구할 수 있다고 규정한다.

따라서, 행정청으로부터 직접적으로 위와 같은 징계처분 또는 불이익처분을 받은 공무원에게 당해 처분의 취소, 무효등 확인, 의무이행 등의 소청심사를 청구할 수 있는 소청인 적격이 부여된다(행심법 제13조 준용).

어떤 것이 불이익처분에 해당하는지 불분명한 경우가 발생하므로 이 경우에는 행정심판법을 준용하고 판례 등의 취지를 감안하여 소청인 적격 여부를 가려야 하는데, 소청심사의 청구는 처분의 취소 또는 변경을 구할 법률상 이익이 있는 자가 제기할 수 있고, 여기에서 '법률상 이익'에는 권리뿐만 아니라 관계규정에 의하여 보호되는 이익도 포함된다고 보는 것이 판례의 태도이다.

행정심판법

제13조(청구인 적격) ① 취소심판은 처분의 취소 또는 변경을 구할 법률상 이익이 있는 자가 청구할 수 있다. 처분의 효과가 기간의 경과, 처분의 집행, 그 밖의 사유로 소멸된 뒤에도 그 처분의 취소로 회복되는 법률상 이익이 있는 자의 경우에도 또한 같다.

② 무효등확인심판은 처분의 효력 유무 또는 존재 여부의 확인을 구할 법률상 이익이 있는 자가 청구할 수 있다.

③ 의무이행심판은 처분을 신청한 자로서 행정청의 거부처분 또는 부작위에 대하여 일정한 처분을 구할 법률상 이익이 있는 자가 청구할 수 있다.

다. 소청인의 지위승계

소청인의 지위승계에 관한 사항은 국가공무원법 및 소청절차규정 등에 규정되지 않았으므로 행정심판법을 준용한다.

행정심판법 제16조 제1항은 "청구인이 사망한 경우에는 상속인이나 그 밖에 법령에 따라 심판청구의 대상에 관계되는 권리나 이익을 승계한 자가 청구인의 지위를 승계한다"고 규정하는 등 심판청구인의 지위승계에 관한 사항을 구체적으로 정하고 있다.

소청심사 청구권은 공무원 신분을 갖고 있는 자에게 부여된 일신전속적인 권리이므로 당해 공무원이 사망한 경우에는 상속인에게 그 소청인의 지위가 승계되지 않는 것이 원칙이겠으나, 소청심사를 청구한 후 소청인이 사방한 경우에는 예외적으로 그 청구의 이익이 남아있는지 여부를 살펴서 소청절차를 계속 진행할 수 있다고 본다.

소청례

| 소청제기 후 소청인이 사망한 경우 소청절차를 계속 진행한 사례 |

비록 소청인의 사망으로 당사자적격이 상실되었다고 하더라도 소청인이 소청을 제기할 당시에는 소청심사 청구 당사자로서의 정당한 권리가 있었고, 소청당사자인 공무원의 신분은 일신전속적인 것으로서 여타 권리와 같이 이전되거나 상속될 수 없기 때문에 본 사건의 원처분인 해임처분에 대한 본안심리 결과 발생할 수 있는 신분회복과 같은 기본적인 권리회복은 불가능하다 하더라도, 해임처분부터 사망시점까지 약 1개월여 기간 상당의 보수청구권 등 부수적 이익의 회복이 가능하다면 소청절차를 진행시킬 법률상 이익에 합치된다고 보이므로, 헌법재판소 전원재판부(89헌마240)에서도 청구인이 비록 사건 심판절차 계속 중에 사망하였다고 하더라도 이 사건 헌법소원을 인용한다면 그 배우자나 직계친족 등에 대하여 여타 권리 등 권리보호의 이익이 있다고 판시한 점, 대법원(85누39)에서도 파면처분취소소송의 사실심 변론 종결 전에 동 원고가 형을 선고받아 확정되었다면 원고는 위 판결이 확정된 날 당연퇴직되어 그 공무원의 신분을 상실하고, 당연퇴직이나 파면이 퇴직급여에 관한 불이익의 점에 있어 동일하다 하더라도 최소한도 이 사건 파면처분이 있은 때부터 당연퇴직일까지의 기간에 있어서는 파면처분의 취소를 구하여 그로 인해 박탈당한 이익의 회복을 구할 소의 이익이 있다고 판시한 점 등을 참고하여 소청절차를 계속 수행하기로 결정함(소청사건 06-35).

대법원 판례

| 소송계속 중 당사자가 사망한 경우 소송이 종료됨 |

공무원으로서의 지위는 일신전속권으로서 상속의 대상이 되지 않으므로, 의원면직처분에 대한 무효확인을 구하는 소송은 당해 공무원이 사망함으로써 중단됨이 없이 종료된다(대법원 2007.7.26. 선고 2005두15748 판결, 면직처분무효확인).

3. 피소청인

가. 피소청인의 의의

피소청인은 소속 공무원에 대하여 징계처분, 그 밖에 그 의사에 반한 불리한 처분을 한 기관의 장 또는 부작위청(대통령이 행한 처분 또는 부작위의 경우에는 소속장관, 국공법 제16조 ①항)으로서 소청인의 소청제기에 따라 당사자로서 소청심사에 대응하는 상대방을 말한다.

임용권이 위임되어 있는 경우에는 위임받은 자가 그 위임된 임용권의 범위 내에서 피소청인이 된다. 소청인이 피소청인의 지정을 그르친 경우가 문제되는데 위원회는 행정심판법을 준용하여 직권으로 또는 당사자의 신청에 의하여 결정으로써 피소청인을 경정(更正)할 수 있다고 본다(행심법 제17조 ②항).

행정심판법

제17조(피청구인의 적격 및 경정) ① 행정심판은 처분을 한 행정청(의무이행심판의 경우에는 청구인의 신청을 받은 행정청)을 피청구인으로 하여 청구하여야 한다. 다만, 심판청구의 대상과 관계되는 권한이 다른 행정청에 승계된 경우에는 권한을 승계한 행정청을 피청구인으로 하여야 한다.

② 청구인이 피청구인을 잘못 지정한 경우에는 위원회는 직권으로 또는 당사자의 신청에 의하여 결정으로써 피청구인을 경정(更正)할 수 있다.

③ 위원회는 제2항에 따라 피청구인을 경정하는 결정을 하면 결정서 정본을 당사자(종전의 피청구인과 새로운 피청구인을 포함한다. 이하 제6항에서 같다)에게 송달하여야 한다.

④ 제2항에 따른 결정이 있으면 종전의 피청구인에 대한 심판청구는 취하되고 종전의 피청구인에 대한 행정심판이 청구된 때에 새로운 피청구인에 대한 행정심판이 청구된 것으로 본다.

⑤ 위원회는 행정심판이 청구된 후에 제1항 단서의 사유가 발생하면 직권으로 또는 당사자의 신청에 의하여 결정으로써 피청구인을 경정한다. 이 경우에는 제3항과 제4항을 준용한다.

⑥ 당사자는 제2항 또는 제5항에 따른 위원회의 결정에 대하여 결정서 정본을 받은 날부터 7일 이내에 위원회에 이의신청을 할 수 있다.

대법원 판례

| 구청장으로부터 내무위임을 받은 것에 불과한 출장소장이 그 명의로 한 행정처분과 그에 대한 행정소송의 피고적격(출장소장) |

관할 동장에 대한 임명권과 징계권을 구청장으로부터 내부위임받은 데 불과한 출장소장이 그 명의로 한 동장파면처분은 위법하나 그 처분에 대한 행정소송(무효확인청구)을 제기함에 있어서는 그 처분을 한 위 출장소장 또는 그 지위를 승계한 행정청을 피고로 하여야 하므로 구청장을 피고로 한 행정소송은 부적법하다(대법원 1981.7.28. 선고 79누315 판결, 파면처분무효확인).

| 하급행정청이 권한 없이 한 행정처분에 대한 행정소송의 피고적격 |

행정처분의 취소 또는 무효확인을 구하는 행정소송은 다른 법률에 특별한 규정이 없는 한 그 처분을 행한 행정청을 피고로 하여야 하며, 행정처분을 행할 적법한 권한 있는 상급행정청으로부터 내부위임을 받은 데 불과한 하급행정청이 권한 없이 행정처분을 한 경우에도 실제로 그 처분을 행한 하급행정청을 피고로 하여야 할 것이지 그 처분을 행할 적법한 권한 있는 상급행정청을 피고로 할 것은 아니다(대법원 1994.8.12. 선고 94누2763 판결, 자동차운전면허정지처분취소등).

| 처분청이 아닌 자를 피고로 한 경우 당사자를 정정하게 하여야 함 |

종로구청장의 파면처분취소를 구하면서 그 처분청이 아닌 서울특별시장을 피고로 하여 행정소송을 제기한 경우 법원은 석명권을 행사하여 당사자를 정정케 하여 소송을 진행하여야 한다(대법원 1979.9.24. 선고 78누405, 파면처분취소).

나. 처분권자

당해 공무원에게 징계처분 등을 행할 권한이 있는 자가 처분권자이다. 일반적으로 처분권자와 피소청인은 동일하나, 대통령의 처분 또는 부작위의 경우에는 제청권자(소속장관 등)를 피소청인으로 한다(소청규정 제2조 ①항 3호).

처분권자가 아닌 자가 당해 처분을 행한 경우 권한 없는 자의 행위로서 '무효'에 해당할 수 있으나, 대법원은 경우에 따라서는 '무효'에 이르지 않을 정도의 하자에 불과하다고 판결한 사례가 있다.

대법원 판례

| 임면권자가 아닌 국가정보원장의 의원면직처분이 당연무효가 아니라고 한 사례 |

5급 이상의 국가정보원직원에 대한 의원면직처분이 임면권자인 대통령이 아닌 국가정보원장에 의해 행해진 것으로 위법하고, 나아가 국가정보원직원의 명예퇴직원 내지 사직서 제출이 직위해제 후 1년여에 걸친 국가정보원장 측의 종용에 의한 것이었다는 사정을 감안한다 하더라도 그러한 하자가 중대한 것이라고 볼 수는 없으므로, 대통령의 내부결재가 있었는지에 관계없이 당연무효는 아니라고 한 사례(대법원 2007.7.26. 선고 2005두15748 판결, 면직처분무효확인).

다. 피소청인의 지위승계

당해 처분 등이 있은 뒤에 그에 관계되는 권한이 다른 행정청에 승계된 때에는 이를 승계한 행정청이 피소청인의 지위를 승계한다. 침해적 행정행위인 징계처분 등은 그 처분을 받고 당해 공무원이 전보 등에 따라 소속기관을 달리 하게 되더라도 원처분청을 피소청인으로 하여 소청심사를 진행한다.

그러나, 아래 판례의 사례와 같이 관계된 처분행위가 소청결정에 따라 향후 당사자에게 이익을 부여하는 방향으로 새로운 처분을 행해야 하는 경우에는 현재 그 처분을 행할 수 있는 권한 있는 자가 피소청인의 지위를 승계하여 소청당사자가 되어야 할 것이고, 정부조직 개편 등에 따라 당해 처분을 행한 행정청이 폐지된 경우 등에는 이를 승계한 행정청이 피소청인이 된다.

대법원 판례

| 행정청의 권한 승계에 관한 사례 |

무효등확인소송에 준용되는 행정소송법 제13조 제1항은 "취소소송은 다른 법률에 특별한 규정이 없는 한 그 처분 등을 행한 행정청을 피고로 한다. 다만, 처분 등이 있은 뒤에 그 처분 등에 관계되는 권한이 다른 행정청에 승계된 때에는 이를 승계한 행정청을 피고로 한다"고 규정하고 있고, 여기서 '그 처분 등에 관계되는 권한이 다른 행정청에 승계된 때'라고 함은 처분 등이 있은 뒤에 행정기구의 개혁, 행정주체의 합병·분리 등에 의하여 처분청의 당해 권한이 타 행정청에 승계된 경우뿐만 아니라 처분 등의 상대방인 사인의 지위나 주소의 변경 등에 의하여 변경 전의 처분 등에 관한 행정청의 관할이 이전된 경우 등을 말한다.
공무원보수규정에 의하면 호봉획정 및 승급은 법령의 규정에 의한 임용권자(임용에 관한 권한이 법령의 규정에 의하여 위임 또는 위탁된 경우에는 위임 또는 위탁을 받은 자를 말한다) 또는 임용제청권자가 이를 시행하도록 되어 있고(위 규정 제7조), 호봉의 획정 또는 승급이 잘못된 때에는 당해 공무원의 현재의 호봉획정 및 승급시행권자가 그 잘못된 호봉발령일자로 소급하여 호봉을 정정하도록 규정하고 있으므로(위 규정 제18조 제1항, 제2항), 종전 임용권자가 행한 호봉획정처분 및 각 승급처분에 대한 정정권한은 현재의 임용권자에게 승계되었다고 보아야 한다(대법원 2000.11.14. 선고 99두5481 판결, 면직무효확인등).

4. 관 계 인

가. 소청인의 대리인

소청인은 변호사를 대리인으로 선임하여 소청심사를 청구할 수 있다(국공법 제76조 ①항). 대리인은 소청인을 위하여 대리권의 범위, 즉 소청인이 위임한 범위 내에서 그의 의사결정과 명의로 소청심사에 관계된 행위의 일체를 행할 수 있고, 소청인은 변호사를 대리인으로 선임한 경우에도 심사회의에 참석하여 자신의 주장을 진술할 수 있다.

행정심판법 제18조 제1항은, 청구인은 법정대리인 외에도 청구인의 배우자, 청구인 또는 배우자의 사촌 이내의 혈족, 변호사, 그 밖에 위원회의 허가를 받은 자 등을 대리인으로 선임할 수 있다고 규정하여 보다 더 넓게 심판청구 대리를 할 수 있도록 하였으나, 소청심사는 일신전속적인 공무원 신분관계를 다루는 특별행정심판절차이므로 국가공무원법 제76조 제1항에서 본인 이외에 변호사만을 대리인으로 선임할 수 있다는 특례를 둔 것으로 볼 수 있다.

나. 피소청인의 대리인

피소청인은 관계공무원 또는 변호사를 대리인으로 지정 또는 선임하여 소청에 응하게 할 수 있다. 이 경우 피소청인은 그 위임장 또는 대리인 지정서를 소청심사기일 이전에 위원회에 제출하여야 한다(소청규정 제4조).

피소청인을 대리하여 심사회의에 참석하는 관계 공무원은 특별한 사유가 있는 경우를 제외하고는 소청인보다 상위계급(경찰공무원의 경우 경위 이상)인 자를 지정하도록 하여야 한다(소청지침 제12조). 이는 소청심사위원들이 위원회에 출석한 소청인과 피소청인의 대리인으로부터 책임성 있는 답변을 듣기 위한 것으로서, 당해 소청사건에 대한 쟁점사항과 법적 다툼의 한계 등을 1회 심사만으로도 명료하게 정리함으로써 현명한 결정에 도달하기 위한 소청심사위원회의 회의운영 방침으로 볼 수 있다.

다. 참가인

참가인에 관한 사항은 국가공무원법 및 소청절차규정 등에 규정되지 않았으므로 행정심판법을 준용한다.

행정심판법 제20조 제1항은, 행정심판의 결과에 이해관계가 있는 제3자나 행정청은 해당 심판청구에 대한 위원회의 의결이 있기 전까지 그 사건에 대하여 심판참가를 할 수 있도록 규정하고 있다. 이해관계 있는 자란 심판의 결과에 자기의 법률상 이익이 침해되는 자를 말한다. 제3자효(복효적) 행정행위로 인해 자신의 이익이 침해되었음을 이유로 다투게 되는 행정심판 또는 행정소송에서 '참가'의 필요성이 나타날 수 있다.[2] 행정심판법 제24조 제2항은, "피청구인은 처분의 상대방이 아닌 제3자가 심판청구를 한 경우에는 지체 없이 처분의 상대방에게 그 사실을 알려야 한다"고 규정하고 있다.

소청심사에 준용되는 위 행정심판법의 취지로 볼 때, 소청절차에서도 그 결과에 이해관계가 있는 자라면 소청참가를 할 수 있겠으나, 소청심사가 일신전속적인 공무원 신분관계를 다투는 것이므로 제3자가 소청절차에 참여할 만한 법률상의 이해관계를 갖게 되는 사례는 나타나기 어려울 것이다.

---

2) 행정소송법 제16조(제3자의 소송참가) ① 법원은 소송의 결과에 따라 권리 또는 이익의 침해를 받을 제3자가 있는 경우에는 당사자 또는 제3자의 신청 또는 직권에 의하여 결정으로써 그 제3자를 소송에 참가시킬 수 있다.
② 법원이 제1항의 규정에 의한 결정을 하고자 할 때에는 미리 당사자 및 제3지의 의견을 들어야 한다.
③ 제1항의 규정에 의한 신청을 한 제3자는 그 신청을 각하한 결정에 대하여 즉시항고할 수 있다.
④ 제1항의 규정에 의하여 소송에 참가한 제3자에 대하여는 민사소송법 제67조의 규정을 준용한다.

대법원 판례

| 보조참가(소송참가)의 요건 |

보조참가의 요건으로서 소송의 결과에 대한 이해관계라 함은 법률상의 이해관계를 말하고 이는 당해소송의 판결의 기판력이나 집행력을 당연히 받는 경우 또는 당해 소송의 판결의 효력이 직접 미치지 아니한다고 하더라도, 적어도 그 판결을 전제로 하여 보조참가를 하려는 자의 법률상의 지위가 결정되는 관계에 있는 경우를 말한다(대법원 1979.8.28. 선고 79누74 판결, 매립공사준공인가유보처분취소).

상호신용금고회사가 재정경제원장관의 업무·재산관리명령에 대한 행정심판을 청구하였다가 기각당한 경우, 당해 재결의 직접 상대방이 아닌 위 회사의 이사 겸 주주나 위 회사의 과점주주는 당해 재결에 관하여 법률상 직접적인 이해관계를 가지는 것이 아니라 사실상 간접적인 이해관계를 가지는 데 불과하므로 당해 재결 취소소송의 원고적격이 없다(대법원 1997.12.12. 선고 97누317 판결, 업무및재산의관리명령처분취소).

라. 검증인, 감정인, 증인 등

소청심사위원회는 소청심사를 할 때 필요하면 검증(檢證)·감정(鑑定), 그 밖의 사실조사를 하거나 증인을 소환하여 질문하거나 관계 서류를 제출하도록 명할 수 있고, 필요하다고 인정하면 소속 직원에게 사실조사를 하게 하거나 특별한 학식·경험이 있는 자에게 검증이나 감정을 의뢰할 수 있다(국공법 제12조 ②, ③항).

소청심사위원회가 소청 사건을 심사하기 위하여 징계 요구 기관이나 관계 기관의 소속 공무원을 증인으로 소환하면 해당 기관의 장은 이에 따라야 한다(국공법 제12조 ③항). 소청당사자도 증인의 소환·질문 또는 증거물 기타 심사자료의 제출명령을 신청하거나, 증거물 기타 심사자료를 제출할 수 있으며, 위원회는 위 신청에 대한 채택여부를 결정하여야 하고, 채택된 증인의 여비는 신청인의 부담으로 한다(소청규정 제11조).

이 경우 소청당사자가 증인의 소환·질문 또는 증거물 기타 심사자료의 제출명령을 요청하는 때에는 심사회의 개최 3일 전까지 관련서식에 따라 신청하여야 한다(소청지침 제14조).

제3절 소청심사의 청구

공무원이 징계처분 등에 불복할 때에는 그 처분사유 설명서를 받은 날부터, 처분사유 설명서가 교부되지 않는 기타 본인의 의사에 반한 불리한 처분을 받았을 때에는 그 처분이 있은 것을 안 날부터 각각 30일 이내에 소청심사위원회에 이에 대한 심사를 청구할 수 있다(국공법 제76조 ①항).

이 절에서는 소청심사청구서의 제출과 소청제기기간의 계산방법 및 적용의 특례, 청구서의 접수와 처리, 청구의 변경과 주장 내용의 보충, 소청심사 청구의 효과 등에 대하여 살펴본다.

1. 청구서의 제출

공무원이 징계처분·강임·휴직·직위해제·면직처분 그 밖에 그 의사에 반하는 불리한 처분 또는 부작위에 대하여 소청심사위원회에 심사를 청구할 때에는 다음 각 호의 사항을 기재한 소청심사청구서를 위원회에 제출하여야 한다(소청규정 제2조 ①항).

<소청심사청구서에 기재할 사항>

1. 주소·성명·주민등록번호 및 전화번호
2. 소속기관명 또는 전 소속기관명과 직위 또는 전 직위
3. 피소청인(대통령의 처분 또는 부작위에 대하여는 제청권자)
4. 소청의 취지
5. 소청의 이유 및 입증방법
6. 처분사유 설명서 또는 인사발령통지서의 수령지연으로 인하여 처분사유 설명서에 기재된 일자로부터 소청제기기간을 초과하여 소청심사를 청구하는 경우에는 그 수령지연사실의 입증자료

소청심사 청구는 서면으로 하여야 한다(행심법 제28조 ①항 준용). 소청인 또는 대리인은 소청업무처리지침 별지 제1호 서식에 따른 소청심사청구서 2부를 작성

하여 위원회에 직접 제출하거나 우편・모사전송 또는 인터넷으로 제출할 수 있다. 행정심판법 제52조는 '전자정보처리조직을 통한 심판청구 등'을 규정하여 전자문서를 통해 청구서를 제출할 때에는 청구시의 부본 제출의무를 면제하고 있다. 이와 같이 제출된 전자문서는 그 문서를 제출한 사람이 정보통신망을 통하여 전자정보처리조직에서 제공하는 접수번호를 확인하였을 때에 전자정보처리조직에 기록된 내용으로 접수된 것으로 보며, 심판청구 기간을 계산할 때에는 위 접수번호가 부여되었을 때에 행정심판이 청구된 것으로 본다.

이에 따라 소청심사위원회에서도 위 행정심판법을 준용하여 전자정보처리조직, 즉 인터넷을 통한 '온라인 소청접수'를 시행하고 있다. 소청심사청구서의 서식 등 청구방식에 대해서는 소청심사위원회의 인터넷 홈페이지에 자세히 안내되어 있으므로 이를 활용하면 될 것이다.

처분의 불복방법을 고지하지 않아 소청인이 소청심사청구서를 다른 행정기관에 제출한 경우에는 아래 소청절차규정 제2조 제2항에 따라 관할 위원회에 이송하고 그 사실을 소청인에게 통지하여야 한다.

아래의 청구서 형식은 소청심사위원회의 인터넷홈페이지(sochung.mopas.go.kr)에 게재된 소청심사청구서의 예시자료이다.

소청절차규정

제2조(소청심사청구) ② 위원회는 제1항에 따른 소청심사청구가 위원회의 관할에 속하지 아니하는 경우에는 지체 없이 이를 관할 위원회에 이송하고 그 사실을 소청심사를 청구한 자(이하 '소청인'이라 한다)에게 통지하여야 한다.

행정심판법

제23조(심판청구서의 제출) ① 행정심판을 청구하려는 자는 제28조에 따라 심판청구서를 작성하여 피청구인이나 위원회에 제출하여야 한다. 이 경우 피청구인의 수만큼 심판청구서 부본을 함께 제출하여야 한다.

② 행정청이 제58조에 따른 고지를 하지 아니하거나 잘못 고지하여 청구인이 심판청구서를 다른 행정기관에 제출한 경우에는 그 행정기관은 그 심판청구서를 지체 없이 정당한 권한이 있는 피청구인에게 보내야 한다.

③ 제2항에 따라 심판청구서를 보낸 행정기관은 지체 없이 그 사실을 청구인에게 알려야

한다.

④ 제27조에 따른 심판청구 기간을 계산할 때에는 제1항에 따른 피청구인이나 위원회 또는 제2항에 따른 행정기관에 심판청구서가 제출되었을 때에 행정심판이 청구된 것으로 본다.

제52조(전자정보처리조직을 통한 심판청구 등) ① 이 법에 따른 행정심판 절차를 밟는 자는 심판청구서와 그 밖의 서류를 전자문서화하고 이를 정보통신망을 이용하여 위원회에서 지정・운영하는 전자정보처리조직(행정심판 절차에 필요한 전자문서를 작성・제출・송달할 수 있도록 하는 하드웨어, 소프트웨어, 데이터베이스, 네트워크, 보안요소 등을 결합하여 구축한 정보처리능력을 갖춘 전자적 장치를 말한다. 이하 같다)을 통하여 제출할 수 있다.

② 제1항에 따라 제출된 전자문서는 이 법에 따라 제출된 것으로 보며, 부본을 제출할 의무는 면제된다.

③ 제1항에 따라 제출된 전자문서는 그 문서를 제출한 사람이 정보통신망을 통하여 전자정보처리조직에서 제공하는 접수번호를 확인하였을 때에 전자정보처리조직에 기록된 내용으로 접수된 것으로 본다.

④ 전자정보처리조직을 통하여 접수된 심판청구의 경우 제27조에 따른 심판청구 기간을 계산할 때에는 제3항에 따른 접수가 되었을 때 행정심판이 청구된 것으로 본다.

⑤ 전자정보처리조직의 지정내용, 전자정보처리조직을 이용한 심판청구서 등의 접수와 처리 등에 관하여 필요한 사항은 국회규칙, 대법원규칙, 헌법재판소규칙, 중앙선거관리위원회규칙 또는 대통령령으로 정한다.

| 참고자료 3-1 | 소청심사청구서 작성 예시(징계처분의 경우)

소청심사청구서(서식 및 작성예시)

1. 사건명: ○○ 처분 ○○ 청구
   ※ 청구의 취지는 취소, 감경, 취소 또는 감경, 무효확인 중 선택
   예시) ○○ 처분 취소 또는 감경 청구, ○○ 처분 감경 청구, ○○ 처분 취소 청구, ○○ 처분 무효확인 청구

2. 소청인

성 명	(한자:)
주민등록번호	- (세)
소 속	
직(계)급	
주 소	(우편번호:)
전자우편(e-mail)	
전화번호	- 자택 또는 직장: - 휴대전화: ※ 휴대전화 문자메시지(SMS) 수신 동의 여부: 동의함( ), 동의안함( )
대리인 (선임시 기재)	

3. 피소청인:
   ※ 처분사유 설명서의 처분권자(대통령인 경우 제청권자)
   예시) ○○장관, ○○처장, ○○청장, ○○지방경찰청장, ○○경찰서장 등

4. 소청의 취지: 피소청인이 ○○년 ○○월 ○○일 소청인에게 한 ○○ 처분의 ○○을(를) 구함.

5. 처분사유 설명서 수령일: ○○년 ○○월 ○○일

6. 희망 심사시기: 빨리( ), 늦게( ), 의견 없음( )

7. 소청이유: 별지로 작성

8. 입증자료
   가. 인사발령통지서
   나. 처분사유 설명서(징계의결서 포함)
   다. 소청 이유에 대한 입증서류(있을 경우)
   라. ……

위와 같이 청구합니다.

년 월 일
위 청구인 (서명 또는 인)

안전행정부 소청심사위원회 위원장 귀하

[별지]
소청이유
본건 징계의결 이유서에서는 소청인이 국외도피사범에 대한 전화통보를 받고 전자문서가 시행되었음에도 익일 재차 전화가 올 때까지 직무를 태만히 하여 도피사범이 입국시 검거치 못하였다고 하나,
소청인은 ○○년 ○○월 ○○일 ○○시경 ○○청 ○○과 송 모 경위로부터 본건외 업무로 소청인이 먼저 전화를 걸어 통화하던 중 내일 새벽 ○○시에 이 모가 입국하는데 자세한 내용은 추가로 알려주겠다는 내용을 통화한 사실은 있으나, 수배자 이 모의 주민등록번호, 주소, 입국일시 및 비행기 편명, 수배사항 등을 구체적으로 알려주지 않았고,
송 모 경위가 하달한 '국외도피사범(이송) 입국관련업무지시' 문서는 업무시간이 지난 ○○년 ○○월 ○○일 ○○시경 ○○지방경찰청 전자결재 서버에 도달하여 보안과 문서접수 담당자의 퇴근으로 접수하지 못하였고, 소청인 또한 본건 문서 접수사실을 알지 못하여 수배자 검거에 실패한 것으로,
중요수배자 검거 지시문서를 결재과정을 이유로 업무시간이 종료한 이후에 하달하였으면 문서접수 여부를 확인할 책임이 있음에도, 이를 게을리 한 잘못이 있는 송 모 경위에게는 경고처분을 하고 접수사실을 알지 못한 소청인에게는 견책을 내린 것은 잘못된 처분이라 생각하는 바,
공문하달 후 전화로 문서접수 사실을 확인하는 것이 원칙임에도 경찰청 송 모 경위는 현부서 근무경력이 얼마 되지 않아 업무가 미숙하여 처리절차를 간과하였고, 본건 이후에는 Fax를 이용하여 ○건을 모두 정상적으로 처리하여 수배자를 검거하지 못한 사례는 없는 점, 소청인은 본건 발생 당일 당직업무와 더불어 ○○년도 국정감사 자료준비로 업무가 폭주하여 당직업무를 수행하면서 ○○건의 국정감사 자료를 준비하기 위해 밤샘 근무하였고, 지금까지 국외도피사범 업무를 담당하면서 국외에서 입국하는 수배자를 검거하지 못한 사례는 단 한건도 없이 성실히 근무하여 온 점, 소청인은 본건 발생으로 소속 상관이 다른 부서로 전보되는 등 상사에게 누를 끼친 점에 대하여 부하직원으로서 깊이 반성하고 있는 점, ○○년 동안 근무하면서 모범공무원 표창 등 모두 ○○회의 표창을 수상한 공적이 있는 점, 본건 발생이후 소청인이 받은 심적 고통을 헤아려 주신다면 다시 한번 심기일전하여 경찰조직에 이바지 할 각오인 점 등 제 정상을 참작하여 원처분의 취소를 구함.

대법원 판례

| 행정심판청구는 엄격한 형식을 요하지 아니하는 서면행위에 해당 |

행정소송의 전치요건인 행정심판청구는 엄격한 형식을 요하지 아니하는 서면행위라고 볼 것이므로 행정청의 위법 부당한 처분 등으로 인하여 권리나 이익을 침해당한 자로부터 그 처분의 취소나 변경을 구하는 서면이 제출되었을 때에는 그 표제와 제출기관의 여하를 불문하고 이를 행정심판의 청구로 보고 심리와 재결을 하여야 하며, 거기에 불비된 사항이 있더라도 보정이 가능하면 보정을 명하고, 보정이 불가능한 때에만 각하하여야 하며, 심판청구인은 일반적으로 전문적 법률지식을 갖고

있지 못하여 제출된 서면의 취지가 불명확한 경우가 적지 않을 것이나 이러한 경우에도 행정청으로서는 그 서면을 가능한 한 제출자의 이익이 되도록 해석하고 처리하여야 한다(대법원 1995.11.10. 선고 94누12852 판결, 택지개발예정지구지정처분무효확인).

2. 청구의 기간

가. 소청제기기간

공무원이 징계처분 등을 받거나 그 의사에 반하여 강임·휴직·직위해제 또는 면직처분을 받은 경우에는 그 처분사유 설명서를 받은 날부터, 위 처분 이외에 본인의 의사에 반한 인사상의 불리한 처분을 받았을 때에는 그 처분이 있은 것을 안 날부터 각각 30일 이내에 소청심사위원회에 이에 대한 심사를 청구할 수 있다(국공법 제75조, 제76조).

소청제기기간은 불변기간으로서 이를 도과한 뒤에 제기된 심사청구는 부적법하다는 이유로 소청심사에서 '각하' 결정이 되므로 매우 중요하다.

대법원 판례

| 처분사유 설명서의 교부는 그 처분의 효력발생요건이라 할 수 없음 |

국가공무원법 제75조는 공무원에 대하여 징계처분을 할 때나 강임, 휴직 또는 면직처분을 할 때에는 그 처분권자 또는 처분제청권자는 처분사유를 기재한 설명서를 피처분자에게 교부하도록 규정하고 있으므로, 이는 그 행정처분이 정당한 이유에 의하여 한 것이라는 것을 분명히 하고 또 피처분자로 하여금 불복있는 경우에 출소의 기회를 부여하는 데 그 법의가 있다 할 것이고 그 처분사유 설명서의 교부를 처분의 효력발생요건이라 할 수 없고 그 처분의 통지가 피처분자의 볼 수 있는 상태에 놓여질 때에는 처분설명서의 교부가 없디하더라도 그 행정처분은 유효하다고 함이 상당하다 할 것인바, 기록에 의하면 원고는 면직처분 통지서를 1967.6.8.에 받고, 또 면직처분사유 설명서를 1967.8.24.에 수령하였음이 분명한 본건에 있어서 원심이 원고가 면직처분의 통지를 수령하였으므로 처분사유 설명서의 교부가 없었다고 하여 면직처분자체가 위법이라고 할 수 없다는 취지로 판단하고 나아가 그 유효

> 한 처분을 전제로 하여 그 후에도 설명서까지 교부하였다고 판단한 것으로 못 볼 바 아닌 원 판단은 정당하고 거기에는 법리오해, 이유모순, 심리미진, 이유불비의 위법은 없으므로 논지는 이유없다(대법원 1970.1.27. 선고 68누10판결, 면직처분취소).

나. 소청제기기간의 계산방법

기간의 계산에 대하여는 국가공무원법 및 소청절차규정에서 규정하고 있지 않으므로 민법 제6장(기간)을 적용한다. 따라서, 처분사유 설명서 또는 기타 불이익 처분의 경우 그 처분서면을 받은 날의 초일은 기간에 산입하지 않고, 그 기간의 말일이 토요일 또는 공휴일에 해당한 때에는 기간은 그 휴일의 익일로 만료한다.

민법 제111조(의사표시의 효력발생시기) 제1항은 "상대방 있는 의사표시는 그 통지가 상대방에 도달한 때로부터 그 효력이 생긴다"고 규정하고 있으므로, 처분사유 설명서를 받은 날부터 30일이 되는 날까지 소청심사청구서가 위원회에 도달하지 않을 경우에는 부적법한 청구에 해당하여 본안심사 없이 '각하' 결정을 받게 된다.

다. 소청제기기간 적용의 특례 등

소청절차규정 제3조(청구기간의 진행정지)는, 소청인에게 책임이 없는 사유로 소청심사의 청구를 할 수 없는 기간은 국가공무원법 제76조 제1항의 소청제기기간에 산입하지 아니하고, 위 책임없는 사유의 여부는 위원회가 결정한다고 규정하고 있다.

그러나, 위 '책임없는 사유'가 어떤 것인지에 대해서는 구체적으로 정하고 있지 않으므로, 불가항력, 오고지, 불고지 등에 대해 규정하고 있는 행정심판법 제27조를 준용하여 이를 판단해야 할 것이다.

따라서, 국가공무원법에서 당해 공무원이 처분사유 설명서를 받은 날 또는 본인의 의사에 반한 불리한 처분이 있은 것을 안 날부터 각각 30일 이내에 소청심사를 청구할 수 있다고 규정하고 있음에도 불구하고, 위 행정심판법이 정하고 있는 바와 같이 소청인이 천재지변, 전쟁, 사변(事變), 그 밖의 불가항력으로 인하여 30일 이내에 소청제기를 할 수 없었을 때에는 그 사유가 소멸한 날부터 14일 이내에 소청을 제기할 수 있고, 국외에서 소청심사를 청구하는 경우에는 그 사유 소멸일로부터 30일 내에 소청을 제기할 수 있다. 또한, 행정청이 소청제기기간을 국가공무원법이 정한 기간(30일)보다 긴 기간으로 잘못 알린 경우 그 잘못 알린 기간에 소청제기가 있으면 그 청구는 적법하게 청구된 것으로 본다.

한편, 소청심사청구는 처분이 있었던 날부터 180일이 지나면 청구하지 못하고(정당한 사유가 있는 경우에는 그러하지 아니하다), 행정청이 소청제기기간을 알리지 아니한 경우에는 행정심판법 제3항에 규정된 기간(180일) 내에 소청심사를 청구할 수 있다. 무효등확인심판청구와 부작위에 대한 의무이행심판청구는 위 규정들이 적용되지 않으므로 기간에 구애되지 아니하고 소청심사를 청구할 수 있다.

판례에서 제소기간과 관련한 '불가항력의 사유'를 찾기 어려우나 통상 '불가항력'의 사유를 매우 엄격하게 해석하고 있는 실정이고, 위와 같은 소청제기기간은 '불변기간(不變期間)'으로서 그 기일이 도과된 뒤에 제기된 소청심사 청구는 부적법하다는 이유로 '각하' 처리되므로 세심한 주의가 요구된다.

대법원 판례

| 행정심판법 제18조 제1항 소정의 심판청구기간 기산점인 '처분이 있음을 안 날'의 의미 |

행정심판법 제18조 제1항 소정의 심판청구기간 기산점인 '처분이 있음을 안 날'이라 함은 당사자가 통지·공고 기타의 방법에 의하여 당해 처분이 있었다는 사실을 현실적으로 안 날을 의미하고, 추상적으로 알 수 있었던 날을 의미하는 것은 아니라 할 것이며, 다만 처분을 기재한 서류가 당사자의 주소에 송달되는 등으로 사회통념상 처분이 있음을 당사자가 알 수 있는 상태에 놓여진 때에는 반증이 없는 한 그 처분이 있음을 알았다고 추정할 수는 있다(대법원 1995.11.24. 선고 95누11535 판결, 택지초과소유부담금부과처분취소).

| 상대방이 있는 행정처분이 있은 날의 의미 |

건축허가치분과 같이 상대방이 있는 행정처분에 있어서는 달리 특별한 규정이 없는 한 그 처분을 하였음을 상대방에게 고지하여야 그 효력이 발생한다고 할 것이어서 위의 행정처분이 있은 날이라 함은 위와 같이 그 행정처분의 효력이 발생한 날을 말한다(대법원 1977.11.22. 선고 77누195 판결, 행정처분무효확인).

| 태풍이 예보된 진로와 달리 지나감으로써 이에 대비하지 못한 선박의 계선삭이 절단되어 발생한 해난을 불가항력에 의한 사고로 볼 수 있는지 여부(소극) |

태풍과 같은 기상의 상황은 변화무쌍하여 정확한 예측이 불가능한 속성을 지니고 있으므로 이미 상당한 시간 전에 태풍경보가 있었던 이상 대형공선의 선박관리자인 원고로서는 태풍의 진로가 예상과 달라져 해상에 더 심한 강풍과 파랑이 일어날지도 모르는 경우까지 대비하여 태풍의 피해가 생기지 아니하도록 안전한 장소로 피항하는 등 안전조치를 철저히 강구하여야 할 주의의무가 있는 것이므로 태풍의 진로가 당초 예보된 것과는 달리 지나감에 따라 위 선박이 정박중이던 항구가 예상보다 더 강한 태풍권에 들게 되어 위 선박의 계선삭이 절단되어 표류하게 되었다 하더라도 이에 제대로 대비하지 못하였던 원고에게 선박관리상의 잘못이 없다고는 할 수 없는 것으로써 이 사건 해난을 가지고 불가항력에 의한 사고라고 볼 수는 없다고 할 것이다(대법원 1991.1.15. 선고 88추27 판결, 재결취소).

라. 소청제기기간이 경과되어 부적법한 청구로 보는 사례

앞에서 본 바와 같이 당해 처분이 있음을 안 날부터 30일이 경과한 뒤에 제기한 심사청구는 부적법하다는 이유로 소청심사에서 '각하' 결정을 받게 된다. 여기에서 유의해야 할 사항은 불복방법을 고지하지 않은 처분에 관해서는 그 소청제기기간이 180일로 연장된다고 보아야 하는데 그 구체적인 이유는 아래 검토자료와 소청제기기간 도과 여부에 관한 소청례 및 판례를 참고하기 바란다.

| 참고자료 3-2 | 불복방법을 고지하지 않은 처분에 대한 소청제기기간 검토

1. 그동안의 소청례(불복방법 고지가 없는 처분의 경우)
○ 과거에는 30일 도과 후 제기된 청구를 기간도과로 판단하여 각하 (소청 2000-15, 명예퇴직수당지급대상자추천불가처분 취소청구)
○ 최근에는 행정심판법을 원용하여 180일 이내에 제기될 경우 적법한 청구로 판단하여 본안심사 결정(소청 2004-355, 2011-543, 2011-1125 등)

2. 심사청구의 기간 및 처분에 대한 불복방법 고지 제도
가. 관계법령
1) 국가공무원법
제75조(처분사유 설명서의 교부) 공무원에 대하여 징계처분등을 할 때나 강임 · 휴

직·직위해제 또는 면직처분을 할 때에는 그 처분권자 또는 처분제청권자는 처분사유를 적은 설명서를 교부(交付)하여야 한다. 다만, 본인의 원(願)에 따른 강임·휴직 또는 면직처분은 그러하지 아니하다.

제76조(심사청구와 후임자 보충 발령) ① 제75조에 따른 처분사유 설명서를 받은 공무원이 그 처분에 불복할 때에는 그 설명서를 받은 날부터, 공무원이 제75조에서 정한 처분 외에 본인의 의사에 반한 불리한 처분을 받았을 때에는 그 처분이 있은 것을 안 날부터 각각 30일 이내에 소청심사위원회에 이에 대한 심사를 청구할 수 있다.

※ 소청인에게 책임없는 사유로 소청심사의 청구를 할 수 없는 기간은 소청제기기간에 산입하지 아니하며, 책임없는 사유 여부는 위원회가 결정(소청규정 제3조)

2) 행정절차법

제26조(고지) 행정청이 처분을 하는 때에는 당사자에게 그 처분에 관하여 행정심판 및 행정소송을 제기할 수 있는지 여부, 기타 불복을 할 수 있는지 여부, 청구절차 및 청구기간, 기타 필요한 사항을 알려야 한다.

3) 행정심판법

제4조(특별행정심판 등) ① 사안(事案)의 전문성과 특수성을 살리기 위하여 특히 필요한 경우 외에는 이 법에 따른 행정심판을 갈음하는 특별한 행정불복절차(이하 '특별행정심판'이라 한다)나 이 법에 따른 행정심판 절차에 대한 특례를 다른 법률로 정할 수 없다.

② 다른 법률에서 특별행정심판이나 이 법에 따른 행정심판 절차에 대한 특례를 정한 경우에도 그 법률에서 규정하지 아니한 사항에 관하여는 이 법에서 정하는 바에 따른다.

제27조(심판청구의 기간) ① 행정심판은 처분이 있음을 알게 된 날부터 90일 이내에 청구하여야 한다.

② 청구인이 천재지변, 전쟁, 사변(事變), 그 밖의 불가항력으로 인하여 제1항에서 정한 기간에 심판청구를 할 수 없었을 때에는 그 사유가 소멸한 날부터 14일 이내에 행정심판을 청구할 수 있다. 다만, 국외에서 행정심판을 청구하는 경우에는 그 기간을 30일로 한다.

③ 행정심판은 처분이 있었던 날부터 180일이 지나면 청구하지 못한다. 다만, 정당한 사유가 있는 경우에는 그러하지 아니하다.

④ 제1항과 제2항의 기간은 불변기간(不變期間)으로 한다.

⑤ 행정청이 심판청구 기간을 제1항에 규정된 기간보다 긴 기간으로 잘못 알린 경우 그 잘못 알린 기간에 심판청구가 있으면 그 행정심판은 제1항에 규정된 기간에 청구된 것으로 본다.

⑥ 행정청이 심판청구 기간을 알리지 아니한 경우에는 제3항에 규정된 기간에 심판청구를 할 수 있다.

⑦ 제1항부터 제6항까지의 규정은 무효등확인심판청구와 부작위에 대한 의무이행심판청구에는 적용하지 아니한다.

제58조(행정심판의 고지) ① 행정청이 처분을 할 때에는 처분의 상대방에게 다음 각 호의 사항을 알려야 한다.

1. 해당 처분에 대하여 행정심판을 청구할 수 있는지
2. 행정심판을 청구하는 경우의 심판청구 절차 및 심판청구 기간

② 행정청은 이해관계인이 요구하면 다음 각 호의 사항을 지체 없이 알려 주어야 한다. 이 경우 서면으로 알려 줄 것을 요구받으면 서면으로 알려 주어야 한다.

1. 해당 처분이 행정심판의 대상이 되는 처분인지
2. 행정심판의 대상이 되는 경우 소관 위원회 및 심판청구 기간

나. 불복방법의 고지 방법 및 시기

○ 고지의 방법에 대해서는 특별히 정해진 바 없으므로, 서면에 의한 불복고지의 방법을 이행하지 않았더라도 구두 또는 공개된 장소에서 처분상대방 등에게 불복의 방법을 고지한 사실이 입증된다면 이를 고지 이행으로 볼 수 있을 것임

○ 고지의 시기는 서면처분과 동시에 이루어짐이 일반적이겠으나, 상당기간이 흐른 뒤 사후에라도 고지를 하였다면 불고지의 하자를 치유한 것이 되어 이때부터 소청제기기간을 계산할 수 있다고 봄

○ 무효등확인 청구와 부작위에 대한 의무이행청구는 고지 여부에 상관없이 소청제기기간의 제한을 받지 않음

3. 판례의 태도

○ 교육공무원에게 해임처분사실을 통지하면서 소청심사청구기간을 알리지 아니하였다면 행정심판법 제18조(개정전 법조항으로, 현재는 행정심판법 제27조에 해당함) 제6항, 제3항의 규정에 의하여 해임처분이 있은 날로부터 180일 이내에 소청심사청구를 할 수 있고 정당한 사유가 있을 경우에는 그 이후에도 심사청구를 할 수 있음(대법원 1992.5.26. 선고 92누206 판결).

○ 행정처분의 취소를 구하는 항고소송의 전심절차인 행정심판청구가 기간도과로 인하여 부적법한 경우에는 행정소송 역시 전치의 요건을 충족치 못한 것이 되어 부적법 각하를 면치 못하는 것이고, 이 점은 행정청이 행정심판의 제기기간을 도과한 부적법한 심판에 대하여 그 부적법을 간과한 채 실질적 재결을 하였다 하더라도 달라지는 것이 아님(대법원 1991.6.25. 선고 90누8091 판결).

4. 검토의견

1) 처분사유 설명서 교부 의무가 있는 처분의 경우

○ 처분사유 설명서를 교부하는 처분(징계처분, 강임·휴직·직위해제·면직처분 등)은 그 법정서식의 하단에 명기된 불복방법의 고지, 즉 "이 처분에 불복할 때에는 국가공무원법 제76조 제1항에 따라 이 설명서를 받은 날부터 30일 이내에 소청심사위원회에 심사를 청구할 수 있습니다"라는 안내에 따라 이를 수령한 날로부터 30일 내에 소청을 제기하여야 함

○ 다만, 처분사유 설명서를 교부하였더라도 위 불복방법의 고지가 누락된 처분을 한 경우에는 아래의 '처분사유 설명서 교부 의무가 없는 처분의 경우'와 마찬가지로 처리되어야 할 것임.

2) 처분사유 설명서 교부 의무가 없는 처분의 경우

○ 행정심판법 제27조 제3항 및 제6항을 원용하여 원칙적으로 '처분이 있었던 날부터 180일 내에 소청을 제기할 수 있다'고 보아야 할 것임.

○ 다만, 앞서 본 바와 같이 '구두 또는 공개된 장소에서 처분상대방 등에게 불복의 방법을 고지한 사실이 입증되거나 사후 고지를 한 사실이 입증된다면' 불고지의 하자가 치유된 때부터 30일 이내에 소청을 제기할 수 있을 것임

○ 위 경우에도 '불고지의 하자가 치유된 날부터 30일 또는 처분이 있었던 날부터 180일' 중 먼저 도래하는 기간 내에 제기하여야 적법한 소청청구에 해당한다고 할 수 있음(대법원 2004.10.14. 선고 2002두424 판결 참조).

3) 결 론

○ 국가공무원법상 처분이 있은 것을 안 날부터 30일 이내에 소청을 제기할 수 있는바, 여기에서 '처분이 있은 것을 안 날'이란 불복의 방법, 즉 30일 이내에 소청을 제기할 수 있다는 구체적 사실을 안 날을 의미한다고 봄이 타당함

○ 따라서, 처분사유 설명서 교부 의무가 없는 처분, 즉 수사경과해제처분이나 전보처분 등에 대해서도 당사자가 불복의 방법을 문의할 경우 처분청은 지체 없이 문서로서 '30일 내에 소청제기가 가능'함을 통지해 줌이 바람직하고, 소청심사 진행시에도 반드시 위와 같은 불고지의 하자를 치유한 사실이 있는지를 확인하여 소청제기기간의 경과 여부를 판단함이 타당하다고 사료됨.

소청례

| 소청심사청구에 대하여 고지하지 않은 경우 소청제기기간 |

고지를 하지 않은 경우에도 그것이 당해 처분의 위법사유로는 되지 않으나, 대법원은 "교육공무원에게 해임처분사실을 통지하면서 소청심사청구기간을 알리지 아니하였다면 행정심판법 제18조 제6항, 제3항의 규정에 의하여 해임처분이 있은 날로부터 180일 이내에 소청심사청구를 할 수 있고 정당한 사유가 있을 경우에는 그 이후에도 심사청구를 할 수 있다"(대법원 1992.5.26. 선고 92누206 판결)라고 판시하고 있는바, 비록 처분청이 소청인에게 국가정보원직원법 시행령에 정해진 서식에 의해 징계처분사유 설명서를 교부하였다고 주장하고 있으나, 당해 징계처분사유 설명서에 소청심사청구에 관한 고지가 없었던 점은 사실로 보이므로, 30일이 도과된 뒤 소청심사청구가 되었더라도 처분이 있은 날로부터 180일 내에 제기된 이상 소청심사제기기간을 도과하지는 않은 것으로 판단함(소청사건 04-355).

| 처분사유 설명서 수령을 거절한 경우 수령시기 및 각하 사례 |

상대방 있는 의사표시에 있어서는 그 상대방이 수령을 거절하더라도 정당한 이유가 없는 한 도달은 있었던 것으로 보아야 함이 상당하며, 그렇지 아니하고 소청인과 같이 원하는 시기에 징계처분사유 설명서를 수령하여 소청심사를 청구할 수 있도록 한다면 국가공무원법에서 정한 소청청구 제한기간을 심히 불안정하게 하여 법적 안정성이 저해될 우려가 있는바, 대법원판례(1982.3.23, 81누348) 역시 징계처분사유 설명서는 당해 공무원이 볼 수 있는 상태에 놓여짐으로써 교부된 것으로 보아야 한다고 하면서 원고가 전달받은 발령통지서를 되돌려 주고 나서 추후 이를 다시 수령하여 소청을 청구한 것이 소청심사 청구기간을 경과하였다면 원고의 소청심사 청구는 소청제기의 불변기간을 도과한 것이라고 판시하고 있는 점 등에 비추어 볼 때 소청인의 이 건 징계처분사유 설명서의 수령시기는 ○○경찰서에서 ○○교도소장을 통하여 소청인에게 징계처분사유 설명서를 전달하려고 한 2002.5.18.인 것으로 보아야 하므로 같은 해 6.28. 제기한 소청인의 소청심사 청구는 청구기간(30일)을 도과한 것이라고 아니할 수 없음(소청사건 02-311).

| 구치소 수감 중인 소청인의 소청제기기간 도과 사례 |

소청인은 처분사유 설명서를 받을 당시 수감 중이었고, 인사계 직원에게 확인한 결과 소청은 본인만이 청구할 수 있다고 하여 포기하고 있다가 뒤늦게 소청을 제기하게 되었다고 주장하고 있는바, 소청절차규정 제3조의 규정에 의하면 소청인에게 책임없는 사유로 소청심사의 청구를 할 수 없는 기간은 소청제기기간에 산입하지 않도록 하고 있으며 그 책임없는 사유의 여부는 위원회에서 결정토록 하고 있으나,

이 건 소청인이 구치소 수감 중이라도 본인이 작성하여 우편 또는 인편으로 소청을 제기하거나 대리인을 통해서도 소청을 제기할 수 있음에도 이를 잘못 알고 소청제기기간을 도과한 것은 이른바 법의 무지에서 기인한 것으로 이를 위 규정에서 정한 '소청인에게 책임없는 사유'로 보기는 어려우므로 소청인의 청구를 각하함(소청사건 01-225).

한편, 소청심사에서 소청제기기간이 경과한 뒤에 부적법하게 제기된 심사청구를 '각하'하지 아니하고 본안을 심사하였다고 하더라도 이로써 소청인의 부적법한 청구의 하자가 치유되는 것이 아니므로, 소청인이 이후 동일사건에 대해 행정소송을 제기할 경우에 법원은 적법한 전심절차의 요건을 충족시키지 못한 부적법한 청구라는 이유로 '각하' 판결을 할 수 있다.

해당 처분문서를 당사자가 언제 수령하였는지 또는 그 처분문서를 당사자가 양지할 수 있는 상태에 놓여졌다고 볼 수 있을 정도로 우편물 등이 송달되었는지 등을 특정하여 그로부터 소청제기기간을 계산하게 된다.

대법원 판례

| 심사청구기간 도과 후에 제기된 부적법한 심사청구를 각하하지 아니하고 받여들여 본안 심사결정을 한 경우에 소원전치주의의 요건을 충족시킨 것이라고 볼 수 있는지 여부 |

내무부장관이 심사청구기간을 도과한 뒤에 제기된 부적법한 심사청구를 각하하지 아니하고 그것을 받아들여 본안에 들어가서 심사결정을 하였다 할지라도 이러한 심사청구는 행정소송의 전제가 되는 전심절차주의의 요건을 충족시킨 것이라고 볼 수 없다(대법원 1975.11.25. 선고 74누214 판결, 행정처분취소).

| 기간도과한 심판청구를 각하하지 아니하고 본안 판단을 한 경우 하자의 치유 여부(소극) |

심판청구기간을 도과한 뒤에 제기한 부적법한 심판청구를 각하하지 아니하고 국세심판소장이 본안에 들어가서 기각결정을 하였다고 하더라도 이러한 심판청구는 행정소송의 전제가 되는 전치절차를 거친 것이라고 볼 수 없다(대법원 1982.6.22. 선고 81누358 판결, 영업세등부과처분취소).

| 경찰공무원이 징계처분을 받은 경우의 소청제기기간의 기산점 |

경찰공무원이 파면처분을 받은 경우에 그 소청제기기간의 기산일은 그 처분사유

설명서를 받은 날이며 단순한 파면 통지를 받은 날이거나 파면된 사실을 안 날이 아니다(대법원 1978.9.26. 선고 78누223 판결, 파면처분취소).

| 지방공무원의 불이익처분에 대한 소청절차규정에 행정심판법 제17조의 규정을 배제하거나 이와 저촉되는 내용의 규정이 없는 한 그 소청절차에 관하여도 제17조의 규정이 적용되는지 여부(적극) |

행정심판법 제43조는 행정심판에 관하여 다른 법률에서 특례를 정한 경우에도 그 법률에서 규정하지 아니한 사항에 관하여는 이 법이 정하는 바에 의한다고 규정하고 있고, 한편 같은 법 제17조 제2항은 행정청이 심판청구의 경유절차를 알리지 아니하였거나 잘못 알려서 청구인이 심판청구서를 다른 행정기관에 제출한 때에는 당해 행정기관은 그 심판청구서를 지체 없이 정당한 권한 있는 행정청에 송부하여야 한다고 규정하고, 같은 조 제7항은 제18조의 규정에 의한 심판청구기간을 계산함에 있어서 제2항의 규정에 의한 행정기관에 심판청구서가 제출된 때에 심판청구가 제기된 것으로 본다고 규정하고 있으므로, 지방공무원의 불이익처분에 대한 소청절차규정에 같은 법 제17조의 규정을 배제하거나 이와 저촉되는 내용의 규정이 없는 한 그 소청절차에 관하여도 위 제17조의 규정이 적용된다.
서울특별시장이 그 소속 공무원을 승진임용에서 제외하는 불이익처분을 함에 있어 소청제기절차를 알린 바 없었다면, 위 공무원의 행정심판청구서가 비록 피청구인을 서울특별시장으로 표시하고 국무총리 앞으로 제출된 것이라고 하여도 지방공무원의 불이익처분에 대한 불복을 그 내용으로 하고 있는 이상 이를 접수한 서울특별시장으로서는 지체 없이 정당한 권한 있는 지방공무원소청심사위원회에 송부하였어야 하고, 위 심판청구서가 서울특별시장에게 제출된 때에 소청심사청구가 제기된 것으로 보아야 한다고 한 사례(대법원 1992.6.23. 선고 92누1834 판결, 승진임용제외처분취소).

| 수감 중인 자에 대한 행정처분의 통지서가 그의 처에게 전달된 경우와 행정처분의 효력발생 |

행정처분의 효력발생요건으로서의 도달이란 상대방이 그 내용을 현실적으로 양지할 필요까지는 없고 다만 양지할 수 있는 상태에 놓여짐으로써 충분하다고 할 것인데, 갑의 처가 갑의 주소지에서 갑에 대한 정부인사발령통지를 수령하였다면 비록 그때 갑이 구치소에 수감중이었고 처분청 역시 그와 같은 사실을 알고 있었다거나 갑의 처가 위 통지서를 갑에게 전달하지 아니하고 폐기해 버렸더라도 갑의 처가 위 통지서를 수령한 때에 그 내용을 양지할 수 있는 상태에 있었다고 볼 것이다(대법원 1989.9.26. 선고 89누4963 판결, 파면처분무효확인).

| 우편물이 등기취급의 방법으로 발송된 경우 그 무렵 수취인에게 배달되었다고 볼 것인지 여부 |

우편법 등 관계 규정의 취지에 비추어 볼 때 우편물이 등기취급의 방법으로 발송된 경우 반송되는 등의 특별한 사정이 없는 한 그 무렵 수취인에게 배달되었다고 보아야 한다(대법원 1992.3.27. 선고 91누3819 판결, 개인택시운송사업면허거부처분취소).

| 등기우편이 아닌 일반우편은 상당기간 내에 도달하였다고 인정할 수 없음 |

통상우표의 방법에 의하여 발송된 서류가 반송되지 아니하였다는 사실만으로 상당기간내에 송달된 것으로 추정할 수는 없다(대법원 1977.2.22. 선고 76누265 판결, 대일민간청구권수리신고등수리거부처분취소).

| 행정심판법 제18조 제1항 소정의 심판청구기간 기산점인 '처분이 있음을 안 날'의 의미 |

행정심판법 제18조 제1항 소정의 심판청구기간 기산점인 '처분이 있음을 안 날'이라 함은 당사자가 통지 · 공고 기타의 방법에 의하여 당해 처분이 있었다는 사실을 현실적으로 안 날을 의미하고, 추상적으로 알 수 있었던 날을 의미하는 것은 아니지만, 처분에 관한 서류가 당사자의 주소지에 송달되는 등 사회통념상 처분이 있음을 당사자가 알 수 있는 상태에 놓여진 때에는 반증이 없는 한 그 처분이 있음을 알았다고 추정할 수 있다(대법원 1999.12.28. 선고 99두9742 판결, 개발부담금부과처분취소).

※ 아르바이트 직원이 납부고지서를 수령한 경우, 납부의무자는 그때 부과처분이 있음을 알았다고 추정할 수 있다고 한 사례임.

| 상대방이 있는 행정처분의 경우 행정소송법 제20조 제2항 소정의 제소기간의 기산점인 "처분이 있은 날"의 의미(=처분의 고지일) |

행정심판을 제기하지 아니하거나 그 재결을 거치지 아니하는 사건에 대한 제소기간을 규정한 행정소송법 제20조 제2항에서 '처분이 있은 날'이라 함은 상대방이 있는 행정처분의 경우는 특별한 규정이 없는 한 의사표시의 일반적 법리에 따라 그 행정처분이 상대방에게 고지되어 효력이 발생한 날을 말한다고 할 것이다(대법원 1990.7.13. 선고 90누2284 판결, 전자오락실영업허가취소처분취소).

3. 청구서의 접수 · 처리

소청심사청구서가 제출되면, 접수담당 직원은 필요적 기재사항 및 구비서류를 확인하고 미비한 사항은 보완하도록 요구한다. 청구서를 접수한 때에는 즉시 소청사건처리부에 이를 등재하고 사건번호를 부여한 다음 소청인에게 접수증을 교부한다.

만약, 접수된 청구서가 위원회의 관할에 속하지 아니하는 경우에는 소청심사위원회 행정과장은 이를 관할 위원회에 이송하고 그 사실을 소청인에게 통지하여야 한다(소청지침 제2조).

접 수 증 (보관용)

주 소:
성 명: 제출자:

상기인의 소청심사청구서가 년 월 일 소청심사위원회에
제 - 호로 접수되었음을 확인합니다.

년 월 일

접 수 증 (발급용)

주 소:
성 명: 제출자:

상기인의 소청심사청구서가 년 월 일 소청심사위원회에
제 - 호로 접수되었음을 확인합니다.

년 월 일

안전행정부 소청심사위원회 위원장

4. 서류 등의 송달

가. 전자정보처리조직을 이용한 송달 등

인터넷의 발달에 따라 전자정보처리조직을 통하여 소청심사청구를 한 경우에는 전자정보처리조직과 그와 연계된 정보통신망을 이용하여 결정서나 각종 서류들을 송달할 수 있다. 다만, 소청인이나 참가인이 동의하지 아니하는 경우에는 그러하지 아니하다(행심법 제54조). 서류의 송달에 관하여는 민사소송법 중 송달에 관한 규정을 준용한다(행심법 제57조).

행정심판법

제54조(전자정보처리조직을 이용한 송달 등) ① 피청구인 또는 위원회는 제52조 제1항에 따라 행정심판을 청구하거나 심판참가를 한 자에게 전자정보처리조직과 그와 연계된 정보통신망을 이용하여 재결서나 이 법에 따른 각종 서류를 송달할 수 있다. 다만, 청구인이나 참가인이 동의하지 아니하는 경우에는 그러하지 아니하다.

② 제1항 본문의 경우 위원회는 송달하여야 하는 재결서 등 서류를 전자정보처리조직에 입력하여 등재한 다음 그 등재 사실을 국회규칙, 대법원규칙, 헌법재판소규칙, 중앙선거관리위원회규칙 또는 대통령령으로 정하는 방법에 따라 전자우편 등으로 알려야 한다.

③ 제1항에 따른 전자정보처리조직을 이용한 서류 송달은 서면으로 한 것과 같은 효력을 가진다.

④ 제1항에 따른 서류의 송달은 청구인이 제2항에 따라 등재된 전자문서를 확인한 때에 전자정보처리조직에 기록된 내용으로 도달한 것으로 본다. 다만, 제2항에 따라 그 등재사실을 통지한 날부터 2주 이내(재결서 외의 서류는 7일 이내)에 확인하지 아니하였을 때에는 등재사실을 통지한 날부터 2주가 지난 날(재결서 외의 서류는 7일이 지난 날)에 도달한 것으로 본다.

⑤ 서면으로 심판청구 또는 심판참가를 한 자가 전자정보처리조직의 이용을 신청한 경우에는 제52조ㆍ제53조 및 이 조를 준용한다.

⑥ 위원회, 피청구인, 그 밖의 관계 행정기관 간의 서류의 송달 등에 관하여는 제52조ㆍ제53조 및 이 조를 준용한다.

⑦ 제1항 본문에 따른 송달의 방법이나 그 밖에 필요한 사항은 국회규칙, 대법원규칙, 헌법재판소규칙, 중앙선거관리위원회규칙 또는 대통령령으로 정한다.

나. 주소 등 송달장소 변경의 신고의무

당사자, 대리인, 참가인 등은 주소나 사무소 또는 송달장소를 바꾸면 그 사실을 바로 위원회에 서면으로 또는 전자정보처리조직을 통하여 신고하여야 한다. 행정심판법 제54조 제2항에 따른 전자우편주소 등을 바꾼 경우에도 또한 같다(행심법 제56조).

5. 소청심사 청구의 변경 또는 내용의 보충 등

행정심판법 제29조에 따르면, 청구인은 청구의 기초에 변경이 없는 범위에서 청구의 취지나 이유를 변경할 수 있으므로, 소청심사에 있어서도 이를 준용하여 청구의 기초에 변경이 없는 범위 내에서 소청심사의 청구취지를 변경할 수 있다. 청구의 변경은 서면으로 신청하여야 하고 피소청인과 참가인의 수만큼 청구변경신청서 부본을 함께 제출하여야 한다.

징계처분 등을 다투는 소청심사에서 청구취지의 변경이 신청되는 사례는 거의 없는 실정이나, 기타 불이익 처분에 대하여 청구취지를 특정하기 곤란한 경우에는 청구취지 변경이 발생할 수 있고, 이러한 때에는 아래 행정심판법 제29조의 규정을 준용하여 처리하면 될 것이다.

행정심판법

제29조(청구의 변경) ① 청구인은 청구의 기초에 변경이 없는 범위에서 청구의 취지나 이유를 변경할 수 있다.

② 행정심판이 청구된 후에 피청구인이 새로운 처분을 하거나 심판청구의 대상인 처분을 변경한 경우에는 청구인은 새로운 처분이나 변경된 처분에 맞추어 청구의 취지나 이유를 변경할 수 있다.

③ 제1항 또는 제2항에 따른 청구의 변경은 서면으로 신청하여야 한다. 이 경우 피청구인과 참가인의 수만큼 청구변경신청서 부본을 함께 제출하여야 한다.

④ 위원회는 제3항에 따른 청구변경신청서 부본을 피청구인과 참가인에게 송달하여야 한다.

⑤ 제4항의 경우 위원회는 기간을 정하여 피청구인과 참가인에게 청구변경 신청에 대한 의견을 제출하도록 할 수 있으며, 피청구인과 참가인이 그 기간에 의견을 제출하지 아니하면 의견이 없는 것으로 본다.

⑥ 위원회는 제1항 또는 제2항의 청구변경 신청에 대하여 허가할 것인지 여부를 결정하고, 지체 없이 신청인에게는 결정서 정본을, 당사자 및 참가인에게는 결정서 등본을 송달하여야 한다.

⑦ 신청인은 제6항에 따라 송달을 받은 날부터 7일 이내에 위원회에 이의신청을 할 수 있다.

⑧ 청구의 변경결정이 있으면 처음 행정심판이 청구되었을 때부터 변경된 청구의 취지나 이유로 행정심판이 청구된 것으로 본다.

행정심판법 시행규칙 [별지 제31호 서식] <개정 2012.9.20>

<table>
<tr><td colspan="4" align="center">청구변경신청서</td></tr>
<tr><td colspan="2">접수번호</td><td>접수일</td><td></td></tr>
<tr><td colspan="2"></td><td></td><td></td></tr>
<tr><td>사건명</td><td colspan="3"></td></tr>
<tr><td colspan="4"></td></tr>
<tr><td rowspan="2">청구인</td><td colspan="3">성명</td></tr>
<tr><td colspan="3">주소</td></tr>
<tr><td>피청구인</td><td colspan="3"></td></tr>
<tr><td></td><td colspan="3"></td></tr>
<tr><td>변경 대상</td><td colspan="3">[ ] 청구 취지 [ ] 청구 이유</td></tr>
<tr><td>변경 내용</td><td colspan="3"></td></tr>
<tr><td colspan="4">「행정심판법」 제29조에 따라 위와 같이 청구변경을 신청합니다.
년 월 일
신청인 (서명 또는 인)
○○행정심판위원회 귀중</td></tr>
<tr><td colspan="4"></td></tr>
<tr><td>첨부서류</td><td colspan="2">없음</td><td>수수료 없음</td></tr>
<tr><td colspan="4"></td></tr>
<tr><td colspan="4" align="center">처리 절차</td></tr>
<tr><td colspan="4">신청서 작성 → 접수 → 결정 → 송달
신청인 / ○○행정심판위원회 / ○○행정심판위원회</td></tr>
<tr><td colspan="4" align="right">210mm×297mm[백상지 80g/㎡]</td></tr>
</table>

※ 위 서식의 '○○행정심판위원회'의 명칭을 '○○소청심사위원회'로 바꿔 기재하면 될 것이다.

6. 소청심사 청구의 효과

가. 소청심사위원회에 대한 효과

소청심사위원회는 청구서를 접수한 날부터 60일 이내에 이에 대한 결정을 하여야 한다. 다만, 불가피하다고 인정되면 소청심사위원회의 의결로 30일을 연장할 수 있다. 당해 공무원은 소청심사청구를 이유로 불이익한 처분이나 대우를 받지 아니한다(국공법 제76조 ⑤, ⑥항).

국가공무원법 제76조는, "본인의 의사에 반하여 파면 또는 해임이나 제70조 제1항 제5호에 따른 면직처분을 하면 그 처분을 한 날부터 40일 이내에는 후임자의 보충발령을 하지 못한다"고 하고, 피징계자의 소청심사청구권 행사를 기다린 뒤 실제로 소청심사청구가 접수되면 그 접수일로부터 5일 이내에 해당 사건의 최종 결정이 있을 때까지 후임자의 보충발령을 유예하게 하는 임시결정을 할 수 있다고 규정함으로써, 행정심판법령의 집행정지제도와 유사한 임시결정의 제도를 두고 있다.

그러나, 비위사실이 존재하지 않음에도 처분청이 파면 또는 해임 등의 중징계 처분을 행하는 사례는 발생하기 어렵고, 설령 그러한 요소가 엿보이는 측면이 있다 하더라도 소청심사위원회가 이를 후임자의 보충발령을 유예해야 할 만큼의 중대한 흠결로 인정하는 데 어려움이 있고, 장기간에 걸쳐 후임자의 보충발령을 유예할 경우 처분청의 조직운영에 부담을 주고 업무공백에 따른 2차 피해도 우려되는 등의 사정에 따라, 실무적으로는 이와 같은 '임시결정' 사례가 없는 것으로 보인다.

국가공무원법

제76조(심사청구와 후임자 보충 발령) ① 제75조에 따른 처분사유 설명서를 받은 공무원이 그 처분에 불복할 때에는 그 설명서를 받은 날부터, 공무원이 제75조에서 정한 처분 외에 본인의 의사에 반한 불리한 처분을 받았을 때에는 그 처분이 있은 것을 안 날부터 각각 30일 이내에 소청심사위원회에 이에 대한 심사를 청구할 수 있다. 이 경우 변호사를 대리인으로 선임할 수 있다.

② 본인의 의사에 반하여 파면 또는 해임이나 제70조 제1항 제5호에 따른 면직처분을 하면 그 처분을 한 날부터 40일 이내에는 후임자의 보충발령을 하지 못한다. 다만, 인력 관리상 후임자를 보충하여야 할 불가피한 사유가 있고, 제3항에 따른 소청심사위원회의 임시결정이 없는 경우에는 국회사무총장, 법원행정처장, 헌법재판소사무처장, 중앙선거관리위원회사무총장 또는 안전행정부장관과 협의를 거쳐 후임자의 보충발령을 할 수 있다.

③ 소청심사위원회는 제1항에 따른 소청심사청구가 파면 또는 해임이나 제70조 제1항 제5호에 따른 면직처분으로 인한 경우에는 그 청구를 접수한 날부터 5일 이내에 해당 사건의 최종 결정이 있을 때까지 후임자의 보충발령을 유예하게 하는 임시결정을 할 수 있다.

④ 제3항에 따라 소청심사위원회가 임시결정을 한 경우에는 임시결정을 한 날부터 20일 이내에 최종 결정을 하여야 하며 각 임용권자는 그 최종 결정이 있을 때까지 후임자를 보충발령하지 못한다.
⑤ 소청심사위원회는 제3항에 따른 임시결정을 한 경우 외에는 소청심사청구를 접수한 날부터 60일 이내에 이에 대한 결정을 하여야 한다. 다만, 불가피하다고 인정되면 소청심사위원회의 의결로 30일을 연장할 수 있다.
⑥ 공무원은 제1항의 심사청구를 이유로 불이익한 처분이나 대우를 받지 아니한다.

나. 처분의 효력 등에 대한 효과(집행부정지 원칙)

소청심사 청구시 당해 처분의 효력 등에 대해서는 국가공무원법 및 소청절차규정 등에 규정되지 않았으므로 행정심판법을 준용한다. 따라서, 소청심사 청구는 당해 처분의 효력이나 그 집행 또는 절차의 속행(續行)에 영향을 주지 않는다(행심법 제30조 ①항).

다만, 위원회는 처분의 집행 또는 절차의 속행 때문에 중대한 손해가 생기는 것을 예방할 필요성이 긴급하다고 인정할 때에는 직권으로 또는 당사자의 신청에 의하여 처분의 효력, 처분의 집행 또는 절차의 속행의 전부 또는 일부의 정지(집행정지)를 결정할 수 있다(행심법 제30조 ②항).

이외에도 행정심판법 제30조 제3항 내지 제7항에서 처분의 집행정지 요건 등에 대하여 구체적으로 규정하고 있으나, 아래에서 보는 바와 같이 소청심사 절차에서는 '당해 처분의 집행정지'를 해야 할 만큼의 긴급한 필요성을 찾기 어려워 보인다.

| 참고자료 3-3 | 집행부정지 원칙과 집행정지제도에 관한 검토

1. 관계 법령

가. 행정심판법

제30조(집행정지) ① 심판청구는 처분의 효력이나 그 집행 또는 절차의 속행(續行)에 영향을 주지 아니한다.
② 위원회는 처분, 처분의 집행 또는 절차의 속행 때문에 중대한 손해가 생기는 것을 예방할 필요성이 긴급하다고 인정할 때에는 직권으로 또는 당사자의 신청

에 의하여 처분의 효력, 처분의 집행 또는 절차의 속행의 전부 또는 일부의 정지(이하 "집행정지"라 한다)를 결정할 수 있다. 다만, 처분의 효력정지는 처분의 집행 또는 절차의 속행을 정지함으로써 그 목적을 달성할 수 있을 때에는 허용되지 아니한다.

③ 집행정지는 공공복리에 중대한 영향을 미칠 우려가 있을 때에는 허용되지 아니한다.

(④~⑦항 생략)

나. 소청 관계법령: 근거 없음 (행정심판법을 준용)

2. 제도의 취지

○ 집행부정지원칙: 소청심사청구는 처분의 효력이나 그 집행 또는 절차의 속행(續行)에 영향을 주지 아니함.

○ 집행정지제도: 집행부정지원칙의 예외로서, 위원회는 처분의 집행 또는 절차의 속행 때문에 중대한 손해가 생기는 것을 예방할 필요성이 긴급하다고 인정할 때 직권 또는 당사자의 신청에 의하여 처분의 효력, 처분의 집행 또는 절차의 속행의 전부 또는 일부를 정지하는 결정을 할 수 있음.

3. 판례의 태도

○ 한국문화예술위원회 위원장에 대한 '해임 처분'은 회복하기 어려운 손해를 이유로 그 처분의 효력을 정지할 만한 긴급한 필요가 있다고 인정되지 않았고, 오히려 그 해임처분의 효력을 정지할 경우 공공복리에 중대한 영향을 미칠 우려가 있다고 판결함.

[대법원 판결요지] … 대법원 2010.5.14.자 2010무48 결정, 집행정지

행정소송법 제23조 제2항에서 정하고 있는 집행정지 요건인 '회복하기 어려운 손해'란 특별한 사정이 없는 한 금전으로 보상할 수 없는 손해로서 이는 금전보상이 불능인 경우 내지는 금전보상으로는 사회관념상 행정처분을 받은 당사자가 참고 견딜 수 없거나 또는 참고 견디기가 현저히 곤란한 경우의 유형, 무형의 손해를 일컫는다 할 것이고, '처분 등이나 그 집행 또는 절차의 속행으로 인하여 생길 회복하기 어려운 손해를 예방하기 위하여 긴급한 필요'가 있는지 여부는 처분의 성질과 태양 및 내용, 처분상대방이 입는 손해의 성질・내용 및 정도, 원상회복・금전배상의 방법 및 난이 등은 물론 본안청구의 승소가능성의 정도 등을 종합적으로 고려하여 구체적・개별적으로 판단하여야 한다.

또한, 행정소송법 제23조 제3항이 집행정지의 요건으로 '공공복리에 중대한 영향을 미칠 우려가 없을 것'을 규정하고 있는 취지는, 집행정지 여부를 결정하는 경우 신청인의 손해뿐만 아니라 공공복리에 미칠 영향을 아울러 고려하여야 한다는 데 있

고, 따라서 공공복리에 미칠 영향이 중대한지의 여부는 절대적 기준에 의하여 판단할 것이 아니라, 신청인의 '회복하기 어려운 손해'와 '공공복리' 양자를 비교·교량하여, 전자를 희생하더라도 후자를 옹호하여야 할 필요가 있는지 여부에 따라 상대적·개별적으로 판단하여야 한다.

한국문화예술위원회 위원장이 자신의 해임처분의 무효확인을 구하는 소송을 제기한 후 다시 해임처분의 집행정지 신청을 한 사안에서, 해임처분의 경과 및 그 성질과 내용, 처분상대방인 신청인이 그로 인하여 입는 손해의 성질·내용 및 정도, 효력정지 이외의 구제수단으로 상정될 수 있는 원상회복·금전배상의 방법 및 난이, 해임처분의 효력이 정지되면 신청인이 위원장의 지위를 회복하게 됨에 따라 새로 임명된 위원장과 신청인 중 어느 사람이 위 위원회를 대표하고 그 업무를 총괄하여야 할 것인지 현실적으로 해결하기 어려운 문제가 야기됨으로써 위 위원회의 대내외적 법률관계에서 예측가능성과 법적 안정성을 확보할 수 없게 되고, 그 결과 위 위원회가 목적 사업을 원활하게 수행하는 데 지장을 초래할 가능성이 큰 점 등에 비추어, 해임처분으로 신청인에게 회복하기 어려운 손해가 발생할 우려가 있어 이를 예방하기 위하여 긴급한 필요가 있다고 인정되지 않을 뿐 아니라 위 해임처분의 효력을 정지할 경우 공공복리에 중대한 영향을 미칠 우려가 있다는 이유로, 위 효력정지 신청을 기각한 원심의 판단을 긍정한 사례.

4. 결 론

일반적으로 피징계자는 징계처분에 따른 승진 지연, 명예훼손 등의 실질적 피해를 입게 되는 것이 현실이나, 소청심사를 통해 그 처분이 취소되거나 감경될 경우 소급하여 보수를 지급받게 되고 통상 90일 이내에 소청의 본안심사에서 결정을 하게 되므로, 중대한 손해가 생기는 것을 예방할 필요성이 긴급하다고 인정할 만한 사정이 존재한다고 보기 어려워 '소청절차에서 집행정지신청을 인용할 가능성은 없어 보임'

제4절 처분청의 입증절차

소청심사청구에 대한 처분청, 즉 피소청인은 당해 처분의 정당성을 입증할 책임이 있는데, 소청심사위원회의 요구에 따라 당해 처분의 경위와 법적 근거 등을 구체적으로 명시한 답변서를 제출하여야 한다. 피소청인은 답변서 제출단계 또는 소청심사 종결시까지 자신의 처분을 직권으로 취소할 수 있는데, 징계위원회의 의결을 거쳐서 행한 징계처분 등은 피소청인 스스로도 그 징계의결에 기속되어 직권취소를 할 수 없다고 본다.

1. 처분청에 대한 답변서 요구

소청심사청구서가 접수되면, 위원회는 피소청인에게 소청이 제기된 징계, 기타 처분 또는 부작위에 대한 답변서의 제출을 요구하고, 이에 대하여 피소청인은 그 처분의 정당함을 입증하는 답변서 1부와 소청인의 수에 따른 부본을 제출하여야 한다. 위원회는 제출된 답변서의 내용이 충분하지 아니하거나 입증자료가 필요한 때에는 피소청인에게 답변내용의 보충 또는 입증자료의 제출을 요구할 수 있다(소청규정 제4조의2 ①, ②항).

대법원 판례

| 행정소송에서의 주장 · 입증책임 |

행정소송에 있어서 특단의 사정이 있는 경우를 제외하면 당해 행정처분의 적법성에 관하여는 당해 처분청이 이를 주장 · 입증하여야 할 것이나, 행정소송에 있어서 직권주의가 가미되어 있다고 하여도 여전히 당사자주의, 변론주의를 그 기본 구조로 하는 이상 행정처분의 위법을 들어 그 취소를 청구함에 있어서는 직권조사사항을 제외하고는 그 위법된 구체적인 사실을 먼저 주장하여야 한다(대법원 2000.5.30. 선고 98두20162 판결, 양도소득세등부과처분취소).

| 피소청인이 아닌 자의 답변서에 따라 소청절차를 진행했더라도 결정 자체에 위법이 없다고 본 사례 |

행정심판청구에 대한 피청구인의 답변서 제출 및 송달은 행정심판위원회의 의결의 편의와 청구인에게 주장을 보충하고 답변에 대한 반박의 기회를 주기 위한 것일 뿐이므로 행정심판위원회가 피청구인이 아닌 자로부터 제출된 답변서를 청구인인 원고에게 송달하여 원고로 하여금 그 주장을 보충하고 답변서에 대하여 반박할 기회를 주었다면 원고가 피청구인으로 한 자의 답변서 제출과 그 송달 없이 한 행정심판의 재결에 고유한 위법이 있다고 할 수 없다 할 것이고, 또 행정심판의 재결시 행정심판 청구인이 피청구인으로 특정한 보훈심사위원회를 피청구인으로 하여 판단하였다면 행정심판위원회의 안건 상정시 피청구인을 보훈처장으로 잘못 호칭하였다거나 재결서 발송문에 피청구인을 보훈처장으로 잘못 기재하였다 하더라도 재결 자체에 위법이 있다 할 수는 없다. 원심이 같은 취지에서 원고의 행정심판청구를 각하한 재결 자체의 절차나 형식에 고유한 위법이 있다 할 수 없다고 한 판단은 정당하고 거기에 소론과 같은 위법이 없다(대법원 1992.2.28. 선고 91누6979 판결, 유족확인신청거부처분무효확인등재결처분취소).

2. 답변서 제출 및 송달

소청심사위원회로부터 답변서 제출을 요구받은 피소청인은 처분의 경위, 관계법령, 주요 사실관계, 소청이유에 대한 항변 등을 포함한 답변자료를 작성하여 제출하여야 한다. 피소청인의 답변은 소청이유에 대응하는 처분사유 등을 항목별로 알기 쉽고 분명하게 작성할 필요가 있는데, 통상적으로 위원회는 피소청인에게 답변서 제출을 요구하면서 그 서식과 답변요령을 알려주고 있으므로 그에 따르면 될 것이다.

위원회는 피소청인으로부터 제출된 답변서 부본, 추가 제출된 답변내용 및 입증자료를 지체없이 소청인에게 송달하여야 한다(소청규정 제4조의2 ③항).

대법원 판례

| 상대방 있는 행정처분의 경우 그 효력발생 요건, 처분청이 행정처분 이후에 추가한 새로운 사유를 보태어 처분 당시의 흠을 치유시킬 수 있는지 여부(소극) |

상대방 있는 행정처분에 있어서는, 달리 특별한 규정이 없는 한, 그와 같은 처분을 하였음을 그 상대방에게 서면으로 고지하여야만 그 상대방에 대하여 그와 같은 행정처분의 효력이 발생하고, 행정처분의 적법 여부는 특별한 사정이 없는 한 그 처분 당시를 기준으로 하여 판단하여야 하고, 처분청이 처분 이후에 추가한 새로운 사유를 보태어 처분 당시의 흠을 치유시킬 수는 없다(대법원 1996.12.20. 선고 96누9799 판결, 징병검사명령처분취소).

| 행정처분의 취소를 구하는 항고소송에 있어서 처분사유의 추가·변경이 허용되는 범위의 한계인 기본적 사실관계의 동일성 유무의 판단 기준 |

행정처분의 취소를 구하는 항고소송에 있어서, 처분청은 당초 처분의 근거로 삼은 사유와 기본적 사실관계가 동일성이 있다고 인정되는 한도 내에서만 다른 사유를 추가하거나 변경할 수 있고, 여기서 기본적 사실관계의 동일성 유무는 처분사유를 법률적으로 평가하기 이전의 구체적인 사실에 착안하여 그 기초인 사회적 사실관계가 기본적인 점에서 동일한지 여부에 따라 결정되며, 추가 또는 변경된 사유가 당초의 처분시 그 사유를 명기하지 않았을 뿐 처분시에 이미 존재하고 있었고 당사자도 그 사실을 알고 있었다 하여 당초의 처분사유와 동일성이 있는 것이라 할 수 없다(대법원 2003.12.11. 선고 2003두8395 판결, 정보공개거부처분취소).

3. 피소청인의 직권취소 등

피소청인은 위원회에 계속 중인 사건의 처분을 취소 또는 변경하거나 부작위에 대한 처분을 한 때에는 위원회와 소청인에게 그 사실을 통지하여야 한다. 이 경우 위원회는 그 사건의 심사여부를 결정하여야 한다(소청규정 제13조).

이와 같이 피소청인이 소청심사가 청구되어 답변서의 제출을 요구받은 사건에 대해 직권으로, 즉 피소청인(처분청)이 스스로 자신의 처분을 취소할 수 있는지가 문제된다. 아래의 유권해석과 판례 등으로 볼 때, 징계위원회의 의결을 거쳐서 행한 징계처분 등은 처분청이라 하더라도 스스로 이를 취소할 수 없다고 본다.

행정심판법

제25조(피청구인의 직권취소등) ① 제23조 제1항 · 제2항 또는 제26조 제1항에 따라 심판청구서를 받은 피청구인은 그 심판청구가 이유 있다고 인정하면 심판청구의 취지에 따라 직권으로 처분을 취소 · 변경하거나 확인을 하거나 신청에 따른 처분(이하 이 조에서 '직권취소등'이라 한다)을 할 수 있다. 이 경우 서면으로 청구인에게 알려야 한다.

② 피청구인은 제1항에 따라 직권취소등을 하였을 때에는 청구인이 심판청구를 취하한 경우가 아니면 제24조 제1항 본문에 따라 심판청구서 · 답변서를 보낼 때 직권취소등의 사실을 증명하는 서류를 위원회에 함께 제출하여야 한다.

관련 질의 회신

Q 법원의 조정권고를 징계처분권자가 수용하여야 하는지 여부?

A 징계위원회의 의결은 준사법적 행정행위로서 불가변력이 발생하므로 징계위원회에서 이미 의결하여 처분한 내용에 대해 징계위원회 스스로도 나중에 이를 변경할 수 없으며, 또한 현행법령상 소청결정이나 법원의 취소판결로 인한 재징계에 의하지 아니하고는 징계처분을 변경할 수 없도록 되어 있으므로, 징계처분권자가 법원의 조정권고안을 받아들여 임의로 원 징계처분을 변경할 수 없음.
(행정안전부 복무 12152-63, 2003.2.10., 제2중앙징계위원회-28, 2005.4.11.)

그러나, 위법·침익적인 행위는 형식적 존속력이 생겨난 후에도 의무에 합당한 재량에 따라 행정청에 의해 취소될 수 있고 그 효과는 소급적일 수도 있고 장래적일 수도 있으며, 위법한 침익적 행위의 직권취소는 오히려 행정청의 의무라 할 수 있고, 쟁송취소의 경우와 달리 직권취소에 관한 일반적인 규정이 없으므로 직권취소 역시 행정절차법에서 정하는 일반적인 절차규정을 따르면 된다고 본다(홍정선, 2011: 281, 283).

따라서, 징계위원회 등의 의결을 거치지 아니한 처분, 즉 처분권자가 단독으로 행한 처분에 대해 그 스스로 위법·부당함을 인정할 경우에는 소청심사위원회의 취소 또는 무효확인등의 결정을 기다릴 필요 없이 스스로 자신의 처분을 취소함으로써 위법·부당하게 침해된 당사자의 권리를 신속하게 회복시켜 주는 것이 타당하다고 생각한다(예시: 명예퇴직 신청을 하였으나 착오로 의원면직 처분을 한 경우 등 하자가 명백한 때).

대법원 판례

| 행정행위를 한 처분청은 그 행위에 하자가 있는 경우에는 별도의 법직 근거가 없더라도 스스로 이를 취소할 수 있음 |

행정행위를 한 처분청은 그 행위에 하자가 있는 경우에는 별도의 법적 근거가 없더라도 스스로 이를 취소할 수 있고, 다만 수익적 행정처분을 취소할 때에는 이를 취소하여야 할 공익상의 필요와 그 취소로 인하여 당사자가 입게 될 기득권과 신뢰보호 및 법률생활 안정의 침해 등 불이익을 비교・교량한 후 공익상의 필요가 당사자가 입을 불이익을 정당화할 만큼 강한 경우에 한하여 취소할 수 있으며, 나아가 수익적 행정처분의 하자가 당사자의 사실은폐나 기타 사위의 방법에 의한 신청행위에 기인한 것이라면 당사자는 처분에 의한 이익이 위법하게 취득되었음을 알아 취소가능성도 예상하고 있었다 할 것이므로, 그 자신이 처분에 관한 신뢰이익을 원용할 수 없음은 물론 행정청이 이를 고려하지 아니하였다고 하여도 재량권의 남용이 되지 않는다(대법원 2006.5.25. 선고 2003두4669 판결, 공장등록취소처분취소).

| 행정처분 당시에 별다른 하자가 없었고 그 처분 후에 이를 취소할 별도의 법적 근거가 없다 하더라도, 처분청은 별개의 행정행위로 이를 취소할 수 있는지 여부 |

행정행위를 한 처분청은 비록 그 처분 당시에 별다른 하자가 없었고, 또 그 처분 후에 이를 취소할 별도의 법적 근거가 없다 하더라도 원래의 처분을 존속시킬 필요가 없게 된 사정변경이 생겼거나 또는 중대한 공익상의 필요가 발생한 경우에는 그 효력을 상실케 하는 별개의 행정행위로 이를 취소할 수 있다(대법원 1995.2.28. 선고 94누7713 판결, 특례보충역편입취소처분취소).

| 수익적 행정처분에 대한 취소권 등의 행사의 요건 및 그 한계 |

수익적 행정처분을 취소 또는 철회하거나 중지시키는 경우에는 이미 부여된 그 국민의 기득권을 침해하는 것이 되므로, 비록 취소 등의 사유가 있다고 하더라도 그 취소권 등의 행사는 기득권의 침해를 정당화할 만한 중대한 공익상의 필요 또는 제3자의 이익보호의 필요가 있는 때에 한하여 상대방이 받는 불이익과 비교・교량하여 결정하여야 하고, 그 처분으로 인하여 공익상의 필요보다 상대방이 받게 되는 불이익 등이 막대한 경우에는 재량권의 한계를 일탈한 것으로서 그 자체가 위법하다(대법원 2004.7.22. 선고 2003두7606 판결, 형질변경허가반려처분취소).

| 행정행위의 취소사유와 철회사유의 구별기준 |

행정행위의 취소는 일단 유효하게 성립한 행정행위를 그 행위에 위법 또는 부당한 하자가 있음을 이유로 소급하여 그 효력을 소멸시키는 별도의 행정처분이고, 행정행위의 철회는 적법요건을 구비하여 완전히 효력을 발하고 있는 행정행위를 사후적으로 그 행위의 효력의 전부 또는 일부를 장래에 향해 소멸시키는 행정처분이므로, 행정행위의 취소사유는 행정행위의 성립 당시에 존재하였던 하자를 말하고, 철회사유는 행정행위가 성립된 이후에 새로이 발생한 것으로서 행정행위의 효력을 존속시킬 수 없는 사유를 말한다(대법원 2003.5.30. 선고 2003다6422 판결, 소유권이전등기말소등).

제5절 소청심사의 심리

소청심사위원회는 소청심사청구서에 흠결이 있는 경우 소청인에게 보정을 요구하는 등의 절차를 거치고, 피소청인으로부터 답변서를 제출받는 등 그 심리에 필요한 자료의 제출요구 및 증거조사 등과 같은 제반절차를 진행하게 된다. 소청인과 피소청인은 소청심사가 종결될 때까지 자신의 주장을 보충하는 서면과 증거자료를 제출할 수 있고, 심사 당일에 위원회에 출석하여 진술할 수 있다.

이 절에서는 소청심사청구서의 보정과 주장의 보충, 증거서류의 제출과 증거조사, 심리의 방식과 심사위원의 제척 · 기피 · 회피 등에 관하여 살펴본다.

1. 보 정

소청심사위원회는 청구서에 흠결이 있다고 인정할 때에는 청구서를 접수한 날부터 7일 이내에 상당한 기간을 정하여 보정을 요구하여야 한다. 다만, 그 흠결이 경미한 때에는 직권으로 보정할 수 있다. 위 보정기간 내에 소청인이 보정하지 아니할 때에는 소청심사의 청구를 취하한 것으로 본다. 소청인의 소재가 분명하지 아니한 경우에는 당해 보정요구는 관보에 게재하고 게재한 날부터 10일이 경과하는 날에 그 보정요구는 소청인에게 도달된 것으로 본다. 위와 같이 보정을 요구한 소청사건에 대한 처리기간은 그 보정이 완료된 날부터 기산한다(소청규정 제6조).

소청심사청구서의 취지가 불명확한 경우에도 소청심사위원회는 그 서면을 가능한 한 제출자의 이익이 되도록 해석하고 처리하여야 할 것이다.

대법원 판례

| 행정심판청구서에 불비된 사항이 있는 경우 및 그 취지가 불명확한 경우의 처리 방법 |

행정심판법 제19조, 제23조의 규정 취지와 행정심판제도의 목적에 비추어 행정소송의 전치요건이 되는 행정심판청구는 엄격한 형식을 요하지 아니하는 서면행위이므로, 행정청의 위법 부당한 처분 등으로 인하여 권리나 이익을 침해당한 자로부터 처분의 취소나 변경을 구하는 서면이 제출되었을 때에는 그 표제와 제출기관의 여하를 불문하고 이를 행정소송법 제18조 소정의 행정심판청구로 보고, 불비된 사항이 있을 때에는 보정가능하면 보정을 명하고 보정이 불가능하거나 보정명령에 따르지 아니하면 그때 비로소 부적법 각하를 하여야 할 것이며, 더욱이 심판청구인은 일반적으로 전문적 법률지식을 갖고 있지 못하여 제출된 서면의 취지가 불명확한 경우도 적지 않으나, 이러한 경우에도 행정청으로서는 그 서면을 가능한 한 제출자의 이익이 되도록 해석하고 처리하여야 한다(대법원 1997.2.11. 선고 96누14067판결, 이주자택지지정).

2. 주장의 보충

소청인은 피소청인의 답변서에 대하여 추가로 자신의 주장을 입증하는 서류 및 보충 주장을 펼 수 있고, 답변서를 송달받기 전에도 추가 주장이 필요하다고 생각할 경우 추가 주장 서면을 제출할 수 있다.

피소청인도 마찬가지로 처분의 적정성을 입증하기 위하여 소청심리가 종결되기까지 자신의 주장을 보충할 수 있다.

3. 증거서류 등의 제출

소청당사자(소청인, 피소청인)는 증거물 기타 심사자료를 제출할 수 있다(소청규정 제11조). 행정심판법 제34조를 준용하면, 당사자는 소청심사청구서・보정서・답변서・참가신청서・보충서면 등에 덧붙여 그 주장을 뒷받침하는 증거서류나 증거물을 제출할 수 있으며, 그 증거서류에는 다른 당사자의 수만큼 증거서류 부본을 함께 제출하여야 한다.

위원회는 당사자가 제출한 증거서류의 부본을 지체 없이 다른 당사자에게 송달하여야 한다.

4. 자료의 제출 요구 등

소청심사위원회는 소청사건을 심사할 때 필요하면 관계 서류를 제출하도록 명할 수 있는데(국공법 제12조 ②항), 피소청인이 제출한 답변서의 내용이 충분하지 아니하거나 입증자료가 필요한 때에는 피소청인에게 답변내용의 보충 또는 입증자료의 제출을 요구할 수 있다(소청규정 제4조의2 ②항).

행정심판법 제35조를 준용하면, 위원회는 사건 심리에 필요하면 관계 행정기관이 보관 중인 관련 문서, 장부, 그 밖에 필요한 자료를 제출할 것을 요구할 수 있고, 필요하다고 인정하면 사건과 관련된 법령을 주관하는 행정기관이나 그 밖의 관계 행정기관의 장 또는 그 소속 공무원에게 위원회 회의에 참석하여 의견을 진술할 것을 요구하거나 의견서를 제출할 것을 요구할 수 있으며, 이때 관계 행정기관의 장은 특별한 사정이 없으면 위원회의 요구에 따라야 한다.

대법원 판례

| 문서제출신청 후 이를 상대방에게 송달하는 등 문서제출신청에 대한 의견을 진술할 기회를 부여하는 데 필요한 조치를 취하지 않은 채 문서제출명령의 요건에 관하여 별다른 심리도 없이 문서제출신청 바로 다음날 한 문서제출명령은 위법하다고 한 사례 |

문서제출신청의 허가 여부에 관한 재판을 할 때에는 그때까지의 소송경과와 문서제출신청의 내용에 비추어 신청 자체로 받아들일 수 없는 경우가 아닌 한 상대방에게 문서제출신청서를 송달하는 등 문서제출신청이 있음을 알림으로써 그에 관한 의견을 진술할 기회를 부여하고, 그 결과에 따라 당해 문서의 존재와 소지 여부, 당해 문서가 서증으로 필요한지 여부, 문서제출신청의 상대방이 민사소송법 제344조에 따라 문서제출의무를 부담하는지 여부 등을 심리한 후, 그 허가 여부를 판단하여야 한다(대법원 2009.4.28.자 2009무12 결정, 문서제출명령에대한이의).

5. 증거조사

소청심사위원회는 소청사건을 심사할 때 필요하면 검증(檢證)·감정(鑑定), 그 밖의 사실조사를 하거나 증인을 소환하여 질문하거나 관계 서류를 제출하도록 명할 수 있다(국공법 제12조 ②항).

위원회가 소청사건을 심사하기 위하여 징계 요구 기관이나 관계 기관의 소속 공무원을 증인으로 소환하면 해당 기관의 장은 이에 따라야 하고, 위원회는 소속 직원에게 사실조사를 하게 하거나 특별한 학식·경험이 있는 자에게 검증이나 감정을 의뢰할 수 있다(국공법 제12조 ③, ④항).

이 밖에도 행정심판법 제36조를 준용하여 다양한 방법으로 증거조사를 실시하여 소청사건을 명료하게 할 수 있다.

행정심판법

제36조(증거조사) ① 위원회는 사건을 심리하기 위하여 필요하면 직권으로 또는 당사자의 신청에 의하여 다음 각 호의 방법에 따라 증거조사를 할 수 있다.

1. 당사자나 관계인(관계 행정기관 소속 공무원을 포함한다. 이하 같다)을 위원회의 회의에 출석하게 하여 신문(訊問)하는 방법
2. 당사자나 관계인이 가지고 있는 문서·장부·물건 또는 그 밖의 증거자료의 제출을 요구하고 영치(領置)하는 방법
3. 특별한 학식과 경험을 가진 제3자에게 감정을 요구하는 방법
4. 당사자 또는 관계인의 주소·거소·사업장이나 그 밖의 필요한 장소에 출입하여 당사자 또는 관계인에게 질문하거나 서류·물건 등을 조사·검증하는 방법

② 위원회는 필요하면 위원회가 소속된 행정청의 직원이나 다른 행정기관에 촉탁하여 제1항의 증거조사를 하게 할 수 있다.

③ 제1항에 따른 증거조사를 수행하는 사람은 그 신분을 나타내는 증표를 지니고 이를 당사자나 관계인에게 내보여야 한다.

④ 제1항에 따른 당사자 등은 위원회의 조사나 요구 등에 성실하게 협조하여야 한다.

---

6. 절차의 병합 또는 분리

위원회는 필요하면 관련되는 심사청구를 병합하여 심리하거나 병합된 관련 청구를 분리하여 심리할 수 있다(행심법 제37조).

소청인들이 연명으로 청구한 사건이라 하더라도 그 소청 취지가 별개의 것이라고 인정되면 이를 분리하여 심사할 수 있고, 위원회가 사건을 병합 또는 분

리하여 심사하기로 결정한 때에는 심사회의 개최 전에 이를 소청당사자에게 통지한다(소청지침 제6조).

7. 심사기일의 지정과 변경

위원회가 소청사건을 심사할 때에는 소청당사자에게 심사일시·장소를 통지하여 출석할 수 있도록 하여야 한다. 이 경우 통지를 받은 자가 정당한 사유로 출석할 수 없는 때에는 심사의 연기를 요청할 수 있고, 위원회는 심사기일을 다시 정할 수 있다(소청규정 제8조 ①항).

위 통지를 받고 출석하는 자가 공무원인 경우에는 그 소속기관의 장은 공가를 허가하여야 하고, 소청당사자중 소재가 분명하지 아니한 자에 대한 위 통지는 관보에 게재하고 게재한 날부터 10일이 경과하는 날에 그 통지는 당해 소청당사자에게 도달된 것으로 본다(소청규정 제8조 ②, ④항).

심사기일은 소청당사자에게 심사개최 7일 전까지 배달사실을 증명할 수 있는 방법으로 통지하게 되며, 이때 소청당사자가 '정당한 사유로 출석할 수 없는 때'에는 아래의 서식에 따라 심사기일의 연기를 요청할 수 있다(소청지침 제11조).

위원회는 심사기일이 변경 또는 연기되는 경우 이를 신속하게 통지하고 있으며, 행정심판법 제38조 제4항은 서면뿐만 아니라 청구서에 기재된 전화, 휴대전화를 이용한 문자전송, 팩시밀리 등의 간편한 방법으로 변경 사실 등을 통지할 수 있도록 규정하고 있다.

행정심판법

제38조(심리기일의 지정과 변경) ① 심리기일은 위원회가 직권으로 지정한다.

② 심리기일의 변경은 직권으로 또는 당사자의 신청에 의하여 한다.

③ 위원회는 심리기일이 변경되면 지체 없이 그 사실과 사유를 당사자에게 알려야 한다.

④ 심리기일의 통지나 심리기일 변경의 통지는 서면으로 하거나 심판청구서에 적힌 전화, 휴대전화를 이용한 문자전송, 팩시밀리 또는 전자우편 등 간편한 통지 방법(이하 '간이통지방법'이라 한다)으로 할 수 있다.

소청심사기일 연기신청서 (서식)

사　　건:　　　–　　　○○처분 △△청구
소 청 인:　　　　　　　　소속 및 직급:
피소청인:

위 소청사건의 심사기일 통지를 받았으나 다음과 같은 사유로 심사의 연기를 신청하오니 처리하여 주시기 바랍니다.

○ 당초심사기일:　　　년　　월　　일
○ 연기신청사유 :
○ 희망심사시기 :

(입증서 첨부)

년　　월　　일

소 청 인　　　　　(서명 또는 인)

안전행정부 소청심사위원회 위원장 귀하

8. 직권심리 및 심리의 범위

행정심판위원회는 필요하면 당사자가 주장하지 아니한 사실에 대하여도 심리할 수 있고(행심법 제39조), 법원은 필요하다고 인정할 때에는 직권으로 증거조사를 할 수 있고 당사자가 주장하지 아니한 사실에 대하여도 판단할 수 있다(행소법 제26조).

따라서, 행정소송의 전심절차인 소청심사에서도 위 행정심판법의 규정을 준용함으로써, 소청심사위원회는 당해 징계처분 등의 내용이 다소 불분명할 경우 그 처분의 경위나 제반 사정을 고려하여 처분문서의 내용을 직권으로 해석하여 적용할 수 있고, 소청당사자가 주장하지 않은 사실이라 하더라도 처분의 적법 여부를 가리기 위하여 직권으로 조사 또는 심리할 수 있다.

공무원에 대한 소청심사제도가 피징계자의 사익뿐만 아니라 국가기관의 조직운영 및 국민에 대한 봉사자로서의 공무원의 의무를 담보하기 위한 공익적 측면도 함께 고려해야 하므로, 기록상 자료가 나타나 있다면 당사자가 주장하지 않더라도 이를 합리적으로 판단하여 정당한 결정을 하도록 노력해야 할 것이다.

다만, 소청심사위원회가 아무런 제한 없이 당사자가 주장하지 아니한 사실을 판단할 수 있는 것은 아니고 소청심사가 짧은 기간(60일) 안에 약식의 절차로 이루어지므로, 당사자는 직권심리를 기대하기보다 당해 처분사실에 대한 구체적인 주장과 입증자료의 제출에 소홀함이 없어야 한다.

대법원 판례

| 행정소송에서 법원이 당사자가 주장하지 않은 사실에 관하여 판단할 수 있는 한계 |

행정소송법 제9조에 의하여 법원은 필요한 경우에 직권으로 증거조사를 할 수 있고 또 당사자가 주장하지 않는 사실에 관하여도 판단할 수 있는 것이나 그렇다고 하여 법원은 아무런 제한이 없이 당사자가 주장하지 않는 사실을 판단할 수 있는 것은 아니고 당사자가 명백히 주장하지 않는 사실은 일건 기록에 나타난 사실에 관하여서만 직권으로 조사하고 그를 기초로 하여 판단할 수 있는 것이다(대법원 1975.5.27. 선고 74누233 판결, 재산세및도시계획세부과처분취소).

| 1. 행정청이 문서에 의하여 처분을 하였으나 그 처분서의 문언만으로는 행정처분의 내용이 불분명한 경우, 처분 경위나 처분 이후의 상대방의 태도 등을 고려하여 처분서의 문언과 달리 그 처분의 내용을 해석할 수 있는지 여부(적극)
2. 행정소송에서 기록상 자료가 나타나 있다면 당사자가 주장하지 않더라도 판단할 수 있는지 여부(적극) |

1. 행정절차법 제24조 제1항에서 행정청이 처분을 하는 때에는 다른 법령 등에 특별한 규정이 있는 경우를 제외하고는 문서로 하도록 규정한 것은 처분 내용의 명확성을 확보하고 처분의 존부나 내용에 관한 다툼을 방지하기 위한 것인바, 이와 같은 행정절차법의 규정 취지를 감안해 보면, 행정청이 문서에 의하여 처분을 한 경우 원칙적으로 그 처분서의 문언에 따라 어떤 처분을 하였는지 확정하여야 하나, 그 처분서의 문언만으로는 행정청이 어떤 처분을 하였는지 불분명하다는 등 특별한 사정이 있는 때에는 처분 경위나 처분 이후의 상대방의 태도 등 다른 사정을 고려하여 처분서의 문언과 달리 그 처분의 내용을 해석할 수도 있다.
2. 행정소송에서 기록상 자료가 나타나 있다면 당사자가 주장하지 않았더라도 판단할 수 있고, 당사자가 제출한 소송자료에 의하여 법원이 처분의 적법 여부에 관한 합리적인 의심을 품을 수 있음에도 단지 구체적 사실에 관한 주장을 하지 아니하였다는 이유만으로 당사자에게 석명을 하거나 직권으로 심리·판단하지 아니함으로써 구체적 타당성이 없는 판결을 하는 것은 행정소송법 제26조의 규정과 행정소송의 특수성에 반하므로 허용될 수 없다(대법원 2010.2.11. 선고 2009두18035 판결, 복구설계승인신청불승인처분취소).

| 행정소송에서 직권심리주의의 의미 |

행정소송에 있어서도 행정소송법 제14조에 의하여 민사소송법 제188조가 준용되어 법원은 당사자가 신청하지 아니한 사항에 대하여는 판결할 수 없는 것이고, 행정소송법 제26조에서 직권심리주의를 채용하고 있으나 이는 행정소송에 있어서 원고의 청구범위를 초월하여 그 이상의 청구를 인용할 수 있다는 의미가 아니라 원고의 청구범위를 유지하면서 그 범위 내에서 필요에 따라 주장외의 사실에 관하여도 판단할 수 있다는 뜻이다(대법원 1987.11.10. 선고 86누491 판결, 종합소득세부과처분취소).

| 행정소송에서 법원이 직권으로 심리할 수 있는 범위 |

행정소송법 제26조가 규정하는 바는 행정소송의 특수성에서 연유하는 당사자주의, 변론주의에 대한 일부 예외규정일 뿐 법원이 아무런 제한 없이 당사자가 주장하지 아니한 사실을 판단할 수 있는 것은 아니고, 기록상 현출되어 있는 사항에 관하여서만 직권으로 증거조사를 하고 이를 기초로 하여 판단할 수 있을 따름이다(대법원 1994.4.26. 선고 92누17402 판결, 주택조합설립변경인가신청반려처분취소).

9. 심리의 방식 및 소청인의 진술권

국가공무원법 제13조는, 소청심사위원회가 소청사건을 심사할 때에는 법령이 정하는 바에 따라 소청인 또는 소청인의 대리인(변호사)에게 진술 기회를 주어야 하고, 만약 위 진술 기회를 부여하지 않은 경우 그 결정을 무효로 한다고 규정하여, 구술심리주의를 천명하고 있다. 이는 구술심리나 서면심리를 선택적으로 할 수 있다는 행정심판법 제40조(심리의 방식)의 특례규정으로 소청인에게 강한 절차적 권리를 부여한 것이다.

심사기일의 통지를 받고 출석하지 아니한 소청당사자는 서면에 의하여 그 의견을 진술할 수 있으며(소청규정 제10조 ②항), 소청인이 형사사건으로 구속되거나 기타 사유로 인하여 위원회에 출석할 수 없을 경우 통지된 심사기일 안에 서면에 의한 진술도 하지 아니한 때에는 위원회는 진술없이 결정할 수 있다(소청규정 제10조 ②, ③항).

따라서, 소청인은 자신의 의사에 따라 심사기일에 출석하지 않을 수 있고, 소청인이 형사사건으로 구속되어 있는 등 위원회에 출석할 수 없을 경우에는 출석 진술의 절차 없이 소청인에게 서면에 의한 진술 기회만을 부여한 뒤 위원회를 개최할 수 있다고 본다.

또한, 소청제기기간의 경과와 소청 관할 위반 등 소청의 제기가 부적법한 때에는 위원회는 특별한 사정이 있는 경우를 제외하고는 당사자를 출석시키지 아니하고 각하결정을 할 수 있으며, 이 경우 각하결정을 하기 전에 반드시 소청인에게 서면에 의한 진술 기회를 주어야 한다(소청규정 제7조의2).

| 참고자료 3-4 | 소청심사위원회의 회의진행 절차[3]

1. 심사 전 확인 및 안내사항
당사자들의 출석여부를 확인한 후 출석한 당사자들에게 심사회의 진행절차와 방법 등을 간략히 설명하고, 회의실 반입금지 물품(녹음기 등 녹음이 가능한 기기류, 휴대폰, 기타 소청심사와 관계없는 물건, 흉기 등 위험한 물건) 및 회의실 내에서의 금지 행위(녹음, 녹화, 촬영, 중계방송, 회의실 내의 질서를 해치는 행위, 다른 사람의 생명・신체・재산 등에 위해를 가하려고 하는 행위) 등을 안내함(소청지침 제16조의2).

2. 회의진행순서
① 당사자 입실: 담당직원의 안내를 받아 지정된 좌석에 착석.
② 안건상정: 담당조사관이 심사할 안건을 상정.
③ 개회선언: 위원장이 개회선언.
④ 당사자 확인: 위원장은 소청당사자에게 소속, 직급 및 성명 등 인적사항을 확인.
⑤ 기피권 행사여부: 위원장은 소청당사자에게 위원 중에서 불리하다고 생각되는 위원에 대하여 기피할 의사가 있는지의 여부를 확인함.
⑥ 당사자들에 대한 질의답변: 당해 사건을 담당하는 주심위원은 소청당사자에게 사실관계, 법령적용 등 원처분사유에 대하여 확인하고, 기타 정상관계 등을 확인.
⑦ 증인신문: 필요시 참석한 증인들에 대하여 질의하고 답변.
⑧ 보충질의: 주심위원의 질의가 끝난 후 다른 위원들이 보충질의를 함.
⑨ 최후진술권 부여: 위원장은 당사자에게 최후로 진술할 기회를 부여.
⑩ 폐회선언 및 당사자 퇴실: 위원장은 폐회를 선언하고 당사자에게 퇴실을 명함.
⑪ 토의 및 결정: 주심위원이 먼저 결정에 대한 의견을 제시하고 다른 위원들이 각자의 의견을 제시하면, 다수의견에 따라 결정하고 위원장은 이를 선언함. 예외적으로 심사결과 추가로 확인할 사항이 있거나 좀 더 세밀한 파악을 요하는 경우에는 위원회는 그 결정을 보류할 수 있음.

3) 소청심사위원회, 소청 및 고충심사 업무편람(2010) 128쪽 참조.

10. 발언 내용 등의 비공개

위원의 발언 내용 등에 관한 비공개 사항은 국가공무원법 및 소청절차규정 등에 규정되지 않았으므로 행정심판법을 준용한다.

따라서, 위원회에서 위원이 발언한 내용이나 그 밖에 공개되면 위원회의 심리·결정의 공정성을 해칠 우려가 있는 사항, 즉 소청심사 회의에서 위원이 발언한 내용을 기재한 문서인 심사조서 등은 공개하지 아니한다(행심법 제41조, 행심법시행령 제29조 준용).

하급심 판례

| 합의제 기관 관련 정보가 비공개사유에 해당하는지 여부의 판단 기준 |

이른바 합의제기관 관련 정보가 '의사결정과정 정보'로서 공공기관의정보공개에관한법률 제7조 제1항 제5호의 비공개사유에 해당한다고 볼 수 있는가 하는 것은, 결국 같은 법 제7조 제1항 각 호의 입법취지, 당해 합의제기관의 성격, 합의제기관이 작성한 정보 예컨대 회의록의 내용과 성격, 다른 유사 합의제기관이나 사법절차와의 균형 등 여러 가지 사정을 종합하여 그 공개로 인하여 침해되는 이익과 공개로 인하여 얻는 이익을 비교 형량하여 구체적으로 판단하여야 할 것이다.
교육부교원징계재심위원회의 징계재심회의록은 이미 종료된 징계재심의 심사·결정절차를 사후적으로 기록한 것으로서 비록 공공기관의정보공개에관한법률 제7조 제1항 제5호 소정의 의사형성 과정 '중에 있는' 사항 그 자체는 아니지만 이에 준하는 이른바 의사결정과성 정보에 해당하고, 위 회의록은 징계재심사건의 심사·결정절차에서 위원이 발언한 내용이 기재된 문서로서 그것이 공개될 경우 징계재심사건 처리 업무의 공정한 수행에 현저한 지장을 초래한다고 인정할 만한 상당한 이유가 있다고 인정되므로 같은 법 제7조 제1항 제5호 소정의 비공개대상정보에 해당한다(서울고법 1999.9.29. 선고 99누1481 판결, 정보비공개결정처분취소).

11. 위원의 제척 · 기피 · 회피

가. 제 척

(1) 제척의 의의

제척이라 함은 소청심사위원회의 위원 및 관계 직원이 구체적인 소청사건에 대하여 법률에서 정한 특수한 관계가 있는 때에 법률상 당연히 그 사건에 관한 직무집행을 행할 수 없는 것을 말한다. '당연히'란 의미는 위원회의 결정이 필요 없이 법률상 직무집행을 하지 못한다는 뜻이므로 제척사유가 있는 위원이 관여한 심리 · 의결은 본질적인 절차상의 하자로서 무효가 된다.

제척사유의 유무는 그 원인 있는 위원 자신과 그 소청심사위원회가 조사하여야 하며, 조사결과 제척사유가 있으면 당해 위원은 스스로 심리 · 의결에 관여하지 않아야 한다.

(2) 제척의 원인

위원은 위원회에 계류(繫留)된 소청사건의 증인이 될 수 없으며, 위원 본인과 관계 있는 사항, 위원 본인과 친족 관계에 있거나 친족 관계에 있었던 자와 관계 있는 사항에 관한 소청 사건의 심사 · 결정에서 제척된다(국공법 제14조 ②항). 여기에서 말하는 '친족'은 민법상의 친족을 말한다.

민법

제767조(친족의 정의) 배우자, 혈족 및 인척을 친족으로 한다.

제768조(혈족의 정의) 자기의 직계존속과 직계비속을 직계혈족이라 하고 자기의 형제자매와 형제자매의 직계비속, 직계존속의 형제자매 및 그 형제자매의 직계비속을 방계혈족이라 한다.

제769조(인척의 계원) 혈족의 배우자, 배우자의 혈족, 배우자의 혈족의 배우자를 인척으로 한다.

나. 기 피

소청당사자는 소청심사위원회의 위원에게 위 제척사유가 있는 경우 또는 심사·결정의 공정을 기대하기 어려운 사정이 있는 경우에 해당하는 때에는 그 이유를 구체적으로 밝혀 그 위원에 대한 기피를 신청할 수 있고, 소청심사위원회는 해당 위원의 기피 여부를 결정하여야 한다. 이 경우 기피신청을 받은 위원은 그 기피 여부에 대한 결정에 참여할 수 없다(국공법 제14조 ③항).

기피제도의 의의는 법률에서 정한 한정된 사유에 해당될 때에만 제척이 되므로 당사자로 하여금 제척사유가 있다고 의심되거나 제척사유 이외에 심리·의결의 공정성을 의심할 만한 사유가 있는 경우에 기피신청을 하도록 함으로써 결정의 공정성을 확보하려는 데에 있다.

간혹, 소청심사를 청구한 당사자가 기각결정 등을 받은 경험이 있는 상태에서 또다시 다른 징계처분등을 받아 재차 소청심사를 청구하게 될 때에, 종전 소청심사청구사건의 심리 당시에 자신에게 불리한 질문 등을 하였다는 이유로 그 위원에 대해 기피신청을 하는 사례가 있으나, 이는 제척 또는 기피사유에 해당되지 않으므로 받아들여지지 않고 있다.

대법원 판례

| 다른 당사자간에서 동일내용의 분쟁을 판결한 법관과 제척기피사유 |

원심재판장이 본건 소유권이전등기말소청구소송과 동일내용의 다른 사건에 관하여 그 사건의 피고들에게 패소판결을 하였다 하여도 그것만으로 법관제척이나 기피사유가 있다고 할 수 없다(대법원 1984.5.15. 선고 83다카2009 판결, 소유권이전등기말소).

| 수인의 징계위원에 대한 기피신청이 있는 경우, 사립학교법시행령 제24조의6 제2항 후문에 의하여 기피신청을 당한 각 징계위원은 다른 위원에 대한 기피의결에 참여할 수 있는지 여부(한정 적극) |

사립학교법시행령 제24조의6 제1항, 제2항에 의하면, 사립학교법상의 교원징계위원회 위원에 대한 기피신청에 관하여 당해 교원징계위원회가 기피 여부에 대한 결정을 함에 있어서는 기피신청을 받은 위원은 그 의결에 참여하지 못하게 되어 있으나, 일반적으로 기피신청은 징계위원 개개인에 대한 것으로서 그 기피신청에 대한 의결 역시 개별적으로 하는 것이므로 수인의 징계위원에 대한 기피신청이 있는 경우에도 기피신청을 당한 각 징계위원은 기피사유가 공통된 원인에 기인한 것이 아닌 한 자신에 관한 의결에만 참여할 수 없을 뿐 다른 사람에 관한 의결에는 참여할 수가 있다(대법원 2000.10.13. 선고 98두8858 판결, 해임처분취소).

다. 회 피

소청심사위원회 위원은 위 기피신청 사유에 해당하는 때에는 스스로 그 사건의 심사·결정에서 회피할 수 있다(국공법 제14조 ④항). 행정심판법을 준용하면, 위원회의 회의에 참석하는 위원이 제척사유 또는 기피사유에 해당되는 것을 알게 되었을 때에는 스스로 그 사건의 심리·의결에서 회피할 수 있고, 이 경우 회피하고자 하는 위원은 위원장에게 그 사유를 소명하여야 한다(행심법 제10조 ⑥항).

라. 제척·기피·회피 등에 따른 의결정족수 등

소청심사위원회 회의에 출석한 위원 중 국가공무원법 제14조 제2항의 제척사유에 해당하는 위원과 소청절차규정 제9조 제1항 및 제2항에 따라 기피결정을 받은 위원 또는 회피한 위원은 법 제14조 제1항의 의사정족수 산정을 위한 출석위원의 수에는 산입할 수 있으나, 같은 항의 의결정족수 산정을 위한 출석 위원의 수에는 산입할 수 없다(소청지침 제17조의2).

관련 질의 회신

Q 출석 위원 일부가 제척·기피 사유 등에 해당할 때 나머지 위원으로 의결할 수 있는지 여부(국공법 제14조 ①항 관련)
소청심사위원회 회의에 출석한 위원 중 제척사유에 해당하는 위원, 기피결정을 받은 위원 또는 회피한 위원은,
가. 국가공무원법 제14조 제1항의 의사정족수 산정을 위한 출석 위원의 수에 산입할 수 있는지?
나. 국가공무원법 제14조 제1항의 의결정족수 산정을 위한 출석 위원의 수에 산입할 수 있는지?

A 질의 가에 대하여: 소청심사위원회 회의에 출석한 위원 중 제척사유에 해당하는 위원, 기피결정을 받은 위원 또는 회피한 위원은 국가공무원법 제14조 제1항의 의사정족수 산정을 위한 출석 위원의 수에 산

입할 수 있습니다.

질의 나에 대하여: 소청심사위원회의 회의에 출석한 위원 중 제척사유에 해당하는 위원, 기피결정을 받은 위원 또는 회피한 위원은 국가공무원법 제14조 제1항의 의결정족수 산정을 위한 출석 위원의 수에 산입할 수 없습니다.

가. 질의 가에 대하여(답변이유)

먼저, 제척사유에 해당하는 위원이 의사정족수에서 제외되는지를 살펴보면, 국가공무원법에서는 제척사유와 관련하여 그 위원이 해당 "소청 사건에 관여하지 못한다"라고 규정하고 있을 뿐(제14조 ②항) 다른 규정을 두고 있지는 않은바, 이와 같은 규정은 해당 위원이 위원회의 의사결정에 참여하지 못한다는 의미로 봐야지 위원회의 회의에 참석하는 것을 금지하거나 회의에 참석하더라도 회의 성립 자체에 영향을 미치는 의사정족수에서 제외하라는 취지라고 볼 수는 없으므로 소청심사위원회에 있어서도 제척사유에 해당하는 위원이 위원회의 회의에 참석하는 경우 그 위원을 의사정족수에 산입해야 할 것입니다.

한편, 기피신청된 위원은 해당 기피신청에 대한 결정을 의결하는 데에는 참여하지 못하나, 이 경우에도 기피결정을 위한 의사정족수에는 산입하여야 하고(법제처 2009.1.21. 회신 08-0415 해석례), 회피는 제척이나 기피사유에 해당하는 위원이 자발적으로 의결에서 빠지는 것으로 제척·기피와 그 효과가 동일하므로, 제척사유에 해당하거나 기피결정을 받은 위원을 의사정족수에 산입한다면 회피를 한 위원 역시 의사정족수에 산입해야 할 것입니다.

따라서, 소청심사위원회의 회의에 출석한 위원 중 제척사유에 해당하는 위원, 기피결정을 받은 위원 또는 회피한 위원은 국가공무원법 제14조 제1항의 의사정족수 산정을 위한 출석 위원의 수에 산입할 수 있습니다.

나. 질의 나에 대하여(답변이유)

소청심사위원회의 의결에 관하여, 국가공무원법은 의견이 나뉠 경우에는 출석 위원 과반수에 이를 때까지 소청인에게 가장 불리한 의견에 차례로 유리한 의견을 더하여 그 중 가장 유리한 의견을 합의된 의견으로 보도록 하여 의결의 방법에 대해 규정(제14조 ①항)하고 있을 뿐 제척 · 기피 · 회피 등의 경우 의결정족수 산정에 관하여는 별도의 규정을 두고 있지 않으나, 의결정족수는 의결에 필요한 출석 위원의 수를 말하는 것으로, 이는 의결에 참여할 수 있는 위원을 전제로 한다고 보아야 할 것이므로 제척 · 기피 · 회피 등으로 의결에 참여할 수 없는 위원을 제외한 나머지 위원의 수가 의결에 필요한 출석 위원의 수가 되고 그 중에서 과반수에 이를 때까지의 의견으로 의결이 가능하다고 할 것입니다(법제처 2009.1.21. 회신 08- 0415 해석례).

따라서, 소청심사위원회의 회의에 출석한 위원 중 제척사유에 해당하는 위원, 기피결정을 받은 위원 또는 회피한 위원은 국가공무원법 제14조 제1항의 의결정족수 산정을 위한 출석 위원의 수에 산입할 수 없습니다.(법제처 법령해석총괄과-1116, 2009.5.29.)

대법원 판례

| 이해관계 있는 이사가 의사정족수 산정의 기초가 되는 이사나 결의성립에 필요한 출석이사의 수에 포함되는지 여부 |

이해관계 있는 이사는 이사회에서 의결권을 행사할 수는 없으나, 의사정족수 산정의 기초가 되는 이사의 수에는 포함되고, 다만 결의성립에 필요한 출석이사에는 산입되지 아니한다(대법원 1991.5.28. 선고 90다20084 판결, 약정금).

12. 직원의 제척 · 기피 · 회피 등

행정심판법 제4조 제2항은, "다른 법률에서 특별행정심판이나 이 법에 따른 행정심판 절차에 대한 특례를 정한 경우에도 그 법률에서 규정하지 아니한 사항에 관하여는 이 법에서 정하는 바에 따른다"고 규정하고 있다. 특별행정심판절차인 소청심사에서도 행정심판법이 정한 제척 · 기피 · 회피에 관한 규정을 준용할 수 있으므로, 소청사건의 심리 · 의결에 관한 사무에 관여하는 위원 아닌 직원에게도 위원의 제척 · 기피 · 회피에 관한 규정을 준용한다(행심법 제10조 ⑦항).

제척 · 기피 신청에 대한 처리 등의 사항에 대해서는 아래의 규정을 참고하기 바란다.

행정심판법

제10조(위원의 제척 · 기피 · 회피) ① 위원회의 위원은 다음 각 호의 어느 하나에 해당하는 경우에는 그 사건의 심리 · 의결에서 제척(除斥)된다. 이 경우 제척결정은 위원회의 위원장(이하 '위원장'이라 한다)이 직권으로 또는 당사자의 신청에 의하여 한다.

1. 위원 또는 그 배우자나 배우자이었던 사람이 사건의 당사자이거나 사건에 관하여 공동 권리자 또는 의무자인 경우
2. 위원이 사건의 당사자와 친족이거나 친족이었던 경우
3. 위원이 사건에 관하여 증언이나 감정(鑑定)을 한 경우
4. 위원이 당사자의 대리인으로서 사건에 관여하거나 관여하였던 경우
5. 위원이 사건의 대상이 된 처분 또는 부작위에 관여한 경우

② 당사자는 위원에게 공정한 심리 · 의결을 기대하기 어려운 사정이 있으면 위원장에게 기피신청을 할 수 있다.

③ 위원에 대한 제척신청이나 기피신청은 그 사유를 소명(疏明)한 문서로 하여야 한다.

④ 위원장은 제척신청이나 기피신청의 대상이 된 위원에게서 그에 대한 의견을 받을 수 있다.

⑤ 위원장은 제척신청이나 기피신청을 받으면 제척 또는 기피 여부에 대한 결정을 하고, 지체 없이 신청인에게 결정서 정본(正本)을 송달하여야 한다.

⑥ 위원회의 회의에 참석하는 위원이 제척사유 또는 기피사유에 해당되는 것을 알게 되었을 때에는 스스로 그 사건의 심리 · 의결에서 회피할 수 있다. 이 경우 회피하고자 하는 위원은 위원장에게 그 사유를 소명하여야 한다.

⑦ 사건의 심리 · 의결에 관한 사무에 관여하는 위원 아닌 직원에게도 제1항부터 제6항까지의 규정을 준용한다.

행정심판법 시행령

제12조(제척 · 기피 신청의 처리 등) ① 당사자가 법 제10조 제3항에 따라 제척신청 또는 기피신청을 한 경우에는 신청한 날부터 3일 이내에 그 원인과 소명(疏明) 방법을 서면으로 제출하여야 한다.

② 법 제10조 제1항 및 제2항에 따른 제척신청 또는 기피신청의 대상이 된 위원은 위원장이 요구할 때에는 지체 없이 그에 대한 의견서를 위원장에게 제출하여야 한다.

③ 제척 또는 기피의 신청이 제1항 및 법 제10조 제3항을 위반하였을 때에는 위원장은 결정으로 이를 각하(却下)한다.

④ 제척 또는 기피의 신청이 이유 없다고 인정될 때에는 위원장은 결정으로 이를 기각한다.

⑤ 제척 또는 기피의 신청이 이유 있다고 인정될 때에는 위원장은 결정으로 이를 인용(認容)하여야 한다.

⑥ 제3항부터 제5항까지의 결정에 대해서는 불복신청을 하지 못한다.

제13조(심판절차의 정지) 법 제10조 제1항 및 제2항에 따른 제척 또는 기피의 신청이 있을 때에는 그에 대한 결정이 있을 때까지 해당 심판청구 사건에 대한 심판절차를 정지한다.

제6절 소청심사 청구의 취하

소청인은 소청심사위원회의 결정이 있을 때까지 자신의 청구를 취하할 수 있다. 소청심사위원회에 취하서가 접수되는 즉시 당해 소청심사의 심리절차가 종료된다.

1. 취하의 의의

소청심사청구의 취하란, 소청인이 위원회에 대하여 자신의 심사청구를 철회하는 일방적 의사표시를 말한다. 소청심사는 민사소송 등과 달리 피소청인의 동의 없이도 취하를 할 수 있다. 소청심사에 대한 취하가 있으면 그 취하된 부분에 대해서는 처음부터 심사청구가 없었던 것으로 본다.

▪ 행정심판법

제42조(심판청구 등의 취하) ① 청구인은 심판청구에 대하여 제7조 제6항 또는 제8조 제7항에 따른 의결이 있을 때까지 서면으로 심판청구를 취하할 수 있다.

② 참가인은 심판청구에 대하여 제7조 제6항 또는 제8조 제7항에 따른 의결이 있을 때까지 서면으로 참가신청을 취하할 수 있다.

③ 제1항 또는 제2항에 따른 취하서에는 청구인이나 참가인이 서명하거나 날인하여야 한다.
④ 청구인 또는 참가인은 취하서를 피청구인 또는 위원회에 제출하여야 한다. 이 경우 제23조 제2항부터 제4항까지의 규정을 준용한다.
⑤ 피청구인 또는 위원회는 계속 중인 사건에 대하여 제1항 또는 제2항에 따른 취하서를 받으면 지체 없이 다른 관계 기관, 청구인, 참가인에게 취하 사실을 알려야 한다.

행정심판법 시행령

제30조(심판청구 등의 취하) ① 법 제42조 제1항 및 제2항에 따라 청구인 또는 참가인이 심판청구 또는 참가신청을 취하하는 경우에는 그 청구 또는 신청의 전부 또는 일부를 취하할 수 있다.
② 제1항에 따라 심판청구 또는 참가신청을 취하하는 경우에는 상대방의 동의 없이도 취하할 수 있다.
③ 제1항에 따른 심판청구 또는 참가신청의 취하가 있으면 그 취하된 부분에 대해서는 처음부터 심판청구 또는 참가신청이 없었던 것으로 본다.

2. 취하의 절차 및 효과

소청절차에서 소청인은 위원회의 결정이 있을 때까지 청구의 일부 또는 전부를 취하할 수 있다(소청규정 제7조). 소청인은 우편, 팩스 등 적당한 방법으로 취하서를 제출하여 자신의 소청절차를 종결시킬 수는 있으나, 취하서가 위원회에 적법하게 도달하면 별도의 조치가 없더라도 소청심사 절차가 종료되므로 소청인도 이를 다시 철회하여 소청절차를 회복시킬 수 없다. 소청 취하의 수권을 받은 대리인(변호사)이 취하서를 제출한 경우에도 그 즉시 소청절차가 종료된다.

다만, 취하 이후에도 법령이 정한 소청제기기간이 남아 있는 상태라면 소청심사청구서를 다시 제출함으로써 그 절차를 계속할 수 있겠으나, 소청심사청구는 그 처분이 있음을 안 날부터 30일 이내에 제기해야 하는 등 그 출소기간이 매우 짧은 상황에서 기존 청구에 대한 '취하서'를 제출한다는 것은 사실상 자신의 소청절차를 종결시키는 행위에 해당하므로 신중을 기해야 할 것이다.

소청인으로부터 취하서가 제출된 경우, 위원회는 소청 취하의 의사표시에 하자가 없는지를 확인하여 접수를 하고, 소청당사자에게 취하되었음을 통지하고 있다.

대법원 판례

| 소취하시 본인의 의사를 확인하는 관행과 소송위임장상의 소취하 수권문구의 효력 |

수임당시에 인쇄된 위임장에 의해 소취하의 특별수권을 받은 경우에도 소송대리인이 실제로 소를 취하함에는 다시 본인의 승락을 받음이 통례이나 이는 본인의 의사를 확인하는 심중함이며 그러한 통례가 있다 하여 인쇄된 위임장의 소취하문구가 효력없는 예문은 아니며 그로 인한 특별수권의 효력도 없다 할 수 없는 것이다(대법원 1984.2.28. 선고 84누4 판결, 행정처분취소).

| 강박에 의한 취하는 무효 |

강박으로 인하여 소청을 취하한 경우에는 그 취하는 무효라 할 것이므로 그 무효인 소청취하의 의사표시를 다시 취소할 필요는 없으며 원래의 소청은 적법하게 존속한다(대법원 1978.11.14. 선고 78누367 판결, 전역명령취소처분).

소청청구 취하서 (서식)

1. 사건명 : - ○○처분 △△청구

2. 소청인
   - 성 명 :
   - 소 속 :
   - 주 소 :

3. 피소청인 :

4. 취하 취지 및 사유
   -

소청절차규정 제7조에 따라 위와 같이 소청청구를 취하합니다.

년 월 일
소 청 인 (서명 또는 인)

안전행정부 소청심사위원회 위원장 귀하

소청심사의 결정

제4장

제4장 소청심사의 결정

제1절 결정의 방식 등

소청사건의 결정은 재적 위원 3분의 2 이상의 출석과 출석 위원 과반수의 합의에 따르되, 의견이 나뉠 경우에는 출석 위원 과반수에 이를 때까지 소청인에게 가장 불리한 의견에 차례로 유리한 의견을 더하여 그 중 가장 유리한 의견을 합의된 의견으로 본다(국공법 제14조 ①항). 소청심사위원회의 결정의 종류는 각하, 기각, 취소 또는 변경을 하거나 취소 또는 변경할 것을 명하는 결정, 처분의 효력 유무 또는 존재 여부의 확인, 청구에 따른 처분을 하거나 이를 할 것을 명하는 결정 등이 있다.

이 절에서는 소청심사의 결정방식과 결정기간, 결정 및 심사의 범위, 결정문의 송달과 효력발생, 결정문에 오기(誤記)·계산착오 등의 명백한 잘못이 있는 경우에 결정을 경정하는 절차 등에 대하여 살펴본다.

1. 결정의 구분

가. 각하 결정

심사 청구가 이 법이나 다른 법률에 적합하지 아니한 것이면 그 청구를 각하(却下)한다(국공법 제14조 ⑤항 1호). 구체적으로는 행정심판법 제13조 및 제51조를 준용하여, 소청심사에서도 청구인 적격이 없는 자가 제기하였거나 이전에 소청결정이 있었던 사안을 다시 심사청구한 경우에는 부적법하다는 이유를 들어 '각하' 결정을 하게 된다.

이때 소청제기기간의 경과와 소청 관할 위반 등 소청의 제기가 부적법한 때에는 위원회는 특별한 사정이 있는 경우를 제외하고는 당사자를 출석시키지 아니하고 각하결정을 할 수 있으며, 이 경우 당사자를 출석시키지 아니하고 각하결정을 하는 때에는 소청인에게 서면에 의한 진술 기회를 주어야 한다(소청규정 제7조의2).

위와 같이 '각하' 결정을 하는 경우 소청인에게 출석 진술권을 부여하지 않도록 한 것은, 심사청구의 내용 자체가 소청심사의 대상으로 삼기 어려워 본안심사단계에 들어가지도 아니하고 부적법 각하 결정을 하게 되므로, 심사절차의 간소화와 소청당사자 출석에 따른 시간적·경제적 낭비를 방지하기 위한 것으로 보인다.

행정심판법

第13조(청구인 적격) ① 취소심판은 처분의 취소 또는 변경을 구할 법률상 이익이 있는 자가 청구할 수 있다. 처분의 효과가 기간의 경과, 처분의 집행, 그 밖의 사유로 소멸된 뒤에도 그 처분의 취소로 회복되는 법률상 이익이 있는 자의 경우에도 또한 같다.

② 무효등확인심판은 처분의 효력 유무 또는 존재 여부의 확인을 구할 법률상 이익이 있는 자가 청구할 수 있다.

③ 의무이행심판은 처분을 신청한 자로서 행정청의 거부처분 또는 부작위에 대하여 일정한 처분을 구할 법률상 이익이 있는 자가 청구할 수 있다.

第51조(행정심판 재청구의 금지) 심판청구에 대한 재결이 있으면 그 재결 및 같은 처분 또는 부작위에 대하여 다시 행정심판을 청구할 수 없다.

나. 기각 결정

심사 청구가 이유 없다고 인정되면 그 청구를 기각(棄却)한다(국공법 제14조 ⑤항 2호). 이는 소청이 적법한 절차에 의해 제기되었으나, 본안을 심사한 결과 소청인의 주장을 받아들이기 어렵다고 판단될 때 이를 기각하고 원처분을 유지하는 결정에 해당한다.

다. 인용 결정

(1) 취소 또는 변경 결정

처분의 취소 또는 변경을 구하는 심사 청구가 이유 있다고 인정되면 처분을 취소 또는 변경하거나 처분 행정청에 취소 또는 변경할 것을 명한다(국공법 제14조 ⑤항 3호). 위원회의 취소명령 또는 변경명령 결정은 그에 따른 징계나 그 밖의 처분이 있을 때까지는 종전에 행한 징계처분 또는 제78조의2에 따른 징계부가금 부과처분에 영향을 미치지 아니한다(국공법 제14조 ⑥항).

소청심사에서 인용하는 결정의 대부분은 취소 또는 변경 결정의 방식으로 이루어진다. 소청심사위원회의 결정은 처분청에 대하여 기속력이 있으므로 실무적으로는 처분청이 소청심사의 결과에 따른 후속 처분을 할 필요가 없는 '취소 또는 변경' 결정을 함으로써 절차의 반복을 피하고 있다. 그러나, 피소청인의 처분행위가 수반되어야만 하는 청구에 대하여 위원회가 인용 결정을 하고자 할 때에는 예외적으로 '취소 또는 변경할 것을 명하는 결정'을 해야 한다.

대법원 판례

| 취소 결정의 특성에 관한 대법원 판례 |

위법한 행정처분의 취소를 구하는 소는 위법한 처분에 의하여 발생한 위법 상태를 배제하여 원상으로 회복시키고 그 처분으로 침해되거나 방해받은 권리와 이익을 보호 구제하고자 하는 소송이므로 비록 그 위법한 처분을 취소한다 하더라도 원상회복이 불가능한 경우에는 그 취소를 구할 이익이 없다(대법원 1994.1.14. 선고 93누20481 판결, 건축사용검사허가처분취소).

(2) 무효등 확인 결정

처분의 효력 유무 또는 존재 여부에 대한 확인을 구하는 심사 청구가 이유 있다고 인정되면 처분의 효력 유무 또는 존재 여부를 확인한다(국공법 제14조 ⑤항 4호). 무효등확인결정에는 유효확인결정, 무효확인결정, 존재확인결정, 부존재확인결정이 있다.[1]

1) 홍정선 교수는 행정심판의 무효등확인재결에 유효확인재결 · 무효확인재결 · 존재확인재

징계처분이 중대하고 명백한 흠 때문에 당연무효의 것이라면 징계처분을 받은 자가 이를 용인하였다 하여 그 흠이 치료되는 것은 아니지만, 징계처분에 중대하고 명백한 흠이 있음을 알면서도 5년 이상이나 다투지 않다가 뒤늦게 그 흠을 내세워 무효확인을 구하는 것은 신의칙에 반하여 허용될 수 없다는 판례가 있다.

대법원 판례

| 하자 있는 행정처분이 당연무효로 되기 위한 요건 및 그 판단 기준(중대명백한 하자) |

하자 있는 행정처분이 당연무효가 되기 위하여는 그 하자가 법규의 중요한 부분을 위반한 중대한 것으로서 객관적으로 명백한 것이어야 하며, 하자가 중대하고 명백한지 여부를 판별함에 있어서는 그 법규의 목적, 의미, 기능 등을 목적론적으로 고찰함과 동시에 구체적 사안 자체의 특수성에 관하여도 합리적으로 고찰함을 요하는바, 행정청이 어느 법률관계나 사실관계에 대하여 어느 법률의 규정을 적용하여 행정처분을 한 경우에 그 법률관계나 사실관계에 대하여는 그 법률의 규정을 적용할 수 없다는 법리가 명백히 밝혀져 그 해석에 다툼의 여지가 없음에도 불구하고 행정청이 위 규정을 적용하여 처분을 한 때에는 그 하자가 중대하고도 명백하다고 할 것이나, 그 법률관계나 사실관계에 대하여 그 법률의 규정을 적용할 수 없다는 법리가 명백히 밝혀지지 아니하여 그 해석에 다툼의 여지가 있는 때에는 행정관청이 이를 잘못 해석하여 행정처분을 하였더라도 이는 그 처분 요건사실을 오인한 것에 불과하여 그 하자가 명백하다고 할 수 없는 것이고, 또한 행정처분의 대상이 되는 법률관계나 사실관계가 전혀 없는 사람에게 행정처분을 한 때에는 그 하자가 중대하고도 명백하다 할 것이나, 행정처분의 대상이 되지 아니하는 어떤 법률관계나 사실관계에 대하여 이를 처분의 대상이 되는 것으로 오인할 만한 객관적인 사정이 있는 경우로서 그것이 처분대상이 되는지의 여부가 그 사실관계를 정확히 조사하여야 비로소 밝혀질 수 있는 때에는 비록 이를 오인한 하자가 중대하다고 할지라도 외관상 명백하다고 할 수는 없다(대법원 2004.10.15. 선고 2002다68485 판결, 부당이득금).

| 행정처분에 대한 무효확인의 소에 있어서 확인의 이익의 의미 |

행정처분에 대한 무효확인의 소에 있어서 확인의 이익은 그 대상인 법률관계에 관

결・부존재확인재결이 있다고 한다(홍정선, 행정법특강 594쪽). 이는 소청심사절차에도 그대로 적용된다고 할 수 있다.

하여 당사자 사이에 분쟁이 있고, 그로 인하여 원고의 권리 또는 법률상의 지위에 불안・위험이 있어 판결로써 그 법률관계의 존부를 확정하는 것이 위 불안・위험을 제거하는 데 필요하고도 적절한 경우에 인정된다(대법원 2001.9.18. 선고 99두11752 판결, 건축허가명의변경신고수리처분취소).

| 당연무효를 구하는 경우 소청인에게 그 주장・입증 책임이 있음 |

행정처분의 당연무효를 주장하여 그 무효확인을 구하는 행정소송에 있어서는 원고에게 그 행정처분이 무효인 사유를 주장, 입증할 책임이 있다(대법원 1992.3.10. 선고 91누6030 판결, 참가압류무효확인).

| 확인의 대상은 현재의 구체적 권리관계여야 함 |

확인의 소의 대상은 현재의 구체적 권리관계이어야 하므로 추상적 법률관계나 법률의 해석 등은 그 대상이 될 수 없다 할 것인바, 이 사건 라벤다 꽃가루의 세번이 관세율표상 1207이라는 확인을 구하는 것은 추상적인 관세율표의 해석에 관한 사항일 뿐 원고의 구체적인 권리관계를 그 대상으로 하는 것이 아니므로 확인의 소의 대상이 될 수 없다(대법원 1984.5.22. 선고 83누485 판결, 화분세번정정처분취소등).

| 무효확인을 구하는 소에는 취소를 구하는 취지도 포함되어 있다고 봄 |

일반적으로 행정처분의 무효확인을 구하는 소에는 원고가 그 처분의 취소는 구하지 아니 한다고 밝히고 있지 아니하는 이상 그 처분이 만약 당연무효가 아니라면 그 취소를 구하는 취지도 포함되어 있는 것으로 볼 것이나 행정심판절차를 거치지 아니한 까닭에 행정처분 취소의 소를 무효확인의 소로 변경한 경우에는 무효확인을 구하는 취지속에 그 처분이 당연무효가 아니라면 그 취소를 구하는 취지까지 포함된 것으로 볼 여지가 전혀 없다고 할 것이므로 법원으로서는 그 처분이 당연무효인가 여부만 심리판단하면 족하다고 할 것이다(대법원 1987.4.28. 선고 86누887 판결, 취득세부과처분취소).

| 당연무효인 징계처분의 하자가 피징계자의 인용으로 치료되는지 여부(소극) |

징계처분이 중대하고 명백한 흠 때문에 당연무효의 것이라면 징계처분을 받은 자가 이를 용인하였다 하여 그 흠이 치료되는 것은 아니다.
피징계자가 징계처분에 중대하고 명백한 흠이 있음을 알면서도 퇴직시에 지급되는 퇴직금 등 급여를 지급받으면서 그 징계처분에 대하여 위 흠을 들어 항고하였다가 곧 취하하고 그 후 5년 이상이나 그 징계처분의 효력을 일체 다투지 아니하다가 위 비위사실에 대한 공소시효가 완성되어 더 이상 형사소추를 당할 우려가 없게 되자 새삼 위 흠을 들어 그 징계처분의 무효확인을 구하는 소를 제기하기에 이르렀고 한편 징계권자로서도 그 후 오랜 기간동안 피징계자의 퇴직을 전제로 승진·보직 등 인사를 단행하여 신분관계를 설정하였다면 피징계자가 이제와서 위 흠을 내세워 그 징계처분의 무효확인을 구하는 것은 신의칙에 반한다(대법원 1989.12.12. 선고 88누8869 판결, 파면처분무효확인).

| 외형상 상태성을 갖춘 징계자료에 의하여 징계원인사실관계를 오인하여서 한 징계처분이 당연무효인지 여부(소극) |

징계권자가 징계처분을 함에 있어서 사실관계를 오인한 하자가 있는 경우에 그 하자가 중대하더라도 외형상 객관적으로 명백하지 않다면 그 징계처분은 취소할 수 있음에 불과하고 당연무효라고 볼 수 없는바, 징계원인사실관계의 오인이 잘못된 징계자료에 기인한 경우에 그 징계자료가 외형상 상태성을 결여하고 객관적으로 그 성립이나 내용의 진정을 인정할 수 없는 것임이 명백한 경우가 아닌 한 그 징계자료에 기인한 사실관계의 오인을 외형상 객관적으로 명백한 하자라고 보기는 어려울 것이다(대법원 1990.11.27. 선고 90누5580 판결, 해임처분무효확인).

(3) 부작위위법확인 또는 의무이행을 명하는 결정

위법 또는 부당한 거부처분이나 부작위에 대하여 의무이행을 구하는 심사청구가 이유 있다고 인정되면 지체 없이 청구에 따른 처분을 하거나 이를 할 것을 명한다(국공법 제14조 ⑤항 5호).

대법원 판례

| 부작위위법확인의 소의 적법요건 |

행정소송법 제4조 제3호에 규정된 부작위위법확인의 소는 행정청이 당사자의 법규상 또는 조리상의 권리에 기한 신청을 받고서, 그 신청에 대하여 인용, 각하, 기각하는 등의 처분을 하여야 할 법률상의 의무가 있음에도 불구하고 이를 하지 아니하는 경우에 그 부작위가 위법하다는 것을 확인함으로써 행정청의 응답을 신속하게 하여 부작위 또는 무응답이라고 하는 소극적 위법상태를 제거하는 것을 목적으로 하는 제도이고, 이러한 소송은 처분의 신청을 한 자로서 부작위가 위법하다는 확인을 구할 법률상의 이익이 있는 자만이 제기할 수 있으므로, 당사자가 이러한 행정처분을 하여 줄 것을 요청할 수 있는 법규상 또는 조리상의 권리를 갖고 있지 아니하거나 부작위 위법의 확인을 구할 법률상 이익이 없는 경우에는 항고소송의 대상이 되는 위법한 부작위가 있다고 볼 수 없거나 원고적격이 없어 부작위위법확인의

소는 부적법하다.
공무원이 도로점용에 따른 점용료 개선에 대한 제안이 채택되지 아니한 결과 승급이 되지 않고, 상여금을 지급받지 못하는 등의 불이익을 입었음을 이유로 시에 한국전력공사 및 한국전기통신공사에 대한 도로점용료를 징수하라는 신청을 하였으나, 시가 이에 대하여 아무런 처분을 하지 아니한 경우에, 관리청의 도로점용자에 대한 점용료 징수의 근거법률인 도로법 제43조, 제44조 등의 규정에 의하더라도 공무원에게 관리청에 대하여 도로점용료를 징수하라는 신청을 할 권리를 인정하였다고 할 수 없고, 그 밖에 조리상으로도 공무원에게 이러한 권리를 인정할 수도 없을 뿐 아니라 공무원이 입었다는 위와 같은 불이익은 부작위위법확인 소송을 제기할 직접적이고 구체적인 이익이라고 할 수 없고 단지 사실적 또는 반사적 이익에 불과하다고 보아 부작위위법확인의 소가 부적법하다고 본 사례(대법원 1996.5.14. 선고 96누1634 판결, 공무원제안불채택결정무효확인등).

| 행정청의 거부처분에 대하여 부작위위법확인소송을 제기할 수 있는지 여부(소극) |

행정소송법 제4조 제3호에 규정된 부작위위법확인소송은 행정청이 당사자의 신청에 대하여 상당한 기간 내에 일정한 처분을 하여야 할 법률상 의무가 있음에도 불구하고 이를 하지 아니하는 경우에 그 부작위가 위법하다는 것을 확인하는 소송으로서 당사자의 신청에 대한 행정청의 처분이 존재하지 아니하는 경우에 허용되는 것이므로, 행정청이 당사자의 신청에 대하여 거부처분을 한 경우에는 거부처분에 대하여 취소소송을 제기하여야 하는 것이지 행정처분의 부존재를 전제로 한 부작위위법확인소송을 제기할 수 없다(대법원 1992.4.28. 선고 91누8753 판결, 주민등록전입신고거부처분위법확인).

2. 결정기간

위원회는 소청심사청구를 접수한 날부터 60일 이내에 이에 대한 결정을 하여야 한다. 다만, 불가피하다고 인정되면 소청심사위원회의 의결로 30일을 연장할 수 있다(국공법 제76조 ⑤항).

소청심사가 재판의 필요적 전심절차이므로 이른 시일 내에 그 결정을 함으로써 소청인의 재판받을 권리를 보장해야 할 것이나, 위 결정기간 등은 강행규정으로 이해되기보다는 훈시규정으로 보는 것이 판례의 태도이므로 소청심사 청구사건에 대하여 위와 같은 60일 이내 등의 결정기간이 경과된 후에 행해진 결정도 유효하게 성립된 것으로 본다.

대법원 판례

| 징계의결의 기한을 규정한 교육공무원 징계령 제7조가 훈시적 규정인지 여부(적극) |

징계의결의 기한을 규정한 같은 령 제7조는 징계비행자가 무한정의 신분적 불안정 상태에 빠져 있게 하는 것으로부터 벗어나게 하려는 취지에서 규정한 국가공무원법 제83조의2의 징계사유의 시효와는 달리 신속한 징계의결을 도모하고 그에 따른 후임자의 충원 등에 의해 행정작용이 계속적으로 원활히 행해지도록 하는 등으로 행정법관계의 장기간에 걸친 불안정 상태를 방지하려는 것을 주안으로 하는 훈시적 규정이고 징계의결기한이 지나서 징계의결을 하였다 하여 관계자의 책임문제는 별문제로 하고 징계의결이 위법한 것은 아니다(대법원 1993.2.23. 선고 92누16096 판결, 해임처분취소).

관련 질의 회신

Q 행정심판 재결기간규정이 강행규정인지?

A 행정심판의 재결기간은 강행규정으로 이해하기 보다는 훈시규정으로 보는 것이 학설과 판례의 일반적 입장이며, 또한 행정심판청구가 있은 날로부터 60일이 지나도 재결이 없는 때에는 행정소송법 제18조 제2항 제1호에 따라 행정심판의 재결을 거치지 아니하고 행정소송(취소소송)을 제기하여 처분의 적법성 여부를 다툴 수 있음(국행심 61240-1647, 1996. 8.7.).

3. 결정의 방식

소청심사위원회의 결정은 그 이유를 구체적으로 밝힌 결정서로 하여야 하는데, 결정서를 작성할 때에는 소청당사자의 표시, 결정주문, 결정이유의 개요, 증거의 판단을 기재한 소청심사결정서를 작성하고 위원장과 출석한 위원이 이에 서명날인하여야 한다(국공법 제14조 ⑧항, 소청규정 제15조).

소청사건의 결정은 재적 위원 3분의 2 이상의 출석과 출석 위원 과반수의 합의에 따르되, 의견이 나뉠 경우에는 출석 위원 과반수에 이를 때까지 소청인에게 가장 불리한 의견에 차례로 유리한 의견을 더하여 그 중 가장 유리한 의견을 합의된 의견으로 본다(국공법 제14조 ①항).

예를 들면, 파면처분을 받아 제기된 소청사건에 대하여 소청심사위원 9인 중 6인이 참석하여 기각 3표, 해임 1표, 강등 2표의 의견을 낸 경우, 출석위원(6인)의 과반수는 4표 이상이 되므로 가장 불리한 의견인 기각(3표)에 해임(1표), 강등(2표)을 순차적으로 더하여 반수를 넘은 의견인 '해임'을 합의된 의결로 보아 당해 파면처분의 취소 등을 구하는 소청사건은 최종적으로 '해임'으로 결정하게 되는 것이다.

결정서에 적는 이유에는 주문 내용이 정당하다는 것을 인정할 수 있는 정도의 판단을 표시하여야 한다(행심법 제46조 ③항).

4. 결정 및 심사의 범위

소청심사위원회가 징계처분 또는 징계부가금 부과처분을 받은 자의 청구에 따라 소청을 심사할 경우에는 원징계처분보다 무거운 징계 또는 원징계부가금 부과처분보다 무거운 징계부가금을 부과하는 결정을 하지 못한다(국공법 제14조 ⑦항). 또한, 위원회는 징계 또는 소청의 원인이 된 사실 이외의 사실에 대하여 심사하지 못한다(소청규정 제14조).

위와 같은 규정은 불이익변경금지의 원칙을 밝히면서 아울러 형사소송 절차에 있어서의 '불고불리의 원칙'과 유사한 심사기준을 천명한 것으로서 소청인의 이익을 고려한 것으로 이해된다. 이에 대하여 대법원은 징계의결서나 징계처분서에 기재된 징계규정 소정의 징계근거 사유만으로 징계사유가 한정되는 것은 아니고, 징계처분에서 징계사유로 삼지 아니한 비위행위라고 하더라도 징계종류 선택의 자료로서 피징계자의 평소의 소행과 근무성적, 당해 징계처분 사유 전후에 저지른 비위행위 사실 등은 징계양정에 있어서의 참작자료로 삼을 수 있다고 보고 있다.

따라서, 소청심사위원회가 원처분의 내용 자체를 변경할 수는 없는 것이고, 다만, 심리과정에서 얻게 되는 참작사유를 자세히 살펴서 그 결정의 이유에 이를 추가하는 것은 불이익변경금지의 원칙에 위배되는 것이 아니다. 또한, 징계종류의 선택, 즉 징계양정을 합리적으로 조정하고 선택하기 위하여 관계되는 참작자료를 추가하여 살펴보는 것도 불고불리의 원칙을 위배한 것이 아니라 앞에서 정리한 직권심리의 범주에 들어간다고 봄이 타당하다.[2)]

| 불고불리의 원칙(不告不理—原則) |

검사의 공소제기가 없는 사건에 대하여는 법원이 심판할 수 없다는 형사소송 절차의 원칙. 법원은 검사가 기소하여야 비로소 그 기소한 범죄사실에 대하여 심판할 수 있을 뿐만 아니라 검사가 기소한 범위 내에서만 심판을 할 수 있다. 즉, 기소한 범죄사실과 동일성이 있는 범위 안에서만 심판이 가능하다는 의미이다. 검사가 피고인에게 절도의 혐의가 있다고 기소한 경우에 법원이 심리한 결과 절도에는 증거가 없고, 절도와는 동일성이 없는 다른 범죄에 관하여 증명이 인정된다 하더라도 절도 이외의 범죄에 관하여 유죄의 선고를 하지 못하고, 절도에 관하여 오직 무죄를 선고할 수 있을 따름이다. 또한, 불고불리의 원칙은 사람(피고인)에 대하여도 제한을 가한다. 즉, 검사가 갑을 기소한 경우에 심리한 결과 그 공범으로서 을의 범죄가 인정되더라도 법원은 을을 처벌하지 못한다. 이러한 불고불리의 원칙에 위반한 재판은 위법한 것으로서, 이에 대하여 상소할 수 있다.

근대 형사소송 제도가 확립되기 전에는 이른바 규문주의(糾問主義)에 의하여 심판자인 법원이 스스로 형사소송을 개시하여 심리하였기 때문에 재판을 받는 피고인은 오직 소송의 대상 노릇밖에 하지 못하여 자기의 방어를 제대로 하지 못하였다. 그러나 근대 형사소송 제도 아래에서는 이른바 탄핵주의에 의하여 재판기관과 소추기관이 분리되어 소추가 있어야 법원이 심리를 하게 된다. 이는 피고인을 소송당사자로 승격시켜서 기소관인 검사와 대등하게 공박할 수 있게 하는 데 그 의의가 크다(출처: 한국민족문화대백과사전).

---

2) 국무총리행정심판위원회(법제처), 행정심판의 이론과 실제(2002), 391쪽 상단에도, 불고불리의 원칙에 대하여 "행정심판의 성격에 비추어 볼 때, 재결은 당사자의 주장사실 및 청구범위 내에 엄격히 제한되는 것이 아니라 당해 심판청구의 대상인 처분이나 부작위에 대한 범위 안에서는 필요한 심리·판단을 할 수 있다"고 기술하고 있다.

대법원 판례

| 근로자에 대한 징계처분의 근거가 된 징계사유의 확정 방법 및 징계처분에서 징계사유로 삼지 아니한 비위행위를 징계양정의 참작자료로 삼을 수 있는지 여부(적극) |

근로자의 어떤 비위행위가 징계사유로 되어 있느냐 여부는 구체적인 자료들을 통하여 징계위원회 등에서 그것을 징계사유로 삼았는가 여부에 의하여 결정되어야 하는 것이지 반드시 징계결의서나 징계처분서에 기재된 취업규칙이나 징계규정 소정의 징계근거 사유만으로 징계사유가 한정되는 것은 아닐 뿐만 아니라, 징계처분에서 징계사유로 삼지 아니한 비위행위라고 하더라도 징계종류 선택의 자료로서 피징계자의 평소의 소행과 근무성적, 당해 징계처분 사유 전후에 저지른 비위행위 사실 등은 징계양정에 있어서의 참작자료로 삼을 수 있는 것이다(대법원 2002.5.28. 선고 2001두10455 판결, 부당해고구제재심판정취소).

| 징계처분의 당부 판단시 새로운 징계사유의 추가 가능여부 및 징계양정 판단시 고려할 수 있는 사항 |

징계처분의 당부는 징계처분 당시 징계사유로 삼은 사유에 의하여 판단하여야 하고 징계처분 당시 거론되지 아니한 비위사실을 새로이 징계사유로 추가시켜 징계처분의 당부를 판단할 수 없다고 할 것이지만, (…) 비록 당해 비위사실에 이르게 된 경위에 대하여 징계의결서에 구체적으로 기재된 바가 없다고 하더라도 법원이 그 징계처분의 양정이 적정한지 여부를 판단하기 위해 그 비위사실에 이르게 된 경위에 대하여 살펴보고 나아가 그 사건이 공무원조직이나 국민에 미친 영향 등을 함께 고려하는 것마저 금지되는 것은 아니라 할 것이며, (…) 징계사유가 되는 비위사실을 구체적으로 특정하고, 언론보도 사실과 더불어 징계의결요구서 등에는 기재된 바가 없는 음주운전의 경위까지 함께 고려하여 징계의 양정이 적절하였는지를 판단한 원심의 위와 같은 조치는 정당한 것임(대법원 2005.3.24. 선고 04두14380 판결).[3)]

참고로 부연하면, 형사사건의 공소장에 적용법조의 오기나 누락이 있는 경우에 공소장의 변경절차 없이 법원은 곧바로 공소장에 기재되어 있지 않은 법조를 적용할 수 있다는 판례가 있음에 비추어 볼 때, 소청심사에서도 징계처분사유 설명시 등에 적용법조의 오기나 누락이 있는 경우에 이를 제대로 바로잡아 소청심사의 결정문에 반영할 수 있다고 본다.

---

3) 소청심사위원회, 소청 및 고충심사 업무편람(2010) 119쪽에 요약정리된 사항을 재인용하였다.

대법원 판례

| 공소장에 적용법조의 오기나 누락이 있는 경우, 공소장 변경을 요하는지 여부(한정 소극) |

공소장에 적용법조를 기재하는 이유는 공소사실의 법률적 평가를 명확히 하여 피고인의 방어권을 보장하고자 함에 있는 것이므로, 적용법조의 기재에 오기나 누락이 있는 경우라 할지라도 이로 인하여 피고인의 방어에 실질적인 불이익을 주지 않는 한 공소제기의 효력에는 영향이 없고, 법원으로서도 공소장 변경의 절차를 거침이 없이 곧바로 공소장에 기재되어 있지 않은 법조를 적용할 수 있다(대법원 2006. 4.28. 선고 2005도4085 판결).

5. 결정의 송달과 효력발생

소청심사결정서는 그 정본을 작성하여 지체없이 소청당사자에게 송부하여야 하고, 이를 송부함에 있어 그 결정서가 위원회의 과실없이 소청인에게 송달되지 아니한 경우에는 소청인의 주소·성명과 결정주문을 관보에 게재하고, 게재한 날부터 2주일이 경과하는 날에 결정서는 당해 소청인에게 도달된 것으로 본다(소청규정 제16조).

소청심사위원회는 결정일로부터 10일 이내에 소청당사자에게 결정서 각 1부를 송부하고 있으며, 소청인에게 결정서를 송부할 때에는 "결정문 수령 후 90일 이내에 관할 행정법원(행정법원이 설치되어 있지 아니한 지역은 관할 지방법원 합의부)에 행정소송을 제기할 수 있다"는 사실을 고지하고 있다(소청지침 제19조).

6. 결정의 경정

결정의 경정에 대한 사항은 소청절차규정 등에 정해져 있지 않으므로 행정심판법령을 준용한다. 따라서, 결정서에 오기(誤記), 계산착오 또는 그 밖에 이와 비슷한 잘못이 있는 것이 명백한 경우에는 위원장은 직권으로 또는 당사자의 신청에 의하여 경정 결정을 할 수 있다. 이에 따른 경정 결정의 원본은 결정서의 원본에 첨부하고, 경정 결정의 정본(正本) 및 등본은 행정심판법 제48조에 준하여 각각 당사자 및 참가인에게 송달한다(행심법 시행령 제31조).

제2절 결정의 효력

소청심사위원회의 결정은 소청인의 청구에 따라 피소청인의 처분의 적법 여부를 판단하는 준사법적 작용의 성격을 갖고 있는 동시에, 결정 그 자체가 위원회의 행정작용(행정처분)이라는 이중적 성격을 가지고 있다. 따라서, 소청심사위원회의 결정행위에 대해서도 행정처분에 존속하는 기속력 · 형성력 · 불가쟁력 · 불가변력 등의 효력이 부여된다.

1. 기 속 력

가. 정 의

심사결정의 기속력이란 소청심사위원회의 결정에 대해 처분행정청이 결정의 취지에 따라 행동하도록 의무를 발생시키는 효력을 말하는데(김남진 외, 2011a: 812), 이와 같이 위원회의 결정은 처분행정청을 기속[4]하는 효력이 있으므로 처분권자는 위원회의 결정을 따라야 한다.

만약, 위원회의 결정(법원의 판결 포함) 내용대로 이행하지 않는 경우에는 그로 인한 행정상의 책임이 따르게 되는데, 다음과 같은 사유 즉, ① 법령의 적용, 증거 및 사실 조사에 명백한 흠이 있는 경우, ② 징계위원회의 구성 또는 징계의결, 그 밖에 절차상의 흠이 있는 경우, ③ 징계양정이 과다(過多)한 경우 등의 사유로 소청심사위원회 또는 법원에서 당해 징계처분 등을 무효 또는 취소로 결정(판결)한 경우, 처분권자는 다시 징계의결을 요구하여야 한다. 다만, 위 ③의 사유

4) '기속(羈束)'이란 심사청구의 피소청인인 처분청이 결정의 취지에 따르도록 하는 것으로, 심사청구가 인용되어도 처분청이 결정의 취지에 반하는 태도를 견지하면 소청인의 권리구제는 실현될 수 없기 때문에 법률이 명시적으로 규정한 것이라 할 수 있다. 구체적으로 기속의 내용이 무엇인지에 대하여 법에 정의하고 있지 않지만, 소청결정의 기속력은 행정심판법 제37조 제1항이 규정하는 재결(裁決)의 기속력과 같은 것으로 이해할 수 있을 것이다. 재결의 기속력은 인용재결에 대해서만 인정되는 것이고 기각재결에 대해서는 인정되지 않는다. 왜냐하면 기각재결은 청구인의 심판청구를 배척하는 데 그치고 관계행정청에 원처분을 유지할 의무를 부과하는 것은 아니기 때문이다(이경운, 2007: 383).

로 무효 또는 취소의 결정이나 판결을 받은 감봉·견책처분에 대하여는 징계의결을 요구하지 아니할 수 있다(국공법 제78조의3 ①항).

처분권자가 위와 같은 사유로 재징계의결을 요구하는 경우에는 소청심사위원회의 결정 또는 법원의 판결이 확정된 날부터 3개월 이내에 관할 징계위원회에 징계의결을 요구하여야 하며, 관할 징계위원회에서는 다른 징계사건에 우선하여 징계에 관한 의결을 하여야 한다(국공법 제78조의3 ②항). 또한 소청심사위원회의 취소명령 또는 변경명령 결정은 그에 따른 징계나 그 밖의 처분이 있을 때까지는 종전에 행한 징계처분에 영향을 미치지 아니한다(소청심사위원회, 2010a: 137).

나. 범 위

소청심사위원회의 결정은 처분 행정청을 기속(羈束)한다(국공법 제15조). 그런데, 행정심판법 제49조(재결의 기속력 등) 제1항은 "심판청구를 인용하는 재결은 피청구인과 그 밖의 관계 행정청을 기속(羈束)한다"고 규정하고 있으므로, 소청심사의 결정이 그 밖의 관계 행정청을 기속하는지가 문제된다.

국가공무원의 신분을 가진 공무원이 징계처분을 받음과 동시에 같은 날짜로 지방공무원으로 전출되었을 경우에도 징계처분 당시(국가공무원 신분)를 기준으로 하여 소청심사위원회의 관할이 정해진다고 보고 있다. 따라서, 소청심사의 결정내용이 원처분을 취소하거나 변경하는 경우에는 필연적으로 소속을 달리하여 현재 근무하고 있는 기관의 임용권자가 그 인사기록 등을 변경해주어야 할 것이고, 행정소송법도 "처분등을 취소하는 확정판결은 그 사건에 관하여 당사자인 행정청과 그 밖의 관계행정청을 기속한다(제30조 ①항)"고 규정하고 있으므로, 그 전심절차에 해당하는 소청심사의 결정도 같은 견지에서 피소청인과 그 밖의 관계 행정청을 기속한다고 해석함이 타당하다.

당사자의 신청을 거부하거나 부작위로 방치한 처분의 이행을 명하는 소청심사 결정이 있으면 행정청은 지체 없이 이전의 신청에 대하여 결정의 취지에 따라 처분을 하여야 한다(행심법 제49조 ②~⑤항).

행정심판법

제49조(재결의 기속력 등) ① 심판청구를 인용하는 재결은 피청구인과 그 밖의 관계 행정청을 기속(羈束)한다.

② 당사자의 신청을 거부하거나 부작위로 방치한 처분의 이행을 명하는 재결이 있으면 행정청은 지체 없이 이전의 신청에 대하여 재결의 취지에 따라 처분을 하여야 한다.

③ 신청에 따른 처분이 절차의 위법 또는 부당을 이유로 재결로써 취소된 경우에는 제2항을 준용한다.

④ 법령의 규정에 따라 공고하거나 고시한 처분이 재결로써 취소되거나 변경되면 처분을 한 행정청은 지체 없이 그 처분이 취소 또는 변경되었다는 것을 공고하거나 고시하여야 한다.

⑤ 법령의 규정에 따라 처분의 상대방 외의 이해관계인에게 통지된 처분이 재결로써 취소되거나 변경되면 처분을 한 행정청은 지체 없이 그 이해관계인에게 그 처분이 취소 또는 변경되었다는 것을 알려야 한다.

행정소송법

제30조(취소판결등의 기속력) ① 처분등을 취소하는 확정판결은 그 사건에 관하여 당사자인 행정청과 그 밖의 관계행정청을 기속한다.

② 판결에 의하여 취소되는 처분이 당사자의 신청을 거부하는 것을 내용으로 하는 경우에는 그 처분을 행한 행정청은 판결의 취지에 따라 다시 이전의 신청에 대한 처분을 하여야 한다.

③ 제2항의 규정은 신청에 따른 처분이 절차의 위법을 이유로 취소되는 경우에 준용한다.

대법원 판례

| 거부처분을 취소하는 재결의 효력 및 그 취지와 양립할 수 없는 다른 처분에 대한 취소를 구할 소익의 유무 |

당사자의 신청을 거부하는 처분을 취소하는 재결이 있는 경우에는 행정청은 그 재결의 취지에 따라 이전의 신청에 대한 처분을 하여야 하는 것이므로 행정청이 그 재결의 취지에 따른 처분을 하지 아니하고 그 처분과는 양립할 수 없는 다른 처분을 하는 것은 위법한 것이라 할 것이고 이 경우 그 재결의 신청인은 위법한 다른 처분의 취소를 소구할 이익이 있다(대법원 1988.12.13. 선고 88누7880 판결, 도시계획사업시행허가처분등취소).

| 징계처분의 취소를 구하는 소에서 징계사유가 될 수 없다고 판결한 사유와 동일한 사유를 내세워 다시 징계처분할 수 있는지 여부(소극) |

징계처분의 취소를 구하는 소에서 징계사유가 될 수 없다고 판결한 사유와 동일한 사유를 내세워 행정청이 다시 징계처분을 한 것은 확정판결에 저촉되는 행정처분을 한 것으로서, 위 취소판결의 기속력이나 확정판결의 기판력에 저촉되어 허용될 수 없다(대법원 1992.7.14. 선고 92누2912 판결, 견책처분취소).

| 파면처분이 재량권의 범위를 벗어난 위법한 것이라는 판결이 확정된 후 다시 징계절차를 거쳐 해임처분을 한 것이 위 확정판결의 기판력에 저촉되는지 여부 |

원고의 비위에 대하여 징계처분 중 가장 무거운 파면에 처한 것이 재량권의 범위를 벗어난 위법한 처분이라 하여 위 파면처분을 취소하는 판결이 확정되었다 하더라도 위 확정판결은 징계의 종류 중 가장 무거운 파면을 선택한 것이 징계양정에 있어서 재량권의 범위를 벗어난 위법한 처분이라고 판단한 것이고 공무원의 신분을 박탈하는 징계처분을 선택한 것이 재량권 남용이라고 판단한 것은 아니므로, 위 파면처분이 취소된 후에 다시 징계위원회의 의결을 거쳐 원고를 파면보다 가벼운 해임에 처한 이 사건 처분이 위 확정판결의 기판력에 저촉된다고 볼 수는 없다(대법원 1985.4.9. 선고 84누747 판결, 해임처분취소).

2. 형 성 력

결정에 의하여 징계처분등에 대한 취소청구가 인용되어 원처분의 전부 또는 일부가 취소되거나 변경된 때에는 원처분의 당해 부분에 대한 효력은 처분시에 소급하여 당연히 소멸되고, 결정에 의하여 새로이 변경된 내용에 따른 효력이 생기게 된다.

이와 같이 결정이 있으면 처분 행정청에 의한 별도의 처분을 기다릴 필요없이 결정의 내용에 따라 행정법관계에 직접적인 변동을 가져오게 되는 것을 결정의 형성력이라 한다. 형성력에 의한 법률관계의 변동은 누구나가 인정하여야 하는 것이므로 형성력은 대세적인 효력이다.[5)]

---

5) 법제처(국무총리행정심판위원회)가 2002년에 발간한 '행정심판의 이론과 실제'의 내용을 참고하였다.

대법원 판례

| 제1차 처분이 재결청의 재결에 의해 취소된 후 동일한 사안에 대해 제2차 처분이 행해진 경우 제소기간 준수 여부의 판단기준이 되는 처분 |

행정심판에 있어서 재결청의 재결내용이 처분청에 취소를 명하는 것이 아니라 처분청의 처분을 스스로 취소하는 것일 때에는 그 재결에 형성력이 발생하여 당해 행정처분은 별도의 행정처분을 기다릴 것 없이 당연히 취소되어 소멸되는 것이어서 그 후 동일한 사안에 대해 처분청이 또다른 처분을 하였다면 이는 위 소멸된 처분과는 완전히 독립된 별개의 처분이라 할 것이고, 따라서 새로운 처분에 대한 제소기간 준수 여부도 그 새로운 처분을 기준으로 판단하여야 한다(대법원 1994.4.12. 선고 93누1879 판결, 개발부담금부과처분취소).

3. 불가쟁력

소청심사위원회의 결정에 대하여 불복하는 경우에는 그 결정서를 받은 날로부터 90일 이내에 처분행정청을 피고로 하여 행정법원(행정법원이 설치되지 아니한 지역에서는 지방법원본원 행정합의부)에 행정소송을 제기할 수 있다. 이 제소기간이 지난 후에는 소청인이 쟁송으로서도 그 결정의 효력에 대하여 다툴 수 없는 것을 말한다. 다만 소청심사위원회의 결정 그 자체에 고유한 위법이 있는 경우에 그에 대한 행정소송의 제기는 가능하다(서창원, 2006: 68).

대법원 판례

| 행정처분이나 행정심판의 재결이 불복기간의 경과로 확정된 경우 확정력의 의미 |

행정처분이나 행정심판 재결이 불복기간의 경과로 인하여 확정될 경우 그 확정력은 그 처분으로 인하여 법률상 이익을 침해받은 자가 당해 처분이나 재결의 효력을 더 이상 다툴 수 없다는 의미일 뿐, 더 나아가 판결에서 인정되는 기판력과 같은 효력이 인정되는 것은 아니어서 그 처분의 기초가 된 사실관계나 법률적 판단이 확정되고, 당사자들이나 법원이 이에 기속되어 모순되는 주장이나 판단을 할 수 없게 되는 것은 아니다(대법원 1993.8.27. 선고 93누5437 판결, 체당보험금부지급결정취소).

4. 불가변력

소청심사위원회의 결정은 쟁송절차에 의하여 이루어진 판결의 성격을 가지므로 일단 결정을 한 이상 위원회 및 처분행정청 등은 임의로 취소 또는 변경을 할 수 없다. 따라서 심사위원회의 결정은 결정기관이라 할지라도 결정에 오기·착오 등 잘못이 있는 경우를 제외하고는 임의로 취소하거나 변경할 수 없게 된다(이동찬, 2008: 376). 심사의 결정은 청구인 및 관계기관의 참여(청구 및 변경)하에 일정한 절차를 거쳐 행하여진 판단행위이므로 성질상 일반적인 행정행위와 달리 일단 심사결정이 확정되면 결정을 한 기관 자신도 이것을 취소 변경할 수 없는 구속을 받으며 동일 사항에 관한 심사청구는 일사부재리(一事不再理)의 원칙에 의하여 이를 각하하여야 한다(서창원, 2006: 69).

5. 심사 재청구의 금지

소청심사청구에 대한 결정이 있으면 그 결정 및 같은 처분 또는 부작위에 대하여 다시 소청심사를 청구할 수 없다(행심법 제51조).

제3절 감사원의 재심 요구 및 처리절차

감사원의 파면요구에 따라 집행된 파면처분에 대하여 소청심사위원회가 이를 취소 또는 감경하는 등으로 변경결정을 한 경우에는, 감사원이 이를 통보받은 날부터 1개월 이내에 재심을 요구할 수 있다. 이와 같은 재심절차가 종료되기 전에는 당해 변경된 소청결정의 집행이 정지된다.

1. 감사원의 재심 요구

감사원은 국가공무원법과 그 밖의 법령에 규정된 징계사유에 해당하거나 정당한 사유 없이 감사원법에 따른 감사를 거부하거나 자료의 제출을 게을리한 공무원에 대하여 그 소속 장관 또는 임용권자에게 징계를 요구할 수 있고, 이에 따른 파면 요구를 받아 집행한 파면에 대한 소청(訴請) 제기로 소청심사위원회 등에서 심사 결정을 한 경우에는 해당 소청심사위원회의 위원장 등은 그 결정 결과를 그 결정이 있은 날부터 15일 이내에 감사원에 통보하여야 한다(감사원법 제32조 ①, ⑤항).

감사원은 위 통보를 받은 날부터 1개월 이내에 그 소청심사위원회 등이 설치된 기관의 장을 거쳐 소청심사위원회 등에 그 재심을 요구할 수 있고, 그 기간 동안 소청 결정은 집행이 정지된다(감사원법 제32조 ⑥, ⑦항).

참고로 국가공무원법은 1991.5.31. 소청심사위원회 결정에 대한 재심 규정(제14조의2)을 신설하여 "국회사무총장 · 법원행정처장 · 헌법재판소사무처장 · 중앙선거관리위원회사무총장 또는 행정자치부장관은 소청심사위원회의 결정이 부당하다고 인정할 때에는 그 결정통지를 받은 날부터 10일 이내에 재심을 요구할 수 있으며, 재심의 요구가 없을 때에는 그 기간이 경과함으로써 소청심사위원회의 결정이 확정되고, 위 재심의 요구에도 불구하고 소청심사위원회가 전과 동일한 결정을 하였을 때에는 그 결정이 소청심사위원회의 결정으로서 확정된다"고 하는 내용의 재심사 절차를 두었으나, 소청심사위원회의 독립성을 강화하기 위하여 2004.6.12.에 위 재심 규정(국공법 제14조의2)이 삭제되었다.

따라서, 국가공무원법의 적용을 받는 일반직공무원 등에 대해서는 중앙인사관장기관의 장이 소청심사위원회의 결정에 대하여 재심을 요구할 수 없고, 현재는 감사원의 요구에 의한 재심만이 인정되고 있다.[6]

---

6) 군인에 대한 소청심사는 현재까지도 감사원뿐만 아니라 처분부대 또는 기관의 장에 의한 소청 재심신청제도가 운영되고 있으므로, 개별 법률을 적용받는 공무원은 이에 따라야 한다.
《군인사법 시행령》
제59조의2(재심) ① 처분부대 또는 기관의 장은 소청심사위원회의 결정이 부당하다고 인정할 때에는 그 결정 통지를 받은 날부터 10일 이내에 그 이유를 분명히 밝혀 재심을 요구할 수 있으며, 재심 요구가 없을 때에는 그 기간이 지나면 소청심사위원회의 결정이 확정된다.
② 제1항에 따른 재심 요구에도 불구하고 소청심사위원회가 전과 같은 결정을 하였을 때에는 그 결정이 소청심사위원회의 결정으로 확정된다.

감사원법

제32조(징계 요구 등) ① 감사원은 국가공무원법과 그 밖의 법령에 규정된 징계사유에 해당하거나 정당한 사유 없이 이 법에 따른 감사를 거부하거나 자료의 제출을 게을리한 공무원에 대하여 그 소속 장관 또는 임용권자에게 징계를 요구할 수 있다.

② 제1항에 따른 징계 요구 중 파면 요구를 받은 소속 장관 또는 임용권자는 그 요구를 받은 날부터 10일 이내에 해당 징계위원회 또는 인사위원회 등(이하 '징계위원회등'이라 한다)에 그 의결을 요구하여야 하며, 중앙징계위원회의 의결 결과에 관하여는 안전행정부장관이, 그 밖의 징계위원회등의 의결 결과에 관하여는 해당 징계위원회등이 설치된 기관의 장이 그 의결이 있은 날부터 15일 이내에 감사원에 통보하여야 한다.

③ 감사원은 제1항에 따라 파면 요구를 한 사항이 파면 의결이 되지 아니한 경우에는 제2항의 통보를 받은 날부터 1개월 이내에 해당 징계위원회등이 설치된 기관의 바로 위 상급기관에 설치된 징계위원회등(바로 위 상급기관에 설치된 징계위원회등이 없는 경우에는 해당 징계위원회등)에 직접 그 심의 또는 재심의를 요구할 수 있다.

④ 제3항의 심의 또는 재심의 요구를 받은 해당 징계위원회등은 그 요구를 받은 날부터 1개월 이내에 심의 또는 재심의 의결을 하고 그 결과를 지체 없이 해당 징계위원회등의 위원장이 감사원에 통보하여야 한다.

⑤ 감사원으로부터 제1항에 따른 파면 요구를 받아 집행한 파면에 대한 소청(訴請) 제기로 소청심사위원회 등에서 심사 결정을 한 경우에는 해당 소청심사위원회의 위원장 등은 그 결정 결과를 그 결정이 있은 날부터 15일 이내에 감사원에 통보하여야 한다.

⑥ 감사원은 제5항의 통보를 받은 날부터 1개월 이내에 그 소청심사위원회 등이 설치된 기관의 장을 거쳐 소청심사위원회 등에 그 재심을 요구할 수 있다.

⑦ 제2항부터 제6항까지의 규정에 따른 기간에는 그 징계 의결이나 소청 결정은 집행이 정지된다.

⑧ 감사원은 법령에서 정하는 징계 규정의 적용을 받지 아니하는 사람으로서 법령 또는 소속 단체 등이 정한 문책 사유에 해당한 사람 또는 정당한 사유 없이 이 법에 따른 감사를 거부하거나 자료의 제출을 게을리한 사람에 대하여 그 감독기관의 장 또는 해당 기관의 장에게 문책을 요구할 수 있다.

⑨ 제8항의 경우에 감사원은 법령 또는 소속 단체 등이 정한 문책에 관한 규정의 적용을 받지 아니하는 단체 등의 임원이나 직원의 비위(非違)가 뚜렷하다고 인정하면 그 임용권자 또는 임용제청권자에게 해임을 요구할 수 있다.

⑩ 제1항 또는 제8항에 따라 징계 요구 또는 문책 요구를 할 때에는 그 종류를 지정할

수 있다. 문책의 종류는 징계의 종류에 준한다.

⑪ 제1항·제8항 또는 제9항에 따라 징계 요구 또는 문책 요구나 해임 요구를 받은 기관의 장은 감사원이 정한 날까지 해당 절차에 따라 처분을 하여야 한다.

2. 처리절차

감사원법 제32조 제6항의 규정에 의한 재심요구는 그 이유를 명시한 재심요구서에 의하여야 하고, 재심요구에 대한 결정은 특별한 사정이 있는 경우를 제외하고는 재심이 요구된 날부터 30일 이내에 하여야 한다. 이에 대한 처리절차는 소청절차규정 제17조에서 자세히 규정하고 있다.

소청절차규정

제17조(감사원 요구에 의한 재심) ① 감사원법 제32조 제6항의 규정에 의한 재심요구는 그 이유를 명시한 재심요구서에 의하여야 한다.

② 위원회는 제1항의 재심요구서를 접수하면 즉시 그 부본을 첨부하여 소청인에게 송부하고 변명자료의 제출을 요구하여야 한다.

③ 재심사건의 심사는 필요하다고 인정하는 경우를 제외하고는 당사자의 출석없이 결정할 수 있다.

④ 위원회가 재심사건을 심사·결정하였을 때에는 재심결정서를 작성하여 그 정본을 지체없이 소청당사자 및 감사원장에게 송부하여야 한다. 이 경우 감사원장에게는 안전행정부를 경유하여 송부하여야 한다.

⑤ 제1항의 재심요구서에 재심이유가 명시되어 있지 아니하거나, 기타 흠결이 있을 경우에는 재심요구서를 접수한 날부터 7일 이내에 상당한 기간을 정하여 보정을 요구하여야 하며, 이 경우에 처리기간은 그 보정이 완료된 날부터 기산한다.

⑥ 재심요구에 대한 결정은 특별한 사정이 있는 경우를 제외하고는 재심이 요구된 날부터 30일 이내에 하여야 한다.

제4절 결정에 대한 불복절차

징계처분 등을 받은 공무원이 소청심사위원회의 결정을 통해서도 만족을 얻지 못한 경우에 행정소송을 제기할 수 있는데, 원처분의 적법 여부를 다투고자 할 때에는 처분청을 피고로 해야 한다. 다만, 소청인(원고)이 소청심사위원회의 결정 자체에 고유한 위법이 있음을 이유로 소송을 제기하고자 할 때에는 소청심사위원회를 피고로 지정할 수 있다.

1. 처분청을 피고로 한 소송제기

징계처분 등과 그 밖에 본인의 의사에 반한 불리한 처분이나 부작위에 관한 행정소송은 소청심사위원회의 심사·결정을 거치지 아니하면 제기할 수 없는데, 소청심사의 결정을 거친 뒤에도 이에 불복하는 경우 관할 행정법원(행정법원이 없는 경우에는 관할 지방법원 본원의 행정합의부)에 행정소송을 제기할 수 있다(국공법 제16조 ①항).

이때 다른 법률에 특별한 규정이 없는 한 그 처분등을 행한 행정청을 피고로 하고(행소법 제13조 ①항), 대통령의 처분 또는 부작위의 경우에는 소속 장관(대통령령으로 정하는 기관의 장을 포함한다)을 피고로 한다(국공법 제16조 ②항).

소청결정에 불복하여 소송이 제기된 경우 소청당사자(소청인과 피소청인)는 소청절차에서 주장하지 아니한 사유를 공격방어방법으로 제출할 수 있다.

대법원 판례

| 전심절차에서 주장하지 아니한 공격방어방법을 항고소송에서 주장할 수 있는지 여부(적극) |

항고소송에 있어서 원고는 전심절차에서 주장하지 아니한 공격방어방법을 주장할 수 있고 법원은 이를 심리하여 행정처분의 적법여부를 판단할 수 있다(대법원 1990. 11.27. 선고 90누4938 판결, 양도소득세등부과처분취소).

행정소송이 전심절차를 거쳤는지 여부를 판단함에 있어서 전심절차에서의 주장과 행정소송에서의 주장이 전혀 별개의 것이 아닌 한 그 주장이 반드시 일치하여야 하는 것은 아니고, 당사자는 전심절차에서 미처 주장하지 아니한 사유를 공격방어방법으로 제출할 수 있다(대법원 1999.11.26. 선고 99두9407 판결, 택지초과소유부담금부과처분취소).

2. 소청심사위원회를 피고로 한 소송제기

취소소송은 처분등을 대상으로 한다. 다만, 재결취소소송의 경우에는 재결 자체에 고유한 위법이 있음을 이유로 하는 경우에 한한다(행소법 제19조). 따라서, 특별행정심판절차의 재결, 즉 소청심사의 결정 자체에 고유한 위법이 있음을 이유로 하는 경우에는 당해 소청심사위원회를 피고로 하여 행정소송을 제기할 수 있다.

이와 같은 소청심사결정 자체에 대한 항고소송은 원처분의 하자를 이유로 주장할 수 없으며, 그 소청심사결정 자체에 고유한 주체, 절차, 형식 또는 내용상의 위법이 있는 경우, 즉 원처분에는 없고 소청심사결정에만 있는 소청심사위원회의 권한 또는 구성의 위법, 소청심사결정의 절차나 형식의 위법, 내용의 위법 등이 존재하는 때에 한한다.

참고적으로 첨언하면, 소청심사위원회의 결정절차에 고유한 위법이 있다는 이유로 그 결정을 취소하는 판결이 있게 되더라도 그 자체로서 원고(소청인)가 받은 징계처분등이 취소되는 것은 아니고, 다만 소청심사위원회의 하자 있는 결정만이 취소되어 소청심사청구가 제기된 상태, 즉 적법하게 다시 소청심사를 진행해야 하는 상황으로 돌아갈 뿐이므로 소청심사위원회를 피고로 한 소송의 실익은 매우 적다고 할 것이다.

대법원 판례

| 재결취소소송에 있어 재결 자체에 고유한 위법이 없는 경우 법원이 취할 조치 |

행정소송법 제19조는 취소소송은 행정청의 원처분을 대상으로 하되(원처분주의),

다만 '재결 자체에 고유한 위법이 있음을 이유로 하는 경우'에 한하여 행정심판의 재결도 취소소송의 대상으로 삼을 수 있도록 규정하고 있는바, 그러므로 재결취소소송의 경우에는 재결자체에 고유한 위법이 있는지 여부를 심리할 것이고, 재결 자체에 고유한 위법이 없는 경우에는 원처분의 당부와는 상관없이 당해 재결취소소송은 이를 기각하여야 할 것이다(대법원 1994.1.25. 선고 93누16901 판결, 투전기영업허가거부처분취소).

| 소청결정이 재량권남용 또는 일탈로서 위법하다는 주장이 소청결정 취소사유가 되는지 여부(피고를 '총무처소청심사위원회'로 한 소송 사례) |

항고소송은 원칙적으로 당해 처분을 대상으로 하나, 당해 처분에 대한 재결 자체에 고유한 주체, 절차, 형식 또는 내용상의 위법이 있는 경우에 한하여 그 재결을 대상으로 할 수 있다고 해석되므로, 징계혐의자에 대한 감봉 1월의 징계처분을 견책으로 변경한 소청결정 중 그를 견책에 처한 조치는 재량권의 남용 또는 일탈로서 위법하다는 사유는 소청결정 자체에 고유한 위법을 주장하는 것으로 볼 수 없어 소청결정의 취소사유가 될 수 없다(대법원 1993.8.24. 선고 93누5673 판결, 소청결정취소).

| 국립대학교 교원이 총장의 징계 등 불리한 처분에 대하여 불복하여 교원소청심사위원회에 소청심사를 청구하였으나 기각된 경우, 원처분인 총장의 징계 등 처분에 하자가 있다거나 소청심사결정에 사실오인 또는 재량권을 남용·일탈한 위법이 있다는 사유로 소청심사결정의 취소를 구할 수 있는지 여부(피고를 '교원소청심사위원회'로 한 소송 사례) |

국립대학교 총장의 국립대학교 교원에 대한 징계 등 불리한 처분은 행정처분이므로 국립대학교 교원이 국립대학교 총장의 징계 등 불리한 처분에 대하여 불복이 있으면 교원소청심사위원회에 소청심사를 청구하고 위 심사위원회의 소청심사결정에 불복이 있으면 항고소송으로 이를 다퉈야 할 것인데, 이 경우 그 소송의 대상이 되는 처분은 원칙적으로 원처분인 국립대학교 총장의 처분이고, 국립대학교 총장의 처분이 정당한 것으로 인정되어 소청심사청구를 기각한 소청심사결정 자체에 대한 항고소송은 원처분의 하자를 이유로 주장할 수 없고, 그 소청심사결정 자체에 고유한 주체, 절자, 형식 또는 내용상의 위법이 있는 경우, 즉 원처분에는 없고 소청심사결정에만 있는 교원소청심사위원회의 권한 또는 구성의 위법, 소청심사결정의 절차나 형식의 위법, 내용의 위법 등이 존재하는 때에 한하고(대법원 1993.8.24. 선고 93누5673 판결, 대법원 1994.2.8. 선고 93누17874 판결 등 참조), 신청을 기각하는 소청심사결정에 사실오인이나 재량권 남용·일탈 등의 위법이 있다는 사유는 소청심사결정 자체에 고유한 위법을 주장하는 것으로 볼 수 없다(대법원 2009.10.15. 선고 2009두11829 판결, 소청심사청구사건결정취소).

| 간접적인 이해관계를 가지는 제3자는 재결의 취소를 구할 원고적격이 없음 |

행정심판청구인이 아닌 제3자라도 당해 행정심판청구를 인용하는 재결로 인하여 권리 또는 법률상 이익을 침해받게 되는 경우에는 그 재결의 취소를 구할 수 있으나, 이 경우 법률상 이익이란 당해 처분의 근거 법률에 의하여 직접 보호되는 구체적인 이익을 말하므로 제3자가 단지 간접적인 사실상 경제적인 이해관계를 가지는 경우에는 그 재결의 취소를 구할 원고적격이 없다(대법원 2000.9.8. 선고 98두13072 판결, 온천발견신고자명의변경신고수리불가처분취소).

제5절 서류 등의 반환과 열람·복사

소청심사결정이 있은 후 소청당사자는 위원회에 관계 서류 또는 물건 등의 반환을 신청할 수 있고, 소청관련 서류에 대하여 열람 또는 복사를 요청할 수 있다. 소청심사위원회는 특별한 사유가 없는 한 이에 응하여야 한다.

1. 증거서류 등의 반환

위원회는 재결을 한 후 증거서류 등의 반환 신청을 받으면 신청인이 제출한 문서·장부·물건이나 그 밖의 증거자료의 원본(原本)을 지체 없이 제출자에게 반환하여야 한다(행심법 제55조). 소청절차규정에도 소청당사자는 증인의 소환·질문 또는 증거물 기타 심사자료의 제출명령을 신청하거나 증거물 기타 심사자료를 제출할 수 있고, 위원회는 소청사건이 결정된 후 신청이 있는 때에는 이와 같이 제출된 증거물 기타 심사자료를 제출자에게 반환할 수 있다고 규정되어 있다(소청규정 제11조 ①, ⑤항).

이에 따라 소청당사자가 증거물 기타 심사자료의 반환을 신청하고자 할 때에는 아래의 심사자료 반환 신청시를 제출함으로써 증거자료의 원본(原本) 등을 반환받을 수 있다(소청지침 제22조의2).

심사자료 반환 신청서 (서식)

사　　건:　　　-　　　○○ 처분 △△ 청구
소 청 인:
피소청인:

위 사건과 관련하여 귀 위원회에 제출한 증거물 기타 심사자료의 반환을 다음과 같이 신청하오니 처리하여 주시기 바랍니다.

1. 반환 신청 자료목록
   가.
   나.
   다.
   라.

2. 받는 곳:

년　　월　　일
신청인　　　　　(서명 또는 인)

안전행정부 소청심사위원회 위원장 귀하

2. 소청서류의 열람·복사

가. 소청당사자

소청당사자가 소청관련 서류에 대해 열람 또는 복사를 요청한 때에는 특별한 경우를 제외하고는 위원회는 이에 응하여야 한다. 이 경우 조사보고서 및 심사조서는 제외한다(소청지침 제22조 ①항).

나. 이해관계 있는 제3자

소청사건과 이해관계가 있는 제3자가 소청관련 서류의 열람 등을 요구하는 경우, 위원회는 결정을 거쳐서 특정부분에 대해서만 열람 또는 복사하게 할 수 있다. 다만, ① 소청당사자가 공개를 거부하는 경우, ② 공개로 인해 타인의 명예나 인격, 사생활의 비밀 또는 생활의 평온이나 공익이 침해될 우려가 있는 경우, ③ 공개할 경우 소청사건의 공정한 심사에 지장을 초래한다고 인정할 만한 상당한 이유가 있는 경우, ④ 필요 이상으로 대량·다수의 열람이나 공개를 요구하는 경우 등의 사유가 있을 때에는 이를 제한하거나 거부할 수 있다(소청지침 제22조 ②항).

다. 법 원

소청심사위원회의 심사조서를 소송의 증거로 제출하여 달라는 법관의 요청이 있는 경우에는 심사조서 사본을 당해 법원에 제출할 수 있다(소청지침 제22조 ③항).

소청심사 실무 및 사례소개

제5장

제1장에서 제4장까지는 소청심사제도의 개관과 소청심사의 대상 및 청구절차와 심리・결정 등에 관하여 현행법령의 근거와 판례 등을 소개함으로써 소청심사제도에 대한 기본적인 이해를 높이도록 하였다.

본 장에서는 소청심사 실무에서 자주 부딪치게 되는 소청심사의 대상과 소의 이익 등에 관한 사례, 즉 적법한 소청제기요건을 결여하여 '각하' 결정되는 사례를 살펴보고, 처분절차 위반 등으로 원처분이 취소되는 사례와 원처분의 적정성을 판단하는 기준 등을 소개하였다.

적법한 소청심사 청구에 대하여 소청심사위원회가 본안심사를 거쳐 결정한 사례 등은 제6장(소청심사 결정요인에 대한 사례분석)에서 구체적으로 기술하였으므로 이를 참고하기 바란다.

제5장 소청심사 실무 및 사례소개

소청심사의 청구가 국가공무원법이나 다른 법률에 적합하지 아니한 것이면 그 청구를 각하(却下)하게 된다(국공법 제14조 ⑤항 1호). 구체적으로는 법령에서 소청심사의 대상으로 정하지 아니한 사안에 대하여 제기된 청구, 소의 이익(소청의 실익)이 없는 사안에 대하여 제기된 청구, 소청제기기간이 경과한 뒤에 제기된 청구, 소청인 적격이 없는 자에 의해 제기된 청구, 이전에 소청결정이 있었던 사안에 대한 재심사청구 등은 모두 부적법한 심사청구에 해당하므로 본안심사 없이 요건심사 단계에서 '각하' 결정을 하게 된다.

소청심사위원회 행정과 소속의 접수담당 직원(소청실무에 종사하는 직원 등)은 소청심사청구서를 접수하려는 당사자와 사전 상담을 하는 과정에서 그 청구가 적법요건을 갖추었는지를 먼저 검토하게 된다. 이와 같은 요건심사단계에서 본안심사에 들어가지 아니하고 각하 결정을 해야 할 부적법한 심사청구에 대해서는, 접수담당직원이 사전상담 단계에서 이를 자세히 안내해줌으로써 당사자로 하여금 다른 구제의 방법을 찾게 하거나 심사청구를 스스로 철회토록 하여 쟁송절차 진행에 따른 행정력의 낭비를 방지하고, 당사자에게는 무용한 절차진행에 따른 시간적·경제적 낭비와 정신적 고통의 장기화를 방지하게 된다.

이 장에서는 소청심사 실무현장에서 자주 부딪치게 되는 소청심사의 대상, 소의 이익 등에 관한 사례를 살펴보고, 징계처분 절차의 위반 등으로 원처분이 취소되는 사례와 공무원에 대한 징계처분의 기준 및 행정절차법에 규정된 처분의 일반원칙 등 원처분의 적정성을 판단하는 데 자주 적용되는 기준 등을 정리하였다.

제1절 소청심사의 대상이 아니라고 보는 사례

행정기관 상호간의 내부적인 의사결정과정에 불과할 뿐 그 자체만으로는 직접적으로 국민의 권리, 의무가 설정·변경·박탈되거나 그 범위가 확정되는 등 기존의 권리상태에 어떤 변동을 가져오는 것이 아닌 사항은 행정소송의 대상이 되는 행정처분이라고 할 수 없다.

따라서, 일반승진 및 특별승진, 총·학장의 교수 등 임용제청이나 그 철회, 승진후보자명부에의 등재 및 삭제, 연가보상비 부지급, 고충심사결정 행위, 법령에 대한 해석 등 질의회신과 사실행위는 행정청 내부의 준비과정 또는 그 자체가 어떠한 권리나 의무를 설정하거나 법률상 이익에 직접적인 변동을 초래하는 별도의 행정처분이 된다고 할 수 없으므로 소청심사의 대상이 되지 않는다.

여기에서 유의할 사항은 소청심사단계에서 부적법한 심사청구를 '각하'하지 아니하고 본안심사를 진행하였다고 하더라도, 원래부터 처분성이 없는 사건(행정행위)이었거나 소의 이익이 결여된 사건 또는 소청제기기간이 경과한 뒤에 제기된 부적법한 사건이었다면, 이와 같은 부적법한 청구가 소청심사를 진행하였다는 사실만으로 적법한 쟁송제기의 요건을 회복하게 되는 것은 아니므로, 이러한 경우 법원은 행정소송단계에서 이를 부적법한 청구로 판단하여 '각하' 판결을 할 수 있다(대판 90누8091 참조).

1. 행정청의 재량행위 또는 내부행위

가. 승진임용(특별승진 포함)

일정한 기간 동안 계속 근무하는 등의 사정에 따라 행해지는 근속승진의 누락은 소청심사의 대상이 되고 있으나, 일반승진과 특별승진의 임용행위는 그 당사자에게 승진임용을 신청할 수 있는 법률상, 조리상의 권리가 있다고 보기 어렵고 승진임용이 되지 아니한다고 하더라도 그 자체로 공무원으로서의 지위에는 아무런 변동이 없다고 본다.

따라서, 승진임용의 누락 등은 기존의 권리 또는 이익이 직접적이고 구체적으로 침해된 사실이 존재하지 않으므로, 결과적으로 '그 의사에 반하는 불리한 처분'에 해당하지 않아 소청심사의 대상에서 제외된다.

소청례

| 5급 승진시험 거부처분 |

(감봉 3월의 징계처분으로 인하여 5급 일반승진시험의 승진후보자명부에서 제외되어 승진시험을 거부당한 소청인의 경우) 시험승진후보자명부에서의 삭제행위는 그 자체가 어떠한 권리나 의무를 설정하거나 법률상 이익에 직접적인 변동을 초래하는 별도의 행정처분이라고 볼 수 없으므로 공무원임용시험령 제41조 및 제42조에 대한 위헌 여부의 판단은 헌법소원의 대상은 될 수 있을지언정 소청심사청구의 대상은 되지 않는 것으로 판단되어 본안에 대한 심사를 하지 아니함(소청사건 05-506).

| 승진임용 내정자 탈락 처분 취소청구 |

보통승진심사위원회의 5급 승진임용 내정자 심사의결은 5급 공무원으로의 승진임용 내정자를 선발하기 위한 내부적인 의사결정에 해당되고, 다수의 승진후보자 중에서 (…) 종합적으로 심사하여 소수의 적격자를 선발하는 재량행위에 해당되므로 소청심사청구 대상인 '기타 그 의사에 반하는 불리한 처분'에 해당되지 않으며, (…) 심사대상자의 신청을 필요로 하지 않고, 승진후보자명부, 다면평가 결과 등을 기준으로 이루어지는 내부 의사결정으로 당사자인 심사대상자에게 어떠한 처분을 하여야 할 의무가 발생하지 않으므로 동 청구가 부작위에 대한 이행청구로 보기 어려움(소청사건 06-232).

| 승진임용 이행청구를 각하한 사례 |

보통승진심사위원회의 승진임용예정자 심사의결은 대외적으로 법적인 효력을 발생케 하는 행정처분이 아닌 내부적인 의사결정에 불과하고 재량행위에 해당되므로 소청심사청구 대상인 '기타 그 의사에 반하는 불리한 처분'에 해당하지 않으며, 소청인이 6급으로의 승진임용을 위한 요건을 모두 충족하였다 하더라도 이를 이유로 임용권자에게 자신이 승진임용되도록 요구할 수 있는 권리가 존재하지 않고 임용권자도 소청인을 승진임용 예정자로 결정해야 할 법률상 의무가 존재한다고 할 수 없기 때문에 본건은 국가공무원법 제9조 제1항의 규정에 의한 소청심사 대상이 될 수 없어 이 청구를 각하함(소청사건 07-249).

| 특별승진임용 청구를 각하한 사례 |

승진은 법령에 규정된 절차와 요건에 따라 임용권자가 행하는 것이며, 특별승진의 경우에도 사전에 특별승진의 실시를 공약한 경우 등 특별한 사정이 없는 한 당해 공적의 타당성 · 적정성 · 비중, 대상자의 업무수행능력 및 기관의 인력수급사정 등을 종합적으로 평가하여 행정발전의 공헌 등이 인정될 때 이루어지는 것임을 감안할 때, 본건 소청인의 경우 범인을 검거한 공적은 있으나 경위로의 특별승진 공적에는 미흡하다고 판단하여 피소청인이 소청인을 특별승진 임용하지 않은 것은 재량행위에 해당되므로, 피소청인이 소청인에 대하여 그 의사에 반하는 불리한 처분을 하였거나 부작위가 있었다고 볼 수 없음(소청사건 04-627).

하급심 판례

| 학교법인의 정관과 교원인사규정의 승진임용 자격요건을 충족한 조교수에 대한 부교수 승진임용 탈락 또는 거부가 '처분'에 해당하지 않는다고 한 사례 |

사립대학을 경영하는 학교법인의 정관과 교원인사규정에서 승진임용 자격의 요건을 정하고 있을 뿐 일정한 자격요건을 충족한 교원이 학교법인에 대하여 승진임용 신청을 할 수 있거나 또 이에 대하여 승진임용의무를 규정하고 있지 아니한 점, 승진임용 여부는 교원의 지위를 박탈하는 재임용거부와 달리 교원정원, 보직교수의 수, 학부조직, 학생수와 학교법인의 재정을 비롯한 학교법인에 대한 경영적 평가 등 여러 가지 사정에 의해 해마다 기준이 달라질 수 있는 것이고, 승진임용이 되지 아니한다고 하더라도 그 자체로 교원으로서의 지위에는 아무런 변동이 없다는 점 등을 이유로, 학교법인의 정관과 교원인사규정의 승진임용 자격요건을 충족한 조교수에 대한 부교수 승진임용 탈락 또는 거부가 교원지위향상을 위한 특별조치법 제9조 제1항에서 정한, 교육인적자원부 교원소청심사위원회의 소청심사대상인 '처분'에 해당하지 않는다고 한 사례(서울행법 2006.5.9. 선고 2005구합28478 판결, 교원소청각하처분취소).

| 승진임용의 부작위위법 확인을 구할 법률상 이익이 없다고 판결한 사례 |

행정소송법 제4조 제3호가 정하는 부작위위법확인의 소는 행정청이 당사자의 법규상 또는 조리상 권리에 기한 신청에 대하여 상당한 기간 내에 그 신청을 인용하는 적극적 처분 또는 각하하거나 기각하는 등의 소극적 처분을 하여야 할 법률상의 응답의무가 있음에도 불구하고 이를 하지 아니하는 경우에 그 부작위가 위법하다는 것을 확인함으로써 행정청의 응답을 신속하게 하여 부작위 또는 무응답이라고 하

는 소극적인 위법상태를 제거하는 것을 목적으로 하는 제도이다. 따라서 부작위위법확인소송은 처분의 신청을 한 자로서 부작위의 위법의 확인을 구할 법률상 이익이 있는 자만이 제기할 수 있으므로 당사자가 행정청에 대하여 특정한 행정행위를 하여 줄 것을 요구할 수 있는 법규상 또는 조리상의 권리를 갖고 있지 아니한 경우에는 위법한 부작위가 있다고 볼 수 없으므로 그 부작위위법확인의 소는 부적법하다(대법원 1992.6.9. 선고 91누11278 판결, 2000.2.25. 선고 99두11455 판결 등 참조). 그런데 본건의 경우는 원고가 피고(행정청)에 대하여 원고를 6급으로 승진임용하여 줄 것을 요구할 수 있는 법규상 또는 조리상의 신청권을 갖지 못하는 이상 피고가 승진심사위원회의 승진심사결과를 수용하지 않은 행위를 피고의 부작위로 보고 그 부작위의 위법확인을 구하여도 그 확인을 구할 법률상 이익이 없다 할 것이므로 원고가 청구한 승진임용부작위위법확인 청구는 부적법하여 각하함(전주지법 2008.7.17. 선고 2008구합171 판결).[1]

그러나, 이미 승진임용이 이루어진 뒤에 그 승진임용을 취소하는 경우 이는 당사자의 법적 지위에 직접적인 효과를 발생시키는 것이어서 그 취소를 구할 법률상 이익이 인정되므로 소청심사의 대상이 될 수 있다.

또한, 이미 승진시험에 합격하여 일정한 요건을 갖춘 자에 대한 승진임용을 거부하는 것에 대해서는 소청심사청구 등 행정쟁송을 제기할 수 있다는 판례가 존재하고, 승진대상자로 결정된 사실이 대내외에 공표된 뒤 그에 대하여 적극적 또는 소극적 처분을 하지 않는 경우 그러한 행정청의 부작위는 위법하다는 판례가 존재하는 등 '그 의사에 반하는 불리한 처분'의 성격을 이미 갖추고 있는 상태의 사안은 예외적으로 소청심사의 대상이 될 수 있다고 본다.

대법원 판례

| 일반승진시험에 합격한 소속 공무원을 승진임용에서 제외한 처분에 대하여 소청심사를 거친 후가 아니면 행정소송을 제기할 수 없다고 하여, 이 같은 승진임용 제외처분이 소청심시의 대상이 된다고 인정한 사례 |

원심판결 이유에 의하면 원심은 지방행정서기들인 원고들이 피고가 시행한 1991년

1) 소청심사위원회, 소청 및 고충심사 업무편람(2010) 46쪽에 소개된 자료를 재인용하였다.

도 서울특별시 제1회 7급 일반승진시험에 응시하여 1991.1.15. 피고로부터 각 합격통지를 받았으나 피고는 1991.2.1. 원고들이 지방공무원법 소정의 비위사실로 서울특별시 마포구청장 및 종로구청장으로부터 각 징계의결 요구중이라는 이유로 원고들에 대하여 위 승진시험합격에 따른 승진임용에서 제외하는 처분을 한 사실을 다툼 없는 사실로 확정하고, 행정소송법 제18조에 의하면 행정처분에 대한 취소소송은 법령의 규정에 의하여 당해 행정처분에 대한 행정심판을 제기할 수 있는 경우에는 이에 대한 재결을 거치지 아니하면 이를 제기할 수 없게 되어 있고, 지방공무원법 제13조는 공무원의 징계 기타 그 의사에 반하는 불이익처분에 대한 소청을 심사결정하기 위하여 서울특별시, 직할시 및 도에 그 임용권자별로 지방공무원 소청심사위원회 및 교육소청심사위원회를 둔다고 규정하고 있으며, 같은 법 제67조 제2항은 공무원이 강임, 휴직, 직위해제, 면직처분 이외의 그 의사에 반하는 불이익처분을 받았을 때에는 그 처분이 있는 것을 안 날로부터 30일 이내에 심사위원회에 대하여 당해 처분의 심사를 청구할 수 있다고 규정하고 있으므로, 피고의 원고들에 대한 이 사건 승진임용 제외처분은 위 지방공무원법 소정의 이른바 공무원의 의사에 반하는 불이익처분에 해당하는 것으로서 이에 대하여는 그 심사청구에 대한 결정을 거친 후가 아니면 행정소송을 제기할 수 없다(대법원 1992.6.23. 선고 92누1834 판결, 승진임용제외처분취소).

| 인사위원회의 심의를 거쳐 3급 승진대상자로 결정된 사실이 대내외에 공표된 4급 공무원으로부터 소청심사를 통한 승진임용신청을 받은 행정청이 그에 대하여 적극적 또는 소극적 처분을 하지 않는 경우, 그러한 행정청의 부작위가 위법한 것인지 여부(적극) |

4급 공무원이 당해 지방자치단체 인사위원회의 심의를 거쳐 3급 승진대상자로 결정되고 임용권자가 그 사실을 대내외에 공표까지 하였다면, 그 공무원은 승진임용에 관한 법률상 이익을 가진 자로서 임용권자에 대하여 3급 승진임용을 신청할 조리상의 권리가 있고, 이러한 공무원으로부터 소청심사청구를 통해 승진임용신청을 받은 행정청으로서는 상당한 기간 내에 그 신청을 인용하는 적극적 처분을 하거나 각하 또는 기각하는 등의 소극적 처분을 하여야 할 법률상의 응답의무가 있다. 그럼에도, 행정청이 위와 같은 권리자의 신청에 대해 아무런 적극적 또는 소극적 처분을 하지 않고 있다면 그러한 행정청의 부작위는 그 자체로 위법하다(대법원 2009.7.23. 선고 2008두10560 판결, 부작위위법확인의소).

하급심 판례

| 광역시장이 구청장의 구청 소속 공무원들에 대한 승진임용 처분을 취소한 경우, 당해 공무원들에게 위 처분의 취소를 구할 법률상 이익이 있다. |

전국공무원노동조합의 총파업에 참가한 구청 소속 공무원들에 대한 구청장의 승진임용 처분을 광역시장이 취소한 것이 적법하다고 한 사례(부산고법 2006.11.10. 선고 2006누3001 판결, 승진임용취소처분취소).

나. 대우공무원 선발, 인사교류, 임용신청 및 임용제청 등

위와 같이 공무원의 승진과 관련된 문제는 일반적으로 그 승진임용이 되지 않는다고 하더라도 그 자체로 공무원의 지위에는 아무런 변동이 없다고 보며, 또한 승진임용 등 행위발동을 요구할 법규상 또는 조리상의 신청권이 부여되지 않았다는 등의 사유를 들어 소청심사의 대상인 '처분'에 해당하지 않는다고 본다.

대우공무원의 선발, 인사교류의 신청, 임용신청과 임용제청 등의 사안들이 이와 같은 법률상, 조리상의 신청권리가 부여되지 않았다는 이유로 그 거부행위를 항고소송의 대상이 되는 행정처분에 해당하지 않는다고 보고 있다.

소청례

| 대우공무원 선발 이행 청구 |

공무원임용령 제35조의3은 대우공무원 선발과 관련하여 "임용(제청)권자는 소속 일반직 및 기능직공무원 중 당해 계급에서 승진소요최저연수 이상 근무하고 승진임용의 제한사유가 없으며 근무실적이 우수한 자를 바로 상위직급의 대우공무원으로 선발할 수 있다"라고 규정하고 있으므로 대우공무원 선발은 재량행위에 속하며, 그런 이유로 같은 규정에서 정하고 있는 선발요건이 모두 충족되는 경우라고 하더라도 해당 공무원에게 자신의 대우공무원 선발을 요구할 수 있는 권리가 존재하지 않고, 임용(제청)권자에게도 해당 공무원을 대우공무원으로 선발해야 하는 의무가 존재하지 않음을 알 수 있으므로 소청인의 주장과 같이 선발요건을 충족하였음에도 불구하고 대우공무원으로 선발되지 않았다고 하더라도 소청인에 대한 불이익한 처분이 있었다고 볼 수 없는 것으로 판단됨(소청사건 06-246).

| 부처간 인사교류 이행청구 |

소청심사의 대상이 되는 '불이익한 처분'이 되기 위해서는 처분으로 인해 공무원 개인의 기존 권익이 침해될 정도에 이름을 의미하는바, 본건 부처간 인사교류 신청에 대한 탈락은 이에 해당된다고 볼 수 없음(소청사건 96-609).

대법원 판례

| 과거에 법률에 의하여 당연퇴직된 공무원의 복직 또는 재임용신청에 대한 행정청의 거부행위가 항고소송의 대상이 되는 행정처분에 해당하는지 여부(소극) |

과거에 법률에 의하여 당연퇴직된 공무원이 자신을 복직 또는 재임용시켜 줄 것을 요구하는 신청에 대하여 그와 같은 조치가 불가능하다는 행정청의 거부행위는 당연퇴직의 효과가 계속하여 존재한다는 것을 알려주는 일종의 안내에 불과하므로 당연퇴직된 공무원의 실체상의 권리관계에 직접적인 변동을 일으키는 것으로 볼 수 없고, 당연퇴직의 근거 법률이 헌법재판소의 위헌결정으로 효력을 잃게 되었다고 하더라도 당연퇴직된 이후 헌법소원 등의 청구기간이 도과한 경우에는 당연퇴직의 내용과 상반되는 처분을 요구할 수 있는 조리상의 신청권을 인정할 수도 없다고 할 것이어서, 이와 같은 경우 행정청의 복직 또는 재임용거부행위는 항고소송의 대상이 되는 행정처분에 해당한다고 할 수 없다(대법원 2005.11.25. 선고 2004두12421 판결, 당연퇴직자복직신청거절취소).

| 행정청이 국민의 신청에 대하여 한 거부행위가 항고소송의 대상인 행정처분이 되기 위한 요건(국 · 공립 대학교원 임용지원자는 임용권자에게 임용 여부에 대한 응답을 신청할 법규상 또는 조리상 권리가 없다고 한 사례) |

행정청이 국민의 신청에 대하여 한 거부행위가 항고소송의 대상이 되는 행정처분에 해당하려면, 행정청의 행위를 요구할 법규상 또는 조리상의 신청권이 그 국민에게 있어야 하고, 이러한 신청권의 근거 없이 한 국민의 신청을 행정청이 받아들이지 아니한 경우에는 그 거부로 인하여 신청인의 권리나 법적 이익에 어떤 영향을 주는 것이 아니므로 이를 항고소송의 대상이 되는 행정처분이라고 할 수 없다(대법원 2003.10.23. 선고 2002두12489 판결, 교원임용거부처분취소).

다. 근무성적의 평정, 승진후보자명부에의 등재 등의 내부행위

소속 공무원에 대한 근무성적의 평정과 승진후보자명부의 작성 행위 등은 조직운영을 위한 인사관리자료에 해당하고 승진자를 결정하기 위한 행정청 내부의 준비과정에 불과하여, 그 자체가 어떠한 권리나 의무를 설정하거나 법률상 이익에 직접적인 변동을 초래하는 별도의 행정처분이 된다고 볼 수 없으므로 소청심사의 대상이 되지 않는다.

소청례

| 근무성적평정 조정 |

행정청의 알선·권고·견해표명 등과 같이 법적 효과를 발생하지 않는 행위나 행정청의 내부적 의사결정단계의 행위, 그리고 행정기관 상호간의 행위는 대외적으로 법적 효력을 발휘하는 행정처분으로 볼 수 없는바, 근무성적평정조정은 처분청의 내부적 의사결정단계의 행위로 보여지고, 공무원평정규칙에 근무성적평정결과는 공개하지 않도록 되어 있으며, 소청인에 대한 구체적인 처분이 있다고 볼 수 없으므로 소청심사의 대상이 아님(소청사건 93-329).

| 근무성적평정 및 승진후보자서열명부 작성 재조정 이행청구 |

소속 공무원의 인사관리를 위한 내부자료인 근무성적평정 그 자체로는 기관장이 평정대상자에게 어떠한 처분을 하였다고 할 수 없고, 승진후보자서열명부는 근무성적평정과 경력평정 및 훈련성적을 종합하여 작성되는 것으로서 이 자체로서는 어떤 구체적인 법률상 효과를 발생시키는 불리한 처분이 있었다고 보기 어려움(소청사건 96-707).

| 근무성적평정에 관한 인사지침 폐지요망 |

인사쇄신지침은 피소청인이 소속 공무원에 대한 임용권을 적정하게 행사하기 위하여 그 기준을 미리 일반적·추상적 형태로 제정한 조직 내부의 사무지침에 불과한 것으로, 구체적 사실에 대한 법 집행으로서의 의미를 가진다고 볼 수 없으므로 소청심사의 대상이 아님(소청사건 97-184).

대법원 판례

| 경찰공무원시험승진후보자명부에 등재된 자가 승진임용되기 전에 감봉 이상의 징계처분을 받은 경우, 임용권자가 당해인을 시험승진후보자명부에서 삭제한 행위가 행정처분이 되는지 여부(소극) |

구 경찰공무원법(1996.8.8. 법률 제5153호로 개정되기 전의 것) 제11조 제2항, 제13조 제1항, 제2항, 경찰공무원승진임용규정 제36조 제1항, 제2항에 의하면, 경정 이하 계급에의 승진에 있어서는 승진심사와 함께 승진시험을 병행할 수 있고, 승진시험에 합격한 자는 시험승진후보자명부에 등재하여 그 등재순위에 따라 승진하도록 되어 있으며, 같은 규정 제36조 제3항에 의하면 시험승진후보자명부에 등재된 자가 승진임용되기 전에 감봉 이상의 징계처분을 받은 경우에는 임용권자 또는 임용제청권자가 위 징계처분을 받은 자를 시험승진후보자명부에서 삭제하도록 되어 있는바, 이처럼 시험승진후보자명부에 등재되어 있던 자가 그 명부에서 삭제됨으로써 승진임용의 대상에서 제외되었다 하더라도, 그와 같은 시험승진후보자명부에서의 삭제행위는 결국 그 명부에 등재된 자에 대한 승진 여부를 결정하기 위한 행정청 내부의 준비과정에 불과하고, 그 자체가 어떠한 권리나 의무를 설정하거나 법률상 이익에 직접적인 변동을 초래하는 별도의 행정처분이 된다고 할 수 없다(대법원 1997.11.14. 선고 97누7325 판결, 정직처분취소).

2. 사실행위 또는 통지행위

가. 당연퇴직과 정년퇴직

국가공무원법 제33조는 공무원으로 임용될 수 없는 결격사유를 정하고 있고, 같은 법 제69조는 재직 중인 공무원이 위 결격사유에 해당할 때에는 당연히 퇴직한다고 규정하고 있다. 또한 같은 법 제74조는 정년에 이른 때에도 당연히 퇴직된다고 규정하였다.

대법원은 이에 대하여 "법률상 당연퇴직되는 것이지 공무원관계를 소멸시키기 위한 별도의 행정처분을 요하지 아니하므로 당연퇴직 또는 정년퇴직의 인사발령이 있었다 하여도 이는 퇴직사실을 알리는 이른바 관념의 통지에 불과하여 행정소송의 대상이 되지 않는다"(대판 91누2687 참조)고 한다.

따라서, 이와 같은 당연퇴직과 정년퇴직의 문제는 행정소송의 전심절차인 소청심사의 대상에도 해당하지 않는다.

국가공무원법

제33조(결격사유) 다음 각 호의 어느 하나에 해당하는 자는 공무원으로 임용될 수 없다.

1. 금치산자 또는 한정치산자
2. 파산선고를 받고 복권되지 아니한 자
3. 금고 이상의 실형을 선고받고 그 집행이 종료되거나 집행을 받지 아니하기로 확정된 후 5년이 지나지 아니한 자
4. 금고 이상의 형을 선고받고 그 집행유예 기간이 끝난 날부터 2년이 지나지 아니한 자
5. 금고 이상의 형의 선고유예를 받은 경우에 그 선고유예 기간 중에 있는 자
6. 법원의 판결 또는 다른 법률에 따라 자격이 상실되거나 정지된 자

6의2. 공무원으로 재직기간 중 직무와 관련하여 형법 제355조 및 제356조에 규정된 죄를 범한 자로서 300만원 이상의 벌금형을 선고받고 그 형이 확정된 후 2년이 지나지 아니한 자

7. 징계로 파면처분을 받은 때부터 5년이 지나지 아니한 자
8. 징계로 해임처분을 받은 때부터 3년이 지나지 아니한 자

제69조(당연 퇴직) 공무원이 제33조 각 호의 어느 하나에 해당할 때에는 당연히 퇴직한다. 다만, 같은 조 제5호는 형법 제129조부터 제132조까지 및 직무와 관련하여 형법 제355조 및 제356조에 규정된 죄를 범한 자로서 금고 이상의 형의 선고유예를 받은 경우만 해당한다. <개정 2010.3.22>

[전문개정 2008.3.28.]

※ 2012.12.11. 전문개정되어 2013.12.12.부터 시행예정인 내용이 별도로 존재한다.

제74조(정년) ① 공무원의 정년은 다른 법률에 특별한 규정이 있는 경우를 제외하고는 60세로 한다.

④ 공무원은 그 정년에 이른 날이 1월부터 6월 사이에 있으면 6월 30일에, 7월부터 12월 사이에 있으면 12월 31일에 각각 당연히 퇴직된다.

소청례

| 당연퇴직 무효확인 · 취소 청구 |

당연퇴직은 국가공무원법 제69조에 의거하여, 같은 법 제33조의 공무원임용 결격사

유가 발생하면 성립하는 것으로 그 효력 발생에 행정기관의 처분 등 다른 특별한 조치를 필요로 하지 아니하며, 당연퇴직의 발령 및 발령통지 행위는 사실행위에 불과하므로 소청심사의 대상이 되지 아니함(소청사건 98-66, 07-183).

대법원 판례

| 지방공무원법 소정의 결격사유에 따른 당연퇴직의 인사발령이 행정소송의 대상이 되는 행정처분인지 여부(소극) |

지방공무원법 제61조의 규정에 의하면 공무원에게 같은 법 제31조 소정의 결격사유가 있을 때에는 당연히 퇴직한다고 되어 있으므로 이러한 당연퇴직의 경우에는 결격사유가 있어 법률상 당연퇴직되는 것이지 공무원관계를 소멸시키기 위한 별도의 행정처분을 요하지 아니한다 할 것이며 위와 같은 사유의 발생으로 당연퇴직의 인사발령이 있었다 하여도 이는 퇴직사실을 알리는 이른바 관념의 통지에 불과하여 행정소송의 대상이 되지 아니한다(대법원 1992.1.21. 선고 91누2687 판결, 퇴직처분무효확인등).

| 정년퇴직 발령이 행정소송의 대상인지 여부(소극) |

국가공무원법 제74조에 의하면 공무원이 소정의 정년에 달하면 그 사실에 대한 효과로서 공무담임권이 소멸되어 당연히 퇴직되고 따로 그에 대한 행정처분이 행하여져야 비로소 퇴직되는 것은 아니라 할 것이며 피고(영주지방철도청장)의 원고에 대한 정년퇴직 발령은 정년퇴직 사실을 알리는 이른바 관념의 통지에 불과하므로 행정소송의 대상이 되지 아니한다(대법원 1983.2.8. 선고 81누263 판결, 행정처분취소).

나. 질의회신 등 법률상 지위의 변동을 가져오지 않는 행위

항고소송의 대상, 즉 소청심사의 대상이 되는 행정처분은 행정청의 공법상 행위로서 특정사항에 대하여 법규에 의한 권리의 설정 또는 의무의 부담을 명하거나 기타 법률효과를 발생케 하는 등 공무원의 권리의무에 직접 관계가 있는 행위를 말한다고 해석하여야 할 것이므로 특별한 사정이 없는 한 질의에 대한 회답의 통지는 그 자체로서 당해 공무원의 법률상 지위에 직접적인 변동을 가져오는 것이 아니라고 본다.

질의회신 이외에도 고충심사청구에 대한 결정, 공무원 제안서에 대한 불추천, 일반적·추상적인 법령이나 규칙의 근거 규정 등은 그 자체로서 당사자의 구체적인 권리의무와 법률상 지위에 직접적인 변동을 가져오는 것이 아니라는 이유로 소청심사의 대상에서 제외된다.

대법원 판례

| 질의에 대한 회답의 통지가 항고소송의 대상인 행정처분인지 여부(소극) |

항고소송의 대상이 되는 행정처분은 행정청의 공법상 행위로서 특정사항에 대하여 법규에 의한 권리의 설정 또는 의무의 부담을 명하거나 기타 법률효과를 발생케 하는 등의 국민의 권리의무에 직접 관계가 있는 행위를 말한다고 해석하여야 할 것이므로 특별한 사정이 없는 한 질의에 대한 회답의 통지는 상대방 또는 기타 관계자들의 법률상 지위에 직접적으로 변동을 가져오는 것이 아니므로 항고소송의 대상이 될 수 없다(대법원 1983.2.22. 선고 81누283 판결, 양도세부과처분취소).

| 행정 각 부처의 장 등이 일반 국민의 소관 법령의 해석에 관한 질의에 대하여 하는 회신이 항고소송의 대상이 될 수는 있는지 여부 |

행정소송은 구체적인 권리의무에 관한 분쟁을 전제로 하여 제기되는 것으로서 행정소송의 대상이 되는 행정처분은 행정청의 공법상의 행위로서 특정사항에 대하여 법규에 의하여 권리를 설정하고 의무를 명하여 기타 법률상의 효과를 발생케 하는 등 국민의 권리의무에 직접 관계가 있는 행위를 말한다고 할 것인바, 행정 각 부처의 장 등이 일반 국민의 소관 법령의 해석에 관한 질의에 대하여 하는 회신은 법원을 구속하지 못함은 물론 그 상대방이나 기타 관계자들의 법률상의 지위에 직접적으로 변동을 가져 오게 하는 것이 아니므로 특별한 사정이 없는 한 그 자체로서 항고소송의 대상이 될 수는 없다(대법원 1992.10.13. 선고 91누2441 판결, 안마사에게 침술자격부여처분무효).

| 지방공무원법 제67조의2 소정의 고충심사결정이 행정상 쟁송의 대상이 되는 행정처분인지 여부 |

지방공무원법 제67조의2에서 규정하고 있는 고충심사제도는 공무원으로서의 권익을 보장하고 적정한 근무환경을 조성하여 주기 위하여 근무조건 또는 인사관리 기타 신상문제에 대하여 법률적인 쟁송의 절차에 의하여서가 아니라 사실상의 절차에 의하여 그 시정과 개선책을 청구하여 줄 것을 임용권자에게 청구할 수 있도록 한 제도로서, 고충심사결정 자체에 의하여는 어떠한 법률관계의 변동이나 이익의 침해가 직접적으로 생기는 것은 아니므로 고충심사의 결정은 행정상 쟁송의 대상이 되는 행정처분이라고 할 수 없다(대법원 1987.12.8. 선고 87누658 판결, 고충심사

결정취소).

| 일반적, 추상적인 법령이나 규칙이 취소소송의 대상이 될 수 있는지 여부(소극) |

행정청의 위법한 처분 등의 취소 또는 변경을 구하는 취소소송의 대상이 될 수 있는 것은 구체적인 권리의무에 관한 분쟁이어야 하고 일반적, 추상적인 법령이나 규칙 등은 그 자체로서 국민의 구체적인 권리의무에 직접적 변동을 초래케 하는 것이 아니므로 그 대상이 될 수 없다(대법원 1992.3.10. 선고 91누12639 판결, 자동차3급정비업허가부작위위법확인).

다. 보수의 지급 등 민사 문제

소청심사위원회는 국가공무원법 제9조 제1항의 '그 의사에 반하는 불리한 처분'에 대하여 "공무원의 신분과 관련하여 받은 불리한 처분으로 보는 것이 타당하다"는 태도를 취하고 있다(소청사건 98-864).

따라서, 근로관계에 따른 보수 지급의 문제는 공무원 신분과 관련된 인사상의 처분에 해당하지 않을 뿐만 아니라 그 분쟁의 해결방식도 항고소송(행정소송)이 아닌 민사소송의 방식이 타당하므로, 연가보상금 또는 초과근무수당의 미지급 등은 소청심사의 대상이 아니다.

대법원 판례

| 행정청이 공무원에게 연가보상비를 지급하지 아니한 행위가 항고소송의 대상이 되는 행정처분인지 여부(소극) |

국가공무원법 제67조, 구 공무원복무규정(1996.12.14. 대통령령 제14825호로 개정되기 전의 것) 제15조, 제16조 제5항, 제17조 등의 각 규정에 비추어 보면, 공무원의 연가보상비청구권은 공무원이 연가를 실시하지 아니하는 등 법령상 정해진 요건이 충족되면 그 자체만으로 지급기준일 또는 보수지급기관의 장이 정한 지급일에 구체적으로 발생하고 행정청의 지급결정에 의하여 비로소 발생하는 것은 아니라고 할 것이므로, 행정청이 공무원에게 연가보상비를 지급하지 아니한 행위로 인하여 공무원의 연가보상비청구권 등 법률상 지위에 아무런 영향을 미친다고 할 수는 없으므로 행정청의 연가보상비 부지급 행위는 항고소송의 대상이 되는 처분이라고 볼 수 없다(대법원 1999.7.23. 선고 97누10857 판결, 휴가일수계산착오취소).

| 참고자료 5-1 | 초과근무수당 등에 관한 민사법원의 판결사례 보도내용

| 서울에서도 '소방공무원 초과근무수당 197억원 배상' 판결 |

2011.11.17.자 노컷뉴스

제주와 전주에 이어 서울에서도 소방공무원에게 밀린 초과근무수당을 지급해야 한다는 법원 판결이 나왔다.
서울중앙지법 민사합의41부(최승욱 부장판사)는 17일 강모 씨 등 전·현직 소방공무원 698명이 서울시를 상대로 낸 초과근무수당 등 청구소송에서 "서울시는 수당에 이자를 합쳐 약 197억원을 지급하라"며 원고 일부승소로 판결했다.
재판부는 소방공무원들이 실제로 초과 근무한 시간에 해당하는 수당을 지급받을 의무가 있다고 판결했으나, 순번휴무일을 유급휴가로 인정해 달라는 청구는 기각했다. 앞서 제주와 전주지법도 전·현직 소방공무원들이 광역 지방자치단체를 상대로 낸 같은 소송에서 소방관들의 손을 들어준 바 있다.
소방공무원들은 지난 2009년 예산이 없다는 이유로 초과근무수당을 지급받지 못하자 잇따라 집단소송을 냈다.

3. 소청인 적격이 없다고 보는 사례

공무원의 징계처분, 그 밖에 그 의사에 반하는 불리한 처분이나 부작위에 대하여 소청심사를 청구할 수 있도록 규정하고 있으므로(국공법 제9조 ①항), 소청심사의 청구는 공무원이라는 신분을 전제로 한다.

배제징계를 받았거나 면직처분을 받아 소청제기 당시에 공무원 신분을 상실한 자라 하더라도, 당해 처분을 받을 당시에는 공무원의 신분을 보유했던 자이므로 당연히 소청인 적격을 갖는다. 그러나, 신분을 상실한 공무원 경력자가 그 상실된 공무원 지위와는 별개의 채용시험의 불합격 및 임용거부 처분 등을 다투거나, 공무원 신규임용시험에 불합격한 응시자 등은 당해 처분 당시에 공무원 신분자가 아니므로 소청인 적격이 없다.

따라서, 공무원 채용시험의 불합격 등에 대하여는 소청심사를 청구할 수 없고 행정심판 또는 행정소송의 방식으로 불복할 수 있다.

소청례

| 특별채용 거부처분에 대하여 응시자가 소청심사를 청구할 수 있는지 여부 |

소청심사 청구는 공무원이 징계 등 불리한 처분을 받은 데 대하여 제기하는 불복의 청구이므로 청구인 적격으로 공무원이라는 신분을 전제로 하고 있는 것인바, 소청인이 과거에 공무원의 신분을 취득한 사실이 있었다 하더라도 이미 그 신분관계는 종료되었으므로 그 종료원인에 대한 소청심사를 청구함은 별론으로 하고(이 경우 소청제기기간의 문제가 있음은 물론임) 그와는 별도로 새로이 공무원의 신분설정을 요구하는 특별채용청구를 한 데에 대하여 피소청인이 내린 거부행위는 공무원에 대한 불이익처분이라 할 수 없어 본건은 청구인 부적격으로 각하대상임(소청사건 91-226).

제2절 견해가 나뉘거나 대립이 있는 사례

소청심사의 대상이 되는지 여부를 판단하기 위해서는 당해 행정행위에 처분성이 존재하여야 하고, 소청인이 그 취소를 구할 이익이 존재해야 한다. 이와 같이 소의 이익에 관한 문제와 처분성의 존부에 관한 문제는 그 해석과 적용 과정에서 견해가 나뉘거나 대립이 있는 상황이므로 이에 대해 살펴보기로 한다.

1. 소의 이익에 관한 문제

처분성과 관련한 선결문제에서 살펴보았듯이 당해 불이익 처분 등에 대하여 그 취소 또는 무효 등을 소구할 법률상 이익이 있는 자만이 소청심사를 청구할 수 있는데, 처분 당시에는 이를 다툴 법률상 이익이 존재하여 소청인 적격을 갖고 있었으나 그 이후에 사정변경 등으로 그 취소 등을 구할 법률상 이익을 상실하는 경우가 발생한다.

소청심사위원회는 처분 이후의 법률상 이익에 관하여 폭넓게 인정하는 태도를 보이고 있으나, 법원은 쟁송 도중에 정년이 도래하는 등의 경우 소의 이익을 상실한다고 판결하는 등 다소 엄격한 태도를 보이고 있는바, 소의 이익의 존부에 대해서는 관련 판례 등을 참고하여 개별사안별로 판단해야 할 것이다.

가. 소의 이익이 있다고 보는 사례

공무원이 파면처분을 받고 이를 다투는 소청심사를 청구한 경우 그 심사가 완료되기도 전에 관련 형사사건에서 당연퇴직 요건에 해당하는 형벌을 선고(확정)받았더라도, 파면처분이 있은 때로부터 관련 법규정에 따른 당연퇴직일까지의 기간에 있어서는 파면처분의 취소를 구할 소의 이익이 있다고 본다.

또한, 징계처분을 받은 공무원이 그 이후 자진 퇴직을 한 경우라도 그 처분의 취소를 구할 소익이 남아 있는 경우라면 소청심사를 청구할 수 있고, 소청심사를 청구한 후 그 심사결과가 있기도 전에 소청인이 사망한 경우라 하더라도 소의 이익이 남아 있는 경우라면 '부적법 각하 결정'이 아니라 본안심사에서 원처분의 정당성을 판단한 후 기각 또는 인용의 결정을 하게 된다.

대법원 판례

| 파면처분이 있은 후에 금고 이상의 형을 선고받아 당연퇴직된 경우에도 위 파면처분의 취소를 구할 이익이 있는지 여부 |

파면처분취소소송의 사실심 변론 종결전에 원고가 허위공문서등작성 죄로 징역 8월에 2년간 집행유예의 형을 선고받아 확정되었다면 원고는 지방공무원법 제61조의 규정에 따라 위 판결이 확정된 날 당연퇴직되어 그 공무원의 신분을 상실하고, 당연퇴직이나 파면이 퇴직급여에 관한 불이익의 점에 있어 동일하다 하더라도 최소한도 이 사건 파면처분이 있은 때부터 위 법규정에 의한 당연퇴직일자까지의 기간에 있어서는 파면처분의 취소를 구하여 그로 인해 박탈당한 이익의 회복을 구할 소의 이익이 있다 할 것이다(대법원 1985.6.25. 선고 85누39 판결, 파면처분취소).

| 징계처분을 받은 공무원이 자진 퇴직한 경우 징계처분취소 소송의 이익 |

징계처분으로서 감봉처분이 있은 후 공무원의 신분이 상실된 경우에도 위법한 감봉처분의 취소가 필요한 경우에는 위 감봉처분의 취소를 구할 소의 이익이 있다. 공무원이 위법한 징계처분에 의하여 신분적으로 또는 재산적으로 그 이익의 일부 또는 전부가 박탈된 경우에 있어서 그와 같은 징계처분으로 인한 본래적인 또는 부수적인 불이익한 결과를 처분당시에 소급해서 제거하고 그와 같은 처분이 없었던 것과 마찬가지의 법적상태를 회복시키고 그의 위법한 처분에 대하여 구제를 받기 위해서 그 취소가 필요하다면 그 징계처분의 위법을 주장하고 그 취소를 구할 실익이 있다고 하여야 할 것이고 그를 위해서 소송이 적절하고 합리적인 방법이라면 단순히 공무원의 신분이 상실되었다는 그것만의 이유로서 소의 이익이 없다고 논단할 수 없을 것이다(대법원 1977.7.12. 선고 74누147 판결, 감봉처분취소).

나. 소의 이익이 없다고 보는 사례

처분 당시에는 적법한 소의 이익을 갖고 있었더라도, 그 처분 이후에 사정변경 등으로 그 취소 등을 구할 소의 이익이 상실된 경우에는 소청의 이익이 없다는 이유로 '각하' 결정을 하게 된다. 전보, 수사경과해제 등 그 자체로서 보수의 변동마저 수반하지 아니하는 불이익 처분의 경우에는 당사자의 면직 또는 사망 등에 따라 소의 이익을 당연히 상실한다고 본다.

아래 판례에 따르면, 정년의 도래 또는 사망 등으로 그 처분의 취소 또는 무효확인을 받더라도 그 신분의 회복을 가져오지 못하는 경우에는 소의 이익 또는 권리보호의 요건을 갖추지 못한 것이 되어 행정소송으로 다툴 수 없고, 곧바로 손해배상의 청구 등 민사소송을 제기함으로써 그 전제사실인 당해 처분의 무효 또는 취소를 주장할 수 있다고 한다. 그러나, 공무원이 징계를 받은 이후에 국가공무원법상의 정년이 도래하였다는 사정만으로 당해 징계처분의 무효확인 또는 취소 청구의 소의 이익을 부정한 아래 판례들은, 위에서 언급한 2개의 판례(85누39, 74누147)와 배치되는 내용으로 볼 수도 있으므로, 개별 사안에 따라 소청(소)의 이익이 있는지 여부를 면밀히 검토할 필요가 있다고 본다.

소청례

| 전보 후 의원면직한 경우 전보처분 취소를 구할 실익 유무 |

소청인의 경우 2008.8.21. ○○로 전출된 후 2008.9.10. 의원면직하였으므로, 전보처분 취소청구의 실익이 없다고 보여 각하함(소청사건 08-546).

대법원 판례

| 공무원면직처분 무효확인의 소의 원고들이 상고심 심리종결일 현재 이미 공무원법상의 정년을 초과하였거나 사망하여 면직된 경우의 확인의 이익 유무(소극) |

공무원면직처분 무효확인의 소의 원고들이 상고심 심리종결일 현재 이미 공무원법상의 정년을 초과하였거나 사망하여 면직된 경우에는 원고들은 면직처분이 무효확인된다 하더라도 공무원으로서의 신분을 다시 회복할 수 없고, 면직으로 인한 퇴직기간을 재직기간으로 인정받지 못함으로써 받게 된 퇴직급여 등에 있어서의 과거의 불이익은 면직처분으로 인한 급료, 명예침해 등의 민사상 손해배상청구소송에서 그 전제로서 면직처분의 무효를 주장하여 구제받을 수 있는 것이므로 독립한 소로써 면직처분의 무효확인을 받는 것이 원고들의 권리 또는 법률상의 지위에 현존하는 불안, 위험을 제거하는 데 필요하고도 적절한 것이라고 할 수 없어, 원고들의 위 무효확인의 소는 확인의 이익이 없다(대법원 1991.6.28. 선고 90누9346 판결, 면직처분무효확인).

| 공무원면직처분무효확인의 소의 원고들이 상고심 계속중에 이미 국가공무원법 소정의 정년이 지난 경우 확인의 이익 유무(소극) |

원고들은 상고심 계속중에 이미 국가공무원법 소정의 정년이 지났으므로 면직처분이 무효로 확인된다 하더라도 공무원의 신분을 다시 회복할 수 없기 때문에, 비록 면직으로 인한 퇴직기간을 재직기간으로 인정받지 못함으로써 퇴직급여, 승진소요연수의 계산 및 호봉승급에 과거의 불이익이 남아 있긴 하나 이러한 불이익이 현재는 계속되고 있지 아니하고, 면직처분으로 인한 급료청구소송 또는 명예침해 등을 이유로 한 손해배상청구소송에서 위 처분의 무효를 주장하여 과거에 입은 권익의 침해를 구제받을 수 있는 이상, 소로써 면직처분의 무효확인을 받는 것이 원고들의 권리 또는 법률상 지위에 현존하는 불안, 위험을 제거하는 데 필요하고도 적절한 것이라 할 수 없으므로 확인의 이익이 없다(대법원 1993.1.15. 선고 91누5747 판결, 면직처분무효확인).

| 근무정년이 초과된 직원이 제기한 징계해직처분 및 의원해직처분의 무효확인, 취소청구의 소의 이익유무(소극) |

원고들에 대한 조건부 징계해직처분 및 의원해직처분이 무효임이 확인되거나 또는 취소된다고 할지라도 원고들이 이미 근무정년을 초과하여 피고(농업협동조합중앙회)의 직원으로서의 신분을 회복할 수 없다면 위 처분의 무효확인이나 취소청구에 관한 소는 확인의 이익 또는 권리보호의 요건을 갖추지 못하였다 할 것이고 원고들은 피고에 대한 급료청구소송이나 명예침해 등으로 인한 손해배상청구소송에서는 그 전제로서 위 처분의 무효 또는 취소를 주장하여 구제를 받을 수 있다 할 것이므로 그 전제 문제가 되는 위 처분의 무효확인 또는 취소판결을 받는 것이 급료청구소송, 명예침해 등으로 인한 손해배상청구소송에 유효적절한 수단이 될 수 없어 위 처분의 무효 또는 취소만을 따로 독립하여 소로 다툴 실익이 없다(대법원 1984.6.12. 선고 82다카139 판결, 징계처분무효등).

| 처분 후의 사정에 의하여 권리와 이익의 침해 등이 해소된 경우, 그 처분의 취소를 구할 소의 이익이 있는지 여부(소극) |

위법한 행정처분의 취소를 구하는 소는 위법한 처분에 의하여 발생한 위법상태를 배제하여 원상으로 회복시키고, 그 처분으로 침해되거나 방해받은 권리와 이익을 보호・구제하고자 하는 소송이므로, 처분 후의 사정에 의하여 권리와 이익의 침해 등이 해소된 경우에는 그 처분의 취소를 구할 소의 이익이 없다 할 것이고, 설령 그 처분이 위법함을 이유로 손해배상청구를 할 예정이라고 하더라도 달리 볼 것이 아니다.

공익근무요원 소집해제신청을 거부한 후에 원고가 계속하여 공익근무요원으로 복무함에 따라 복무기간 만료를 이유로 소집해제처분을 한 경우, 원고가 입게 되는 권리와 이익의 침해는 소집해제처분으로 해소되었으므로 위 거부처분의 취소를 구할 소의 이익이 없다고 한 사례(대법원 2005.5.13. 선고 2004두4369 판결, 공익근무소집해제신청거부처분취소등).

2. 행정상 '경고'(견해의 대립 사례)

가. 처분성을 인정하여 쟁송 대상으로 보는 사례(소청심사위원회)

소청심사위원회는 '경고'를 받은 자에 대한 근무평정의 감점기준, 즉 평정자가 근무평정시에 그 경고받은 횟수를 근거로 하여 일정점수를 감점하도록 하는 내부평정기준을 운용하는 기관의 소속공무원이라면, 이는 당사자에게 장래불이익을 제거할 소의 이익이 있는 경우에 해당한다는 이유로, 그 경고장 교부행위를 '의사에 반하는 불리한 처분'의 범주로 인정하여 소청심사의 대상으로 삼고 있다.

그러나, 근무평정시에 '경고'받은 사실을 근거로 한 감점기준이 정해져 있지 아니한 기관의 '경고장 교부행위'는 그로 인한 당사자의 신분상 불이익을 인정할 수 없다는 이유로 소청심사의 대상에 해당하지 않는다고 보고 있다.

소청례

| 계고처분 취소청구('계고'라는 용어는 현재 '경고'로 변경되었음) |

경찰공무원 승진시 승진대상자명부 작성에 있어 포상이 일정점수를 차지하는데, 계고의 경우 경찰서장급의 계고는 0.5점, 지방경찰청장급은 1점, 경찰청장은 2점의 감점요인이 되는바, 이러한 계고(경고)처분으로 승진에 있어 구체적이고 객관적인 불이익을 받을 수 있다면 소청심사의 대상이 될 수 있을 것임(소청사건 98-297).

| 농촌진흥청장의 '경고장 교부행위'를 각하한 사례 |

'경고'는 대상 공무원에게 발생시키는 효력 등에 따라 구체적인 불이익이 수반되어 처분성이 인정되고 소청심사의 대상이 되는 '행정규칙에 의한 불문경고'와, 처분성이 인정되지 않아 소청심사의 대상이 되지 않는 '권고 내지 지도행위로서의 경고'로 구분되고 있어, 근무성적평정상 불이익이나 공무원인사기록카드에 기재되어 공무원으로서의 신분상 불이익을 받는다고 볼 수 없고 다만, 대상자의 능력개발 및 근무충실 등에 관한 권고행위 내지 지도행위로 보이는 경고는 소청심사의 대상이 아님(소청사건 08-188).

나. 처분성을 부인하여 쟁송 대상이 아니라고 보는 사례(대법원)

대법원은 경고를 받은 자에게 근무평정상의 불이익이 있다 하더라도 이는 경고 자체로부터 직접 발생되는 법률상 효과라기보다는 경고를 받은 원인이 된 비위사실이 인사평정 당시의 참작사유로 고려되는 사실상 또는 간접적인 효과에 불과한 것이어서 공무원으로서의 신분에 불이익을 초래하는 법률상의 효과를 발생시키는 것은 아니므로 이와 같은 '경고'는 항고소송의 대상이 되는 행정처분에 해당하지 않는다고 한다.

따라서, 이 견해를 따른다면 '경고'는 처분성이 부인되어 소청심사의 대상에도 해당되지 않는다고 볼 수 있다.

대법원 판례

| 서울특별시교육·학예에관한감사규칙 제11조 '서울특별시교육청감사결과지적사항및법률위반공무원처분기준'에 정해진 경고가 항고소송의 대상이 되는 행정처분에 해당하지 않는다고 한 사례 |

'서울특별시교육청감사결과지적사항및법률위반공무원처분기준'에 정해진 경고는, … 징계의 종류에 해당하지 아니하고,… '서울특별시교육청교육공무원평정업무처리요령'에 따라 근무평정자가 위와 같은 경고를 이유로 경고를 받은 자에게 상위권 평점을 부여하지 않는다고 하더라도 그와 같은 사정은 경고 자체로부터 직접 발생되는 법률상 효과라기보다는 경고를 받은 원인이 된 비위사실이 인사평정 당시의 참작사유로 고려되는 사실상 또는 간접적인 효과에 불과한 것이어서 교육공무원으로서의 신분에 불이익을 초래하는 법률상의 효과를 발생시키는 것은 아니라 할 것이다. 따라서 위와 같은 경고는 항고소송의 대상이 되는 행정처분에 해당하지 않는다고 할 것이다(대법원 2004.4.23. 선고 2003두13687 판결, 경고처분취소, 피고: 서울특별시강동교육청교육장).

| 경고는 근무충실에 관한 권고행위 내지 지도행위로서 쟁송의 대상이 아니라는 사례 |

공무원이 소속 장관으로부터 받은 "직상급자와 다투고 폭언하는 행위 등에 대하여 엄중 경고하니 차후 이러한 사례가 없도록 각별히 유념하기 바람"이라는 내용의 서면에 의한 경고가 공무원의 신분에 영향을 미치는 국가공무원법상의 징계의 종류에 해당하지 아니하고, 근무충실에 관한 권고행위 내지 지도행위로서 그 때문에 공무원으로서의 신분에 불이익을 초래하는 법률상의 효과가 발생하는 것도 아니므로, 경고가 국가공무원법상의 징계처분이나 행정소송의 대상이 되는 행정처분이라고 할 수 없어 그 취소를 구할 법률상의 이익이 없다고 본 사례(대법원 1991.11.12. 선고 91누2700 판결, 경고처분취소).

다. 사견(私見)

행정청(인사권자)이 소속공무원에 대하여 행하는 주의·경고에 대해서는 그 쟁송의 법률상 이익을 인정하기 위한 법령의 근거가 매우 희박하고, 다만 각 기관의 훈령 또는 근무평정에 관한 지침 등에 규정되어 운용 중에 있는 실정이다. 따라서, 이와 같은 주의·경고장의 교부행위는 근무평정시에 평정자로 하여금 감점 또는 전보 등의 판단기준으로 삼게 하는 등의 전형적인 '조직 및 인사관리'의 형태를 띠고 있고, 한편으로 비위발생의 개연성이 높은 직원에게 차후 유사한 사례가 발생하지 않도록 훈계하는 등의 예방효과를 거양하는 데에 목적이 있다고 볼 수 있다.

구체적으로 살펴보면, 소청심사의 대상이 되는 징계처분, 강임 · 휴직 · 직위해제 · 면직처분, 불문경고 등은 징계(인사)위원회의 의결 또는 의견을 들어 그에 따라 인사권자가 행하는 법률에 근거한 처분임에 비하여, 주의 · 경고 등은 기관장이 그 지휘권을 바탕으로 위원회 등의 의결을 거치지 아니하고 "… 금번에 한하여 경고 조치하니 앞으로 이러한 사례가 발생하지 않도록 하기 바란다"라는 취지의 문책 제외 의사를 표시하면서 주의 · 경고장을 교부해준 사안에 불과한 측면이 있으므로, 경고장이 발부된 원인이 전혀 근거 없는 사실로 밝혀지거나 의무위반에 해당하지 않음이 명백하지 않는 한 소청심사에서 그 경고처분을 취소해줄 가능성은 매우 희박하다.

따라서, 경고 · 주의 등으로 인하여 장래에 발생할 수 있는 근무평정과 전보 등의 불이익을 예방하기 위한 불복의 방법은 소청심사의 방식이 아닌 '고충심사' 방식으로 청구하여 해결함이 타당하다고 생각한다.[2)]

| 참고자료 5-2 | 주의 · 경고에 관한 법령의 근거 조사결과

| 주의 · 경고에 관한 법령의 근거 등에 관한 검토 |

○ 국가공무원법, 공무원 임용령 · 징계령 · 복무규정 등 주요법령에서 주의 · 경고 등에 관한 문구를 전혀 찾아볼 수 없음
○ 다만, 감사원법 제33조 제1항에서 "감사원은 감사 결과 위법 또는 부당하다고 인정되는 사실이 있을 때에는 소속 장관, 감독기관의 장 또는 해당 기관의 장에게

---

2) 국가공무원법 제76조의2(고충 처리) ① 공무원은 누구나 인사 · 조직 · 처우 등 각종 직무조건과 그 밖에 신상 문제에 대하여 인사 상담이나 고충 심사를 청구할 수 있으며, 이를 이유로 불이익한 처분이나 대우를 받지 아니한다.
② 제1항에 따라 청구를 받은 중앙인사관장기관의 장, 임용권자 또는 임용제청권자는 이를 제3항에 따른 고충심사위원회에 부쳐 심사하게 하거나 소속 공무원에게 상담하게 하고, 그 결과에 따라 고충의 해소 등 공정한 처리를 위하여 노력하여야 한다.
③ 공무원의 고충을 심사하기 위하여 중앙인사관장기관에 중앙고충심사위원회를, 임용권자 또는 임용제청권자 단위로 보통고충심사위원회를 두되, 중앙고충심사위원회의 기능은 소청심사위원회에서 관장한다.
④~⑦항 (생략)

시정 · 주의 등을 요구할 수 있다"고 하는 문구를 쓰고 있으나, 이는 공무원 개인이 아닌 기관의 장에게 '시정 · 주의'를 요구하는 것이므로 본건 관련 법령의 근거라고 하기 어렵고,

- 공공감사에 관한 법률 제23조 제2항에서 「변상명령, 징계 · 문책, 시정, 주의, 개선, 권고, 고발 등의 처분 요구 또는 조치사항이 포함되어야 한다」는 문구가 있어 비로소 '주의'라는 문구를 발견할 수 있으나,
- 감사원규칙인 공공감사기준 제29조 제2항 제4호의 규정을 보면, 「처분 요구의 종류에 '주의 · 경고 또는 훈계'를 명시하면서, 이는 감사결과 위법 또는 부당한 행위라고 인정되나 그 정도가 징계 또는 문책사유에 이르지 아니하는 경미한 경우」라고 명시하고 있음.

⇒ 결과적으로, '주의 · 경고 또는 훈계'를 '불이익 처분'이라고 곧바로 인정할 만한 법령의 근거는 찾아볼 수 없는 상황임.

≪관계법령의 발췌≫

감사원법

제33조(시정 등의 요구) ① 감사원은 감사 결과 위법 또는 부당하다고 인정되는 사실이 있을 때에는 소속 장관, 감독기관의 장 또는 해당 기관의 장에게 시정 · 주의 등을 요구할 수 있다.

공공감사기준 (감사원규칙 제137호, 1999.8.28, 제정)

제29조(감사결과처분(요구)) ① 감사기관은 감사결과 개별 지적사항에 대하여 당해 지적사항의 내용에 적합한 처분(요구)을 선택적으로 적용하여야 한다.

② 처분(요구)의 종류는 다음 각 호와 같으며, 2개 이상의 처분(요구)을 병과할 수도 있다.

1. 변상판정 또는 변상명령: 회계관계직원등의책임에관한법률이 정하는 바에 따라 회계 관계직원등에 대한 변상책임이 있다고 인정되는 경우
2. 징계 또는 문책: 국가공무원법, 기타 법령 등에 규정된 징계 또는 문책사유에 해당되는 경우
3. 시정: 감사결과 위법 또는 부당하여 추징 · 회수 · 보전 · 환급 · 추급 또는 원상복구 등이 필요하다고 인정되는 경우
4. 주의 · 경고 또는 훈계: 감사결과 위법 또는 부당한 행위라고 인정되나 그 정도가 징계 또는 문책사유에 이르지 아니하는 경미한 경우

제3절 처분절차 위반 등으로 원처분이 '취소'되는 사례

헌법 제7조 제2항과 국가공무원법 제68조의 규정에 따라 공무원은 형의 선고, 징계처분 또는 국가공무원법에서 정하는 사유에 따르지 않고는 본인의 의사에 반하여 휴직 · 강임 또는 면직을 당하지 않도록 하는 강한 신분적 보장을 받고 있다. 이 같은 견지에서 '공무원 인사관계법령의 불이익 처분에 관한 절차규정'은 대부분 강행규정으로 해석되고 있으며, 처분청이 이를 위반하여 피징계자의 절차적 권리가 침해된 경우에는 그 처분이 취소되거나 무효로 선언될 수 있다.

이와 같이 처분절차 위반으로 소청심사위원회 또는 법원에서 징계처분 등의 무효 또는 취소의 결정이나 판결을 받은 경우에 처분청은 그 결정 또는 판결이 확정된 날부터 3개월 이내에 관할 징계위원회에 다시 징계의결 등을 요구하여야 한다(국공법 제78조의3).

따라서, 소청심사 단계에서 징계절차 하자를 이유로 취소 결정을 하는 경우 재징계 및 소청 재심사 등의 절차를 반복해야 하므로 그 불이익이 오히려 장기화되는 측면이 있는 등 소청심사의 취소결정으로 인한 이익이 전혀 없는 경우도 있겠으나(재징계절차에서 처분청이 원처분보다 더 중한 징계처분을 하더라도 위법이 아니다), 이는 혐의자의 절차적 권리만을 위한 것이 아니라 징계처분의 적정성과 공정성 · 신뢰성 등을 함께 담보하기 위한 제도적 장치에 해당하므로 소청심사절차에서 그 절차상 흠결이 있는 징계처분 등을 취소하는 것은 불가피하다고 본다.

이 절에서는 공무원 인사관계법령의 처분절차를 준수하지 않은 징계처분 등에 대하여 그 하자의 중대 · 명백함을 이유로 소청심사위원회가 취소 또는 무효로 결정하는 사례들을 소개하였다.

1. 징계위원회 관할의 하자

공무원의 징계처분등을 의결하기 위하여 각 기관별로 징계위원회가 설치되어 있고(국공법 제81조), 징계위원회는 중앙징계위원회와 보통징계위원회로 구분되며 피징계자의 소속과 직급 등에 따라 그 관할범위가 다르게 정해져 있는데(공무원 징계령 제2조~제6조), 위와 같은 징계위원회의 관할권을 위반한 경우에 그 징계의결은 위법하고 그에 따른 인사권자의 징계처분도 위법하여 무효 또는 취소의 대상이 된다.[3)]

소청례

| 관할권을 위반한 징계의결은 무효임 |

경찰공무원 징계령 제4조 제2항의 규정에 의하면 경사 이하의 경찰공무원에 대한 징계의 심의·의결은 경찰서에 설치된 보통징계위원회에서 한다고 되어 있고, 위 규정에 대한 예외적인 경우로 경찰서에서 경위 이상으로 보통징계위원회의 구성이 불가능한 중징계사건, 상·하급의 경찰공무원이 관련된 징계사건, 소속을 달리하는 동일계급의 경찰공무원이 관련된 징계사건으로서 그 징계관할이 대등할 때, 전시 등의 비상사태 및 집단살상의 긴급사태와 관련된 징계사건 등으로 한정하고 있다. 따라서, 이 건 소청인에 대한 징계관할은 위 예외적인 어느 경우에도 해당되지 아니하므로 이를 직근 상급기관인 ○○지방경찰청 보통징계위원회에서 징계심의·의결한 것은 경찰공무원징계령 제4조 제2항의 관할 규정을 위반한 것으로 이는 절차상의 중대하고 명백한 하자로 무효임(소청사건 01-300).

2. 징계위원회 구성의 하자

징계위원회의 위원을 잘못 구성하여 행한 징계의결은 그 자체로 위법하고 이에 따른 인사권자의 징계처분도 위법하다. 혐의자는 징계위원회에 출석하여 징계혐의 사실에 대한 자신의 의견을 진술할 수 있는 절차권 권리가 보장되므로, 혐의자가 이 같은 출석진술을 할 때에 참여하지 않았던 징계위원이 2차 회의시에 출석하여 그 혐의자 불참하에 징계의결을 한 경우에도 위법을 면치 못한다.

따라서, 1차 징계위원회 회의시에 징계의결을 보류한 다음 그 징계위원의 교체 없이 2차 회의를 열어 징계의결을 할 경우에는 위법하지 않으나, 2차 징계

3) 경찰공무원법 및 경찰공무원 징계령 등이 별도로 존재하여 경찰공무원에 대한 징계절차를 따로 정하고 있고, 이러한 경우 특별법 우선의 원칙에 따라 이를 먼저 적용하고 나머지 준용규정에 따라 국가공무원법 등이 적용되는 것이지만, 이 책에서는 편의상 국가공무원법령의 내용만을 언급하였다.

회의시에 징계위원이 일부 교체된 경우에는 그 혐의자에게 재차 출석진술의 기회를 부여하여야 마땅하다.

소청례

| 징계심의대상자와 같은 직(계)급인 자를 징계위원으로 임명한 하자 사례 |

공무원징계령 제5조 제1항 및 같은 조 제2항에 보통징계위원회는 위원장 1인과 위원 4인 이상 7인 이내로 구성하고 위원장은 당해 위원회의 설치기관의 장의 차순위자가 되고 위원은 징계대상이 될 자보다 상위급류의 소속공무원으로 임명하도록 규정되어 있는데, 징계위원 1명을 소청인과 같은 급류인 자를 임명하여 부적법하게 구성하였으므로 이는 중대하고 명백한 하자가 있는 것으로서 동 위원회에서 한 징계의결은 무효이고 이를 근거로 한 징계처분도 무효임(소청사건 96-1054).

| 정당한 절차에 따라 임명된 위원이 아닌 자가 징계위원회에 참여한 하자 사례 |

1998.7.20. 경찰징계위원회 위원장에 경정 양○○, 위원 경감 강○○, 경위 남○○, 경위 박○○, 경위 한○○ 등 4명을 임명하여 징계위원회를 구성하였으나 같은 징계위원회 위원장에게 통보된 문서에는 경위 남○○이 경위 최○○으로 바뀌어 있고, 바뀐 명단대로 징계위원회가 소집・개최되었는바, 경위 최○○은 정당한 절차에 의하여 임명된 위원이 아니므로 징계위원회의 의결에 참여할 권한이 없는 자이고, 이와 같이 하자있는 구성원이 참여한 징계위원회는 적법하게 구성된 것으로 볼 수 없으므로 원처분은 무효임(소청사건 98-703).

| 사실심리에 참여하지 않은 위원이 징계의결한 하자 |

사실심리에 참여하지 않는 위원이 징계의결에 참여하는 경우 그 의결은 중대한 징계절차상의 하자로서 무효임(소청사건 93-401).

| 1차 징계회의에 참석하지 않은 위원이 2차 회의에 출석하여 징계대상자 불참하에 의결한 경우 효력 |

1차 회의시 참여하지 않았던 위원 3명이 2차 회의시에 출석하여 혐의자 불참하에 징계의결을 한 것은 위법한 의결이고 이를 근거로 한 징계처분은 무효임(소청사건 96-706).

3. 징계위원회 의결의 하자

징계위원회의 위원 중 징계등 혐의자의 친족이나 그 징계등 사유와 관계가 있는 사람은 그 징계등 사건의 심의·의결에 관여하지 못하고, 징계등 혐의자는 위원장이나 위원 중에서 불공정한 의결을 할 우려가 있다고 인정할 만한 상당한 사유가 있을 때에는 그 사실을 서면으로 밝히고 기피를 신청할 수 있다(공무원 징계령 제15조 ①, ②항).

이 같은 규정은 징계의 심리·의결의 공정성을 확보하려는 데에 있고, 당해 징계사건에 대하여 법률에서 정한 특수한 관계가 있는 때에는 그 규정에 따라 당연히 제척되어 그 사건에 관한 직무집행을 행할 수 없으므로, 이와 같은 제척사유 있는 자가 의결에 참여한 경우에는 그 하자가 중대하고 명백하다는 이유로 무효 또는 취소 결정을 하게 되고, 기피신청에 대한 처리가 부적법한 경우에도 이와 같다고 본다.

소청례

| 징계사건과 관련 있는 자가 징계위원으로 참석한 경우 (제척사유 하자 Ⅰ) |

진정서 접수시 이를 결재한 바 있고, 처리과정에서 중간보고를 받는 등 사건처리에 있어서 감독자의 위치에 있던 자가 징계위원으로 참석하여 심의·의결한 징계의결은 명백히 하자 있는 위법한 의결임(소청사건 93-360).

| 징계사건과 관련 있는 자가 징계위원으로 참석한 경우 (제척사유 하자 Ⅱ) |

공무원징계령 제15조 제1항의 규정에 의하면, "징계위원회의 위원 중 징계혐의자의 친족이나 그 징계사유와 관계가 있는 자는 그 징계사건의 심의·의결에 관여하지 못한다"고 되어 있고, 이러한 제척제도의 취지는 징계에 부당한 영향을 미칠 수 있는 요소를 배제함으로써 심리 및 의결의 공정성을 확보하려 함에 있다고 할 것이며, 제척제도는 기피제도와는 달리 당사자의 신청 등 특별한 절차를 거칠 필요없이 제척 원인이 있다는 사유만으로 당연히 당해 사건의 심의·의결로부터 제외되어야 할 것인바, 이 건 징계의 원인이 된 사실을 보면 소청인이 병가의 허가를 받지 않고 무단 결근하였다는 것인데 ○○역장은 소청인에 대한 연가 및 병가의 허가권자이며 소청인을 포함한 소속직원을 지도·감독하고 있는 지위에 있는 점, 이 건과 관련하여 ○○지역관리역장에게 소청인의 무단결근에 대한 조치를 요구하였던 점 등에 비추어 볼 때, 위 ○○역장이 징계위원으로 참석하여 징계의결에 관여한 것은 징계위원회 구성상의 명백하고 중대한 하자이므로 이 건 징계처분은 무효임(소청사건 02-479).

| 징계사건과 관련 있는 자가 징계위원으로 참석한 경우 (제척사유 하자 Ⅲ) |

○○부 징계양정세칙 [별표 2]에 의거, 소청인의 직상감독자는 업무2과장 이○○인 점, 업무2과장은 소청인의 병가를 빙자한 근무태만 행위에 대해 감독자로서 평소 교양 및 훈계조치를 소홀히 한 책임이 있다고 보이는 점, 인사부서(지원과)에 소청인의 징계요구를 한 후 징계위원으로 참석하여 의견개진한 내용이 소청인의 입장에서 보면 공정하고 객관적인 양정결정이 이루어졌다고 보기 어려운 점, 공무원징계령 제15조에 명시된 '그 징계사유와 관계가 있는 자'란 징계혐의자의 직근상급자나 업무상 관련이 있는 상급자로 보는 것이 소청심사위원회의 결정례인 점 등을 감안할 때, 본건 징계위원회 위원중 업무2과장 이○○는 소청인의 직근상급자이기도 하고 업무상으로도 밀접한 관련이 있는 자라고 할 수 있어 공무원징계령 제15조 제1항에 규정된 '그 징계사유에 관계가 있는 자'에 해당된다고 할 것이므로, 제척사유에 해당하는 업무2과장이 징계회의에 참석하여 심의·의결에 관여한 본건 징계의결은 중대하고 명백한 하자 있는 의결임(소청사건 06-329).

| 징계사건과 관련 있는 자가 징계위원으로 참석한 경우 (제척사유 하자 Ⅳ) |

소청인의 비위를 입증하는 확인서를 작성한 ○○○은 공무원징계령 제15조의 '그 징계사유와 관계가 있는 자'에 해당하여 당연 제척대상자임에도 본건 징계사건의 심의·의결에 참여하였고, 소청인의 직무상·복무상 감독자인 운영지원팀장 ○○○도 소청결정례에 비추어 볼 때 당연히 본건 징계사건의 심의·의결에서 제외되어야 함에도 참여한바, 이는 보통징계위원회의 구성에 있어 명백하고 중대한 하자라고 판단되며, 또한 공무원징계령 제6조 제4항은 보통징계위원회의 간사는 위원장의 명을 받아 징계에 관한 기록 기타 서류의 작성·보관 사무에 종사하도록 규정하고 있음에도 본건 보통징계위원회는 자체 징계규정(훈령)상 간사 겸 징계위원으로 규정된 운영지원팀장이 징계위원으로 참여하면서도 별도로 간사를 두지 않고 본건 징계사건을 심의·의결하였고, 동령 제12조 제2항에 따르면 징계의결서의 이유란에는 징계의 원인된 사실 및 관계법령 등을 명시하도록 규정하고 있음에도 본건 징계의결서 이유란에는 소청인이 구체적으로 어떠한 비위를 저질렀고 소청인의 비위행위가 어떠한 징계사유에 해당하는지에 대하여 관계법령 등을 명시하지 않은 것도 중대한 하자라고 판단하였는바, 본 징계의결은 명백하고 중대한 하자가 있는 의결이라 할 수 있고 이와 같은 위법한 징계의결을 근거로 하여 이루어진 본건 징계처분도 역시 위법하다고 할 수 있음(소청사건 08-132).

징계위원회가 징계등 혐의자의 출석을 명할 때에는 규정된 서식의 출석통지서를 징계위원회 개최일 3일 전에 징계등 혐의자에게 도달되도록 하여야 한다. 징계위원회는 징계등 혐의자의 주소를 알 수 없거나 그 밖의 사유로 위 출석통지서를 징계등 혐의자에게 직접 송부하는 것이 곤란하다고 인정될 때에는 그 출석통지서를 징계등 혐의자의 소속 기관의 장에게 송부하여 전달하게 할 수 있다. 이 경우 출석통지서를 받은 기관의 장은 지체 없이 징계등 혐의자에게 전달한 후 전달 상황을 관할 징계위원회에 통지하여야 한다.

징계위원회는 징계등 혐의자가 그 징계위원회에 출석하여 진술하기를 원하지 아니할 때에는 진술권포기서를 제출하게 하여 기록에 첨부하고 서면심사만으로 징계의결등을 할 수 있고, 징계등 혐의자가 정당한 사유서를 제출하지 아니하면 출석을 원하지 아니하는 것으로 보아 그 사실을 기록에 남기고 서면심사에 따라 징계의결등을 할 수 있다.

공무원 징계령 제10조는 이상과 같이 '징계등 혐의자의 출석'과 관련한 구체적인 이행절차를 규정하고 있는데, 이 같은 조치를 흠결함으로써 혐의자에게 출석진술의 기회가 제대로 보장되지 아니한 경우에는 소청심사에서 징계절차 위반을 이유로 그 징계처분을 취소할 수 있다.

그러나, 위와 같은 출석통지의 하자가 있다 하더라도 징계혐의자의 진술권이 침해되지 않았다고 볼 만한 사정이 있는 경우, 그 하자만으로는 원처분을 취소하지 않는 사례가 다수 존재하므로 개별사안마다 심도 있는 판단이 필요하다고 본다.

소청례

| 징계위원회 개최 약 4시간 전에 출석통지서를 교부하여 타경찰서에서 조사를 받고 있던 징계대상자가 진술권포기서를 제출한 경우 징계의결의 효력(무효) |

본 건 징계처분을 살펴보면 처분청의 주장대로 소청인에게 출석통지서가 교부되었다 하더라도, 교부시점이 징계위원회 개최 4시간 전으로 당시 ○○경찰서 형사과에서 조사를 받고 있던 소청인으로서는 징계위원회에 참석하기가 실질적으로 어려웠던 점을 고려할 때 소청인에게 사전에 진술을 준비하거나 유리한 자료를 제출할 충분한 기회가 주어지지 않아 절차적으로 중대하고 명백한 하자가 있는 것으로 판단되며, 소청인이 진술할 것을 거부하고 스스로 진술권 포기서를 작성하여 제출하였다는 사실만으로 이러한 징계처분의 절차적 하자가 치유되었다고는 보기 어려움. 따라서, 본 징계처분은 공무원징계령 및 경찰공무원징계령에 규정된 절차적 요건을 준수하지 않아 절차상 중대하고 명백한 하자가 있는 의결이라 할 수 있고, 이와 같은 위법한 징계의결을 근거로 하여 이루어진 본건 징계처분도 역시 위법하다고 할 것임(소청사건 08-103).

| 변경된 징계위원회 개최시간을 알려주지 않고 징계대상자를 출석시키지 아니한 채 행한 징계의결의 효력(무효) |

처분청에서는 답변서 등에서 이 건 징계처분이 1999.12.22. 13:30경에 개최된 징계회의 결과에 따라 행해졌다고 주장하고 있으나, 소청당사자의 우리위원회에서의 진술 기타 제시된 증거자료에 의하면 징계회의를 개최하지 않고 서면에 의하여 결정한 것으로 보이며, 설사 처분청의 주장이 사실이라고 하더라도 당초 소청인에게 징계회의가 위 날짜 09:30에 개최된다고 통보하였다가 그 시각이 13:30으로 변경된 사실을 알려주지 않았음을 처분청에서도 시인하고 있고, 그로 인하여 소청인이 징계회의에 참석할 수 없었다면, 이는 국가공무원법 제81조 제3항의 규정에 의하여 진술의 기회를 부여하지 아니한 결정으로 무효임을 면할 수 없음(소청사건 00-3).

| 징계위원회 개최 약 2시간 30분 전에 출석통지서를 교부하여 유치장에 수감 중인 징계대상자가 참석한 경우 징계의결의 효력(무효) |

본 징계는 징계위원회 출석통지서 교부 후 약 2시간 30분만에 징계위원회를 개최하여 결정된 것으로서 '공무원징계령' 제10조 제1항에 명백하게 위배된 처분이라고 볼 수 있으며, 동 규정이 부당하게 권리 침해를 당할 여지를 방지하기 위해 절차상 준수하도록 되어 있는 강행규정임에 비추어 볼 때, 사전에 변명을 준비하고 유리한 자료를 제출할 충분한 기회가 주어지지 않아 위법한 처분이라는 소청인의 주장은 이유 있음. 또한 비록 소청인이 당일 징계위원회에 출석하였다고 하더라도, 당시 소청인이 처한 상태(유치장에 수감)로 보아 스스로 징계위원회에 출석하여 소명자료를 제출하고 진술한 것으로 보기 어려우며, 소청인도 소청심사위원회에 출석하여, 다시 징계위원회에 참석한다면 본 처분을 내린 징계위원회에서와 달리 진술을 할 것이라고 말한 사실 등을 종합하여 볼 때 소청인에게 충분한 준비기간 없이 행한 본 징계처분은 공무원 징계령 제10조 제1항에 규정된 요건을 준수하지 않아 절차상의 하자로 무효임(소청사건 04-585).

대법원 판례

| 출석통지가 1일 전에 송달된 때라도 징계처분은 위법이 아니다. |

징계혐의자에 대한 출석통지가 1일 전에 송달되었다는 사유만으로는 징계의결이나 파면처분이 당연무효가 된다거나 취소할 수 있는 위법한 처분이라고 볼 수 없다(대법원 1979.11.27. 선고 78누123 판결, 파면처분무효확인).

| 징계절차에 있어서 경찰관의 진술포기서의 작성이 감찰반 경사의 강요에 의한 것이라는 주장과 경험칙 |

경찰관인 원고가 경찰공무원징계령 제12조에 의하여 이 사건 징계위원회의 출석통지를 받고 제출한 진술포기서가 감찰반 경사 (갑)이 상부의 파면지시가 있었으니 출석하나마나 라고 날인을 강요하여 작성한 것이므로 그 효력이 없다는 주장은 위 (갑)의 직무와 계급에 비추어 볼 때 경험칙상 믿을 수 없다(대법원 1983.6.28. 선고 82누544 판결, 파면처분취소).

| 출석통지 없이 한 징계심의절차는 위법하고, 출석통지는 반드시 소정의 서면에 의하여야 하는 것은 아니며, 구두로 통보할 경우에는 반드시 징계혐의자 본인에게 직접 통보되어야 하는지 여부(소극) |

교육공무원징계령 제8조 제1항에 "징계위원회가 징계혐의자의 출석을 명할 때에는 문교부령이 정하는 출석통지서에 의하여야 한다"라고 규정되어 있는바 위 규정은 징계혐의자에 대한 출석통지는 징계혐의자로 하여금 징계위원회가 언제 개최되는가를 알게 함과 동시에 자기에게 이익되는 사실을 진술하거나 증거자료를 제출할 기회를 부여하기 위한 조치에서 나온 강행규정이라 할 것이므로 위 출석통지 없이 한 징계심의절차는 위법하다. 위 출석통지는 소정의 서면에 의하지 아니하더라도 구두, 전화 또는 전언 등의 방법에 의하여 징계혐의자에게 전달되었으면 출석통지로서 족하며 구두로 통보할 경우에도 반드시 징계혐의자 본인에게 직접 통보되어야 한다고 할 필요는 없다(대법원 1992.7.14. 선고 91누9961 판결, 해임처분취소).

| 해고근로자가 징계위원회에 출석하여 변명의 기회를 부여받아 자신의 의사를 개진인 경우 징계회부사실 통지기간 불준수의 점을 징계결의의 무효사유로 삼을 수 없다고 본 사례 |

피고의 단체협약 제49조에는 피고소속노동조합원을 징계해고하기 위하여 징계에 회부하고자 할 경우에는 3일 전까지 본인과 조합측에 통보해야 한다고 되어 있는데도 피고가 그 소속노동조합원인 원고를 징계회부함에 있어 그 사실을 징계위원회 개최 2일 전에야 본인과 노동조합측에 통보한 절차상의 하자가 있기는 하나 피고의 위 단체협약의 규정상 징계절차에 있어 본인 등에게 징계회부내용을 사전통보하도록 강제하고 있는 취지가 피징계자로 하여금 징계혐의사실에 대한 변명을 위하여 자신에게 이익되는 소명자료를 준비제출할 수 있는 기회를 보장하려는 데 있는 것으로 해석됨에 비추어 볼 때 원고 스스로 징계위원회 개최 2일 전에 미리 이 사건에서 문제가 된 결근으로 인하여 징계회부된 내용을 통지받고 직접 징계위원회에 출석하여 변명의 기회까지 부여받아 자신의 의사를 개진한 이 사건에 있어 위와 같은 통지기간의 불준수의 점을 들어 징계결의의 무효사유로 삼을 수는 없다(대법원 1991.2.8. 선고 90다15884 판결, 해고무효확인).

4. 징계시효 적용의 하자

징계 및 징계부가금 부과 사유의 시효를 규정하고 있는 국가공무원법 제83조의2 제1항은 "징계의결등의 요구는 징계 등의 사유가 발생한 날부터 3년(금품 및 향응 수수, 공금의 횡령·유용의 경우에는 5년)이 지나면 하지 못한다"고 하고, 같은 조 제2항과 제3항은 예외적으로 감사원과 수사기관의 수사 진행 및 처분의 취소판결 등에 따른 재징계 의결 요구 등의 사유로서 그 징계시효가 연장되는 경우를 정하고 있다.

징계시효제도의 취지는, 징계사유가 발생하여 징계권자가 당사자를 징계할 수 있었음에도 그 행사 여부를 확정하지 아니함으로써 당사자로 하여금 상당기간 불안정한 지위에 있게 하는 것을 방지하고 아울러 징계권자가 비교적 장기간에 걸쳐 징계권행사를 게을리하여 당사자로서도 이제는 징계권을 행사하지 않으리라는 기대를 갖게 된 상태에서 징계권자가 새삼스럽게 징계권을 행사하는 것은 신의칙에도 반하는 것이 되므로 일정기간이 경과될 경우 징계권행사에 제한을 가하려는 데에 있다(대판 94다14650 참조).

따라서, 징계시효가 지난 비위를 근거로 하여 행해진 징계처분 등은 그 하자가 중대하고 명백하여 당연무효에 해당한다. 당해 처분의 취소를 구하는 소청심사가 제기된 경우에 소청심사위원회는 무효임을 이유로 '취소' 결정을 하고 있다.

여기에서 특히 문제가 되는 것은 비위사실이 계속적으로 행해진 경우 그 징계시효의 기산점을 언제로 볼 것인가가 문제되는데, 판례는 그 일련의 행위 중 최종의 것을 기준하여 시효의 기산점으로 삼고 있다.

또한, 징계시효가 지나지 않은 주된 징계사유가 따로 존재하여 이를 처분의 사유로 삼으면서 징계시효가 지난 비위행위도 징계양정을 정하는 데 있어서의 참작자료로 할 수 있고, 금품수수를 한 경우 직무관련성 유무 등과 상관없이 징계시효 기간은 일률적으로 5년(현행 규정)이 적용된다.

소청례

| 일련의 행위인 경우 징계시효 기산점 |

소청인이 민간인 포상금을 받기 위하여 밀수신고서를 허위로 작성하도록 교사한 것으로 볼 수 있으므로 양 행위를 일련의 행위로 보아야 하며, 비위행위가 계속적으로 행하여진 일련의 행위라면 설사 그 중에 징계시효가 경과된 부분(이 건의 경우 밀수신고서 허위 작성 교사)이 있다고 할지라도 징계시효의 기산점은 일련의 행위 중 최종 행위(이 건의 경우 포상금을 전달받은 행위)를 기준으로 하여야 함(소청사건 01-126).

대법원 판례

| 소멸시효 완성 후에 한 조세부과처분의 효력(=당연무효) |

조세에 관한 소멸시효가 완성되면 국가의 조세부과권과 납세의무자의 납세의무는 당연히 소멸한다 할 것이므로 소멸시효완성 후에 부과된 부과처분은 납세의무 없는 자에 대하여 부과처분을 한 것으로서 그와 같은 하자는 중대하고 명백하여 그 처분의 효력은 당연무효이다(대법원 1985.5.14. 선고 83누655 판결, 양도소득세부과처분취소).

| 국고금을 횡령한 자가 이를 변상하지 않고 있는 경우 징계권의 소멸시효의 기산일 |

국고금을 횡령한 자가 이를 변상하지 아니하고 있더라도 이는 횡령의 결과인 위법상태가 지속되고 있는 것에 불과하므로 국가공무원법 제83조의2 제1항의 규정에 의하여 징계사유의 시효의 기산일이 되는 '징계사유가 발생한 날'은 횡령행위가 있은 날이라고 할 것이고, 횡령한 금원을 변상한 날이라고 볼 수 없다(대법원 1990.4.10. 선고 90누264 판결, 파면처분무효확인).

| 비위사실이 계속적으로 행하여진 일련의 행위인 경우의 징계시효의 기산점 |

원고의 비위가 모두 소송사건에 관련하여 계속적으로 행하여진 일련의 행위라면 설사 그 중에 본건 징계의결시 2년이 경과한 것이 있다 할지라도 그 징계시효의 기산점은 위 일련의 행위 중 최종의 것을 기준하여야 한다(대법원 1986.1.21. 선고 85누841 판결, 정직처분취소).

| 뇌물을 공여하고 공무원으로 임용된 경우 징계시효의 기산점 |

원고가 공무원 임용과 관련하여 부정한 청탁과 함께 뇌물을 공여하고 공무원으로 임용되었다면 공무원의 신분을 취득하기까지의 일련의 행위가 국가공무원법상의 징계사유에 해당한다고 할 것이므로 국가공무원법 제83조의2 제1항에 정하는 징계시효의 기산점은 원고가 뇌물을 공여한 때가 아니라 공무원으로 임용된 때로부터 기산하여야 할 것이다(대법원 1990.5.22. 선고 89누7368 판결, 파면처분취소).

| 징계시효가 지난 비위행위도 징계양정의 판단자료가 될 수 있는지 여부(적극) |

징계시효가 지난 비위행위도 징계양정에 있어서 참작자료로 할 수 있다. 원심이 형사판결의 사실판단과 배치되는 비위사실을 징계사유에 포함시킨 잘못은 있으나 파면처분이 징계권의 남용에 해당하지 않는다고 한 결론에 있어서는 정당하다고 한 사례(대법원 1999.11.26. 선고 98두10424 판결, 부당해고구제재심판정취소).

헌재 판례

| 구 국가공무원법(2008.3.28. 법률 제8996호로 개정되고, 2008.12.31. 법률 제9296호로 개정되기 전의 것) 제83조의2 제1항 중 공무원에 대한 징계시효를 '금품수수의 경우에는 3년'으로 정한 부분은 헌법에 위반되지 아니한다. |

공무원이 '금품수수'를 한 경우 직무관련성 유무 등과 상관없이 징계시효 기간을 일률적으로 3년으로 정한 것은 징계가 가능한 기간을 늘려 징계의 실효성을 제고하고 이를 통해 금품수수 관련 비위의 발생을 억제함으로써 공무원의 청렴성 강화와 공직기강 확립에 기여하려는 것으로서 여기에는 합리적 이유가 있다고 할 것이다(헌법재판소 2012.06.27. 결정 2011헌바226, 구 국가공무원법 제83조의2 제1항 위헌소원).

| 참고자료 5-3 | 국가공무원법의 징계시효 변천과정

| 국가공무원법의 징계시효 변천(헌법재판소 2011헌바226의 결정문에서 발췌함) |

구 국가공무원법 제83조의2 제1항은 "징계의결의 요구는 징계사유가 발생한 날부터 2년[금품 및 향응 수수(授受), 공금의 횡령(橫領)·유용(流用)의 경우에는 3년]이 지나면 하지 못한다"고 징계사유의 시효에 관해 규정하고 있다. 이러한 징계시효제도는 공무원에게 징계사유가 발생하더라도 그에 따른 징계절차를 진행하지 않거나 못한 상태가 일정기간 계속되면, 그것의 적법 또는 타당성 등을 묻지 않고 그 상태를 존중하여 징계를 하지 못하도록 함으로써 공직의 안정성을 보장하려는 데 목적을 두고 있다(대법원 1998.6.12. 선고 97누16084 판결, 대법원 2008.7.10. 선고 2008두2484 판결 등 참조).

국가공무원법(1949.8.12. 법률 제44호) 제정 당시에는 징계시효에 관한 규정이 마련되지 않아 징계사유에 해당하면 언제라도 징계가 가능하여, 중한 비위는 징계를, 경한 비위는 불문에 붙이는 등 자의적으로 운영되는 측면이 있었으나, 1963.5.29. 각령 제1319호로 공무원징계령이 개정되면서 제21조에서 징계사유의 시효를 규정하여 징계의결의 요구는 징계사유가 발생한 날로부터 1년을 경과한 때에는 이를 하지 못하도록 하였고, 그 후 1963.10.23. 각령 제1612호로 공무원징계령이 개정되면서 1년이던 징계시효 기간을 2년으로 연장하였으며, 이후 1973.2.5. 국가공무원법이 법률 제2460호로 개정되면서 제83조의2를 신설하여 징계시효에 관한 법률적 근거를 마련하였다.

징계시효 기간은 국가공무원법에 규정된 이후에도 공무원에 대한 모든 징계사유에 대하여 계속 2년으로 정하여져 있다가, 1991.5.31. 법률 제4384호로 국가공무원법이 개정되면서 청렴의무 강화와 공직기강의 확립을 위하여 일반적 징계사유로 인한 징계시효 기간은 여전히 2년으로 규정하면서 금품 및 향응수수와 공금의 횡령·유용의 경우에는 직무관련성 유무와 상관없이 3년으로 연장함으로써 비위유형별로 차등을 두게 되었고, 그 후 2008.12.31. 법률 제9296호로 국가공무원법이 개정되면서 금품 및 향응수수 등으로 인한 징계시효 기간이 5년으로 더 연장되었다.

제4절 원처분의 적정성에 관한 판단의 기준

제1절에서 제3절까지 살펴본 바와 같이 소청심사청구가 적법 요건을 갖추었는지, 원처분의 절차가 적정하였는지 등을 먼저 검토하여, 당해 소청심사 청구사

건이 본안심사의 요건을 갖추었다고 판단되는 경우에 비로소 원처분의 내용에 대한 적정성을 검토하게 된다.

이 부분에 대해서는 각 부처 및 일선기관들이 각자 처리하는 업무의 성질이 다르고 이를 규율하는 법령과 훈령·예규 및 기관장의 지시사항들도 매우 다양하고 복잡할 뿐만 아니라 개별사건마다 소청인에게 적용될 수 있는 특수한 사정과 정상참작의 요소들이 다양하게 존재하므로 일의적으로 적용할 수 있는 공통적인 해석례를 찾기는 어려운 실정이다.

이 절에서는 공무원 징계령 등에서 제시하는 징계양정의 적용기준과 각 기관들이 자체적으로 제정하여 운영하는 징계처분 등의 기준을 살펴보고, 아울러 원처분의 적정성에 관한 판단의 기준으로 적용할 수 있는 행정법의 일반원칙과 관련 판례 등을 소개하였다.

1. 공무원에 대한 징계처분의 기준

가. 일반직공무원에 대한 공무원 징계령 등의 징계기준

징계위원회가 징계등 사건을 의결할 때에는 징계등 혐의자의 평소 행실, 근무성적, 공적(功績), 뉘우치는 정도, 징계등 요구의 내용 또는 그 밖의 정상을 참작하여야 한다(공무원 징계령 제17조). 또한, 징계위원회가 징계등 사건을 의결할 때에는 비위와 부조리를 척결함으로써 공무집행의 공정성 유지와 깨끗한 공직사회의 구현 및 기강 확립에 주력하고, 직무와 관련한 금품수수 비위에 대하여 엄중히 책임을 물어야 한다(공무원 징계령 시행규칙 제2조 ②항).

예외적으로 공무원이 의무를 위반했음에도 불구하고, 그 비위의 정도가 약하고 과실로 인한 비위로서 ① 국가적으로 이익이 되고 국민생활에 편익을 주는 정책 또는 소관 법령의 입법목적을 달성하기 위하여 필수적인 정책 등을 수립·집행하거나, 정책목표의 달성을 위하여 업무처리 절차·방식을 창의적으로 개선하는 등 성실하고 능동적으로 업무를 처리하는 과정에서 발생한 것으로 인정되는 경우, ② 국가의 이익이나 국민생활에 큰 피해가 예견되어 이를 방지하기 위하여 정책을 적극적으로 수립·집행하는 과정에서 발생한 것으로서 정책을 수립·집행할 당시의 여건 또는 그 밖의 사회통념에 비추어 적법하게 처리될 것이라고 기대하기가 극히 곤란했던 것으로 인정되는 경우 중 어느 하나에 해당되는 경우에는 징계의결 또는 징계부가금 부과 의결을 하지 아니할 수 있다(공무원 징계령 시행규칙 제2조 ①, ③항).

따라서, 혐의자가 어떠한 의무를 위반하였고 그 비위의 정도가 어느 정도로 중하며 사회적인 비난가능성은 어떠한지 등에 대한 판단이 우선되어야 하겠으나, 위와 같이 혐의자의 평소 행실과 근무성적 및 공적 등도 참작하여야 하고 그 비위가 성실하고 능동적으로 업무를 처리하는 과정에서 발생한 것으로 인정될 수 있는 것인지 여부에 대한 다양한 요소들을 감안하여 징계처분이 이루어져야 할 것이고, 소청심사 단계에서도 이러한 제반정상 등을 종합적으로 고려하여 원처분의 적정성 여부를 판단하게 된다.

좀 더 세부적인 사항은 제6장(소청심사 결정요인에 대한 사례분석)의 제2절에서 기술하고 있는 '징계위원회에서의 징계의결시 결정요인'을 참고하기 바란다.

▪ 공무원 징계령

제17조(징계등의 정도 결정) 징계위원회가 징계등 사건을 의결할 때에는 징계등 혐의자의 평소 행실, 근무성적, 공적(功績), 뉘우치는 정도, 징계등 요구의 내용 또는 그 밖의 정상을 참작하여야 한다.

▪ 공무원 징계령 시행규칙

제2조(징계 또는 징계부가금의 기준) ① 징계위원회는 징계 또는 국가공무원법 제78조의2에 따른 징계부가금(이하 "징계부가금"이라 한다) 혐의자의 비위(非違)의 유형, 비위의 정도 및 과실의 경중과 평소의 행실, 근무성적, 공적(功績), 뉘우치는 정도 또는 그 밖의 정상 등을 참작하여 별표 1의 징계기준, 별표 1의2의 음주운전 징계기준 및 별표 1의3의 징계부가금 부과기준에 따라 징계 또는 징계부가금(이하 "징계등"이라 한다) 사건을 의결하여야 한다.

② 징계위원회가 징계등 사건을 의결할 때에는 비위와 부조리를 척결함으로써 공무집행의 공정성 유지와 깨끗한 공직사회의 구현 및 기강 확립에 주력하고, 직무와 관련한 금품수수 비위에 대하여 엄중히 책임을 물어야 한다. <개정 2010.8.2>

③ 제1항에도 불구하고 비위의 정도가 약하고 과실로 인한 비위로서 다음 각 호의 어느

하나에 해당되는 경우에는 징계의결 또는 징계부가금 부과 의결(이하 "징계의결등"이라 한다)을 하지 아니할 수 있다. <개정 2010.8.2>

1. 국가적으로 이익이 되고 국민생활에 편익을 주는 정책 또는 소관 법령의 입법목적을 달성하기 위하여 필수적인 정책 등을 수립·집행하거나, 정책목표의 달성을 위하여 업무처리 절차·방식을 창의적으로 개선하는 등 성실하고 능동적으로 업무를 처리하는 과정에서 발생한 것으로 인정되는 경우
2. 국가의 이익이나 국민생활에 큰 피해가 예견되어 이를 방지하기 위하여 정책을 적극적으로 수립·집행하는 과정에서 발생한 것으로서 정책을 수립·집행할 당시의 여건 또는 그 밖의 사회통념에 비추어 적법하게 처리될 것이라고 기대하기가 극히 곤란했던 것으로 인정되는 경우

제3조(비위행위자와 감독자에 대한 문책기준) ① 같은 사건에 관련된 행위자와 감독자에 대해서는 업무의 성질 및 업무와의 관련 정도 등을 참작하여 별표 2의 비위행위자와 감독자에 대한 문책기준에 따라 징계의결등을 하여야 한다.

② 제1항에도 불구하고 별표 2에 따른 문책 정도의 순위 1에 해당하지 아니하는 사람이 다음 각 호의 어느 하나에 해당하는 경우에는 징계의결등을 하지 아니할 수 있다.

1. 해당 비위를 발견하여 보고하였거나 이를 적법·타당하게 조치한 징계등 사건
2. 비위의 정도가 약하고 경과실인 징계등 사건
3. 철저하게 감독하였다는 사실이 증명되는 감독자의 징계사건

제4조(징계의 감경) ① 징계위원회는 징계의결이 요구된 사람에게 다음 각 호의 어느 하나에 해당하는 공적이 있는 경우에는 별표 3의 징계의 감경기준에 따라 징계를 감경할 수 있다. 다만, 그 공무원이 징계처분이나 이 규칙에 따른 경고를 받은 사실이 있는 경우에는 그 징계처분이나 경고처분 전의 공적은 감경 대상 공적에서 제외하며, 국가공무원법 제83조의2 제1항에 따른 징계사유의 시효가 5년인 비위, 성폭력범죄의 처벌 등에 관한 특례법에 따른 성폭력범죄, 성매매알선 등 행위의 처벌에 관한 법률에 따른 성매매, 국가인권위원회법 제2조 제3호 라목에 따른 성희롱 및 도로교통법 제44조 제1항에 따른 음주운전에 대한 징계는 감경할 수 없다. <개정 2011.11.1>

1. 상훈법에 따른 훈장 또는 포장을 받은 공적
2. 정부표창규정에 따라 국무총리 이상의 표창(공적상 및 창안상만 해당한다. 이하 이 호에서 같다)을 받은 공적. 다만, 비위행위 당시 6급 이하 공무원, 연구사, 지도사와 기능직공무원은 중앙행정기관장인 청장(차관급 상당 기관장을 포함한다) 이상의 표창을 받은 공적
3. 모범공무원규정에 따라 모범공무원으로 선발된 공적

② 징계위원회는 징계의결이 요구된 사람의 비위가 성실하고 능동적인 업무처리 과정에서 과실로 인하여 생긴 것으로 인정될 때에는 그 정상을 참작하여 별표 3의 징계의 감경기준에 따라 징계를 감경할 수 있다.

제5조(징계의 가중) ① 징계위원회는 서로 관련 없는 둘 이상의 비위가 경합될 경우에는 그 중 책임이 무거운 비위에 해당하는 징계보다 1단계 위의 징계로 의결할 수 있다.

② 징계위원회는 징계처분을 받은 사람에 대하여 공무원임용령 제32조에 따른 승진임용 제한기간 중에 발생한 비위로 다시 징계의결이 요구된 경우에는 그 비위에 해당하는 징계보다 2단계 위의 징계로 의결할 수 있고, 승진임용 제한기간이 끝난 후부터 1년 이내에 발생한 비위로 징계의결이 요구된 경우에는 1단계 위의 징계로 의결할 수 있다.

※ 공무원 징계령 시행규칙의 별표 1부터 별표 3은 각 유형별 비위의 정도 및 과실여부에 대한 징계처분의 기준과 행위자·감독자의 문책기준, 징계의 감경기준들을 구체적으로 정하고 있다. 이 기준들은 공무원의 청렴성에 대한 요구가 증대되고 사회의 인식변화로 그 징계기준이 높아지는 추세에 따라 수시로 개정되는 실정이므로 개별사건을 판단할 때마다 해당 징계기준을 매번 확인할 필요가 있다(별표의 기준들은 지면관계상 게재를 생략함).

나. 각 기관에서 자체적으로 시행하는 징계처분의 기준

(1) 경찰공무원의 경우

경찰 또는 소방공무원 등의 경우 그 책임 및 직무의 중요성과 신분 및 근무조건의 특수성에 따라 그 임용과 교육훈련, 복무, 신분보장 등에 관하여 국가공무원법에 대한 특례를 두는 경찰공무원법 또는 소방공무원법 등을 운용하고 있다.

특히, 경찰관의 경우(국가공무원 중 교원을 제외하고는 공무원 숫자가 제일 많다) 범법행위를 단속하는 직무의 중요성과 상명하복 관계가 분명한 경찰조직의 특성상 복종의무가 강조되는 신분 및 근무조건의 특수성 등으로 일반직공무원들의 징계보다 더 높은 수준의 징계처분 기준을 운영함에 따라 같은 비위라 하더라도 그 징계처분의 수위는 매우 다른 양상을 보이고 있다.

예를 들면, 경찰공무원은 음주단속권을 가진 단속주체로서 고도의 윤리성과 도덕성이 요구된다는 이유로 현행법상 '음주운전' 범위에 포함되지 않더라도, 술을 마신 상태에서 운전을 하는 경우에 문책을 하겠다는 지시공문을 시행 중에 있고(도로교통법상 혈중알코올 농도 0.05% 미만인 상태의 운전행위는 '음주운전'에 해당하지 않으나, 이 지시에 따른 복종의무 위반으로 징계를 하고 있다), 혈중알코올 농도 0.05% 이상인 상태에서의 '음주운전' 행위에 대해서도 아래 비교자료에서 보는 바와 같이 일반직공무원에 대한 징계처분 기준보다 훨씬 더 중한 처분을 하도록 규정하여 적용해 오고 있다.

표 5-1 일반직공무원과 경찰공무원의 징계처분기준 비교

적용대상	일반직공무원	경찰공무원
근거규정	공무원 징계령 시행규칙 별표 1의2	경찰공무원 징계양정 등에 관한 규칙 별표 3
음주운전의 유형	각 징계처분의 기준(개정일은 2011.11.1.로 동일함)	
최초 음주운전을 한 경우	견책~감봉	정직
음주운전으로 인적·물적 피해가 있는 교통사고를 일으킨 경우	감봉~정직	해임~강등
음주운전으로 사망사고를 일으킨 경우	강등~해임	파면~해임

▪ 경찰공무원 징계령

제16조(징계등의 정도) 징계위원회는 징계등 사건을 의결할 때에는 징계등 심의 대상자의 평소 행실, 근무 성적, 공적(功績), 뉘우치는 정도와 징계등 의결을 요구한 자의 의견을 고려하여야 한다.

▪ 경찰공무원 징계양정 등에 관한 규칙(경찰청예규 제465호, 2012.9.26, 일부개정)

제4조(행위자의 징계양정 기준) ① 징계의결요구권자 또는 징계위원회는 행위자에 대한 의무위반행위의 유형·정도, 과실의 경중, 평소의 행실, 근무성적, 공적, 뉘우치는 정도 또는 그 밖의 정상을 참작하여 별표 1, 별표 2, 별표 3, 별표 5, 별표 6의 징계양정기준에 따라 징계의결 요구 또는 징계의결하여야 한다.

② 징계요구권자 또는 징계위원회는 다음 각 호의 어느 하나에 해당하는 사유가 있을 때에는 징계책임을 감경하여 징계의결 요구 또는 징계의결하거나 징계책임을 묻지 아니할 수 있다.

1. 과실로 인하여 발생한 의무위반행위가 다른 법령에 의해 처벌사유가 되지 않고 비난

가능성이 없는 때

2. 국가 또는 공공의 이익을 증진하기 위해 성실하고 능동적으로 업무를 처리하는 과정에서 부분적인 절차상 하자 또는 비효율, 손실 등의 잘못이 발생한 때
3. 업무매뉴얼에 규정된 직무상의 절차를 충실히 이행한 때
4. 의무위반행위의 발생을 방지하기 위해 최선을 다하였으나 부득이한 사유로 결과가 발생하였을 때
5. 발생한 의무위반행위에 대하여 자진신고하거나 사후조치에 최선을 다하여 원상회복에 크게 기여한 때
6. 간첩 또는 사회이목을 집중시킨 중요사건의 범인을 검거한 공로가 있을 때

제5조(감독자의 징계양정 기준) ① 징계요구권자 또는 징계위원회는 감독자에 대한 감독의무위반 정도 등을 고려하여 별표 4, 별표 5, 별표 6, 별표 9의 기준에 따라 징계의결 요구 또는 징계의결하여야 한다. 다만, 감독자가 부하직원의 의무위반행위를 묵인·방조하거나 은폐·비호하였을 때에는 행위자와 동일한 양정으로 징계의결 요구 또는 징계의결하여야 한다.

② 징계요구권자 또는 징계위원회는 감독자에게 다음 각 호의 어느 하나에 해당하는 사유가 있을 때에는 징계책임을 감경하여 징계의결 요구 또는 징계의결하거나 징계책임을 묻지 아니할 수 있다.

1. 부하직원의 의무위반행위를 사전에 발견하여 적법 타당하게 조치한 때
2. 부하직원의 의무위반행위가 감독자 또는 행위자의 비번일, 휴가기간, 교육기간 등에 발생하거나, 소관업무와 직접 관련 없는 등 감독자의 실질적 감독범위를 벗어났다고 인정된 때
3. 부임기간이 1개월 미만으로 부하직원에 대한 실질적인 감독이 곤란하다고 인정된 때
4. 교정이 불가능하다고 판단된 부하직원의 사유를 명시하여 인사상 조치(전출 등)를 상신하는 등 성실히 관리한 이후에 같은 부하직원이 의무위반행위를 야기하였을 때
5. 기타 부하직원에 대하여 평소 철저한 교양감독 등 감독자로서의 임무를 성실히 수행하였다고 인정된 때

제8조(징계사유의 경합) ① 징계의결요구권자 또는 징계위원회는 서로 관련이 없는 2개 이상의 의무위반행위가 경합될 때에는 그 중 책임이 중한 의무위반행위에 해당하는 징계보다 한 단계 위의 징계의결 요구 또는 징계의결을 할 수 있다.

② 하나의 행위가 동시에 여러 종류의 의무위반행위에 해당될 때에도 제1항과 같다.

제9조(상훈 감경) ① 징계위원회는 징계의결이 요구된 자가 다음 각 호의 어느 하나에 해당하는 공적이 있는 경우 별표 10에 따라 징계를 감경할 수 있다.

<각호 및 이하 생략>

제10조(적용 등) 이 규칙에 규정되지 않은 징계위원회에서의 의결에 관한 사항 및 기타 징계 및 징계부가금 부과 절차에 관한 사항은 공무원 징계령 시행규칙에 따르고, 열거되지 아니한 의무위반행위가 징계사유로 될 때에는 그 의무위반행위와 가장 유사한 항에 정한 징계의 종류를 적용한다.

---

(2) 검찰・소방・조달청 공무원의 경우

이들 기관들도 담당직무의 특수성에 맞게 자체적인 징계기준을 마련하여 운영하고 있는데, 검찰청은 '검찰공무원의 범죄 및 비위 처리 지침'(대검찰청예규 제577호, 2011.11.29, 일부개정), 조달청은 '조달청 공무원의 징계 등에 관한 규정'(조달청훈령 제1530호, 2011.12.28, 일부개정), 소방방재청은 '소방공무원 징계양정 등에 관한 규칙'(소방방재청훈령 제182호, 2009.7.17, 일부개정) 등의 징계기준을 별도로 운영하고 있다.

이 외에도 대부분의 기관들은 소속 공무원들의 기강을 확립하고 국민에게 봉사하는 공무원상을 정립하기 위하여 기관 특성에 따른 개별적 징계기준을 운용하고 있다. 이와 같은 세부적인 기준들은 각 기관의 징계처분에 반영될 뿐만 아니라 소청심사위원회도 가급적 이를 존중하여 원처분의 적정성을 판단하는 기준으로 활용하게 된다.

다. 자체 처분기준에 대한 소청심사위원회 및 사법부의 판단 경향

이와 같이 각 기관의 특성에 따라 자체적으로 제정된 훈령 또는 예규의 징계기준을 어떻게 볼 것인가가 문제된다.

대법원은 행정 각부의 장이 소관사무에 관하여 법률이나 대통령령의 위임 또는 직권으로 발하는 명령(부령인 시행규칙)에 대하여도, 행정처분 등에 관한 사무처리기준과 처분절차 등 행정청 내의 사무처리준칙을 규정한 것에 불과하므로 행정조직 내부에 있어서의 행정명령의 성격을 지닐 뿐 대외적으로 국민이나 법원을 구속하는 힘이 없다는 이유로서, 그 기준이 상위법령의 취지에 적합하지 않은 과도한 기준에 해당한다고 판단할 경우 이를 배척하는 태도를 취하기도 한다.

특별행정심판절차인 소청심사에서도 행정청 내에서 재판의 전심절차로서 사법절차가 준용되는 사법작용으로서의 기능이 있다 할 것이므로, 직접적으로 법령을 집행하는 처분청과는 달리 징계처분 등의 원인이 된 위반행위의 정도·유형·정황 또는 동기 등을 살펴 정상을 참작할 수 있고 처분기준의 근본취지에 저촉되지 않다면 예외적으로 당해 근거법률에서 규정된 범위 내에서 원처분을 변경할 수 있으나, 행정의 자기통제기능을 수행하는 소청심사에서는 시행규칙의 법규성을 부인하는 사례가 거의 없고, 더 나아가 각 기관이 훈령 또는 예규로서 조직구성원 전체에 대하여 일관되고 형평성 있게 적용하는 징계기준도 대부분 존중하여 심사결정에 반영하고 있다고 보인다.

그러나, 소청심사위원회는 당해 소청심사 청구의 대상인 처분이나 부작위의 법률문제에 한하지 아니하고 당·부당의 재량문제를 포함한 사실문제에 대해서도 심리할 수 있다. 이는 행정심판이 위법한 처분이나 부작위뿐만 아니라 부당한 처분 등에 대해서도 심리할 수 있는 데에 근거를 두고 있다.

따라서, 법원은 당해 처분이 '부당'함에 그칠 뿐 위법한 수준에 이른 것으로 보기 어려울 때에는 그 원처분을 취소할 수 없는 사법심사의 한계를 갖고 있으나, 소청심사위원회는 특별행정심판절차로서 당해 처분이 위법한 것은 아니라도 '부당'함을 이유로 원처분을 취소 또는 변경할 수 있으므로 그 심사범위가 법원보다 더 넓다고 할 것이다.

대법원 판례

| 부령인 시행규칙 또는 지방자치단체의 규칙으로 정한 행정처분의 기준의 법적 성질 |

규정형식상 부령인 시행규칙 또는 지방자치단체의 규칙으로 정한 행정처분의 기준은 행정처분 등에 관한 사무처리기준과 처분절차 등 행정청 내의 사무처리준칙을 규정한 것에 불과하므로 행정조직 내부에 있어서의 행정명령의 성격을 지닐 뿐 대외적으로 국민이나 법원을 구속하는 힘이 없고, 그 처분이 위 규칙에 위배되는 것이라 하더라도 위법의 문제는 생기지 아니하고, 또 위 규칙에서 정한 기준에 적합하다 하여 바로 그 처분이 적법한 것이라고도 할 수 없으며, 그 처분의 적법 여부는 위 규칙에 적합한지의 여부에 따라 판단할 것이 아니고 관계 법령의 규정 및 그 취지에 적합한 것인지 여부에 따라 개별적·구체적으로 판단하여야 한다(대법원 1995.10.17. 선고 94누14148 전원합의체 판결, 자동차운행정지가처분취소등).

| 평등의 원칙 또는 행정의 자기구속의 법리에 관한 대법원 판례 |

식품위생법 시행규칙 제53조에 따른 별표 15의 행정처분기준은 행정기관 내부의 사무처리준칙을 규정한 것에 불과하기는 하지만 규칙 제53조 단서의 식품 등의 수급정책 및 국민보건에 중대한 영향을 미치는 특별한 사유가 없는 한 행정청은 당해 위반사항에 대하여 위 처분기준에 따라 행정처분을 함이 보통이라 할 것이므로, 행정청이 이러한 처분기준을 따르지 아니하고 특정한 개인에 대하여만 위 처분기준을 과도하게 초과하는 처분을 한 경우에는 재량권의 한계를 일탈하였다고 볼 만한 여지가 충분하다(대법원 1993.6.29. 선고 93누5635 판결, 대중음식점업영업정지처분취소).

헌재 판례

| 행정의 자기구속의 법리에 관한 헌법재판소 결정례 |

행정규칙이 법령의 규정에 의하여 행정관청에 법령의 구체적 내용을 보충할 권한을 부여한 경우, 또는 재량권행사의 준칙인 규칙(規則)이 그 정한 바에 따라 되풀이 시행되어 행정관행이 이룩되게 되면, 평등의 원칙이나 신뢰보호의 원칙에 따라 행정기관은 그 상대방에 대한 관계에서 그 규칙에 따라야할 자기구속(自己拘束)을 당하게 되고, 그러한 경우에는 대외적인 구속력을 가지게 된다 할 것이다.
그러나, 이 사건 인사관리원칙은 중등학교 교원(敎員) 등에 대한 임용권을 적정하게 행사하기 위하여 그 기준을 일반적・추상적 형태로 제정한 조직 내부의 사무지침에 불과하므로, 그 변경으로 말미암아 청구인(교원)의 기본권이나 법적 이익이 침해당한 것이 아니다(1990.9.3. 90헌마13 헌법재판소 전원재판부).

관련 질의 회신

Q 행정심판위원회가 시행규칙의 처분기준과 다르게 의결할 수 있는지 여부?

A 법규위반행위에 대한 행정처분은 국민의 권리・의무에 직접적으로 관계되므로 법률에 그 근거를 두고 있으나 그에 따른 처분기준은 대부분 시행규칙에 위임되어 있는바, 이는 행정처분의 내용이 위반행위의 정도 및 유형에 비례하여 형평을 이루도록 하고 행정의 예측가능성을 높여 행정청의 과도한 재량권 행사로부터 국민의 권리를 보호하려는 취지라 할 것이므로 행정의 자기통제기능을 수행하는 행정심판에서는 시행규칙의 법규성을 부인하는 법원의 판례에 불구하고 일응 위 처분기준에 따라 처분의 위법・부당여부를 심리・의결함이 타당하다고 생각합니다.

> 다만, 행정심판은 행정청 내에서 재판의 전심절차로서 사법절차가 준용되는 사법작용으로서의 기능이 있다 할 것이므로, 직접적으로 법령을 집행하는 처분청과는 달리 행정처분의 원인이 된 위반행위의 정도・유형・정황 또는 동기 등을 살펴 정상을 참작할 수 있고 처분기준의 근본 취지에 저촉되지 않다면 예외적으로 당해 근거법률에서 규정된 범위 내에서 원처분을 변경할 수 있다 할 것입니다.
> (1997.7.18. 국행심 61240-364)[4)]

2. 행정절차법에 규정된 처분의 일반원칙

'공무원 인사관계법령에 의한 징계 기타 처분에 관한 사항'은 행정절차법의 적용이 배제(절차법 제3조)되고 있기는 하나, 행정절차법이 규정한 아래의 일반원칙 등은 구체적 사안에 대한 소청심사의 판단기준으로도 적용될 수 있으므로 주요 부분을 소개한다.

가. 행정법의 일반원칙

행정절차법은 '행정절차에 관한 공통적인 사항을 규정하여 국민의 행정참여를 도모함으로써 행정의 공정성・투명성 및 신뢰성을 확보하고 국민의 권익을 보호함을 목적으로 제정(제1조)'되어 행정처분의 절차 등을 규정하고 있다.

행정절차의 일반원칙으로서, ① 신의성실의 원칙으로 "행정청은 직무를 수행함에 있어서 신의에 따라 성실히 하여야 한다"(절차법 제4조 ①항), ② 신뢰보호의 원칙으로 "행정청은 법령등의 해석 또는 행정청의 관행이 일반적으로 국민들에게 받아들여진 때에는 공익 또는 제3자의 정당한 이익을 현저히 해할 우려가 있는 경우를 제외하고는 새로운 해석 또는 관행에 의하여 소급하여 불리하게 처리하여서는 아니 된다"(절차법 제4조 ②항), ③ 투명성의 원칙으로 "행정청이 행하는 행정작용은 그 내용이 구체적이고 명확하여야 하며, 행정작용의 근거가 되는 법령등의 내용이 명확하지 아니한 경우 상대방은 당해 행정청에 대하여 그 해석

4) 국무총리행정심판위원회(법제처), 행정심판의 이론과 실제(2002), 351쪽 참조.

을 요청할 수 있다. 이 경우 당해 행정청은 특별한 사유가 없는 한 이에 응하여야 한다"(절차법 제5조)의 세 가지 원칙을 천명하고 있다.

이는 국민의 행정에 대한 절차적 기본권을 보호하기 위하여 1996.12.31.에 제정되어 1998.1.1.부터 시행된 행정절차법의 기본원칙이므로, 처분권자가 소속 공무원에 대하여 그 권리를 제한하는 불이익 처분을 행하는 때에도 준용될 수 있다고 본다.

대법원 판례

| 신의성실 원칙의 의미와 그 위배를 이유로 권리행사를 부정하기 위한 요건 |

신의성실의 원칙은 법률관계의 당사자가 상대방의 이익을 배려하여 형평에 어긋나거나, 신의를 저버리는 내용 또는 방법으로 권리를 행사하거나 의무를 이행하여서는 아니 된다는 추상적 규범으로서, 신의성실의 원칙에 위배된다는 이유로 그 권리의 행사를 부정하기 위해서는 상대방에게 신의를 공여하였다거나 객관적으로 보아 상대방이 신의를 가짐이 정당한 상태에 있어야 하고, 이러한 상대방의 신의에 반하여 권리를 행사하는 것이 정의관념에 비추어 용인될 수 없는 정도의 상태에 이르러야 한다(대법원 2011.2.10. 선고 2009다68941 판결, 보증채무금).

| 실권 또는 실효의 법리의 의미 |

실권 또는 실효의 법리는 법의 일반원리인 신의성실의 원칙에 바탕을 둔 파생원칙인 것이므로 공법관계 가운데 관리관계는 물론이고 권력관계에도 적용되어야 함을 배제할 수는 없다 하겠으나 그것은 본래 권리행사의 기회가 있음에도 불구하고 권리자가 장기간에 걸쳐 그의 권리를 행사하지 아니하였기 때문에 의무자인 상대방은 이미 그의 권리를 행사하지 아니할 것으로 믿을 만한 정당한 사유가 있게 되거나 행사하지 아니할 것으로 추인케 할 경우에 새삼스럽게 그 권리를 행사하는 것이 신의성실의 원칙에 반하는 결과가 될 때 그 권리행사를 허용하지 않는 것을 의미한다(대법원 1988.4.27. 선고 87누915 판결, 행정서사허가취소처분취소).

| 행정청의 행위에 대하여 신뢰보호의 원칙이 적용되기 위한 요건과 그 요건인 행정청의 공적 견해표명이 있었는지 여부의 판단 기준 및 개인의 귀책사유의 의미 |

일반적으로 행정상의 법률관계에 있어서 행정청의 행위에 대하여 신뢰보호의 원칙이 적용되기 위하여는, 첫째, 행정청이 개인에 대하여 신뢰의 대상이 되는 공적인 견해표명을 하여야 하고, 둘째, 행정청의 견해표명이 정당하다고 신뢰한 데에 대하여 그 개인에게 귀책사유가 없어야 하며, 셋째, 그 개인이 그 견해표명을 신뢰하고 이에 기초하여 어떠한 행위를 하였어야 하고, 넷째, 행정청이 위 견해표명에 반하는 처분을 함으로써 그 견해표명을 신뢰한 개인의 이익이 침해되는 결과가 초래되어야 하는바, 어떠한 행정처분이 이러한 요건을 충족하는 때에는 공익 또는 제3자의 정당한 이익을 현저히 해할 우려가 있는 경우가 아닌 한 신뢰보호의 원칙에 반하는 행위로서 위법하다. 한편, 행정청의 공적 견해표명이 있었는지의 여부를 판단함에 있어서는, 반드시 행정조직상의 형식적인 권한분장에 구애될 것은 아니고, 담당자의 조직상의 지위와 임무, 당해 언동을 하게 된 구체적인 경위 및 그에 대한 상대방의 신뢰가능성에 비추어 실질에 의하여 판단하여야 하고, 그 개인의 귀책사유라 함은 행정청의 견해표명의 하자가 상대방 등 관계자의 사실은폐나 기타 사위의 방법에 의한 신청행위 등 부정행위에 기인한 것이거나 그러한 부정행위가 없더라도 하자가 있음을 알았거나 중대한 과실로 알지 못한 경우 등을 의미한다고 해석함이 상당하고, 귀책사유의 유무는 상대방과 그로부터 신청행위를 위임받은 수임인 등 관계자 모두를 기준으로 판단하여야 한다(대법원 2008.1.17. 선고 2006두10931 판결, 국적이탈신고서반려처분취소).

나. 침익적 행정행위의 경우 처분의 사전통지와 의견청취

행정청은 당사자에게 의무를 과하거나 권익을 제한하는 처분을 하는 경우에는 미리 다음 각 호의 사항을 당사자등에게 통지하여야 하고, 행정청이 당사자에게 의무를 과하거나 권익을 제한하는 처분을 하는 경우에는 청문 또는 의견제출의 기회를 주어야 한다(절차법 제21조, 제22조).

'공무원 인사관계법령에 의한 징계 기타 처분에 관한 사항'은 행정절차법의 적용이 배제되므로 징계위원회 등에 출석진술의 기회가 부여된 징계처분 등은 문제될 소지가 없으나, 징계처분이 아닌 다른 불이익 처분을 하는 경우에 청문 또는 의견제출의 기회를 부여하지 않는 등의 특별한 사정이 존재한다면 아래 대법원 판례(2006두20631)의 경우처럼 소청심사에서도 당해 처분을 취소할 수 있다고 본다.

행정절차법

제21조(처분의 사전통지) ① 행정청은 당사자에게 의무를 과하거나 권익을 제한하는 처분을 하는 경우에는 미리 다음 각 호의 사항을 당사자등에게 통지하여야 한다.

1. 처분의 제목

2. 당사자의 성명 또는 명칭과 주소
3. 처분하고자 하는 원인이 되는 사실과 처분의 내용 및 법적 근거
4. 제3호에 대하여 의견을 제출할 수 있다는 뜻과 의견을 제출하지 아니하는 경우의 처리방법
5. 의견제출기관의 명칭과 주소
6. 의견제출기한
7. 기타 필요한 사항

② 행정청은 청문을 실시하고자 하는 경우에 청문이 시작되는 날부터 10일 전까지 제1항 각 호의 사항을 당사자등에게 통지하여야 한다. 이 경우 제1항 제4호 내지 제6호의 사항은 청문주재자의 소속·직위 및 성명, 청문의 일시 및 장소, 청문에 응하지 아니하는 경우의 처리방법등 청문에 필요한 사항으로 갈음한다.

③ 제1항 제6호에 의한 기한은 의견제출에 필요한 상당한 기간을 고려하여야 한다.

④ 다음 각 호의 1에 해당하는 경우에는 제1항의 규정에 의한 통지를 아니할 수 있다.

1. 공공의 안전 또는 복리를 위하여 긴급히 처분을 할 필요가 있는 경우
2. 법령등에서 요구된 자격이 없거나 없어지게 되면 반드시 일정한 처분을 하여야 하는 경우에 그 자격이 없거나 없어지게 된 사실이 법원의 재판등에 의하여 객관적으로 증명된 때
3. 당해 처분의 성질상 의견청취가 현저히 곤란하거나 명백히 불필요하다고 인정될 만한 상당한 이유가 있는 경우

제22조(의견청취) ① 행정청이 처분을 함에 있어서 다음 각 호의 1에 해당하는 경우에 청문을 실시한다.

1. 다른 법령등에서 청문을 실시하도록 규정하고 있는 경우
2. 행정청이 필요하다고 인정하는 경우

② 행정청이 처분을 함에 있어서 다음 각 호의 1에 해당하는 경우에 공청회를 개최한다.

1. 다른 법령등에서 공청회를 개최하도록 규정하고 있는 경우
2. 당해 처분의 영향이 광범위하여 널리 의견을 수렴할 필요가 있다고 행정청이 인정하는 경우

③ 행정청이 당사자에게 의무를 과하거나 권익을 제한하는 처분을 함에 있어서 제1항 또는 제2항의 경우 외에는 당사자등에게 의견제출의 기회를 주어야 한다.

④ 제1항 내지 제3항의 규정에 불구하고 제21조 제4항 각 호의 1에 해당하는 경우와 당사자가 의견진술의 기회를 포기한다는 뜻을 명백히 표시한 경우에는 의견청취를 아니할 수 있다.

⑤ 행정청은 청문·공청회 또는 의견제출을 거친 때에는 신속히 처분하여 당해 처분이 지연되지 아니하도록 하여야 한다.
⑥ 행정청은 처분 후 1년 이내에 당사자등의 요청이 있는 경우에는 청문·공청회 또는 의견제출을 위하여 제출받은 서류 기타 물건을 반환하여야 한다.

대법원 판례

| 공무원 인사관계 법령에 의한 처분에 관한 사항에 대하여 행정절차법의 적용이 배제되는 범위 |

행정과정에 대한 국민의 참여와 행정의 공정성, 투명성 및 신뢰성을 확보하고 국민의 권익을 보호함을 목적으로 하는 행정절차법의 입법목적과 행정절차법 제3조 제2항 제9호의 규정 내용 등에 비추어 보면, 공무원 인사관계 법령에 의한 처분에 관한 사항 전부에 대하여 행정절차법의 적용이 배제되는 것이 아니라 성질상 행정절차를 거치기 곤란하거나 불필요하다고 인정되는 처분이나 행정절차에 준하는 절차를 거치도록 하고 있는 처분의 경우에만 행정절차법의 적용이 배제된다.
행정청이 침해적 행정처분을 하면서 당사자에게 행정절차법상의 사전통지를 하거나 의견제출의 기회를 주지 아니하였다면 사전통지를 하지 않거나 의견제출의 기회를 주지 아니하여도 되는 예외적인 경우에 해당하지 아니하는 한 그 처분은 위법하여 취소를 면할 수 없다.
군인사법령에 의하여 진급예정자명단에 포함된 자에 대하여 의견제출의 기회를 부여하지 아니한 채 진급선발을 취소하는 처분을 한 것이 절차상 하자가 있어 위법하다고 한 사례(대법원 2007.9.21. 선고 2006두20631 판결, 진급낙천처분취소).

| 개별법에 따로 규정된 절차와 행정절차법의 관계 |

행정절차법 제3조 제1항은 "행정절차에 관하여 다른 법률에 특별한 규정이 있는 경우를 제외하고는 이 법이 정하는 바에 의한다"고 규정하고 있는바, 이는 행정절차법이 행정절차에 관한 일반법임을 밝힘과 아울러, 매우 다양한 형식으로 행하여지는 행정작용에 대하여 일률적으로 행정절차법을 적용하는 것이 적절하지 아니함을 고려하여, 다른 법률이 행정절차에 관한 특별한 규정을 적극적으로 두고 있는 경우이거나 다른 법률이 명시적으로 행정절차법의 규정을 적용하지 아니한다고 소극적으로 규정하고 있는 경우에는 행정절차법의 적용을 배제하고 다른 법률의 규정을 적용한다는 뜻을 밝히고 있는 것이다(대법원 2002.2.5. 선고 2001두7138 판결, 취임승인취소처분등취소).

3. 징계권자의 재량권의 한계

공무원인 피징계자에게 징계사유가 있어서 징계처분을 하는 경우 어떠한 처분을 할 것인가는 징계권자의 재량에 해당하나, 그 재량권의 행사가 사회통념상 현저하게 타당성을 잃었을 때에는 위법한 것이 되어 취소의 대상이 될 수 있다.

일반적으로 법원에서는 원처분이 과중하다고 판단할 경우에 재량권의 일탈·남용을 들어 원처분을 취소함으로써 처분청으로 하여금 합리적 수준으로 재징계 또는 불문 처리를 유도하고 있으나, 소청심사위원회는 원처분의 징계양정을 합리적 수준으로 직접 감경·조정해줌으로써 처분청의 재징계 절차를 피하고 있다.

대법원 판례

| 징계재량권의 한계를 벗어난 징계처분의 효력 및 그 판단 기준 |

공무원인 피징계자에게 징계사유가 있어서 징계처분을 하는 경우 어떠한 처분을 할 것인가는 징계권자의 재량에 맡겨진 것이고, 다만 징계권자가 재량권의 행사로서 한 징계처분이 사회통념상 현저하게 타당성을 잃어 징계권자에게 맡겨진 재량권을 남용한 것이라고 인정되는 경우에 한하여 그 처분을 위법하다고 할 수 있고, 공무원에 대한 징계처분이 사회통념상 현저하게 타당성을 잃었다고 하려면 구체적인 사례에 따라 징계의 원인이 된 비위사실의 내용과 성질, 징계에 의하여 달성하려고 하는 행정목적, 징계 양정의 기준 등 여러 요소를 종합하여 판단할 때에 그 징계 내용이 객관적으로 명백히 부당하다고 인정할 수 있는 경우라야 하고, 징계권의 행사가 임용권자의 재량에 맡겨진 것이라고 하여도 공익적 목적을 위하여 징계권을 행사하여야 할 공익의 원칙에 반하거나 일반적으로 징계사유로 삼은 비행의 정도에 비하여 균형을 잃은 과중한 징계처분을 선택함으로써 비례의 원칙에 위반하거나 또는 합리적인 사유 없이 같은 정도의 비행에 대하여 일반적으로 적용하여 온 기준과 어긋나게 공평을 잃은 징계처분을 선택함으로써 평등의 원칙에 위반한 경우에 이러한 징계처분은 재량권의 한계를 벗어난 처분으로서 위법하다 할 것이다(대법원 1999.11.26. 선고 98두6951 판결, 해임처뷰취소).

| 교통법규 위반 운전자로부터 1만 원을 받은 경찰공무원을 해임처분한 것이 징계재량권의 일탈·남용이 아니라고 한 사례 |

경찰공무원이 그 단속의 대상이 되는 신호위반자에게 먼저 적극적으로 돈을 요구하고 다른 사람이 볼 수 없도록 돈을 접어 건네주도록 전달방법을 구체적으로 알려 주었으며 동승자에게 신고시 범칙금 처분을 받게 된다는 등 비위신고를 막기 위한 말까지 하고 금품을 수수한 경우, 비록 그 받은 돈이 1만 원에 불과하더라도 위 금품수수행위를 징계사유로 하여 당해 경찰공무원을 해임처분한 것은 징계재량권의 일탈·남용이 아니라고 한 사례(대법원 2006.12.21. 선고 2006두16274 판결, 해임처분취소).

| 징계처분사유 전후에 저지른 징계사유로 되지 아니한 비위사실이 징계양정의 참고자료로 될 수 있는지 여부(적극) |

징계처분이 재량권의 한계를 벗어난 것인지 여부를 판단함에 있어서는 피징계자의 평소의 소행, 근무성적, 징계처분 전력 이외에도 당해 징계처분사유 전후에 저지른 징계사유로 되지 아니한 비위사실도 징계양정에 있어서의 참고자료가 될 수 있다(대법원 2004.6.25. 선고 2002다51555 판결, 징계해고무효확인청구등).

| 징계양정의 재량권 일탈 여부를 판단함에 있어서 사면된 징계처분의 경력참작 가부 |

원심이 피고(부산직할시장)의 원고에 대한 징계양정이 재량권을 일탈한 것인지 여부를 판단함에 있어서 이미 사면된 징계처분의 경력을 참작하였다고 하여 위법하다고 할 수는 없다(대법원 1983.11.22. 선고 83누321 판결, 파면처분취소).

4. 형사판결에서 유죄로 인정한 증거의 증명력

형사재판에 있어 유죄의 인정은 법관으로 하여금 합리적인 의심을 할 여지가 없을 정도로 공소사실이 진실한 것이라는 확신을 가지게 할 수 있는 증명력을 가진 증거에 의하여야 하고, 이러한 정도의 심증을 형성하는 증거가 없다면 피고인이 유죄라는 의심이 간다 하더라도 피고인의 이익으로 판단할 수밖에 없다.

또한, 형사재판의 증거의 증명력은 법관의 자유판단에 맡겨져 있으나 그 판단은 논리와 경험칙에 합치하여야 하고, 형사재판에 있어서 유죄로 인정하기 위한 심증형성의 정도는 합리적인 의심을 할 여지가 없을 정도여야 하나, 합리성이 없는 모든 가능한 의심을 배제할 정도에 이를 것까지 요구하는 것은 아니다.

형사사건의 판결에서 인정된 사실은 그와 관련된 민사나 행정소송에서 유력한 증거자료가 되는 것이므로 특별한 사정이 없는 한 형사사건에서 인정된 것과 반대되는 사실을 인정하여서는 아니 되므로,[5] 이러한 견지에서 소청심사에서도 확정된 형사판결의 증거인정은 특별한 사정이 없는 한 그대로 증거로 채택하여 징계사유로 인정한다.

형사사건으로 기소되어 그 피의사실을 이유로 징계처분을 받았는데, 그 형사사건이 무죄로 확정판결된 경우 관련 징계사건 또한 무효 또는 취소로 처리해야 하는지가 문제된다.

형사재판에서의 무죄판결은 공소사실에 대하여 증거능력 있는 엄격한 증거에 의하여 법관으로 하여금 합리적인 의심을 배제할 정도의 확신을 가지게 하는 입증이 없다는 의미일 뿐 공소사실의 부존재가 증명되었다는 의미는 아니라 하고, 이러한 경우 그 징계처분이 근거 없는 사실을 징계사유로 삼은 것이 되어 위법하다고는 할 수 있으나 그 하자가 객관적으로 명백하다고는 할 수 없으므로 징계처분이 당연무효가 되는 것은 아니라고 한 대법원의 판례가 있다.

따라서, 소청인이 당해 처분사유 설명서를 교부받은 날부터 30일이 경과하기 전에 적법하게 소청심사를 청구한 경우에는, 관련 무죄판결의 확정을 이유로 그 징계처분을 취소할 수 있을 것이나, 위 소청제기기간(30일)을 경과한 뒤에 제기한 소청심사청구는 불가쟁력이 발생한 상태여서 그 취소를 할 수 없을 뿐만 아니라 당연무효에 해당한다고 단정할 수도 없으므로, 피징계자가 무죄를 다투는 형사소송을 진행하면서 징계처분의 부당함을 함께 다투고자 한다면 반드시 적법한 기간 내에 소청심사를 제기해야 할 것이다.

대법원 판례

| 형사재판에 있어 유죄의 인정을 위한 증거의 증명력 정도 및 간접증거의 증명력 |

형사재판에 있어 유죄의 인정은 법관으로 하여금 합리적인 의심을 할 여지가 없을 정도로 공소사실이 진실한 것이라는 확신을 가지게 할 수 있는 증명력을 가진 증거

5) 이에 반해 형사재판은 민사판결의 확정사실에 구속을 받는 것은 아니다는 판례가 있는 것으로 볼 때, 민사재판에서 인정된 사실의 증명력은 형사재판의 그것보다 약하다고 볼 수 있다.

※ 형사재판에 있어서 관련된 민사사건의 판결에서 인정된 사실은 공소사실에 대하여 유력한 인정자료가 된다고 할지라도, 반드시 그 민사판결의 확정사실에 구속을 받는 것은 아니다(대법원 1996.8.23. 선고 95도192 판결).

에 의하여야 하고, 이러한 정도의 심증을 형성하는 증거가 없다면 피고인이 유죄라는 의심이 간다 하더라도 피고인의 이익으로 판단할 수밖에 없으나, 그와 같은 심증이 반드시 직접증거에 의하여 형성되어야만 하는 것은 아니고 경험칙과 논리법칙에 위반되지 아니하는 한 간접증거에 의하여 형성되어도 되는 것이며, 간접증거가 개별적으로는 범죄사실에 대한 완전한 증명력을 가지지 못하더라도 전체 증거를 상호 관련하에 종합적으로 고찰할 경우 그 단독으로는 가지지 못하는 종합적 증명력이 있는 것으로 판단되면 그에 의하여도 범죄사실을 인정할 수 있다(대법원 2001.11.27. 선고 2001도4392 판결, 살인・살인미수・사기・사기미수).

| 형사재판에서 유죄로 인정하기 위한 심증형성의 정도 |

증거의 증명력은 법관의 자유판단에 맡겨져 있으나 그 판단은 논리와 경험칙에 합치하여야 하고, 형사재판에 있어서 유죄로 인정하기 위한 심증형성의 정도는 합리적인 의심을 할 여지가 없을 정도여야 하나, 합리성이 없는 모든 가능한 의심을 배제할 정도에 이를 것까지 요구하는 것은 아니다(대법원 2006.5.25. 선고 2003도3945 판결, 직권남용감금・허위공문서작성・허위작성공문서행사・공용서류은닉).

| 형사사건에 관련된 민사 및 행정소송에서 형사사건에서 인정한 것과 반대되는 사실의 인정 가부 |

형사사건의 판결에서 인정된 사실은 그와 관련된 민사나 행정소송에서 유력한 증거자료가 되는 것이므로 특별한 사정이 없는 한 형사사건에서 인정된 것과 반대되는 사실을 인정하여서는 아니된다(대법원 1981.1.27. 선고 80누13 판결, 파면처분취소).

| 형사재판에서의 무죄판결의 의미 |

형사재판에서의 무죄판결은 공소사실에 대하여 증거능력 있는 엄격한 증거에 의하여 법관으로 하여금 합리적인 의심을 배제할 정도의 확신을 가지게 하는 입증이 없다는 의미일 뿐 공소사실의 부존재가 증명되었다는 의미는 아니고, 또 형사재판의 증인이나 참고인은 스스로 체험한 사실을 기억나는 대로 진술하면 되고, 객관적 사실에 일치하는 진술을 할 의무가 있는 것은 아니라고 할 것이다(대법원 2005.12.23. 선고 2004다46366 판결, 손해배상(기)).

| 징계사유로 문제된 동일한 사실로 기소되어 1심법원에서 유죄판결까지 선고받았지만 그 후 그 사실에 관하여 무죄판결이 확정되었다면 징계처분의 당연무효사유로 되는지 여부(소극) |

행정처분은 그 하자가 중대할 뿐만 아니라 객관적으로도 명백한 경우에 한하여 당연무효라고 보게 되는 것이고, 한편 징계사유로 문제된 동일한 사실로 기소되어 1

심법원에서 유죄판결까지 선고받았다면, 비록 그 후 그 사실에 관하여 무죄판결이 확정됨으로써 위 징계처분이 결과적으로 증거 없이 이루어진 셈이 되었다고 하더라도 이는 결국 증거판단을 잘못하여 사실을 오인한 경우에 불과하고 이러한 위법사유는 취소사유에는 해당될지언정 당연무효사유로는 되지 않는다(대법원 1992.5.22. 선고 91누12196 판결, 해임처분무효확인).

| 징계처분 후 징계사유에 대한 형사사건에서 무죄가 확정된 경우 그 징계처분이 당연무효인지 여부 |

징계처분 후 징계사유에 대한 형사사건으로 1심에서 유죄판결이 선고되었으나 그 후 항소심에서 무죄판결이 선고되고 이 판결이 대법원에서 확정되었다면 그 징계처분이 근거 없는 사실을 징계사유로 삼은 것이 되어 위법하다고는 할 수 있으나 그 하자가 객관적으로 명백하다고는 할 수 없으므로 징계처분이 당연무효가 되는 것은 아니다(대법원 1994.1.11. 선고 93누14752 판결, 파면처분취소).

5. 기타 징계사유의 인정여부에 관한 판단의 기준

원칙적으로 징계위원회는 처분권자가 의결 요구한 사실, 즉 징계의결요구서에 포함된 사항에 대해서만 심리·의결할 수 있다고 할 것이나, 그 혐의내용의 기초사실에 동일성이 인정되고 혐의자의 방어권 행사에 지장을 주는 것이 아니라고 판단되는 범위 내에서 그 혐의사실을 확대하여 판단하는 것이 가능하다고 본다.

또한, 소청심사위원회가 당해 징계처분의 적정성을 심리·판단할 때에는 ① 어떤 비위행위가 징계사유로 되어 있느냐 여부는 구체적인 자료들을 통하여 징계위원회 등에서 그것을 징계사유로 삼았는가 여부에 의하여 결정되어야 하는 것이지, 반드시 징계의결서나 징계처분서에 기재된 징계규정 소정의 징계근거사유만으로 징계사유를 한정하여야만 하는 것은 아니고, ② 수개의 징계사유 중 일부가 인정되지 않으나 인정되는 다른 일부 징계사유만으로도 당해 징계처분의 타당성을 인정하기에 충분한 경우에는 그 징계처분을 그대로 유지할 수도 있으며, 이로 인해 비위사실의 정도가 현저히 낮아진 경우에는 그에 합당한 수준으로 징계양정을 감경하여 결정할 수 있다고 본다.

대법원 판례

| 징계의결요구권자가 요구한 것보다 많은 무단결근 일수를 징계사유로 한 징계의결의 적부 |

국가공무원징계위원회는 징계의결요구권자에 의하여 징계의결이 요구된 징계사유 아닌 사유를 들어 징계의결을 할 수는 없으나 징계의결요구시까지의 무단결근을 징계사유로 한 징계의결요구가 있는 경우 그 무단결근이 징계의결을 할 때까지 계속되고 있었다면 소관 징계위원회가 최초에 요구된 일수보다 많은 무단결근일수를 징계의결사항으로 하였다 하여도 이는 무단결근이라는 기초사실의 동일성에 변함이 없고 또 원고들의 방어권행사에 무슨 지장을 주는 것이 아니므로 징계요구 없는 사항에 대한 것이라고 할 수는 없다(대법원 1984.9.25. 선고 84누299 판결, 파면처분취소).

| 금품의 수수에 있어 그 일시만이 약 1개월 정도 달리 인정된 경우에도 징계사유의 동일성이 인정되는지 여부(적극) |

금품의 수수에 있어서 공여자, 액수 및 그 수수하게 된 경위가 동일하다면, 그 수수일시에 약 1개월 정도의 차이가 있다 할지라도 징계사유와 원심인정의 비위사실은 기본적인 사실관계에 있어 동일하다.
이 사건 징계처분은 원고가 1982.8.일자미상경 그 담당직무와 관련이 있는 소외 회사로부터 물품구매계약 사례금조로 금 200,000원을 받은 비위사실을 징계사유로 삼은 것인데 원심판결은 원고가 1982.9. 중순경 그 직무와 관련하여 관련업자인 소외 회사로부터 계약사례금조로 금 200,000원을 수수하였다는 사실을 단정하였는바 위와 같이 금품의 수수에 있어 공여자액수 및 그 수수하게 된 경위가 동일할진대 그 수수일시에 약 1개월 정도의 차이가 있다 할지라도 징계사유와 원심인정의 비위사실은 기본적인 사실관계에 있어 동일하다고 할 것이므로 여기에 소론과 같은 징계처분의 법리오해가 있다고 할 수 없다는 사례(대법원 1984.11.27. 선고 84누287 판결, 해임처분취소).

| 근로자에 대한 징계처분의 근거가 된 징계사유의 확정 방법 및 징계처분에서 징계사유로 삼지 아니한 비위행위를 징계양정의 참작자료로 삼을 수 있는지 여부(적극) |

근로자의 어떤 비위행위가 징계사유로 되어 있느냐 여부는 구체적인 자료들을 통하여 징계위원회 등에서 그것을 징계사유로 삼았는가 여부에 의하여 결정되어야 하는 것이지 반드시 징계결의서나 징계처분서에 기재된 취업규칙이나 징계규정 소정의 징계근거 사유만으로 징계사유가 한정되는 것은 아닐 뿐만 아니라, 징계처분에서 징계사유로 삼지 아니한 비위행위라고 하더라도 징계종류 선택의 자료로서 피징계자의 평소의 소행과 근무성적, 당해 징계처분 사유 전후에 저지른 비위행위 사실 등은 징계양정에 있어서의 참작자료로 삼을 수 있는 것이다.
노동조합의 위원장인 근로자가 징계사유 이외에도 해고를 전후한 각종 비위행위를 통하여, 방법 및 절차의 적법성과 직장질서를 외면하고 노동조합 활동을 빙자하거나 이에 편승하여 불필요한 개인적 감정의 비행으로써 사회통념상 회사와의 신뢰관계를 반복적으로 훼손한 경우, 근로관계를 계속할 수 없는 중대한 사유가 있다고 볼 여지가 충분하다고 한 사례(대법원 2002.5.28. 선고 2001두10455 판결, 부당해고구제재심판정취소).

| 수개의 징계사유 중 일부가 인정되지 않으나 인정되는 다른 일부 징계사유만으로도 당해 징계처분의 타당성을 인정하기에 충분한 경우, 그 징계처분을 유지할 수 있음 |

수개의 징계사유 중 일부가 인정되지 않더라도 인정되는 다른 징계사유만으로도 당해 징계처분의 타당성을 인정하기에 충분한 경우에는 그 징계처분을 유지하여도 위법하지 아니하다.
경찰공무원이 담당사건의 고소인으로부터 금품을 수수하고 향응과 양주를 제공받았으며 이를 은폐하기 위하여 고소인을 무고하는 범죄행위를 하였다는 사유로 해임처분을 받은 경우, 위 징계사유 중 금품수수사실이 인정되지 않더라도 나머지 징계사유만으로도 해임처분의 타당성이 인정되어 재량권의 범위를 일탈·남용한 것이 아니라고 한 사례(대법원 2002.9.24. 선고 2002두6620 판결, 해임처분취소).

소청심사 결정요인에 대한 사례분석

제6장

제5장에서 소청제기요건을 결여한 부적법한 심사청구 사례와 처분절차 및 징계양정의 적정성 여부를 판단하는 기준 등에 관하여 개괄적으로 살펴보았다.

본 장에서는 저자로 참여한 한봉기 전 소청심사위원회 상임위원의 박사학위 논문(한국 소청심사의 결정요인에 관한 연구, 소청심사위원회의 결정을 중심으로, 2012.2.)에 수록되어 있는 연구・분석자료와 2009~2010년의 유형별 총 40개의 소청사건에 대한 결정요인 분석자료를 기술하였다.

소청심사에 관하여 아무 경험이 없는 독자라 할지라도, 이 장을 통하여 소청심사의 인용률 추이와 소청심사 현장에서 위원들이 어떤 점에 주안점을 두어 원처분의 취소 또는 감경의 가능성 등을 판단하고 있는지를 알 수 있을 것이다.

제6장 소청심사 결정요인에 대한 사례분석

제1절 시대별 소청심사 결정경향

1963년 도입된 소청심사제도는 50년 세월이 흐르는 동안 공무원 권익보호의 한 수단으로서 자리를 굳혀왔다. 아래에서는 시간적으로는 1981년부터 2010년까지 30년간의 소청심사 청구와 결정실태를 통계로 살펴보고 그 의미를 분석해 보고자 한다. 정부별로는 제5공화국, 제6공화국, 문민정부, 국민의정부, 참여정부, 이명박정부에 이르기까지 비교 분석해 본다.[1)]

1. 소청심사 청구현황

가. 연도별 징계건수와 소청청구 현황

최근 30년간(1981~2010년) 징계건수는 <표 6-1>과 같이 총 74,952건이며 연평균 2,498건으로 공무원 중에서 매년 0.8%에 해당하는 공무원이 징계를 받음을 보여준다. 연도별 징계인원의 추세는 1981~1986년간은 연평균 3,000건으로 평균을 훨씬 상회하고 있으며, 1987~2000년까지는 매년 2,000~3,000건으로 다소 하향하는 추세를 보이다가, 국민의정부 하반기인 2001년부터는 연평균 1,600건 내외로 지속되고 있다. 지난 30년간 소청심사를 청구한 건수는 17,559건으로, 연평균

---

1) 그간 소청심사의 청구 및 결과와 관련한 통계는 1963~1983년까지는 「공무원 인사제도 실태분석」(1984년 발행), 1984년부터 2003년까지는 「소청심사실대분석」(2003년도발행)을 통해 정리된 바 있다. 이 책에서는 제5공화국과 제6공화국과 같은 권위주의시대의 정부부터 민주화시대 이후의 현재의 이명박정부에 이르기까지 시대별로 소청심사 청구와 결정실태를 비교해 보는 것에 의미를 가지므로 1981년부터 2010년까지의 30년간의 통계를 분석하기로 한다. 정부별로는 제5공화국(1981~1987), 제6공화국(1988~1992), 문민정부(1993~1997), 국민의정부(1998~2002), 참여정부(2003~2007), 이명박정부(2008~2010)로 구분한다.

으로 볼 때 징계받은 공무원의 23.4%인 585명이 징계에 불복하여 소청을 청구한 것으로 나타났다.

표 6-1 연도별 징계건수와 소청청구 현황(1981 ~ 2010)

연도	전체공무원수[2] (명, a)	징계건수		소청건수[3]	
		징계(건, b)	비율(%, b/a)	소청(건, c)	비율(%, c/b)
1981	434,853	4,881	1.1	304	6.2
1982	413,560	3,962	1.0	423	10.7
1983	415,725	3,160	0.8	375	11.9
1984	418,510	2,823	0.7	352	12.5
1985	426,247	2,130	0.5	321	15.1
1986	439,073	2,379	0.5	292	12.3
1987	443,501	1,718	0.4	228	13.3
1988	462,032	1,745	0.4	152	8.7
1989	509,229	1,927	0.4	602	31.2
1990	532,656	2,317	0.4	807	34.8
1991	276,120	2,320	0.8	356	15.3
1992	284,359	2,518	0.9	394	15.7
1993	286,138	3,778	1.3	618	16.4
1994	282,092	3,929	1.4	1,009	25.7
1995	272,111	3,193	1.2	760	23.8
1996	273,332	3,376	1.2	900	26.7
1997	274,353	3,456	1.3	1,089	31.5
1998	267,802	4,111	1.5	966	23.5
1999	259,973	3,064	1.2	1,140	37.2
2000	256,318	2,336	0.9	496	21.2
2001	256,666	1,728	0.7	461	26.7
2002	259,727	1,616	0.6	470	29.1
2003	263,855	1,771	0.7	621	35.1

2) 전체공무원수는 국가공무원 중 교원을 제외한 수이다(단, 1981 ~ 1990까지는 교원 포함. 1991년부터 교원소청심사위원회의 소청 관할이 됨).

3) 소청건수는 징계처분에 따른 소청청구 건수만 정리한 것으로 실제 매년 청구되는 소청건수는 징계처분 이외의 기타처분을 포함하고 있으므로 이 통계수치보다는 많다. 표 6-3에서 표 6-10까지의 소청건수가 표 6-1과 표 6-2의 소청건수와 다른 것은 이 때문이다.

연도	전체공무원수 (명, a)	징계건수		소청건수	
		징계(건, b)	비율(%, b/a)	소청(건, c)	비율(%, c/b)
2004	268,171	1,773	0.7	871	49.1
2005	245,444	1,185	0.5	633	53.4
2006	252,611	1,201	0.5	466	38.8
2007	260,628	1,105	0.4	327	29.6
2008	260,506	1,316	0.5	574	43.6
2009	263,141	2,177	0.8	683	31.4
2010	265,101	1,957	0.7	869	44.4
합계	9,823,834	74,952	0.8	17,559	23.4
평균	327,461	2,498	0.8	585	23.4

자료: 1981~1983 통계는 소청심사위원회, 1984: 38~40; 1984~2000 통계는 소청심사위원회, 2003: 64~67; 2001~2010 통계는 소청심사위원회 내부통계자료(2011).

위 표를 보면 1981년도부터 1988년까지는 소청청구율이 10% 내외임을 볼 수 있다. 그러던 것이 전교조와 관련된 소청이 많았던 1989년과 1990년을 제외하면 1980년대에는 10%대의 낮은 소청청구율을 보이고 있다가 1990년대 이후로는 20%대의 소청청구율을 보이고 있다. 그 이후 지속적으로 점증하여 오다가 참여정부가 출범한 2003년 이후로는 40%대의 소청청구율을 보이고 있다. 이러한 현상은 소청제도가 공무원의 권익구제수단으로서 자리를 잡은 것을 보여주는 한편, 사회의 민주화에 따라 공직사회에서도 민주적인 행정문화가 자리를 잡으면서 공무원 개개인의 권리주장의식이 신장되었다는 점을 그 원인으로 지적할 수 있다.

여기서 정부출범 초기에는 일반적으로 소청청구율이 높다가 정부 말기에는 소청청구율이 낮아지는 추세를 볼 수 있다. 특히 각 정부출범 2~3년차에 청구율이 높아지는 현상이 나타난다. 제5공화국의 경우 정부출범 당해 연도인 1981년에는 6.2%이던 것이 2년차에는 10.7%, 3년차에는 11.9%를 기록하고 있고, 제6공화국의 경우도 정부출범 당해 연도에는 8.7%이던 것이 2년차에는 31.2%, 3년차에는 34.8%로 급증한다. 문민정부도 역시 출범초기인 1993년에는 16.4%이었다가 2년차에는 25.7%, 3년차에는 23.8%를 기록한다. 국민의정부 출범 초기연도인 1998년에는 23.5%이던 것이 2년차에 37.2%를 기록하고 있고 3년차에도 21.2%의 높은 소청청구율을 보여주고 있다. 참여정부시기에도 정부출범 연도인 2003년에는 35.1%, 3년차에는 49.1%로 증가하고 있음이 나타난다. 이명박정부에는 출범 첫해부터 43.6%에서 2년차에는 31.4%, 3년차에는 44.4%로 높은 소청청구율을 보이고 있다. 이는 정부출범 초기에 징계건수 및 소청건수가 증가하다가 정부말기에 줄어드는 공통점을 보이고 있는데, 정부출범 초기보다 말기에 이르러 사정 또는 개혁의 의지가 상대적으로 약화되어 징계건수도 줄어들고 소청청구건수도 줄어드는 현실이 반영된 것이라는 해석을 가능하게 한다(소청심사위원회, 2003: 63; 장성욱, 2002: 30).

역대 정부별로 징계건수와 이에 대한 소청청구 건수를 비교하면 <표 6-2>와 같다. 전체공무원 중에서 징계를 받은 공무원의 비율은 제5공화국의 경우 연 0.7%, 제6공화국의 경우 0.5%, 문민정부는 1.3%, 국민의정부에서는 1%, 참여정부에서는 0.5%이며, 이명박정부에는 0.7%를 보이고 있다. 공무원 중에서 징계를 받은 비율이 가장 높은 시대는 문민정부시대이며 가장 적은 시대는 제6공화국과 참여정부로 연 0.5%를 보이고 있다.[4]

한편, 징계에 불복하여 소청을 제기하는 소청청구율은 제5공화국이 연 10.9%, 제6공화국이 21.3%, 문민정부가 24.7%, 국민의정부가 27.5%, 참여정부는 41.5%,

표 6-2 정부별 징계건수와 소청청구 현황(1981 ~ 2010)

<table>
<tr><th colspan="2">구 분</th><th>계</th><th>제5공화국 ('81 ~ '87)</th><th>제6공화국 ('88 ~ '92)</th><th>문민정부 ('93 ~ '97)</th><th>국민의정부 ('98 ~ '02)</th><th>참여정부 ('03 ~ '07)</th><th>이명박정부 ('08 ~ '10)</th></tr>
<tr><td colspan="2">공무원 수 연인원(명, a)</td><td>9,823,834</td><td>2,991,469</td><td>2,064,396</td><td>1,388,026</td><td>1,300,486</td><td>1,290,709</td><td>788,748</td></tr>
<tr><td rowspan="2">징계 건수</td><td>징계 (건, b)</td><td>74,952</td><td>21,053</td><td>10,827</td><td>17,732</td><td>12,855</td><td>7,035</td><td>5,450</td></tr>
<tr><td>비율 (%, b/a)</td><td>0.8</td><td>0.7</td><td>0.5</td><td>1.3</td><td>1.0</td><td>0.5</td><td>0.7</td></tr>
<tr><td rowspan="2">소청 건수</td><td>소청 (건, c)</td><td>17,559</td><td>2,295</td><td>2,311</td><td>4,376</td><td>3,533</td><td>2,918</td><td>2,126</td></tr>
<tr><td>비율 (%, c/b)</td><td>23.4</td><td>10.9</td><td>21.3</td><td>24.7</td><td>27.5</td><td>41.5</td><td>39.0</td></tr>
</table>

주) <표 6-1>를 정부별로 분류하여 작성.

4) 통계분석과 관련하여 지난 30년간에 걸친 징계와 소청심사 통계분석을 토대로 하고 있어 정부별 · 비위별로 소청결정 실태를 비교 분석하는 데 있어 유용하다.

이명박정부는 39.0%이다. 시대가 지나갈수록 소청청구율은 꾸준하게 증가하고 있음을 보여준다.

이와 같이 소청청구율이 점차 증가하는 이유로는 정부가 깨끗한 공직사회의 구현을 위하여 징계문책을 강화하였고, 공무원들도 과거보다 신분보장에 대한 권리의식이 높아져 징계양정이 불합리하다고 생각되는 경우 소청을 청구하고 있고, 소청심사의 운영방식도 적극적으로 업무를 추진하다가 발생한 과실에 따른 잘못에 대하여는 관용하는 방향으로 심사결정을 함에 따라 인용률이 높아진 점 등에 원인이 있는 것으로 분석된다(소청심사위원회, 2003: 64~65).

[그림 6-1]은 정부별로 공무원의 징계비율과 소청청구율의 추이를 보여주고 있는데, 소청청구 비율은 징계비율과는 크게 관계없이 꾸준히 증가하는 모습을 보여주고 있다. 특징적인 것은 참여정부시기에는 공무원의 징계율은 0.5%로 역대 정부보다 낮은 수준인 반면 징계를 받은 공무원 중 소청을 청구한 소청청구율은 41.5%로 가장 높다. 이와 같이 징계건수와 무관하게 소청건수가 대폭 증가한 경우도 있는데, 이는 2003년의 경우 철도노조의 불법파업에 따른 징계처분의 취소와 감경을 구하는 소청건수가 대량으로 접수·처리됨으로써 전체적인 소청건수가 증가하였다(소청심사위원회, 2003: 127).

그림 6-1 정부별 징계비율과 소청청구율 추이

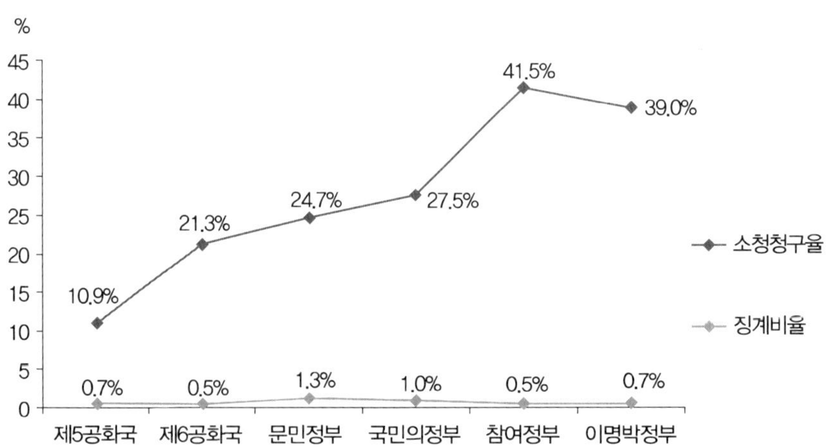

나. 연도별 비위유형별 소청청구 현황

지난 30년간 연도별로 비위유형별 소청청구 실태를 살펴보면 <표 6-3>과 같다. 전체 20,125건 중 직무태만이 8,411건으로 41.8%로 가장 많으며, 그 다음으로 품위손상이 차지하는 비중은 4,555건으로 22.6%, 금품수수가 3,675건으로 18.3%, 기타비위가 2,489건으로 12.4%, 감독태만이 995건으로 4.9% 순으로 나타나고 있다.

연도별 추세를 본다면, 직무태만의 비위는 1981년 이후 불규칙적으로 등락을 거듭해 오다가, 1994년에 59.1%로 나타난 이후에는 지속적으로 하강추세를 보여주고 있는데, 특히 2005년도 이후에 들어서는 20%대를 유지하고 있다. 이와는 대조적으로 품위손상비위는 2000년도 이전에는 20%대 미만의 청구율을 보이다가 2001년 이후 지속적으로 상승세를 보여주고 있는데, 이는 직무태만 비위의 소청심사 청구가 감소하는 대신 품위손상 비위의 소청심사 청구가 증가하고 있음을 나타내 주는 것이다. 금품수수의 경우도 1997년과 1998년에 25% 내외를 보이다가 점차 하강하여 최근에는 20% 미만의 수준을 유지하고 있다.

이러한 비위유형별 소청심사 청구추이가 보여주는 시사점은 공직기강을 바로 세우려는 정부의 노력으로 공직 내에서의 직무태만이나 금품수수의 비리는 점차 줄어가고 있음을 보이고 있다는 것이다. 반면에 직무의 내외를 불문하고 공무원으로서 지켜야 할 품위유지 의무를 위반한 품위손상의 비위는 증가하고 있음을 알 수 있다.

표 6-3 연도별 비위유형별 소청청구 현황(1981~2010)[5]

연도	계(건)	직무태만		품위손상		금품수수		감독태만		기타	
		건	%	건	%	건	%	건	%	건	%
1981	354	159	44.9	47	13.3	72	20.3	20	5.6	56	15.8
1982	453	195	43.0	81	17.9	110	24.3	29	6.4	38	8.4
1983	411	166	40.4	59	14.4	97	23.6	24	5.8	65	15.8

5) 1981년부터 2010년까지 30년간 소청청구된 전체통계이며, 특이한 점은 전교조 사건으로 인한 징계로 1989년의 경우 514건, 1990년 773건의 소청이 제기되었고, 2003년의 경우 6.28.철도노조 불법파업에 따른 직위해제로 477건의 소청이 청구되어 총 소청건수가 대폭 증가하였음(소청심사위원회, 2003: 66-67, 72).

연도	계(건)	직무태만		품위손상		금품수수		감독태만		기타	
		건	%	건	%	건	%	건	%	건	%
1984	371	156	42.0	32	8.6	86	23.2	37	10.0	60	16.2
1985	340	131	38.5	56	16.5	60	17.6	42	12.4	51	15.0
1986	314	93	29.6	51	16.2	97	30.9	16	5.1	57	18.2
1987	254	132	52.0	37	14.6	31	12.2	6	2.3	48	18.9
1988	169	87	51.5	10	5.9	30	17.8	15	8.9	27	16.0
1989	786	672	85.5	12	1.5	51	6.5	6	0.8	45	5.7
1990	1,143	995	87.1	27	2.4	76	6.6	9	0.8	36	3.1
1991	425	186	43.8	53	12.5	103	24.2	19	4.5	64	15.1
1992	408	141	34.6	43	10.5	116	28.4	31	7.6	77	18.9
1993	663	282	42.5	71	10.7	156	23.5	58	8.7	96	14.5
1994	1,162	687	59.1	104	9.0	201	17.3	51	4.4	119	10.2
1995	799	456	57.1	84	10.5	183	22.9	35	4.4	41	5.1
1996	988	588	59.5	176	17.8	125	12.7	30	3.0	69	7.0
1997	1,158	561	48.4	180	15.5	310	26.8	54	4.7	53	4.6
1998	1,044	396	37.9	222	21.3	288	27.6	54	5.2	84	8.0
1999	1,251	495	39.6	318	25.4	253	20.2	70	5.6	115	9.2
2000	631	161	25.5	174	27.6	138	21.9	11	1.7	147	23.3
2001	498	160	32.1	152	30.5	124	24.9	22	4.4	40	8.0
2002	519	147	28.3	178	34.3	119	22.9	14	2.7	61	11.8
2003	1,146	89	7.8	440	38.4	81	7.1	21	1.8	515	44.9
2004	923	222	24.1	448	48.5	154	16.7	34	3.7	65	7.0
2005	694	210	30.3	278	40.1	96	13.8	43	6.2	67	9.7
2006	505	140	27.7	183	36.2	87	17.2	31	6.1	64	12.7
2007	364	95	26.1	129	35.4	68	18.7	26	7.1	46	12.6
2008	648	173	26.7	237	36.6	77	11.9	80	12.3	81	12.5
2009	752	177	23.5	285	37.9	155	20.6	39	5.2	96	12.8
2010	952	259	27.2	388	40.8	131	13.8	68	7.1	106	11.1
합계	20,125	8,411	41.8	4,555	22.6	3,675	18.3	995	4.9	2,489	12.4
평균	671	280	41.8	152	22.6	123	18.3	33	4.9	83	12.3

자료: 1981~1983 통계는 소청심사위원회, 1984: 58~59를 재편집, 1984~2000 통계는 소청심사위원회, 2003: 72, 2001~2010 통계는 소청심사위원회 내부통계자료(2011).

정부별 비위유형별 소청심사를 청구한 내용을 살펴보면 <표 6-4>와 같다. 제5공화국부터 국민의정부에 이르기까지 소청심사청구가 가장 많은 비위는 직무태만 비위이며, 그 다음으로 품위손상, 금품수수, 기타비위, 감독태만의 순서를 보이고 있다. 그러나 참여정부 이후부터는 품위손상 비위가 소청심사 청구에서 가장 높은 비율을 차지하고 있으며, 그 다음으로 직무태만, 금품수수, 기타비위, 감독태만의 순서를 보이고 있다. 이러한 현상은 직무태만 비위는 점차 줄어드는 대신 품위손상비위로 소청심사를 청구하는 경우가 많아지고 있음을 보여준다.

표 6-4 정부별 비위유형별 소청청구 현황

구분	계 (건)	직무태만		품위손상		금품수수		감독태만		기타	
		건	%	건	%	건	%	건	%	건	%
계	20,125	8,411	41.8	4,555	22.6	3,675	18.3	995	4.9	2,489	12.4
제5공화국 ('81~'87)	2,497	1,032	41.3	363	14.5	553	22.2	174	7.0	375	15.0
제6공화국 ('88~'92)	2,931	2,081	71.0	145	4.9	376	12.8	80	2.7	249	8.5
문민정부 ('93~'97)	4,770	2,574	54.0	615	12.9	975	20.4	228	4.8	378	7.9
국민의정부 ('98~'02)	3,943	1,359	34.5	1,044	26.5	922	23.4	171	4.3	447	11.3
참여정부 ('03~'07)	3,632	756	20.8	1,478	40.7	486	13.4	155	4.3	757	20.8
이명박정부 ('08~'10)	2,352	609	25.9	910	38.7	363	15.4	187	8.0	283	12.0

주) <표 6-3>을 정부별로 분류하여 작성.

특히 이명박정부에서 감독태만의 비위로 소청을 청구를 하는 비율이 8.0%로서 역대 어느 정부보다도 높은 비율을 보여주고 있다. 이는 비위를 야기한 당사자뿐만 아니라 감독자에게까지 엄중한 책임을 묻고 있다는 점을 말해준다 할 것이다.

다. 공무원유형별 소청청구 현황

공무원유형별 청구 현황을 살펴보면 <표 6-5>와 같다. 소청을 청구하는 공

표 6-5 공무원유형별 소청청구 현황

정부별 공무원 유형	계		국민의정부 ('98～'02)		참여정부 ('03～'07)		이명박정부 ('08～'10)	
	건	%	건	%	건	%	건	%
계	9,927	100	3,943	100	3,632	100	2,352	100
경 찰	6,804	68.5	2,872	72.8	2,114	58.2	1,818	77.3
일반직	3,123	31.5	1,071	37.2	1,518	41.8	534	22.7

자료: 소청심사위원회, 1998~2010 소청결정사례집.
주) 공무원유형별 소청청구 현황은 자료입수가 어려워 1998~2010년 기간 동안을 분석함.

무원 중 경찰공무원이 68.5%이며, 일반공무원은 31.5%이다. 상대적으로 타 정부보다 이명박정부에서 경찰공무원들의 소청청구율이 높은 것으로 나타나는데 이는 경찰청에서 경찰공무원과 경찰대상업소와의 유착 고리를 끊고자 하는 노력으로 강력한 감찰활동으로 인한 징계와 소청이 많았고[6] 일반직 공무원과 비교해서 높은 징계양정기준에 기인한 것으로 보인다.

2. 소청심사 결정실태

가. 연도별 소청심사 결정실태

소청심사의 처리결과는 인용률로 표현되는데 최근 30년간의 인용률을 보면 <표 6-6>과 같이, 1981년부터 2010년까지 제기된 20,125건을 심사 결정한 결과, 7,155건을 인용함으로써 35.6%의 인용률을 보이고 있다.

소청심사 인용률의 추이를 보면, 최저 12.2%에서 최고 54.9%까지 상당한 기복이 있으나 1981년에서 1992년까지 30% 미만에서 등락을 거듭하면서 상승세를 보이다가 1993년에 54.9%를 최고점으로 하고, 그 이후로는 일부 등락은 있지만 점진적으로 하강하는 추세를 보이고 있고, 2000년 이후에는 대체로 40% 내외의 인용률을 보이고 있다. 한편, 전교조 관련사건이 처리된 1989년 및 1990년의 경

6) 경찰청에서는 2009년도에는 오락실과 유흥업소 단속부서를 대상으로 특별감찰활동(동아일보, 2009.2.24.A9: 동아일보, 2009.3.4. A4))이 있었고, 2010년도에는 유흥업소 등 경찰대상업소 업주와의 통화 사전신고제를 통해 신고를 하지 않은 경찰공무원에 대하여 징계(동아일보, 2010.8.3. X11: 중앙일보 2010.8.3. 18면)를 하는 등 대대적인 감찰활동을 한 바 있다.

표 6-6 연도별 소청심사 결정실태(1981~2010)

연도	소청건수 (명, a)	인용		불인용	
		인용건수(건, b)	비율(%, b/a)	불인용건수(건, c)	비율(%, c/a)
1981	354	64	18.1	290	81.9
1982	453	104	22.9	349	77.1
1983	411	95	23.1	316	76.9
1984	371	84	22.6	287	77.4
1985	340	69	20.3	271	79.7
1986	314	60	19.1	254	90.9
1987	254	93	26.6	161	73.4
1988	169	58	34.3	111	65.7
1989	786	141	17.9	645	82.1
1990	1,143	140	12.2	1,003	87.8
1991	425	112	26.4	313	73.6
1992	408	119	29.2	289	70.8
1993	663	364	54.9	299	45.1
1994	1,162	541	46.6	621	53.4
1995	799	403	50.4	396	49.6
1996	988	436	44.1	552	55.9
1997	1,158	487	42.1	671	57.9
1998	1,044	414	39.7	630	60.3
1999	1,251	564	45.1	687	54.9
2000	631	260	41.2	371	58.8
2001	498	187	37.6	311	62.4
2002	519	195	37.6	324	62.4
2003	1,146	240	20.9	906	79.1
2004	923	362	39.2	561	60.8
2005	694	306	44.1	388	55.9
2006	505	182	36.0	323	64.0
2007	364	139	38.2	225	61.8
2008	648	257	39.7	391	60.3
2009	752	312	41.6	440	58.4
2010	952	367	38.6	585	61.4
합계	20,125	7,155	35.6	12,970	64.4
평균	671	239	35.6	432	64.4

자료: 1981~1983 통계는 소청심사위원회, 1984: 132~143, 1984~2000 통계는 소청심사위원회, 2003: 84, 2001~2010 통계는 소청심사위원회 내부통계자료(2011).

우와 철도노조 파업에 따른 관련사건이 처리된 2003년의 경우는 처리건수가 폭증하였으나 관련사건의 대다수가 기각됨에 따라 인용률이 1989년에는 17.9%, 1990년에는 12.2%, 2003년에는 20.9%로 대폭 하락하였다.

정부별로 소청심사 결정의 인용률을 보면 <표 6-7>과 같다. 제5공화국 시기에서는 22.8%, 제6공화국 시기에서는 19.4%, 문민정부에서는 46.8%, 국민의정부에서는 41.1%, 참여정부에서는 33.8%, 이명박정부 시기에는 39.8%를 보이고 있다. 특히 제5공화국과 제6공화국에서는 20% 내외의 인용률을 보이다가 문민정부 시기에는 인용률이 급증하여 46.8%를 보이고 있다.

표 6-7 정부별 소청심사 결정실태

정부별 \ 결정	소청건수 (건, a)	인용		불인용	
		건수(건, b)	비율(%, b/a)	건수(건, b)	비율(%, b/a)
계	20,125	7,155	35.6	12,970	64.4
제5공화국 ('81~'87)	2,497	569	22.8	1,928	77.2
제6공화국 ('88~'92)	2,931	570	19.4	2,361	80.6
문민정부 ('93~'97)	4,770	2,231	46.8	2,539	53.2
국민의정부 ('98~'02)	3,943	1,620	41.1	2,323	58.9
참여정부 ('03~'07)	3,632	1,229	33.8	2,403	66.2
이명박정부 ('08~'10)	2,352	936	39.8	1,416	60.2

주) <표 6-6>을 정부별로 분류하여 작성.

정부별 소청심사 결정의 인용률 추이를 보면 [그림 6-2]와 같다. 특이한 것은 문민정부시대에 들어 인용률이 급등하였다는 것이다.

이러한 현상은 제5공화국과 제6공화국의 권위주의 정부시대가 끝나고, 군인출신 대통령이 아닌 최초의 정부인 문민정부가 들어서면서 소청심사위원회가 처분청의 입장에 치우치기보다는 소청당사자의 중립적인 입장에서 원 처분의 위법·부당성을 판단하고, 또한 적극적 업무수행과정에서 발생한 경미한 비위에

그림 6-2 정부별 소청심사 인용률 추이

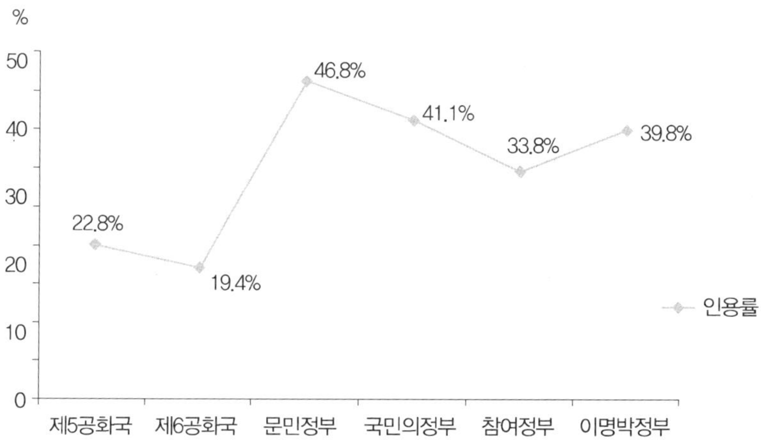

관하여는 관용을 베푸는 등 헌법상 보장된 공무원의 신분보장의 구현을 위해 최선의 노력을 경주하고 있다는 반증이 될 것이다.

나. 정부별 연도별 소청결정 실태

소청결정에 대한 정부별·연도별 실태는 <표 6-8>과 같다. 이에 따르면 전

표 6-8 정부별 연도별 인용률 실태

제5공화국		제6공화국		문민정부		국민의정부		참여정부		이명박정부	
연도	인용률 (%)	연 도	인용률 (%)	연 도	인용률 (%)	연 도	인용률 (%)	연 도	인용률 (%)	연 도	인용률 (%)
1901	18.1	1988	34.3	1993	54.9	1998	39.7	2003	20.9	2008	39.7
1982	22.9	1989	17.9	1994	46.6	1999	45.1	2004	39.2	2009	41.6
1983	23.1	1990	12.2	1995	50.4	2000	41.2	2005	44.1	2010	38.6
1984	22.6	1991	26.4	1996	44.1	2001	37.6	2006	36.0	·	·
1985	20.3	1992	29.2	1997	42.1	2002	37.6	2007	38.2	·	·
1986	19.1	평균	19.4	평균	46.8	평균	41.1	평균	33.8	평균	39.8
1987	26.6										
평균	22.8										

주) <표 6-6>을 정부별로 분류하여 작성.

교조 관련 사건이 많았던 제6공화국의 1989년과 1990년을 제외하고는 각 정부출범 초기에 3년차까지 인용률이 높았다가 그 이후로 감소하는 현상을 볼 수 있다. 즉 제5공화국 때에는 1981년부터 1983년까지 인용률이 상승하다가 하반기에 하락하는 추이를 보여주고 있으며, 문민정부에서도 정부출범 3년차까지 인용률이 상승하다가 하반기에 하락하였고, 국민의정부 역시 초기인 1998년부터 2000년까지 3년간은 구제율이 상승하는 추세를 보이다가 하반기인 2001년부터 2002년까지는 하강하는 현상을 볼 수 있고, 참여정부시기에도 정부출범 초기인 2003년부터 2005년까지 인용률은 상승하다가 정부하반기인 2006년, 2007년은 감소하는 현상을 볼 수 있다.

이는 정부 출범과 함께 강력한 사정활동을 추진하는 과정에서 건수위주의 적발이 많아지고 비위 자체보다 강한 징계처분이 있는 것이 그 원인이라고 할 수 있다. 또한 문민정부 초기와 같이 사정의지가 강력하던 1993년, 1994년, 1995년에도 인용률이 각 54.9%, 46.6%, 50.4%에 달하여 오히려 1991년, 1992년의 26.4%, 29.2%보다 훨씬 상회하고 있고, 국민의정부 초기 개혁추진이 활발하던 1999년도에도 인용률이 45%에 이르고 있어 소청심사위원회가 행정환경에 대하여 어느 정도 독립성과 공정성을 확보하였다고 보여진다(장성욱, 2002: 41).

다. 비위유형별 소청결정 실태

비위유형별 소청결정 실태는 <표 6-9>와 같다. 인용률이 높은 것으로 직무태만이 총 2,724건 중 1,358건이 인용되어 49.9%이며 이어서 감독태만이 46.2%, 품위손상이 45.1%, 금품수수가 26.9%, 기타비위가 11.1% 순으로 나타나고 있다.

금품수수와 기타비위의 인용률이 평균치인 38.1%를 밑돌고 있는 것은 비위 자체의 성질상 대부분 고비난성 행위에 속하거나 공무원으로서 지켜야 할 금지 지시를 위반한 경우에 해당하기에 엄격한 결정이 내려진 것으로 보인다. 한편, 직무태만, 감독태만, 품위손상의 비위는 직무수행상 발생한 부득이한 실수인 경우 등 참작 요인이 적용된 것으로 보인다.

표 6-9 비위유형별 소청결정 실태

비위유형별 결정 / 정부별	합계			직무태만			품위손상			금품수수			감독태만			기타비위		
	처리(건)	인용(건)	인용률(%)	처리(건)	인용(건)	인용률(%)	처리(건)	인용(건)	인용률(%)	처리(건)	인용(건)	인용률(%)	처리(건)	인용(건)	인용률(%)	처리(건)	인용(건)	인용률(%)
계	9,927	3,785	38.1	2,724	1,358	49.9	3,432	1,549	45.1	1,711	476	26.9	513	237	46.2	1,487	165	11.1
평균	3,309	1,262	38.1	908	453	49.9	1,144	516	45.1	590	159	26.9	171	79	46.2	496	55	11.1
국민의 정부 ('98~'02)	3,943	1,620	41.1	1,359	771	56.7	1,044	486	46.6	922	244	26.5	171	86	50.3	447	33	7.4
참여정부 ('03~'07)	3,632	1,229	33.8	756	316	41.8	1,478	667	45.1	486	115	23.7	155	69	40.6	757	68	9.0
이명박 정부 ('08~'10)	2,352	936	39.8	609	271	44.5	910	396	43.5	363	117	32.2	187	88	47.1	283	64	22.6

자료: 소청심사위원회 내부자료(2011).

주) 비위유형별 인용률은 자료입수의 한계로 1988~2010년까지 13년간을 분석대상으로 삼았음. 이를 바탕으로 비위유형별 정부별 소청결정 실태를 작성하였음.

라. 공무원유형별 소청결정 실태

공무원유형별로 결정실태를 살펴보면 <표 6-10>과 같다. 전체 인용률을 보면 경찰공무원이 총 6,804건 청구에 3,048건이 인용됨으로써 44.8%를 보이고 있고, 경찰직 공무원을 제외한 일반직 공무원의 경우 총 청구건수 3,123건 중 737건이 인용되어 23.6%를 보이고 있다.

표 6-10 공무원유형별 소청결정 실태

공무원유형별 결정 / 연도	합계			경찰공무원			일반직 공무원		
	청구(건)	인용(건)	인용률(%)	청구(건)	인용(건)	인용률(%)	청구(건)	인용(건)	인용률(%)
계	9,927	3,785	38.1	6,804	3,048	44.8	3,123	737	23.6
국민의 정부 ('98~'02)	3,943	1,620	41.1	2,872	1,326	46.2	1,071	294	27.5
참여정부 ('03~'07)	3,632	1,229	33.8	2,114	924	43.7	1,518	305	20.1
이명박 정부 ('08~'10)	2,352	936	39.8	1,818	798	43.9	534	138	25.8

자료: 소청결정사례집, 1998~2010, 소청심사위원회 내부자료(2011).

주) 공무원유형별 인용률은 자료입수의 한계로 1988~2010년까지 13년간을 분석대상으로 삼았음. 이를 바탕으로 공무원유형별 정부별 소청결정 현황을 작성하였음.

이는 경찰공무원의 인용률이 일반직 공무원보다 약 2배 높은 인용률을 나타내고 있는데, 경찰직 공무원에게 적용되는 징계양정기준이 일반직 공무원에 적용되는 징계양정기주에 비해 높을 뿐만 아니라 연대책임이 따르기 때문에 징계와 소청청구도 많고 소청인용률도 높은 것으로 보인다.

3. 시 사 점

이상 시대별, 정부별 소청심사청구와 결정실태 통계를 통해 얻은 시사점은 다음과 같다.

첫째, 정부출범 초기에는 징계도 많고 이와 비례하여 소청제기도 많았다. 1981년부터 2010년까지 30년간의 징계건수를 보면 총 74,952건으로 연평균 2,498건에 이르고 있다. 각 정부 출범 초기인 1~2년 동안에는 공직기강을 바로 잡기 위하여 사정활동이 강화되고, 그 결과 징계가 많아짐을 알 수 있다. <표 6-1>에서 볼 수 있는 것과 같이 제5공화국, 국민의정부, 참여정부 시기에는 정부출범 1년차에 징계가 가장 많았다가 점차 줄어드는 모습을 보여준다. 제5공화국의 경우 정부출범 1년차인 1981년의 징계건수는 4,881건으로 전체공무원 대비 1.1%가 징계를 받았고, 국민의정부의 경우 정부출범 1년차인 1998년의 징계건수는 4,111건으로 전체공무원 대비 1.5%가 징계를 받았는데 약 30년간의 분석기간 중 가장 높은 징계비율과 징계건수를 보여주고 있다. 참여정부도 역시 정부 1년차인 2003년에 1,771건의 징계로 전 공무원수의 0.7%가 징계를 받았음을 보여준다. 한편, 문민정부, 이명박정부는 정부출범 2년차에 가장 많은 수의 징계가 있었다가 이후 하강하는 현상을 보이고 있다. 문민정부의 경우 정부 2년차인 1994년에 징계건수는 3,929건으로 전체 공무원대비 1.4%가 징계를 받았다. 이명박정부는 2년차인 2009년에 2,177건의 징계로 전체공무원 대비 0.8%가 징계를 받았다. 다만 제6공화국의 경우는 정부출범 초기보다 후반기로 갈수록 징계의 숫자가 많아지는 이례적인 현상을 보여준다. 즉 정부출범 1년차인 1988년에는 징계건수가 1,745건이었으나 점차 증가하다가 정부 마지막 해인 1992년에는 2,518건으로 2배 정도 증가하였음을 볼 수 있다.

한편, 지난 30년간 징계처분에 대한 소청심사청구 건수는 <표 6-1>에서 알 수 있듯이 총 17,559건으로 연평균 585건에 달한다. 소청심사 청구의 추이를 보면 제5공화국을 제외하고는 각 정부의 2~3년차에 소청청구건수가 많음을 알 수 있는데 이는 정부출범 1~2년차에 있은 징계처분이 소청심사 청구 절차를 밟는 기간을 감안하면 정부 2~3년차에 신청되는 현상으로 보인다. 제5공화국의 경우 정부 2년차인 1982년에 423건으로 가장 많았다가 점차 감소하고 있고, 제6공화국의 경우 정부 3년차인 1990년에 807건으로 가장 많았다가 감소한다. 문민정부 역시 정부 2년차인 1994년에 1,009건으로 가장 많았으며, 국민의정부도 2년차인 1999년 1,140건으로 가장 높은 수치를 보이고 있다. 참여정부는 2년차에 871건으로 가장 많고, 이명박정부는 3년차인 2010년에 869건으로 가장 많다. 이로써 징계는 정부출범 1~2년차에 가장 많고 이와 비례하여 소청심사 청구도 정부출범 2~3년차에 가장 많음을 알 수 있다.

둘째, 경찰공무원의 소청청구율과 인용률이 상대적으로 높았다. 1998년부터 2010년까지 13년 동안 전체 소청청구 건수 9,927건 중에서 경찰직 공무원이 청구한 것이 6,804건으로 68.5%에 달하며, 일반직 공무원의 경우 3,123건으로 31.5%를 차지하고 있다. 이것은 경찰직 공무원의 소청청구율이 일반직 공무원의 소청청구율보다 2배 이상 높다는 점을 보여준다. 경찰직 공무원이 청구한 비율을 정부별로 보면 국민의정부에 72.8%이고, 참여정부 때에는 58.2%로 낮아졌다가 이명박정부에 들어서는 77.3%로 높아진 추세로 나타난다. 그 원인으로는 경찰공무원에 대한 강력한 감찰 활동의 결과이기도 하거니와, 경찰공무원의 징계양정이 일반직 공무원의 그것에 비해 상대적으로 높기 때문으로 보인다. 한편, 인용률에 있어서는 일반공무원의 인용률이 23.6%인 데 비해 경찰공무원의 경우 44.8%로서 2배 정도의 인용률을 보여주고 있다. 소청청구율과 인용률에서 경찰공무원이 차지하는 비중이 일반공무원에 비해 상대적으로 높음을 알 수 있다.

셋째, 소청인용률은 40% 내외로 나타났다. <표 6-6>에서 살펴보듯이 최근 30년의 분석기간 동안 심사 결정된 소청건수 20,125건 중 인용된 건수는 7,155건으로 35.6%의 인용률을 보이고 있다. 연도별 인용률을 보면 1981~1992년까지는 30% 미만의 인용률을, 1991~2000년까지는 평균 43%의 인용률을 보이고 있다. 최근 10년간인 2001~2010년까지의 평균 인용률은 36.4%를 유지하고 있다. 최고로 높은 인용률을 보인 해는 1993년의 54.9%이며 이를 정점으로 하여 등락을 거듭하다가 최근에는 40% 내외의 수치를 보이고 있다.

한편, 정부별로 인용률을 보면 <표 6-7>에서 볼 수 있는 것과 같이 권위주의 정부시대라 할 수 있는 제5공화국의 경우 인용률은 22.8%, 제6공화국은 19.4%를 보이고 있다가, 문민정부에 들어서면서 46.8%로 급등하게 된다. 이후 국민의 정부에는 41.1%, 참여정부에는 33.8%, 이명박정부에서는 39.8%를 보이고 있다. 우리나라 사회의 민주화가 된 1993년 이후 2010년까지의 인용률을 보면 40%에 이른다. 이는 기본적으로 징계양정 자체가 불합리하여 소청을 통해서 구제받는 경우가 많다는 점 이외에도, 공직문화가 상당부분 탈권위주의화되고 공무원 개개인의 권리의식도 향상됨에 따라, 징계처분이 다소 높더라도 수용하던 종전의 소극적 태도에서 벗어나 적극적으로 소청을 제기하는 데 기인하는 것으로 보인다. 또한 소청심사위원회에서도 준사법적 독립기관이라는 기관의 성격을 살려, 외부의 영향을 받지 않고 독자적인 판단하에 운영되고 있음도 보여주는 점이라 하겠다.

넷째, 금품수수비위에 대해서는 엄격한 결정이 이루어졌다. 분석기간 동안 비위유형별로 인용률을 살펴보면 직무태만의 경우 49.9%, 감독태만의 경우 46.2%, 품위손상의 경우 45.2%의 인용률을 보이고 있다. 한편, 금품수수는 모두 1,711건을 처리한 가운데 그 중 476건만 인용됨으로써 26.9%로 나타난다. 금품수수는 대부분 직무관련자와의 관계에서 비롯되는데 이는 직무수행에 있어 위법·부당한 업무처리로 연결되는 관계로 원 처분을 유지하여 기각결정을 하는 경향을 보이고 있다.

제2절 각 분야별 결정요인 분석

1. 형법에서의 형의 양정에 관한 결정요인

형사벌에서 형벌의 양정을 하는 문제는 징계벌에서 징계양정 또는 소청심사위원회에서 심사결정을 하는 문제와 유사하다고 하겠다. 특히 소청심사위원회는 준사법적 독립기관으로서 그 결정에 대하여 처분청에 대해서 기속력이 있고, 소청인에 대해서는 소청전치주의에 따라 사실상 1심에 해당하는 결정을 내리는 기관이기 때문이다. 그래서 형법에 있어 양형에 적용되고 있는 일반원칙은 징계 양정을 판단하는 기준으로서 소청결정요인을 분석하는 데에도 그 의미가 크다.

가. 현행 형법상 양형시 고려요소

형법에 규정되고 있는 형벌의 양정에 관한 고려해야 할 조건(형법 제51조: 양형의 조건)으로는 ① 범인의 연령, 성행, 지능과 환경, ② 피해자에 대한 관계, ③ 범행의 동기, 수단과 결과, ④ 범행 후의 정황을 참작하여 형을 정하도록 하고 있다. 그 밖의 양정에 관한 기준으로는 감경조건에 관하여 규정되어 있는데,[7] 범죄의 정상에 참작할 만한 사유가 있는 때에는 작량하여 그 형을 감경할 수 있다(형법 제53조)고 규정하고 있고 나아가 개전의 정상이 현저한 때에는 그 선고를 유예할 수 있다(형법 제59조 제1항). 아울러 가중사유도 규정하고 있는데 특수교사・방조의 가중, 누범가중, 경합범 가중이 그 예이다.[8]

그동안 학계에서는 양형의 조건으로서 제시되고 있는 바가 추상적이고 애매모호하기 때문에 법관의 주관적 판단에 의존하는 바 크다고 문제를 제기하여 왔으며, 그 개선의 노력으로 2007년 법무부에 형사법개정특별분과위원회를 구성하여 형사실체법 정비 작업을 광범위하게 진행하여 작량감경의 명확화, 형벌제도 정비 등을 주요 내용으로 하는 형법 총칙 개정안을 마련, 국회에 제출하였다.

---

7) 형의 감경에는 법률상 감경(현행 형법 제55조)과 재판상의 감경(작량감경, 현행 형법 제53조)이 있다. 법률상의 감경이란 법률규정에 의하여 형이 감경되는 경우를 말하는데, 일정한 사유가 있으면 반드시 감경하여야 하는 필요적 감경과 일정한 사유가 있으면 법원의 재량에 의해 감경 할 수 있는 임의적 감경으로 구분된다. 또한 형법총칙에 의해 모든 범죄에 공통적으로 적용되는 일반적 감경사유와 형법각칙에 의해 특정범죄에만 적용되는 특수적 감경사유가 있다. 일반적・필요적 감경사유에는 심신미약, 농아자, 중지미수, 방조범이 있고, 일반적・임의적 감경사유에는 과잉방위, 과잉피난, 자수 또는 자복이 있다(김일수 외, 2006: 760).

8) 형의 가중은 죄형법정주의에 따라 법률상 가중만 인정하고 재판상 가중은 인정하지 않는다. 이는 사유가 있으면 모든 범죄에 대해 일반적으로 가중하도록 형법총칙에 규정하고 있는 사유로서 일반적 가중사유로 특수교사・방조의 가중, 누범가중, 경합범 가중이 그 예이다. 한편, 특정범죄에 대해서만 가중할 수 있도록 형법 각칙에 규정하고 있는데 상습범 가중이 그 예이다(김일수 외, 2006: 759).

나. 형법 개정안에서의 양형의 기준

정부로부터 국회에 제출된(2011.3.28.) 형법 일부 개정안[9]을 보면 양형의 원칙(개정안 제46조)을 제시하고 있는데 형은 범인의 책임을 기초로 하여 정하여야 한다는 원칙을 명문화하였고, ① 범인의 연령, 품행, 지능과 환경, ② 피해자에 대한 관계, ③ 범행의 동기, 목적, 방법과 결과, ④ 범행 후 범인의 태도와 정황, ⑤ 형의 부과에 따른 장래의 범죄예방 및 범인의 재사회화를 고려하여 형을 정하여야 한다고 되어 있다. 또한 벌금액은 범인의 경제적 사정을 고려하여 정하여야 한다고 규정하고 있다. 또 개정안에서는 정상감경(개정안 제49조)의 사유로는 ① 범행의 동기에 참작할 만한 사유가 있는 경우, ② 피해자가 처벌을 원하지 않는 경우, ③ 피고인의 노력에 의하여 피해자의 피해의 전부 또는 상당 부분이 회복된 경우, ④ 피고인이 자백한 경우에는 정상을 참작하여 형을 감경할 수 있도록 함으로써 종전의 추상적으로 규정되어 있는 정상참작(현행 형법 제53조)의 사유를 구체화하였으며, 벌금형의 경우 경제적 사정을 고려하여 정하도록 하고 있다. 아울러 선고유예의 요건(개정안 제54조)으로서 뉘우치는 정상이 뚜렷할 때에는 징역 이상의 형을 받은 전과가 있는 자를 제외하고는 그 선고를 유예할 수 있다고 규정하고 있다. 가중요인에 대해서는 현행 형법의 체계와 유사한 것으로 보인다.

이어서 정부는 형법 일부 개정안을 제출하면서(2011.7.14. 제출) 내부증언자 형벌감면제의 도입(개정안 제52조의2 신설)을 제안하였는데 여러 사람이 관련된 사건의 수사 또는 재판 절차에서 수사 또는 재판에 적극 협조하는 진술을 함으로써 범죄의 규명 등에 기여한 경우 형벌을 감면할 수 있도록 하고 있다.[10]

---

9) 정부는 2011.3.25. 형법 일부개정안을 제출(의안번호 11304호, 2012.5.29 임기만료폐기)하면서 제안이유로 1955년 제정된 이래 개정이 거의 없었던 총칙 부분을 그동안 축적된 판례, 발전된 형법이론 등을 반영하여 개정함으로써 사회 변화에 따른 국민의 법의식과 현행법 간의 괴리를 해소하고 국민의 인권을 충실히 보장하며 인류공통의 보호법익을 침해하는 국제적인 범죄에 효율적으로 대처할 수 있도록 하는 한편, 판결 선고 전 구금일수의 통산방법, 혼인빙자 등에 의한 간음죄 등 헌법재판소에서 위헌결정을 한 조문을 정비하려는 목적이라고 밝히고 있다.

10) 정부가 2011.7.14.에 제출한 형법 일부개정안(의안번호 12629, 2012.5.29 임기만료 폐기)은 내부증언자 형벌감면제와 관련하여 국민권익위원회는 임의성에 의심이 있는 자백의 증거능력을 부정하는 헌법 제12조 제7항, 형소법 제309조에 부합하지 않고 또한 공범은 흔히 형사절차에서 자신의 책임을 타인에게 전가하는 경향이 있고 더군다나 소추면제라는 유혹에 얼마든지 과장하거나 가공된 진술을 할 가능성이 높아 내부증언자 자백의 신뢰성도

이상에서 살펴본 내용을 종합하여 보면, 국회에 제출된 형법 개정안에서 형벌을 정할 때 영향을 주는 고려요인과 양형의 조건으로는 첫째, 범인 자신과 관련된 인적 요인이 있고, 이를 판단할 요소로는 범인의 연령, 품행, 지능과 환경, 피해자와의 관계, 범행 후 범인의 태도와 정황, 뉘우치는 정상이 뚜렷한 때로 나누어 볼 수 있으며, 둘째, 정책적 요인으로는 장래의 일반적 범죄예방에 대한 고려, 범인의 재사회화를 위한 고려가 변수라 할 수 있다. 셋째, 정상참작 요인이 있으며, 고려요소로는 범행동기에 참작사유 유무, 피해자의 처벌 불원 의사, 피해 회복의 정도, 자백을 도출해 낼 수 있다.

2. 징계위원회에서의 징계의결시 결정요인

가. 일반적 기준

징계위원회는 징계혐의자의 비위를 유형, 비위의 정도 및 과실의 경중과 평소의 소행, 근무성적, 공적, 개전의정, 기타 정상 등을 참작하여 징계양정기준에 따라 징계사건을 의결하도록 되어 있다. 따라서 그전에 어떤 사유로 어떤 징계처분을 몇 번이나 받은 사실이 있는지의 여부와 이미 사면된 징계처분의 경력 등도 징계양정의 선택에 있어서 참고자료가 된다.

나. 성실·능동적 업무의 수행중 생긴 비위에 대한 징계기준

비위의 정도가 약하고 과실로 인한 비위로서 성실하고 능동적으로 업무를 처리하는 과정에서 발생한 것으로 인정되는 경우와 행위 당시의 여건, 기타 사회통념에 비추어 적법하게 처리될 것이라고 기대하기가 극히 곤란했던 것으로 인정되는 때에는 징계의결을 하지 않을 수 있다(공무원 징계령 시행규칙 제2조 제3항). 이러한 요건을 충족하는 경우에는 '불문' 및 '불문경고' 의결이 가능하다(국가공무원 복무 · 징계 관련 예규 제12장 제5호).

문제가 된다고 지적하면서 내부증언자의 형벌감면제는 이미 「특정범죄 신고자 등 보호법」 제16조, 「부패방지 및 국민권익위원회설치에 관한 법률」 제66조 제1항 등에 규정되어 있으므로 동 제도를 형법총칙에 따로 규정할 실익은 많지 않은 것으로 보인다는 의견을 국회에 제출한 바 있다(의안번호 18155, 2011.8.19. 제안).

다. 감독자에 대한 문책기준

부하 직원의 비위에 대한 감독상의 책임을 지우기 위해서는 당해 공무원이나 부하 직원이 구체적으로 어떠한 직무수행상 태만이나 고의가 있었는지 구체적인 감독의무 위반 사실을 밝혀 증거에 의하여 이를 인정하여야 한다. 징계위원회는 <표 6-11>과 같이 동일사건에 관련된 행위자와 감독자에 대하여 업무의 성질 및 업무와의 관련 정도 등을 참작하여 '비위 행위자와 감독자에 대한 문책기준'에 따라 징계를 의결하여야 한다(공무원 징계령 시행규칙 제3조 제1항).

종래에는 사안의 내용에 관계없이 동일한 사건의 관련자 중에서 상위직 공무원보다 하위직 공무원에 대하여 중한 문책을 하는 사례가 많았으나, 업무의 성질 및 업무와의 관련 정도 등을 고려하여 중요한 정책결정사항에 관한 비위에 있어서는 하위직보다 결재권자인 상위감독자를 중하게 문책하는 등 징계운영에 공정성을 기하고 있는 점을 볼 수 있다.

따라서 제도의 불비로 인하여 비위가 발생한 경우 제도개선조치를 태만히 한 경우에 있어서는 정책결정사항으로 보아 감독자부터 문책해 나가는 경향이다. 또한 비위행위자와 감독자에 대한 문책기준표 중 문책 정도의 순위 1에 해당하지 아니하는 자로서 해당 비위를 발견하여 보고하였거나 이를 적법·타당하게 조치한 징계등 사건인 경우, 비위의 정도가 약하고 경과실인 징계등 사건의 경우, 철저하게 감독하였다는 사실이 증명되는 감독자의 징계사건의 경우에 대해서는 징계의결을 하지 않을 수 있다(공무원 징계령 시행규칙 제3조 제2항).

표 6-11 비위행위자와 감독자에 대한 문책기준

업무 관련도 / 업무의 성질	비위행위자 (담당자)	직상(直上) 감독자	2단계 위의 감독자	최고감독자 (결재권자)
정책 결정사항				
• 중요 사항(고도의 정책사항)	4	3	2	1
• 일반적인 사항	3	1	2	4
난순·반복 업무				
• 중요 사항	1	2	3	4
• 경미 사항	1	2	3	
단독행위	1	2		

주) 1,2,3,4는 문책 정도의 순위를 표시함.

라. 징계의 감경

첫째, 공적에 의한 감경을 할 수 있다. 공적이 있다는 것을 객관적으로 증명할 수 있는 것은 상훈법에 의한 훈장 또는 포장을 받은 공적, 정부표창규정에 의하여 국무총리 이상의 표창을 받은 공적, 모범공무원규정에 의하여 모범공무원으로 선발된 공적, 그리고 지방공무원의 경우 청백봉사상을 받은 공적이 있는 경우 징계를 감경할 수 있다. 이는 강행규정이 아니므로 공적이 있다고 하여 반드시 반영하여 감경하여야 하는 것은 아니다. 여기에서 감경대상 공적이 여러 개일 경우에도 1단계만 낮은 양정으로 의결해야 한다(국가공무원 복무 · 징계 관련 예규 제12장 제7호).

둘째, 성실능동적 업무에 대한 감경이다. 징계의결이 요구된 자의 비위가 성실하고 능동적인 업무처리 과정에서 과실로 인하여 생긴 것으로 인정될 경우에는 <표 6-12>와 같이 그 정상을 참작하여 징계를 감경할 수 있다(공무원 징계령 시행규칙 제4조 제2항).

표 6-12 징계의 감경기준(공무원 징계령 시행규칙 별표3)

제2조 제1항 및 제3조에 따라 인정되는 징계	제4조에 따라 감경된 징계
파면	해임
해임	강등
강등	정직
정직	감봉
감봉	견책
견책	불문(경고)

마. 징계의 가중

첫째, 비위가 경합되는 경우 양정을 가중할 수 있다. 서로 관련이 없는 2개 이상의 비위가 경합될 경우에는 그 중 책임이 중한 비위에 해당하는 징계보다 1단계 위의 징계로 의결할 수 있다.

둘째, 징계처분 또는 승진임용제한 기간 중에 발생한 비위에 대하여는 당해 비위에 해당하는 징계보다 2단계 위의 징계로 의결할 수 있다. 이는 징계처분을 받고 징계처분이 진행되는 기간 중에 또다시 비위를 저지르거나, 징계로 인한 승진임용제한 기간 중에 비위가 발생한 경우에는 근신의 정도가 약하다고 하여 2단계 위의 징계를 할 수 있도록 하였다.

셋째, 승진임용제한 기간 종료 후 1년 이내에 발생한 비위로 다시 징계의결이 요구된 경우에는 당해 비위에 해당하는 징계보다 1단계 위의 징계로 의결할 수 있다.

3. 소청심사 결정요인

소청심사에 있어 결정요인에 대한 기존 연구는 전무한 상태이다. 그러므로 관련 분야라 할 수 있는 형법분야에서의 양형결정에 관한 일반적 원칙, 징계위원회에서 징계양정을 결정할 시의 기준을 유형별로 분류하고 참여관찰을 통해 얻은 경험을 토대로 소청심사의 결정요인을 도출해 보았다.

가. 기존의 양형결정요인 분석[11)]

(1) 형법의 양형 결정요인

현행 형법에서의 결정요인과 하위 세부요인을 요약하면 첫째, 일반적 결정요인으로는 4가지 하위 세부요인이 있는데 ① 범인의 연령, 성행, 지능과 환경, ② 피해자에 대한 관계, ③ 범행의 동기, 수단, 결과, ④ 범행 후의 정황이 있다. 둘째, 감경요인으로 범죄의 정상에 참작할 만한 사유가 있을 때, 셋째, 가중요인에는 누범, 경합범이 있다.

(2) 형법 개정안의 양형 결정요인

형법개정안은 현행 형법의 양형기준을 세분화하여 보다 객관성을 지니도록 규정하였다. 결정요인별로 하위 세부요인이 되는 결정내용을 살펴보면 첫째, 일반적 요인으로 ① 범인의 연령, 품행, 지능과 환경, ② 피해자에 대한 관계, ③ 범행의 동기, 목적, 방법, 결과, ④ 범행 후 태도와 정황, ⑤ 예방효과, ⑥ 경제적 사정이 그것이다. 둘째, 감경요인으로는 ① 범행동기의 참작사유, ② 피해자의

---

11) 결정요인이라고 할 수 있는 것은 크게 나누어 보면 일반적 결정요인, 감경요인, 가중요인 등 3가지로 분류해 볼 수 있으며 이러한 결정요인별로 하위 세부요인을 찾아볼 수 있다.

처벌 불원, ③ 피해의 회복, ④ 자백, ⑤ 개전의 정이 요인이며 셋째, 가중요인으로는 누범, 경합범이 그것이다.

(3) 징계시 양형의 결정요인

징계위원회에서 공무원에 대한 징계를 할 경우에 첫째, 일반적 결정요인에서 고려되는 하위 세부요인은 ① 비위의 유형, 비위의 정도 및 과실의 경중, ② 평소의 소행, ③ 근무성적과 공적, ④ 개전의 정, ⑤ 기타 정상요인이 있다. 둘째, 감경요인에는 ① 성실하고 능동적인 업무수행의 경우와 ② 공적이 있는 경우가 하위 세부요인이다. 셋째, 가중요인에서는 ① 비위가 경합하는 경우, ② 징계처분 또는 승진임용제한 기간 중에 발생한 비위, ③ 승진임용제한 기간 종료 후 1년 이내에 발생한 비위가 징계결정에 있어 가중요인이다.

이상과 같이 형법 분야 및 징계양정시 나타난 양형결정요인과 하위 세부요인을 연계하여 요약 정리하면 <표 6-13>과 같다.

표 6-13 형법분야 및 징계양정시 나타난 양형결정요인

결정요인	형법 양형결정 하위 세부요인	형법개정안 양형결정 하위 세부요인	징계시 양정결정 하위 세부요인
일반적 결정요인 (양형조건)	1. 범인의 연령, 성행, 지능과 환경 2. 피해자에 대한 관계 3. 범행의 동기, 수단, 결과 4. 범행 후의 정황	1. 범인의 연령, 품행, 지능과 환경 2. 피해자에 대한 관계 3. 범행의 동기, 목적, 방법, 결과 4. 범행 후 태도와 정황 5. 예방효과 6. 경제적 사정	1. 비위의 유형, 비위의 정도 및 과실의 경중 2. 평소 소행 3. 근무성적, 공적 4. 개전의 정 5. 기타 정상
감경요인 (작량감경)	범죄의 정상에 참작할 만한 사유가 있는 때	1. 범행동기의 참작사유 2. 피해자의 처벌불원 3. 피해의 회복 4. 자백 5. 개전의 정	1. 성실·능동적 업무수행 2. 공적
가중요인	누범 가중, 경합범 가중 등	누범 가중, 경합범 가중 등	1. 비위의 경합 2. 징계처분, 승진임용 세안 기간 중의 비위 3. 승진임용제한기간 종료 1년 이내 발생비위

나. 소청심사 결정요인 분석

양형결정요인 분석결과를 보면 결정요인은 일반적 결정요인, 감경요인, 가중요인으로 정리된다. 그러나 소청심사의 결정요인을 이 세 가지 요인으로 분류하기에는 어려운 면이 있다. 행정벌과 형사벌이 다른 것처럼, 또한 징계에 대한 위법・부당한 면이 있는지를 판단하는 소청심사의 기능상, 양형의 결정요인과 징계의 결정요인과는 다른 결정요인이 필요하다. 제기되는 소청사건마다 비위행태가 복잡하고 구체적으로 양정을 결정할 때는 고려해야 할 요인들이 다양하기 때문이다. 이러한 전제를 바탕으로 기존의 양형결정요인 분석결과를 통해 분류된 결정요인을 세분화하여 소청결정요인을 찾아보았다. 먼저 소청인이 행한 의무위반행위가 어느 정도 수준의 비난 가능성을 지니고 있는지 객관적으로 판단할 수 있는 요인이 있는데 이러한 요인을 객관적 결정요인이라 하고 이는 아래와 같이 다섯 가지로 분류된다.

첫째, 비위자체의 요인이다. 형법의 경우는 범죄유형에 따라 입법자가 미리 종류와 범위를 결정해 놓은 법정형이 있기에 여기에 비위자체 요인에 대한 양정의 범위가 반영되어 있다. 한편, 공무원 징계에 있어서는 일반적 요인의 내용의 하나로 비위의 유형과 정도, 과실의 경중을 고려한다. 소청심사도 비위 자체의 성격에 따라서 양정결정에 영향을 미치기에 비위자체 요인을 주요 소청결정요인으로 볼 수 있다.

둘째, 제도 요인이다. 징계를 할 때는 법령으로 규정된, 즉 제도화된 징계양정기준을 참고하여 결정한다. 이는 소청결정을 할 때에도 고려되어야 할 요인이며, 기존의 소청결정 사례와 형사벌 유무를 포함하여 제도 요인으로 분류하였다.

셋째, 감경가중 요인이다. 형벌에서 양형 또는 징계양정을 할 때 고려되는 감경요인, 가중요인이다. 소청심사에 있어서는 어떠한 요인의 존부에 따라 감경요인이 되기도 하고 또는 가중요인이 되기도 하기에 감경가중 요인으로 통합하여 결정요인으로 분류하였다.

넷째, 사회 요인이다. 사회적으로 물의를 야기하는 경우, 언론에 보도된 경우에는 소청의 결정요인으로 작용을 한다. 경험칙상 이 요인은 징계양정을 할 경우에 매우 중요하게 고려되는 요인이기도 하다.

다섯째, 기타 요인이다.[12] 소청결정에서 고려되는 다양한 요인 중에서 위의 요인으로 분류되지 아니한 요인을 묶어서 기타 요인으로 규정하였다.

이상의 객관적 결정요인의 특징은 소청결정에 있어 객관적으로 판단할 수 있는 근거가 존재하는 요인이다. 다음으로 소청결정요인으로 주관적인 가치판단을 하는 요인은 두 가지로 분류할 수 있다. 이를 주관적 결정요인이라 하겠다.

첫째, 인적 요인이다. 이는 소청인이 지니고 있는 개인적인 특성이 소청결정요인으로 작용하기에 이를 인적 요인이라고 한다.

둘째, 예방 요인이다. 소청결정시 소청인에게 비위에 상응하는 정도의 양정이 기본이지만, 공직사회에서 유사한 비위가 재발되는 것을 방지하기 위한 고려에서 작용되는 판단 요인이라 하겠다.

이와 같이 소청심사 결정요인은 크게 객관적 결정요인과 주관적 결정요인으로 구분되며, 객관적 결정요인에는 비위자체 요인, 제도 요인, 감경가중 요인, 사회 요인, 기타 요인 다섯 가지를, 주관적 결정요인으로 인적 요인, 예방 요인 두 가지를 설정한다. 각 요인별 중점분석내용(하위 세부요인)[13]을 구체적으로 살펴보면 다음과 같다.

(1) 객관적 결정요인

① 비위자체 요인

비위자체 요인의 하위 세부요인으로는 발생된 비위행위가 직무수행상의 비위인지 아니면 직무수행 외의 비위인지에 대해 살펴본다. 비위의 성격에 따라 고비난성 행위에 해당하는지 여부도 판단하게 된다. 고비난성 행위에는 직무와 관련한 금품 및 향응수수, 공금횡령·유용, 성폭력 범죄인데, 이에 해당하는 경우 징계위원회에서도 감경을 하지 말도록 되어 있다. 특히 경찰공무원의 경우 단속정보 유출 및 고의적인 단속 기피, 직무관련자와 금진·부동산거래 및 골프·사행행위 등도 고비난성 행위에 포함하고 있다.

---

12) 기타 요인은 소청인이 비위 발생을 회피하려는 노력(예를 들어 음주운전을 회피하려고 대리운전을 불렀다는 노력 등)과 소청인과 관련된 사건의 다른 관련자와의 징계 형평성 등을 주요 판단 기준으로 삼을 것이다. 그 이외에도 정형화할 수 없는 다양한 판단 사항을 포함하는 의미에서 기타 사유로 명칭을 정하였다.

13) 대분류 2가지(객관적 요인·주관적 요인)와 소분류 7가지(비위자체 요인·제도 요인·감경가중 요인·사회 요인·기타 요인·인적 요인·예방 요인)를 설정하였고, 소분류된 7가지 결정요인별로 중점분석내용을 설정하여 이를 하위 세부요인이라고 부르기로 한다.

② 제도 요인

제도 요인의 하위 세부요인으로는 비위유형에 따라 규정하고 있는 징계양정기준에 부합여부, 기존 소청결정사례와의 비교, 비위행위에 따른 형사별 처벌유무이다. 징계양정기준은 징계위원회에서 징계양정을 할 때 기본적으로 적용되는 공무원징계령 시행규칙이 있다. 여기에는 비위의 유형별로, 비위의 정도 및 과실의 여부에 따라 적용되어야 할 징계양정의 대강을 정하고 있는데 소청심사 결정시에도 참작되는 요인이다. 또한 금품 및 향응수수와 관련하여서는 금품·향응수수 관련 일반기준(공직자 행동강령 운영지침)이 적용된다.

한편, 국가공무원법 이외의 다른 법령에 특별한 규정이 있는 경우에는 그 특별규정에 의하는데, 예를 들어 경찰공무원법에 근거한 경찰공무원 징계양정 등에 관한 규칙(경찰청예규 제465호), 소방공무원법에 의한 소방공무원 징계양정 등에 관한 규칙, 조달청 공무원의 징계 등에 관한 규정 등이 있다.[14] 이 기준양정을 초과하여 징계를 했느냐 여부에 따라 소청심사 결정시 소청인에게 유리한 또는 불리한 요인이 되기도 하여 실제 영향을 미친다. 각 부처별로 운영되고 있는 징계양정규정 중 주요한 사항을 정리하면 아래 <표 6-14>와 같다.

표 6-14 주요 부처별 징계양정 관련 규정

구분	관련규정
일반부처	- 공무원 징계령 시행규칙 - 공직자 행동강령 운영지침(국민권익위원회예규 제51호, 2012.8.14.)
경찰청 (해양경찰청)	- 경찰공무원 징계양정 등에 관한 규칙 • 행위자의 징계양정기준(별표 1) • 청렴의무위반 징계양정기준(별표 2) • 음주음전 징계양정기준(별표 3) • 전투경찰 순경 및 감독자의 징계양정기준(별표 4) • 감독자의 징계양정기준(별표 5)
검찰청	- 검찰공무원의 범죄 및 비위 처리 지침(대검찰청예규 제577호, 2011.11.29.)
조달청	- 조달청 공무원의 징계 등에 관한 규정(조달청훈령 제1530호, 2011.12.28.)
소방방재청	- 소방공무원 징세양정 등에 관한 규칙(소방방재청훈령 제182호, 2009.7.17.)

14) 공무원징계령 시행규칙은 일반직 공무원에 대해 공통적으로 적용되나, 조사·수사·단속 등 각 기관의 업무 특성에 따라 공무원징계령 시행규칙상의 기준보다 강화된 기준을 적용할 수 있으며, 별도로 규정을 운영하고 있는 기관은 경찰청, 해양경찰청, 검찰청, 소방방재청, 조달청, 통계청, 방위사업청, 국가인권위원회가 있다.

한편, 유사한 비위행위에 대해서 유사한 결정이 있어야 한다. 유사한 유형의 비위에 대하여 일관성 있는 소청결정이 있어야 당사자의 소청결정에 대한 수용성이 높아지고 행정소송 제기 등 법적분쟁을 하는 데 소모되는 시간과 경비를 방지할 수 있다. 그런 의미에서 소청결정사례는 중요한 하위 세부요인이다.[15)]

③ 감경가중 요인

감경가중 요인의 하위 세부요인으로는 상훈공적의 유무, 특히 감경대상 표창유무가 결정요인이 된다. 관련자의 탄원서, 피해에 대한 보상 등 원상회복 노력은 감경요인이다. 한편, 징계전력이 있거나 두 가지 이상의 비위가 경합되는 경우, 승진임용제한 기간 중 비위 발생의 경우는 1단계 또는 2단계 위의 양정으로 결정되는 가중요인으로 작용한다.

④ 사회 요인

공무원의 비위행위는 사회적 비난의 대상이 되기 쉽다. 따라서 공무원 비위로 인해 사회적 물의를 야기하는 경우 이로 인해 공무원 사회의 명예와 위신이 실추되기에 중한 처벌이 뒤따르게 된다. 언론보도가 그것이다. 또한 피해자의 민원제기로 물의를 야기하는 경우 부정적인 결정요인으로 작용하게 된다.[16)]

⑤ 기타 요인

기타 요인에서는 소청인이 비위행위 발생을 회피하려는 노력이 있었는지 여부와 동일한 사건에 복수의 관련자가 있을 경우 소청인과 관련자들이 받은 징계양정과의 책임의 경중에 따른 형평성 여부 등을 분석검토 한다. 위에서 예시한 것 이외에도 개별사안에 나타난 요인들이 객관적 요인 중 어디에도 해당되지 아니 할 경우 기타 요인으로 분류한다.

---

15) 소청사례의 검토는 소청심사위원회의 소청사례 데이터베이스 시스템을 통해 검토되고 있으며, 실제 심사에 있어 소청심사위원회 조사관들은 맡은 바 소청사건에 대하여 조사보고서를 작성하는 과정에서 동일한 유형의 비위에 대한 소청결정 사례를 조사하여 심사 결정 시에 참고자료로 제시하고 있다.

16) 공무원의 비위는 통상 언론보도를 통하여 일반에게 알려지면서 큰 관심사가 되는 경우가 많다. 이러한 때에 소속기관에서는 사회적 물의를 완화하려는 의도로서 긴급히 징계위원회에 회부하며, 징계위원회에서의 징계는 기준보다 과다하게 내려지는 경우가 많다. 소청심사위원회에서의 결정시기는 소청제기 후 60일 이내에, 부득이한 경우 30일을 연장하여 심사를 할 수 있는데, 이 시기는 사건발생 이후 상당한 시간이 경과하였기에 언론에 보도된 사건, 사회적 비난 여론에 의해 결정된 징계양정이 합리적이었는지 냉정한 판단을 통해 감경되는 사례도 있다.

(2) 주관적 결정요인

소청심사위원회의 심사결정은 위원들의 학식과 경험을 바탕으로 개개인의 양심에 따라 독립적으로 결정되고 있는바, 소청심사에 제기되는 사건들이 동일한 비위형태는 하나도 없기에 고도의 판단력이 요구되는 작업이라 할 것이다. 따라서 이를 결정요인으로 삼는 일은 대단히 어렵고도 난해한 일이다. 실제에 있어 결정에 이르게 된 사유를 명시하는 결정이유서에 나타나는 경우에만, 주관적 요인들이 어느 정도 반영되었는지 여부를 알 수 있다. 이 연구의 사례분석에 있어서는 결정이유서에 명시된 결정요인과 함께 참여관찰을 통해 얻은 경험을 토대로 분류하였다.

① 인적 요인

인적 요인은 소청인 자신이 지니고 있는 요인으로, 소청심사결정에 어느 정도 영향을 주었는지를 객관화하기 매우 어려운 요인이다. 인적 요인의 하위 세부요인으로는 개전의 정이 있는지 유무, 처분청의 소청인에 대한 평가를 좋게 하고 있는지 여부, 소청인의 근무경험 등이다. 소청인의 근무경험이 일천한 경우 결정요인으로는 긍정적으로 작용하기도 하고 부정적으로 작용하기도 한다. 그것은 사례에 따라 달리 작용되는데 신임 공무원으로서 열심히 하지 않았다고 하여 부정적인 요인이 되는가 하면, 공직경험이 일천하기에 적절히 대응하지 못하여 비위발생에 이른 것이라고 긍정적으로 영향을 미치기도 한다.

② 예방 요인

정부입법으로 2011.3.28. 국회에 제출된 형법일부개정안에서는 양형의 원칙으로 '형은 범인의 책임을 기초로 하여 정하여야 한다'고 명시되어 있다. 이것은 형벌이론상 응보이론 또는 절대적 형벌이론에 바탕을 둔 것이다. 그러나 형벌의 부과를 통해 당사자의 재범 발생을 방지하거나, 범죄행위를 결심한 행위자가 그 행위로 받게 될 형벌을 생각하여 범죄를 단념하는 예방효과까지를 고려해야 한다. 이러한 예방 요인은 소청결정에 있어서도 비위에 상당하는 응징인 응보형에 기초하여 양정을 정하는 경우 이외에도, 당해공무원 개인이 또다시 비위를 저지르는 일이 없도록 방지하기 위하여 또는 여타의 다른 공무원이 유사한 비위를 야기하는 일이 없도록 예방적 차원에서 기각하는 등 중(重)한 양정으로 결정하는 경향이 있다.

위에서 살펴본 바와 같이 주요 결정요인과 하위 세부요인을 요약하면 <표 6-15>와 같으며, 실제의 소청심사에 있어서는 아래의 요인들이 종합적으로 검토되어 결정되게 된다.

표 6-15 주요 결정요인 및 하위세부 요인

구분	주요 결정요인	하위 세부요인
객관적 요인	1. 비위자체 요인	- 고비난성 행위, 직무상 비위, 직무 외 비위 - 사건의 동기 · 방법 · 결과 - 비위의 지속성, 우발성
	2. 제도 요인	- 징계양정기준 - 소청결정사례 - 형사벌 유무
	3. 감경가중 요인	- 상훈공적, 관련자 탄원서, 원상회복 노력 - 징계전력, 비위경합
	4. 사회 요인	- 언론 보도 - 민원 야기
	5. 기타 요인	- 회피노력, 형평성
주관적 요인	1. 인적 요인	- 개전의 정 - 처분청의 평가 - 소청인 경험
	2. 예방 요인	- 공직기강 확립

제3절 소청심사 사례별 결정요인

제2절에서 살펴본 소청심사 결정요인이 실제 소청심사 사건에서 어떻게 적용되고 있는지 알아보기 위해 소청심사위원회에서 2009년부터 2010년 2개년 동안 심사한 소청사건을 대상으로 공무원비위의 유형을 ① 직무태만, ② 품위손상, ③ 금품수수, ④ 감독태만, ⑤ 기타비위 등 다섯 가지 유형[17]으로 나누고 다양한 결정요인이 발견되는 40개 사례를 선정하여 사례별로 객관적 요인인 비위자체

17) 공무원 비위의 전제는 법령상 공무원 의무위반에 기인한다. 앞에서 살핀 바 있거니와 공무원의 의무는 신분상의 의무와 직무상의 의무로 나뉘고 이를 세분화하면 모두 12가지 세부의무 사항이 되는데, 그 의무위반으로 나타나는 행태를 비위의 성질과 내용을 중심으로 보면, 직무태만, 품위손상, 금품수수, 감독태만, 기타비위로 분류된다.

요인, 제도 요인, 감경가중 요인, 사회 요인, 기타 요인과 주관적 요인인 인적 요인, 예방 요인을 분석하였다.

결정요인을 분석하기 위한 사례로는 5가지 비위유형별로 발생빈도가 높은 사례, 즉 직무태만비위는 ① 업무처리 소홀 ② 피의자 석방·도주 ③ 지시명령 위반 사례를, 품위손상비위는 ① 성관련사건 ② 하극상(폭행·폭언) ③ 음주운전 사례를 선정하였고, 금품수수비위는 ① 직무관련자로부터 금품수수 ② 부하직원으로부터 금품수수 ③ 금품수수 후 부정행위 사례, 감독태만 비위는 ① 전의경 감독소홀 ② 부하직원 음주운전 ③ 직무태만 감독소홀 사례를, 기타비위로는 ① 영리행위금지 위반 ② 직장이탈금지 위반사례를 선정하였다.

1. 직무태만 비위사례와 결정요인

가. 사례별 결정요인

[사례 A-1] 민원서류 허위 종결 후 무단방치: 정직3월 → 기각

≪원 처분요지≫

이 사건은 행정 8급인 근로감독관[18]이 2005.1.28. 접수된 부당노동행위 고소사건에 대한 조사가 완료되지 않았음에도 범죄사건부 송치 결재란에 과장의 서명을 위조하여 사건을 송치한 것처럼 처리하고, 전산상의 '민원서류처리전(前)'임에도 '송치'로 과장 결재를 받아 허위종결 하였으며, 2006.3.13. 전보시 후임자에게 서류를 인계하지 않고 자택 등에 임의 보관하다가 2009.12.15. 적발될 때까지 총 4년 7개월간 무단 방치한 사실이 있는바, ○○부의 공신력을 상실시키고 직원들의 위신을 실추시킨 점 등을 고려할 때 강등상당의 책임이 인정되나, 공무원 징계령 시행규칙 제4조 제1항(표창감경)에 따라 감경하여 정직3월의 처분을 받은 데 대하여, 이의 취소 또는 감경을 구하는 소청에서 기각되었다(사건번호 2010-126).

≪결정요지≫

먼저 징계시효의 판단에 있어서, 소청인의 비위는 허위로 사건을 종결처리하고 관련 서

18) 근로감독관은 3~7급 공무원으로서 근로감독·노사협력·산업안전 및 근로여성에 관한 업무 등에 종사하는 경우 당연직 또는 임명직으로 근로감독관이 되며, 8~9급 공무원으로서 근로감독관의 수사업무를 보조하게 하기 위해 사법경찰리가 있다(근로감독관규정 제2조~제5조, 대통령령 제20142호). 처분청에서는 통상 8~9급의 경우도 근로감독관으로 지칭하고 있다.

류를 집에 은닉한 것으로 서류 은닉이라는 행위가 경찰청에 의해 적발될 때까지 계속 이루어졌으므로 징계시효 기산점은 서류 은닉이라는 행위가 적발되어 징계사유가 발생한 2009.12.15.로 보아야 하므로 본건은 징계시효 기간 내에 있으며, 소청인이 불가피하게 전산상으로 먼저 처리하고 사후에 서류작업을 하려 했다면 사전에 과장에게 보고하고 처리할 수 있었음에도 불구하고, 과장의 서명을 위조하거나 허위로 종결하였다고 결재를 받아 처리한 후 관련 서류를 집에 가지고 가서 방치하였으며, 인사발령으로 타 기관으로 가게 되어 동 서류를 처리할 수 없게 되었을 때에도 후임자에게 서류를 인계하지 않고 계속 자택에 보관하여 후임자가 동 서류를 처리할 수 없게 하였다. 본건 징계양정에 있어서는 과장의 결재를 위조하여 사건처리부에 기재하고, 전산상에 허위로 사건을 종결하고, 관련서류를 인사이동시에도 후임자에게 인계하지 않고 적발될 때까지 자택에 은닉하고 있었던 점, 2006년 공문서 위변조로 불문경고를 받은 전력이 있는 점 등을 고려할 때 원 처분 상당의 책임을 면하기 어렵다.

☞ 결정요인 분석

본 사안은 부당노동행위 조사상황을 허위로 입력한 비위에 대한 것이다. 본 사안에 대해 기각결정을 한 객관적 요인은 다음과 같다.

첫째, 비위자체 요인의 하위 세부요인 중 직무수행상의 비위에 해당한다. 근로감독관으로 근무할 때에는 신고 내용에 대해 근로감독관직무규정에 따라 신속·친절·공정하게 조사하여 처리할 의무가 있으나 이를 해태한 비위인 것이다.[19] 사건의 동기·방법·결과에 있어서도 과장의 서명을 위조하여 사건을 송치한 것으로 처리한 점, 허위로 종결 결재를 받고 서류를 집으로 가져 간 점은 고의가 있으며 비위의 정도가 심한 것으로 보았다. 비위의 지속성에서도 2009.12.15. 적발될 때까지 4년 7개월간 계속된 점은 소청인에게 불리한 요인이다.

둘째, 제도적 요인으로서 징계양정기준상으로는 비위의 정도가 심하고 중과실이거나, 비위의 정도가 약하고 고의가 있는 경우에 해당하기에 강등~정직의 양정기준에 부합하고 있다. 한편, 소청결정 사례는 이와 유사한 사건이 없었다.

셋째, 감경 또는 가중 요인으로서 ○○부장관의 표창공적이 있는 점은 소청인에게 유리한 요인이다. 그러나 원상회복 노력에 있어서는 인사발령으로 타 부

19) 신고사건이란 사업 또는 사업장에서 노동관계법령의 위반행위로 권익을 침해당한 자가 그 침해사항에 대하여 문서·구술·전화·우편·기타의 방법으로 행정관청에 진정·청원·탄원·고소·고발 등을 한 사건을 말한다(근로감독관집무규정 제33조, 2010.4.13, 훈령 제739호).

서로 가면서 후임자에게 인계하지 않고 계속 보관한 점은 원상회복의 노력으로 보이지 않아 불리한 요인으로 작용하였다. 또한 2006.6.14. 불문경고를 받은 이후 1년 동안 징계나 직위해제 처분을 받은 사항이 없으므로 동 징계기록이 말소 된 것은 사실이나, 징계위원회에서 과거 어떤 사유로 어떤 종류의 징계처분을 받았는지도 징계양정을 결정할 때에 고려사항이 될 수 있으므로 불리한 요인으로 작용하였다.

넷째, 사회적 요인으로는 동 건과 관련하여 언론에 보도되었거나 특별히 민원이 야기되지 아니하였기에 고려요인이 없었다.[20]

다섯째, 기타 요인으로 징계시효의 기산점 문제가 검토되었는데, 징계시효의 기산점은 본 업무를 정당하게 처리해야 할 기간인 2개월을 지난 2005.3.28. 또는 다른 기관으로 인사이동되어 동 업무를 처리할 수 없는 상태에 놓인 2006.3.13.을 징계사유가 발생한 날로 보아 2년인 징계시효를 도과(徒過)하였다고 볼 수도 있으나, 소청인의 비위는 허위로 사건을 종결 처리하고 관련 서류를 집에 은닉한 것으로 서류 은닉이라는 행위가 적발될 때까지 계속 이루어졌으므로 징계시효의 기산점은 서류 은닉이라는 행위가 적발된 2009.12.15.로 보아 징계시효가 도과되지 않은 것으로 보았다.

다음으로 주관적 요인에 대하여 분석해보면, 첫째, 인적 요인의 하위 세부요인 중 소청인이 자신의 잘못을 뉘우치고 있으며, 소청인에 대한 처분청의 평가가 좋은 점 등은 유리한 요인으로 작용하였다.

둘째, 예방 요인으로서 허위로 사건을 종결조치하고 공문서를 집에다 은닉한 행위는 공직사회에서 발생되어서는 안 된다는 차원에서 소청인에게 불리한 요인이 되었다.

[주요 결정요인] 사건의 방법과 결과에 있어 허위로 입력을 하고 서류를 집에 은닉한 행위는 중대한 비위로서 장기간 지속된 비위자체 요인과 가중요인으로 원상회복의 노력도 보이지 않은 점과 예방요인이 기각결정에 이른 주요 요인임.

---

20) [사례 A-1]의 경우 사회 요인은 고려되어야 할 내용들이 존재하지 아니하였다. 앞으로의 사례분석에서도 해당 사건의 소청심사결정에 있어 고려될 대상 내용이 없는 경우 그 요인은 언급하지 않기로 한다.

[사례 A-2] 보호관찰 상황 허위입력 등 직무태만: 강등 → 기각

≪원 처분요지≫

이 사건은 보호관찰공무원으로 약 1년 6개월간 총 111건의 보호관찰상황을 허위로 입력하였고, 약 6개월간 보호관찰대상자 50명에 대한 현지출장 불이행, 분류등급 임의하향 조정(3명), 개시교육 불참자 미조치(4명) 등 보호관찰 업무를 태만히 하였고, 처분결정문이 접수된 사회봉사명령대상자 B에 대하여 87일간 사회봉사명령 집행업무를 태만히 한 비위가 있는바, 소청인이 장기간에 걸쳐 업무를 해태한 행위는 직무상 의무를 중대하게 위반한 것으로 엄중 문책함이 마땅하나, 잘못을 깊이 반성하고 있는 점, 금전이 개입된 정황이 없는 점 등을 감안하여 강등의 처분을 내린 데 대하여, 이의 취소 또는 감경을 구하는 소청에서 기각되었다(사건번호 2010-677).

≪결정요지≫

보호관찰상황을 허위로 입력한 소청인의 비위사실은 인정되며, 지적된 내용 중 허위로 입력한 것이 아니라 지연입력한 건수가 일부 있다고 하더라도 소청인의 징계사유가 크게 달라지지는 않는다 할 것이다.

징계양정에 대하여 살펴보면, 소청인은 보호관찰대상자의 재범을 방지하고 건전한 사회복귀를 촉진하기 위해 필요한 지도・감독을 행하는 보호관찰공무원으로서, 보호관찰 업무의 기본이자 핵심은 성실히 보호관찰 활동을 하고, 동 활동상황을 사실대로 정확히 '지능형 보호관찰 통합정보시스템'에 입력하여 보호관찰대상자의 개별처우 및 재범방지 등에 활용할 수 있도록 하는 것이라는 것을 잘 알고 있었음에도, 100여 건에 달하는 보호관찰상황을 허위로 입력하고, 현지출장 불이행, 분류등급 임의 하향조정, 개시교육 불참자 미조치, 사회봉사명령 집행지연 등 업무를 태만히 한 비위가 인정되는 점, 상급자로부터 수차례 지적을 받고 2차례 경위서를 제출하였음에도 지속적으로 업무를 태만히 한 점 등을 고려해 볼 때, 원 처분 상당의 책임이 인정된다.

☞ 결정요인 분석

본 사안은 보호관찰상황을 허위로 입력하고, 보호관찰업무와 사회봉사명령 집행업무를 태만히 한 비위로서, 먼저 객관적 결정요인에 대하여 살펴보면 다음과 같다. 첫째, 비위자체 요인으로는 대부분의 직원들이 성실하게 보호관찰사항을 입력하고 있음을 볼 때 소청인의 허위입력 행위는 중대한 직무상 비위이다. 사건의 동기에 있어 소청인은 2009.9. 동료직원인 C가 의원면직한 이후 업무에 과부하가 걸려 허위입력하게 되었다고 주장하고 있으나, 업무난이도나 부담률이 낮은 '주요'와 '일반'대상자를 담당하여 상대적으로 어려운 '집중'대상자는 1명도 없고, 업무량은 보통 수준인 것으로 보아 사건동기에 있어서도 참작할 요인이 적다. 또한 비위의 지속성에 있어서도 1년 6개월을 지속한 것으로 소청인에게 불리한 요인이다.

둘째, 제도 요인으로서 본건과 같이 직무태만으로 성실의무를 위반한 경우 의무위반의 정도가 심하고 중대한 과실의 경우 해임 양정 기준으로 되어 있는 바, 원 징계처분은 여기에 부합하고 있다. 한편, 소청결정 사례에 비추어 보면 본건과 같이 보호관찰공무원의 사례는 찾을 수 없고, 업무를 허위로 처리한 유사사례의 경우 정직2월에서 파면까지의 양정을 보이고 있어 원 처분도 유사소청사례와 비교해 볼 때 적정한 범위에 있기 때문에 소청인에게 불리한 요인이다.

셋째, 감경가중 요인으로는 감경대상표창으로 장관표창이 있고, 징계를 받은 전력이 없는 점은 소청인에게 유리한 요인이다.

넷째, 기타 요인으로는 상급자로부터 수차례 지적을 받고 2차례 경위서를 제출하였음에도 계속 업무를 태만히 한 점은 소청인에게 불리한 요인이다.

다음으로 주관적 요인에 대하여 살펴보면, 첫째, 인적 요인으로 감찰조사시 진술, 징계위원회에 제출한 소청인의 주장서, 징계회의시의 진술에서는 본인의 비위를 인정하고 반성한다는 취지의 진술이 있었으나, 소청심사에 있어서는 기존의 진술을 번복한 점과 처분청의 평가가 좋지 않은 점은 소청인에게 불리한 요인이다.

[주요 결정요인] 소청인의 역할은 보호관찰대상자의 재범을 방지하고 건전한 사회복귀를 촉진하기 위해 필요한 지도·감독을 행하는 보호관찰공무원으로서 성실히 보호관찰 활동을 하고 그 활동 상황을 사실대로 정확히 입력하여 보호관찰대상자의 개별처우 및 재범방지 등에 활용하여야 함에 비추어 볼 때, 비위자체 요인, 인적 요인이 기각에 이르는 중요한 결정요인임.

[사례 A-3] **112신고 늑장 대응: 견책 → 불문경고**

≪원 처분요지≫

이 사건은 경찰공무원인 소청인이 ○○지구대에서 상황근무중, 지구대와 50미터 인접한 ○○공원 화장실 앞에서 불상의 남자가 중년의 남자를 폭행한다는 112신고를 접수하고도 직접 출동하지 않고 순찰차에 출동 가능여부를 확인하다가, 먼저 접수된 사건처리를 마친 순22호를 신고시간으로부터 약 5분 후에 현장에 도착토록 하여 피의자를 검거하지 못하였는바, 소청인이 경찰청장 표창 1회 등 다수의 표창 수상경력이 있는 점, 그동안 과오 없이 근무하여 온 점, 깊이 반성하고 있는 점 등 제반 정상을 참작하여 견책 처분을 내린 데 대하여, 이의 취소를 구하는 소청에서 불문경고[21]로 감경되었다(사건번호 2009-517).

≪결정요지≫
당일 소청인과 함께 근무하였던 B가 112지령실로부터 신고를 접수하여 순찰차량들의 출동 가능여부를 확인한 결과, 이미 신고된 사건을 처리중이라는 순찰차량들의 답변을 들었을 때에는 상황근무자이던 소청인을 포함하여 당시 지구대에 있던 3명 중 최소 1명은 본 112신고사건 현장으로 즉시 출동하여 초동 조치를 했어야 한다고 보인다.
징계양정에 있어서는, '지역경찰관서 야간 상황근무 철저 등 상황 대응 시스템 개선방안' 지시공문에서 적시하고 있는 '근거리 중요사건 발생'에 대한 개념이 명확히 정의되어 있지 않았던 점, 본 112신고 사건은 단순 폭행사건으로 사건 피해자가 사건처리를 원하지 않고 피해가 경미하다는 처분청 진술이 있는 점, 지구대 상황근무자의 주 임무는 현장 출동보다는 상황근무가 우선이라는 점 등을 참작하고, 지구대로 전보된 지 한 달밖에 되지 않았으며 112신고사건 접수 이후 5분 14초 동안 지속적으로 순찰차를 수배하려는 노력이 있었다고 보이는 점, 동료 직원간 인간관계가 원활하다는 처분청 진술이 있는 점, 경위 승진시험을 앞두고 있는 점, 경찰청장 표창 수상공적이 있는 점, 본건 외 징계전력이 없는 점 등을 고려하여 불문경고로 감경한다.

☞ 결정요인 분석

본 사건은 112신고에 대해 늑장 대응하여 발생된 비위로 먼저 객관적 요인에 대해 살펴보면, 첫째, 비위자체의 요인은 지구대 근거리 내에서 중요사건[22]이 발생시 주변상황 및 거리상 112순찰차의 신속한 출동이 곤란한 경우 상황근무자 2인 중 1인은 오토바이 등을 이용하여 신속히 출동하여 초동조치를 하라는 지시

21) 불문경고는 징계위원회에서 공무원의 비위가 징계사유에 이르지 못한 경미한 사안인 경우, 징계의결요구를 기각하여 징계로서 문세를 삼지 않기로 하되 다만 경고할 것을 권고하는 결정을 내리는 경우를 말한다. 따라서 불문경고는 징계의 종류는 아니다. 경찰공무원의 경우 동일한 의미로 종전에는(2009.12.31.까지) 기각계고라는 용어를 사용하다가 2010.1.1.부터 공무원징계령 시행규칙상의 용어인 불문경고로 통일하여 사용하고 있다(경찰공무원 징계양정에 관한 규칙 제2조).

22) ○○경찰서에서 시행한 '지역경찰관서 야간 상황근무 철저 등 대응시스템 개선 방안' 지시공문에 따르면 중요사건에 대해 명확한 규정을 하지 않고 있으나, 어느 사건이든 사건 접수 당시에는 당해 사건의 중요도에 대해 판단할 수는 없다고 보이며, 중요사건에만 제한된 내용이기보다는 지구대 상황근무자의 초동조치에 역점을 두고 있는 지시내용이라 판단된다.

사항을 위배한 직무수행상 비위라 할 것이고, 비위의 동기와 방법에 있어서는 소청인과 같이 상황근무를 하는 B가 수차례 112순찰차를 호출하였으나 다른 사건을 처리중에 있어 출동할 여건이 되지 못한 반면, 소청인이 근무하던 시간에 지구대에서는 본건 외 다른 사건을 취급하지 않았다는 점, 사건지점이 지구대로부터 400미터 떨어진 ○○공원에서 최초 발생하였다가 계속적인 시비로 지구대와 약 50미터 떨어진 지점까지 이동하게 되었는데 ○○공원의 구조로 볼 때 순찰차가 진입하기 곤란함에 따라 즉시 상황근무자인 소청인이 도보 이동하여 현장에 출동할 필요가 있었다는 점에서 소청인에게 불리한 요인으로 작용되었다. 다만, 사건의 결과 단순 폭행사건으로 사건피해자가 사건처리를 원하지 않고 피해가 경미한 점은 결정에 있어 소청인에게 유리한 요인이다.

둘째, 제도적 요인으로는 복무규율 위반으로 각종 지시명령 위반의 경우 행위자의 징계범위는 견책[23] 정도에 해당되고, 112신고사건의 지연출동과 관련한 소청결정사례는 견책 정도의 양정으로서 원 징계양정에 부합하고 있다. 이러한 점은 소청인에게 불리한 요인이다.

셋째, 감경가중 요인으로는 감경대상인 경찰청장의 표창이 있고, 동료직원들의 탄원서가 있으며, 징계전력이 없는 점은 소청인에게 유리한 요인이다.

넷째, 사회적 요인으로는 이 사건이 언론에 보도되어 경찰공무원의 위신을 실추시키고 물의를 야기한 점 역시 소청인에게 불리한 요인으로 작용되었다.

다음 주관적인 요인으로서, 첫째, 평소 동료직원과 관계가 원활하다는 처분청의 평가가 있으며, 지구대로 전보된 지 한 달 밖에 되지 않은 점 등은 결정에 있어 소청인에게 유리한 요인으로 작용되었다.

[**주요 결정요인**] 112신고에 대한 늑장 출동이라는 직무상 비위이지만 사건의 결과가 경미하며 감경대상 상훈공적이 있고, 징계전력이 없으며, 처분청의 평가가 좋은 점 등 비위자체요인, 감경요인, 인적 요인이 주요결정요인으로 적용되어 한 단계 감경되었음.

---

23) 징계의결 요구 및 감독자 문책범위상 ① 복무규율 위반－1. 각종 지시명령위반의 경우 경징계로 징계요구 하도록 되어 있다(경찰공무원 징계양정 등에 관한 규칙 제3조).

[사례 A-4]	제안서 평가 업무처리 소홀: 견책 → 불문경고

≪원 처분요지≫
이 사건은 ○○위원회에 파견되어 근무하던 공무원으로 (주)○○에서 제출한 총괄책임자의 경력증명서상 실무경력과 제안서 총괄표상 경력을 대조 확인하지 않고 제안서 총괄표에 기재된 경력을 인정하여 실무경력점수를 잘못 평가함으로써 협상적격기준에 미달되는 위 업체와 계약을 체결하게 한 비위가 있는바, 4년여 동안 성실하게 근무한 점, 개전의 정 등을 감안하더라도 심포지엄 대행용역의 전문대행사로 선정될 수 없는 (주)○○을 협상적격자로 잘못 선발하게 한 책임은 결코 가볍다고 할 수 없으므로 이와 유사한 사례의 재발을 방지하기 위해 이를 문책하여 공직기강을 확립하는 것이 바람직하다고 판단되어 견책 처분을 내린 데 대하여, 이의 감경을 구하는 소청에서 불문경고로 감경되었다(사건번호 2010-519).

≪결정요지≫
소청인은 계약절차상의 가장 기초적인 경력증명 서류 등의 검토를 소홀히 하여 당해 용역의 총괄책임자 실무경력점수를 잘못 산정함으로써, 협상적격자가 될 수 없는 (주)○○을 협상적격자로 선정하여 총무과에 통보하는 오류를 범하였는바, 5억원에 이르는 용역사업의 계약업체로 최종 선정하게 만든 책임이 있으므로 그 비위는 결코 가볍다고 할 수 없다.
징계양정에 있어서는, 동 입찰 건은 무효입찰로 처리하여 재공고 절차를 거쳐 다른 업체들에게도 새롭게 입찰참여 기회가 주어졌어야 할 용역사업에 해당한 점 등을 감안하면 원 처분 상당의 책임은 인정된다고 하겠으나, ○○위원회에 파견되어 질병이 있음에도 불구하고 열심히 근무하여 우수 직원으로 선정되는 등 그 성실성을 인정할 수 있는 점, 동 질병(요추 질환)으로 인해 이후 휴직을 하게 되는 등 그 고충을 참작할 만하다고 보이는 점, 공무원 경력이 일천하여 계약업무에 관한 경험이 부족하였고 당시 담당업무량도 과중하였던 것으로 보이는 점, 고의성은 없어 보이는 점, ○○위원장의 탄원서가 제출된 점 등을 감안할 때, 본건을 거울삼아 더욱 직무에 매진할 수 있도록 기회를 주는 것이 바람직하다고 판단되어 불문경고로 감경한다.

☞ 결정요인 분석

먼저 결정에 영향을 미친 객관적 요인에 대하여 살펴보면, 첫째, 비위자체요인으로는 제안서 총괄책임자의 실무경력점수를 잘못 확인한 행위로 직무상 비위이다. 사건의 동기는 제안서 총괄표에 기재된 경력과 첨부된 경력증명서와 대조 확인하지 아니한 실수이다. 이는 입찰과정에서 엄정한 보안유지를 위해 심사 당일 현장에서 제안서를 개봉하여 확인하는 과정에서 오류를 범한 것으로 고의성은 없어 보이는 점은 소청인에게 다소 유리한 요인이다.

둘째, 제도 요인으로는 징계양정기준에 비추어 볼 때 비위의 정도가 약하고 경과실인 경우 감봉~견책 정도의 양정을 보이고 있어 원 처분은 이에 부합한다. 소청결정사례를 보면 감봉1월~견책 수준의 양정을 보이고 있어 소청인의 원 처분 역시 이에 부합하고 있어 소청인에게 불리한 요인이다.

셋째, 감경가중 요인으로는 소속기관장이 선처를 바라는 탄원서를 제출한 점은 소청인에게 가장 유리한 요인이며, 징계전력이 없다는 점 또한 소청인에게 유리한 요인이다.

넷째, 기타 요인으로는 심포지엄 개최 3개월 전에 입찰을 공고하게 되어 준비에 시간적 여유가 없는 가운데 일이 추진된 점, 입찰에 참여한 업체가 모두 기술 능력 적격기준에 미달되었던 점, 심포지엄 개최는 별 문제 없이 진행되고 종료된 점은 소청인에게 유리한 요인이다.

다음으로 주관적 요인에 대해 살펴보면 첫째, 인적 요인으로서 개전의 정이 뚜렷한 점, 질병이 있음에도 불구하고 열심히 근무하여 우수 직원으로 선정되는 등 처분청이 그의 성실성을 인정하고 있는 점, 공무원 경력이 4년여에 불과하여 계약업무에 관한 경험이 부족하고 당시 담당업무량도 과중하였던 것으로 보이는 점 등은 소청인에게 유리한 요인이다.

둘째, 예방 요인으로 입찰관련 업무는 절차와 과정이 투명하고 실수가 없어야 하므로 본 사례를 통해 공직사회 내에서의 유사 사례의 재발을 방지하기 위해 경각심을 줄 필요가 있다는 점은 소청인에게 불리한 요인이다.

[**주요 결정요인**] 동 입찰 건은 무효로 처리하고 재공고 절차를 거쳐야 한다는 점에서 원 처분 상당의 잘못이 있으나, 감경 요인으로 소속기관장의 선처를 바라는 탄원서가 제출된 점, 인적 요인으로 개전의 정이 깊고 처분청의 평가가 좋은 점이 불문경고로 감경되는 주요결정 요인이 되었음.

[사례 A-5] 감시소홀로 외국인 피의자 도주: 감봉1월 → 기각

≪원 처분요지≫

이 사건은 소청인이 경찰공무원으로서 피의자가 외국인으로 인적사항이 확인되지 않고 또한 경미한 범죄 피의자라는 이유로 피의자를 형사계 사무실 내 회의용 탁자에 앉혀놓고 텔레비전을 시청하다 잠이 드는 등 감시 소홀로 피의자가 도주하여 직무를 태만히 한 사실이 있는바, 소청인은 2010.6.7. 불건전한 이성관계로 견책처분을 받아 공무원임용령 제32조(승진임용의 제한)에 의거 승진임용제한 기간중인 자이고, 이 기간중 다시 징계의결이 요구된 경우에는 그 비위에 해당하는 징계보다 2단계 위의 징계로 의결할 수 있는 점 등으로 볼 때 중징계가 불가피하다고 판단되나, 20여 년 동안 성실히 근무해 온 점, 깊이 반성하고 있는 점, 견책 처분 이후 과오를 만회하기 위하여 살인미수 피의자를 검거하는 등 적극적으로 근무해 온 점, 사건 당일 04:00까지 관내에서 발생한 주거침입 사건 수사로 인하여 피로가 누적되어 있었던 점, 사건 발생 이후 적극적인 수사로 도주한 피의자를 55시간 만에 다시 검거한 점 등 제반 정상을 참작하여 감봉1월을 처분을 받은 데 대하여, 이의 감경을 구하는 소청에서 기각되었다(사건번호 2010-527).

≪결정요지≫

피의자는 칼을 꺼내 시민에게 휘둘러 현행범으로 체포된 것으로 소청인의 주장과 같이 경미한 사안이라 보기 어렵고, 당시 피의자는 불법 체류자로 본인의 인적사항조차 밝히지 않았다면 피의자의 도주 가능성이 있었으며, 더욱이 문 앞에서 서성거리는 피의자를 발견한 이후부터라도 경찰장구를 사용하였다면 피의자의 도주를 방지할 수도 있었을 것으로 보이는바, 경찰장구를 사용할 정도는 아니라고 판단한 소청인의 주장은 받아들이기 어렵다.

징계양정에 있어서는 현행범 체포된 피의자에 대한 감시 소홀로 피의자의 도주를 방지하지 못한 징계사유가 인정되는 점, 승진임용제한 기간중 징계의결이 요구되어 징계양정을 2단계 가중할 수 있는 점 등을 고려할 때 원 처분 상당의 책임을 면하기 어렵다고 판단된다.

☞ 결정요인 분석

이 사건은 형사당직 근무중 피의자에 대한 감시 소홀로 피의자가 도주한 사건이다. 먼저 객관적 결정요인을 살펴보면, 첫째, 비위자체 요인으로서 피해자 감시 소홀로 인한 도주비위는 경찰 내부에서 중요하게 취급하는 고비난성 행위이다. 사건의 동기와 방법에 있어서는 원래 사무실에서 근무해야 할 소청인이 늦은 시각까지 현장수사를 하여 피로가 누적되었고 그 피곤함으로 잠이 든 점, 통합 운영되는 ○○경찰서 유치장이 40km 떨어져 있어 사무실에서 피의자를 보호한 점은 업무수행상 부득이 한 점으로 보여 소청인에게 유리한 요인이다. 그러나 소청인이 잠시 잠에서 깨어났을 때 문 앞에 서성이는 피의자를 발견하였다면 도주할 우려가 있다고 예상할 수 있음에도 다시 잠이 들었고 그로부터 약 4분 뒤에 도주한 사실을 볼 때 결과적 측면에서는 소청인에게 불리한 요인이다.

둘째, 제도 요인으로 본 비위에 대한 징계양정 기준으로는 피의자·유치인 관리소홀로 인해 도주사건이 발생한 때에, 의무위반의 정도가 심하고 경과실일 경우 경징계 수준이어서 원 처분은 이에 부합된다. 소청심사 결정사례에 비추어 볼 때 감봉2월 수준으로 원 처분은 이에 부합하므로 소청인에게 불리한 요인이다.

셋째, 감경가중 요인을 살펴보면 도주사건 이후 적극적인 수사로 도주한 피의자를 55시간 만에 다시 검거한 점 등 원상회복[24] 노력을 보인 점과 과오를 만회하기 위하여 살인미수 피의자를 검거하는 등 적극적으로 근무해 온 점 등 원상회복 노력은 소청인에게 유리한 요인이다. 비위발생 당시 소청인은 이전의 비위로 승진임용제한 기간중에 있었고, 이 기간중 다시 비위가 발생한 경우 그 비위에 해당하는 징계보다 2단계 위의 징계를 할 수 있는 점은 소청인에게 불리한 요인이다.

다음으로 주관적 요인에 대하여 살펴보면, 첫째, 인적 요인으로서 반성의 정도가 높은 점은 소청인에게 유리한 요인이고, 둘째, 예방 요인으로서 피의자 관리는 철저히 하여야 한다는 점은 소청인에게 불리한 요인이다.

[주요 결정요인] 피의자 관리소홀로 피의자가 도주한 고비난성 비위라는 비위 자체 요인, 제도 요인으로서 소청결정사례와 부합한다는 점, 감경가중 요인으로 승진임용제한 기간중에 발생한 비위는 2단계 가중할 수 있다는 점, 예방 요인으로 피의자관리 철저라는 공적목적을 확산시키기 위한 필요가 주요 결정요인이 되었음.

[사례 A-6] 구속피의자 석방: 감봉1월 → 기각

≪원 처분요지≫

이 사건은 경찰공무원으로 유치장 근무를 하던 중, 유치인 석방시 출감근거 등을 정확히 검토하여야 함에도 피의자 출감지휘서에 첨부된 검사의 수사지휘서를 정확히 확인하지 않고 구속수사 지휘가 떨어진 피의자 C를 석방하는 등 근무를 태만히 하여 감봉1월 처분을 받았는데, 이의 취소를 구하는 소청에서 기각되었다(사건번호 2009-327).

---

24) 징계요구권자 또는 징계위원회는 발생한 의무위반행위에 대하여 자진신고하거나 사후조치에 최선을 다하여 원상회복에 크게 기여한 때에는 징계책임을 경감하여 징계의결요구 또는 징계의결하거나 징계책임을 묻지 아니 할 수 있다(경찰공무원 징계양정 등에 관한 규칙 제4조).

≪결정요지≫
피의자 출감지휘서의 정확한 내용을 확인하지 않고 사건담당자 및 결재자의 결재여부만을 확인하고 불구속대상자를 석방한 것은 명백한 근무태만이다.
소청인은 피의자 입출감지휘서에 첨부된 수사지휘건의서 및 검사의 수사지휘내용을 확인하고 피의자를 석방할 의무가 있으며, 유치인 도주 등 사고방지 종합대책인 '피의자 신병안전관리 매뉴얼'의 출감절차 및 안전석방절차에서도 검사석방지휘, 판사영장기각 등 석방사유를 확인하도록 규정하고 있으므로 피의자 출감지휘서에 근거하여 유치인 C를 석방하였다는 주장은 이유 없다.
양정에 있어 통상적으로 유치장 근무자는 사건담당자가 작성하는 피의자 출감지휘서 별표 서식의 기재내용 및 결재여부만을 확인하고 피의자를 석방한다는 점, 오인석방을 빨리 발견하여 조치한 점, 피의자 C에 대한 영장이 기각된 점, 소청인은 유치인 석방시 출감근거 등을 정확히 검토하여야 함에도 출감지휘서에 첨부된 검사지휘서를 정확히 확인하지 않고 구속수사 지휘가 내려진 C를 석방한 점, 유치인보호관으로서 반입금지물품인 휴대폰을 유치장 내로 반입하는 등 지시명령을 위반한 점, 이로 인해 경찰공무원 징계양정 등에 관한 규칙 제7조의 징계사유의 경합에 해당되는 점 등을 고려할 때 원 처분 상당의 책임을 면하기 어렵다고 판단된다.

☞ 결정요인 분석

본 사건은 유치인보호관으로 유치장 근무를 하던중 피의자 2명 중 1명은 구속, 나머지 1명은 불구속 수사를 하라는 검사의 수사지휘서를 정확히 확인하지 않고 모두 불구속하라는 것으로 오인하여 유치인을 석방한 비위이다. 먼저 결정에 영향을 미친 객관적 요인에 대하여 살펴보면, 첫째, 비위자체 요인으로 이는 유치인 관리에 있어 발생한 고비난성 직무상 비위이다. 사건동기를 볼 때, 피의자의 출감지휘서에는 상황부실장의 서명날인이 되어 있었는데 이는 1차로 담당형사가 C의 불구속 지휘와 석방을 확인하였고, 2차로 상황부실장이 석방을 확인한 것으로 볼 수 있으나, 유치장담당자는 한 번 더 석방사유를 확인하여야 함에도 첨부된 검사의 구속지휘서를 확인하지 않은 점과 그 결과로 유치인을 석방하는 결과를 가져온 점은 소청인에게 불리한 요인이다. 다만 사건의 방법에 있어서 통상의 경우 유치장근무자는 사건담당자가 작성하는 피의자 출감지휘서 별표 서식 및 결재여부만을 확인하고 피의자를 석방한다는 점은 소청인에게 유리한 요인으로 작용하였다.

둘째, 제도 요인으로서 징계양정기준상 의무위반의 정도가 경하고 중과실인 경우 경징계로 규정되어 있어 원 처분은 이에 부합된다. 한편, 소청결정사례는 감봉1월~견책에 이르고 있기에 소청인의 원 처분은 이 범주에 해당되어 불리한 요인이다.

셋째, 감경가중 요인을 보면 상훈공적으로는 감경대상표창인 경찰청장 표창이 있고, 유치장 내에는 휴대폰 반입이 금지되어 있는데 비상시 연락을 위해 반입하였다고 주장하나 유치장 내에 비상시를 위한 인터폰과 비상벨이 설치되어 있음에도 유치장 내에서의 휴대폰 반입금지 지시를 위반하였으므로 징계사유가 경합된 점은 소청인에게 불리한 요인이다.

다음으로 주관적 요인에 대하여 살펴보면 첫째, 인적 요인으로 처분청의 평가가 좋지 않으며 둘째, 예방 요인으로는 유치인 도주 등의 사건은 사회에 미치는 영향이 크기에 '피의자 유치 및 호송규칙'(경찰청훈령 제514호, 2007.10.30.)에 따라 즉시 조치되어야 하며 이러한 비위에 대하여는 엄중하게 책임을 물어야 한다는 차원에서 소청인에게 불리한 요인으로 작용하였다.

[주요 결정요인] 유치장 사고는 사회에 미치는 영향력이 크므로 석방을 할 때에도 엄격한 절차와 재확인이 필요하다는 점에서 비위자체 요인, 제도 요인, 예방 요인이 주요결정 요인이 되었음.

[사례 A-7] 오락실업주 접촉금지지시 위반: 정직1월 → 기각

≪원 처분요지≫

이 사건은 경찰공무원이 ○○지구대 근무 당시, 소내 상황근무중 112신고 최초 지령시로부터 약 45분이 경과된 후에야 신고현장에 도착하고, △△지구대에 근무할 때인 2009. 11.21.~2010.1.12. 불법업소 '○○' 前 업주와 13회, 現 업주와 2회의 전화통화 등 접촉을 하고도 자진신고 기간 중에 신고하지 않고, 2010.1.12. 접촉금지 지시 이후에도 前 업주와 3회, 現 업주와 2회의 전화통화 등을 하였으며, 2009. 12월 말 12:00경 現 업주로부터 前 업주에게 업소인계 계약금 명목으로 지불한 1,000만원과 지구대 인사비 명목으로 건네준 200만원을 받을 수 있도록 도와달라는 청탁을 받고 2회에 걸쳐 前 업주 B에게 합의를 종용하는 등 민사분쟁에 개입 하였는바, 표장수상 공적 등 제반 정상을 참작하더라도, 언론에 보도된 점 등을 고려하여 정직1월의 처분을 하였고, 이의 감경을 구하는 소청에서 기각되었다(사건번호 2010-297).

≪결정요지≫
소청인이 징계사유를 인정하고 있어 이에 대하여는 당사자간 다툼이 없다. 1차 112신고 출동지령이 있었던 당시에는 ○○지구대 내에는 상황근무 업무를 수행중이던 소청인 외에도, 지구대장 D경감, 순찰4팀장 E경위 및 21:00경 지구대로 복귀한 F경장 등 3명이나 있었다는 점에서 소청인은 적절한 조치를 충분히 취할 수 있었다고 판단된다. 또한 소청인은 C로부터 전화연락을 받았다고 스스로 인정한 바 있고 B와도 14회(수신 10회, 발신 4회) 전화통화를 하였던 사실이 휴대폰 통화내역(2009.11.1.~2010.2.23.)에서 확인되고 있으며, 그 중 3회(수신 2회, 발신 1회)는 2010.1.13. 경찰대상 업소와의 전화통화 등 접촉금지 지시 이후에도 지속되었던 점 등에 비추어 볼 때, 소청인은 이에 상응한 책임을 피하기는 어렵다 하겠다. 또한 경찰공무원로서 부당하게 직위 등을 이용하여 타인의 민사분쟁에 개입하였기에 소청인의 징계이유는 그 타당성이 인정된다.
징계양정에 있어 불법영업 오락실에 대한 112신고의 경우 3회에 걸쳐 지령되었으며 소청인은 1차 지령시 팀장에게 보고하여 적절한 조치를 충분히 취할 수 있었다는 점, 언론에까지 보도되어 경찰조직의 신뢰를 크게 훼손시킨 점, 불법영업업소 업주와의 접촉이 있었음에도 신고하지 않아 지시명령을 위반하였고 민사문제에 개입한 점을 볼 때, 소청인이 주장하는 제반 정상을 참작하더라도 원 처분 상당의 책임을 면할 수 없다고 판단되어 기각결정을 하였다.

☞ 결정요인 분석

먼저 결정에 이르기까지의 객관적 요인을 살펴보면 다음과 같다. 첫째, 비위자체 요인을 보면 직무태만, 지시명령위반으로 고비난성 행위는 아닌 직무상 의무위반행위였으며, 상황근무중 112신고의 늑장 출동에 대하여는 112순찰차량이 먼저 신고된 사건을 처리하고 있었고 소청인이 출동하지 못할 불가피한 사유가 없는 상황이었기에 '지역경찰조직및운영에관한규칙' 제25조[25]의 위반사항으로 인정되었으며, 특히 불법영업업소 업주와의 만남으로 업주간에 발생한 민사분쟁에 개입한 것은 전체 경찰공무원의 공정한 직무수행까지 의심받게 한 점으로 소청인에게 불리한 요인으로 작용되었다. 사건의 동기와 방법, 결과에 있어서도 경찰대상업소와의 접촉금지 지시를 인식하고 있었으면서 이를 위반한 것은 의무위반의 정도가 심하고 중과실에 해당한다고 보겠다. 비위의 지속성도 경찰대상업주

25) 지역경찰 조직 및 운영에 관한 규칙 제25조는 신고출동요소를 정하고 있는바, '112순찰 이외의 출동요소는 오토바이순찰, 도보순찰, 상황근무자 순으로 한다'고 규정되어 있는데 이러한 출동 우선순위는 112순찰차량에 의해 실시하는 것을 원칙으로 하되, 지역 상황에 따라서는 상황근무자도 출동할 수 있는 것이다.

와의 통화가 약 4개월에 걸쳐 있어 온 점을 볼 때 소청인에게 불리한 요인이다.

둘째, 제도적 요인으로 적용된 것은 징계양정기준상 지시명령위반의 경우만 보더라도 의무위반의 정도가 심하고 중과실인 경우 중징계도 가능하므로 원처분은 이에 부합되고 있고, 소청결정례를 보면 경찰대상업소 업주와의 접촉과 관련해서는 견책에서 정직3월까지 결정된 사례가 있다.

셋째, 감경가중 요인으로는 16년 동안 성실히 근무하였고, 서울경찰청장 표창 2회 등 11회의 표창이 있는 점, 징계전력이 없었던 점은 소청인에게 유리한 요인이다. 한편, 서로 관련이 없는 비위사실이 2개 이상 경합되는 경우에는 그 중 책임이 중한 의무위반행위에 해당하는 징계보다 한 단계 위의 징계의결을 할 수 있도록 한 규정[26]이 적용된 점은 소청인에게 불리한 요인이다.

넷째, 사회적 요인으로 이 사건이 언론보도 됨으로써 경찰공무원의 신뢰를 크게 훼손시킨 점은 소청인에게 불리한 요인으로 작용하였다.

주관적 요인의 경우 첫째, 인적 요인으로 소청인이 깊이 뉘우치고 있는 점은 정상을 참작할 요인으로 작용되었다.

둘째, 향후 공직사회 내에서 이러한 행태가 재발되는 것을 방지하기 위해서 예방효과적인 요인이 결정에 영향을 미쳤다.

[주요 결정요인] 경찰대상업소와의 유착근절 목적하에 접촉금지지시명령을 위반한 비위자체 요인과 감경가중 요인으로 비위행위가 경합되어 있는 점, 예방 요인으로 업소와의 유착을 근절하려는 경찰청의 의지가 강한 점 등이 기각결정의 주요 요인이 되었음.

[사례 A-8]	경찰대상업소 접촉금지 지시위반[27]: 견책 → 불문경고

≪원 처분요지≫

이 사건은 경찰공무원으로서 2010.1.12. 유착비리근절을 위한 경찰대상업소 접촉금지 지

---

26) 경찰공무원 징계양정 등에 관한 규칙 제8조(징계사유의 경합) 제1항에 따르면 징계의결요구권자 또는 징계위원회는 서로 관련이 없는 2개 이상의 의무위반행위가 경합될 때에는 그 중 책임이 중한 의무위반행위에 해당하는 징계보다 한 단계 위의 징계의결 요구 또는 징계의결을 할 수 있다.

27) 경찰공무원도 국민의 한 사람으로서 친구도 사귀는 등 사회생활을 영위할 수 있는데, 대상자가 경찰의 단속대상 업소 관계자일 경우 발신통화는 물론이거니와 수신통화도 신고

시 공문이 있었음에도, ○○경찰서 강력반에서 근무하던 2005년부터 지인의 소개로 알게 되어 '형님'이라고 부르며 친분관계를 유지해 오던 ○○구 ○○동 소재 불법성인오락실 종사자인 B와 2010.2.13.~2010.5.10. 약 3개월간 총 11회의 전화통화를 하고도 신고를 하지 않는 등 지시명령을 위반한 사실로 인해 견책으로 처분되었고, 이의 취소를 구하는 소청에서 심사결과 불문경고로 감경되었다(사건번호 2010-686).

≪결정요지≫
소청인은 B가 불법오락실 종사자라는 사실을 충분히 인식할 수 있었으며, 2010.1.12.자 지시에 따르면 경찰대상업소 운영자뿐 아니라 종사자와도 접촉을 금지하고 있는데, 불법오락실은 접촉이 금지된 경찰대상업소이므로 위 지시명령을 위반한 책임을 면할 수 없다. 징계양정에 있어 소청인은 B가 오락실 종사자라는 사실을 충분히 인지할 수 있었던 점, 2010.1.12.자 지시가 시행된 이후에 B와 통화하고 신고하지 않은 점 등을 고려할 때 원 처분 상당의 책임이 인정되지만, 17년간 징계 없이 근무한 점, 경찰청장 표창 등 감경사유에 해당하는 공적이 있는 점, 대부분 B가 발신하였고 소청인이 발신한 통화는 단 1회인 점 등을 참작하여 원 처분을 다소 감경해 주는 것이 바람직하다고 판단되어 불문경고로 감경한다.

☞ 결정요인 분석

이 사건은 2010.1.12.자로 시행된 불법성인오락실 종사자와 전화통화한 사실이 있으면 신고하라는 지시명령을 위반한 비위로서, 먼저 객관적 결정요인을 살펴보면, 첫째, 비위자체 요인으로는 경찰청에서 불법성인오락실 관계자와 경찰관 사이의 유착의 고리를 끊고자 하는 목적에서 전화통화한 사실도 사전 신고토록 지시되었는데 이를 위반한 직무상 지시불이행 비위이다. 사건의 지속성에 있어서 소청인과 B는 2010.2.~2010.5.까지 약 3개월간 11회의 통화를 지속하였으나 소청인이 발신한 통화는 1회에 불과한 점은 소청인에게 유리한 요인이다.

둘째, 제도 요인으로 본건 시시명령불이행의 경우 발신통화 기준 1~5회는 견책 상당으로 정하고 있으므로 원 처분은 제시된 기준에도 부합하여 소청인에게 불리한 요인이다. 경찰대상업소 업주와의 접촉 관련 소청결정사례로는 감봉1월에서 불문경고까지이므로 원 처분은 여기에 부합한다.

셋째, 감경가중 요인으로는 감경대상 표창인 경찰청장 표창이 있는 점과 징계전력은 없다는 점은 소청인에게 유리한 요인이다.

하라는 지시는 국민으로서 지니는 기본권을 위협하는 일이 될 수 있어 신중해야 할 것이다.

넷째, 사회 요인으로는 본건으로 언론에 보도되거나 민원을 받은 바 없다.

다음으로 주관적 요인을 살펴보면. 첫째, 인적 요인으로 지시명령을 위반한 점에 대해 크게 반성하고 있는 점은 소청인에게 유리한 요인이다.

[**주요 결정요인**] 비위자체 요인으로 발신 통화가 1회에 그쳤고 불법오락실 종사자와 유착하는 등 불법행위는 확인 되지 않은 점, 감경가중 요인으로 징계전력이 없이 감경대상 표창이 있다는 점이 불문경고에 이르는 중요한 결정요인이 되었음.

나. 직무태만 비위사례의 결정요인 종합분석

위에서 살펴본 바와 같이 직무태만 비위사례에 대한 결정요인을 종합하면 <표 6-16>과 같다.

객관적 요인 중 첫째, 비위자체 요인은 대부분 양정결정의 주요 요인이 되고 있음이 나타났다. 이는 비위자체가 지니고 있는 성격에 따라 기각결정 또는 감경결정의 주요 요인이 되고 있음을 의미한다.

비위자체 요인에 대한 판단의 내용으로는, 즉 하위 세부요인으로는 비위의 내용이 고비난성 행위에 해당되는지 여부, 고비난성 행위는 아니지만 직무상 또는 직무외의 행위로서 중한 비위에 해당되는지 여부, 사건의 동기와 방법, 결과 그리고 비위의 지속성과 우발성 여부를 종합적으로 살피게 된다. 비위자체 요인의 하위 세부요인 중 ① 직무상 비위는 8개 사례 모두 (−) 또는 【−】의 경향이 있고, ② 비위의 성격상 고비난성 행위에 해당하는 경우 항상 【−】의 경향을 보이고 있다. ③ 사건의 동기・방법・결과와 비위의 지속성・우발성은 (−) 【−】와 (+) 【+】가 사건의 내용에 따라 각기 달리 적용된다.

둘째, 제도 요인에서는 원 처분의 징계양정의 정도가 현재 운영되고 있는 징계양정기준에 부합하는지 여부, 기존의 소청심사결정사례와의 비교를 통해 과다한지 여부를 판단하게 되는데 하위 세부요인 중 ① 징계양정기준에 부합하는지에 대하여는 8개 사례 모두 (−)로 나타나고 있다. 이는 원 처분의 양정이 징계양정기준에 맞는 적정한 양정이었음을 보여주는 것으로 소청인에게 불리한 요인으로 작용하게 되었다. ② 소청결정사례와의 비교에서도 (−) 또는 【−】의 영향을

표 6-16 직무태만 비위사례의 결정요인

사례 번호			A-1	A-2	A-3	A-4	A-5	A-6	A-7	A-8
징계 및 소청결정			정직3월 → 기각	강등 → 기각	견책 → 불문경고	견책 → 불문경고	감봉1월 → 기각	감봉1월 → 기각	정직1월 → 기각	견책 → 불문경고
객관적 요인	비위 자체 요인	고비난성 행위					【−】	【−】		
		직무상 비위	【−】	【−】	(−)	(−)	(−)	(−)	(−)	(−)
		직무외 비위								
		사건동기·방법·결과	【−】	【−】	(−) 【+】	(+)	(−) (+)	(−) (+)	【−】	【+】
		비위 지속성·우발성	【−】	【−】		(+)			(−)	【+】
	제도 요인	징계양정기준	(−)	(−)	(−)	(−)	(−)	(−)	(−)	(−)
		소청결정사례		(−)	(−)	(−)	【−】	【−】	(−)	(−)
		형사벌 유무								
	감경 가중 요인	상훈공적	(+)	(+)	【+】			(+)	(+)	【+】
		관련자 탄원서			(+)	【+】				
		원상회복 노력	【−】				(+)			
		징계전력·비위경합	(−)	(+)	【+】	(+)	【−】	(−)	(+) 【−】	(+)
	사회 요인	언론보도							(−)	
		민원야기								
	기타 요인	회피노력·형평성	(−)	(−)		(+)				
주관적 요인	인적 요인	개전의 정	(+)	【−】		【+】	(+)		(+)	(+)
		처분청의 평가	(+)	【−】	【+】	【+】		(−)		
		소청인 경험			(+)	(+)				
	예방 요인	공직기강 확립	【−】			(−)	【−】	【−】	【−】	

주) (−)는 소청인에게 불리하게 작용한 결정요인, (+)는 소청인에게 유리하게 작용된 결정요인이고, 【 】 안의 결정요인은 본 소청결정에 있어 작용한 주요결정요인임.

미친 요인이 되었다. 이 역시 기존의 소청결정사례와 비교하여 원 처분은 지나치지 않다는 점을 보여주는 것으로 소청인에게 불리한 요인으로 작용을 하였다.

셋째, 감경가중 요인으로는 상훈공적과 관련자의 탄원서, 원상회복의 노력, 징계전력이 있는지와 징계가 경합되고 있는지 여부 등이 고려되는데, 하위 세부요인 중 ① 상훈공적과 관련자 탄원서는 항상 (+) 또는 【+】로 작용하는 요인이다. ② 징계전력·징계의 경합은 사안에 따라 (－) 【－】 또는 (＋) 【＋】로 각기 달리 적용되는 세부요인이 된다. 넷째, 사회적 요인의 하위 세부요인은 언론에 보도되는 경우와 관련자로부터 민원이 제기되어 물의를 야기한 경우이다. 비위 내용이 언론에 보도된 경우는 (－)로 나타나고 있으나 결정요인으로 크게 작용하지는 않는다.

다섯째, 기타 요인의 하위 세부요인으로는 비위발생을 회피하려는 노력과 비위와 관련된 당사자들의 징계수준과 소청인의 징계수준과의 형평성 비교, 징계시효의 도과여부 등을 고려하는 요인으로, 사안에 따라 (－) 또는 (＋)로 나타나고 있으나 결정요인으로 크게 작용하지는 않는다.

주관적 요인 중 인적 요인으로는 개전의 정, 처분청의 평가, 소청인의 근무경험 등이 하위 세부요인이 되는데, ① 개전의 정은 대체로 (＋) 또는 【＋】의 영향을 주는 세부 결정요인이며 ② 처분청의 평가는 (－) 【－】와 (＋) 【＋】로 사안마다 달리 적용되는 세부 결정요인이다. 다음으로 예방 요인은 공직기강을 확립한다는 차원에서 고려되는 요인으로, 항상 (－) 또는 【－】로 영향을 미치는 요인으로서 기각결정의 중요한 요인이 됨을 알 수 있다.

이상의 내용을 종합하면 직무태만의 경우 주요 결정요인으로는 비위자체 요인, 제도 요인, 감경가중 요인, 인적 요인, 예방 요인이라는 것을 알 수 있다.

2. 품위손상 비위사례와 결정요인

가. 사례별 결정요인

[사례 B-1] 두 명의 직장동료와 내연관계 유지: 해임 → 기각

≪원 처분요지≫

이 사건은 유부남인 국가공무원이 ○○위원회에서 파견근무를 하면서 알게 된 B와 2005.1월부터 2006.3월까지 내연의 관계를 가졌고, 2008.3.6부터 3.9.까지 단 둘이서 3박 4일 해외여행을 다녀오는 등 2008.6.30.까지 관계가 지속된 것으로 보이며, ○○위원회에 전입한 이후에도 2005.12.19. ○○사무소 근무중 알게 된 C와 최소 2007.5월부터 2008.6월까지 내연관계를 가졌고, 여러 정황으로 보아 C와의 관계도 2007.5월 이전부터 가졌다고 추정되는바, 유부남의 신분으로 두 명의 직장동료 여직원과 장기간 부적절한 관계를 가졌다는 점, 자신의 처가 C와의 불륜에 대하여 C의 남편에게 강력하게 항의한 이후에도 수시로 C와 만나는 등 불륜관계를 지속한 점, C와 함께 '공동상해죄'로 '기소유예' 처분을 받은 점 등을 감안하여 공직기강을 확립하기 위해 해임처분한 것에 대하여, 이의 취소 또는 감경을 구하는 소청을 제기하였으나 기각되었다(사건번호 2009-947).

≪결정요지≫

소청인이 두 명의 직장동료와 부적절한 관계를 맺은 사실에 대하여는 당사자간 다툼이 없다. 다만, 2006.6월경 가정을 지켜야겠다는 생각에 B에 헤어지자고 통보하였고, C와는 2007.5월까지는 직장동료 관계이었던 정상 등을 참작하여 달라고 주장하나, 소청인도 인정하듯이 두 명의 직장동료 여직원과 부적절한 관계를 맺은 사실에 대한 비위는 명백히 인정되어, 국가공무원으로서 품위를 크게 실추시킨 소청인의 부적절한 처신에 대한 책임은 피할 수 없다고 판단된다.

본건 징계양정에 있어서는, 16년 10개월간 근무한 점, 처분청에서 성실하다고 평가하고 본건 외 징계전력이 없는 점, 직장동료들이 탄원하고 있으며 깊이 반성하고 있는 점, 소청인의 처가 가정을 지키기 위하여 애쓰고 있는 것으로 보이는 점 등을 감안하더라도, 2005년 초순경부터 2008.6월 말까지 상당기간 동안 두 명의 직장동료 여직원과 부적절한 관계를 지속했다는 점, 본건 소청인과 내연관계에 있었던 두 명의 여직원간 다툼에 직접적인 원인을 제공하였던 점, C의 경우 소청인과의 부적절한 관계로 해임처분된 것으로 보이는 점 등을 고려할 때 원 처분 상당의 책임을 면하기 어렵다.

☞ 결정요인 분석

본 사건은 결혼을 하여 부인이 있는 소청인이 두 명의 직장동료와 부적절한 관계를 하여 공무원으로서 품위를 손상한 비위이다. 소청심사에 있어 작용된 객관적 요인으로는, 첫째, 비위자체요인으로 직무수행 이외의 고비난성 행위이다. 사건의 동기와 방법에 있어서 동일한 시기에 두 명의 동료와 불건전한 관계를 가진 것은 고의성을 지닌 행위라 하겠으며, 비위행위가 지속된 기간도 적어도 2007.5.~2008.6.30.까지 장기간에 걸쳐 이루어진 점은 소청인에게 불리한 요인이다.

둘째, 제도 요인에 있어서 부적절한 행위로 품위유지의무 위반과 관련한 징계양징기준(공무원 비위사건 처리기준, 대통령훈령 제247호)은 비위의 정도가 심하고 고의가 있는 경우에 중징계 의결을 요구토록 하고 있으므로 원 징계처분인 해임은 이 기준에 부합한다. 한편, 불건전한 이성 관계에 관한 소청결정사례에 비추어보면 해임에서 정직2월까지의 사례가 있으므로 원 처분도 여기에 부합하여 소청인에게 불리한 요인이다. 형사벌 관계로 본건으로 C와 함께 '공동상해죄'로 기소유예처분을 받은 점은 소청인에게 불리한 요인이다.

셋째, 감경가중 요인을 살펴보면 감경대상 상훈은 없으며, 직장동료들이 소청인을 위한 탄원서를 제출한 점, 소청인은 본건 이외에 징계를 받은 전력이 없는 점은 소청인에게 유리한 요인이다.

넷째, 기타 요인으로는 C의 경우 소청인과 부적절한 관계로 인하여 직장에서 해임처분을 받은 점은 소청인에게 불리한 요인이나 소청인의 처가 가정을 지키기 위하여 애쓰고 있는 것으로 보이는 점은 유리한 요인이다.

한편, 주관적 요인을 살펴보면, 첫째, 인적 요인으로 한 집안의 생계를 책임지고 있는 가장으로서 공무원의 신분을 망각하고 행동한 사실에 대하여 깊이 반성하고 있는 점은 소청인에게 유리한 요인이다.

둘째, 예방 요인으로는 향후 공직사회 내에서 이와 같은 조직구성원간에 부적절한 관계가 재발되는 것을 방지하기 위하여 강하게 응징하여야 할 필요가 있는 점은 소청인에게 불리한 요인이다.

[주요 결정요인] 공무원으로서 모범을 보여야 하고, 배우자가 있는 유부남의 신분으로서 가정에 충실하여야 함에도 불구하고 두 명의 직장동료 여직원과 부적절한 관계가 지속된 것으로 고비난성 행위로 비위의 정도가 심하며 고의성도 있는 점, 지속기간도 장기간에 걸친 점이라는 비위자체 요인과 공직기강을 바로 세우려는 예방 요인이 주요 결정요인으로 작용함.

[사례 B-2]	상사의 직장 내 성희롱[28]: 정직3월 → 기각

≪원 처분요지≫

이 사건은 경찰공무원으로서, 2010.2월 지구대 내에서 여자경찰관 1명이 포함되어 있는 순찰요원들을 상대로 교양을 하던중, "강간을 당했다고 한강에 뛰어드는 여자들은 이해가 안 간다. 강간을 당하면 빨리 끝내고 집에 가야 된다"라는 발언을 하여 여자경찰관이 성적 수치심을 느끼도록 하였고, 또한 2010. 2~5월 여자경찰관 5명에게 7회에 걸쳐 불필요한 신체접촉과 발언을 하여 여성의 인격을 무시하고 성적 수치심을 느끼도록 한 사실이 있는바, 치안을 담당하는 지구대장이 강간 피해여성에 대해 위와 같은 발언을 한 것은 경찰조직 전체의 대국민 신뢰도에 심각한 훼손을 가할 수 있는 점, 행위가 오랜 기간 반복되어 온 점, 소청인의 지휘를 받는 여자경찰관들이 대상이었던 점을 고려하여 정직

28) 성희롱이란 업무, 고용, 그 밖의 관계에서 국가기관・지방자치단체 또는 대통령령으로 정

3월 처분을 하였고, 이의 감경을 구하는 소청에서 기각되었다(사건번호 2010-691).

≪결정요지≫
사건 관련 자료와 소청인을 비롯한 관련인의 진술에 의할 때 소청인이 여성경찰관에게 성적 수치심을 느끼게 하는 부적절한 언동을 하였다는 징계사유가 사실로 인정된다. 특히 여성강간피해자에 대한 비하 발언은 강간사건을 예방하고 근절시켜야 할 경찰간부의 발언으로는 심히 부적절한 것이고 동시에 경찰조직의 명예를 훼손시키는 발언인 점, 또한 여성강간피해자에 대한 비하발언이 사석에서 이루어진 것이 아니라 순찰요원들에 대한 교양과정에서 공식적으로 이루어진 점, 소청인이 소속 여성경찰관 다수에게 부적절한 언동을 하였고 그 행위가 지속적으로 반복된 점 등을 종합적으로 살펴볼 때, 소청인에게 원 처분 상당의 책임이 인정된다고 판단되어 기각결정을 하였다.

☞ 결정요인 분석

이 사건은 경찰공무원이 부하직원에 대하여 성적 수치심을 느끼도록 부적절한 발언을 한 비위로 먼저 기각결정에 이른 객관적 결정요인을 살펴보면 첫째, 비위자체 요인으로 직무수행상의 고비난성 행위[29]라 하겠다. 사건의 동기와 방법에 있어서도 여성경찰관이 포함된 부하직원에 대한 교양시간에 강간 피해자를 빗대어 성적 비하발언을 한 것과 반복적으로 발생한 점은 경찰조직 전체의 대국민 신뢰도에 심각한 훼손을 가할 수 있는 점으로 소청인에게 매우 불리한 요인

하는 공공단체의 종사자, 사용자 또는 근로자가 지위를 이용하여 업무 등과 관련하여 성적 언동 등으로 상대방에게 성적 굴욕감이나 혐오감을 느끼게 하는 행위(여성발전기본법 제3조 제4호, 국가인권위원회법 제2조 제3호)를 말하는데, 성적 굴욕감 또는 혐오감을 느끼게 하는 것은 가해자의 입장이 아니라 피해자의 입장에서 판단한다. 2011.11.1. 공포・시행된 공무원징계령 시행규칙에 따르면 종전의 표창감경 제외대상 비위인 금품・향응수수, 공금횡령・유용, 성폭력에 추가하여 성매매, 성희롱, 음주운전의 경우도 표창감경 제외대상으로 확대하였다.

29) 경찰공무원의 고비난성 의무위반행위는 모두 6가지를 규정하고 있는데, 첫째, 성매매업주 등 경찰대상업소로부터 금품・향응・편의수수, 둘째, 단속정보 유출 및 고의적인 단속 기피, 셋째, 직무와 관련하여 보관하고 있는 물품 등의 임의처분, 넷째, 직무관련자와 금전・부동산 거래 및 골프・사행행위, 다섯째, 직무를 이용한 범죄가담 행위(고비난성 의무위반행위 징계양정 강화지침, 2010.1.27. 경찰청)와 여섯째, 여성 민원인과 사적 접촉 금지(여성 민원인 응대 관련 경찰관 행동 수칙, 2010.4.28. 경찰청)행위가 이에 해당되며 이 고비난성 행위에 대하여는 징계양정규칙에 정해진 기준보다 한 단계 가중하여 징계를 요구하고, 경찰공무원 징계양정 규칙 제9조의 상훈감경 사유는 적용하지 아니하도록 되어 있다. 이와는 별도로 고비난성 행위에 속한다고 볼 수 있는 것은 성관련 비위(성폭력, 성추행 등), 하극상, 유치인 도주관련 관리소홀 등이 포함된다.

이다.

둘째, 제도 요인으로 경찰공무원 징계양정 등에 관한 규칙에 의하면 품위유지위반 비위는 의무위반 정도가 심하고 중과실의 경우 중징계처분이 가능하도록 되어있는바, 원 처분은 여기에 부합한다. 성 관련 소청결정사례는 사안의 성격에 따라 다르나 본건과 유사한 성희롱 관련 품위 손상 경우는 정직2월에서 감봉1월까지의 결정 사례가 있어 원 처분은 다소 과중해 보인다.

셋째, 감경가중 요인으로는 감경대상표창으로 경찰청장 표창이 2회 있고, 탄원서가 있는 것은 소청인에게 유리한 요인이다.

다음으로 주관적 요인을 살펴보면 첫째, 인적 요인으로 소청인은 24년여의 근무경험이 있고 간부공무원의 지위에 있으면서, 지위에 걸맞지 아니한 언동을 하여 부정적인 요인으로 작용하였다.

둘째, 예방 요인으로 경찰조직 내에서 성적 수치심을 불러일으키는 부적절한 처신이 다시 있어서는 안 된다는 경종을 울리는 의미가 적용된 점은 소청인에게 불리한 요인이다.

결론적으로 여성경찰관에게 성적 수치심을 느끼게 하는 부적절한 언동을 하였고 특히 여성강간피해자에 대한 비하발언은 강간사건을 예방하고 근절하여야 하는 경찰간부의 발언으로는 심히 부적절하여 소청심사결과 기각되었다.

[주요 결정요인] 고비난성 행위로서 반복되었다는 점과 공식석상에서 이루어진 행위라는 점에서 비위자체 요인, 24년여의 근무경험을 가진 경찰간부로서 품위에 어울리지 않은 행위라는 점에서 인적 요인 그리고 경찰내부의 기강을 바로 잡자는 예방 요인이 중요결정요인으로 작용함.

[사례 B-3] 직무지시를 한 상급자 폭행: 감봉1월 → 기각

≪원 처분요지≫

이 사건은 집배 업무를 담당하는 공무원으로서, 2010.9.15. 22:25경 통상우편물 약 30여 통을 배달히지 않고 귀국한 사실을 상급자인 집배3실장 B가 지적하면서 집배팀장 C에게 확인서를 받으라는 지시를 하자 화가 나서 B에게 "우편물 몇 통 꺾었다고 지랄이냐? 니가 뭔데?"라고 폭언을 하였으며, 실랑이 도중 집배3실장에게 신체접촉을 하여 넘어뜨려 집배3실장에게 2주 진단의 상해를 입힌 사실이 있는바, 제반 정상을 참작하여 감봉1

월 처분을 하였고, 이의 취소를 구하는 소청에서 기각되었다(사건번호 2010-822).

≪결정요지≫
소청인의 행위는 당시 작업실에 많은 집배원들이 함께 작업하고 있는 상황에서 집배3실에 소속된 61명의 집배원들을 관리하고 있는 집배실장의 통솔력을 무력하게 할 수 있고, 조직 내 위계질서를 해치는 매우 부적절한 행동으로 판단된다. 증거로 제출된 CCTV 영상과 당시 사무실에서 작업중이던 목격자 7명이 소청인이 집배3실장을 밀어서 넘어뜨렸다고 일관되게 진술하고 있다. 본건 징계양정과 관련해서는, 상급자의 정당한 지시에 대해 반말로 폭언을 하며 상급자와의 신체접촉을 통해 전치 2주의 상해를 입힌 소청인의 행위는 조직의 통솔을 저해하는 심각한 하극상 행위로서 소청인이 주장하는 제반 정상을 참작하더라도 원 처분 상당의 책임이 인정된다.

☞ 결정요인 분석

본 사건은 직장상사의 직무상 정당한 명령에 대하여 폭언과 신체접촉으로 상해를 입힌 비위로서 소청심사결과 기각되었다. 먼저 객관적 결정요인을 보면, 첫째, 비위자체 요인으로 이는 조직 내의 위계질서를 해치는 하극상으로서 고비난성 행위이다. 이러한 고비난성 행위는 소청인에게 불리한 요인으로 작용한다. 사건의 동기와 방법, 결과에 있어서 우편배달 미진에 대한 확인서 요구는 상사의 정당한 직무감독의 일환이고 비위 발생은 우발적으로 일어난 것으로 보인다. 이는 소청인에게 불리하지 않은 요인이 되었다.

둘째, 제도 요인으로는 공무원 징계령 시행규칙상 품위유지의무 위반으로 비위의 정도가 심하고 경과실인 경우 감봉에 해당되므로 원 처분은 이에 부합하고 있다. 하극상 관련 소청결정사례로는 정직1월에서 견책까지의 사례를 볼 수 있으며, 집배실장이 폭행으로 고소를 하여 기소유예 결정을 받은 점은 소청인에게 불리한 요인이다.

셋째, 감경가중 요인으로는 상훈을 받은 바도 없고 징계를 받은 바도 없다.

넷째, 비위가 발생한 시기는 추석 명절이기에 평소의 3배에 달하는 배달 물량을 배정받아 업무가 다소 과중한 점으로 보인다.

다음으로 주관적 요인으로 첫째, 인적 요인으로는 말다툼을 하다 신체접촉이 있었으나 피해자가 일부러 과장되게 넘어졌으며, 우편물을 배달하지 않은 것을 보고하지 않았다고 문제삼는 것이 문제가 있다고 주장하는 점은 스스로 잘못한 점을 인식하지 아니 하는 것으로 보인다.

둘째, 예방 요인으로 조직 내에서의 위계질서는 확립되어야 하기에 공직기강을 확립하려는 처분청의 의도는 소청인에게 불리한 요인으로 작용한다.

[**주요 결정요인**] 하극상의 행위이며 신체접촉으로 2주의 상해를 일으켰다는 점에서 비위자체 요인과 조직 내의 위계질서를 바로 잡는다는 의미에서의 예방 요인이 중요결정요인으로 작용함.

[사례 B-4] **상급자 폭행: 해임 → 정직2월**

≪원 처분요지≫

본 사건은 소청인이 경찰공무원으로서, 같은 계 상급자이고 9살 연상인 경사 B가 소청인에게 "동원 순번에 따라 설 연휴인 같은 달 26일부터 27일까지 경호근무에 동원되어야 한다"고 하자, 소청인이 "지난 추석 때에도 나왔다"며 불만을 표시하였고, 이에 경사 B가 동원 담당자에게 확인하여 소청인이 동원된 사실이 없음을 듣고, 재차 소청인에게 다가가 "A, 동원되었다고?"라고 반문하자, 소청인이 B에게 욕설을 하며 달려들어 주먹을 1회 휘둘렀고, B가 이를 피하자 동료직원들의 제지를 격렬하게 뿌리치고 약 7미터를 쫓아가 발로 B의 허벅지와 허리부위를 3회 걷어차 전치 2주의 폭행을 가한 비위로 해임처분을 받고 이의 취소 또는 감경을 청구하는 소청을 제기하였는데, 심사결과 정직2월로 감경되었다(사건번호 2009-115).

≪결정요지≫

소청인이 맡고 있는 업무는 여러 기관들과 업무 협조를 해야 할 일이 많았고 나름대로 열심히 한 것으로 보이지만, 설령 소청인의 주장대로 통신경과라는 이유로 경무계 직원들로부터 따돌림과 성희롱, 그리고 CCTV 등으로 감시를 당하였다면 경무과장, ○○경찰대장 등에게 소청인이 겪고 있는 어려움을 상담하는 등의 해소방법을 찾았어야 함에도 누적된 불만을 폭력적인 방법으로 상급자에게 표현하는 것은 특히 상명하복의 위계질서가 분명한 경찰조직에서 결코 용인될 수 없는 행위이므로 소청인의 잘못이 인정된다. 다만, 본건 징계양정에 있어서는 통신경과 선배가 없고 경력자들도 혼자서 감당하기 어려운 ○○경찰대에 경험이 전혀 없는 신임 순경인 소청인을 배치하여 소청인이 과중한 업무로 인하여 극심한 스트레스를 받았던 것으로 보이는 점, 신임 순경에 대한 상급자들의 배려가 부족했던 점, 깊이 반성하고 있는 점, ○○지방경찰청장 표창 등을 수상한 공적이 있는 점 등을 참작하여 중징계로 문책하뇌 정직2월로 감경한다.

☞ 결정요인 분석

이 사건 결정에 있어 영향을 미친 요인으로는 먼저 객관적 요인으로서, 첫째, 비위자체가 지니는 요인으로, 직무를 수행하는 과정에서 상관을 폭행한 중점정화대상 비위[30]가 되며 이는 계급조직 내에서의 하극상 행위로서 소청인에게 불리한 요인이나, 사건은 설 연휴 근무 동원 문제로 인해 우발적으로 발생한 것으로 보이는 점은 소청인에게 유리한 요인이다.

둘째, 제도적인 요인으로서, 징계양정기준상에는 하극상 행위는 의무위반의 정도가 심하고 중과실의 경우 중징계를 하도록 되어 있어 원 처분의 정도에 부합한다. 유사소청사례는 감봉에서 정직 정도로 처분된 점으로 보아 원 처분이 과중하다고 할 수 있다.

셋째, 감경가중 요인으로서 지방경찰청장 등 3회의 상훈공적이 있는 점은 유리한 요인으로 작용하였다.

다음으로 주관적 요인으로서 영향을 미친 것은, 첫째, 소청인이 보여준 인적 요인으로, 깊이 반성하고 있는 등 개전의 정이 큰 점, 소청인의 근무 경력이 1년 8개월 정도로 근무경험이 부족한 데 비하여 격무에 시달리고 있는 점, 신임 부하직원의 애로에 대해 상관들이 인식하고도 배려가 부족했던 점은 유리한 요인으로 작용되었다.

[주요 결정요인] 인적 요인으로서 소청인이 보여주었던 반성의 태도, 근무경험이 일천한 신임직원으로서 격무에 시달린 점, 비위자체 요인으로서는 우발적으로 발생한 점, 제도 요인으로서 소청사례에 비추어 소청인의 행위에 대해 배제징계 조치는 비례성의 원칙에서 볼 때 지나친 면이 있는 점 등이 감경 결정의 주요 결정요인으로 작용함.

---

30) 경찰청에서는 중점정화대상 비위로 ① 대내 관행적 금품거래 행위(상납), 유흥업소등 대상업소 유착 비리 ② 파출소 운영비 명목으로 월정금 수수, 인사 및 경리관련 부성행위 ③ 음주운전 단속 및 교통사고 처리 관련 금품수수 행위 ④ 피해자 폭행, 가혹행위 등 인권유린 행위 ⑤ 지휘권 훼손 및 무사안일 등 개혁역행행위로 정하고, 비위관련자에 대해 표창 등 정상참작에서 배제하는 등 경찰 징계양정규정에서 정하고 있는 것보다 강하게 일벌백계로 단호히 조치하도록 지시하고 있다(경찰 중점정화대상 비위 시달, 감찰 63080-313, 1994.3.4.).

[사례 B-5] 음주 후 익일 음주단속 적발: 강등→정직1월

≪원 처분요지≫
이 사건은 경찰공무원으로서 북한군 연평도 도발사건과 관련하여 경계강화기간(2010.11.23.부터)으로 음주금지 지시가 내려져 있었고, 불과 6일 전 수사과 동료 경찰관이 음주운전 교통사고로 파면처분받은 상황에서 '자체사고 예방을 위한 다짐서'를 제출하였음에도 2010.12.8. 01:00경까지 음주를 하였고, 09:08경 경찰서 정문에 도착하여 8분간 지연 출근한 사실이 있으며, 2010.12.8. 08:40경 숙취가 해소되지 않은 상태에서 본인의 차량을 운전하여 ○○경찰서 뒤편 ○○아파트와 △△아파트 사이 도로변까지 약 7km를 운행한 사실이 적발되어 음주측정을 한 결과, 혈중알코올농도 0.019%로 음주상태에서 운전하는 등 지시명령을 위반한 비위사실로 인해 강등처분을 받은 것에 대하여, 이의 취소를 구하는 소청에서 심사결과 정직1월로 감경되었다(사건번호 2010-847).

≪결정요지≫
경찰공무원 징계양정 등에 관한 규칙상의 '음주운전' 비위는 인정되지 않지만, 술 냄새가 나는 등 숙취가 해소되지 않은 상태에서 운전한 사실은 인정되므로 음주(숙취) 상태에서 운전을 하지 말라는 지시명령 위반 및 품위유지의무 위반의 비위는 인정된다.
본건의 징계양정에 있어서는, 소청인이 집중감찰 및 경계강화기간에 술을 마신 점, 지연출근한 점, 교통조사계 경찰공무원으로서 술이 완전히 깨지 않은 채 운전하면 안 된다는 지시사항을 잘 알면서도 술 냄새가 나는 상태에서 운전한 점은 지시명령 및 복무규정을 위반한 비위가 인정되나, 호흡측정기로 측정하는 과정에 문제가 있어 측정수치를 신뢰하기가 다소 곤란한 점, 설령 혈중알코올농도 0.019%를 인정하더라도 도로교통법상 음주운전 수치(0.05% 이상)에 해당하지 않는 낮은 수치인 점, 술을 마시고 7시간 이상 잠을 잔 후 운전한 점, 지연출근도 8분 정도로 의무위반의 정도가 약한 점 등을 고려할 때, 원 처분은 과하다고 판단되므로 정직1월로 감경한다.

☞ 결정요인 분석

본건은 경계강화기간 중에 음주를 하였고, 다음 날 술 냄새가 나는 상태에서 운전한 것은 품위유지의무 위반의 잘못이 있고, 8분 지각 출근하였고 또한 7km 정도를 운전한 행위는 자체사고 예방을 위하여 음주 후 운전을 하지 말라는 지시명령을 위반한 것으로, 먼저 객관적 결정요인을 보면, 첫째, 비위사체 요인으로는 식부상 지시명령을 위반한 것이나, 음주의 동기는 모친의 간암 발병으로 걱정이 되어 매형과 함께한 것으로 하루를 자고 다음 날 아침 술이 깨었다고 생각되어 차량을 가지고 출근한 점, 혈중알코올농도가 0.019%라는 점은 소청인에게 유리한 요인으로 작용한다.

둘째, 제도 요인으로 음주운전의 기준은 도로교통법상 혈중알코올농도 0.05% 이상의 상태에서 운전하는 것을 말하는데 소청인의 경우는 이에 해당하지 아니하기에 음주운전으로 볼 수는 없다는 점이다. 징계양정 기준을 살펴보면 지시명령에 위반한 행위가 의무위반의 정도가 심하고 경과실인 경우 경징계 또는 경고의 수준임에 비추어 보면 소청인의 강등 양정은 비례의 원칙에서 벗어남을 알 수 있다. 소청결정사례를 보더라도 근무지참의 경우 감봉1월에서 견책의 수준이며 음주 다음 날 숙취 상태에서 운전한 행위의 처벌 사례는 발견하기 어려웠다.

셋째, 감경가중 요인으로는 감경대상인 경찰청장 표창이 있으며 징계전력이 없는 점은 소청인에게 유리한 요인이다.

넷째, 기타 요인으로는 소청인의 비위가 있기 불과 6일 전에 같은 서 동료의 음주운전 교통사고로 파면처분이 있어 직원 모두가 '자체사고 예방을 위한 다짐서'를 제출한 바 있다는 점에서 징계시에 양정을 중하게 한 것으로 보이는 점은 소청인에게 유리한 요인이다.

다음으로 살펴볼 것은 주관적 요인이다. 첫째, 인적 요인으로 소청인의 근무경험이 6년여로 더욱 지시명령을 잘 이행하여야 하며, 현 근무부서인 교통조사계에 근무하는 공무원으로 술이 완전히 깨지 않은 채 운전을 하면 안 된다는 지시사항을 잘 알 수 있으리라는 점에서 불리한 요인으로 작용한다.

둘째, 예방 요인 측면에서는 음주운전금지라는 경각심을 주자는 의미에서 강한 수준의 처벌을 하여야 한다는 점이 작용하였다.

[주요 결정요인] 음주수치가 음주운전에 해당하지 아니한다는 비위자체요인, 징계의 양정이 징계기준뿐만 아니라 소청결정사례에 비추어 과다하다는 제도 요인이 감경의 주요 결정요인으로 작용함.

[사례 B-6] 음주운전: 정직1월 → 기각

≪원 처분요지≫

이 사건은 해양경찰공무원인 소청인이 막걸리 집에서 친구 B 등 3명과 막걸리 6~7병 정도를 나누어 마신 이후 집으로 가던 중에 친구 C로부터 만나자는 전화를 받고, 친구 C를 만나 커피를 마시며 대화를 하고 난 이후, C의 동생 D가 운전하는 차량에 친구와 동승하여 집으로 가던 중 친구 C가 중간에서 내린 이후 D가 차들이 혼잡하여 사고가 날

것 같다고 하자 소청인이 혼잡한 곳만 운전해 준다며 혈중알코올농도 0.095%의 주취상태로 약 10m를 운전한 사실이 인정된다는 이유로 정직1월을 처분한 것에 대하여, 이의 취소 또는 감경을 구하는 소청에서 기각되었다(사건번호 2009-370).

≪결정요지≫

소청인은 원 처분 사유에 적시된 음주운전 사실에 대하여 인정하고 있으므로 사실관계에 있어서는 다툼이 없다. 징계양정에 있어서는 소청인이 본 비위사실에 대하여 깊이 반성하고 있는 점을 고려하더라도, 해양경찰청에서 음주운전 관련 업무지시를 통하여 모든 음주운전 비위행위에 대하여 정직 이상의 징계조치를 하도록 지시한 사실이 있는 점, 음주상태임을 인식하고도 음주운전을 회피하려는 노력을 하지 않았던 점, 음주운전 근절을 위한 상급자의 지속적인 지시교양에도 불구하고 비난받아 마땅한 음주운전을 하였고 이로 인해 경찰공무원의 신뢰와 품위를 크게 손상시킨 점 등을 고려할 때 원 처분 상당의 책임이 인정된다고 판단된다.

☞ 결정요인 분석

본건은 혈중알코올농도 0.095%의 주취상태에서 약 10m를 음주운전한 비위인데, 정직1월의 징계양정이 소청에서 기각되었다. 먼저 객관적 요인으로는, 첫째, 비위자체 요인으로 음주운전을 하지 말라는 직무상 지시명령을 위배한 행위이다. 음주운전의 동기는 혼잡한 도로 사정으로 초보운전자를 도와주려는 목적이었고 운전거리가 10m 정도라고 하나 음주운전을 한 비위사실에 대해 책임을 감경할 만한 참작사유가 되지는 않는다.

둘째, 제도 요인으로 해양경찰청 '음주운전 공무원에 대한 징계양정기준 준수 철저 강조지시(2009.5.2.)'에 따르면 단순음주운전의 경우라도 정직 이상의 처분을 하도록 지시에 의거 원 징계 양정은 이에 부합된다. 혈중알코올농도 0.1% 미만의 단순음주운전에 관한 소청결정사례는 정직2월~정직1월로 정직 이상의 결정을 보여주고 있고, 본건 음주운전으로 인해 벌금 50만원의 형사벌과 면허정지 100일의 처분을 받은 점은 소청인에게 불리한 요인이다.

셋째, 감경가중 요인으로 소청인은 김경내상표창인 해양경찰청장 표창이 있고, 징계전력이 없음은 소청인에게 유리한 요인이다.

넷째, 기타 요인으로 음주운전을 회피하려는 노력이 보이지 않았음은 소청인에게 불리한 요인이다.

다음으로 주관적 요인에 대해 살펴보면, 첫째, 인적 요인으로 해양경찰공무원으로서 음주운전을 한 사실에 대해 크게 뉘우치고 있는 점은 소청인에게 유리한 요인이 되고 있다.

둘째, 예방 요인으로 음주운전을 단속해야 할 주체로서 음주운전 절대 금지라는 수차례에 걸친 지시에도 불구하고 경찰공무원이 음주운전을 하였다는 사실 자체는 재발되어서는 안 된다는 의미에서 처분청이 보여준 일벌백계의 의지는 소청인에게 불리한 요인이다.

[주요 결정요인] 면허정지 수준에 해당하는 0.095%의 주취상태로 약 10m를 운전하여 정직1월의 처분을 받은 것은 제도 요인으로 징계양정기준에도 부합하고 소청결정사례에도 부합한다는 점, 공직사회 내에 음주운전을 근절하려는 처분청의 의지가 반영된 예방 요인이 본 사건의 기각결정에 중요한 결정요인으로 작용함.

[사례 B-7] 채무과다 및 음주운전사고: 해임 → 기각

≪원 처분요지≫

이 사건은 경찰공무원으로서 주식에 투자하려고 2007.10월경 B에게 2억원을, 2008년 초경 C에게 1억원을 각각 차용하였으나, 전액 손실을 입고 이를 변제하지 못하여 2009.4.1.과 2008.7.30. 각각 급여가압류 결정을 받았고, 생활비로 2008.7월경 (주)○○에서 1,500만원을, 2008.10월경 (주)○○에서 300만원을 각각 차용하였으나, 이를 변제하지 못하여 2008.12.31.과 2009.4.1. 각각 급여가압류 결정을 받았으며, ○○경찰대에 근무하던 2009.3.27. 23:50경 혈중알코올농도 0.160%의 주취상태로 (주)○○렌트카에서 렌트한 뉴그랜저 승용차량을 운전하여 ○○시 ○○동 운동장사거리 진입 전 ○○앞 노상의 편도 3차로 중 2차로를 직진하여 진행하던 중, 앞서 신호대기를 위해 정차해 있던 프라이드 승용차량의 뒤 범퍼 부분을 추돌하여, 피해차량 운전자와 동승자에게 각각 전치 2주의 상해를 입혀, 특정범죄가중처벌 등에 관한 법률 위반(위험운전치상) 및 도로교통법위반(음주운전)으로 형사입건된바, 그 비위의 정도가 중하여 해임에 처한 것에 대하여, 이의 감경을 구하는 소청에서 기각되었다(사건번호 2010-7).

≪결정요지≫

소청인이 징계사유가 되었던 사실관계는 인정하고 있어 이에 대하여는 당사자간 다툼이 없다. 본건 징계양정에 있어서는, 음주교통사고를 야기한 비위로 1999.7.30. 감봉2월 처분을 받은 전력이 있으므로 경찰청의 음주운전 징계양정 기준에 의하면 배제징계의 대상인 점, 음주교통사고 외에 채무과다 비위가 경합되고 유사비위로 2008.10.2. 감봉1월 처분을 받은 전력이 있는 점, 경찰공무원 신분을 숨긴 채 회사원으로 진술하여 뒤늦게 감사에서 적발된 점, 2008.10.2. 감봉1월 처분을 받은 이후 감경대상 표창을 수상한 공적이 없고, 공무원징계령 시행규칙 제5조에 따라 가중사유가 될 수 있는 승진제한기간 중에 발생한 비위인 점 등을 고려할 때 원 처분 상당의 책임을 면하기는 어렵다.

☞ 결정요인 분석

본 사건은 음주교통사고 전력이 있는 소청인이 0.160%의 주취상태로 인피물피가 있는 교통사고를 야기한 비위에 더하여 채무과다로 급여가압류 결정이 있는 비위이다. 소청심사를 통해 기각결정을 받았는데, 먼저 결정에 있어 작용한 객관적 요인을 살펴보면, 첫째, 비위자체 요인으로 이는 음주운전 금지지시를 어긴 직무상 지시위반 행위이며, 처분청의 지속적인 자체사고 예방 교양과 문자메시지 발송이 있었고, 특히 음주운전의 단속 주체로서 경찰관이 솔선해서 음주운전을 하지 말아야 한다는 점에서 소청인에게 불리하다. 아울러 채무과다로 봉급가압류 상태에 놓이는 것은 공무원으로서 품위가 손상되는 일이다.

둘째, 제도 요인으로 경찰청의 음주운전 징계양정기준에 따르면 음주운전 전력자가 재범을 할 경우 파면·해임의 기준에 해당하므로 이에 부합하며, 소청심사 결정사례를 보더라도 파면에서 정직3월의 결정분포를 보이고 있으므로 원처분이 과다하다고 생각되지는 않는다. 또한 본건으로 벌금의 처분을 받았다.

셋째, 감경가중 요인으로는 채무를 변제하려는 등의 원상회복의 노력이 부족하였던 점, 1999년 음주운전으로 감봉2월의 처분을 받은 적이 있으며, 채무과다로 감봉1월을 받고 승진임용제한 기간중에 본건 비위가 발생한 점은 소청인에게 불리한 요인이다.

넷째, 사회 요인으로 봉급이 가압류되고, 채권자로부터 직장으로 전화가 걸려와 민원을 야기하고 있는 점은 소청인에게 불리한 요인이다.

다섯째, 기타 요인으로 대리운전을 부르거나 대중교통수단을 이용하려는 음주운전 회피 노력을 찾아 볼 수 없고, 채무를 상환하려는 노력 역시 적은 점은 소청인에게 불리한 요인이다.

다음으로 주관적 결정요인을 살펴보면, 첫째, 인적 요인으로 소청인이 반성하고 있는 점은 유리한 요인이나 소청심사결정에 결정적인 요인으로는 작용하기 어렵다.

둘째, 예방 요인으로 경찰공무원이 과다한 채무를 지고 있으면 엄정 중립적인 입장에서 공정하게 직무를 수행하기 어려우며, 음주운전은 근절되어야 한다는 점에서 본건을 통해 기강을 바로 세우려는 시도는 양정결정에 있어 소청인에게 불리한 요인으로 작용하였다.

[주요 결정요인] 제도 요인으로 특히 음주운전에 관한 소청결정사례가 영향을 미쳤고, 음주운전에 따른 징계전력이 있으며, 채무과다로 감봉1월 징계처분을 받고 승진임용제한 기간중에 다시 비위가 발생하였다는 점에서 가중요인이 기각결정의 주요 요인으로 작용함.

[사례 B-8] 음주운전사고로 언론보도: 해임 → 정직3월

≪원 처분요지≫

본 사건은 경찰공무원이 경찰서장 및 소속 과·계장으로부터 여러 차례 음주운전금지 등 자체사고 예방에 대한 업무지시와 교양을 받았음에도 불구하고, 호프집에서 안주와 함께 소주 1병, 생맥주 2,000cc를 혼자 마시고, 혈중알코올농도 0.108%의 주취상태에서 본인의 승용차를 운전하여 귀가 중, 2009.8.14. 02:04경 편도 3차로 중 1차로를 주행하다가 차량의 앞 범퍼로 도로 중앙분리대를 충격하는 교통사고를 야기한 비위로 해임처분을 받았는데, 이의 감경을 구하는 소청에서 정직3월로 감경되었다(사건번호 2009-724).

≪결정요지≫

소청인도 택시를 이용하는 등 음주운전을 회피할 노력도 하지 않고 음주운전을 하다 교통사고를 야기하였으므로 장인어른을 만나지 못해 불가피하게 음주운전을 했다거나 평등의 원칙 등을 고려하지 않고 해임처분을 한 것이 너무 가혹하다는 주장은 받아들이기 어렵다. 본건 징계양정에 있어서는 경찰청 징계양정기준의 배제징계에 해당하는 물적 피해 교통사고를 야기한 점, 음주운전 거리가 비교적 긴 점, 불가피 하게 음주운전을 해야 할 사정이 없었던 점, 졸음운전을 한 점 등을 고려하면 원 처분을 유지하여야 하나, 음주운전 동기가 처의 가출로 인한 것으로 보이는 점, 8년간 징계처분받은 사실 없이 성실히 근무하여 경기지방경찰청장 표창 등 9회의 표창을 수상한 점, 평소 음주 후에는 대리운전기사를 이용한 것으로 보이는 점, 사고 이후 중앙분리대 시설물을 원상회복한 점, 음주운전 전력이 없는 점, 처분청의 평가가 우수한 점, 은행 강도를 검거하여 경장으로 특별승진한 점, 소청인이 어린 아이들을 키워야 하는 점, 직장 동료직원들이 선처를 호소하는 탄원서를 제출한 점, 소청인이 깊이 반성하며 개전의 정이 현저한 점 등 제 정상을 참작할 때 다시 한 번 직무에 전념할 기회를 주는 것이 바람직하다고 판단되어 정직3월로 결정한다.

☞ 결정요인 분석

먼저 결정에 이르기까지 작용된 객관적 요인으로는, 첫째, 비위자체 요인으로 음주운전으로 인한 물적피해 80만원의 교통사고를 야기한 비위는 음주운전을 해서는 안 된다는 직무상의 지시명령을 위배한 비위에 해당된다. 혈중알코올농도 0.108%의 주취상태에서의 운전은 면허취소에 해당되며 형사입건되어 200만원의 벌금을 받은 것은 소청인에게 불리한 점이다. 음주운전의 동기로는 부친의 사업이 부도 위기에 몰리자 가족들이 금전적으로 지원하였고 이로 인해 처와 다툼이 있었으며 결국에는 처의 가출과 합의이혼신청서를 제출하기에 이르러 장인에게 설득을 부탁하려고 약속하였으나 약속장소에 나타나지 않음으로 인해 음주에 이르게 된 점은 참작할 만한 사안으로 소청인에게 유리한 요인이다.

둘째, 제도적인 요인으로서 음주운전에 관한 징계양정기준(경찰공무원 징계양정 등에 관한 규칙 별표3, 2010.7.1. 시행)을 살펴보면 음주운전으로 인적·물적 피해가 있는 교통사고를 일으킨 경우 해임 또는 강등에 해당되기에 원 처분의 양정에 부합된다. 음주운전 교통사고의 소청결정사례는 해임 또는 정직3월의 분포를 보이고 있는 점은 소청인에게 유리한 요인이다.

셋째, 감경가중 요인으로서는 8년간 징계처분 없이 표창을 수상한 공적이 있는 점, 특히 은행강도를 검거하여 특별승진한 사실이 있으며, 어린 아이를 키워야 하는 점, 파손된 중앙분리대 시설물을 원상회복한 점, 직장 동료들이 선처를 호소하는 탄원서를 제출한 점은 유리한 요인이었다.

넷째, 사회적 요인으로서는, 이 사건이 언론에 보도되어 경찰공무원의 위상이 실추된 점은 소청인에게 불리한 요인이었다.

다섯째, 기타 요인으로는 택시를 이용하거나 대리운전을 부르는 등의 음주운전 회피를 위한 노력이 보이지 않은 점과 불가피하게 음주운전을 하여야 할 상황도 아닌 것은 소청인에게 불리한 요인이다.

한편, 주관적 요인으로는, 인적 요인으로서 깊이 반성하는 등 개진의 정이 현저한 점, 소청인에 대한 처분청의 평가가 좋은 점이 있었다.

이를 종합적으로 감안하여 볼 때 다시 한 번 직무에 전념할 기회를 주는 것이 바람직하다고 판단되어 정직3월로 감경된 것이다.

[**주요 결정요인**] 제도 요인으로 소청사례에 비추어 양정이 다소 높은 점과 인적 요인으로 깊이 반성하고 있는 점, 처분청의 평가가 좋은 점이 주요 결정요인이 됨.

나. 품위손상 비위사례의 결정요인 종합분석

위에서 살펴본 바와 같이 품위손상 사례에 대한 결정요인을 종합하여 보면 <표 6-17>과 같다.

'품위'는 직무내외를 불문하고 주권자인 국민의 수임자로서 직책을 맡아 수행해 나가기에 손색이 없는 인품을 말하는 것으로 주권자인 국민의 입장에서 보아 바람직스럽지 못한 행위라고 판단되는 경우라면 공무원의 그와 같은 행위는 그 품위를 손상하는 행위에 해당한다(대법원 1987.12.8. 선고 87누657,658 판결).

먼저 비위자체 요인의 하위 세부요인 중 ① 성관련 사건과 하극상의 경우 고비난성 행위로서 항상 【−】로 나타난다. ② 품위손상 비위는 대체로 직무상의 비위에 속한 것으로 (−) 경향을 보이고 있다. ③ 사건의 동기·방법·결과는 고비난성 행위에 해당하는 경우 대부분 【−】로 분석되고 사안에 따라 (−) 또는 (+) 【+】로 나타난다.

둘째, 제도 요인으로 하위 세부요인은 ① 징계양정 기준에 부합하는지 여부에서는 대부분 (−)를 보여 원처분이 징계양정기준에 부합한 처분임을 보여준다. ② 소청결정사례에 비추어 과중한지 여부는 (−) 【−】와 (+) 【+】가 혼재하여 원 처분이 소청결정과는 부합하지 않고, 상황에 따라 다양한 처분을 내리고 있음을 볼 수 있다. 여기에서 【−】의 경우에는 기각을, 【+】의 경우에는 감경되는 결과를 보여주고 있다. ③ 형사벌이 있는 경우에는 항상 (−)로 표시되고 있으나 주요한 결정요인이 되지는 못하고 있다.

셋째, 감경가중 요인의 하위 세부요인 중 ① 상훈공적과 관련자의 탄원서가 있는 경우에는 (+)를 보이나 주요한 요인이 되지 못하고 있다. ② 원상회복을 하려는 노력 역시 주요 결정요인은 되지 못하고 있나. ③ 징계전력이 없는 경우에는 (+)요인이 되나 결정에 큰 영향을 미치지 못하고 있으며, 징계가 경합되는 경우 【−】로서 기각결정의 주요 요인이 된다.

넷째, 사회 요인의 하위 세부요인 중 ① 비위내용이 언론에 보도되거나 ②

표 6-17 품위손상 비위사례의 결정요인

사례 번호			B-1	B-2	B-3	B-4	B-5	B-6	B-7	B-8
징계 및 소청결정			해임 → 기각	정직3월 → 기각	감봉1월 → 기각	해임 → 정직2월	강등 → 정직1월	정직1월 → 기각	해임 → 기각	해임 → 정직3월
객관적 요인	비위 자체 요인	고비난성 행위	【−】	【−】	【−】	【−】				
		직무상 비위		(−)	(−)	(−)	(−)	(−)	(−)	(−)
		직무외 비위	【−】							
		사건동기 · 방법 · 결과	【−】	【−】	【−】		【+】	(−)		(+)
		비위 지속성 · 우발성	【−】		(+)	【+】				
	제도 요인	징계양정기준	(−)	(−)	(−)	(−)	【+】	【−】	(−)	(−)
		소청결정사례	(−)	(+)	(−)	【+】	【+】	【−】	【−】	【+】
		형사벌 유무	(−)		(−)			(−)	(−)	(−)
	감경 가중 요인	상훈공적		(+)		(+)	(+)	(+)		(+)
		관련자 탄원서	(+)	(+)						(+)
		원상회복 노력							(−)	(+)
		징계전력 · 비위경합	(+)		(+)		(+)	(+)	【−】	(+)
	사회 요인	언론보도								(−)
		민원야기							(−)	
	기타 요인	회피노력 · 형평성	(−) (+)		(+)		(+)	(−)	(−)	(−)
주관적 요인	인적 요인	개전의 정	(+)		(−)	【+】		(+)	(+)	【+】
		처분청의 평가								【+】
		소청인 경험		【−】		【+】	(−)			
	예방 요인	공직기강 확립	【−】	【−】	【−】		(−)	【−】	(−)	

주) (−)는 소청인에게 불리하게 작용한 결정요인, (+)는 소청인에게 유리하게 작용된 결정요인이고, 【 】 안의 결정요인은 본 소청결정에 있어 작용한 주요 결정요인임.

민원을 야기한 경우 항상 (−)를 보이고 있으나 결정요인으로 크게 작용하지는 않는다.

디음으로 인석 요인의 하위 세부요인 중 개전의 정은 대체적으로 (+) 또는 【+】를 보이고 있는데 이는 처분청이 소청인에 대한 평가를 나쁘게 하고 있지 않음을 볼 수 있다. 예방 요인으로는 대부분 (−) 또는 【−】를 보이고 있으며, 【−】인 경우 기각결정으로 나타난다.

이상의 내용을 종합하여 보면 품위손상의 경우 비위자체의 요인, 제도 요인, 인적 요인과 예방 요인이 주요 결정요인으로 작용하고 있다.

3. 금품수수 비위사례와 결정요인

가. 사례별 결정요인

[사례 C-1]	사건처리 청탁 명목의 금품수수: 해임 → 기각
≪원 처분요지≫ 이 사건은 경찰공무원이 2006.7.3.~2008.3.13. ○○지방청 근무시, 2007.6월경 ○○지방법원 앞 노상에서 발생한 조직폭력배 ○○파와 △△파의 집단폭력 사건을 수사하던 중, 2007.7월경 ○○아파트 주차장에서 ○○파인 B로부터 “잘 봐 달라”는 취지의 부정한 청탁을 받고 100만원 상당의 뇌물을 수수하여 해임처분을 받은 데 대하여, 이의 감경을 구하는 소청에서 기각되었다(사건번호 2010-361).	
≪결정요지≫ B는 ○○파의 조직원이거나 그 조직과 밀접한 관련을 맺고 있는 사람으로서 소청인과는 직무관련자임이 인정되고, B에게 100만원을 받은 2007.7월경은 소청인 등 광역수사대에서 ○○파와 △△파간에 벌어졌던 집단 폭행사건을 수사하고 있었던 시점이라는 점 등에 비추어 볼 때 소청인의 주장은 받아들이기 어렵다. 징계양정에 있어서는, 소청인은 직무와 관련한 금품수수 비위에 해당되어 감경대상 표창 수상공적이 있어도 징계를 감경할 수 없고, 가중하여 높은 양정기준으로 징계의결을 요구할 수 있는 점, ○○지방법원 1 · 2심 재판에서도 징역 6월 · 집행유예 2년 선고가 되어 소청인의 비위가 모두 인정되었다는 점, 언론에까지 보도되어 경찰 전체 조직의 명예를 크게 실추시킨 점 등을 고려할 때 원 처분 상당의 책임을 면할 수는 없다.	

☞ 결정요인 분석

먼저 이 사건에 있어서 객관적인 결정요인을 살펴보면, 첫째, 비위자체의 요인으로는 직무상 비위로서 고비난성 행위에 해당한다는 점이다. 직무관련성에 대해서는 소청인의 부친 치료비에 보태 쓰라며 대가성 없이 건네주었다고 하나, 금품을 수수한 시점인 2007.7월경은 소청인이 소속한 광역수사대에서 폭행사건을 수사하던 시기였으며, 개인적인 친분관계가 있어서 교분상의 필요에 의한 것이라고 명백하게 인정할 수 없으므로 직무상 관련이 있다고 보았다.[31]

둘째, 제도적 요인으로서는 형사법에서도 1심 판결에서도 뇌물죄가 적용되었고, 직무와 관련하여 100만원 이상 300만원 미만의 금품이나 향응을 수수하고 위법·부당한 처분은 하지 않은 경우 정직·해임에 해당되므로 원 징계도 이에 부합하고 있다(경찰공무원 금품 및 향응수수 징계양정: 2006.7.1.시행, 경찰청 공무원 행동강령규칙 제14조). 한편, 소청결정사례는 금품수수의 경우 파면~해임 등 배제징계로 나타나고 있어 소청인에게 불리한 요인이다. 형사벌 유무에 있어서 본 사건으로 형사고발되어 1·2심 재판결과 징역6월 집행유예 2년이 선고된 점은 소청인에게 불리한 요인이다.

셋째, 감경가중 요인으로는 경찰청장의 표창이 있는 점, 20여 년을 근무하면서 징계전력은 없었으며 관련자의 탄원서가 제출되어 있는 점은 소청인에게 유리한 요인이다.

넷째, 사회적 요인으로서 언론에 보도되어 경찰 전체 조직의 명예를 크게 실추시킨 점 등이 소청인에게 불리한 점으로 작용되었다.

한편, 결정에 영향을 미친 주관적 요인으로는, 예방적 요인으로서 고도의 도덕성과 준법성이 요구되는 경찰공무원이 직무관련자로부터 현금 100만원을 제공받은 점에 대해 일벌백계함으로써 공직사회에 경각심을 불러일으키는 효과도 감안되어서 원 처분 상당의 책임이 있는 것으로 결정되었다.

[주요 결정요인] 고도의 준법성과 도덕성이 요구되는 경찰공무원으로서 직무관련자로부터 현금 100만원을 수수한 고비난성 행위라는 비위자체 요인과 제도 요인으로서 1·2심 재판에서 징역 6월 집행유예 2년이 선고되어 국가공무원법 제69조의 당연 퇴직사유에 해당되는 점이 주요 결정요인으로 작용함.

---

31) 이와 관련하여 대법원 판례는 '비록 사교적 의례의 형식을 빌어서 금품을 주고받았다 하더라도 개인적인 친분 관계가 있어서 교분상의 필요에 의한 것이라고 명백하게 인정할 수 있는 경우 등 특별한 사정이 없는 한 직무와의 관련성이 없는 것으로 볼 수 없다'(대법원 2002.7.26. 선고 2001도6721 판결)고 하고 있다.

[사례 C-2]	건설회사로부터 금품 · 향응수수: 정직3월 → 정직1월

≪원 처분요지≫

이 사건은 시설공사의 원가계산, 저가심의업무를 담당하는 소청인이 ○○청 입찰 결과 '국지도 도로 확·포장 공사'의 최저가 적정성 심사 대상업체로 선정된 ○○건설㈜ 대표 B로부터, 동 사의 적정성 심사 통과를 위해 협조하기로 한 ○○청 직원 C와 함께 ○○골프장에서 각각 25만 6천원 상당의 골프접대 및 향응을 제공받고, 최저가 적정성 심사에 도움을 주어 고맙다는 취지로 딸 결혼식장 접수대에 현금 100만원이 들어있는 봉투를 접수하는 등 직무와 관련하여 총 2회에 걸쳐 125만 6천원의 금품 및 향응을 수수한 비위와 관련하여 정직3월의 처분을 받은 데 대하여, 이의 감경을 구하는 소청에서 심사결과 정직1월로 감경되었다(사건번호 2009-278).

≪결정요지≫

소청인은 '국지도 **호선 도로 확·포장 공사' 1차 심사시 '2차 최저가 적정성 심사' 대상 1순위로 선정된 대표 B와는 직무관련자로서, 사회통념상으로 소청인은 사전에 C로부터 B와 골프치러 간다는 사실을 들었을 것이라 보일 뿐만 아니라, 징계위원회 출석시 소청인 진술처럼 소청인은 골프를 치기 직전에는 B와 골프친다는 사실을 알았다고 보이고, 결혼축의금으로는 100만원이 아닌 20만원만을 받았다고 주장하나, ○○지방법원 제2형사부 'B 뇌물공여' 판결문에서도 'D에게 ○○건설의 최저가 적정성 심사에 도움을 주어 고맙다는 취지로 축의금 접수대에 현금 100만원이 들어있는 봉투를 접수하였다'라고 명시하고 있는 점 등으로 종합하여 볼 때, 소청인의 주장은 이유가 없다. 다만, 본건 징계양정에 있어서 최저가 적정성 심사 내부 심사위원 등 직접적인 참여로 각 300만원을 수수하고 정직3월 처분을 받은 E, F와는 달리 영향력 행사가 없었다는 점, 직무관련 금품수수로 인한 위법·부당한 처사가 없었던 점, 근면 성실하고 적극적인 업무태도로 동료간에 신망이 두텁다는 처분청의 평가가 있는 점, 본건 야기에 대하여 진심으로 후회하고 반성하면서 열심히 근무하겠다는 소청인의 의지가 엿보이는 점, 29년 10개월간의 공직생활 중 본건 외에는 징계전력이 없고 모범공무원 표창 등 총 3회의 표창 수상공적이 있는 점 등을 고려할 때, 원 처분은 다소 과하다고 판단되어 정직1월로 감경한다.

☞ 결정요인 분석

먼저 결정에 영향을 미친 객관적 요인에 대해 살펴보면, 첫째, 비위자체 요인으로서 직무와 관련한 금품수수 비위는 엄중히 책임을 묻는 고비난성 비위에 해당된다. 사건의 동기와 방법에 있어서는 수동적인 비위로 금품수수 후 업무상 위법 부당한 처분이 없었다는 점은 소청인에게 유리한 요인이다.

둘째, 제도 요인으로 보면, 1인당 3만원을 초과하지 않는 범위 내에서 제공되는 간단한 음식물 등 예외적인 몇 가지 경우를 제외하고는 공무원은 직무관련자로부터 금전·부동산·선물 또는 향응을 받지 못하도록 되어 있고, 당해 공무원의 감사·감독·검사·심사 등의 업무와 관련된 대상인 개인 또는 단체를 직무관련자로 정하고 있는바(○○청공무원 행동강령 제14조 제1항, 제5항), 이에 위반되었고, 경조금품의 경우 수수가능 범위가 1인당 5만원 이내로 정해져 있고 이를 넘는 금품을 받은 경우 즉시 반환하도록 되어 있는바(행동강령 제17조, 제21조), 이에 위반된 행위이다. 이에 대한 징계양정 규정으로는 직무와 관련하여 금품·향응을 수수하고 위법·부당한 처분을 하지 않은 경우로서 수동적으로 100만원 이상인 경우 파면에서 정직까지 처분할 수 있기에(○○청 공무원의 징계 등에 관한 규정 제5조 제2항)[32] 원 처분도 이 범주에 속하는 것이었다. 징계사유의 시효가 5년의 비위에 해당하는 '금품 및 향응수수 비위'는 감경공적이 있어도 징계를 감경할 수 없게 되어 있다. 한편, 형사벌 관계에 있어서는 기소유예[33]로 결정되었다. 소청결정사례로는 수수금액에 따라 정직2월에서 파면에 이르기까지 다양하였다.

셋째, 감경가중 요인에 있어서, 29년여 동안 근무하면서 본건 외의 징계가 없이 모범공무원 표창 등 총3회의 표창 수상공적이 있는 점은 유리한 요인이다.

넷째, 기타 요인으로 본건 최저가 적정성 심사 내부 심사위원 등에 직접 참여로 300만원을 수수하여 정직3월의 처분을 받은 E, F와는 달리 영향력 행사가 없었던 점은 소청인에게 유리한 요인으로 작용되었다.

주관적 요인으로서는, 첫째, 인적 요인으로 평소 근면 성실하고 적극적인 업무 태도로 동료간에 신망이 두텁다는 처분청의 평가가 있는 점, 본건 물의야기에 대하여 진심으로 후회하고 반성하면서 열심히 근무하겠다는 소청인의 의지가 보이는 점 등은 양정을 정하는 데 참작되는 요인이다.

[주요 결정요인] 수수 후 대가성으로 위법 부당한 처분행위를 발견할 수 없는 점, 제도 요인으로 소청결정 전례에 비추어 감경할 여지가 있고 징계전력이 없고

---

32) '수사기관이 통보한 공무원 범죄사건 처리기준'에 따르면 본건과 같이 기소유예결정의 경우도 제5조 제2항의 기준에 따라 처리하도록 되어 있다(○○청 공무원의 징계 등에 관한 규정 제5조의1 제1항, ○○청 훈령 제1454호).

33) 기소유예 사유는 수수한 금액이 비교적 소액이고 최저가 적정성 심사위원회의 간사로서 심사결과에는 아무런 영향을 행사하지 못하였고, 다른 심사위원들에게 ○○건설에 대한 부탁을 한 정황도 발견되지 않은 사정을 종합하면 피의자에 대한 비난가능성 또한 크지 않은 점을 참작하여 기소를 유예하였다.

상훈공적이 있는 점, 인적 요인으로 처분청의 평가가 좋은 점 등 정상참작 요인들이 감경결정의 주요 요인으로 작용함.

[사례 C-3]	피의자 모친으로부터 현금 수수: 해임 → 정직3월

≪원 처분요지≫
이 사건은 경찰공무원으로서, 2009.7월 ○○지방경찰청 ○○경찰서 형사과에 근무하면서 상해사건 피의자 B의 모친 C가 선처를 부탁하며 건넨 현금 30만원을 수수하였는바, 수수액이 소액이기는 하나, 소청인이 C를 만나기 이전에 전화연락을 통해 금품을 수수하기로 약정하고 있었음을 알 수 있음에도 자신의 행위를 반성하지 않고 계속하여 허위진술을 하고 있는 점, 해당 사건을 검찰에 송치하였음에도 "선처를 받을 수 있다"며 C를 기망하여 금품을 수수한 행위는 의무위반의 정도가 매우 중한 점 등을 고려할 때 공직에서 배제함이 당연하다 할 것이므로 해임에 처한 것에 대하여, 이의 취소 또는 감경을 구하는 소청에서 정직3월로 감경되었다(사건번호 2010－549).

≪결정요지≫
C의 진술 외 입증자료가 없어 사실관계를 객관적으로 확인하기는 어려우나, 소청인이 사건을 이미 검찰에 송치한 사실을 고지하였다면 C가 선처를 바란다는 명목으로 30만원을 소청인에게 제공할 이유가 없고, 검찰이 동 사건에 대하여 벌금 500만원을 구형한 데 대하여 소청인에게 항의할 이유도 없어 보이는 점, C가 소청인에게 보낸 내용증명 및 ○○지방경찰청 청문조사시 진술 등으로 미루어 C가 민원을 제기한 이유가 사건 당일 소청인이 서류를 아직 검찰로 송치하지 않은 것처럼 언행을 한 것에 대한 배신감 때문인 것으로 보이는 점, C가 금원의 전달 경위에 대하여 매우 구체적으로 진술한 점 등을 종합해 볼 때, C의 진술에 신빙성이 있다고 판단된다. 다만 본건의 징계양정에 있어서는, 수수액이 소액이고 후일에 반환한 점, 위법·부당한 처분이 없었던 점, 자신의 행위에 대해 반성하고 있는 점 등을 감안하면 원 처분은 다소 과중하다고 판단되어 정직3월로 감경한다.

☞ 결정요인 분석

본 사건은 피의자 모친이 사건 선처를 부탁하며 건넨 금원을 수수한 비위인데, 객관적 결정요인을 살펴보면, 첫째, 비위자체 요인으로는 사건관련자로부터 직무상 금품을 수수한 것으로 고비난성 비위에 해당된다. 사건의 동기와 방법에 있어서는 피의자의 모친이 소청인에게 전화를 하여 "탄원서와 봉투를 가져가겠습니다"라고 말한 사실이 있고, 이미 검찰에 사건을 송치하였으면서도 정확한 상황을 피의자 모친에게 알리지 아니한 것을 보면 금품수수의 의도가 있은 것으로 보인다. 이러한 점은 소청인에게 불리한 요인이다. 다만 금품수수 후 위법 부당한 처분은 하지 않은 것으로 보인다.

둘째, 제도 요인으로서 징계기준상 직무와 관련하여 금품을 수수하고 위법·부당한 처분을 하지 아니한 경우 100만원 미만일 경우 감봉·정직에 해당한다. 소청인의 해임처분은 이 기준으로 볼 때 과다한 처분이라고 보인다. 금품수수의 소청결정사례를 보면 100만원 미만을 수수하고 위법·부당한 처분을 하지 않은 경우, 정직3월~감봉1월의 원 처분을 기각한 결정사례를 볼 수 있다. 이 점에 비추어 보면 소청인의 해임은 과중하게 보인다.

셋째, 감경가중 요인으로 징계전력이 있는 점은 소청인에게 불리한 요인이다. 한편, 사건이 검찰에 송치된 후 벌금 500만원이 나오자 피의자의 모친으로부터 항의를 받고 30만원을 돌려준 사실이 있다.

넷째, 사회 요인으로 피의자의 모친으로부터 항의하는 내용의 서신을 내용증명으로 받는 등 민원이 야기된 점은 소청인에게 불리한 요인이다.

다음으로 주관적 요인을 살펴보면, 첫째, 인적 요인으로는 자신의 행위에 대하여 반성하고 있으나, 소청인에 대한 처분청의 평가는 좋지 않았다.

둘째, 예방 요인으로 어떠한 일이 있어도 직무관련자와 특히 민원인으로부터 금품을 수수하는 행위는 근절시켜야 한다는 처분청의 의지가 높음을 알 수 있다. 이러한 점은 소청인에게 불리한 결정요인으로 작용한다.

[주요 결정요인] 수수한 금액이 30만원으로 비교적 소액이고 위법·부당한 처사가 없는 점에서, 해임은 징계양정 기준상으로 보나 소청결정사례에 비추어 볼 때 과중하다고 판단되었는바 제도 요인이 감경의 주요 결정요인으로 작용함.

[사례 C-4] 정보제공 대가로 금품수수: 파면 → 기각

≪원 처분요지≫

이 사건은 경찰공무원으로서, ○○경찰서 생활안전과 지령실(112 신고센터)에 근무할 당시에 관내에 변사 사건이 발생하였다는 신고를 받으면, ○○중앙병원 장례식장에 근무하는 B에게 정보를 제공하고 그 대가로 사례비와 휴가비, 명절 떡값 등의 명목으로 총 135만원을 수수하였고, 또한, 변사 사건 정보를 제공하는 명목으로 ○○병원 장례식장에 근무하는 C로부터 대포폰 1대를 무상으로 제공받아 사용하는 등 복무규율 위반 및 지시 명령을 위반한 사실로 파면처분을 받았는데, 이의 취소 또는 감경을 구하는 소청에서 기각되었다(사건번호 2009-473).

≪결정요지≫
○○중앙병원 장례식장 실장인 B는 변사사건과 관련하여 정보를 얻을 목적으로 소청인에게 접근을 하였고 소청인도 이 사실을 인지하고 있었던 점, 소청인은 B가 소청인에게 접근하여 금품을 교부한 목적을 알고 있으면서도 B로부터 여러 차례에 걸쳐 금품을 수수한 점으로 볼 때, 소청인이 업무와 관련하여 업무관련자로부터 금품을 수수하였다는 비위 사실은 인정될 수 있고, 업무와 무관한 목적으로 휴대폰을 제공받은 것이라는 소청인의 주장을 인정한다 하더라도, 소청인은 경찰관의 신분으로 각종 범죄의 도구로 사용되는 일명 대포폰을 제공받아 사용하는 불법행위를 하였으므로 소청인에 대한 징계책임은 인정된다.
본 사건의 징계양정과 관련하여서는, 소청인이 112지령실에 근무하면서 부당하게 정보를 제공하고 직무관련자로부터 금품을 수수하였다는 비위가 인정되는 점, 소청인의 비위행위는 장례식을 치르는 유가족에게 피해를 준다는 점에서 다른 비위보다 더 중하게 볼 수 있는 점, 이러한 소청인의 비위는 경찰공무원 징계양정기준에 의하면 파면처분에 해당하는 점, 각종 불법 행위에 사용되는 일명 대포폰을 단속하여야 할 경찰공무원인 소청인이 오히려 경찰대상업소 업자로부터 대포폰을 제공받아 사용한 비위를 저지른 점 등을 종합적으로 고려해 볼 때, 소청인에게 원 처분 상당의 책임이 인정된다.

☞ 결정요인 분석

본 사건은 특정 병원장례식장 관계자로부터 금품을 수수한 후 변사사건 관련 정보를 제공한 비위이다. 결정에 있어 작용된 객관적 결정요인을 살펴보면, 첫째, 비위자체 요인으로는 직무관련자로부터 금품을 수수한 행위로 고비난성 행위라 하겠다. 사건의 동기와 방법에 있어 장례식장 관계자가 정보를 얻을 목적으로 접근한 점을 소청인도 인지하고 있으면서 금품을 수수하고 정보를 제공하였다. 경찰과 관내 장례식장과의 금품거래 등 유착관계의 피해는 고스란히 장례를 치르는 일반 국민들에게 돌아간다는 점과 대포폰을 단속하여야 하는 경찰공무원이 오히려 직무관련자로부터 대포폰을 제공받아 사용한 점 등으로 볼 때 소청인에게 매우 불리한 요인이다.

둘째, 제도 요인으로 '금품 및 향응수수 관련 징계양정 기준'을 보면 직무와 관련하여 금품·향응을 수수하고 위법·부당한 처분을 한 경우 그 수수액이 100

만원 이상 300만원 미만의 경우 파면에 해당하므로 원 처분은 이 기준에도 부합하고 있다. 소청심사결정사례에 비추어 보면 역시 파면 결정을 보이고 있다. 이러한 점은 원 처분의 양정이 적합하다는 의미로 소청인에게 불리한 요인이다.

셋째, 감경가중 요인으로 감경대상 표창은 없는 가운데 경찰서장 표창이 1회 있다. 징계전력이 있는 점은 소청인에게 불리한 요인이다.

다음으로 주관적 요인을 살펴보면 첫째, 인적 요인으로서 본 사건의 경우 소청인은 특정 장례식장 관계자에게 전화를 해 주었다고 해서 반드시 그 장례식장에서 일을 처리하는 것이 아니라고 생각하고 있는 등 자신이 한 행위의 중대성을 인식하지 못하여 개전의 정이 보이지 않는 점, 처분청의 평가가 좋지 않은 점은 소청인에게 불리한 요인이 되었다.

둘째, 예방 요인으로 금품을 수수하고 특정 장례식장에 정보를 제공하는 것은 공무원으로서 있을 수 없는 행동이거니와, 그 피해는 결과적으로 국민에게 돌아가는 것이므로 엄한 벌을 가함으로써 앞으로의 재발방지를 위한 교훈으로 삼아야 한다는 의미에서 소청인에게 불리한 요인이다.

[주요 결정요인] 금품수수라는 비위자체의 요인, 소청결정사례에 비추어 볼 때에도 배제징계가 적합하다는 제도 요인, 공직기강확립을 위한 예방 요인이 기각결정의 주요 요인으로 작용함.

[사례 C-5] 부하직원으로부터 금품수수: 정직3월 → 기각

≪원 처분요지≫

이 사건은 경찰공무원으로서, 2008년 3월 형사과장실에서 B가 강력8팀 팀원에서 폭력1팀장으로 보직을 변경해준 것에 대한 감사의 표시로 제공하는 현금 100만원을 수수하고, 같은 해 가을경, B를 형사과장실로 불러 "구두 잘 하는 데 있느냐"며 묵시적으로 구두를 사달라고 요구하여, ○○로터리 소재 ○○제화에서 시가 25만원 상당의 남성용구두 한 켤레와 등산화 한 켤레를 구입한 후 B에게 대신 계산하게 하는 등 직무와 관련하여 금품을 수수한 사실이 있는바, 그간 징계 없이 성실히 근무해 온 점 등 제 정상을 참작하여 정직3월의 징계를 받은 것에 대하여, 이의 취소 또는 감경을 구하는 소청에서 기각되었다(사건번호 2009-759).

≪결정요지≫
B가 현금 100만원을 전달한 일자는 정확히 기억나지 않으나, 소청인에게 팀장으로 발령날 수 있도록 도와달라고 부탁하였고, B가 팀장보직을 받은 날짜와 우체국 계좌에서 100만원을 인출한 날짜가 비슷한 시기인 점, 본건 100만원 수수 비위 외에 경찰청의 감찰조사에서 B가 한 그 밖의 진술들이 관련자들의 진술과 대체로 부합하는 점, 진술할 당시 B가 소청인을 모함할 만한 정황을 확인할 수 없는 점, 소청인이 제출한 D의 확인서에 기록된 B의 진술은 B가 허위 진술을 하였음을 스스로 인정한다는 뜻이기보다는 인간적인 미안함에서 한 말로 보이는 점 등을 종합하여 볼 때 B가 허위 진술을 하였다는 소청인의 주장은 받아들이기 어렵고, 소청인이 2008년경 ○○로터리에 있는 ○○제화 매장에서 구두와 등산화 총 두 켤레를 구입할 때, 함께 간 B가 그 대금을 대신 계산하였음을 인정하였고, 설사 징계사유에 기록된 것처럼 소청인이 B에게 신발을 사달라고 요구하지는 않았다 하더라도 소속 과장과 함께 매장에 간 부하직원으로서는 부담감을 느끼고 그 대금을 대신 계산한 것으로 보이므로 징계책임을 면하기는 어렵다 하겠다. 본건 징계양정에 있어서는, 그간 성실히 근무한 점, 행정자치부장관 표창 등을 수상한 공적이 있는 점, 깊이 반성하는 점 등 여러 정상을 참작한다 하더라도, 모범이 되어야 할 관리자의 지위에 있는 자가 부하직원으로부터 직무와 관련하여 금품을 수수하는 등 과장으로서의 책무를 소홀히 하였으므로 원 처분 상당의 책임을 면하기 어렵다고 판단된다.

☞ 결정요인 분석

본 사건은 소청인이 ○○과장으로 재직시 부하직원으로부터 금품을 수수한 비위인데, 소청결정에 이른 객관적 요인을 살펴보면, 첫째, 비위자체 요인에서 직무관련자인 부하직원으로부터 금품을 수수한 행위는 고비난성 행위에 해당하므로 이는 소청인에게 불리한 요인이다. 사건의 동기와 결과에 있어 B가 팀장으로의 발령을 받기 위해 소청인에게 부탁한 사실이 인정되나, 소청인이 인사발령과 관련하여 위법·부당한 행위를 한 사실은 확인되지 않는다. 또한 구두를 구입하러 소청인은 B와 함께 매장에 갔었고, 소속과장과 함께 매장에 간 부하직원으로서는 부담을 느끼고 그 물품대금을 지불한 것으로 보이므로 이는 상사로서 충분히 예견할 수 있는 상황이라는 점에서 소청인에게 불리한 요인이다.

둘째, 제도 요인으로는 직무와 관련하여 금품을 수수하고 위법·부당한 처분이 없는 경우 100만원 이상 300만원 미만일 때 해임~정직의 양정기준이므로 원 처분은 이에 부합된다. 상관과 부하 사이의 금품수수와 관련한 300만원 미만의 소청결정사례를 보면 해임~정직2월까지의 원 처분을 기각한 사례를 볼 수 있어 이는 소청인에게 불리한 요인이다.

셋째, 감경가중 요인으로는 감경대상인 장관 표창공적이 있으나, 수수한 금원을 반환하는 등 원상회복의 노력은 보이지 않았다.

다음으로 주관적 요인으로는 첫째, 24년여를 성실히 근무해 온 점과 깊이 반성하고 있는 점은 소청인에게 유리한 요인이 되었다.

둘째, 예방 요인으로는 모범을 보여야 하는 관리자의 지위에 있는 자가 부하직원으로부터 직무와 관련하여 금품을 수수한 비위는 근절되어야 마땅하다는 차원에서 소청인에게 불리한 요인으로 작용되었다.

[**주요 결정요인**] 공직내부에서의 상급자와 하급자간에 금품을 수수하는 일은 엄격히 금지되고 있을 뿐만 아니라 공정한 공직사회를 만들어 나가는 데 장애가 되는 비위로 비위자체 요인과 예방 요인이 기각결정에 이르는 주요 요인으로 작용함.

[사례 C-6] 인사담당자에게 승진청탁 현금공여: 정직3월 → 기각

≪원 처분요지≫

이 사건은 소청인이 2009.7월 하순경 ○○시 ○○구에 있는 '○○'음식점에서 B(당시 인사담당)에게 "2009.9.1.자 정기인사에서 교육연구관으로 승진할 수 있도록 도와달라"는 취지의 청탁을 하면서 현금 200만원을 제공한 비위로 정직3월의 징계처분을 받았는데, 이의 취소 또는 감경을 구하는 소청에서 기각되었다(사건번호 2010－596).

≪결정요지≫

소청인이 승진인사를 앞두고 개인적인 친분이 없었던 인사담당공무원 B에게 먼저 연락하여 200만원의 금품을 제공한 경위를 고려할 때 그 비위의 도가 가볍거나 경과실로 보기는 어렵다고 보이며, 위 금품 200만원의 성격은 식사비 명목으로 보기에는 과다하며 직무관련성이 인정되는 뇌물로 볼 수 있다는 점, ○○시교육청 '금품 및 향응수수 위반 공무원 처분 기준표'에 따르면 200만원의 금품을 능동적으로 제공한 자는 금품의 성격에 따라 정직 내지는 파면 처분하도록 규정하고 있는 점, 향후 교육계의 유사사례 재발 방지와 경각심 고취의 필요성 등을 고려할 때 비록 소청인이 징계전력 없이 성실하게 근무하며 교육발전에 기여한 공이 크다 하더라도 소청인은 원 처분 상당의 책임을 면할 수 없다.

☞ 결정요인 분석

기각결정에 이르게 된 객관적 요인부터 살펴보면, 첫째, 비위자체 요인으로는 직무상의 비위로 금품제공이라는 고비난성 의무위반행위에 해당된다. 사건발생의 동기도 소청인과 금품을 건네받은 B와는 개인적인 친분 관계가 없으며 B는 직무관련 공무원이므로 금품의 성격은 직무관련성이 있는 뇌물로 볼 수 있다는 점, 그리고 소청인이 진학진로 지도 등 공교육 분야에 탁월한 업무 능력을 보여 당시 ○○시 C교육감이 소청인의 승진을 지시하였다 하더라도 최종 승진 발령이 있기까지는 기정사실화되었다고 보기 어렵다는 점에서 인사를 앞두고 승진청탁을 위한 금품제공의 비위로 판단하였다. 이는 소청인에게 불리한 요인이다.

둘째, 제도적 요인으로서, 공무원은 직무관련공무원으로부터 금품 등을 받아서는 안 되며, 또한 제공해서도 안 된다(○○시교육청 공무원행동강령 제14조 제2항, 제14조의2)는 규정을 위배하였고 200만원 금품을 능동적으로 제공한 자는 금품의 성격에 따라 정직 내지는 파면에 처할 수 있는 점으로 볼 때 원 처분은 이에 부합되었다. 또한 형사벌로서 검찰로부터 뇌물공여 혐의로 벌금 200만원의 구약식 처분을 받았다. 인사청탁을 위해 뇌물을 수수한 소청심사사례로는 그 뇌물 금액에 따라 다르나 감봉2월에서 파면까지의 분포를 보이고 있다.

셋째, 감경가중 요인으로 작용될 수 있는 점은 28년간 근무하면서 징계전력이 없는 점은 소청인에게 유리한 요인이다.

주관적으로 판단되는 요인으로서는 첫째, 인적 요인으로서, 소청인이 자신의 잘못에 대해 크게 반성하고 있으며 처분청의 평가가 좋다는 점으로, 성실하게 근무하면서 ○○시 교육발전에 크게 기여했다는 처분청의 의견이 제출되었다.

둘째, 예방 요인으로서 향후 교육계의 유사사례 재발 방지와 경각심 고취의 필요성 등은 양정에 있어 소청인에게 불리한 요인으로 작용되었다.

[주요 결정요인] 비위자체 요인으로 사회 어느 분야보다도 깨끗하고 모범적이며 올바른 기강이 요구되는 교육계에서 승진을 위해 금품을 제공하고 청탁하는 행위라는 점과 향후 이러한 비교육적인 행위는 근절되어야 한다는 예방적 요인이 주요 결정요인이 되었음.

[사례 C-7] 수용자 편의제공으로 금품 · 향응수수: 해임 → 기각

≪원 처분요지≫

이 사건은 교정공무원으로서, 2009.9.7.부터 사동담당으로 근무하면서 수용자 B에 대하여는 2009.12월~2010.2.26. 매일 2~7회, 수용자 C에 대하여는 2009.9월경부터 1일 1~2회 집필실에 나와 있도록 하였고, 2009.12월경에는 수용자 B의 부탁을 받고, 양말 5켤레, 쫄쫄이 바지 1개 등을 B에게 전달하였으며, 2010.1월경 나무젓가락 5벌, 나무숟가락 3개를 자비로 구입하여 B에게 전달하는 등 B, C에게 수용생활의 편의를 제공하였고, 위와 같은 편의제공의 대가로, C의 처 D와 음식점에서 만나 저녁식사를 제공받았으며, 2010.2월 초순경 C로부터 명절선물로 금 81,000원 상당의 사골 3상자(1상자당 27,000원)를 받았고, 2010.2.23. B의 접견인(친구 E)으로부터 84,000원 상당의 이동갈비(30대ㅅ 2개, 1개당 42,000원)를 받는 등 직무관련자로부터 향응 및 금품을 제공받았으며, 허가 없이 수용자 가족 등에게 총 111회(근무 중 27회) 부정연락을 하는 등 근무수칙을 위반한 사실이 있는바, 소청인이 개인용 통신장비를 반입하여 부정연락을 한 행위는 고의적이고, 근무태만이 심각한 수준에 이르렀다고 판단되며, 향응 및 금품을 제공받은 혐의는 징계시효 5년에 해당하는 비위이고, 소청인의 비위는 공무원 징계령 시행규칙 제5조(징계의 가중)에 따라 서로 관련 없는 둘 이상의 비위가 경합된다는 점 등을 고려하여 해임에 처한 것에 대하여, 이의 취소 또는 감경을 구하는 소청에서 기각되었다(사건번호 2010-264).

≪결정요지≫

소청인의 비위사실은 모두 인정된다. 징계양정에 대하여 살펴보면, 소청인이 약 5년 4개월 가량 징계 없이 근무해 오면서 교도소장 표창 2회를 수상한 공적이 있는 점, 특별히 사고가 발생하지는 않은 점, 금품 및 향응수수의 경우 수수금액이 소액이고 소청인에게 반납할 의지가 있었던 것으로 보이는 점 등 제반 정상을 참작한다 하더라도, 소청인은 수용자들을 관리하는 교정공무원으로서 교정사고를 예방하고 수용시설 내 질서유지를 위해 엄정하고 성실하게 근무해야 함에도, 특정 수용자에게 집필실을 이용하도록 편의를 제공하였고, 소청인이 직접 물품을 사동에 반입하여 전달해 주었으며, 휴대폰을 근무지에 반입하여 수용자 가족에게 부정연락을 하였으며, 수용자에게 편의를 제공한 대가로 금품 및 향응을 수수한 사실이 있는 등 교도관으로서 있을 수 없는 비위를 다수 행하였고 그 비위의 정도가 매우 중하다는 점을 고려할 때, 원 처분 상당의 책임을 면하기 어렵다고 판단된다.

☞ 결정요인 분석

이 사건은 교도관이 수용자 편의를 보아주고 금품을 수수하여 근무수칙을 위배한 비위로서 배제징계인 해임처분이 소청에서 기각되었다. 교도관은 직무를 수행함에 있어서 법령을 준수하고 상관의 직무상의 명령에 복종하며 청렴결백하고 근면 성실한 복무자세를 지녀야 한다. 먼저 결정에 이르는 객관적 요인을 살펴보면, 첫째, 비위자체가 지니고 있는 요인으로서 직무관련자인 수용자나 그의 가족으로부터 금품과 향응을 수수하고 수용자에게 편의를 제공한 직무상의 부정행위로 고비난성 행위에 해당된다. 사건의 동기와 과정에 있어서는 수용자가 선물을 보내겠다고 집주소를 알려 달라고 하자 집주소와 전화번호 등을 알려 준 점으로 보아 금품수수의 고의성이 보인다. 계호업무지침에 따라 교도관은 계호업무 중에 개인용 통신장비를 휴대해서는 아니 됨에도 근무지로 휴대폰을 반입하여 수용자 가족에게 부정연락을 한 사실은 그 비위의 정도가 매우 중하여 소청인에게 불리한 요인이다.

둘째, 제도 요인으로서 공무원 징계령 시행규칙상 성실의무 위반으로 비위의 정도가 심하고 고의가 있는 경우 파면~해임에 해당하며, 직무와 관련하여 금품을 수수하고 부정행위를 한 경우 100만원 미만이면 해임~정직에 해당된다. 소청심사결정사례에 비추어보아도 파면~정직3월의 원 처분이 기각결정되었다. 제도 요인으로 보면 소청인의 원 처분은 기준에 부합하기에 양정상 적절하다고 할 수 있어 소청인에게 불리한 요인이다.

셋째, 감경가중 요인을 보면 감경대상 표창을 수상한 사실은 없으며 징계전력도 없었다. 받은 물품의 일부를 돌려주었으나 금품을 수수한 비위가 성립하는데 지장을 주지 않으므로 소청인에게 불리한 요인으로 작용한다. 또한 수용자에 대한 편의 제공과 금품 및 향응수수 그리고 근무수칙 위반의 비위 등 두 가지 이상의 비위가 경합되어 있는 점은 소청인에게 불리한 요인이다.

다음으로 주관적 요인으로는, 첫째, 인적 요인으로는 자신의 잘못을 깊이 뉘우치고 반성하고 있는 점, 금품 및 향응수수의 경우 수수금액이 비교적 소액이고 소청인에게 반납할 의지가 있었던 것으로 보이는 점은 소청인에게 유리한 결정 요인이 된다.

둘째, 예방 요인으로는, 교도관은 직무와 관련하여 부정한 요구나 제의를 받은 경우에는 이를 단호히 거절하여야 한다. 강한 처벌을 통하여 이와 같은 비위가 다시 발생되어서는 아니 된다는 의미를 소청결정이 확인해줄 필요성이 있는 점은 소청인에게 불리한 요인이다.

[주요 결정요인] 금품수수와 특정수용자에 대한 편의 제공이라는 비위자체 요인과 재발 방지를 위해 강한 처벌이 필요하다는 예방 요인이 기각 결정의 주요 요인으로 작용하였음.

[사례 C-8] **세무조사 후 금품 · 향응수수: 해임 → 기각**

≪원 처분요지≫

이 사건은 세무공무원이, ㈜○○○○○에 대하여 세무조사를 실시한 후, ○○대학교 앞 소재 참지횟집에서 상기 법인의 대표이사인 B 및 회계사와 함께 식사를 하고(식대 약 17만원) 횟집 인근주점에서 주대 약 30만원 상당의 향응을 받은 후, 귀가시 위 B로부터 현금 300만원과 스노보드용 의류 1벌(판매가 40만원)을 수수하는 등 합계 355만원 상당의 금품 및 향응을 수수한 비위로 해임 처분을 받았는데, 이의 감경을 구하는 소청에서 기각되었다(사건번호 2009-322).

≪결정요지≫

금품수수 다음 날 회사 세무대리인 C회계사에게 연락하여 현금 중 일부인 100만원을 반환하였고, 몇 달 후 대표이사 B에게 나머지 금액을 전부 반환하였다는 주장에 대하여 살피건대, 소청인이 나머지 금액을 B에게 반환하였다 할지라도 당초 영득의 의사로 금품을 수수하였다가 본건에 대한 감찰조사가 시작된 이후에 반환한 것이므로 뇌물죄의 성립에는 영향이 없다 할 것이고, 세무조사시 주요 품목에 재고 차이가 발생된 것이 감지되었고 조사기간이 8일이었음에도 조사를 5일만에 끝내고 전체 재고에 대한 조사를 실시하지 않은 것은 추징세액을 줄여주기 위한 것으로 보이고, 소청인 문답서에 의하면 '처음 조사 종결시 1억원 정도 부담되는 것으로 서로 알고 있었으나 나중에 사무실에서 자세히 계산해보니 5,000~6,000만원 정도가 되어 회계사에게 먼저 전화로 이야기해 주었고 회계사가 고맙다고 하면서 어떻게 했으면 좋겠냐고 물어서 "그런 얘기는 못하니까 알아서 해라"라고 대답한 점에 비추어 볼 때 소청인의 금품수수는 세액을 줄여준 데 대한 대가인 것으로 판단된다.
징계양정에 있어서는 소청인이 세무조사를 실시한 후 업체대표로부터 355만원 상당의 금품 및 향응을 수수하여 직무집행의 공정성을 저해하였으며 공직자에 대한 일반국민의 신뢰를 실추시킨 점을 고려할 때 그 비위가 중하다 할 것이므로 원 처분 상당의 책임을 면하기 어렵다고 판단된다.

☞ 결정요인 분석

본 사건은 직무관련자로부터 금품을 수수하고 직무상 부정한 행위를 한 비위로 소청심사에서 배제징계인 해임의 원 처분이 기각된 사례이다. 기각으로 결정을 하게 된 요인 중 객관적 결정요인을 살펴보면, 첫째, 비위자체 요인을 살펴보면 금품수수는 직무상의 고비난성 행위이다. 사건의 동기와 방법에 있어서도 부정처사가 수반된 행위로 소청인에게 불리한 요인이다.

둘째, 제도 요인을 보면 직무와 관련하여 국세청 징계양정 내부기준에 의하면 금품・향응 금액 200만원 이상의 경우 해임에 해당하는 양정기준[34]이며, 소청결정사례 역시 해임의 원 처분을 기각한 결정사례를 볼 수 있다. 이러한 점은 소청인에게 불리한 요인으로 작용한다.

셋째, 감경가중 요인으로는 소청인은 감경대상 표창인 국세청장 표창이 4회가 있고 소청인에 대해서 선처를 바라는 동료직원들의 탄원서가 있는 점과 비록 감찰조사 이후이기는 하지만 수수한 금액을 반환한 점은 소청인에게 유리한 요인이다. 소청인은 1981년도에 감봉1월의 징계전력이 있고 이 징계는 1995년 사면되었지만 소청결정에 있어 유리한 요인으로 작용하지는 않는다.

넷째, 기타 요인으로 계산된 세액을 담당 회계사에게 알려주고 답례 방법에 관해 이야기를 나눈 것으로 보이는 점으로 보아, 비위 발생을 회피하려는 노력을 하였다고 볼 수 없다.

다음으로 주관적 요인으로서는, 첫째, 인적 요인으로 소청인은 자신의 행위에 대하여 반성을 하고 있는 점은 유리한 요인이다. 둘째, 예방 요인으로는 공직사회에 금품이 건네지고 위법・부당한 부정처사를 하는 일은 근절되어야 한다는 처분청의 높은 처벌 의지는 소청인에게 불리한 요인이다.

[주요 결정요인] 청렴의 의무를 지고 있는 공무원이 금품을 수수하였다는 점에서 비위자체 요인이 중요 결정요인이 되었음.

나. 금품수수 비위사례의 결정요인 종합분석

위에서 살펴본 금품수수비위 사례에 대한 결정요인을 종합해보면 <표 6-18>

34) 국세청 징계양정 내부기준은 1999.7.1. 이후 200만원 이상의 금품향응수수의 경우 해임으로 규정되어 왔다가, 2009.4.22. 이후에는 비위유형별・금액별로 징계양정 기준을 세분화하였다. 세분화된 기준에 의하더라도 직무와 관련하여 금품・향응을 수수하고 위법・부당한 처분을 한 경우 능동적으로 200만원 이상 300만원 미만을 수수한 경우 해임하도록 하고 있다. 본 사건의 경우 행위시의 적용기준에 의하여 해임 양정이 적용된다.

표 6-18 금품수수 비위사례의 결정요인

사례 번호			C-1	C-2	C-3	C-4	C-5	C-6	C-7	C-8
징계 및 소청결정			해임 → 기각	정직3월 → 정직1월	해임 → 정직3월	파면 → 기각	정직3월 → 기각	정직3월 → 기각	해임 → 기각	해임 → 기각
객관적 요인	비위 자체 요인	고비난성 행위	【−】	【−】	【−】	【−】	【−】	【−】	【−】	【−】
		직무상 비위	【−】	【−】	【−】	【−】	【−】	【−】	【−】	【−】
		직무외 비위								
		사건동기 · 방법 · 결과		(+)	(−)	(−)	(−)	(−)	(−)	【−】
		비위 지속성 · 우발성								
	제도 요인	징계양정기준	(−)	(−)	【+】	(−)	(−)	(−)	(−)	(−)
		소청결정사례	(−)	【+】	【+】	【−】	(−)	(−)	(−)	(−)
		형사벌 유무	【−】	(−)				(−)		
	감경 가중 요인	상훈공적	(+)	(+)			(+)			(+)
		관련자 탄원서	(+)							(+)
		원상회복 노력			(+)		(−)		(−)	(+)
		징계전력 · 비위경합	(+)	【+】	(−)	(−)		(+)	(−)	(−)
	사회 요인	언론보도	(−)							
		민원야기			(−)					
	기타 요인	회피노력 · 형평성		(+)						(−)
주관적 요인	인적 요인	개전의 정		(+)	(+)	(−)	(+)	(+)	(+)	(+)
		처분청의 평가		【+】	(−)	(−)		(+)		
		소청인 경험								
	예방 요인	공직기강 확립	(−)		(−)	【−】	【−】	【−】	【−】	(−)

주): (−)는 소청인에게 불리하게 작용한 결정요인, (+)는 소청인에게 유리하게 작용된 결정요인이고, 【 】 안의 결정요인은 본 소청결정에 있어 작용한 주요 결정요인임.

과 같다.

먼저 객관적 요인을 살펴보면, 첫째, 비위자체 요인의 하위 세부요인 중 ① 고비난성 행위에 해당하는 공직사회에서 금품과 향응수수 비위는 항상 【−】로 나타난다. ② 직무상 비위는 앞에서 살펴본 대법원의 판례(대법원 2002.7.26. 선고 2001도6721 판결)와 같이 직무관련성을 포괄적으로 인정하고 있으므로 그 비위 자체로서도 소청인에게 불리한 【−】 요인으로 작용하고 있다. 이러한 현상은 분석대상 사례 모두가 직무상 금품수수 행위로서 고비난성 행위에 해당하여 기각결정의 주요 요인으로 작용하였음을 보여준다. ③ 사건의 동기와 방법, 결과에 있어서는 대체로 (−)를 보이고 있어 소청인에게 불리한 요인이기는 하나 주요 결정요인으로 작용하지는 않았다.

둘째, 제도 요인의 하위 세부요인 중 ① 징계양정기준은 대부분 (−)를 보여주고 있어 원 처분이 징계양정기준에 부합하고 있음을 알 수 있으나 주요 결정요인으로 크게 작용하지는 않는다. ② 소청결정사례는 (−) 【−】와 【+】가 상황에 따라 달리 나타나고 있다. 그러나 소청결정사례에 비추어 원 처분이 과중한 양정을 받은 【+】의 경우 감경결정의 주요 요인이 되고 있다.

셋째, 감경가중 요인에서는 징계전력과 비위경합의 경우 (−) 또는 (+) 【+】의 경향을 보이고 있는데 주요한 결정요인으로 작용하지는 않는다.

다음으로 주관적 요인을 살펴보면 다음과 같다. 먼저 인적 요인의 하위 세부요인 중 개전의 정은 대체적으로 (+)로 나타나고 있으나 결정요인으로 큰 역할을 하지 못하고 있다. 이는 소청인 스스로가 자신의 잘못을 뉘우치고 반성한다고 하더라도 소청심사 결정에 크게 반영되지 못하고 있음을 알 수 있다. 그것은 공무원사회에서의 금품 향응수수라는 비위를 근절하는 것은 깨끗하고 투명한 사회로 가기 위한 기본 덕목이기 때문이다. 따라서 금품수수 근절에 대한 공직기강을 바로 세우고자 하는 의미에서 예방 요인은 (−) 또는 【−】를 보여주고 있으며 【−】의 경우 기각결정의 주요요인이 되고 있다.

위의 내용을 종합하면 금품수수 비위에 있어 주요한 결정요인으로는 비위자체 요인, 제도 요인, 예방 요인이라는 점으로 요약된다.

4. 감독태만 비위사례와 결정요인

가. 사례별 결정요인

[사례 D-1]	전의경 구타 및 가혹행위 감독책임: 견책 → 기각
≪원 처분요지≫ 이 사건은 ○○경찰서 방범순찰대에 근무하는 경찰공무원이, 2010.5.19. 19:00~20:00 사	

이 내무반에서 일경 B가 이경 C를 구타하고, 같은 달 21일 17:00경 세면장에서 이경 D 등 2명이 E를 구타한 것과 관련하여 당일 1차 감독자인 당직부관으로서 대원들의 구타 및 가혹행위에 대해 교양 및 관리감독을 철저히 하여 사전에 예방하여야 함에도 이를 소홀히 한 비위로 국가공무원법 제56조의 성실의무를 위반한 데 대하여 견책에 처분을 받았는데, 이의 취소 또는 감경을 구하는 소청에서 기각되었다(사건번호 2010-406).

≪결정요지≫
당직자는 당직시간 중 발생한 사고 등 의무위반행위에 대한 전반적인 관리감독 책임을 져야 할 것이고, 특히 신임대원들은 부대 적응이 미숙하여 선임대원들로부터 구타 및 가혹행위에 노출될 가능성이 높아 특별한 관리가 필요함에도 소청인이 2010.5.19.과 같은 달 21일의 당직근무시간중 이들에 대한 관리 감독을 소홀히 함으로써 부대 내의 구타사건을 예방하지 못한 책임을 면하기는 어렵다고 판단된다.
징계양정에 있어서는, 소청인의 당직근무시간중 2회에 걸쳐 선임대원 3명이 신임대원 2명을 구타하는 사건이 발생하였으므로 전투경찰순경 등 관리규칙과 경찰공무원 징계양정 등에 관한 규칙에서 정하고 있는 기준에 의하면 견책에 해당되는 점, 피해대원들이 부대에 입소한 지 10일도 안 된 시기에 구타가 발생하여 감독공무원들에게 엄히 경계할 필요가 있다는 점, 구타행위가 발생함으로써 경찰의 신뢰가 실추되고 피해자의 육체적·정신적 고통은 물론 피해자 부모들의 정신적 고통 또한 매우 컸을 것으로 보이는 점 등을 고려할 때, 소청인이 주장하는 제반 정상을 참작하더라도 원 처분 상당의 책임이 인정된다.

☞ 결정요인 분석

먼저 객관적 요인으로는, 첫째, 비위자체 요인으로서, 전의경 구타행위에 대한 직무상의 감독책임이다. 전의경 부대 내에서의 구타 가혹행위는 인간으로서의 존엄성을 말살시키는 비민주적 행태로 사라져야 할 구태이다. 특히 신임대원들이 부대 적응이 미숙하여 선임대원들로부터 구타 가혹행위에 노출될 가능성이 높아 특별히 관리가 필요한 때에 발생한 것이며 당직자는 당직시간 중에 부대 내에서 발생한 사고 등 의무위반행위에 대해 전반적인 감독책임이 있다는 점에서 소청인에게 불리한 요인이다. 비위의 내용과 피해의 정도를 보면 2010.5.19.~5.24.경 선임대원 3명이 신임대원 3명에 대해 8회에 걸쳐 구타한 사건으로 소청인의 당직근무 기간중인 2일 동안 선임대원 3명이 신임대원 2명에 대해 3회에 걸쳐 손등 또는 손바닥으로 가슴, 목덜미, 배 등에 1~3회 구타하였다.

둘째, 제도적 요인으로서, 본 전의경 감독책임을 태만한 경우 징계양정 규정상 책임의 정도를 보면, 가해대원 · 피해대원 모두 같은 1소대원이기는 하지만 당직부관은 1차 감독자로서 대원들간의 구타 및 가혹행위를 방지하기 위해 교양과 관리감독을 철저히 하여 이를 사전에 예방해야 하며 이 책임을 해태할 경우 견책처분을 받도록 되어 있는 관련규정에도 부합하였다.[35] 전의경 감독태만에 대한 소청결정사례는 대체로 견책~불문경고의 수준이기 때문에 원 처분이 이에 부합하고 있는 점은 소청인에게 불리한 요인이다.

셋째, 감경가중 요인으로는, 경찰종합학교장 표창 등 상훈공적이 있고, 누구보다도 열심히 대원들을 보살피고 구타사건 예방에도 앞장 서 온 소청인의 선처를 바라는 관련자의 탄원서가 제출된 점은 소청인에게 유리한 요인이다.

넷째, 기타 요인으로서는, 소청인은 2소대 부관으로서 신임대원들과 사실상 1일 내지 6일 정도 같이 생활하였고, 1소대에 소속해 있는 가해대원들과 신상 면담할 기회가 없으므로 그들의 평소 근무태도나 소행을 소상히 파악할 수 없었던 점과, 그렇기에 1소대 신입대원에 대한 구타 피해를 사전에 예방하기는 쉽지 않았으리라는 점은 소청인에게 유리한 요인이다.

다섯째, 사회적 요인으로 이 사건은 피해대원의 부모가 민원을 제기하여 밝혀진 것으로, 부대 내 구타행위를 자체적으로 발견하여 개선하지 못한 점은 부대관리를 소홀히 하였다는 점에서 소청인에게 불리한 요인이다.

다음으로 주관적 요인으로서는 첫째, 인적 요인으로, 소청인의 근무경험은 6년여로 성실하게 근무한 측면은 소청인에게 유리한 요인이다.

둘째, 예방 요인으로는 사회적으로 큰 관심을 불러일으키는 전의경부대 내의 구타 가혹행위에 대해 근절하려는 처분청의 의지가 보인다.

---

35) 전투경찰순경 등 관리규칙(경찰청훈령 제515호, 2007.9.3.) 별표2(전투경찰순경 근무감독 책임한계)에 따라 본건과 같은 방범순찰대의 경우 1차 감독자는 부관, 2차 감독자는 소대장, 3차 감독자는 중대장으로 되어 있다. 행위자인 가해대원의 징계양정이 '영창'이면 1차 감독자는 견책, 2차 감독자는 경고에 처하도록 규정(경찰공무원 징계양정 등에 관한 규칙 제5조, 제6조, 별표6)되어 있어 본건의 경우 가해대원들이 영창 7~10일의 처분이 내려졌으므로, 가해대원, 피해대원이 소속해 있는 1소대의 부관의 경우 견책을, 1소대 소대장의 경우 불문경고를 받았다. 2소대 부관을 맡고 있는 소청인의 경우, 가해대원, 피해대원이 소청인 소속의 대원이 아니라 할지라도 당직부관을 맡고 있는 시간에는 소대구분 없이 대원전체에 대한 1차 감독자의 지위를 갖는다고 하겠다.

[주요 결정요인] 구타 가혹행위는 인간의 존엄성을 해치고 정신을 황폐화시킬 수 있고 부모들에게 정신적 고통을 가져다주며 경찰조직의 명예를 실추시키는 일이기 때문에 비위자체 요인과 재발방지라는 목적을 위한 예방 요인이 기각결정에 주요하게 작용함.

[사례 D-2]	전 · 의경 구타사건 감독책임: 견책 → 기각

≪원 처분요지≫
이 사건은 상경 B가 상경 C에게 3회의 구타와 가혹행위를, 상경 C가 일경 D 등 4명에게 5회의 가혹행위를 야기한 비위와 관련하여, 당시 전·의경 담당으로서 대원들의 구타 및 가혹행위에 대하여 교양 및 관리감독을 철저히 하여 사전에 예방하여야 함에도 불구하고 이를 소홀히 한 1차 감독자로서 책임이 인정되는바, 엄중 문책하여야 하나, 공직 12년 7개월간 징계전력이 없고 총 13회에 걸쳐 표창을 수상하는 등 정상을 참작하여 견책 처분을 한 것에 대하여, 이의 감경을 구하는 소청에서 기각되었다(사건번호 2009-325).

≪결정요지≫
소청인은 전·의경담당 및 주간 112타격대장으로서 소속 대원들의 구타 및 가혹행위가 발생한 사실과 위 비위를 예방하지 못한 1차 감독책임에 대하여 인정하고 있다. 비록 소청인의 징계사유로 적시된 구타 및 가혹행위는 당직 타격대장 책임 3회(2009.2.1./2회, 2009.1.18./1회), 나머지 책임소재 미확인 5회로 주간 타격대장으로서 소청인에게 직접적인 책임으로 특정하기 어려움에도 불구하고 위 비위를 소청인의 책임으로 적시한 것은 처분청의 잘못으로 인정되나, 평소 타격대원을 관리해야 하는 소청인의 1차 감독책임까지 면책되는 것은 아니라고 하겠다.
소청인이 공직 12년 7개월간 징계전력 없이 13회에 걸쳐 표창을 수상하는 등 성실히 근무한 점, 선처를 호소하는 탄원서가 접수된 점, 본인의 비위사실에 대하여 잘못을 반성하고 있는 점, 기존의 소청 결정 사례 등 정상을 참작하더라도 원 처분 상당의 책임을 면하기 어렵다고 판단된다.

☞ 결정요인 분석

본 사건은 전의경간의 구타·가혹행위에 대한 1차 감독자 책임이나. 번저 객관적 요인에 대하여 살펴보면, 첫째, 비위자체 요인으로서 직무상 감독책임을 물은 것으로 사건의 지속성으로 볼 때 5개월간에 걸쳐 총 8회의 구타·가혹행위가 지속된 것을 발견하지 못한 점은 중대한 직무상의 과실로서 소청인에게 불리한 요인이다. 사건의 동기와 방법에 있어서는 평소 행동이 늦고 거짓말을 한다거나 맡은 소임을 다하지 못한다는 사유로 구타 · 가혹행위가 있었는데, 112타격대의 경우 주간에는 타격대장인 소청인이 감독책임이 있고 야간에는 당직 타격대장이 1차 감독책임이 있는바 소청인의 징계사유로 지적된 감독책임 8회 중 당직자의 감독책임 3회, 책임소재 미확인 5회로 소청인의 직접 책임으로 보기 어려우나 전 · 의경 담당 겸 타격대장으로서 구타 · 가혹행위가 발생할 가능성을 염두에 두고 평소 교양과 관리감독을 성실히 수행하여 자체사고를 예방하지 못한 책임이 있으므로 소청인에게 불리한 요인이다.

둘째, 제도 요인으로는 전 · 의경 구타 및 가혹행위와 관련 감독자 문책기준에 의하면 행위자가 영창을 간 경우 1차 감독자는 견책의 양정이므로 소청인의 원 처분은 이 기준에 부합한다. 소청결정사례를 보면 견책취소 결정사례가 있으며 이 점은 소청인에게 유리한 요인이 되고 있다.

셋째, 감경가중 요인으로는 감경대상 표창으로 경찰청장 표창 등이 있으며 피해대원 부친의 소청인에 대해 선처를 바라는 탄원서가 있는 점, 그리고 징계전력이 없는 점은 소청인 에게 유리한 요인이다.

넷째, 기타 요인으로 피해대원이 부대에 적응하지 못하여 멘토대원을 지정하였으나, 그 멘토대원에 의해 구타행위가 있은 점은 소청인의 멘토대원에 대한 관리가 소홀함을 보여주는 것으로 소청인에게 불리한 요인이다.

다음으로 결정에 이른 주관적 요인을 살펴보면, 첫째, 인적 요인으로서 본인의 비위행위에 대하여 잘못을 반성하고 있는 점은 유리한 요인이나, 소청인은 12년여를 근무하면서 전 · 의경 담당으로만 4년여에 걸쳐 근무해 온 근무경험에 비추어 보면 전 · 의경 구타 · 가혹행위의 발생 가능성을 예견할 수 있기에 사전에 충분한 노력을 기울일 수 있었다는 점에서 불리한 요인이다.

둘째, 예방 요인으로는 부대 내에서의 구타 · 가혹행위는 근절되어야 할 사안으로, 앞으로도 전의경의 관리자에게 더욱 철저한 감독이 요구된다는 측면에서 소청인에게 불리한 요인으로 작용되었다.

[주요 결정요인] 경찰내부에서는 부대 내에서의 구타 · 가혹행위를 근절하기 위하여 구타 · 가혹행위는 사안의 경중을 막론하고 중대한 인권침해로 간주하여 가해자에 대한 형사고발과 함께 엄중한 관리감독 책임을 묻고 있는 점을 볼 때, 비

위자체 요인과 예방 요인이 주요 결정요인으로 작용하였음.

[사례 D-3] 부하직원 음주운전사고 감독책임: 견책 → 불문경고

≪원 처분요지≫

이 사건은 경찰공무원이 팀장으로서, 부하직원 B가 비상근무기간중에 음주운전사고[36]를 야기한 후 조치없이 도주하여 언론에 보도되어 경찰의 이미지를 훼손시킨 사건과 관련하여, 음주운전금지에 대한 교양을 철저히 하지 않아 비위를 사전에 예방하지 못한 1차 감독책임 비위가 있는바, 경찰청장 표창 2회, 경기경찰청장 표창 4회 등 수상공적을 고려하여 견책으로 처분된 것인데, 이의 취소를 구하는 소청에서 불문경고로 감경되었다(사건번호 2009-382).

≪결정요지≫

소청인은 B의 1차 감독자인 팀장으로서 소속 직원의 음주운전 등 자체사고 예방을 위해 지속적인 관리·감독을 하여야 할 책임과 의무가 있다. 처분청에서는 이에 상응하는 책임을 물은 것이며, 특히 당시는 故노무현 전대통령 국장일 등과 관련한 '갑호비상근무' 시기로 ○○지방경찰청에서 '긴급 업무지시'를 통하여 경찰 자체사고 방지 등 공직기강 확립을 재강조 했음에도 불구하고 소속직원의 음주운전사고가 발생함에 따라 국가공무원법 제56조의 성실의무를 위반한 사항에 대한 감독책임을 엄격하게 물은 것이라고 하겠다.

본건 징계양정에 있어서는, 경찰공무원 징계양정 등에 관한 규칙 별표에 의하면 지시명령위반으로 행위자가 파면처분을 받을 경우 1차 감독자는 견책처분을 받도록 규정되어 있다 하더라도, 평상시 B에 대하여 좀 더 적극적으로 교양·감독한 측면이 인정되는 점, 경찰공무원 징계양정 등에 관한 규칙 제4조 제2항 제2호의 징계면책기준에 따라 B는 당시 비번으로 감독자의 감독범위를 벗어났다고 볼 수 있는 점, 1년 전 B 소속 순찰2팀장이 B와 같이 근무할 수 없다고 하여 소청인이 함께 근무할 수 있도록 조치한 점, 근무태도 및 소청인에 대한 여론이 좋은 점 등을 고려하여 불문경고로 감경한다.

☞ 결정요인 분석

부하직원의 음주운전에 대한 감독자로서의 책임을 묻는 비교적 단순한 사건이지만 감독의 범위와 관련하여 결정에 이르기까지 많은 요인들이 고려된 사건

---

36) 이 사건은 소청인의 부하인 B가 일근근무 후 월세방을 구하러 다니다 방을 구하지 못하자 차내에서 트렁크에 보관중인 막걸리를 마시고 휴식을 취한 후 차량을 이동하던 중 혈중알코올농도 0.246%의 음주상태로 노상에 주차되어 있던 차량의 뒷부분 범퍼를 충격하여 275천원의 물적피해를 내고 718m를 도주한 사건으로 파면처분을 받았는데 소청심사에서 해임결정을 받았다.

이라 하겠다. 우선 객관적 결정요인으로서 하위 세부요인을 보면, 첫째, 비위자체 요인으로는, 비상경계근무 기간중 부하직원이 음주운전 교통사고를 야기한 데 대한 감독태만 비위로, 직무상 감독 소홀에 대한 1차 감독자로서의 책임을 물은 것이다. 평상시와는 달리 비상경계근무 기간중에는 치안 수요에 적극 대응할 수 있는 태세를 더욱 갖추어야 하며, 자체사고가 발생할 경우 조직의 명예를 실추시키는 결과를 가져오기 때문에 한층 더 교양과 감독을 철저히 하여야 한다는 측면에서 소청인에게 불리한 요인이다. 당시 부하직원은 일근근무를 마치고 퇴근한 상태로 소청인의 직접 업무관할하에 있지는 않았다.

둘째, 제도적 요인으로서, 지시명령 위반으로 행위자가 파면처분을 받을 경우 1차 감독자는 견책처분을 받도록 규정되어 있기에 원 처분은 이에 부합하게 견책으로 처분된 바 있다. 부하직원이 음주운전 교통사고를 야기한 경우 감독책임에 관한 소청사례는 견책 이하이다.

셋째, 감경 요인으로 평상시 B에 대하여 좀 더 적극적으로 교양 · 감독한 측면이 인정되었고, 약 26년을 근무하면서 징계전력이 없고 경찰청장 표창을 포함하여 25회의 표창 공적이 있는 점은 소청인에게 유리한 요인이다.

넷째, 사회 요인으로는 부하직원인 B의 음주운전 사고가 언론에 보도되어 경찰의 명예를 실추시킨 것은 소청인에게 불리한 요인이다.

다섯째, 기타 요인으로 B가 비위행위를 할 당시에는 비번으로서 퇴근 이후에 발생한 사안으로 소청인의 직접적인 감독의 범위를 벗어났다고 볼 수 있는 점, 1년 전에 당시 B가 소속해 있던 순찰2팀장이 B와 같이 근무할 수 없다고 하여 소청인이 지구대장과 협의한 후, 소청인과 함께 근무할 수 있도록 조치된 점은 소청인에게 긍정적인 요인으로 작용하였다.

한편, 주관적 요인으로는, 처분청의 평가에 있어 소청인의 평소 근무태도가 좋고 여론도 좋다는 의견이 제출된 점은 소청인에게 유리한 요인이다.

[주요 결정요인] 기타 요인으로 부하직원의 비번시 발생한 비위로서 소청인의 실질적이고 직접적인 감독범위에 있지 않았다는 점과 제도 요인으로서 소정결성 사례를 보건데 이와 같은 감독책임의 경우 불문경고로 결정된 사례가 있었던 점 그리고 인적 요인으로서 소청인에 대한 처분청의 평가가 좋은 점이 원 처분인 견책에서 불문경고로 한 단계 감경된 주요 결정요인으로 작용함.

[사례 D-4] 음주운전사고 감독책임 · 직무태만: 정직2월 → 감봉3월

≪원 처분요지≫
이 사건은 파출소장인 소청인이 소속 직원인 B경사가 2009.12.10. 21:27경 혈중알코올농도 0.132%의 술에 취한 상태로 자신의 차량을 운전하다 교통사고를 야기한 것과 관련하여, 1차 감독자로서 평소 소속직원들에 대한 자체사고 예방을 위한 교양 및 감독을 태만히 하고, 파출소 근무일지를 소속 직원들에게 대리로 작성하게 하였으며, 17인 이상 근무파출소의 경우 최소 4명 이상 근무를 지정하여야 함에도 2009.1.18. 주간 근무 지정시 3명을 지정하는 등 파출소장의 직무를 유기한 비위가 있는바, 16년 4개월 동안 징계전력 없이 근무하면서 행정자치부장관 표창 1회 등 총 22회의 표창이 있는 점 등 제반 정상을 참작하여 정직2월 처분을 하였는데, 이의 취소를 구하는 소청에서 심사결과 감봉3월로 감경되었다(사건번호 2010-61).

≪결정요지≫
본 사건은 음주운전 발생관서에 대한 특별감찰을 통해 발견된 소청인의 여러 비위를 종합하여 처분한 것으로, 평소에 음주운전 예방을 위한 교양 등을 소홀히 하였을 뿐만 아니라 파출소장의 직무를 태만히 한 비위를 더 많이 참작하여 징계한 것으로 보인다.
본건 징계양정에 있어서는, 소청인이 초임 파출소장으로서 관서 운영 및 부하직원 관리 · 감독에 다소 어려움이 있었을 것으로 예상되기는 하나, 파출소장의 기본적인 업무연찬 등에 소홀하여 소청인이 해야 할 직원들의 일일근무 지정 등을 순경급 직원들이 하도록 방치한 점, 음주운전 예방을 위한 각종 지시사항 등을 소홀히 하여 급기야 소속 직원인 B 경사가 음주교통사고를 야기하여 물의를 빚은 점 등을 종합하면, 소청인의 비위는 결코 가볍지 않지만, 본건 감찰의 원인이 되었던 음주운전 행위자인 B 경사가 파면 처분을 받았으나 소청심사결과 정직3월로 감경된 점, 행위자의 징계가 정직3월인 경우 1차 감독자의 징계양정은 계고(경고)에 해당하는 점 등 제반 정상을 고려할 때, 원 처분은 다소 과중하다고 판단되어 감봉3월로 감경한다.

☞ 결정요인 분석

본 사건은 음주운전을 한 직원이 소속되어 있는 부서에 대한 특별감찰을 통해 소청인이 부하직원에 대한 음주운전 금지에 대한 교양을 소홀히 한 잘못 이외에도 평소 파출소장으로서의 직무 소홀에 관한 비위를 발견하여 정직2월의 징계를 하였다. 소청에서 감봉3월로 김경되었는데 주요 결정요인을 살펴본다. 먼저 객관적 요인의 하위 세부요인을 보면 첫째, 비위자체 요인으로는 부하직원 음주운전 교통사고에 대한 감독자로서의 책임과 파출소 근무일지를 대리 작성하게 하는 등 행위자로서의 책임을 동시에 묻고 있다. 이는 직무상 비위이지만 고비난성 행위에는 해당되지 않는다. 비위발생의 동기 또는 원인으로는 초임 파출소장으로 부임하여 부서관리에 어려움이 있었을 것으로 예상되는 점과 부하직원 B가 자신의 휴무일에 음주운전을 한 것이므로 소청인이 실질적인 감독을 할 수 없었던 점은 소청인에게 유리한 요인이다.

둘째, 제도 요인으로서 경찰공무원 징계양정 등에 관한 규칙(경찰청예규 제410호)에 따르면, 복무규율 위반의 경우 감독자의 문책 범위에 있어, 행위자가 파면~해임인 경우 감독자는 견책을 받도록 규정되어 있는데 행위자 B는 정직3월로 결정되었으므로 소청인은 견책 정도의 양정에 해당된다. 또한 파출소장으로서의 직무태만의 경우 비위의 정도가 약하고 경과실인 경우 감봉~견책수준의 양정에 해당된다. 이러한 기준에 비추어 볼 때 원 처분인 정직2월은 과중한 것으로 보이며 이는 소청인에게 유리한 요인이다. 한편, 소청심사결정사례의 경우 본 사건의 원인이 된 음주사고의 감독책임은 견책~불문경고 정도로 결정된 바 있어 소청인에게 유리한 요인이 되고 있다.

셋째, 감경가중 요인으로는 소청인은 감경대상 표창인 경찰청장 이상의 표창은 없으나 경찰서장 표창 등이 13회 있는 점과 소청인 자신의 탄원서가 제출되었고, 징계전력이 없는 것도 소청인에게 유리한 요인이다.

넷째, 기타 요인으로 본 사안이 돌출된 원인이 되었던 부하직원의 음주운전사고에 대한 감독자로서의 관리책임보다, 부서 전체에 대한 특별감찰을 통해서 파출소장으로서의 직무태만을 발견한 과정을 감안하여 볼 때 소청인에게 어느 정도의 정상을 참작할 요인이 될 수 있다.

다음으로 주관적 결정요인을 살펴보면, 첫째, 인적 요인으로서 자신의 잘못에 대한 반성의 정도가 뚜렷하며, 17년여의 근무경험을 가지고 있고, 특히 초임 파출소장으로서 여름휴가는 물론 여름철 휴일조차도 쉬어 본 적이 없이 근무에 매진하는 등 처분청 평가가 좋은 점은 소청인의 유리한 요인이다.

[주요 결정요인] 원 처분이 징계양정기준과 소청결정사례보다 높은 양정이었다는 면에서 제도 요인이, 그리고 개전의 정과 처분청의 평가가 좋은 점 등의 인적 요인이 감경결정의 주요 요인으로 작용함.

[사례 D-5] 부하직원의 금품수수에 대한 감독책임: 견책 → 기각

≪원 처분요지≫

이 사건은 경찰공무원으로서, 부하직원인 B경사가 2009.5.26.~2009.10.28.까지 'a안마시술소', 'b스포츠마사지' 등 대형 성매매업소를 운영하던 C로부터 단속정보를 알려달라는 청탁을 받고, 단속정보를 알려준 대가 등으로 4회에 걸쳐 도합 550만원을 수수하였고, 2009.7.6.경 'd안마시술소'를 불법성매매업소로 신고한 자의 인상착의를 위 C에게 알려주어 신고자를 알 수 있게 하였고, 2009.7.8 'd안마시술소'를 단속하며 실제업주가 C임을 잘 알면서도 수사결과보고서에 실제업주가 E인 것처럼 허위로 작성하고 수사기록에 편철하여 행사하는 등의 혐의로 2010.1.21. ○○지방검찰청에 구속된 사건과 관련하여, B의 직상감독자로서 관리감독을 소홀히 한 비위가 있는바 이는 국가공무원법 제56조의 성실의 의무에 위반되어 징계사유에 해당된다는 이유로 견책 처분을 한 것에 대하여, 이의 취소를 구하는 소청에서 기각되었다(사건번호 2010-195).

≪결정요지≫

B경사가 소청인의 부하직원으로 함께 근무하던 기간 동안 단속대상인 성매매업주로부터 금품을 수수하고 단속정보를 누설하는 등 비리를 저질러 파면처분을 받은 건과 관련하여 소청인이 감독책임을 지게 된 것은, B경사가 평소 불량하게 근무하고 있다는 사실 및 지인들로부터 자주 술을 얻어먹고 다닌다는 사실을 잘 알고 있었음에도 감찰보고 등 적극적인 조치를 취한 바가 없었기 때문으로, 퇴근 후에 B경사를 따라다니며 감독하지 않은 책임까지 물은 것은 아니라고 하겠다. B경사는 소청인이 배당한 사건을 옆 후임직원한테 주면서 자기는 수사를 잘하고 후임은 일을 배워야 하는 입장이므로 후임직원이 해야 한다며 배당받은 사건을 임의로 후임직원들에게 넘겼던 것으로 보이는바, 이와 같은 B경사의 행위는 사건배당과 관련된 소청인의 업무상 지시를 무시하고 임의로 사건담당자를 바꾼 행위로서 명백한 지시위반에 해당된다고 하겠다.

징계양정에 대하여 살펴보면, 소청인은 B의 직상감독자로서 B의 평소 근무행태를 잘 알고 있었음에도 감찰보고를 하여 B를 단속부서에서 배제시키거나 기타 부하직원의 비위를 예방하기 위한 적극적인 조치를 취한 바가 없었는바, 부하직원에 대한 관리감독을 소홀히 한 소청인의 책임이 가볍지 않다 할 것이므로 원 처분 상당의 책임을 면하기 어렵다고 판단된다.

☞ 결정요인 분석

본 사선은 소청인의 주된 비위가 부하직원의 금품수수에 대한 감독책임에 관한 것으로 견책의 원 처분이 소청에서 기각되었다. 먼저 결정에 있어 작용된 객관적 요인을 살펴보면, 첫째, 비위자체 요인으로서 이는 부하직원의 고비난성 금품수수행위에 대한 직무상 감독책임이다. 비위발생의 동기로는 부하직원 B가 평소 품행이 불량하다는 사실을 알았으면서도 자체사고 예방을 위하여 감찰보고 등 적극적인 관리를 하지 않았다는 데 원인이 있다고 본 것으로 성실한 감독자로서의 직무를 소홀히 한 점은 소청인에게 불리한 요인이다.

둘째, 제도 요인으로 경찰공무원 징계양정 등에 관한 규칙에 의하면 청렴의무를 위반하여 금품수수로 행위자가 파면되었을 경우 감독자는 견책에 해당되므로 소청인에 대한 원 처분은 이에 부합하기에 징계양정이 높다고 할 수 없다. 한편, 부하직원이 금품을 수수한 경우의 감독자 책임에 관한 소청심사결정사례를 살펴보면 견책 정도의 양정을 보이고 있기 때문에 원 처분은 이에 부합되므로 소청인에게 불리한 요인으로 작용되었다.

셋째, 감경가중 요인을 살펴보면 감경대상인 경찰청장 표창 등을 3회 수상하였으며 비감경대상 표창이기는 하지만 지방경찰청장 등의 표창이 24회가 있으며, 징계전력은 없는 점이 소청인에게는 유리한 소청심사 결정요인이다.

넷째, 기타 요인으로 경찰공무원들이 스스로 공정한 업무추진을 하기 위해 감독자의 관리 감독기능을 강조하고 있어 행위자와 감독자에 대하여 연대책임을 묻고 있는 점은 공감할 수 있는 점이나, 상관의 눈을 피해 개인적으로 저지른 비위까지 감독책임을 묻는 부분은 다소 지나친 면이 있다. 하지만 본건은 부하직원의 평소 소행으로 보아 특별한 감독이 필요했다는 점을 인지하였음에도 이를 간과한 소청인에게 불리한 요인으로 작용되었다.

다음으로 주관적 요인을 살펴보면, 첫째, 인적 요인으로 24년여를 근무하였고 처분청의 평가가 좋은 점은 소청인에게 유리한 요인이다.

둘째, 예방 요인으로는 부하직원의 금품수수 행위에 대해 감독자는 더욱 철저한 지도·감독을 함으로써 깨끗한 공직풍토를 만들어 나갈 필요가 있다는 점은 소청인에게 불리한 요인으로 작용되었다.

[주요 결정요인] 원 처분인 견책은 징계양정기준과 소청결정사례에도 부합하는 것으로서 제도 요인과 부하직원의 비위를 예방하기 위한 적극적인 조치를 취한 바 없다는 감독자로서의 비위자체 요인과 부하직원의 금품수수에 대하여 철저한 감독이 요구된다는 예방 요인이 소청심사에 있어 기각결정의 주요 결정요인으로 작용함.

[사례 D-6] 회계질서 문란에 대한 감독책임: 정직1월 → 기각

≪원 처분요지≫
이 사건은 소청인이 문화원의 회계업무 및 사업 관련 업무를 총괄하면서, 회계출납공무원 보조자에 대한 지도·감독을 태만히 하여, 그 결과 2007.1.~2008.12. 총 67차례에 걸쳐 120,762.32달러를 지출결의서 없이 집행하였을 뿐만 아니라 관련 영수증도 구비해 놓지 않아 동 금액이 정당하게 집행되었는지 확인할 수 없는 결과를 초래하였고, 2007.11.30. 문화원 공용차량 보험료 지급을 위해 3,459달러를 집행한 것으로 자금출납부에 기재되어 있으나 감사원의 확인 결과 공용차량은 보험에 가입되어 있지 않았으며, 같은 날 지급한 공금계좌 거래은행 거래수수료는 1,565.36달러이나 자금출납부에는 이보다 1,000달러 많은 2,565.36달러로 기록되어 있는 등 회계질서 문란행위에 대한 지도·감독을 태만히 하여 정직1월의 처분을 받은 데 대하여, 이의 취소 또는 감경을 구하는 소청에서 기각되었다(사건번호 2010-381).

≪결정요지≫
소청인은 자신이 관서운영경비출납공무원임에도 출납업무를 행정원에게 일임하고 지도·감독을 소홀히 함으로써 관서운영경비를 지급결의서 없이 지출하고 증빙자료를 관련 회계서류에 즉시 편철하지 않아 현지감사시 제출하지 못하였고, 공용차량 보험료 및 공금계좌 거래은행 수수료의 경우 집행 차액의 사용처가 현재까지 명확히 규명되지 않는 점을 고려할 때 소청인의 책임은 매우 크다고 판단된다.
본건 징계양정에 있어서는, 관서운영경비 및 2007·2008년도 업무추진비가 전부 부당하게 집행되었다고 볼 수는 없는 점, 소청인이 문화원을 정착·발전시키고 한국문화를 알리는 데 기여한 바가 큰 점 등을 감안하더라도, 장기간에 걸쳐 예산이 정당하게 집행되었는지 확인조차 할 수 없을 정도로 회계 관리를 소홀히 한 비위는 그 도가 매우 중한 바, 회계 관리에 대한 의식을 바로잡는 계기가 필요하다고 판단되므로 원 처분 상당의 책임이 인정된다.

☞ 결정요인 분석

본 사건은 해외문화원에서의 회계처리 불분명에 대해 지적된 사항으로 소청심사에서의 결정요인을 살펴보면 다음과 같다. 먼저 객관적 요인으로는 첫째, 비위자체 요인으로, 이는 직무상 비위로서 회계질서 문란에 대한 감독책임을 묻는 것이다. 비위의 지속기간은 2007년부터 2008년으로 비교적 장기간에 걸쳐 있었으며, 회계 관련법령을 준수하며 성실히 직무를 수행해야 할 관서운영경비출납공무원으로서 정당한 지출을 증빙할 수 있는 서류를 갖추지 않은 점, 지출한 금액과 장부상 금액이 일치하지 않은 점 등 회계질서 문란행위는 용납되기 어려운 중대한 비위인 점은 소청인에게 불리한 요인이다.

둘째, 제도적 요인으로, 공무원 징계령 시행규칙상 회계질서 문란으로 성실의 의무를 위반한 경우, 비위의 도가 중하고 경과실이거나 비위의 도가 경하고 중과실의 경우 정직~감봉에 해당하므로 정직1월의 원 처분은 이에 부합하는 결정이라 볼 수 있다. 회계질서 문란에 대한 감독책임의 소청사례로는 감봉~견책으로 다양한 사례에 비추어 보면 소청인의 처분은 다소 과중하여 유리한 요인이다.

셋째, 감경가중 요인으로는 17년 동안 근무하면서 본건 외 징계전력이 없는 점, 지적된 경비의 일부는 반환 조치된 점은 소청인에게 유리한 요인이다.

넷째, 기타 요인으로서, 해외 문화원 업무의 여건상 지출된 경비 전부가 모두 부당하게 집행되었다고 볼 수 없는 점을 들 수 있다.

다음으로 주관적 요인으로서 작용된 것을 살펴보면 첫째, 인적 요인으로는, 처분청에서는 소청인이 문화원을 정착・발전시키고 한국을 알리는 데 크게 기여하였다고 평가하는 점, 17여년 동안 중견간부로 봉직해 온 점은 유리한 요인이다.

둘째, 예방 요인으로는, 향후 유사사례의 재발을 방지하기 위해서라도 엄중 문책할 필요가 있다는 점은 소청인에게 불리한 결정요인이다.

[주요 결정요인] 장기간에 걸쳐 예산이 정당하게 집행되었는지 확인할 수 없을 정도로 회계관리를 소홀히 한 행위는 그 비위의 도가 중하다는 면에서 비위자체 요인과 향후 회계관리에 대한 의식을 바로잡는 계기가 필요하여 엄중히 조치된 면에서 예방 요인이 주요 결정요인으로 작용함.

[사례 D-7] 부하직원 강도 행각의 감독책임: 감봉2월 → 견책

≪원 처분요지≫

이 사건은 경찰공무원인 소청인이 ○○경찰서 ○○지구대 순찰4팀장으로 근무하던 중, 2009.3.17. 02:03경 지구대 출동대기 근무를 지정받은 B경사가 근무복 차림(가스총, 수갑, 무전기 휴대)으로 "배가 고프니 야식을 먹고 오겠다"고 하여 당시 출동 대기근무로 지정되어 있어 "그렇게 하라"고 하였고, 이후 경사 B가 근무지를 벗어나 2009.3.17. 02:20경 ○○동 소재 '○○ 게임랜드' 화장실 내에서 환전업자인 C의 오른손에 수갑을 채우고 현금 260만원이 든 돈 지갑을 강취하는 강도행위 후 47분이 지나 근무지로 복귀(02:50)하였으면, 팀장으로서 B가 지구대를 떠난 뒤의 행적 등을 구체적으로 물어 이상 유무를 확인해야 함에도 아무런 조치를 하지 않는 등 현장에서의 근무감독을 소홀히 한 비위로 감봉2월의 처분을 받았는데, 이의 취소 또는 감경을 구하는 소청에서 견책으로 감경되었다(사건번호 2009-274).

≪결정요지≫
관심직원인 B경사가 근무복 차림으로 가스총과 수갑까지 휴대하고 야식을 먹으러 간다고 하였으면 경찰장구를 풀어놓고 가도록 하거나 근무지를 벗어나 47분 후 복귀하였을 때 지구대를 떠난 뒤의 행적을 묻는 등 이상 유무를 확인할 필요가 있었음에도 아무런 조치를 하지 않았으므로 이는 소청인의 현장 근무감독 소홀책임이 일정 부분 인정된다고 판단된다.
징계양정에 있어서는 사건 당시 소청인이 부임한지 2개월이 지나지 않은 시점이었던 점, B의 범행이 예견하기 어려운 것이었고 소청인이 이를 감독하기에는 여러 가지 한계가 있었던 것으로 보이는 점, 관심직원 신상파악 및 관리태만 비위는 인정하기 어려워 보이는 점, 행정자치부장관 표창 등 감경대상 표창 공적이 있는 점 등을 참작하여 견책으로 감경한다.

☞ 결정요인 분석

본 사건의 결정요인 중 객관적 요인을 먼저 살펴보면, 첫째, 비위자체 요인으로는, 부하직원에 대한 현장근무 감독을 소홀히 한 직무상 비위로서, 통상 대기근무 시간중에 야식을 먹는 행위가 잘못된 것이라고 보기는 어려우나, 지구대 내에서의 야식은 사건이 잠잠해졌을 때 잠깐 시간을 내어 근무중인 직원들이 모두 모여 짧은 시간 내에 먹는 것이 일반적인 관행에 비추어보면 야식을 먹고 오겠다는 직원의 요청을 승낙한 것은 일부 부적정한 면이 있으며, 결과적으로 경찰공무원이 근무중 근무지를 벗어나 강도행각을 하게 된 결과를 가져 온 점은 소청인에게 불리한 요인이다.

둘째, 제도적 요인으로, 감독자 문책기준에 따르면 행위자가 파면을 받으면 1차 감독자는 견책을 받도록 되어 있는 점으로 볼 때, 원 처분은 과중한 양정으로 볼 수 있다. 소청결정사례는 본건과 같이 부하직원이 근무시간중에 강도행각을 벌인 경우의 감독책임에 대한 사례는 없었다.

셋째, 감경가중 요인으로는 감경대상표창인 행정자치부장관표창 등 총 19회의 표창이 있고, 10년여를 근무하면서 징계전력이 없는 점, 선처를 바라는 관련자의 탄원서가 제출된 점은 소청인에게 유리한 요인이다.

넷째, 기타 요인으로, 부하직원이 대기시간에 야식을 먹고 오겠다고 나간 부하직원이 강도행위를 할 줄은 통상 예견하기 어려운 것이며, 소청인이 이러한 상황까지를 예측하여 감독하기에는 여러 가지 한계가 있었던 것으로 보이는 점과 B에 대한 관심직원 신상파악 및 관리태만 비위는 소청인의 잘못으로 인정하기가 어려운 점 등은 소청인에게 유리한 요인이다.

다음으로 결정에 영향을 미친 주관적 요인을 살펴보면, 첫째, 인적 요인으로서 소청인은 사건 발생 당시 팀장으로 부임한지 2개월이 지나지 않은 시점으로 부하직원에 대한 구체적인 신상파악을 하기에는 어려웠을 것으로 보이는 점은 소청인에게 유리한 요인이다.

[주요 결정요인] 기타 요인으로 야식을 먹고 오겠다고 나간 부하직원이 강도행위를 하리라고는 일반적으로 예견할 수 없었다는 점, 제도 요인으로 징계양정 기준상 행위자가 파면인 경우 감독자는 견책인 양정기준에 비추어 볼 때 과다한 면이 감경결정의 주요 요인으로 작용함.

[사례 D-8] 부하직원 금품수수에 대한 감독책임: 견책 → 기각

≪원 처분요지≫

이 사건은 소청인이 ○○경찰서 경비교통과장으로 근무시 부하직원인 교통안전계 경사 B가 무면허 음주운전자 C를 적발한 후, 동료 경찰관 경사 D로부터 단속하지 말아달라는 취지의 부탁을 받고 위 C의 호흡측정을 하지 않고 그냥 가도록 함으로써 음주운전 및 무면허 운전에 관한 직무를 유기하고, C가 음주운전 단속을 받지 않게 해준 대가로 D에게 제공한 100만원 중에서 50만원을 B가 수수하는 등 경사 B 등 부하직원 7명이 음주운전 단속무마를 청탁하거나 청탁을 받고 피단속자에 대해 지연측정 또는 호흡 측정치 않고 방면하는 방법 등으로 20건의 음주운전 사건을 단속치 않는 등 직무를 유기하고 금품을 수수하는 비위를 저질러 그 중 1명은 징역형 판결을 받고 형이 확정되어 당연퇴직, 1명은 해임, 3명은 정직, 2명은 감봉 처분된 데 대하여 위 부하직원들의 1 · 2차 감독자로서 평상시 교양 및 관리감독을 철저히 하여 비위를 미연에 방지하여야 함에도 이를 소홀히 한 비위가 있다는 이유로 견책 처분을 한 것에 대하여, 이의 취소를 구하는 소청에서 기각되었다(사선번호 2009-75).

≪결정요지≫

소청인은 감독자로서 부하 직원의 비위행위를 방지하지 못한 책임을 인정하고 있다. 징계양정에 있어서는 소청인이 19년 9개월을 재직하면서 징계처분 없이 성실히 근무하여 근정포장 등 총 20회의 표창공적이 있는 점, 소관 업무가 복잡 · 다양하고 통솔 인원이 많은 점, 190여 회의 집회나 시위 등에 따른 대책회의와 현장지휘로 인해 업무가 가중되었던 점, 본건 관리감독 소홀에 대해 깊이 반성하고 있는 점 등 여러 정상을 참작하더라도 원 처분 상당의 책임을 면하기 어렵다고 판단된다.

☞ 결정요인 분석

본 사건은 부하직원들이 음주운전 단속을 무마해 주고 금품수수를 한 비위에 대한 감독책임이다. 원 처분이 견책이었는데 소청심사에서 기각으로 결정되었다. 먼저 기각결정에 영향을 미친 객관적 요인을 살펴보면, 첫째, 부하직원들의 비위행위 자체는 직무수행상 고비난성 행위이나 감독책임에 있어서는 직무상 비위에 해당한다. 사건의 동기·원인에 있어서는 소청인이 수시로 교양을 하고 음주단속 현장을 방문하여 철저한 감독행위가 이루어졌다면, 부하직원들간에 친분을 이용하여 조직적이고 은밀하게 이루어진 행위라 할지라도 예방할 수 있었을 것으로 보이는 점에서 소청인의 관리감독이 소홀하였다고 할 수 있다.

둘째, 제도 요인으로서 경찰공무원 징계양정 등에 관한 규칙에 따르면 사건 관련 금품수수의 경우 행위자의 징계양정이 감봉일 경우 1차 감독자는 계고(경고)이며, 행위자가 정직·해임·파면 등 중징계를 받을 경우 1차 감독자는 견책, 2차 감독자는 계고(경고)의 양정기준을 보이고 있다. 이러한 점에서 볼 때 원 처분인 견책은 다소 높아 보이기도 한다. 다만 본건처럼 부하직원 다수가 비위행위에 관련되어 있다는 점에서는 원 처분인 견책은 일견 타당성이 있는 것으로 보인다. 한편, 소청결정사례에 비추어 보면 음주단속 무마로 금품을 수수하고 사건 묵살의 경우 1차 감독자는 견책에서 견책 취소의 결정사례가 있으며, 2차 감독자에 대한 소청결정 사례는 없었다.

셋째, 감경가중 요인으로는 소청인은 감경대상 표창인 근정포장을 받은 바 있고 징계전력이 없는 점은 소청인에게 유리한 감경요인이며 가중요인은 없다.

넷째, 사회 요인으로서 본 사건이 언론에 보도되어 조직의 명예와 위신이 실추된 점은 소청인에게 불리한 결정요인이다.

다섯째, 기타 요인으로 본건과 관련하여 부하직원인 담당 계장이 감봉1월의 처분을 받았고 경찰서장은 불문경고를 받았다. 소청인은 중간관리자인 과장으로서 책임의 정도 면에서 계장과 서장의 중간 정도의 책임이 있으므로 원 처분인 견책은 합당한 면이 있다.

다음으로 주관적 요인으로서, 인적 요인은 소청인이 관리감독 소홀에 대해 깊이 반성하고 있는 점, 19년여를 근무하면서 평소 성실하게 업무에 임하고 업무 능력이 있다고 처분청이 평가하는 점은 소청인에게 유리한 요인이다.

[주요 결정요인] 본건 결정에 있어서 주요 결정요인으로 7명의 부하 직원들이 관련되어 해임, 정직, 감봉 등의 징계를 받은 비위에 대한 감독소홀이라는 비위 자체의 요인과 언론에 보도되어 기관의 명예를 실추시킨 사회 요인, 그리고 경찰서장이 불문경고를 받고 부하직원이 감봉을 받는 등 관련자와의 형평성을 고려한 기타 요인이 작용하였음.

나. 감독태만 비위사례의 결정요인 종합분석

감독태만 비위사례에 대한 결정요인을 종합하여 보면 <표 6-19>와 같다.

첫째, 비위자체 요인의 하위 세부요인 중 ① 직무상 비위는 항상 (−) 또는 【−】로 나타난다. 이는 직무상의 감독을 소홀히 한 것이기 때문이다. ② 사건의 동기·방법·결과에 있어서도 대체적으로 (−) 또는 【−】의 경향을 보여주고 있다. 이는 직무에 관하여 철저한 감독이 있어야 한다는 점은 관리자의 기본적 책무라 할 것이다. ③ 비위의 지속성·우발성은 사안에 따라 (−) (+) 또는 【−】를 보이고 있다.

둘째, 제도 요인의 하위 세부요인 중 ① 징계양정기준과 ② 소청결정사례는 (−) 【−】 또는 【+】로 나타나고 있다. 이 가운데 【+】를 보이는 경우 감경되고 있음을 알 수 있다. 이는 감독태만의 경우 징계양정기준과 소청결정사례가 주요 결정요인으로 작용하고 있음을 말해 준다.

셋째, 감경가중 요인의 하위 세부요인으로 ① 상훈공적은 대체적으로 (+)를 보이고 있는데, 이는 대부분의 경우 감경대상 상훈공적이 있음을 의미하나 결정의 주요 요인으로 작용하지 않는다. ② 징계전력 유무 및 징계의 경합여부에 있어 대부분 (+)를 보이고 있으나 이 요인 역시 주요 결정요인으로 역할은 하지 못하고 있다.

넷째, 사회 요인으로는 비위가 언론에 보도되었거나 민원이 야기된 경우를

표 6-19 감독태만 비위사례의 결정요인

사례 번호			D-1	D-2	D-3	D-4	D-5	D-6	D-7	D-8
징계 및 소청결정			견책 → 기각	견책 → 기각	견책 → 불문경고	정직2월 → 감봉3월	견책 → 기각	정직1월 → 기각	감봉2월 → 견책	견책 → 기각
객관적 요인	비위 자체 요인	고비난성 행위								
		직무상 비위	【−】	【−】	(−)	(−)	(−)	(−)	(−)	(−)
		직무외 비위								
		사건동기·방법·결과	(−)	(−)	(−)	(+)	【−】	【−】	(−)	【−】
		비위 지속성·우발성	(+)	(−)				【−】		
	제도 요인	징계양정기준	(−)	(−)	(−)	【+】	【−】	(−)	【+】	(−)
		소청결정사례	(−)	(+)	【+】	【+】	【−】	(+)		(−)
		형사벌 유무								
	감경 가중 요인	상훈공적	(+)	(+)	(+)	(+)	(+)		(+)	(+)
		관련자 탄원서	(+)	(+)		(+)			(+)	
		원상회복 노력			(+)			(+)		
		징계전력·비위경합		(+)	(+)	(+)	(+)	(+)	(+)	(+)
	사회 요인	언론보도			(−)					【−】
		민원야기	(−)							
	기타 요인	회피노력·형평성	(+)	(−)	【+】	(+)	(−)	(+)	【+】	【−】
주관적 요인	인적 요인	개전의 정		(+)		【+】				(+)
		처분청의 평가			【+】	【+】	(+)	(+)		(+)
		소청인 경험	(+)	(−)			(+)	(+)	(+)	
	예방 요인	공직기강 확립	【−】	【−】			【−】	【−】		

주) (−)는 소청인에게 불리하게 작용한 결정요인, (+)는 소청인에게 유리하게 작용된 결정요인이고, 【 】 안의 결정요인은 본 소청결정에 있어 작용한 주요 결정요인임.

말하는데, 항상 (−) 또는 【−】를 보이고 있다. 다섯째, 기타 요인으로는 비위발생의 회피노력이 있었는지, 이 사건 관련자와 소청인간의 징계양정의 형평성이 있는지를 살펴보는데 (−) 【−】 또는 (+) 【+】로 나타나고 있다. 이는 사안에 따라서 기각 또는 인용결정의 주요 결정요인으로 작용한다는 점을 말해 준다.

다음으로 인적 요인의 하위 세부요인으로 ① 개전의 정과 처분청의 평가는 해당사항이 있을 경우 항상 (+) 또는 【+】를 보이고 있는데, 사안에 따라 감경의 주요 요인 【+】에 해당되기도 한다. ② 소청인의 근무경험은 (−) 또는 (+)로 나타나지만 주요 결정요인으로 기능을 하지 못하고 있다. 그리고 예방 요인으로는 【−】임을 알 수 있고 항상 기각의 주요 요인이 되고 있다.

이상의 내용을 종합하면 감독태만 비위에 대한 결정은 비위자체 요인, 제도 요인, 기타 요인, 예방 요인이 주요 결정요인이다.

5. 기타비위[37] 사례와 결정요인

가. 사례별 결정요인

[사례 E-1]	PC방에 투자하고 수익금 수수: 견책 → 기각

≪원 처분요지≫

이 사건은 경찰공무원이 평소 알고 지내던 B가 실질적으로 운영하고 있는 ○○PC방에 3,000만원을 투자하여 월 150만원(연이율 60%)을 투자수익금 명목으로 5~6회에 걸쳐 받은 사실이 있는바, 본건 비위는 경찰공무원 징계양정 등에 관한 규칙 제6조 제1항에 의해 징계감경이 되지 않으므로 견책 처분을 받은 데 대하여, 감경 또는 취소를 구하는 소청에서 기각되었다(사건번호 2009-475).

≪결정요지≫

소청인이 투자한 PC방은 ○○구청에 정상적으로 영업등록이 되었고 청소년 출입제한 위반 등으로 단속되지 않은 점 등을 고려할 때 소청인이 PC방에 투자한 행위를 영리업무 금지 의무 위반이라고 보는 것은 다소 무리가 있다고 판단된다. 반면에 경찰공무원 채권·채무·보증행위에 관한 처리지침에서 모든 경찰대상업소의 업주 또는 업소관계자와 일체의 금전거래 행위를 금지하고 있음에도 불구하고, 소청인은 경찰의 점검·단속의 대상이 되는 PC방에 3,000만원을 투자하고 법정이자를 초과하는 연 60%의 높은 투자수익금을 받았으므로, 위 지침뿐만 아니라 경찰청 공무원 행동강령 제16조를 위반하였다.

본건 징계양정에 있어서, 모든 경찰대상업소 업주와 금전거래 행위를 금지하고 있음에도 불구하고 동 지침을 위반하여 PC방에 투자하여 높은 이율의 투자수익금을 받은 행

37) 국가공무원법에는 공무원이 하지 말아야 할 4대 금지의무를 규정하고 있다. 직장이탈의 금지, 영리업무 및 겸직금지, 정치운동의 금지, 집단행위의 금지가 그것이다. 이 4대 금지의무위반의 경우를 기타비위로 분류하였고, 2009년과 2010년의 사례집의 경우 정치운동의 금지, 집단행위 금지위반 사례가 없기에 영리업무 및 겸직금지, 직장이탈의 금지위반 사례를 분석하였다.

위는 그 비위가 결코 가볍다고 볼 수 없는 점, 위 지침에서 경찰대상업소 업주와의 금전거래 행위에 대해서는 중징계를 요구하도록 규정하고 있으나 징계요구권자가 소청인의 건강상태, 전입 후 성실히 근무하고 있는 점 등을 참작하여 경징계 요구를 한 점 등을 종합하여 볼 때 원 처분 상당의 책임을 면할 수 없다.

☞ 결정요인 분석

이 사건이 기각으로 결정된 요인은 다음과 같다. 먼저 객관적 요인으로 작용한 것은 첫째, 비위자체 요인으로서, 소청인이 PC방에 투자한 행위는 직무관련 외의 행위로 보았고 이것이 영리행위 금지에 해당하는가 하는 문제에 있어서는 그 요건에 해당하지 않는다고 보았다.

다만 경찰대상업소[38] 업주 또는 업소관계자와 일체의 금전거래를 금지(경찰공무원 행동강령 제16조, 경찰공무원 채권 · 채무 · 보증행위에 관한 처리지침)하고 있으므로, PC방에 투자하여 높은 이율의 투자 수익금을 받는 행위는 이 지시명령에 위반한 사항으로 보았다. 비위의 지속 기간으로는 2007.6.경에 투자하여 5~6개월간 투자 수익금을 받은 점으로 나타났다.

둘째, 제도적 요인으로, 경찰대상업소 업주와 금전거래 금지를 위반한 경우 중징계를 요구하도록 되어 있는 점은 소청인에게 불리한 요인이다. 본건에서 처분청은 소청인의 건강상태와 전입 후 열심히 한 점을 감안 경징계를 요구하였다. PC방에 투자한 사례는 소청결정사례에서 찾아볼 수 없다.[39]

셋째, 감경가중 요인으로는 징계없이 18년 7개월을 근무하면서, 경찰청장 표창 1회 등 총 18회의 표창을 수상한 공적은 소청인에게 유리한 요인이다.

주관적 요인으로는, 첫째, 인적 요인 측면으로 전입 후 성실히 근무하고 있다는 등의 처분청의 평가가 좋은 점은 소청인에게 유리한 요인이다.

[주요 결정요인] 경찰대상업소의 업주와 금전거래가 하고, PC방에 투자하여 높은 이율의 투자 수익금을 받은 비위는 결코 가볍다고 볼 수 없는 점(비위자체 요

---

38) 경찰공무원 행동강령 제2조 제1항 다호에는 수사 · 감사 · 감독 · 검사 · 단속 · 행정지도 등의 대상인 개인 또는 단체를 직무관련자로 규정하고 있다. 따라서 PC방도 그 운영상의 위법여부에 대하여 단속대상이 되므로 경찰공무원의 직무관련자로 본다.

39) 경찰대상업소인 불법 사행성 게임장에 투자한 소청결정사례로는 정직3월 이상 해임, 파면 등 배제징계의 사례가 대부분이다.

인)과 징계양정 기준에 따르면 중징계까지 징계요구할 수 있는 점(제도 요인)이 주요 결정요인으로 작용함.

[사례 E-2]	스크린골프장 운영 및 소란: 해임 → 기각
≪원 처분요지≫ 이 사건은 경찰공무원이 경찰공무원인 처와 함께 ○○동에서 ○○스크린골프장을, ○○아파트 상가 내에서 ○○스크린골프장을 운영하여 공무 외 영리 목적으로 영업 행위를 하였고, ○○아파트 상가 내에서 아파트관리사무소 측과 골프장 고객차량 주차문제로 시비가 일어나자, "23억원을 투자하였는데 내가 망하면 가만히 있을 줄 아느냐, 총으로 모두 쏴 죽이고 나도 죽겠다"라고 협박을 하는 등 물의를 야기한 사실이 있는바, 경찰관의 신분으로 상가 주민에게 협박을 하고 평소 근무시간에 수시로 영업장에 출입하며 공무 이외의 영리업무를 한 행위는 그 어떠한 이유로도 용납되지 못할 중대한 비위에 해당되므로, 엄중한 책임을 면할 수 없어 해임에 처한다는 것으로, 이의 취소 또는 감경을 구하는 소청에서 기각되었다(사건번호 2009-684).	
≪결정요지≫ 소청인은 모친이 입원한 이후에 직원을 시켜 대신 골프연습장을 관리한 것이라고 주장하면서도 정작 모친이 입원한 병원과 소청인을 대신하여 골프연습장을 관리해준 직원을 밝힐 수 없다고 진술하는 등 소청인의 진술에 신빙성이 부족한 점 등을 볼 때 공무 목적 외 영리행위를 하였다는 징계사유는 인정된다. 또한 골프연습장 주차 차량 문제로 소청인과 아파트 주민들이 심각한 갈등을 빚었던 당시 상황 등을 볼 때, 소청인이 주민들에게 위협・협박을 하였다는 비위는 인정된다. 한편, 소청인이 연가 및 병가를 계속적으로 신청하여 고의적으로 조사를 회피하고 징계절차를 지연시켰다고 보이는 점, 아파트 주민들이 작년 말까지 ○○지방경찰청에 진정서를 내는 등 갈등상황이 지속되었던 점 등을 볼 때, 본 비위에 대하여 깊이 반성하고 있다는 소청인의 주장을 인정하기 어렵다. 본 사건의 징계양정에 관하여 살펴보면, 소청인이 본인의 영리업무 금지 위반 비위와 관련하여 명확한 해명을 하지 못하고 있는 점, 골프연습장 영업시간에 소청인이 경찰제복을 착용하고 골프연습장에 출입한 적도 있고 거의 매일 처와 함께 골프연습장에 출입하며 실질적으로 골프연습장을 운영하였다는 사실이 있는 점, 아파트 주민들을 위협・협박한 비위는 용납할 수 없는 매우 중대한 비위라고 판단되는 점 등을 종합적으로 고려해볼 때, 소청인에게 원 처분 상당의 책임이 인정된다.	

☞ 결정요인 분석

본 사안은 현직 공무원의 영리행위 금지의무를 위반한 사항에 대한 결정사례이다. 우선 객관적 요인으로 작용된 점을 살펴보면, 첫째, 비위자체가 지닌 요인으로는 직무 수행과 관련이 없는 비위로 스크린골프장을 운영함으로써 영리행위 금지의무를 위반하였고, 사건의 동기와 방법, 결과에 있어서 스크린골프장이 위치한 아파트 주민과의 골프연습장 주차 차량 문제로 시작되어 주민들과 심각한 갈등을 야기하였으며, 소청청구를 한 이후에도 갈등상황이 지속되었다. 또한 주민과의 갈등상황에서 소청인이 '총'을 언급하며 위협·협박한 비위가 인정되었다.

둘째, 제도적 요인으로서, 징계양정 기준상 영리행위 금지위반의 경우 의무위반의 정도가 심하고 고의가 있는 경우 중징계하도록 규정되어 있기에 해임이라는 원 처분은 이에 부합하였다. 영리행위 관련 소청결정사례는 영리행위의 내용, 지속기간 등에 따라 견책에서 배제징계인 해임에 이르기까지 다양하여 참고요인으로만 작용하였다.

셋째, 감경가중 요인으로 19년 8개월을 근무한 가운데 경찰청장 표창 등 26회의 표창이 있는 점은 소청인에게 유리한 요인이다. 그러나 이러한 감경가중 요인은 결정에 있어 주요한 요인으로 작용하지 못하였다.

넷째, 사회적 요인으로 소청인이 소청심사를 제기한 이후에도 관련 문제로 아파트 주민들과 소송을 진행하였던 점, 아파트 주민들이 ○○지방경찰청에 진정서를 내는 등 갈등상황이 지속되어 민원이 야기된 점은 심사결정에 있어서 소청인에게 불리한 요인이다. 주민과의 관계에서 지속적으로 발생된 민원야기 문제는 소청결정에 있어 주요 결정요인이 되었다.

한편, 주관적인 요소로 작용된 것은, 첫째, 인적 요인으로서 진술의 신빙성이 적었다는 점이다. 모친이 ○○스크린골프연습장, 형이 ○○스크린골프연습장의 사업자 명의로 되어 있으나 실제로는 소청인과 소청인 처가 운영하였다는 직원들의 진술이 있고 소청인이 직접 여러 차례 골프연습장의 종업원 모집광고를 낸 점, 주차장 분쟁과 관련하여 소청인이 명의자인 형을 대신하여 아파트입주자대표회의와 합의를 한 점으로 볼 때, 소청인의 책임하에 사실상 스크린골프장의 영리행위를 하였나고 인정할 수 있다는 점은 소청인에게 불리한 요인이다.

둘째, 예방 요인으로 공무 이외의 영리업무에 종사하는 행위는 당사자가 직무에 전념할 수 없을 뿐만 아니라 국민들로부터 공무수행의 공정성을 의심받을 수 있기 때문에 법령상 금지되어 있는 것으로 본 사건을 통해 예방의 효과를 거두고자 하는 요인도 작용하였다.

[주요 결정요인] 비위자체의 요인과 사회 요인으로서 민원을 야기한 점, 그리고 공직자로서 직무에 전념하지 아니하고 영리행위를 하여서는 안 된다는 예방 요인이 기각결정의 주요 요인으로 작용함.

[사례 E-3] 법인이사로 등기 후 수익금 수령: 파면 → 해임

≪원 처분요지≫

이 사건은 경찰공무원으로서, (주)○○교통에 공동출자하여 2008.2.11.~2009.8.18. 약 1년 6개월간 법인 이사로 등기하였고, 2008.2.20. (주)○○교통을 인수함에 있어 (주)○○교통을 담보로 5억원을 저축은행에서 대출받아 이를 인수 잔대금으로 사용하여 횡령하고, 2008.2.5.~2009.5.19.경까지 매일 전날 수납된 회사 수입금 중 300만원씩을 B(대표이사)의 계좌로 입금하는 방법으로 총 290회에 걸쳐 12억 7,900만원을 횡령하여 불구속 기소되고, 2009.11.11. 지역 방송 등 5개 언론매체에 5회 이상 보도되어 조직의 위상을 실추시키는 등 경찰공무원으로서 품위를 손상시켰으며, 검찰, 법원 등 타 기관 출두시 사전 승인을 득하도록 지시하였음에도 총 4회에 걸쳐 출두하면서 3회는 보고 없이, 1회는 병가를 내고 ○○지청에 출두하여 지시명령을 위반하였다.

징계위원회에 출석하여 관련 비위사실에 대하여 충분히 진술토록 권유하였음에도 출석하여 진술하는 것을 포기하였으며, 횡령사실을 부인하여 재판 계류중에 있는 등 제반 정상 및 감경대상 표창수상 공적(장관표창 5회, 경찰청장 4회)이 있으나, 서로 관계없는 비위가 경합되어 가중처벌 대상이 되어 파면 처분을 하였는데, 이의 취소 또는 감경을 구하는 소청에서 심사결과 해임으로 감경되었다(사건번호 2010-16).

≪결정요지≫

○○교통 주식회사(이하, '○○교통'이라 함)의 등기이사가 국가공무원 복무규정 제25조 제2호에 규정된 업무에 해당함은 명백하고, 개인기업체의 등기이사는 더욱 엄격히 제한함이 바람직해 보이는 점 등을 볼 때, ○○교통의 등기이사는 관계 법령에서 금지하는 영리업무에 해당되므로 국가공무원법 제64조(영리업무 및 겸직 금지)를 위반한 것은 명백하다고 하겠다. 공무원이 수사기관 또는 타 기관의 출두요청을 받은 경우 소속 기관장에게 사전보고하도록 규정하고 있음에도 소청인이 검찰에 출두하면서 사전보고를 결략한 비위는 명백히 인정되나, 소청인이 사전보고를 결략한 것은 부작위에 해당할 뿐 허위보고로 보기는 어렵고, 소청인이 검찰에 출두하기 위해 의도적으로 병가를 냈다고 단정할 근거도 없으며, 소청인이 (주)○○교통 이사로서의 횡령 혐의로 검찰에 출두한 것이어서 직무와 관련성도 없으므로, 이러한 소청인의 비위에 대하여 피소청인이 경찰공무원법 제18조(허위보고 등의 금지)를 위반하였다고 적시한 것은 적절하지 않다고 하겠다. 본건의 징계양정에 있어서는, 소청인은 정보2계장으로서 (주)○○교통은 소청인의 직무

> 관련자이고, 또한 정보업무를 총괄하면서 ○○시청에 수시 출입하며 (주)○○교통이 보조금을 받는 데 유리하게 영향력을 미칠 수 있는 위치에 있었음에도 불구하고 동 업체에 거액을 투자하여 이사로 등재되었고, 검찰에 조사를 받기 위해 출두하면서 사전보고를 결략하는 등 그 비위의 도가 중하다고 하겠으나, 다만 소청인의 횡령 혐의에 대하여는 무죄 판결을 받아 품위손상을 징계사유로 삼기는 적절치 않은 점, 31년여간 징계 없이 성실히 근무한 점, 대통령 표창 1회 등 총 10회의 감경대상 표창 공적, 개전의 정 등 제반 정상을 참작하여 볼 때 다소 감경의 여지가 있다고 판단되어 해임으로 감경한다.

☞ 결정요인 분석

본 사건은 개인기업체에 등기이사로 등재되어 영리업무 및 겸직금지의무에 위반한 사건으로, 먼저 소청결정에 영향을 미친 객관적 요인을 살펴보면, 첫째, 비위자체가 지니고 있는 요인으로서 공무원의 영리행위는 그 업무에 종사함으로써 공무원이 직무에 전념할 수 없고 업무능률을 저해하며 공무에 대한 부당한 영향을 미치고 정부에 대한 불명예스러운 영향을 초래할 우려가 높으므로 사전에 소속기관장의 허가를 받아야하는데 소청인은 이러한 절차를 이행하지 아니한 직무수행 이외의 비위로서 소청결정에 있어 불리한 요인으로 작용하였다.

둘째, 제도 요인으로서 공무원 징계령 시행규칙상 영리업무 및 겸직금지의무에 위반한 행위가 비위의 정도가 심하고 고의가 있는 것에 해당한 경우 파면~해임의 양정이므로 파면의 원 처분은 이에 부합하고 있다. 영리업무 및 겸직금지행위에 대한 소청결정사례는 사안에 따라 다르지만 정직2월에서 견책의 폭으로 결정되었고, 사전 보고 없이 타 기관에 출두한 행위에 대한 소청사례는 파면에서 감봉3월까지의 사례가 있다. 이에 비추어 보면 소청인에 대한 파면처분은 적정한 것으로 보인다. 형사벌과 관련하여 징계사유는 횡령혐의로 불구속 기소됨으로써 언론에 보도되어 품위를 실추한 것이라고 하나, 재판을 통하여 무죄판결을 받았으므로 언론보도의 원인이 되었던 횡령혐의가 해소되었기 때문에 이러한 점은 소청인에게 유리한 요인이다.

셋째, 감경가중 요인으로서 소청인은 대통령표창 등 감경대상 표창이 10회 있으며 비감경대상표창인 지방경찰청장 표창 등이 16회가 있다. 소청인의 선처를 바라는 동료경찰관과 주민들의 탄원서가 제출된 점과 징계전력이 없다는 점은 소청인에게 유리한 요인이다.

넷째, 사회 요인으로 경찰관이 횡령혐의로 불구속 기소되었다는 보도는 결과적으로 조직의 명예를 실추시킨 원인이 되었다는 점에서, 소청인에게 불리한 요인이 되었다. 다만 주요한 결정요인으로 작용하지는 못하였다.

[주요 결정요인] 횡령부분에 대하여 법원에서 무죄를 받았다는 점에서 제도 요인과 31년 여를 징계 없이 근무하면서 대통령 표창 등 감경대상 표창이 있다는 감경 요인이 주요 결정요인으로 작용함.

[사례 E-4]	근무시간 중 영리업무 활동: 감봉1월 → 기각

≪원 처분요지≫

이 사건은 경찰공무원으로서, 2007년 10월부터 2008년 2월까지 약 5개월간 동업자 B와 함께 그의 누나인 C 명의를 빌려 ○○자원이라는 고물상을 운영하다가 2008.4.16.부터 아내인 D 명의로 위 고물상을 운영하면서, 2007년 8월경 자동차 수출 전용부두 건설현장의 하청업체인 ○○건설 소장 E를 소개받아 70톤의 고물(2,700만원 상당)을 매입하는 등의 방법으로 총 5차례에 걸쳐 업체로부터 고물을 구매하는 등 근무시간중 관련업체 및 고물수거현장을 찾아가거나 전화로 영업활동을 함으로써 2007년 11월부터 2008년 2월까지 순이익 1,000만원을 얻고, 2008년 4월부터 2009년 4월까지 순이익 2,000만원을 얻는 영리업무를 하여 경찰관의 품위와 위신을 손상케 한 비위가 인정되는바, 소청인이 본인의 과오를 깊이 반성하고 있는 점, 장남으로 부모님을 부양해야 했던 점, 경찰청장 표창 2회, 국세청장 표창 1회를 수상한 공적이 있는 점 등을 감안하여 감봉1월 처분을 한 것에 대하여, 이의 취소를 구하는 소청에서 기각되었다(사건번호 2009-366).

≪결정요지≫

소청인이 ○○부서에서 근무한 사실이 고물매입에 있어 이점으로 작용하였다고 판단되며 소청인이 ○○자원이라는 고물상의 영업에 관여함으로써 직무상 능률이 저해된 사실이 인정되고, 이로써 소청인은 국가공무원법 제64조 등에서 규정하고 있는 영리업무 금지 의무를 위반하였는바, 이에 대한 징계책임을 면하기 어렵다고 판단된다.

본건 징계양정에 있어서, 2007년 10월부터 2009년 5월 감찰조사를 받을 당시까지 장기간에 걸쳐 고물 영업을 하며 영리업무 금지 의무를 위반한 점, 근무시간중 전화로 영업행위를 하는 등 근무를 소홀히 한 점, 경찰관으로서 고물업에 종사한다는 동종업체 관련자들의 비난 여론이 있었던 점 등을 고려할 때 원 처분 상당의 책임을 면하기 어렵다고 판단된다.

☞ 결정요인 분석

이 사건은 공무원 신분으로 제3자와 동업하여 고물상영업을 하다가 처 명의로 이전을 한 후에도 사실상 영업행위를 계속한 행위로 감봉1월의 징계처분을 받은 것에 대한 소청심사에서 기각되었다. 결정에 이른 객관적 결정요인을 살펴보면, 첫째, 비위자체 요인으로는 직무외의 비위로서 공직에 전념해야 하는 공무원이 영리행위를 행한 비위는 중대한 비위에 해당하며, 행위의 동기와 방법에 있어서는 2007.10.~2008.2.까지 제3자와 동업을 하였고, 동업자의 횡령행위로 불화가 생겨 동업을 그만두고 소청인의 아내 명의로 계속 운영되어 왔다. 동업을 할 때에도 소청인이 영업을 담당하였고 수익금 통장과 도장을 소청인이 관리한 점과 소청인이 사무실에서 전화를 이용하여 관련업체로부터 고물을 매입한 사실 등을 보면 소청인이 공무원이란 신분을 이용하여 영업행위를 한 것이다. 또한 영업행위의 지속기간도 2007.10.~2009.5.까지 상당기간 지속되었던 점은 소청인에게 불리한 결정요인이다.

둘째, 제도 요인으로는 공무원 징계령 시행규칙상 영리업무금지의무 위반행위에 있어 비위의 정도가 약하고 중과실인 경우 감봉의 징계양정을 하도록 되어 있고, 소청결정사례를 보더라도 감봉1월~견책 수준의 결정을 보이고 있는 점에 비추어 소청인의 원 처분이 과중하게 보이지 않는다. 이는 소청인에게 불리한 결정요인이 된다.

셋째, 감경가중 요인으로 소청인은 18년여를 근무하면서 감경대상 표창으로 경찰청장 표창 등 3회가 있으며 비감경대상 표창으로 지방경찰청장 표창 등 12회가 있다. 또한 징계전력이 없음은 소청인에게 유리한 요인이다.

넷째, 사회 요인으로는 소청인의 행위에 대해 동종업체 관계자들로부터 경찰관이 영업행위를 한다고 비난 여론이 발생하는 등 물의를 야기한 점은 소청인에게 불리한 요인이다.

다음으로 주관적 결정요인을 살펴보면, 인적 요인으로 소청인이 스스로의 잘못을 인정하고 있고, 18년여의 근무경험을 가지고 있는 공무원으로서 영리행위를 해서는 안 된다는 사실을 충분히 인식할 수 있다고 여겨진다. 그럼에도 불구하고 영리행위를 한 사실은 소청인에게 불리한 요인이다.

[**주요 결정요인**] 소청인이 특정직위를 이용하여 1년 7개월여의 장기간 영리행위에 종사한 비위자체 요인과 고물상 동종업체들로부터 민원을 받고 물의가 야기된 사회 요인이 주요 결정요인으로 작용함.

[사례 E-5]	국외훈련 중 근무지 무단이탈: 해임 → 기각

≪원 처분요지≫

이 사건은 ○○위원회에 근무하는 공무원이 ○○지역으로의 국외훈련 기간중에 무단으로 근무지를 이탈하여 2010.7.5.~7.26. ○○카지노에 체류하였고, 2010.5.6.~5.7. 및 2010.5.10.~5.14. 현지 훈련기관에 무단결근한 비위에 대하여 해임의 처분을 받았는데, 이의 감경을 구하는 소청에서 기각되었다(사건번호 2010-664).

≪결정요지≫

교육파견기간 중 어느 정도 자율성이 주어져 있다 하더라도 훈련공무원은 제반 법령을 준수하면서 성실히 훈련에 임해야 함에도, 소청인은 장기간 근무지를 이탈하는 등 불성실하게 훈련에 임한 비위사실이 인정된다. 징계양정에 대하여 살펴보면, 무단으로 근무지를 장기간 이탈하여 국외훈련을 해태하였고 주 ○○대사관에서 경비를 제공받고도 복귀하지 않는 등 의무위반의 정도가 심한 점, ○○에 머물면서 대합실 등에서 잠을 자고 연락이 두절되어 실종신고가 되었으며 이와 같은 사실이 외교통상부, 행정안전부 등 관계기관에 알려져 국가공무원으로서의 품위를 크게 손상하고 ○○위원회의 위신을 실추시킨 점, 대한민국 공무원으로서 불성실한 근무행태를 파견기관에 보여준 점 등을 고려할 때, 원 처분 상당의 책임을 면하기 어렵다.

☞ 결정요인 분석

본 사안은 국외훈련 중 근무지 이탈 비위에 관한 소청 결정사항이다. 결정에 이르기까지 고려된 요인을 살펴보면, 우선 객관적 요인으로서, 첫째, 비위자체 요인 중 하위 세부요인으로 장기국외교육훈련 기간중에 파견지에서 성실하게 훈련에 임해야 함에도 장기간 무단으로 근무지를 이탈한 비위로 직무상 비위에 해당된다. 사건의 동기와 방법에 있어서도 건강이 악화되어 휴양이 필요하다고 하나 휴양에 적합한 조치가 아닌 카지노를 출입하였고, 무단결근의 기간도 2010.5.10.~5.14, 2010.7.5.~7.26.에 이르는 등 장기간에 걸쳐 이루어진 것으로 의무위반의 정도가 심한 점은 소청인에게 불리한 요인이다.

둘째, 제도적 요인으로는, 징계양정기준상 무단결근으로 직장이탈금지 의무에 위반한 경우 의무위반의 정도가 심하고 중과실의 경우 해임~강등의 양정인데 원 처분은 이에 부합하고 있다. 소청결정사례는 직장 무단이탈의 경우 파면에서 정직3월까지 양정의 분포를 보이고 있다.

셋째, 감경가중 요인으로는 선처를 바라는 관련자의 탄원서가 있는 점, 징계전력이 없는 점은 소청인에게 유리한 요소이다. 원상회복노력에 있어서는 주 ○○대사관 직원으로부터 택시비, 숙박비, ○○행 비행기표 등을 제공받고도 정당한 사유 없이 복귀하지 않은 점으로 보아 원상회복의 의지도 없었다고 할 것이다. 넷째, 사회적 요인은 이 사안이 보도가 되어 국가공무원으로서 품위를 손상시키고, 소속기관의 위신을 실추시킨 점은 소청인에게 불리한 요인이다.

다음으로 주관적 요인으로서는, 예방적 요인으로서 ○○에 머무르면서 대합실 등에서 잠을 자고 연락이 두절되어 실종신고가 되었으며, 대한민국 공무원으로서 불성실한 근무행태를 파견기관에 보여준 점을 볼 때 엄히 벌하여 공직기강을 바로 세운다는 측면이 결정요인으로 작용하였다.

[주요 결정요인] 해외훈련기간중 훈련업무를 소홀히 한 채 연락도 되지 않은 상태를 지속한 비위자체의 요인과 이러한 행태가 다시 일어나지 말도록 예방적 효과를 거둘 필요가 있는 점이 주요하게 작용함.

[사례 E-6] **근무지 무단이탈: 파면 → 기각**

≪원 처분요지≫

이 사건은 ○○부 ○○과에 근무하던 소청인이, 2009.9.14.부터 소속 상관의 허가 또는 정당한 사유 없이 직장을 이탈하여 2010.3.10. 징계의결시까지도 복귀하지 않았으며, 뇌물수수 건에 대한 수사회피를 목적으로 도피중으로 보이는 상황에서 6개월여간 직장을 무단이탈하고 복귀명령에도 불응한 행위는 그 비위의 정도가 매우 중하다고 여겨 파면에 처분을 하였는데, 이에 대하여 감경 또는 취소를 구하는 소청에서 기각되었다(사건번호 2010-251).

≪결정요지≫

소청인의 병가신청 승인여부는 합리적인 사유 등을 고려한 결재권자의 재량에 속한다고 보인다. 또한, 소청인이 ○○청 ○○과장 재직시 골프장 건설업체로부터 뇌물수수 혐의가 있다는 내용으로 2009.8.25. 경찰청에서 통보받은 '공무원범죄 수사개시 통보'에는 '사유가 불명확한 병가 등 휴가신청에 대해서는 반려 요망'이라는 협조 요청이 있었던 상황으로 소청인의 비위사실은 인정된다.

본건 징계양정에 있어서는, 직장을 무단이탈하고 피소청인의 직장 복귀명령에도 불응한 행위는 그 비위의 정도가 중하고 고의성도 있어 보이는 점, 경찰청에서 소청인을 '뇌물수수' 혐의로 2009.8.25. 현재 '수사중', 2010.2.24. 현재 '기소중지(지명수배)' 내용으로 통보된 공무원범죄 수사내용 및 소청인은 현재 자진출석하여 수사기관에서 수사 중에 있다는 심사시 소청인 진술 등에 비추어 볼 때 소청인은 그동안 수사기관의 수사를 회피할 목적으로 도피하였다고 보이므로 원 처분 상당의 책임을 면할 수 없다.

☞ 결정요인 분석

이 사안에 대한 결정요인으로는 먼저 객관적 요인으로, 첫째, 비위자체가 지니는 요인으로, 소청인의 병가신청이 허락되지 않은 상태에서 직장을 무단으로 이탈하였고 정당한 직장 복귀명령에도 응하지 않은 비위의 정도가 중하고 고의성이 있는 직무상 비위라 하겠다. 또한 비위가 지속된 기간도 2009.9.14.부터 2010.3.10.까지로 거의 6개월간에 이르고 있다. 직장무단 이탈 기간중에 수사기관에서의 수사에 자진출석하는 등 그동안 수사기관의 수사를 회피할 목적으로 도피하였다고 생각될 수 있다.

둘째, 제도적 요인으로 검토되는 것은, 뇌물수수의 혐의로 수사기관의 수사를 받는 등의 상황이지만 징계사유로는 직장을 무단으로 이탈하고 피소청인의 직장 복귀명령에도 불응한 사실만을 징계사유로 삼고 있다. 이 경우의 징계양정 기준으로는 비위의 정도가 심하고 고의가 있는 경우 파면인 점으로 보아 원 징계 수준은 기준에 부합하고 있다. 소청인의 비위와 유사한 무단이탈의 경우 소청 결정사례는 파면~해임으로 배제 징계에 속하고 있다. 형사벌 관계로는 본 사건으로 소청인은 2010.2.21. 현재 기소중지된 상황으로 소청인에게 불리한 점이다.

셋째, 감경가중 요인으로, 소청인은 28년여를 근무하면서 징계전력이 없고, 감경대상 표창 공적으로는 국무총리 표창을 수상한 공적이 있어 소청인에게 유리한 요인이 되었으나, 결정에 큰 영향을 주지 못하였다.

넷째, 기타 요인으로는 직장복귀 명령에 응하려는 노력을 살펴볼 수 없다. 수사기관에는 출두하면서도 직장에 복귀하여 성실히 근무하려는 태도를 보이지 않은 것은 공직자의 기본자세가 아니다. 이러한 점에서 기타 요인은 소청인에게 불리하게 작용된 요인이다.

다음으로 주관적 요인을 살펴보면, 첫째, 인적 요인으로 28년여의 근무 경험을 가지고 있으며 평소 성실히 근무하면서 업무추진력이 뛰어나다는 처분청의 평가는 소청인에게 유리한 요인이다. 둘째, 예방 요인으로 수차례에 걸쳐 직장에서의 복귀명령이 있었음에도 이에 응하지 않은 점에서는 공직기강 확립 차원에서 엄한 징계가 필요한 사례로 인식되었다.

[주요 결정요인] 소속기관의 병가에 대한 승인도 나지 않은 상태에서 무단으로 출근치 아니한 행위는 통상 공무원사회에서 있을 수 없는 행동이며, 나아가 직장

복귀명령에는 응하지 아니하면서 수사기관에 자진 출석하여 조사를 받는 행위는 어떠한 이유로도 설명되어 질 수 없는 것이므로 비위자체 요인과 기타 요인, 예방 요인이 기각결정의 주요 결정요인으로 작용함.

[사례 E-7] 동료에 욕설 및 근무지 무단이탈: 해임 → 정직3월

≪원 처분요지≫

이 사건은 경찰공무원으로서, 2009.12.8. 지역형사 5팀에 배치되어 외근 활동시 잦은 음주행위를 하고, 2010.1.13. 09:20경 숙취상태로 사무실에 출근하여 업무처리에 불만을 품고 동료직원에게 욕설하며 다투는 등 내부질서를 문란시켰으며, 2010.2.14. 04:00경 소청인의 부친이 경찰 옷을 벗겨버리겠다는 등의 욕설을 하자 이에 대한 불만과 수치심으로 같은 날 아침 서울로 올라가 체류하면서 2.16. 09:00~20:00 주간근무를 1회 결략하고, 2010.2.17.~2.19.까지 3일간의 휴가 후 복귀하여 성실하게 근무해야 함에도, 2010.2.20. 20:00~익일 09:00 야간근무를 결략하는 등 총 2회에 걸쳐 아무런 조치 없이 근무지를 무단으로 이탈한 행위로 인해 해임처분을 받았는데, 이의 취소 또는 감경을 구하는 소청에서 정직3월로 감경되었다(사건번호 2010-199).

≪결정요지≫

공무원으로서 갖추어야 할 품위에는 사적인 행위까지 포함되는바, 동료의 언행이 비록 소청인의 감정을 상하게 하였다 하더라도 직장동료에게 욕설을 한 소청인의 행위는 명백히 경찰공무원으로서 품위를 손상시켰다고 하겠다.

휴가를 원하는 공무원은 허가권자에게 근무상황부 또는 근무상황카드에 의하여 미리 신청하여 사유발생 전까지 허가를 받도록 하고 있으며, 휴가의 경우 지극히 개인적인 이유로도 휴가신청이 가능하고 휴가신청 방법은 문서뿐만 아니라 전화로도 가능함에도, 부친에 대한 불만과 직원들에 대한 수치심이라는 지극히 개인적인 사유로 아무런 조치 없이 무단결근한 소청인의 행위는 변명의 여지가 없다고 하겠다.

본건 징계양정에 있어서는 소청인이 업무복귀 후 동료경찰의 근무를 대체해주는 등 적극적으로 근무한 점, 소청인의 비위에 대하여 징계요구권자인 ○○경찰서장이 경징계로 징계의결요구한 점, 소청인이 모든 비위사실을 인정하고 깊이 반성하고 있는 점, 재직경력 10년 5개월 동안 징계전력 및 무단결근이 없는 점, 감경대상인 경찰청장 표창 1회 공적이 있는 점, 주요 비위인 무단결근에 관한 타 소청사례에 비해 처분이 다소 과한 점 등을 고려하여, 중징계로 문책하되 이 건을 교훈삼아 다시 한 번 직무에 진념할 수 있는 기회를 주는 것이 바람직하다고 판단되어 정직3월로 감경한다.

☞ 결정요인 분석

본 사건은 동료직원에게 욕설을 하고 2회에 걸친 근무결략 등 2가지 비위로 해임처분을 받았으나 소청에서 정직3월로 감경되었는데 먼저 객관적 결정요인을 살펴보면, 첫째, 비위자체 요인으로 사건의 동기는 ① 동료에게 욕설을 하여 품위를 손상한 것은 소청인의 절도범 검거 노력을 동료들이 몰라주어 순간 억울하다는 생각에 욕설을 한 것이나 결과적으로 공무원으로서의 품위를 손상한 것이며, ② 근무결략으로는 부친과의 언쟁중 순간적으로 이성을 잃고 모든 연락을 끊은 채 도망간 것으로 보인다. 그러나 개인적인 사유로 휴가를 얻고자 하는 경우 문서로 신청하는 방법 이외에도 전화로도 신청이 가능함에도, 근무처와 연락을 두절한 채 무단으로 결근한 일은 공무원으로서의 기본자질에 관한 문제로 소청인에게 불리한 요인이다. 비위의 지속성 면에서는 2일간의 근무결략이란 점에서 우발적으로 발생된 비위로 보인다. 이는 소청인에게 유리한 요인이다.

둘째, 제도 요인으로서 주요 비위인 근무결략이 의무위반의 정도가 약하고 중과실로 인하여 발생된 경우의 징계양정 기준(경찰공무원 징계양정 등에 관한 규칙)은 경징계~경고 수준이다. 이 기준에 비추어보면 소청인의 원 처분인 해임처분은 과다한 것으로 보인다. 소청인의 경우와 유사한 형태의 근무결략 소청결정사례로는 감봉정도의 사례결과를 보이고 있어 원 처분이 과중한 것으로 보인다.

셋째, 감경가중 요인의 하위 세부요인으로서, 상훈공적으로는 감경대상 표창인 경찰청장 표창이 1회 있고, 소청인에 대한 선처를 바라는 동료 경찰관들의 탄원서가 있는 점은 소청인에게 유리한 요인이다.

넷째, 기타 요인으로 소청인의 비위에 대하여 징계요구권자인 ○○경찰서장이 경징계로 징계의결을 요구한 점에 비해, 배제징계인 해임처분이 된 것은 과중한 양정 결과로 보이는데 이 점은 소청인에게 유리한 요인이다.

다음으로 주관적 요인을 살펴본다. 인적 요인으로 소청인이 모든 비위사실을 인정하고 깊이 반성하고 있는 점, 업무 복귀 후 동료경찰관의 업무를 대체해주는 등 열심히 근무한 점, 담당 업무를 적극적으로 수행하려는 의지와 능력을 갖추고 있고 성실하게 근무한다는 처분청의 의견은 소청인에게 유리한 요인이다.

[주요 결정요인] 제도 요인으로서 소청결정사례와 징계양정기준을 넘어선 과중한 처분이라는 점, 감경 요인으로 상훈공적과 탄원서가 제출된 점, 인적 요인으로 처분청의 평가의견이 좋은 점이 감경결정에 주요 요인으로 작용함.

[사례 E-8] 근무지 이탈 및 복귀명령 위반: 정직3월 → 감봉3월

≪원 처분요지≫

이 사건은 경찰공무원으로서, ○○지방경찰청 광역수사대 근무 당시 사건 상담으로 알게 된 B와 불건전 이성교제를 현재까지 유지하여 오던 중, 잔무처리 근무명령을 받았음에도 ○○가정법원 1호 법정에서 열린 처 C와의 이혼소송에 타 기관 출두 보고를 하지 않은 채 근무지를 무단이탈 출석하고, 위 B가 방학중 소청인의 자녀 2명을 보호하고 있는 문제 등으로 전화를 받고 팀장, 조원에게 행선지를 알리지 않은 채 내연녀 B와의 개인적 불화문제를 해결하기 위해 직장을 무단이탈하여 내연녀 B, 사회선배 D, E 등 4명과 같이 근무중 음주를 하고 이후 소청인의 친구가 경영하는 ○○식당으로 B, D, E 등과 이동 술을 마시면서, 경찰서장 사무실로 인사불만, 사직서 제출 등의 이유로 전화하였으나 소청인 휴대폰 배터리 부족 등으로 통화하지 못하였으며, 소청인의 근무중 음주행위를 인지한 형사과장이 팀장 경위 F를 통해 2회에 걸쳐 즉시 업무복귀토록 전화로 지시하였으나, 술에 취해 복귀하지 못하겠다고 불응하면서 근무 종료시까지 약 10시간 20분 동안 근무결략하고, 다음 날 복귀하여 약 21시간 30분 동안 복귀명령을 위반한 비위로 정직3월 처분을 한 것에 대하여, 이의 취소 또는 감경을 구하는 소청에서 감봉3월로 감경되었다(사건번호 2009-657).

≪결정요지≫

당시 민원실 직원 경장 G가 법원에 방청하여 일일 청문감사활동 보고를 한 점을 살펴볼 때 처분청에서도 소청인의 이혼진행 사항을 사전 인지하고 있었다고 보이므로, 비록 소청인이 보고 없이 근무지를 이탈한 잘못은 있으나 타 기관 출두 보고를 하지 않았다는 징계이유는 타당하지 않은 것으로 보인다.

경찰공무원은 업무특성상 높은 윤리적, 도덕적 책무를 필요로 함에도, 전처와 이혼을 하기 전부터 B와 교제를 시작한 것은 부적절한 행위이며, 근무시간중 직장을 무단이탈하여 음주를 한 것은 그 행위의 정당성을 인정하기 어렵다.

더욱이 근무중 음주한 상태에서 개인적인 문제로 경찰서장에게 전화한 것은 공무원의 바람직한 자세라 보기 어렵고, 팀장 경위 F가 전화하여 귀서를 지시하였으나 소청인은 팀장인사와 관련한 불만을 토로하면서 복귀명령에 불응한 잘못이 인정된다. 다만 피소청인이 전일 근무 종료시부터 익일 소청인이 출근한 때까지 11시간 10분의 시간을 근무결략에 포함하여 총 21시간 30분 동안 복귀명령 위반 비위로 적시한 것과 관련하여, 이는 정식근무에 포함되는 시간이 아니므로 위 11시간 10분의 근무결략에 관한 부분은 참작의 여지가 있는 것으로 보인다.

징계양정에 있어서는 직장을 무단이탈하여 근무중 음주를 하고 업무 복귀명령을 위반한 잘못이 인정되나, 근무이탈의 배경이 가정사로 인한 것이었고 상습적인 근무결략이 아닌 점, 보고 없이 타 기관 출두한 비위는 인정하기 어려운 점 등을 고려할 때 원 처분이 과중하다고 판단되어 감봉3월로 감경한다.

☞ 결정요인 분석

본 사건은 불건전한 이성관계를 유지하면서, 근무시간중 무단으로 직장을 이탈한 비위에 대한 소청사건이다. 먼저 객관적 요인을 살펴보면, 첫째, 비위자체 요인을 보면 직장이탈이라는 직무상 비위이며, 사건의 동기와 방법은 ① 소청인이 처와 이혼을 하기 전부터 B와의 부적절한 이성관계를 유지한 것은 공무원으로서의 품위를 손상한 것에 해당되며, ② 근무시간중 직장을 이탈하여 음주를 하고 술에 취한 상태에서 서장실에 전화를 한 사실과 직장 상사의 정당한 직장 복귀명령이 있었음에도 불응한 것은 어떠한 경우에라도 정당성을 인정하기 어렵고 성실한 근무자세라 할 수 없다. 다만 가정적으로 처와 이혼문제가 진행되고 있는 가운데, 방학중 소청인의 자녀 3명을 돌보던 B와의 오해를 풀어보기 위해 직장을 이탈한 동기는 참작할 만한 부분으로 소청인에게 유리한 요인이다. 직장이탈상태의 지속성 정도에 있어서는 21시간 30분을 징계사유로 들고 있으나 지정된 근무를 결략한 시간만을 고려하는 것이 합리적이므로 10시간 20분이 이에 해당하겠다. 이 또한 소청인에게 유리한 요인이다.

둘째, 제도 요인으로는 주된 비위인 직장이탈의 경우 의무위반의 정도가 심하고 경과실에 해당하므로 경징계~경고의 양정기준으로 보면 원 처분은 과중하며, 소청결정사례는 정직3월~감봉1월의 수준이어서 이에 부합한다.

셋째, 감경가중 요인으로는 경찰청장 표창 3회가 있으나 이전의 기각계고(불문경고) 처분으로 인해 감경대상 공적으로 고려할 수 없고[40] 비감경대상 표창이 32회 있다. 소청인의 지인의 탄원서와 소청인 자신의 반성문이 제출되어 있고, 징계전력이 없음은 소청인에게 유리한 요인이다.

넷째, 기타 요인으로 근무이탈의 배경이 가정사로 인한 것이었고 상습적인 근무결략이 아닌 점, 보고 없이 타 기관에 출두한 비위는 인정하기 어려운 점은

---

40) 징계위원회는 징계대상자가 표창이 있는 경우 공적감경을 할 수 있는데, 감경대상 표창으로 상훈법에 따른 훈장·포장, 국무총리 이상의 표창(6급 이하의 경우 차관급 상당 기관장 표창 이상), 모범공무원 규정에 의한 모범공무원으로 선발된 공적이 있는 경우이다. 그러나 그 공무원이 징계처분이나 불문경고를 받은 사실이 있는 경우에는 그 징계처분이나 불문경고처분 전의 공적은 감경대상 공적에서 제외한다(공무원징계령 시행규칙 제4조). 경찰공무원의 경우에도 동일한 원칙이 적용되고 있는데, 징계처분이나 또는 징계위원회의 권고에 의한 경고, 즉 불문경고를 받은 사실이 있는 경우에는 그 징계처분 또는 불문경고처분 전의 공적은 감경대상 공적에서 제외한다(경찰공무원 징계양정 등에 관한 규칙 제9조).

소청인에게 유리한 요인이다.

다음으로 주관적 요인에 대해 살펴보면, 인적 요인으로서 소청인의 잘못에 대해 반성의 정도가 크며, 20년여의 근무기간 중 16년을 기피부서인 형사과에서 근무한 경험이 있고, 자녀 3명을 양육하여야 하는 점 등은 참작할 만한 요인이다. [**주요 결정요인**] 비위자체 요인으로 나타난 근무결략의 동기가 가정사로 인해 우발적으로 발생되었고, 제도 요인으로 징계양정기준에 비해 원 처분이 과중한 점, 그리고 기타 요인으로 징계사유로 적시된 타 기관 출두 보고의 생략과 근무결략의 지속시간에 대해 일부 인정할 수 없는 점이 감경결정의 주요 요인으로 작용함.

나. 기타비위 사례의 결정요인 종합분석

기타비위 사례에 대한 결정요인을 종합하면 <표 6-20>과 같다. 기타비위의 유형은 영리행위 및 겸직금지 위반과 직장이탈금지 위반행위이다.

먼저 객관적 요인을 살펴보면, 첫째, 비위자체 요인의 하위 세부요인으로 ① 고비난성 행위에는 해당사항이 없다. 이는 영리행위 금지의무와 직장이탈 금지 의무위반의 경우는 고비난성 행위의 범주에 들지 않음을 의미한다. ② 다만 직무상의 비위로 근무지 이탈은 항상 (−)를 보이고 있는데, 이는 의무위반의 정도가 약한 경우이기 때문에 기각결정의 주요 요인으로는 작용하지 않는다. ③ 영리행위 및 겸직금지 위반의 경우 모두【−】를 나타내고 있다. 이것은 공무원이 사심(私心)없이 직무에 전념해야 하는 의무를 위반한 사건으로 직무외 비위로서 중(重)하게 본다는 의미이다. ④ 사건의 동기・방법・결과에 있어서는 대체적으로【−】의 영향을 주고 있으며 기각결정의 주요 요인이 되고 있다. 국민에 대한 봉사자로서 금지의무를 위반하는 일은 여타의 의무를 위반하는 것보다 비난 가능성이 더욱 크므로, 소청심사시에 무엇보다도 중요한 결정요인이 된다.

둘째, 제도 요인의 하위 세부요인 중 ① 징계양정기준과 ② 소청결정사례는 대체적으로 (−)인 가운데 사안에 따라【−】와【+】로 나타나며 이럴 경우 기각 또는 감경의 주요 요인이 되고 있다.

셋째, 감경가중 요인의 하위 세부요인으로 ① 상훈공적이 있는 경우 항상

표 6-20 기타비위 사례의 결정요인

사례 번호			E-1	E-2	E-3	E-4	E-5	E-6	E-7	E-8
징계 및 소청결정			견책 → 기각	해임 → 기각	파면 → 해임	감봉1월 → 기각	해임 → 기각	파면 → 기각	해임 → 정직3월	정직3월 → 감봉3월
객관적 요인	비위 자체 요인	고비난성 행위								
		직무상 비위					(−)	(−)	(−)	(−)
		직무외 비위	【−】	【−】	【−】	【−】				
		사건동기 · 방법 · 결과	【−】	【−】		【−】	【−】	【−】	(−)	(+)
		비위 지속성 · 우발성		(−)		【−】	【−】	【−】	(+)	【+】
	제도 요인	징계양정기준	【−】	(−)	(−)	(−)	(−)	(−)	【+】	【+】
		소청결정사례			(−)	(−)	(−)	(−)	【+】	(−)
		형사벌 유무			【+】			(−)		
	감경 가중 요인	상훈공적	(+)	(+)	【+】	(+)		(+)	【+】	(+)
		관련자 탄원서			(+)		(+)		【+】	(+)
		원상회복 노력					(−)			
		징계전력 · 비위경합	(+)		【+】	(+)	(+)	(+)		(+)
	사회 요인	언론보도			(−)		(−)			
		민원야기		【−】		【−】				
	기타 요인	회피노력 · 형평성						【−】	(+)	【+】
주관적 요인	인적 요인	개전의 정		(−)	(+)	(+)			(+)	(+)
		처분청의 평가	(+)					(+)	【+】	
		소청인 경험	(+)		(+)	(−)				(+)
	예방 요인	공직기강 확립		【−】			【−】	【−】		

주) (−)는 소청인에게 불리하게 작용한 결정요인, (+)는 소청인에게 유리하게 작용된 결정요인이고, 【 】 안의 결정요인은 본 소청결정에 있어 작용한 주요 결정요인임.

(+) 또는 【+】로 작용을 하고 있으며 ② 관련자 탄원서가 있는 경우 (+) 또는 【+】를 보이고 있다. ③ 징계전력이나 징계의 경합의 사례는 없어서 (+) 또는 【+】로 나타나고 있다. 이는 사안에 따라 주요 감경 결정요인으로 작용한다. 기각결정이 된 경우는 이와 같은 감경사유가 있다 하더라도 큰 영향을 주지 못하고 참작하는 정도에 그쳤다.

다음으로 인적 요인의 하위 세부요인은 ① 개전의 정과 ② 소청인의 근무경험에 있어서는 (−) 또는 (+)를 보이고 있으나, 주요 결정요인으로 역할은 하지 못하고 있다. 인적 요인으로 처분청의 평가는 (+) 또는 【+】로 작용하고 있지만, 처분청의 평가가 좋다고 항상 감경요인으로 작용되는 것은 아니다. 예방 요인으로는 【−】로 나타나 기각결정의 주요 요인이 되고 있다.

위 내용을 종합하면 기타비위의 경우 주요 결정요인으로는 사건의 성격과 내용에 따라 비위자체 요인, 제도 요인, 감경가중 요인, 예방 요인 등이 다양하게 주요 결정요인으로 작용하였음을 알 수 있다.

외국의 소청심사제도

제7장

직업공무원제도를 채택하고 있는 현대국가에서는 부당한 인사상의 불이익으로부터 공무원을 보호하고 행정의 자기통제 및 자기감독의 효과를 도모하고자 소청심사제도와 같은 사후적 구제절차를 운영하고 있다.

그러나 각 나라마다 역사적·사회적 배경이 서로 다른 만큼 소청심사제도의 운영과 절차에 있어서도 차이를 보이고 있는데, 본 장에서는 영미법 체계인 미국과 대륙법 체계인 일본의 제도를 살펴보고 이를 우리나라와 비교·정리해 보았으며, 중국과 뉴질랜드의 소청심사제도에 대해서도 간단히 소개하였다.

제7장 외국의 소청심사제도

제1절 미국의 소청심사제도

1. 소청심사기관의 조직과 기능: 실적주의보호위원회(MSPB)

가. 실적주의보호위원회(MSPB)의 조직

미국에서는 실적주의보호위원회(MSPB: Merit System Protection Board)가 행정권의 남용으로부터 연방공무원을 보호하고 소청사건을 결정하는 권한을 가지고 있다(김영삼, 2006: 282). 행정부 내의 대통령 직속기관으로 설치된 실적주의보호위원회는 소청심사 업무뿐만 아니라 실적주의(The Merit System Principle)를 연구하며, 인사관리처(OPM: Office of Personnel Management)의 규칙 및 규정을 심사하는 준사법적 독립기관의 성격을 지니고 있다.[1)]

실적주의보호위원회는 상원의 인준을 거쳐 대통령이 임명하는 3명의 위원으로 구성되며 양당원칙(bipartisan basis)에 따라 동일정당 소속 위원이 현직에 있는 경우 같은 정당원을 중복 임명하지 않는다. 위원장은 집행관직 Ⅲ급(차관급)에 해당되고, 나머지 2명은 부위원장 및 위원으로 집행관직 Ⅳ급(차관보급)에 해당된다.[2)] 임기는 7년이며 재임은 불가능하고 공석에 임명되는 경우 전임자의 잔여기간만 재임한다. 위원들의 임기는 대체로 보장되는 것이 원칙이나 무능, 직무태만 또는 부정행위에 한하여 대통령에 의해 해임이 될 수 있다.

조직 구조를 보면 실적주의보호위원회는 워싱턴DC에 있는 본부와 미국 전

---

1) 실적주의보호위원회(http://www.mspb.gov/About/about.htm)

2) 집행관직은 상원인준을 거쳐 대통령이 정치적으로 임명하는 정무직공무원으로 호봉없이 5단계(Executive Level: EL)로 구분된다. ① Secretary(EL-1) 장관 ② Deputy Sacretary(EL-2) 부장관 ③ Under Secretary(EL-3) 차관 ④ Assistant Secretary(EL-4) 차관보 ⑤ Deputy Assistant Secretary(EL-5) 부차관보(소청심사위원회, 2003: 46)

역에 위치한 8곳의 지역(regional) · 지방(field) 사무소[3]로 구성되며, 총 226명의 전일종사 인력(FTEs[4])이 위원회에 배정되어 있다(MSPB, 2012: 5). 지방 및 지역사무소에는 행정판사(Administrative Judge)가 근무하면서 해당 지역 관할에서 제기된 소청사건을 담당하고 있으며 이들 지역 및 지방사무소의 결정에 불복하는 경우 소청인은 워싱턴DC에 소재한 위원회 본부에 재심을 청원(Petition for Review)할 수 있다(소청심사위원회, 2008: 5).

실적주의보호위원회의 세부 조직 구조는 [그림 7-1]과 같다. 본부의 각 부서장들은 사무처장을 통해 위원장에게 보고하는 체계를 갖추고 있으나 균등고용기회담당관(The Office of Equal Employment Opportunity)은 위원장 직속으로 실적주의보호위원회의 균등고용에 관한 프로그램을 계획하고 운영하는 역할을 한다. 그 외 각 부서의 역할에 대해 간단히 살펴보면 ① 행정법심판관(The Office of the Administrative Law Judge)은 특별심의관(the Special Counsel)에 의해 제기된 시정조치 및 징계처분에 대한 항의(complaints) 및 실적주의보호위원회 직원들의 소청 등에 대해 판결을 내리는 역할을 한다. ② 소청심의국(The Office of the Appeals Counsel)은 위원회 본부로 재심 청원(PFR: Petition for Review)된 소청사건에 대한 법률 조사를 실시하고 위원회의 결정 사항을 준비하는 역할을 수행한다. ③ 소청행정국(The Office of the Clerk of the Board)은 위원회에 제기되는 사건들을 접수 및 처리하고 절차상의 문제를 처리하며, 위원회의 결정사항 등 각종 인쇄물 발간, 정보공개 처리, 위원회 기록시스템을 운영하는 등 사건처리와 관련된 전반적인 행정업무를 담당하고 있다. ④ 법률자문국(The Office of the General Counsel)은 위원회 업무수행에서 발생하는 법률적인 문제에 대해 전반적으로 법률 자문을

---

3) 지역사무소(regional office)는 6곳으로 워싱턴DC사무소, 애틀란타 지역사무소(애틀란타 소재), 센트럴 지역사무소(시카고 소재), 북동 지역 사무소(필라델피아 소재), 댈러스 지역 사무소(댈러스 소재), 서부지역 사무소(샌프란시스코 소재)가 있으며 지방사무소(field office)는 2곳으로 뉴욕사무소(뉴욕 소재), 덴버사무소(레이크 우드 소재)가 있다.

4) FTE(Full-time Equivalent): 노동력 투입에 관한 개념으로 미국 연방정부는 1년간 총 노동시간을 법에서 정한 보상이 가능한 최대 노동 시간으로 나눈 값을 FTE라고 정의하고 있다. 즉, 어느 해 총 노동 시간이 6,240시간이고 1년간 보상이 가능한 최대 노동 시간이 2,080시간일 경우, FTE는 3이 된다. 유연근무제 등이 확산됨에 따라 정원 개념을 단순히 투입된 인원이 아니라 FTE로 변경해야 한다는 의견이 제기되기도 하였다(기획재정부 시사경제용어사전, http://www.mosf.go.kr/news/news05.jsp).

그림 7-1 미국 실적주의보호위원회 조직도

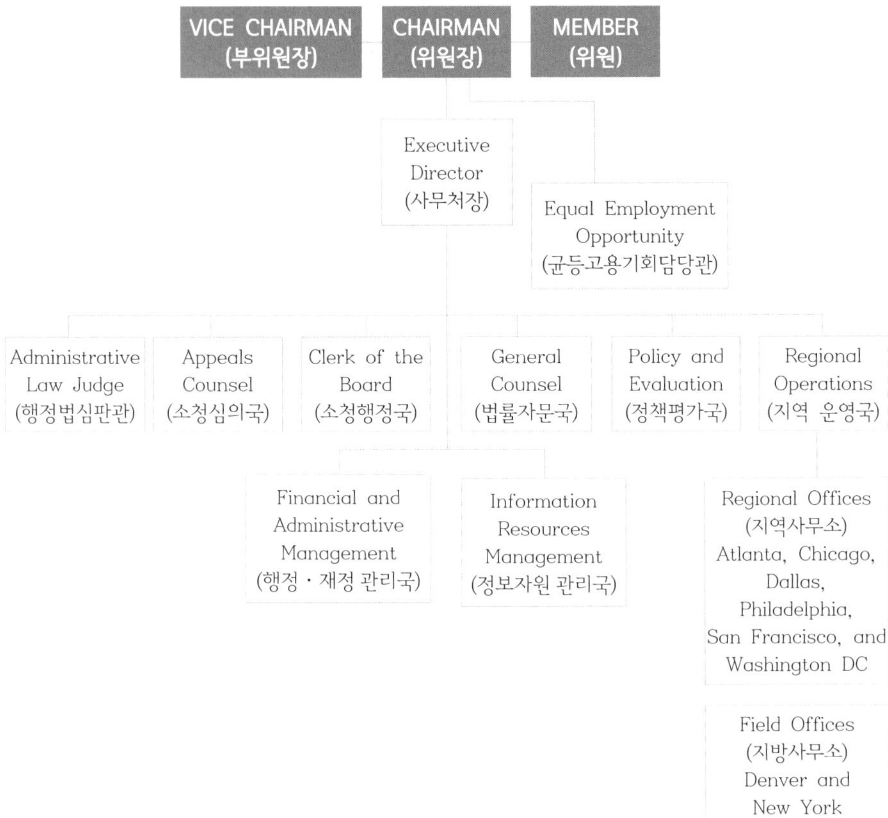

자료: 실적주의보호위원회(http://mspb.gov/About/organization.htm)

하고 있으며 위원회에 대한 소송이 발생할 경우 위원회를 대리하는 역할을 한다. ⑤ 정책평가국(The Office of Policy and Evaluation)은 공무원 제도 및 연방실적주의에 대한 연구를 수행한다. 이러한 연구결과는 대통령과 국회로 보내지고 국민들에게 배포된다. ⑥ 지역운영국(The Office of Regional Operations)은 6곳의 지역사무소와 2곳의 지방사무소를 관리 · 감독하는 역할을 담당한다. ⑦ 행정 · 재정관리국(The Office of Financial and Administrative Management)은 실적주의보호위원회의 예산, 회계, 인력관리, 구매, 보안 등 위원회 일반적인 운영을 담당하고 있으며, ⑧ 정보자원관리국(The Office of Information Resources Management)은 위원회의 자동화된 정보시스템을 개발 · 운영 및 관리하고 있다(MSPB, 2012: 5~6).

나. 실적주의보호위원회(MSPB)의 기능

실적주의보호위원회(MSPB)의 기능은 크게 행정권의 남용으로부터 연방공무원을 보호하고 소청사건을 심사·결정하는 기능과 실적주의 연구(Merit Systems Studies), 인사관리처(OPM)의 규칙 및 규정을 심사하는 기능으로 나누어진다(김영삼, 2006: 286).

그 중 가장 핵심이 되는 기능은 소청심사 기능으로 이는 인사상 금지된 인사행위(Prohibited Personnel Practices) 등을 비롯해 연방 공무원에 대한 불이익한 처분, 면직 및 퇴직 관련 사항에 대해 심사하는 기능을 말한다.

두 번째 기능은 실적주의 연구(Merit Systems Studies)로 이는 실적주의의 건전성에 대해 중립적이고 독립적인 평가를 하는 것을 말한다. 이러한 연구결과는 대통령과 국회에 제출되며, 연방관료, 공익단체, 노동조합 등에 의하여 객관성을 검증받는다. 위원회는 정부의 인력보충과 선발과정, 종업원의 질, 성과관리, 노동력의 다양성, 관리자 선발, 공무원 능력개발, 일용직 공무원, 실적불량자와 같은

| 참고자료 7-1 | 미국의 주요 인사행정기관

1883년에 제정된 펜들턴 법(Pendleton Act)에 따라 중앙인사행정기관으로 연방공무원인사위원회(CSC: Civil Service Commission)가 설립되었으나, 1978년 공무원제도개혁법(CSRA: Civil Service Reform Act)이 제정됨에 따라 인사위원회의 기능이 세분화되었고, 현재 아래와 같이 다수의 기관들이 상호 유기적으로 업무를 수행하고 있다.

- 인사에 관한 정책을 수립하고 집행하는 인사관리처(OPM: Office of Personnel Management)
- 실적주의를 보호하고 위법·부당한 인사조치로부터 공무원들을 보호하는 실적주의보호위원회(MSPB: Merit Systems Protection Board)
- 실적제도에 대한 위반사항이나 내부고발자(Whistle-Blower)에 대한 보복금지 규정 위반사항을 조사하여 MSPB에 기소하는 특별심의관실(OSC: Office of Special Counsel)
- 공무원과 연방정부간의 관계를 다루는 연방노사관계청(FLRA: Federal Labor Relations Authority)
- 인종, 피부색, 종교 등에 따른 인사차별 여부를 다루는 균등고용기회위원회(EEOC: Equal Employment Opportunity Commission)

문제들에 대해 철저하게 조사하여 정부 내・외의 인사 관련 분야를 연구하는 데 지침이 되는 기준을 확립하고 있다(소청심사위원회, 2003: 47).

마지막으로 실적주의보호위원회(MSPB)는 인사관리처(OPM)의 규칙 및 규정을 심사하는 기능을 가지고 있다. 위원회는 인사관리처의 규칙과 규정이 실적주의에 비추어 타당한지 여부를 심사할 권한을 가지고 있는데 심사결과 부당한 규정이라고 결정이 내려지면 모든 기관에서는 해당 규정의 적용을 중단하여야 한다.

2. 소청심사대상

우리나라의 주된 소청대상은 '인사상 불이익 처분으로서 징계처분과 기타 의사에 반하는 불리한 처분'인 반면에, 미국의 실적주의보호위원회의 심사관할권은 원심 관할권(Original Jurisdiction)과 재심 관할권(Appellate Jurisdiction)으로 구분이 된다(김영삼, 2006: 289).

먼저, 원심의 대상으로서, ① 특별심의관(The Special counsel)이 제기하는 해치법(Hatch Act)[5]에 위반한 징계행위 ② '금지된 인사행위(Prohibited Personnel Practices)'를 행하였거나 공무원법 등 법령에 위반하였다는 혐의를 받고 있는 행정기관 또는 연방공무원에 대해 특별심의관(The Special counsel)이 제기한 시정조치 및 징계행위 ③ 특별심의관(The Special counsel)이 '금지된 인사행위(Prohibited Personnel Practices)'에 의해 이루어졌다고 주장하는 인사 조치에 대한 정지 요청 ④ 인사관리처(OPM)에 의해 제정된 규정 또는 행정기관이 인사관리처(OPM) 규정대로 집행하는 것에 대한 검토요구 ⑤ 실적 부진을 이유로 면직된 경우의 비공식적 청문 등이 있다. 원심 관할권에 의한 위원회의 심사건수는 소수에 불과하지만 이러한 사건들은 제도적인 문제를 담고 있다는 측면에서 의미가 있다.[6]

다음으로, 재심관할권 아래 제기되는 주된 사건을 살펴보면 가장 큰 비중을 차지하는 것은 불이익한 처분(면직, 14일 이상의 정직, 강등 또는 감봉, 30일 이하의 펄로(Furloughs)[7])이며 그 다음은 퇴직에 관한 인사관리처(OPM) 결정에 관한 소청이

5) 1939년에 제정된 법으로 공무원의 정치활동을 제한한 법이다.

6) 실적주의보호위원회 홈페이지에서 관할권 관련 부분을 정리하였다(http://mspb.gov/About/jurisdiction.htm).

이다. 그 외에 실적주의보호위원회에서는 실적에 기반을 둔 면직 또는 강등, 등급 내 임금인상 부정, 인사관리처의 적합성 결정, 인사관리처의 고용행위(시험, 자격기준 등), 재고용권의 부정, 수습공무원의 종료, 경찰고용 및 재고용권법(USERRA: Uniformed Services Employment and Reemployment Rights Act)과 제대군인고용기회법(VEOA: Veterans Employment Opportunities Act)의 위반에 대한 소청사건 등을 관할하고 있다.[8]

참고로 미국의 경우 소청을 제기할 수 있는 핵심개념은 '금지된 인사행위'(Prohibited Personnel Practices)로 볼 수 있는데 그 내용은 아래와 같다.

(1) 인종, 피부색, 종교, 성별, 출신 국가, 연령, 무능, 혼인 상태 또는 정치적인 가입을 이유로 하여 차별하는 것
(2) 개인의 지식과 자질·성격에 근거하지 않고 채용 추천을 요구하거나 고려하는 것
(3) 정치활동을 강요하는 행위
(4) 업무상의 경쟁에서 타인을 속이거나 고의적으로 방해하는 것
(5) 어떤 지위에 대한 경쟁을 포기하도록 영향력을 행사하거나, 타인의 고용을 도와주거나 방해하도록 영향력을 행사하는 것
(6) 특정 공무원이나 공직 지원자의 취업 전망을 높이거나 나쁘게 하기 위해 특정인에 대해 허용되지 않은 우대조치를 하는 것
(7) 정실인사(Nepotism)에 개입하는 것
(8) 부정행위를 입증하는 정보를 합법적으로 폭로하는 것(내부고발)을 이유로 인사조치를 하거나 못하도록 하는 것
(9) 다음과 같은 사유로 인사를 하거나 못하도록 하는 것: 소청이나 불평 또는 고충을 청구하는 것, 소청이나 불평 또는 고충을 청구하는 개인을 위해 증언하거나 합법적으로 돕는 것, 감찰관(the Inspector General) 또는 특별심의관(the Special Counsel)에게 협력하거나 정보를 폭로하는 것, 개인에게 범법행위를 요구하는 명령에 복종하는 것을 거부하는 것
(10) 성과에 역행하지 아니하고 업무와 관련 없는 개인적 행위를 기초로 차별하는 것
(11) 작위나 부작위가 제대군인의 우대조건을 위반함에도 인사조치를 실행, 추천 또는 승인하거나 하지 않는 것
(12) 작위나 부작위가 실적주의원리를 구현하거나 직접적으로 관계되는 법률, 규칙, 규정을 위반함에도 인사조치를 하거나 하지 않는 것

자료: 미국 특별심의관실 홈페이지(http://www.osc.gov/pppwhatare.htm)

7) 업무·예산의 부족 등으로 인해 직무를 부여치 않는 무급휴가와 비슷한 것으로 징계는 아니다.
8) 실적주의보호위원회 홈페이지에서 관할권 관련 부분을 정리하였다(http://mspb.gov/About/jurisdiction.htm).

3. 소청심사제도의 운영

가. 소청인

연방공무원(NSA, CIA, FBI 직원[9] 및 정치적 임명직은 제외)은 불이익한 처분에 대하여 지역·지방사무소에 구제를 신청할 수 있다. 세부적으로 보면 수습기간이 지난 경쟁직 공무원(the Competitive Service), 우편공무원을 제외한 2년 이상 근무한 제외직 공무원(the Excepted Service)은 소청인이 될 수 있다. 수습직원도 일정한 경우 제한된 소청심사청구권을 가진다. 퇴직자는 퇴직시스템을 운영하는 인사관리처(OPM)의 퇴직에 영향을 미치는 결정에 대해 소청을 제기할 수 있고, 공직지원자도 인사관리처(OPM)의 공직 적격성 결정과 고용행위와 같은 일련의 행위에 대해 제한적으로 소청청구권을 가진다(소청심사위원회, 2003: 50).

나. 소청 청구 및 심사절차

(1) 심사청구

소청인은 억울한 징계처분이나 불이익한 처분을 받았다고 생각될 때, 처분효력 발생일로부터 30일 이내(효력 발생일을 명시하지 않은 경우 통지를 받은 날로부터 30일 이내)에 해당 지역·지방사무소에 소청을 제기해야 한다. 소청인은 e-Appeal 온라인 시스템(http://e-appeal.mspb.gov/), 우편, 팩스, 방문 등을 통해 소청을 청구할 수 있으나, 이메일 청구는 불가능하다.

(2) 심사절차

각 지역·지방사무소의 행정판사(the Administrative Judge)는 배정된 사건과 관련하여 처분기관에 소청이 제기되었음을 통보하고 처분의 적법성에 대한 증거자료를 요구하여야 하며, 처분 기관은 20일 이내에 증거자료를 제출해야 한다. 처분에 대한 입증책임은 처분청에 있으며, 소청인은 자신이 제기한 소청이 위원회의 심사대상에 해당되고 기간 내에 제기하였음을 입증하여야 한다.

---

9) 국가안보국(National Security Agency), 중앙정보국(Central Intelligence Agency), 연방수사국(Federal Bureau of Investigation)을 의미한다.

행정판사는 청문(hearing)과정[10]에서 화해(settle)를 유도하나 화해가 되지 않을 경우 접수일로부터 120일 이내에 결정을 하여야 한다, 소청인은 지역 · 지방사무소의 결정에 불복하는 경우, 최초 결정이 교부된 지 35일 이내 또는 소청인이 최초 결정을 수령한지 30일 이내에 실적주의보호위원회 본부에 재심을 청원(Petitions for Review)할 수 있다.

위원회 본부에서는 지역 · 지방사무소 최초 결정이 중요한 사실의 오류사항을 포함하고 있거나 새로운 중요한 사실 또는 법률적 논의가 발생한 경우, 또는 행정판사의 결정이 법률 해석상 오류에 기반을 두고 있는 경우 등에 한해 재심청원을 허가하고 실질적 판단(서류심사 원칙)을 할 수 있다. 이때, 위원회에서는 소청심의국(The Office of Appeal Counsel)에서 마련한 보고서를 기반으로 위원장, 부위원장, 일반위원 3인이 투표하여 최종 결정을 한다.[11]

표 7-1 실적주의보호위원회 소청관련 심사건수[12](2011회계연도[13])

총 계	위원회 본부	지역 · 지방 사무소
7,392 (100%)	849건 (11.5%)	6,543건 (88.5%)

자료: Merit Service Protection Board Annual Report for FY 2011.

다. 소청의 결정과 불복에 관한 절차

(1) 소청심사의 결정

실적주의보호위원회는 스스로 처분결정(면직, 강등, 재임용, 벌금부과 등)을 내릴 수 있고 연방기관 및 소청인에게 처분결정을 따를 것을 명령하는 결정도 내릴 수 있다. 이 경우 각 기관은 결정에 따른 적절한 조치를 취한 후 조치사항을 통보해야 한다. 처분청이 위원회의 결정에 따르지 아니하거나 이행 노력이 불충분

10) 대부분의 소청은 청문(hearing)에 의한 심사로 진행되나 소청인은 청문에 대한 권리를 포기하고 서류심사를 선택할 수 있다. 또한, 청문과정에 있어 대면을 하지 않고 전화나 영상회의를 통해 청문을 진행할 수 있다는 특징을 지니고 있다.

11) 실적주의보호위원회(http://mspb.gov/appeals/appellantqanda.htm/)

12) 심사건수는 소청(Appeals)에 관한 심사건수만을 정리한 것으로 그 외 원심 관할권에서의 심사사건 등은 심사건수는 제외하였다.

13) 미국의 경우, 2011회계연도는 2010년 10월 1일부터 2011년 9월 30일까지를 말한다.

표 7-2 지역 및 지방사무소 유형별 결정통계(2011회계연도)

유형	합계	각하 (Dismissed)	Not Dismissed		
			소계	화해 (Settled)	재결 (Adjudicated)
불이익 처분[14)] (Adverse Actions)	2,744	1,373	1371	932	439
견습 파면 (Termination of Probationers)	513	466	47	38	9
직권면직[15)] (Reduction in Force)	50	37	13	6	7
성과 (Performance)	110	32	78	58	20
적정등급 (Acceptable level of Competence)	33	18	15	12	3
적합성 (Suitability)	97	58	39	26	13
개인 권리 관련 처분 (Individual Right of Action)	236	173	63	41	22
퇴직문제[16)]	956	528	428	81	347
기타[17)]	1,804	1,224	580	435	145
총계	6,543 (100%)	3,909 (59.7%)	2,634 (40.3%)	1,629 (61.9%)	1,005 (38.1%)

자료: Merit Service Protection Board Annual Report for FY 2011.

한 경우 강제지시를 내리거나 기금보류 등의 제재조치를 취할 수 있으며, 행정기관의 법 규정 위반사항이 발견된 경우 권고결정을 내릴 수도 있다(소청심사위원회, 2003: 51).

2011회계연도 중 실적주의보호위원회 지역·지방사무소의 소청심사 청구 관련 통계를 보면 총 청구건수 6,543건 중 불이익 처분이 2,744건으로 다수를 차

14) 면직(removal), 14일 이상의 정직(suspension), 감봉 및 강등(reduction in pay or in grade), 펄로(furlough, 인력·예산문제 등으로 인한 무급휴가 성격), 호봉승급 거부, 계고(warning), 견책(reprimand) 등
15) 인력·조직 감축과 관련된 인사처분을 의미한다.
16) 퇴직문제에 대한 인사관리처(OPM) 결정 등을 말한다.
17) 경찰고용 및 재고용권법(USERRA)과 제대군인 고용기회법(VEOA) 위반 관련 사항 등을 포함하고 있다.

지하고 있었고 그 다음으로 퇴직에 관련한 처분이 956건으로 많이 청구되었다. 특징적인 것으로 소청 청구가 각하(Dismissed)되는 비율이 59.7%(3,909건)로 상당히 높으며, 각하되지 않았다고 하더라도 상당수가 화해(Settled)로 처리되었다.

<표 7-2>의 통계 중 재결 사항(Adjudicated: 1,005건)의 세부결정 사항을 보면 아래의 <표 7-3>과 같이 처분유지(Action or Decision Upheld or Left Undisturbed)가 74%(745건)를 차지했고 시정명령(Action or Decision Overturned or Corrective Action Ordered)은 22%(223건), 완화(Mitigated)는 3%(24건)를 차지하고 있어 주로 처분유지로 결정하는 경향임을 알 수 있으며, 기타 결정의 형태로 1%(13건)가 있는 것으로 나타났다.

표 7-3 지역 및 지방사무소 재결사항 통계(2011 회계연도)

결정유형	건수	비율	비고
처분유지 (Action or Decision Upheld or Left Undisturbed)	745건	74%	
시정조치 등 (Action or Decision Overturned or Corrective Action Ordered)	223건	22%	
완화(Mitigated)	24건	3%	
기타(Others)	13건	1%	
총계	1,005건	100%	

자료: Merit Service Protection Board Annual Report for FY 2011.

한편, 2011회계연도 중 위원회 본부에서 이루어진 심사결정의 통계를 보면 소청에 대한 새심청원(Petitions for Review) 총 849건 중 대부분인 585건(69%)이 1차 심의단계에서 기각(Denied)되었다. 이는 청원에 대한 1차 심의단계에서 지역・지방사무소의 최초 결정이 중요한 사실의 오류사항을 포함하고 있거나 새로운 중요한 사실 또는 법률적 논의가 발생, 또는 행정판사의 결정이 법률 해석상 오류에 기반을 두고 있다고 판단하지 않았기 때문이다. 이러한 경우에는 청원에 대한 본안 판단을 하지 않고 기각(Denied)한다. 청원에 대한 허가 기준이 제한적이다 보니, 청원이 허가(Granted)되어 본안 판단으로 진행되는 경우는 총 청원 건수 중 17%(145건)에 지나지 않으며, 일단 기각하였으나 추후에 재검토(Denied but

Reopened)되는 경우도 43건(5%)이 있었다.

재심 청원이 허가되어 본안 판단으로 진행된 사건들의 최종결과를 보면 지역 · 지방사무소의 최초 결정을 번복(Reversed)한 경우가 25건(17%)이며 사건이 환송(Case Remanded)된 경우가 89건(62%)으로 대부분 최초 결정이 변경되었고, 단지 22건(15%)만이 최초 결정을 유지(Affirmed)하는 것으로 결정되었다.

표 7-4 위원회 본부 결정사항 통계(2011 회계연도)

결정유형		건수	비율	비고
기각(Denied)		585건	69%	
각하(Dismissed)		60건	7%	
기각하였으나 재검토(Denied but Reopened)		43건	5%	
화해(Settled)		16건	2%	
청원 수락 (Granted)	소계	145건	17%	(100%)
	최초 결정 지지 (Initial Decision Affirmed)	22건		(15%)
	최초 결정 번복 (Initial Decision Reversed)	25건		(17%)
	사건 환송(Case Remand)	89건		(62%)
	처분청 조치 완화 (Agency Action Mitigated)	0건		–
	기타(Others)	9건		(6%)
총계		849건	100%	

자료: Merit Service Protection Board Annual Report for FY 2011.

(2) 심사 결정에 대한 불복

실적주의보호위원회의 최종결정에 불복하는 경우, 소청인은 최종 결정을 받은 후 60일 이내에 연방고등법원에 구제를 신청할 수 있다. 차별대우와 관련한 사건인 경우 균등고용기회위원회(EEOC: Equal Employment Opportunity Commission)에 청구를 하거나, 최종 결정 수령일로부터 30일 이내에 연방지방법원에 민사소송을 제기할 수 있다.

제2절 일본의 소청심사제도

1. 소청심사기관의 조직과 기능: 인사원 공평심사국

가. 인사원 공평심사국의 조직

일본은 공무원 개인의 이익을 보호하고 인사행정의 적절한 운영과 공무의 공정하고 능률적인 운영확보를 위해 공평심사제도를 운영하고 있으며 이에 따라 일본의 국가공무원은 그 의사에 반하는 강임 · 면직 등 불이익처분을 받은 경우, 근무조건에 관한 행정상의 조치를 구하는 경우, 공무재해 인정 등에 불복하는 경우에 행정조치 또는 심사를 인사원에 신청할 수 있다(소청심사위원회, 2003: 57). 인사원은 이러한 신청과 요구가 있는 경우, 사안에 따라 조사 · 심사를 실시하고 이를 판정하는 등의 공평심사업무를 수행한다(김영삼, 2008: 241).

그림 7-2 일본 인사원 조직도(2012년)

자료: 平成24年度 人事院の進める 人事行政について.

1948년에 설립된 인사원은 내각 관할하에 국가공무원의 인사관리를 담당하는 중립적인 전문기관으로서 3인의 인사관으로 구성된다. 인사관은 4년 임기로 3회까지 재임이 가능하며 인사원 총재는 인사관 3인 중에서 내각에 의해 임명된다.

인사원 내에서 공평심사업무를 담당하는 기관은 공평심사국으로 국장 1명과 심의관 1명, 수석심의관 3명 및 2개과(조정과, 직원상담과)로 구성된다. 또한 인사원의 각 지역사무소 내에 공평근무계를 두고 있는데 이곳에서 해당 지역의 국가공무원에 대한 공평심사업무를 수행하고 있다.

그림 7-3 인사원 공평심사국 조직(2012년)[18]

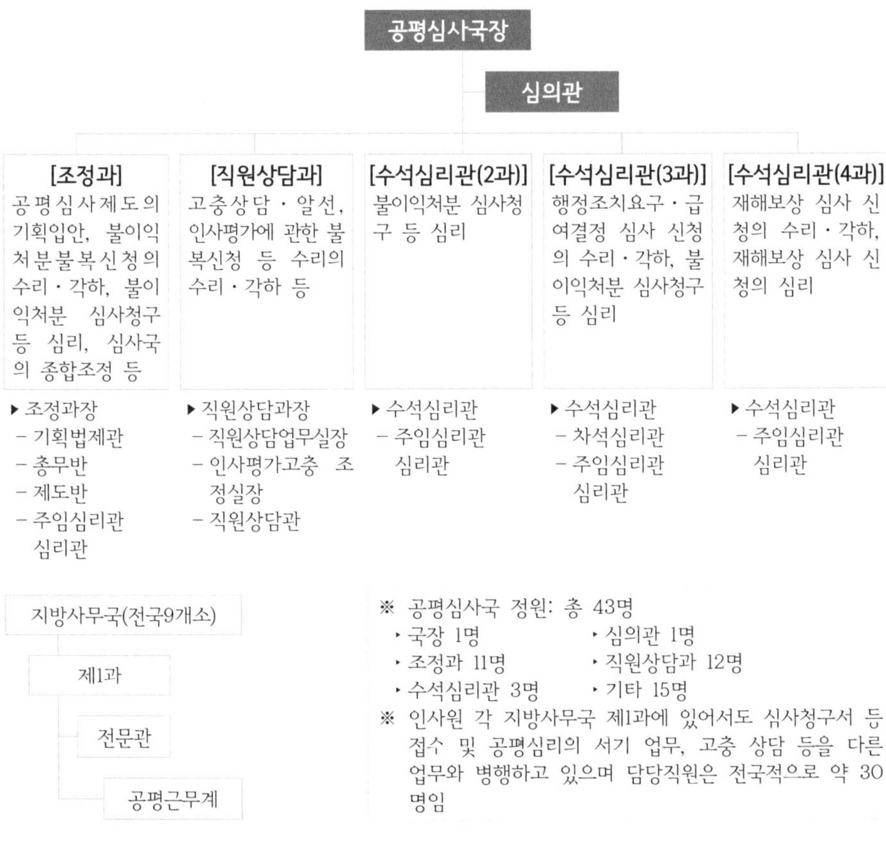

※ 공평심사국 정원: 총 43명
- 국장 1명
- 심의관 1명
- 조정과 11명
- 직원상담과 12명
- 수석심리관 3명
- 기타 15명

※ 인사원 각 지방사무국 제1과에 있어서도 심사청구서 등 접수 및 공평심리의 서기 업무, 고충 상담 등을 다른 업무와 병행하고 있으며 담당직원은 전국적으로 약 30명임

18) 소청심사위원회, 2012b: 21

나. 인사원 공평심사국의 주요 기능

인사원의 공평심사국은 국가공무원법 제3조에 따라 공평심사제도(불이익 처분 불복 신청, 행정조치 요구, 재해 보상 심사 신청, 급여 결정 심사 신청) 및 고충상담제도를 운영하고 있다.

그 중 한국의 소청심사제도와 가장 유사한 기능은 불이익 처분에 대한 심사 기능으로 불이익처분(징계처분 또는 직원의 의사에 반하는 강급(降給), 강임, 휴직, 면직 등)을 받은 공무원은 인사원에 불복신청을 할 수 있고 신청을 받은 인사원은 각 사안마다 공평위원회를 설치하여 해당 사안에 대한 심리 등 조사활동을 하고 그 조사결과에 기초하여 처분의 위법성 또는 부당성의 유무를 판단, 최종 판정을 하고 있다.

또한, 인사원 공평심사국은 공무원이 급여, 근무시간 등 근무조건에 관한 행정조치를 요구하는 경우 이를 심사하는 기능을 지니고 있으며, 재해보상 실시[19] 및 급여 결정에 관한 심사를 하고 있다.

마지막으로 고충상담 기능을 하고 있는데 이는 직원으로부터 근무 조건 및 기타 인사 관리에 관한 고충 신청 또는 상담 요청이 있을 경우, 신청인에게 설명 또는 조언해 주는 것이다. 때로는 신청인의 양해하에 신청인이 소속되어 있는 기관으로 상담 내용을 전달하며 필요에 따라 사정 청취, 조회 및 기타 조사를 실시하고 조사 결과에 의거해 관계 당사자에게 지도, 알선 및 기타 필요한 조치를 실시할 수도 있다(소청심사위원회, 2012b: 16).

2. 소청심사대상: 불이익 처분[20]

징계처분(면직 · 정직 · 감급 · 계고)과 분한(分限)처분[21](면직 · 휴직 · 강임 · 강급) 및

---

19) 재해보상 실시에 관한 심사는 직원이 입은 사고, 질병 등 재해에 대해 각 부처에서 실시한 공무상 이외의 인정, 보상 금액의 결정 등에 불복하는 직원 또는 유족으로부터 심사가 신청되었을 경우 판정을 하는 기능이다.

20) 다양한 심사기능 중 한국의 소청심사제도와 가장 유사한 불이익 처분에 대한 불복심사를 위주로 그 대상과 절차 등을 알아보았다.

21) 분한처분에 대해서는 일본의 국가공무원법상 명문으로 정의하고 있지는 않지만 이는 직원의 신분보장을 전제로 한 신분상의 변화를 의미한다. 즉, 직원의 의사에 반한 면직, 휴

기타 현저히 불이익한 처분이 불복신청의 대상이 되며 현저히 불이익한 처분에는 직원의 의사에 반하여 이루어진 전임, 배치전환, 강제에 의한 사직의 승인 등의 처분도 포함된다. 다만, 법률상 권리의무 관계에 직접적인 변동을 초래하지 않는 교정조치(훈고, 엄중주의 등)와 공무원이 한 신청에 대한 부작위는 불복 신청 대상이 되지 않는다(소청심사위원회, 2012b: 6).

3. 소청심사제도의 운영: 불이익 처분에 대한 불복심사

가. 소청인

불이익한 처분을 받은 국가직 공무원은 인사원에 불복신청을 할 수 있다(소청심사위원회, 2003: 55). 다만, 직종별로 소관기관이 상이한데 일반직[22]의 경우 검찰관과 해상보안관, 경찰직원을 포함하여 인사원의 공평위원회에서 공평심사를 소관하고 있으나 특별직의 경우, 방위성 직원은 방위성(방위인사위원회)에서, 법원 직원은 대법원(공평위원회)에서, 국회직원은 각 의원사무국, 의원법제국, 국립국회도서관(국회직원고과위원회) 등에서 담당을 하고 있다. 특이할 사항은 일반직의 경우라도 외무직원이 외교기밀을 누설해 국가의 중대한 이익을 훼손했다는 사유로 징계처분을 받은 경우에 있어서 그 처분에 대한 불복 신청은 외무성(외무인사심의회)에서 처리한다는 것이다.

직, 강임, 강급은 분한처분으로서 이루어지는 것이다. 예를 들어 해당 공무원이 근무실적이 좋지 않거나 관직에 필요한 적격성이 결여된 경우, 심신의 장애가 있는 경우 면직 또는 강임을 하는 경우라고 할 수 있다. 한국의 경우와 비교해 볼 때, 징계처분으로서의 면직은 해임 또는 파면과 유사하다고 할 수 있고, 분한처분으로서 면직은 직권면직과 유사하다고 볼 수 있다.

22) 일본 국가공무원은 일반직과 특별직으로 구분된다. 일반직은 특별직에 속하는 직 이외의 국가공무원 일체의 직을 포함하고, 특별직에 대하여는 아래와 같이 열거하고 있다(국가공무원법 제2조).

※ 내각총리대신, 국무대신, 인사관 · 검사관, 내각법제국장관, 부대신, 취임에 있어 선거에 의할 것을 필요하는 자, 일본 학사원 회원, 재판관 및 재판소 직원, 국회 직원, 방위성의 직원 등

나. 소청 청구 및 심사절차

(1) 심사청구

불이익한 처분을 받은 공무원은 해당 처분에 대한 처분설명서를 수령한 다음 날부터 기산하여 60일 이내에 심사를 청구할 수 있다. 다만 처분이 있던 다음 날로부터 1년이 경과한 경우에는 불복신청을 할 수 없다.

불복신청 건수 관련 통계를 보면 2011년의 경우 총 신청건수가 21건으로 불복신청이 극히 소수에 지나지 않는 점이 특이한데, 이에 대하여 인사원 공평심사

표 7-5 처분 종류별 불복신청 건수[23]

처분 종류 \ 연도			2007년	2008년	2009년	2010년	2011년
징계처분	면직		5	4	1	4	2
	정직		3	1	1	5	2
	감급		11	7	3	0	0
	계고		9	0	2	2	0
	합계		28	12	7	11	4
분한처분	면직		4	1	80	1	0
	휴직		14	6	3	0	4
		질병	4	0	2	0	3
		형사	0	0	0	0	0
		연구	0	0	0	0	0
		기간갱신	10	6	1	0	1
	강임		1	0	0	0	0
	강급		–	–	0	0	0
	합계		19	7	83	1	4
기타	전임・배치환		1	6	3	1	5
	사직승인		3	1	0	3	2
	상기 이외		2	7	5	2	5
	합계		6	14	8	6	12
재심			1	5	0	2	1
총합계			54	38	98	20	21

23) 소청심사위원회, 2012b: 10

국에서는 ① 훈고, 엄중주의 등의 교정조치 및 부작위가 불복신청의 대상이 되지 않는 점, ② 분한처분, 징계처분 등을 받았을 때에 그 사유를 명시한 처분설명서를 대상자에게 교부하여 처분사유를 충분히 설명하는 점, ③ 고충상담제도가 마련되어 있어 불복신청에 도달하기 전 분쟁이 해결되는 경우가 있는 점 등으로 그 이유를 설명하고 있다(소청심사위원회, 2012b: 10).

(2) 심사절차

인사원은 심사청구를 받은 경우, 그 심리를 수행하기 위해 각 사안별로 3명 또는 5명의 공평위원으로 구성된 공평위원회를 설치하는데, 인사원은 인사관 또는 사무총국의 직원 중에서 공평위원을 지명하고 필요한 경우 학식 경험이 있는 자를 지명할 수 있다. 주로 공평위원장은 인사관 또는 사무총국의 직원인 공평위원 중에서 인사원이 지명하나 통상 과장보좌급으로 지명하고 공평위원 선정시 청구자의 직급을 특별히 고려하지는 않는다.

공평위원회는 인사원이 각 사안에 대해 공정 타당한 판단을 할 수 있도록 심리절차를 통해 당사자·증인 및 감정인의 진술, 당사자의 자료 및 증거 등을 검토하고 조서를 작성, 판정에 대한 의견을 첨부하여 인사원에 제출한다. 인사원은 제출된 조서에 따라 판정을 하는데, 심사처리에 대한 기한은 법령에서 정한 바가 없으나 대략 신청 후 판정까지 통상 6개월 정도 소요된다.

그림 7-4 불이익한 처분에 대한 불복신청 심사 흐름도

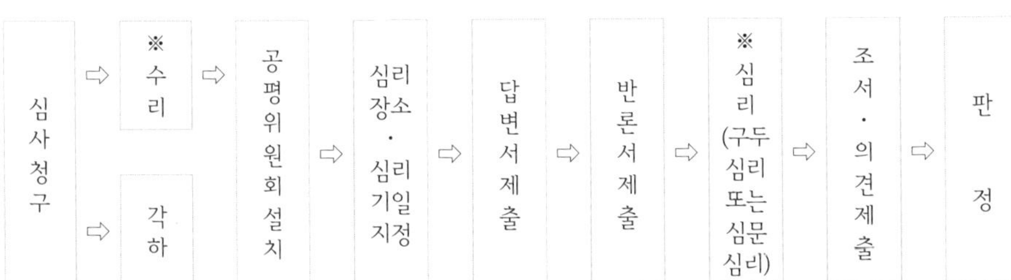

※ 수리 또는 각하: 인사원은 제출된 심사청구서에 대한 검사·심사를 행한 후, 심사청구를 접수하거나 각하여부를 결정하여야 한다(청구자격이 없는 자에 의한 심사청구, 처분에 해당되지 않는 것이 명백한 사실에 대한 심사청구, 신청기간이 경과한 심사청구 등은 각하한다).

※ 심리 희망장소에 대해서도 청구자의 의향을 고려하여 결정할 수 있다.

심사절차 등에 있어 특이한 점은 불복을 신청한 직원의 청구에 따라 구두심리와 심문심리를 선택하여 실시할 수 있다는 것이다. 즉, 직원의 청구가 있을 시에는 구두심리를 하여야 하며 별도의 청구가 있을 시에는 구두심리를 공개할 수도 있다. 반면에 구두심리 대신 심문심리[24]를 청구한 경우에는 심문심리를 하여야 한다.

표 7-6 연도별 심리방식 선택 건수[25]

방식 / 연도	구두심리			심문심리	합계
	공개	비공개	소계		
2006	14	7	21(53.8%)	18(46.2%)	39
2007	16	6	22(55.0%)	18(45.0%)	40
2008	25	5	30(49.2%)	31(50.8%)	61
2009	1	2	3(37.5%)	5(62.5%)	8
2010	1	1	2(25.0%)	6(75.0%)	8
합계	57	21	78(50.0%)	78(50.0%)	156

주) 각 연도에 있어 판정을 정리한 건수로 병합사안에 대해서는 병합 전 사안 건수별로 계산

다. 소청의 결정 및 불복에 관한 절차

(1) 소청심사의 결정

인사원은 공평위원회가 제출한 조서에 따라 처분을 승인, 수정 또는 취소하는 판정을 한다. 승인판정은 처분을 받아야 할 이유가 있고 처분이 타당하다고 인정되는 경우를 말하며, 처분을 받아야 할 이유가 있지만 처분이 타당하지 않다고 인정되는 경우에는 수정판정을, 처분을 받아야 할 이유가 없는 경우에는 취소판정을 결정한다(소청심사위원회, 2003: 56).

심사결정에 있어 특이한 점은 불이익 처분에 대한 불복 신청에 대한 인용률이 5% 남짓에 시나지 않는다는 것이다. 특히 2009년과 2010년의 경우 인용률이

24) '구두심리'는 청구자와 처분자를 동석시켜 쌍방이 주장 및 입증을 자발적으로 하게 하여 조사를 실시하는 것이고(당사자에 의한 증인심문, 당사자 심문 가능), '심문심리'는 청구자와 처분자를 동석시키지 않고 따로 사정을 청취하며 그 밖에 필요한 조사를 실시하는 것을 의미한다(소청심사위원회, 2012b: 7).

25) 소청심사위원회, 2012b: 9

표 7-7 불이익 처분 불복 신청사안 처리결과[26)]

구분 / 연도	접수건수	처리건수								인용률	이월건수
		판정					취하, 각하 등		합계		
		승인	수정	취소	소계	이중 6월 이내		이중 취하 및 재심각하			
2007년	54	37	2	1	40	17(42.5%)	46	17	86	4.3%	65
2008년	38	59	1	1	61	21(34.4%)	19	8	80	2.8%	23
2009년	98(77)	8	0	0	8	5(62.5%)	16	6	24	0.0%	97
2010년	20	8	0	0	8	6(75.0%)	12	6	20	0.0%	97
2011년	21	8	0	1	9	5(55.6%)	12	4	22	5.6%	96

주) 2009년도 접수 건수 란의 ( ) 안의 숫자는 구사회보험청(분한 면직 처분) 사안의 부분값임.
이중 6월 이내 란의 ( ) 안의 비율은 판정 건수 전체에서 차지하는 비율이며, 인용률은 취하 및 재심 각하를 제외한 처리 건수에서 차지하는 처분의 취소 및 수정 판정 건수의 비율임.

0%로 단 1건의 수정 또는 취소 판정이 이루어지지 않았고 2011년의 경우 총 22건의 처리건수 중 단 1건만 취소판정이 이루어져 5.6%의 인용률을 나타내고 있다. 전체적으로 불복 신청 건수도 소수이고 인용률 또한 매우 낮은 모습을 보이고 있는데 이는 일본 특유의 보수적인 조직문화에 기인하고 있는 것으로 보인다.

(2) 심사 결정에 대한 불복

인사원의 판정에 불복하는 경우, 신청인은 판정의 취소를 구하는 소송을 법원에 제기할 수 있으며,「인사원 규칙 13-1」제71조 각 호에서 정하고 있는 재심사유가 발생한 경우, 판정이 있은 날의 다음 날로부터 기산하여 6월 이내에 재심을 청구할 수 있다. 재심 청구가 가능한 사유를 보면 공평위원으로 될 수 없는 자가 공평위원 또는 조사원으로 심리에 관여한 것이 판명된 경우, 판정의 기초가 된 증거자료가 위조 또는 변조된 것임이 판명되었을 경우, 판정의 기초가 된 증인의 증언, 당사자의 진술 또는 감정인의 감정이 허위로 밝혀진 경우, 심리시 증거 조사가 이루어지지 아니한 중요한 증거가 새로 발견된 경우 등이 포함된다. 한편, 인사원은 위 재심요건에 해당하는 사항을 발견한 경우 직권으로 재심을 실

26) 소청심사위원회, 2012b: 9

시할 수 있다.

제3절 중국과 뉴질랜드의 소청심사제도 소개

1. 중 국

중국의 소청제도는 신소(申訴)라는 형식으로 운영이 되는데 이는 공무원뿐만 아니라 전체 국민이 향유하는 제도이고 공무원의 인사쟁의 관련 사항만 전담하여 처리하는 인사쟁의 중재제도가 별도로 운영되고 있다(온준환, 2005: 1).

신소(申訴)란 공민 또는 사회조직의 구성원이 법률 또는 조직규정에 근거하여 향유하는 권익을 침해당했을 경우 미리 정한 절차에 따라 관련 기관 또는 조직에 설명・진술하여 침해를 바로잡고 권익을 보호하도록 요구하는 행위를 말하는 것으로(온준환, 2005: 2), 공무원은 자신과 관련된 인사 처리에 불복하는 경우 재심사를 요구하거나 신소를 제출할 수 있다.

신소에 있어 불복대상이 되는 인사 처리에는 처분,[27] 면직,[28] 직권면직 및 임용취소, 강직, 법률 및 법규에서 신소를 제출할 수 있도록 규정하고 있는 기타의 인사 처리 결정 등이 있으며(중화인민공화국공무원법 제90조; 김영삼, 2008: 243~244), 공무원은 위의 인사 처리에 불복할 경우, 이를 안 날로부터 30일 이내에 원 처리기관에 재심사를 신청할 수 있다. 재심사 결과에도 불복하는 경우, 재심 결정을 받은 날로부터 15일 이내에 규정에 따라 동급 공무원 담당부서나 본 인사 처리를 결정한 기관의 상위 기관에 신소할 수 있으나, 재심을 거치지 않고 본인이 인사 처리를 인지한 날로부터 30일 이내에 직접 신소를 제출할 수도 있다(중화인민공화국공무원법 제90조).

이러한 신소제기를 수리한 수리기관은 반드시 원 처리기관의 처리, 결정을

---

27) 공무원이 법 또는 기율을 위반한 경우 감수해야 하는 행정 기율상의 책임으로 징계와 유사하여, 중국인민공화국공무원법 제56조가 규정하고 있는 처분의 종류로는 벌점[記過], 대벌점[大記過], 감봉[降級], 해임[撤職], 파면[開除] 등이 있다(온준환, 2005: 4).

28) 중국의 면직은 전보, 파견, 휴직, 직위해제 등이 결합되어 있는 개념으로 한국의 '면직' 개념과는 상이하다(온준환, 2005: 5).

변경 및 철회할 수 있는 권한이 있거나 원 처리기관에 변경 및 철회토록 의견을 제출할 수 있는 기관이어야 하며(김영삼, 2008: 246-247), 수리 결정 후 임시기구인 공정위원회를 구성하게 되는데 공정위원회는 일반적으로 3인 내지 5인으로 구성되며 신소 내용에 대해 심리하고 구제적인 처리의견을 제출하는 책임을 진다(김영삼, 2008: 241).

수리기관은 공정위원회가 제출한 심리보고서에 의거하여 신소서 제출일로부터 60일 이내에 이에 대한 결정을 하여야 하나, 기한 내 결정이 불가능할 경우 30일 한도 내에서 연장할 수 있다. 공무원의 신소를 수리한 기관에서 해당 인사처리에 잘못이 있다고 결정하는 경우 원 처리기관은 즉시 이를 수정하여야 하며(중화인민공화국공무원법 제92조), 신소를 제기한 공무원은 원 처리기관의 새로운 처리 및 원 처리 변경에 대해 불복하는 경우 다시 신소를 제출할 수 있다(온준환, 2005: 7~9).

2. 뉴질랜드

뉴질랜드에서는 공공부문과 사적부분의 노동관계가 구별 없이 완전히 동일하게 취급되고 있으며 다만, 직무를 수행함에 있어 공무원에게는 별도의 행동강령에 따른 의무가 요구되고 있다(김영삼, 2006: 280). 이에 따라 뉴질랜드의 공무원은 징계절차의 어떠한 단계에서건 노동자의 권리로서 자신이 소속된 노조나 대리인을 관여시키고 고용관계에서의 문제[29]를 해결하기 위해 중재(Mediation)를 요청할 수 있다(소청심사위원회, 2004: 35).

중재제도에 있어 가장 핵심적인 역할을 담당하는 자는 중재자(Mediator)로, 중재자는 고용관계에서 발생하는 문제를 신속하고 효과적으로 해결할 수 있도록 도와주는 역할을 수행한다(김영삼, 2006: 285). 중재 서비스는 기업혁신고용부(Ministry of Business, Innovation & Employment)에서 제공하고 있으며 중재자는 기업혁신고용부에 고용된 자로 분쟁 해결에 대한 교육을 받았으며 고용인과 노동자로의 경험을 모두 지니고 있고 고용법에 대한 학식이 풍부한 전문가이다.[30]

---

29) 고용관계에서의 문제란, 개인적인 고충을 비롯하여 고용관계에 있어서의 분쟁 등을 포함하는 것으로 부당한 해고, 차별, 부당한 강등 또는 경고 등을 그 예로 들 수 있다.

중재자는 공정하고 균형잡힌 방식으로 양 당사자가 문제를 해결할 수 있도록 돕는데, 양 당사자와 직접 논의하기 위하여 노동현장에 방문할 수 있고, 양측을 함께 데려와 사안에 대해 진술하도록 할 수 있다(김영삼, 2008: 296). 당사자들이 합의에 도달한 때에는 중재자로 하여금 합의안에 서명하도록 하여야 하며, 중재자는 양 당사자에게 일단 자신이 서명을 하면 이 합의안에 대해서는 불복할 수 없음을 설명해야 한다. 만일 양 당사자가 중재자의 서명에 동의하면 이 합의안은 최종적인 것이 되며, 합의안이 실행되지 않는다고 판단되는 경우에는 고용관계소(Employment Relations Authority)나 노동법원(Employment Court)을 통해 합의안의 이행을 강제할 수 있다.[31]

만일 사용자와 노동자가 중재를 거쳐서도 합의에 도달하지 못하면, 중재자는 중재를 휴회할 수 있고, 또는 당사자가 중재자로 하여금 최종적이고 기속력 있는 결정을 해줄 것을 상호 동의하에 서면으로 요청할 수 있다. 그러나 이 모든 경우가 다 받아들여지지 않을 경우에는 고용관계소(Employment Relations Authority)나 노동법원(Employment Court)에서 문제를 다툴 수 있다.[32]

제4절 한국과 외국의 소청제도 비교(미국과 일본을 중심으로)

1. 소청심사기관

일본의 인사원은 한국의 소청심사위원회와 유사한 업무를 수행한다고 볼 수 있으나, 공평심사제도 관련 업무뿐만 아니라 인사제도 전반에 관한 업무를 수행한다는 측면에서 보면 예전의 중앙인사위원회와 성격이 더욱 비슷하다고 볼 수 있다. 다만, 일본의 경우 최종 판단은 인사원의 인사관에 의해서 이루어지나 세부적인 조사 및 심리는 비상설기구인 공평위원회에 의해 이루어지는 이원적 구조를 지니고 있다는 측면에서 한국의 소정심사세도와 큰 치이점을 보이고 있다. 반면 미국의 실적주의보호위원회는 기존의 인사위원회 기능이 세분화되면서 인

30) 기업혁신고용부(http://www.dol.govt.nz/er/services/mediators/role.asp)
31) 기업혁신고용부(http://www.dol.govt.nz/er/services/mediators/agreement-reached.asp)
32) 기업혁신고용부(http://www.dol.govt.nz/er/services/mediators/agreement-not-reached.asp)

사관리처(OPM)와 상호 유기적으로 업무를 수행할 수 있는 독립기관이라고 볼 수 있다.

위원회 구성 측면에서 살펴보면, 한국의 소청심사위원회는 9인(위원장 1인, 상임위원 4명, 비상임위원 4명)으로 구성되며 모두 안전행정부장관의 제청에 따라 대통령이 임명한다. 미국의 실적주의보호위원회는 위원장 1명, 부위원장 1명, 위원 1명으로 구성되고 모두 상원인준을 받아 대통령이 양당주의 원칙에 의거하여 임명한다. 그러나 미국의 경우, 실제 대부분의 심사가 지역·지방사무소에서 행정판사에 의해 이루어지고 재심만 본부 위원회에서 이루어지고 있어 합의제 기구이기보다는 독임제 기관의 성격이 더 짙다고 할 수 있다. 일본의 경우 인사원은 인사관 3명으로 구성되어 있고, 공평위원회는 3~5인의 공평위원으로 구성된다.

미국과 일본의 경우 모두 지역사무소를 통해 각 지역에 근무하는 국가공무원의 소청관련 업무를 수행하고 있다. 특히 미국의 경우, 지역사무소에서 원심을 담당하고 실적주의보호위원회 본부에서 재심을 하는 복심구조로 되어 있다. 이는 국토면적이 넓은 관계로 일일이 실적주의보호위원회 본부에서 모든 심사를 담당하기 어려운 측면이 있는 점과 소청인의 편의를 도모하기 위한 것으로 보인다.

2. 소청심사대상

소청심사 대상 측면에서 살펴보면, 일본의 경우 징계처분과 분한처분 등 불이익한 처분에 대해 소청 제기가 가능하므로 한국의 경우와 비슷한 점이 많으나, 부작위와 훈고 및 엄중주의 등과 교정조치는 불복의 대상이 되지 않는다는 점에서 징계처분뿐만 아니라 부작위, 기타 의사에 반하는 불리한 처분 등을 그 대상으로 삼고 있는 한국에 비해 그 대상의 범위가 작다고 할 수 있다. 한편, 미국의 경우는 심사의 관할권이 원심 관할권과 재심 관할권으로 구분되어 있다는 특징이 있으며 소청을 제기할 수 있는 대상으로 징계 등 인사처분 외에 '금지된 인사행위'에 대해 자세히 규정하고 있는 특징이 있다.

3. 소청심사제도의 운영

소청심사 청구기간에 있어, 한국은 징계 · 강임 · 휴직 · 직위해제 · 면직 등의 경우 처분사유 설명서를 받은 날로부터 30일 이내에 또는 처분사유 설명서가 교부되는 처분 이외에 본인의 의사에 반하는 불리한 처분을 받았을 때에는 그 처분이 있은 것을 안 날부터 30일 이내에 소청을 제기할 수 있으며 소청결과에 불복하는 경우 결정서 정본을 송달받은 날로부터 90일 이내에 행정소송을 제기할 수 있다. 반면 일본은 불이익한 처분에 대한 처분설명서를 수령한 날의 다음 날부터 기산하여 60일 이내에 심사를 청구할 수 있으며, 미국의 경우 1심은 처분 후 30일 이내에, 재심의 경우 1심 결정 후 35일 이내에 제기할 수 있으며, 불복으로 인한 행정소송 제기 기간도 실적주의보호위원회의 결정 후 60일 이내에 제기할 수 있다. 또한, 소청심사 처리기간을 보면 한국의 경우 최대 90일 이내에 결정하도록 규정되어 있으나, 미국은 120일(지역 · 지방사무소 결정)로 규정되어 있고 일본은 처리기간에 대한 규정 없이 통상 6개월 정도가 소요되고 있다. 공무원의 신분에 관한 일정한 처분에 대해 불안정한 상태를 장기간 지속하는 것은 바람직하지 않으므로 소청심사 처리기간은 짧을수록 좋다고 할 수 있고, 소청심사 청구기간에 있어서는 소청인의 편의를 도모하는 차원에서 합리적인 기간 설정이 바람직하다 할 것이다. 그런 측면에서 보면 미국과 일본에 비해 한국의 소청심사 청구기간 및 처리기간은 구체화되어 있고 그 기간도 제도의 취지에 맞게 합리적으로 설정되어 있다고 하겠다.

소청심사 절차에 있어, 한국은 비공개를 원칙으로 소청인과 피소청인을 위원회에 출석시켜 직접 심리를 하고 있으나, 일본의 경우 청구자가 심리방법을 구두심리(청구자와 처분자가 동시에 출석)와 심문심리(청구자와 처분자를 동석시키지 않고 사정을 청취) 중에서 선택할 수 있고, 구두심리의 경우 공개가 가능하다. 미국의 실적주의보호위원회 역시 청구자가 청문(hearing)에 대한 권리를 포기하고 서류심사를 선택할 수 있으며 청문과정에 있어 대면을 하지 않고 전화나 영상회의를 통해 청문을 진행할 수 있다. 이는 업무처리의 효율성뿐만 아니라 소청 당사자들의 편의성과 인권 등을 고려한 것으로 판단된다.

표 7-8 한국과 미국·일본의 소청제도 비교

구 분		한국	미국	일본
담당기구		○ 소청심사위원회	○ MSPB(실적주의보호위)	○ 인사원(판정기관) – 사안별 공평위원회 (비상설 조사·심리기관)
관할		○ 국가공무원	○ 연방공무원	○ 중앙정부공무원
	지방	○ 광역자치단체별 소청심사위원회	○ 주정부 및 주정부 산하기관별 소청심사기관	○ 광역·기초별로 별도 공평 또는 인사위원회
위원회 구성		○ 9인(위원장 1, 상임위원 4, 비상임위원 4)	○ 3인(위원장 1, 부위원장 1, 위원 1)	○ 인사원: 인사관 3인 – 공평위: 3~5인
위원 임명		○ 안전행정부장관 제청 → 대통령 임명	○ 상원인준 → 대통령임명	○ 인사관은 상·하원 동의로 내각이 임명 ○ 공평위원은 인사원 또는 사무총국 직원 중 인사원에서 지명
위원 직급		○ 위원장: 차관급 ○ 위원: 1급상당 별정직	○ 위원장: 집행관직 3급 (차관급) ○ 위 원: 집행관직 4급 (차관보급)	○ 위원장(공평위): 통상 과장 보좌관급
위원 임기		○ 상임위원: 3년 (1회 연임) ○ 비상임위원: 1년 (연임가)	○ 7년(연임불가)	○ 인사관: 4년(재임 허용) * 12년 이상은 불가 ○ 공평위원: 심사 사안별 활동으로 임기 없음
독립성	조직면	○ 안전행정부 소속	○ 독립	○ 독립(내각기관)
	업무면	○ 독립	○ 독립	○ 독립
주요기능		○ 소청심사 ○ 고충심사	○ 소청사건 심사 ○ 실적주의 연구 ○ 인사관리처(OPM)의 규칙 및 규정 심사	○ 불이익처분 심사 ○ 행정조치 요구 등
심사대상		○ 소청: 징계 기타 의사에 반하는 불리한 처분, 부작위 ○ 고충: 인사·조직·처우 등 직무조건과 신상문제	○ 금지된 인사행위 (차별, 보복 등) ○ 인사처분: 면직, 14일 이상 정직, 30일 이하직위해제 등 ○ 인사조치: 감원, 호봉승급 거부 등	○ 불이익처분: 징계, 강급, 강임, 휴직, 면직 등 ○ 행정조치요구: 급여, 근무시간, 휴가 등 근무조건
청구절차		○ 소청제기 기간: 30일 이내 ○ 소청심사위 불복: 90일 이내, 관할 법원에 행정소송	○ 원심제기 기간: 30일 이내(MSPB 지역사무소) ○ 재심 제기기간: 35일 이내(MSPB본부) ○ 불복: 60일 이내, 연방고등법원 또는 균형고용기회위원회	○ 소청제기 기간: 60일 이내 ○ 불복: 3월 이내, 재심청구 후 소송
결정내용		○ 소청심사: 각하, 기각, 인용, 임시결정 ○ 고충심사: 기각, 인용(권고)	○ 처분결정: 면직, 강등, 재임용, 벌금부과 등 ○ 결정명령: 강제지시나 기금보류	○ 승인판정 ○ 수정판정 ○ 취소판정

부 록

1. 주요 법령

1-1 국가공무원법(타법개정 2013.3.23. 법률 제11690호)

제9조(소청심사위원회의 설치) ① 행정기관 소속 공무원의 징계처분, 그 밖에 그 의사에 반하는 불리한 처분이나 부작위에 대한 소청을 심사·결정하게 하기 위하여 안전행정부에 소청심사위원회를 둔다. <개정 2013.3.23>

② 국회, 법원, 헌법재판소 및 선거관리위원회 소속 공무원의 소청에 관한 사항을 심사·결정하게 하기 위하여 국회사무처, 법원행정처, 헌법재판소사무처 및 중앙선거관리위원회사무처에 각각 해당 소청심사위원회를 둔다.

③ 국회사무처, 법원행정처, 헌법재판소사무처 및 중앙선거관리위원회사무처에 설치된 소청심사위원회는 위원장 1명을 포함한 위원 5명 이상 7명 이내의 비상임위원으로 구성하고, 안전행정부에 설치된 소청심사위원회는 위원장 1명을 포함한 5명 이상 7명 이내의 상임위원과 상임위원 수의 2분의 1 이상인 비상임위원으로 구성하되, 위원장은 정무직으로 보한다. <개정 2011.5.23, 2013.3.23>

④ 제1항에 따라 설치된 소청심사위원회는 다른 법률로 정하는 바에 따라 특정직공무원의 소청을 심사·결정할 수 있다.

⑤ 소청심사위원회의 조직에 관하여 필요한 사항은 국회규칙, 대법원규칙, 헌법재판소규칙, 중앙선거관리위원회규칙 또는 대통령령으로 정한다.

[전문개정 2008.3.28]

제10조(소청심사위원회위원의 자격과 임명) ① 소청심사위원회의 위원(위원장을 포함한다. 이하 같다)은 다음 각 호의 어느 하나에 해당하고 인사행정에 관한 식견이 풍부한 자 중에서 국회사무총장, 법원행정처장, 헌법재판소사무처장, 중앙선거관리위원회사무총장 또는 안전행정부장관의 제청으로 국회의장, 대법원장, 헌법재판소장, 중앙선거관리위원회위원장 또는 대통령이 임명한다. 이 경우 안전행정부장관이 위원을 임명제청하는 때에는 국무총리를 거쳐야 하고, 안전행정부에 설치된 소청심사위원회의 위원 중 비상임위원은 제1호 및 제2

호의 어느 하나에 해당하는 자 중에서 임명하여야 한다. <개정 2008.3.28, 2011.5.23, 2013.3.23>

1. 법관·검사 또는 변호사의 직에 5년 이상 근무한 자
2. 대학에서 행정학·정치학 또는 법률학을 담당한 부교수 이상의 직에 5년 이상 근무한 자
3. 3급 이상 공무원 또는 고위공무원단에 속하는 공무원으로 3년 이상 근무한 자

② 소청심사위원회의 상임위원의 임기는 3년으로 하며, 한 번만 연임할 수 있다. <개정 2008.3.28>

③ 삭제 <1973.2.5>

④ 소청심사위원회의 상임위원은 다른 직무를 겸할 수 없다. <개정 2008.3. 28>

⑤ 소청심사위원회의 공무원이 아닌 위원은 「형법」이나 그 밖의 법률에 따른 벌칙을 적용할 때 공무원으로 본다. <신설 2008.3.28>

제10조의2(소청심사위원회위원의 결격사유) ① 다음 각 호의 어느 하나에 해당하는 자는 소청심사위원회의 위원이 될 수 없다.

1. 제33조 각 호의 어느 하나에 해당하는 자
2. 「정당법」에 따른 정당의 당원
3. 「공직선거법」에 따라 실시하는 선거에 후보자로 등록한 자

② 소청심사위원회위원이 제1항 각 호의 어느 하나에 해당하게 된 때에는 당연히 퇴직한다.

[본조신설 2008.3.28]

제11조(소청심사위원회위원의 신분 보장) 소청심사위원회의 위원은 금고 이상의 형벌이나 장기의 심신 쇠약으로 직무를 수행할 수 없게 된 경우 외에는 본인의 의사에 반하여 면직되지 아니한다.

[전문개정 2008.3.28]

제12조(소청심사위원회의 심사) ① 소청심사위원회는 이 법에 따른 소청을 접수하면 지체 없이 심사하여야 한다.

② 소청심사위원회는 제1항에 따른 심사를 할 때 필요하면 검증(檢證)·감정(鑑定), 그 밖의 사실조사를 하거나 증인을 소환하여 질문하거나 관계 서류를

제출하도록 명할 수 있다.

③ 소청심사위원회가 소청 사건을 심사하기 위하여 징계 요구 기관이나 관계 기관의 소속 공무원을 증인으로 소환하면 해당 기관의 장은 이에 따라야 한다.

④ 소청심사위원회는 필요하다고 인정하면 소속 직원에게 사실조사를 하게 하거나 특별한 학식·경험이 있는 자에게 검증이나 감정을 의뢰할 수 있다.

⑤ 소청심사위원회가 증인을 소환하여 질문할 때에는 국회규칙, 대법원규칙, 헌법재판소규칙, 중앙선거관리위원회규칙 또는 대통령령으로 정하는 바에 따라 일당과 여비를 지급하여야 한다.

[전문개정 2008.3.28]

제13조(소청인의 진술권) ① 소청심사위원회가 소청 사건을 심사할 때에는 국회규칙, 대법원규칙, 헌법재판소규칙, 중앙선거관리위원회규칙 또는 대통령령으로 정하는 바에 따라 소청인 또는 제76조 제1항 후단에 따른 대리인에게 진술 기회를 주어야 한다.

② 제1항에 따른 진술 기회를 주지 아니한 결정은 무효로 한다.

[전문개정 2008.3.28]

제14조(소청심사위원회의 결정) ① 소청 사건의 결정은 재적 위원 3분의 2 이상의 출석과 출석 위원 과반수의 합의에 따르되, 의견이 나뉠 경우에는 출석 위원 과반수에 이를 때까지 소청인에게 가장 불리한 의견에 차례로 유리한 의견을 더하여 그 중 가장 유리한 의견을 합의된 의견으로 본다. <개정 2008.3.28>

② 소청심사위원회의 위원은 그 위원회에 계류(繫留)된 소청 사건의 증인이 될 수 없으며, 다음 각 호의 사항에 관한 소청 사건의 심사·결정에서 제척된다. <개정 2008.3.28, 2011.5.23>

1. 위원 본인과 관계있는 사항
2. 위원 본인과 친족 관계에 있거나 친족 관계에 있었던 자와 관계있는 사항

③ 소청 사건의 당사자는 다음 각 호의 어느 하나에 해당하는 때에는 그 이유를 구체적으로 밝혀 그 위원에 대한 기피를 신청할 수 있고, 소청심사위원회는 해당 위원의 기피 여부를 결정하여야 한다. 이 경우 기피신청을 받은 위원은 그 기피 여부에 대한 결정에 참여할 수 없다. <신설 2011.5.23>

1. 소청심사위원회의 위원에게 제2항 각 호의 사항이 있는 경우

2. 심사・결정의 공정을 기대하기 어려운 사정이 있는 경우

④ 소청심사위원회 위원은 제3항 각 호의 어느 하나에 해당하는 때에는 스스로 그 사건의 심사・결정에서 회피할 수 있다. <신설 2011.5.23>

⑤ 소청심사위원회의 결정은 다음과 같이 구분한다. <개정 2008.3.28, 2011.5.23>

1. 심사 청구가 이 법이나 다른 법률에 적합하지 아니한 것이면 그 청구를 각하(却下)한다.
2. 심사 청구가 이유 없다고 인정되면 그 청구를 기각(棄却)한다.
3. 처분의 취소 또는 변경을 구하는 심사 청구가 이유 있다고 인정되면 처분을 취소 또는 변경하거나 처분 행정청에 취소 또는 변경할 것을 명한다.
4. 처분의 효력 유무 또는 존재 여부에 대한 확인을 구하는 심사 청구가 이유 있다고 인정되면 처분의 효력 유무 또는 존재 여부를 확인한다.
5. 위법 또는 부당한 거부처분이나 부작위에 대하여 의무 이행을 구하는 심사 청구가 이유 있다고 인정되면 지체 없이 청구에 따른 처분을 하거나 이를 할 것을 명한다.

⑥ 소청심사위원회의 취소명령 또는 변경명령 결정은 그에 따른 징계나 그 밖의 처분이 있을 때까지는 종전에 행한 징계처분 또는 제78조의2에 따른 징계부가금(이하 '징계부가금'이라 한다) 부과처분에 영향을 미치지 아니한다. <개정 2008.12.31, 2010.3.22, 2011.5.23>

⑦ 소청심사위원회가 징계처분 또는 징계부가금 부과처분(이하 "징계처분등"이라 한다)을 받은 자의 청구에 따라 소청을 심사할 경우에는 원징계처분보다 무거운 징계 또는 원징계부가금 부과처분보다 무거운 징계부가금을 부과하는 결정을 하지 못한다. <개정 2010.3.22, 2011.5.23>

⑧ 소청심사위원회의 결정은 그 이유를 구체적으로 밝힌 결정서로 하여야 한다. <개정 2008.3.28, 2011.5.23>

⑨ 소청의 제기・심리 및 결정, 그 밖에 소청 절차에 필요한 사항은 국회규칙, 대법원규칙, 헌법재판소규칙, 중앙선거관리위원회규칙 또는 대통령령으로 정한다. <개정 2008.3.28, 2011.5.23>

제14조의2(임시위원의 임명) ① 제14조 제2항부터 제4항까지의 규정에 따른 소청심사위원회 위원의 제척・기피 또는 회피 등으로 심사・결정에 참여할 수 있

는 위원 수가 3명 미만이 된 경우에는 3명이 될 때까지 국회사무총장, 법원행정처장, 헌법재판소사무처장, 중앙선거관리위원회사무총장 또는 안전행정부장관은 임시위원을 임명하여 해당 사건의 심사・결정에 참여하도록 하여야 한다. <개정 2013.3.23>

② 임시위원의 자격 등에 관하여는 제10조 제1항 각 호 및 같은 조 제5항을, 결격사유에 관하여는 제10조의2를 준용한다.

[본조신설 2011.5.23]

제15조(결정의 효력) 제14조에 따른 소청심사위원회의 결정은 처분 행정청을 기속(羈束)한다.

[전문개정 2008.3.28]

제16조(행정소송과의 관계) ① 제75조에 따른 처분, 그 밖에 본인의 의사에 반한 불리한 처분이나 부작위(不作爲)에 관한 행정소송은 소청심사위원회의 심사・결정을 거치지 아니하면 제기할 수 없다.

② 제1항에 따른 행정소송을 제기할 때에는 대통령의 처분 또는 부작위의 경우에는 소속 장관(대통령령으로 정하는 기관의 장을 포함한다. 이하 같다)을, 중앙선거관리위원회위원장의 처분 또는 부작위의 경우에는 중앙선거관리위원회사무총장을 각각 피고로 한다.

[전문개정 2008.3.28]

제75조(처분사유 설명서의 교부) 공무원에 대하여 징계처분등을 할 때나 강임・휴직・직위해제 또는 면직처분을 할 때에는 그 처분권자 또는 처분제청권자는 처분사유를 적은 설명서를 교부(交付)하여야 한다. 다만, 본인의 원(願)에 따른 강임・휴직 또는 면직처분은 그러하지 아니하다. <개정 2010.3.22>

[전문개정 2008.3.28]

제76조(심사청구와 후임자 보충 발령) ① 제75조에 따른 처분사유 설명서를 받은 공무원이 그 처분에 불복할 때에는 그 설명서를 받은 날부터, 공무원이 제75조에서 정한 처분 외에 본인의 의사에 반한 불리한 처분을 받았을 때에는 그 처분이 있은 것을 안 날부터 각각 30일 이내에 소청심사위원회에 이에 대한 심사를 청구할 수 있다. 이 경우 변호사를 대리인으로 선임할 수 있다.

② 본인의 의사에 반하여 파면 또는 해임이나 제70조 제1항 제5호에 따른 면

직처분을 하면 그 처분을 한 날부터 40일 이내에는 후임자의 보충발령을 하지 못한다. 다만, 인력 관리상 후임자를 보충하여야 할 불가피한 사유가 있고, 제3항에 따른 소청심사위원회의 임시결정이 없는 경우에는 국회사무총장, 법원행정처장, 헌법재판소사무처장, 중앙선거관리위원회사무총장 또는 안전행정부장관과 협의를 거쳐 후임자의 보충발령을 할 수 있다. <개정 2013.3.23>

③ 소청심사위원회는 제1항에 따른 소청심사청구가 파면 또는 해임이나 제70조 제1항 제5호에 따른 면직처분으로 인한 경우에는 그 청구를 접수한 날부터 5일 이내에 해당 사건의 최종 결정이 있을 때까지 후임자의 보충발령을 유예하게 하는 임시결정을 할 수 있다.

④ 제3항에 따라 소청심사위원회가 임시결정을 한 경우에는 임시결정을 한 날부터 20일 이내에 최종 결정을 하여야 하며 각 임용권자는 그 최종 결정이 있을 때까지 후임자를 보충발령하지 못한다.

⑤ 소청심사위원회는 제3항에 따른 임시결정을 한 경우 외에는 소청심사청구를 접수한 날부터 60일 이내에 이에 대한 결정을 하여야 한다. 다만, 불가피하다고 인정되면 소청심사위원회의 의결로 30일을 연장할 수 있다.

⑥ 공무원은 제1항의 심사청구를 이유로 불이익한 처분이나 대우를 받지 아니한다.

[전문개정 2008.3.28]

제76조의2(고충 처리) ① 공무원은 누구나 인사 · 조직 · 처우 등 각종 직무 조건과 그 밖에 신상 문제에 대하여 인사 상담이나 고충 심사를 청구할 수 있으며, 이를 이유로 불이익한 처분이나 대우를 받지 아니한다.

② 제1항에 따라 청구를 받은 중앙인사관장기관의 장, 임용권자 또는 임용제청권자는 이를 제3항에 따른 고충심사위원회에 부쳐 심사하게 하거나 소속 공무원에게 상담하게 하고, 그 결과에 따라 고충의 해소 등 공정한 처리를 위하여 노력하여야 한다.

③ 공무원의 고충을 심사하기 위하여 중앙인사관장기관에 중앙고충심사위원회를, 임용권자 또는 임용제청권자 단위로 보통고충심사위원회를 두되, 중앙고충심사위원회의 기능은 소청심사위원회에서 관장한다.

④ 중앙고충심사위원회는 보통고충심사위원회의 심사를 거친 재심청구와 5급

이상 공무원 및 고위공무원단에 속하는 일반직공무원의 고충을, 보통고충심사위원회는 소속 6급 이하 공무원과 기능직공무원의 고충을 각각 심사한다. 다만, 6급 이하 공무원과 기능직공무원의 고충은 임용권자를 달리하는 둘 이상의 기관에 관련된 경우에는 중앙고충심사위원회에서, 원 소속 기관의 보통고충심사위원회에서 고충을 심사하는 것이 부적당하다고 인정될 경우에는 직근 상급기관의 보통고충심사위원회에서 각각 심사할 수 있다.

⑤ 이 법의 적용을 받는 자와 다른 법률의 적용을 받는 자가 서로 관련되는 고충의 심사청구에 대하여는 이 법의 규정에 따라 설치된 고충심사위원회가 국회규칙, 대법원규칙, 헌법재판소규칙, 중앙선거관리위원회규칙 또는 대통령령으로 정하는 바에 따라 심사할 수 있다.

⑥ 중앙인사관장기관의 장, 임용권자 또는 임용제청권자는 심사 결과 필요하다고 인정되면 처분청이나 관계 기관의 장에게 그 시정을 요청할 수 있으며, 요청받은 처분청이나 관계 기관의 장은 특별한 사유가 없으면 이를 이행하고, 그 처리 결과를 알려야 한다. 다만, 부득이한 사유로 이행하지 못하면 그 사유를 알려야 한다.

⑦ 고충심사위원회의 구성・권한・심사절차, 그 밖에 필요한 사항은 국회규칙, 대법원규칙, 헌법재판소규칙, 중앙선거관리위원회규칙 또는 대통령령으로 정한다.

[전문개정 2008.3.28]

제76조의3(특수경력직공무원의 고충 처리) 다른 법률에 특별한 규정이 있는 경우 외에는 특수경력직공무원에 대하여도 국회규칙, 대법원규칙, 헌법재판소규칙, 중앙선거관리위원회규칙 또는 대통령령으로 정하는 바에 따라 제76조의2를 준용할 수 있다.

[전문개정 2008.3.28]

1-2 소청절차규정(타법개정 2013.3.23. 대통령령 제24425호)

제 1 조(목적) 이 영은 행정기관 소속공무원의 소청에 관한 절차를 규정함을 목적으로 한다.

제 2 조(소청심사청구) ① 공무원이 징계처분 · 강임 · 휴직 · 직위해제 · 면직처분 그 밖에 그 의사에 반하는 불리한 처분 또는 부작위에 대하여 소청심사위원회(이하 '위원회'라 한다)에 심사를 청구할 때에는 다음 각 호의 사항을 기재한 소청심사청구서(이하 '청구서'라 한다)를 위원회에 제출하여야 한다. <개정 1972.12.16, 1973.3.30, 2000.11.9, 2007.9.6>

1. 주소 · 성명 · 주민등록번호 및 전화번호
2. 소속기관명 또는 전 소속기관명과 직위 또는 전 직위
3. 피소청인(대통령의 처분 또는 부작위에 대하여는 제청권자)
4. 소청의 취지
5. 소청의 이유 및 입증방법
6. 처분사유설명서 또는 인사발령통지서의 수령지연으로 인하여 처분사유설명서에 기재된 일자로부터 소청제기기간을 초과하여 소청심사를 청구하는 경우에는 그 수령지연사실의 입증자료

② 위원회는 제1항에 따른 소청심사청구가 위원회의 관할에 속하지 아니하는 경우에는 지체 없이 이를 관할 위원회에 이송하고 그 사실을 소청심사를 청구한 자(이하 '소청인'이라 한다)에게 통지하여야 한다. <신설 2007.9.6>

③ 삭제 <1989.12.30>

제 3 조(청구기간의 진행정지) ① 소청인에게 책임이 없는 사유로 소청심사의 청구를 할 수 없는 기간은 「국가공무원법」(이하 '법'이라 한다) 제76조 제1항의 소청제기기간(이하 '소청제기기간'이라 한다)에 산입하지 아니한다. <개정 2007.9.6>

② 제1항의 규정에 의한 책임없는 사유의 여부는 위원회가 결정한다. <개정 1978.10.27>

제 4 조(소청대리인의 지정 · 선임 등) ① 제2조 제1항에 의한 소청심사의 청구가 있

을 때에는 그 사건의 피소청인은 관계공무원 또는 변호사를 대리인으로 지정 또는 선임하여 소청에 응하게 할 수 있다. <개정 1989.12.30, 2000.11.9>

② 변호사가 법 제76조 제1항의 규정에 의하여 소청인의 대리인으로 선임되거나 공무원 또는 변호사가 제1항의 규정에 의하여 피소청인의 대리인으로 지정 또는 선임된 때에는 그 위임장 또는 지정서를 위원회에 제출하여야 한다. <개정 1978.10.27, 1989.12.30, 2000.11.9, 2007.9.6>

제4조의2(피소청인의 변명서 제출) ① 위원회가 법 제12조 제2항의 규정에 의하여 피소청인에게 소청이 제기된 징계 기타 처분 또는 부작위에 대한 변명서의 제출을 요구한 때에는 피소청인은 지정된 기일안에 변명서와 소청인의 수에 따른 부본을 제출하여야 한다. <개정 1989.12.30, 2000.11.9, 2007.9.6>

② 위원회는 제1항에 따라 제출된 변명서의 내용이 충분하지 아니하거나 입증자료가 필요한 때에는 피소청인에게 변명내용의 보충 또는 입증자료의 제출을 요구할 수 있다. <신설 2007.9.6>

③ 위원회는 제1항 및 제2항에 따라 제출된 변명서부본, 추가 제출된 변명내용 및 입증자료를 지체없이 소청인에게 송달하여야 한다. <신설 1989.12.30, 2007.9.6>

[본조신설 1972.12.16]

제5조(가결정통보) 위원회가 소청사건에 대하여 법 제76조 제3항의 가결정을 한 때에는 지체없이 그 임명권자에게 이를 통보하여야 한다. 이 경우에 긴급한 때에는 서면에 의한 통보에 앞서 전화·모사전송·전자우편 등에 의하여 통보하여야 한다. <개정 2007.9.6>

제6조(보정요구등) ① 위원회는 청구서에 흠결이 있다고 인정할 때에는 청구서를 접수한 날부터 7일 이내에 상당한 기간을 정하여 보정을 요구하여야 한다. 다만, 그 흠결이 경미한 때에는 직권으로 보정할 수 있다. <개정 1989.12.30, 2000.11.9>

② 제1항의 규정에 의한 보정기간내에 보정하지 아니할 때에는 소청심사의 청구를 취하한 것으로 본다. <신설 1989.12.30>

③ 소청인의 소재가 분명하지 아니한 경우에는 제1항의 보정요구는 관보에 게재하고 게재한 날부터 10일이 경과하는 날에 그 보정요구는 소청인에게 도

달된 것으로 본다. <개정 1972.12.16, 1978.10.27, 2000.11.9>

④ 위원회가 각 기관에 대하여 심사자료의 제출을 요구하였을 때에는 각 기관은 지정된 기간 내에 이를 제출하여야 한다.

⑤ 제1항의 규정에 의하여 보정을 요구한 소청사건에 대한 처리기간은 그 보정이 완료된 날부터 기산한다. <개정 2000.11.9>

제7조(소청의 취하) 소청인은 위원회의 결정이 있을 때까지는 청구의 일부 또는 전부를 취하할 수 있다.

제7조의2(각하) ① 소청제기기간의 경과와 소청 관할 위반 등 소청의 제기가 부적법한 때에는 위원회는 특별한 사정이 있는 경우를 제외하고는 당사자를 출석시키지 아니하고 각하결정을 할 수 있다. <개정 2007.9.6>

② 위원회는 제1항에 따라 당사자를 출석시키지 아니하고 각하결정을 하는 때에는 소청인에게 서면에 의한 진술 기회를 주어야 한다. <신설 2007.9.6>

[본조신설 2004.6.11]

제8조(기일지정통지) ① 위원회가 소청사건을 심사할 때에는 소청인과 피소청인 또는 그 대리인(이하 '소청당사자'라 한다)에게 심사일시·장소를 통지하여 출석할 수 있도록 하여야 한다. 이 경우 통지를 받은 자가 정당한 사유로 출석할 수 없는 때에는 심사의 연기를 요청할 수 있고, 위원회는 심사기일을 다시 정할 수 있다. <개정 2000.11.9>

② 제1항의 통지를 받고 출석하는 자가 공무원인 경우에는 그 소속기관의 장은 공가를 허가하여야 한다. <개정 1978.10.27>

③ 삭제 <2000.11.9>

④ 소청당사자 중 소재가 분명하지 아니한 자에 대한 제1항의 통지는 관보에 게재하고 게재한 날부터 10일이 경과하는 날에 그 통지는 당해 소청당사자에게 도달된 것으로 본다. <개정 1972.12.16, 2000.11.9>

제9조(위원의 기피·회피) ① 소청당사자는 위원회의 위원에게 법 제14조 제2항의 규정에 의한 제척사유 또는 심사·결정의 공정을 기대하기 어려운 사정이 있는 경우에는 그 이유를 명시하여 그 위원의 기피를 신청할 수 있으며, 위원은 회피할 수 있다. <개정 2000.11.9>

② 위원회는 제1항의 기피신청에 대하여 결정을 하여야 한다. 이 경우 기피신

청을 받은 위원은 그 의결에 참여하지 못한다. <개정 1978.10.27, 2000.11.9>

제10조(진술권) ① 위원회는 출석한 소청당사자의 진술을 청취하여야 하며, 필요하다고 인정할 때에는 구술로 심문할 수 있다.

② 제8조 제1항의 통지를 받고 출석하지 아니한 소청당사자는 서면에 의하여 그 의견을 진술할 수 있다.

③ 소청인이 형사사건으로 구속되거나 기타 사유로 인하여 위원회에 출석할 수 없을 경우에 제8조 제1항의 규정에 의하여 지정한 기일 또는 위원회가 특히 서면에 의한 진술을 위하여 지정한 기일안에 서면에 의한 진술도 하지 아니한 때에는 위원회는 진술없이 결정할 수 있다. <신설 1972.12.16>

제11조(증거제출권) ① 소청당사자는 증인의 소환·질문 또는 증거물 기타 심사자료의 제출명령을 신청하거나, 증거물 기타 심사자료를 제출할 수 있다. <개정 2007.9.6>

② 위원회는 제1항의 신청에 대한 채택여부를 결정하여야 한다. <개정 1978.10.27>

③ 소청당사자가 신청한 증인의 여비는 신청인의 부담으로 한다.

④ 위원회가 채택한 증인이 공무원인 경우에는 그 소속기관의 장은 그 증인에게 공가를 허가하여야 한다. <신설 1972.12.16>

⑤ 위원회는 소청사건이 결정된 후 신청이 있는 때에는 제1항의 규정에 의하여 제출된 증거물 기타 심사자료를 제출자에게 반환할 수 있다. <신설 2000.11.9>

제12조(조서작성) 위원회는 소청사건의 심사절차에 대한 조서를 작성하여야 한다.

제13조(처분의 취소 등) ① 피소청인은 위원회에 계속중인 사건의 처분을 취소 또는 변경하거나 부작위에 대한 처분을 한 때에는 위원회와 소청인에게 그 사실을 통지하여야 한다. <개정 2000.11.9>

② 위원회는 제1항의 경우에 그 사건의 심사여부를 결정하여야 한다. <개정 1978.10.27>

제14조(심사의 범위) 위원회는 징계 또는 소청의 원인이 된 사실 이외의 사실에 대하여 심사하지 못한다.

제15조(결정서의 작성) 위원회가 소청심사청구에 대하여 결정을 할 때에는 다음

각 호의 사항을 기재한 소청심사결정서를 작성하고 위원장과 출석한 위원이 이에 서명날인하여야 한다.

1. 소청당사자의 표시
2. 결정주문
3. 결정이유의 개요
4. 증거의 판단

第16条(결정서의 송부) ① 소청심사결정서는 그 정본을 작성하여 지체없이 소청당사자에게 송부하여야 한다. <개정 2004.6.11>

② 제1항의 규정에 의하여 소청심사결정서를 송부함에 있어 그 결정서가 위원회의 과실없이 소청인에게 송달되지 아니한 경우에는 소청인의 주소·성명과 결정주문을 관보에 게재하고, 게재한 날부터 2주일이 경과하는 날에 결정서는 당해 소청인에게 도달된 것으로 본다. <신설 1978.10.27, 2000.11.9>

[전문개정 1972.12.16]

第17条(감사원 요구에 의한 재심) ① 감사원법 제32조 제6항의 규정에 의한 재심요구는 그 이유를 명시한 재심요구서에 의하여야 한다. <개정 2004.6.11>

② 위원회는 제1항의 재심요구서를 접수하면 즉시 그 부본을 첨부하여 소청인에게 송부하고 변명자료의 제출을 요구하여야 한다. <개정 1978.10.27>

③ 재심사건의 심사는 필요하다고 인정하는 경우를 제외하고는 당사자의 출석없이 결정할 수 있다.

④ 위원회가 재심사건을 심사·결정하였을 때에는 재심결정서를 작성하여 그 정본을 지체없이 소청당사자 및 감사원장에게 송부하여야 한다. 이 경우 감사원장에게는 안전행정부를 경유하여 송부하여야 한다. <개정 2000.11.9, 2004.6.11, 2008.12.31, 2013.3.23>

⑤ 제1항의 재심요구서에 재심이유가 명시되어 있지 아니하거나, 기타 흠결이 있을 경우에는 재심요구서를 접수한 날부터 7일 이내에 상당한 기간을 정하여 보정을 요구하여야 하며, 이 경우에 처리기간은 그 보정이 완료된 날부터 기산한다. <신설 1973.3.30, 2000.11.9>

⑥ 재심요구에 대한 결정은 특별한 사정이 있는 경우를 제외하고는 재심이 요구된 날부터 30일 이내에 하여야 한다. <신설 2000.11.9>

[전문개정 72.12.16]

[제목개정 2004.6.11]

第18조(행정소송 결과의 통보) 소청인이 법 제16조의 규정에 의하여 행정소송을 제기한 경우에는 당해 소청사건의 피소청인은 소송을 제기한 사실 및 그 결과를 위원회에 통보하여야 한다.

[본조신설 2000.11.9]

第19조 삭제 <1973.3.30>

第20조 삭제 <1973.3.30>

第21조(실비변상) 법 제12조 제5항의 규정에 의한 증인의 일당은 증인이 공무원이 아닌 경우에만 지급하되, 국가공무원 6급 5호봉 상당의 월봉급액을 일할계산한 금액으로 하고, 여비는 증인이 공무원인 경우에는 공무원여비규정 '별표1'의 소정액으로 하며, 증인이 공무원이 아닌 경우에는 공무원여비규정 '별표1'의 제4호 해당자 소정액으로 한다. <개정 1989.12.30, 1998.2.24>

[전문개정 1978.10.27]

부 칙 〈대통령령 제24425호, 2013.3.23.〉 (안전행정부와 그 소속기관 직제)

제 1 조(시행일) 이 영은 공포한 날부터 시행한다. <단서 생략>

제 2 조부터 제 5 조까지 생략

제 6 조(다른 법령의 개정) ①부터 <68>까지 생략

<69> 소청절차규정 일부를 다음과 같이 개정한다.

제17조제4항 후단 중 "행정안전부"를 "안전행정부"로 한다.

<70>부터 <129>까지 생략

1-3 소청업무처리지침(일부개정 2013.3.24. 소청위원회예규 제8호)

제1조(목적) 이 예규는 소청심사위원회(이하 '위원회'라 한다)의 소청업무 처리에 관한 세부사항을 규정함을 목적으로 한다.

제2조(접수) ① 소청인 또는 대리인은 [별지 제1호 서식]에 따른 소청심사청구서(이하 '청구서'라 한다) 2부를 작성하여 위원회에 직접 제출하거나 우편・모사전송 또는 인터넷으로 제출할 수 있다. <개정 2007.9.6>

② 청구서가 제출되면 접수담당 직원은 다음 각 호에 의한 필요적 기재사항 및 구비서류를 확인하고 미비한 사항은 보완하도록 요구한다.

1. 소청인의 주소・성명・주민등록번호 및 전화번호
2. 소속기관명・직급 및 직위
3. 피소청인 (임용권자 또는 임용권을 위임받은 기관장)
4. 소청의 취지 (취소・감경, 무효확인, 의무이행 등)
5. 소청의 이유와 입증방법

③ 접수담당 직원은 청구서를 접수한 때에는 즉시 소청사건처리부에 이를 등재하고 사건번호를 부여한 다음, 소청인에게 [별지 제2호 서식]에 따른 접수증을 교부하여야 한다. <개정 2007.9.6>

④ 제3항에 따라 접수된 청구서가 위원회의 관할에 속하지 아니하는 경우에는 행정과장은 이를 관할 위원회에 이송하고 그 사실을 소청심사를 청구한 자에게 통지하여야 한다. <신설 2007.9.6>

⑤ 행정과장은 청구서를 선람하고, 그 사건의 심사업무를 담당할 직원을 조사관으로 지정한다. 다만, 제4항에 따라 관할 위원회로 이송된 사건은 그러하지 아니하다. <개정 2013.3.24>

제3조(소청사건 처리상황 입력・관리) 제2조 제5항의 규정에 따라 사건을 배당받은 담당조사관은 접수, 변명서 제출, 심사기일 통지, 심사 및 결정 등 소청사건의 제반 처리상황을 소청종합관리시스템에 입력・관리하여야 한다. <개정 2009.6.17.>

제4조(변명서 요구 등) ① 위원회는 청구서를 접수한 때에는 그 부본을 피소청인

에게 송부하고 변명서를 제출하도록 요구하여야 한다. 다만, 제2조 제4항에 따라 관할 위원회로 이송된 사건은 그러하지 아니하다. <개정 2007.9.6>

② 제1항에 따른 변명서의 제출기한은 14일 이내로 한다. <개정 2007.9.6>

③ 제1항의 변명서에는 소청이유에 기재된 각각의 항목에 대한 처분 이유와 근거 또는 입증 방법을 명시하고, 소청 취지에 대한 처분청의 의견을 기재하도록 하여야 한다.

④ 제3항의 변명서의 내용이 충분하지 아니하거나 추가로 입증자료가 필요할 때에는 위원회는 피소청인에게 변명내용을 보충하게 하거나 입증자료를 요구할 수 있다. <신설 2007.9.6>

⑤ 제4항에 따른 변명내용의 보충 또는 입증자료의 제출기한은 7일 이내로 한다. <신설 2007.9.6>

제5조(추가 자료의 제출) ① 소청당사자는 청구서, 변명서 등 제출 서류에서 주장한 사항을 보충할 필요가 있거나, 상대방의 주장에 대하여 추가로 소명할 자료가 있을 때에는 그 자료를 제출할 수 있다.

② 위원회는 소청당사자가 제1항에 따른 추가 자료를 제출하는 때에는 2부를 제출받아야 하며, 그 중 1부를 상대방에게 송부하여야 한다. <개정 2007.9.6>

제6조(심사의 병합 또는 분리) ① 위원회는 필요하다고 인정될 때에는 관련되는 사건을 병합하여 심사할 수 있다.

② 소청인 연명으로 제출된 사건이라 하더라도 그 소청 취지가 별개의 것이라고 인정되면 이를 분리하여 심사할 수 있다.

③ 위원회는 사건을 병합 또는 분리하여 심사하기로 결정한 때에는 심사회의 개최 전에 이를 소청당사자에게 통지한다. <개정 2007.9.6>

제7조(각하) 위원회는 접수된 소청사건이 소청 제기기간 경과, 소청 관할 위반 등으로 소청의 제기가 부적법한 때에는 [별지 제4호 서식]에 의하여 각하대상 여부와 진술방법을 결정하여야 한다. <개정 2013.3.24>

제8조(임시결정) ① 「국가공무원법」(이하 '법'이라 한다) 제76조 제3항의 규정에 의한 임시결정은 청구서 접수 5일 이내에 위원회 심의에 회부하여야 한다. <개정 2013.3.24>

② 제1항의 임시결정은 소청당사자의 참석없이 행할 수 있다. <개정 2013.3.

24>

③ 임시결정을 한 경우, 담당조사관은 지체없이 [별지 제6호 서식]에 의한 임시결정문을 소청당사자에게 송부하여야 한다. <개정 2013.3.24>

제9조(심사예정표 및 주심위원 지정) ①행정과장은 [별지 제7호 서식]에 의하여 각 소청사건의 심사기일이 포함된 심사예정표를 작성하여 위원장에게 보고하고, 위원장은 각 사건별로 주심위원을 지정한다. <개정 2007.9.6>

② 위원장은 소청사건 배당 순서에 따라 주심위원을 지정하되, 사건의 효율적 심사를 위하여 주심위원을 별도로 지정할 수 있다.

제10조(사실조사) 담당조사관은 담당 사건에 대한 사실조사가 필요한 때에는 행정과장의 지시에 의하여 현장에 출장조사를 실시할 수 있다. <개정 2007.9.6>

제11조(심사기일 통지) ① 심사기일은 소청당사자에게 심사개최 7일 전까지 [별지 제8, 9호 서식]에 의해 통지하되, 배달사실을 증명할 수 있는 방법에 의한다. <개정 2007.9.6>

② 소청인이 소청절차규정(이하 '영'이라 한다) 제8조 제1항 후단의 규정에 의하여 심사의 연기를 원하는 때에는 [별지 제10호 서식]에 의한다. <개정 2007.9.6>

③ 피소청인에게 심사기일을 통지하는 때에는 [별지 제11호 서식]에 의한 대리인 지정서의 제출을 요구한다. <개정 2007.9.6>

제12조(소청대리인) ① 영 제4조 제2항의 규정에 의한 위임장은 [별지 제12호 서식]에 의한다. <개정 2007.9.6>

② 법 제76조 제1항의 규정에 의하여 소청인이 변호사를 대리인으로 선임한 경우에도 소청인은 심사회의에 참석할 수 있다.

③ 영 제4조 제1항에 의하여 피소청인을 대리하여 심사회의에 참석하는 관세공무원은 특별한 사유가 있는 경우를 제외하고는 소청인보다 상위계급(경찰공무원의 경우 경위 이상)인 자를 지정하도록 하여야 한다.

제13조(조사보고서) ① 담당조사관은 청구서, 변명서 및 각종 증거서류 등 사건기록을 검토하여 [별지 제13호 서식]에 의한 조사보고서를 작성하되, 다음 각 호의 사항이 포함되도록 한다. <개정 2007.9.6>

1. 원처분사유 요지

2. 소청이유 요지

3. 증거 및 조사

② 제1항의 조사보고서는 심사개최 5일 전까지 위원장과 각 위원에게 배부되어야 한다.

제14조(증인의 채택) ① 영 제11조 제1항에 의하여 소청당사자가 증인의 소환·질문 또는 증거물 기타 심사자료의 제출명령을 요청하는 때에는 [별지 제14호 서식] 또는 [별지 제15호 서식]에 의하여 심사회의 개최 3일 전까지 신청하여야 한다. <개정 2007.9.6>

② 위원회는 신청된 증인의 채택여부를 결정하여 소청당사자에게 통보하여야 한다.

제15조(소청의 취하) ① 영 제7조의 규정에 의하여 청구를 취하하고자 할 경우에는 [별지 제16호 서식]에 의한다. <개정 2007.9.6>

② 제1항에 따른 취하서에는 소청인이 서명하거나 날인하여야 하며, 위원회는 취하서를 받으면 지체 없이 [별지 제17, 18호 서식]에 의하여 취하사실을 소청당사자에게 알려야 한다. <개정 2013.3.24>

제16조(심사회의) ① 심사회의는 정례회의와 임시회의로 구분한다.

② 정례회의는 매주 월요일, 수요일 및 금요일에 개최하는 것을 원칙으로 하고, 임시회의는 위원장이 지정하는 일시에 개최한다.

제16조의2(소청심사회의실 입장시 소지품 제한 등) ① 소청당사자는 다음 각 호의 물품을 소지한 채 소청심사회의실(이하 '회의실'이라 한다)에 입실할 수 없으며, 위원회 직원의 안내에 따라 반입금지물품을 대기실에 보관토록 하고 회의실에 입실하여야 한다.

1. 녹음기 등 녹음이 가능한 기기류, 휴대폰, 기타 소청심사와 관계없는 물건

2. 흉기 등 위험한 물건

② 소청당사자는 회의실 내에서 다음 각 호의 행위를 할 수 없다.

1. 녹음, 녹화, 촬영, 중계방송

2. 회의실 내의 질서를 해치는 행위

3. 다른 사람의 생명·신체·재산 등에 위해를 가하려고 하는 행위

③ 위원회는 회의실 반입이 금지된 물품 및 회의실 내에서 금지된 행위에 관

한 사항을 소청당사자 대기실에 게시하고 소청당사자에게 안내한다.

[본조신설 2009.6.17]

제17조(위원의 기피) ① 법 제14조 제2항 제1호의 '위원본인과 관계있는 사항'이라 함은 다음 각 호와 같다.

1. 위원이 당해 소청사건의 대상이 된 처분 또는 부작위에 관여하였을 때
2. 위원이 당해 소청사건에 관하여 증언이나 감정을 하였을 때
3. 위원이 당해 소청사건에 관하여 소청당사자의 대리인으로 관여하였을 때

② 소청당사자는 위원에게 심사의 공정을 기대하기 어려운 사정이 있는 경우에는 [별지 제19호 서식]에 의하여 당해 위원의 기피를 신청할 수 있다. <개정 2007.9.6>

③ 위원장은 심사회의 개최 전 또는 심사회의 개최 중 소청당사자에게 기피신청 여부를 확인하여야 한다.

④ 소청당사자로부터 기피신청이 있는 경우, 위원회는 당해 소청사건을 심의하기 전에 위원의 기피여부를 결정하여야 한다. 이 경우에 기피대상 위원은 의결에 참여하지 못한다.

제17조의2(재적 위원수, 의사정족수, 의결정족수) ① 위원의 일시적 퇴직으로 결원이 발생한 경우에는 결원 발생 당시 재임중인 재적 위원수의 3분의 2 이상의 출석으로 개의하여 심사·결정을 할 수 있다.

② 소청심사위원회 회의에 출석한 위원 중 법 제14조 제2항의 제척사유에 해당하는 위원과 법 제14조 제3항 및 제4항에 따라 기피결정을 받은 위원 또는 회피한 위원은 법 제14조 제1항의 의사정족수 산정을 위한 출석 위원의 수에는 산입할 수 있으나, 같은 항의 의결정족수 산정을 위한 출석 위원의 수에는 산입할 수 없다. <개정 2013.3.24>

[본조신설 2009.6.17]

제17조의3(소청심사위원회의 결정) 법 제14조 제3항 제3호에 따른 변경결정을 함에 있어 소청심사위원회는 필요하다고 인정되는 경우 원징계처분을 불문경고(경찰공무원의 경우 기각계고를 말한다) 처분으로 변경할 수 있다.

[본조신설 2009.7.1]

제18조(심사조서) 심사조서는 [별지 제20호 서식]에 의하며, 구체적이고 정확하게

작성한다. <개정 2007.9.6>

제19조(결정문의 작성 및 송부) ① 결정문은 결정일로부터 10일 이내에 [별지 제21호 서식]에 의해 작성하여 소청당사자에게 각 1부를 송부하여야 한다. 또한, 감사원으로부터 파면요구를 받은 사건에 대하여는 감사원에 결정문 1부를 송부한다. <개정 2007.9.6>

② 소청인에게는 결정문 수령 후 90일 이내 관할 행정법원(행정법원이 설치되어 있지 아니한 지역은 관할 지방법원 합의부)에 행정소송을 제기할 수 있다는 사실을 고지하여야 한다.

제19조의2(결정연기 사실 통지) 심사회의 결과 특별한 사유로 결정이 연기된 때에는 소청당사자에게 지체없이 그 사실을 통지하여야 한다.

제20조(감사원 요구에 의한 재심) ① 감사원법 제32조 제6항의 규정에 의한 재심의 경우 원심의 주심위원에게는 이를 배정하지 아니한다.

② 재심사건은 재심요구서 접수일로부터 30일 이내에 처리하는 것을 원칙으로 한다.

제21조(사건기록의 정리 및 보관) 소청관련 기록은 사건기록 일체를 순서대로 정리하여 철한 후, 일련번호를 부여하여 위원회 자체 또는 문서 보관 부서에 이관하여 보관한다.

제22조(소청서류의 열람 및 복사) ① 소청당사자가 소청관련 서류에 대해 열람 또는 복사를 요청한 때에는 특별한 경우를 제외하고는 위원회는 이에 응하여야 한다. 이 경우 조사보고서 및 심사조서는 제외한다. <개정 2007.9.6>

② 이해관계가 있는 제3자가 소청관련 서류의 열람 등을 요구하는 경우, 위원회는 결정을 거쳐서 특정부분에 대해서만 열람 또는 복사하게 할 수 있다. 다만, 다음과 같은 사유가 있을 때에는 이를 제한하거나 거부할 수 있다.

1. 소청당사자가 공개를 거부하는 경우
2. 공개로 인해 타인의 명예나 인격, 사생활의 비밀 또는 생활의 평온이나 공익이 침해될 우려가 있는 경우
3. 공개할 경우 소청사건의 공정한 심사에 지장을 초래한다고 인정할 만한 상당한 이유가 있는 경우
4. 필요 이상으로 대량・다수의 열람이나 공개를 요구하는 경우 등

③ 심사조서를 소송의 증거로 제출하여 달라는 법관의 요청이 있는 경우에는 심사조서 사본을 당해 법원에 제출할 수 있다.

제22조의2(심사자료의 반환) 소청당사자가 영 제11조 제5항에 따라 증거물 기타 심사자료의 반환을 신청하고자할 때에는 별지 제22호 서식에 의하여 서면신청을 하여야 한다. <본조 신설 2009.6.17.>

제23조(기간 계산) ① 소청심사의 청구에 있어 기간 계산은 처분사유설명서를 받은 날인 초일은 산입하지 아니한다.

② 소청심사의 청구는 청구서가 위원회에 도달된 날에 제기한 것으로 본다.

제24조(불이익처분에 대한 소청 청구 고지) ① 법 제75조의 규정에 의한 처분사유설명서에는 "이 처분에 대한 불복이 있을 때에는 국가공무원법 제76조 제1항의 규정에 의하여 이 설명서를 받은 날부터 30일 이내에 소청심사위원회에 소청을 청구할 수 있다"는 사실을 고지하여야 한다.

② 법 제75조에서 정한 처분 이외의 본인의 의사에 반한 처분을 행할 때에는 "이 처분에 대한 불복이 있을 때에는 국가공무원법 제76조 제1항의 규정에 의하여 처분이 있은 것을 안 날부터 30일 이내에 소청심사위원회에 소청을 청구할 수 있다"는 사실을 고지하여야 한다.

제25조(소청관련 자료의 직접수령) 소청당사자가 소청심사위원회를 방문하여 소청심사청구서, 변명서, 추가자료, 결정문 등 소청관련 자료를 직접 수령한 경우에는 별지 제23호 서식에 의한 수령증을 작성하여 소청심사위원회에 제출하여야 한다.

[본조신설 2009.7.1]

부 칙 〈제8호, 2013.3.24.〉

제 1 조(시행일) 이 예규는 2013년 3월 24일부터 시행한다.

제 2 조(다른 예규의 개정) 중앙고충업무처리지침을 다음과 같이 개정한다.

제15조 및 제16조 중 "행정안전부장관"을 "안전행정부장관"으로 한다.

1-4 주요서식(소청업무처리지침 관련)

[별지 제1호 서식] <개정 2013.3.24.>

소청심사청구서

1. 사건명: 청구
2. 소청인

성 명	(한자:)
주민등록번호	- (세)
소 속	
직(계)급	
주 소	(우편번호:)
전자우편(e-mail)	
전화번호	- 자택 또는 직장: - 휴대전화: ※ 휴대전화 문자메시지(SMS)수신 동의 여부: 동의함( ), 동의안함( )
대리인 (선임시 기재)	

3. 피소청인:
4. 소청의 취지:
5. 처분사유설명서 수령일: 년 월 일
6. 희망 심사시기: 빨리( ), 늦게( ), 의견 없음( )
   ※ '늦게'로 표기한 경우 구체적인 희망시기와 사유 기재( )
7. 소청이유: 별지로 작성
8. 입증자료:

위와 같이 청구합니다.

년 월 일

위 청구인 (서명 또는 인)

안전행정부 소청심사위원회 위원장 귀하

[별지 제2호 서식] <개정 2013.3.24.>

접 수 증 (보관용)

주 소:

성 명: 제출자:

상기인의 소청심사청구서가 년 월 일 소청심사위원회에 제 — 호로 접수되었음을 확인합니다.

년 월 일

접 수 증 (발급용)

주 소:

성 명: 제출자:

상기인의 소청심사청구서가 년 월 일 소청심사위원회에 제 — 호로 접수되었음을 확인합니다.

년 월 일

안전행정부 소청심사위원회 위원장

[별지 제3호 서식] <삭제 2009.6.17.> "소청사건처리점검표"

[별지 제4호 서식] <개정 2013.3.24.>

각하대상 여부 및 진술방법 관련 검토

□ 근거 : 소청절차규정 제7조의2 및 소청업무처리지침 제7조

○ 소청제기기간의 경과, 소청 관할 위반 등 소청제기가 부적법한 때에는 특별한 사정이 있는 경우를 제외하고는 당사자를 출석시키지 않고 각하결정을 할 수 있음

※ 각하결정을 하는 때에는 소청인에게 서면에 의한 진술기회를 주어야 함

□ 사건개요

○ 사 건 명 : 2012-○○○ △△처분 취소 청구(○○경찰서 경사 ○○○)

○ 처분요지 :

□ 검토결과

○

○

⇨ 동 청구는 각하대상으로 결정하고, 당사자 출석 없이 서면으로 심사(소청인 심사당일 불출석 의견 표명)하는 것이 바람직하다고 사료됨

20 . . .

조 사 관 ○ ○ ○

행 정 과 장 ○ ○ ○

위 원 ○○○	위 원 ○○○	위 원 ○○○	위 원 ○○○	위 원 ○○○	위 원 ○○○	위 원 ○○○	위 원 ○○○	위원장	서명
가·부	가·부	가·부	가·부	가·부	가·부	가·부	가·부	가·부	의견

(주심)

[별지 제5호 서식] <삭제 2013.3.24.>

[별지 제6호 서식] <개정 2013.3.24.>

임 시 결 정

사건 - ○○처분 △△청구

소청인 성 명: ( )

소 속: 직 급:

주 소:

피소청인:

피소청인이 년 월 일 소청인에게 한 ○○처분에 대하여 소청인으로부터 이의 △△을 구하는 소청이 있었으므로 국가공무원법 제76조 제3항에 따라 우리 위원회는 다음과 같이 임시결정한다.

주 문

이 사건 청구에 대한 최종결정이 있을 때까지
후임자의 보충발령을 유예한다.

이 유

[별지 제7호 서식] <개정 2013.3.24.>

심 사 예 정 표

(0000.00.00 ~ 00.00)

심 사 예정일시	사건 번호	소 속	직 급	성 명	원처분	피소청인	처리 기한	주심 위원	담 당 조사관	비위 유형

[별지 제8호 서식] <개정 2013.3.24.>

안전행정부 소청심사위원회

수 신 자　소청인
(경　유)
제　　목　소청사건 심사기일 통지

1. 귀하께서 청구한 소청사건을 아래와 같이 심사하고자 소청절차규정 제8조에 따라 그 기일을 통지하오니 출석하여 주시기 바랍니다.

가. 심사일시 :　　년　　월　　일(　요일)　 :　(　:　까지 도착)

나. 심사장소 : 안전행정부 소청심사위원회
　　　(주소 기재)

다. 위치 및 교통편 : 홈페이지(sochung.mospa.go.kr) 약도 참조

※ 청사 사정으로 무료주차가 허용되지 않으니, 대중교통을 이용하시기 바랍니다.

※ 복장은 정장(넥타이 착용, 하절기 복장 간소화기간 동안은 미착용)차림으로 출석하시기 바랍니다.

2. 소청절차규정 제9조에 의거 소청당사자는 위원회의 위원에게 국가공무원법 제14조제2항의 규정에 의한 제척사유 또는 심사 · 결정의 공정을 기대하기 어려운 경우에는 소청업무처리지침 별지 제19호 서식에 따라 위원의 기피를 신청할 수 있습니다. (※ 위원의 명단은 소청심사위원회 홈페이지 참조)

3. 사정상 출석할 수 없게 되어 서면으로 진술하고자 할 때에는 심사기일 전까지 우리 위원회에 도착될 수 있도록 진술서를 보내주시기 바라며, 만일 지정된 심사기일에 불참하고, 서면진술서도 제출하지 않았을 경우 소청인 불참 하에 심사회의를 진행하게 됨을 알려드립니다.　끝.

안전행정부 소청심사위원회 위원장

[별지 제9호 서식] <개정 2013.3.24.>

안전행정부 소청심사위원회

수 신 자　피소청인
(경 유)
제 목　심사기일 통지

1. 귀 소속의 ○○○ 소청인이 청구한 소청사건을 심사하고자 소청절차규정 제8조에 따라 그 기일을 통지하오니 출석하여 주시기 바라며, 대리인이 출석하고자 할 때에는 소청업무처리지침(별지 제11호서식)에 따라 대리인지정서를 심사기일 7일전까지 제출하여 주시기 바랍니다.

2. 일시 및 장소
가. 심사일시 :　년　월　일(　요일)　:　(　:　까지 도착)
나. 심사장소 : 안전행정부 소청심사위원회 (주소 기재)
다. 위치 및 교통편 : 홈페이지(sochung.mospa.go.kr) 약도 참조
※ 청사 사정으로 무료주차가 허용되지 않으니, 대중교통을 이용하시기 바랍니다.
※ 복장은 정장(넥타이 착용, 하절기 복장 간소화기간 동안은 미착용)차림으로 출석하시기 바랍니다.

3. 소청절차규정 제9조에 의거 소청당사자는 위원회의 위원에게 국가공무원법 제14조제2항의 규정에 의한 제척사유 또는 심사·결정의 공정을 기대하기 어려운 경우에는 소청업무처리지침 별지 제19호 서식에 따라 위원의 기피를 신청할 수 있습니다. (※ 위원의 명단은 소청심사위원회 홈페이지 참조)

4. 대리인 유의사항
가. 대리인 중 1인은 소청인보다 상위 직급자이면서 과장급 또는 계장급 공무원이어야 합니다. 다만 출장·공석 등 부득이한 사유로 과·계장급 공무원이 참석할 수 없을 때에는 그 사유를 미리 제출하여야 하며, 이 경우에도 반드시 소청인보다 상위 직급자(경찰공무원의 경우 상위 계급자로서 경위 이상)가 참석하여야 합니다.
나. 대리인의 진술은 처분권자의 진술로 간주되어 심사의 중요한 증기기 되므로 내리인은 사전에 내용을 정확히 파악하여 심사회의 시 책임 있는 답변을 하여야 합니다.
다. 대리인은 당해 소청사건에 필요한 관계 자료를 지참하여야 합니다. 끝.

안전행정부 소청심사위원회 위원장

[별지 제10호 서식] <개정 2013.3.24.>

소청심사기일연기신청서

사　　건:　　　　–　　　　○○처분 △△청구
소 청 인:　　　　　　　　　　　　소속 및 직급:
피소청인:

위 소청사건의 심사기일 통지를 받았으나 다음과 같은 사유로 심사의 연기를 신청하오니 처리하여 주시기 바랍니다.

○ 당초심사기일:　　　　년　　　　월　　　　일
○ 연기신청사유:
○ 희망 심사시기:

(입증서 첨부)

년　　월　　일
소 청 인　　　　(서명 또는 인)

안전행정부 소청심사위원회 위원장 귀하

[별지 제11호 서식] <개정 2009.6.17.>

피소청인(처분기관)

수 신 자　　소청심사위원회위원장 (행정과장)

(경　유)

제　　목　　대리인 지정서 제출

1. 행정과　　-　　(　.　.　.)과 관련입니다.

2. 소청인 ○○○의 소청사건에 관하여 소청절차규정 제4조에 따라 아래 공무원을 피소청인의 대리인으로 지정합니다.

소 속	직 급	직 위	성 명	담당업무	연락처

끝.

피 소 청 인 (처 분 권 자)

[별지 제12호 서식] <개정 2013.3.24.>

위 임 장

사　　건:　　　–　　　○○처분 △△청구

소 청 인:　　　　　　　　　　　주민등록번호:　　　–
피소청인:

위 소청사건에 대한 소청인의 모든 권한을 아래 수임자에게 위임합니다.

수임자 성 명:　　　　　　　　　주민등록번호:　　　–
주 소:

년　　월　　일

위임자 성 명:
주 소:

안전행정부 소청심사위원회 위원장 귀하

[별지 제13호 서식] <개정 2013.3.24.>

조사보고서

<table>
<tr><td colspan="4" rowspan="2">사건 -</td><td>주무관</td><td>조사관</td><td>행정과장</td><td>주심위원</td></tr>
<tr><td></td><td></td><td></td><td></td></tr>
<tr><td rowspan="4">소
청
인</td><td>성 명</td><td></td><td>생년월일</td><td colspan="2">. . . (세)</td><td>성별</td><td></td></tr>
<tr><td>소 속</td><td colspan="2"></td><td>직 급</td><td colspan="3"></td></tr>
<tr><td>주 소</td><td colspan="6"></td></tr>
<tr><td>대리인</td><td colspan="6"></td></tr>
<tr><td rowspan="2">피소청인</td><td>본 인</td><td colspan="6"></td></tr>
<tr><td>대리인</td><td colspan="6"></td></tr>
<tr><td colspan="2">처 분 종 류</td><td colspan="2"></td><td>소청취지</td><td colspan="3"></td></tr>
<tr><td colspan="2">심 사 기 일</td><td colspan="6"></td></tr>
<tr><td colspan="2">처 분 일 자</td><td></td><td></td><td></td><td>접수일자</td><td colspan="2"></td></tr>
<tr><td colspan="8">○ 비위내용 :
○ 적발경위 :
○ 징계위원회 구성 및 징계절차 :
○ 재직경력 :
○ 상 훈 :
○ 징계전력 :
○ 감독자 및 관련자 문책 :
○ 형사처벌전력 :
○ 근무성적 :
○ 평소소행 :
○ 기 타 :</td></tr>
</table>

[별지 제14호 서식] <개정 2013.3.24.>

증인소환·질문신청서

사　　건:　　　－　　　○○처분 △△청구

소 청 인:

피소청인:

위 사건의 (피)소청인은 아래 증인의 증언을 통하여 (피)소청인의 주장이 사실임을 입증하기 위하여 아래와 같이 증인의 소환·질문을 신청합니다.

증인의 표시

증 인　성 명:
소 속:　　　　직 위:
주 소:

첨부: 증인소환·질문 사항 1부.

년　　월　　일

신청인　　　　(서명 또는 인)

안전행정부 소청심사위원회 위원장 귀하

[별지 제15호 서식] <개정 2013.3.24.>

자료제출명령신청서

사　　건:　　　–　　　○○처분 △△청구
소 청 인:
피소청인:

위 사건에 관하여 ○○○에게 다음 자료의 제출을 명령하여 줄 것을 신청합니다.

가. 자료의 제목
나. 자료의 내용
다. 자료의 소지자
라. 증명할 사실

년　　월　　일

신청인　　　　　　(서명 또는 인)

안전행정부 소청심사위원회 위원장 귀하

[별지 제16호 서식] <개정 2013.3.24.>

소청청구 취하서

1. 사건명 : - ○○처분 △△청구

2. 소청인
   - 성 명 :
   - 소 속 :
   - 주 소 :

3. 피소청인 :

4. 취하 취지 및 사유
   -

소청절차규정 제7조에 따라 위와 같이 소청청구를 취하합니다.

년 월 일

소 청 인 (서명 또는 인)

안전행정부 소청심사위원회 위원장 귀하

[별지 제17호 서식] <개정 2013.3.24.>

안전행정부 소청심사위원회

수 신 자 소청인
(경 유)
제 목 소청사건 취하 사실 통지

귀하가 20 . . . 우리 위원회에 제기한 소청심사청구에 대해 20 . . . 취하서를 제출하였으므로 소청절차규정 제7조에 따라 취하되었음을 알려드립니다. 끝.

안전행정부 소청심사위원회 위원장

[별지 제18호 서식] <개정 2013.3.24.>

안전행정부 소청심사위원회

수 신 자　피소청인
(경　유)
제　　목　소청사건 취하 사실 통지

귀 소속으로 근무하는(던) ○○○ 소청인이 우리 위원회에 제기한 소청심사청구(사건번호 기재, 0000-000)에 대해 20　.　.　. 취하서를 제출하였으므로 소청절차규정 제7조에 따라 취하되었음을 알려드립니다. 끝.

안전행정부 소청심사위원회 위원장

[별지 제19호 서식] <개정 2013.3.24.>

소청심사위원 기피신청서

사　　건: － ○○처분 △△청구
소 청 인:
피소청인:

위 사건에 관하여 (피)소청인은 소청심사위원회 위원 중 아래 위원에 대하여 기피를 신청합니다.

가. 기피 위원
나. 기피 이유

첨부: 기피이유에 대한 입증자료 1부

년　　월　　일

신 청 인　　　　(서명 또는 인)

안전행정부 소청심사위원회 위원장 귀하

[별지 제20호 서식] <개정 2007.9.6.>

심사조서

<table>
<tr><td colspan="3">사건 -
○○처분 △△청구</td><td>소
청
인</td><td></td><td>피
소
청
인</td><td></td></tr>
<tr><td>일 시</td><td colspan="3"></td><td>장 소</td><td colspan="2">소청심사회의실</td></tr>
<tr><td>위
원
회</td><td>위 원 장:
위 원:
관계직원:</td><td colspan="5"></td></tr>
<tr><td>출
석
당
사
자</td><td colspan="6">소 청 인:
(대리인)
피소청인:
(대리인)</td></tr>
<tr><td colspan="7">위 원 장: ○ ○ ○ (서 명)
위 원: ○ ○ ○ (서 명)
(주 심) 위 원: ○ ○ ○ (서 명)
위 원: ○ ○ ○ (서 명)
위 원: ○ ○ ○ (서 명)
위 원: ○ ○ ○ (서 명)
위 원: ○ ○ ○ (서 명)</td></tr>
</table>

[별지 제21호 서식] <개정 2009.6.17.>

결 정

사 건 – ○○처분 △△청구

소청인 성 명: ( )

소 속: 직 급:

주 소:

피소청인:

피소청인이 년 월 일 소청인에게 한 ○○처분에 대하여 소청인으로부터 이의 △△을(를) 구하는 소청이 있었으므로 우리 위원회는 이를 심사하여 다음과 같이 결정한다.

주 문

"주문은 별지 예시와 같이 작성"

이 유

※ 이유는 다음 면에 1. 원처분 사유 요지, 2. 소청이유 요지, 3. 증거 및 판단 순으로 기재함.

결정문 주문 예시

결정유형	단 독 사 건	병 합 사 건
각 하	이 청구를 각하한다.	이 청구를 각 각하한다.
기 각	이 청구를 기각한다.	이 청구를 각 기각한다.
취 소	피소청인이 yyyy년 mm월 dd일 소청인에게 한 △△ 처분은 이를 취소한다.	피소청인이 yyyy년 mm월 dd일 소청인 ○○○, ●●●에게 한 △△ 처분은 이를 각 취소한다.
변 경	피소청인이 yyyy년 mm월 dd일 소청인에게 한 △△ 처분은 이를 ▲▲(으)로 변경한다.	피소청인이 yyyy년 mm월 dd일 소청인 ○○○에게 한 △△ 처분은 이를 ▲▲(으)로, 소청인 ●●●에게 한 △△ 처분은 이를 ▼▼(으)로 각 변경한다. 피소청인이 yyyy년 mm월 dd일 소청인 ○○○에게 한 △△ 처분은 이를 취소하고, 소청인 ●●●에게 한 △△ 처뷰우 이를 ▲▲(으)로 변경한다.
무효확인	피소청인이 yyyy년 mm월 dd일 소청인에게 한 △△ 처분은 무효임을 확인한다.	피소청인이 yyyy년 mm월 dd일 소청인 ○○○에게 한 △△ 처분, 소청인 ●●●에게 한 △△ 처분은 각 무효임을 확인한다.

[별지 제22호 서식] <개정 2013.3.24.>

심사자료 반환 신청서

사　　건:　　　－　　　○○ 처분 △△ 청구
소 청 인:
피소청인:

위 사건과 관련하여 귀 위원회에 제출한 증거물 기타 심사자료의 반환을 다음과 같이 신청하오니 처리하여 주시기 바랍니다.

1. 반환 신청 자료목록
   가.
   나.
   다.
   라.

2. 받는 곳:

년　　월　　일

신청인　　　　　(서명 또는 인)

안전행정부 소청심사위원회 위원장 귀하

[별지 제23호 서식] <개정 2013.3.24.>

수 령 증

사건번호: - , 처분 청구
성 명:
연 락 처:
주소(소속):

본인은 안전행정부 소청심사위원회를 방문하여 소청심사위원회의 (직급) (성명) (으)로부터 다음 서류를 수령하였음을 확인합니다.

서류 목록(자필 기재)

년 월 일

인계인 (서명)

수령인 (서명)

안전행정부 소청심사위원회 위원장 귀하

2. 사항색인

[ㅈ]

3. 소청례 및 판례색인

※ 책자내용 중에서 일부사례만 발췌·정리하였음

[소청례]

[대법원 판례]

〈소청제기기간의 적용 관련〉

〈소청심사대상의 인정 관련〉

〈직위해제 관련〉

〈무효확인 관련〉

4. 비위별 소청결정요인 분석사례 색인

[직무태만]

[품위손상]

[금품수수]

[감독태만]

[기타]

참/고/문/헌

1. 국내문헌

1) 단행본

강성철 · 김판석 · 이종수 · 진재구 · 최근열. (2011). 「새 인사행정론」. 서울: 대영문화사.
권오걸. (2011). 「스마트 형법총론」. 서울: 형설출판사.
김남진. (2002). 「경찰행정법」. 경세원.
______ · 김연태. (2011a). 「행정법 I」. 경기 파주: 법문사.
______________. (2011b). 「행정법 II」. 경기 파주: 법문사.
김남현 · 이운주 · 정경선. (2004). 「경찰행정법」. 경찰대학.
김동희. (2004). 「행정법 II」. 서울: 박영사.
김방호. (2011). 「인사소청법」. 서울: 진원사.
김성열. (1999). 「영국공무원제도」. 중앙인사위원회.
김영삼. (1988). 「신헌법요론」. 서울: 박문각.
______. (2008). 「정해 행정법」. 서울: 신문화출판사.
김웅기. (2001). 「미국의 지방자치」. 서울: 도서출판 대영문화사.
김일수 · 서보학. (2006). 「형법총론」. 서울: 박영사.
김중양. (2002). 「한국인사행정론」. 서울: 법문사.
김철수. (2005). 「헌법학개론」. 서울: 박영사.
김철용. (2010). 「행정법 I」. 서울: 박영사.
김 택 · 유종해. (2010). 「공무원 인사행정론」. 경기: 한국학술정보.
류지태. (2004). 「행정법신론」. 서울: 신영사.
박균성. (2011). 「행정법 기본강의」. 서울: 박영사.
박동서. (2005). 「한국행정론」. 서울: 법문사.
박평준 · 박창석. (2004). 「경찰행정법」. 서울: 고시연구사.
박철현. (2010). 「국 · 공립학교 교원의 징계 · 교원소청」. 서울: 헴튼출판사.
배종대. (2009). 「형법총론」. 서울: 홍문사.
신동운. (2010). 「형법총론」. 경기 파주: 법문사.

오석홍. (2009). 「인사행정론」. 서울: 박영사.

유종해 · 김 택. (2008). 「한국행정사론」. 경기 파주: 한국학술정보.

이관희. (2004). 「한국민주헌법론Ⅱ」. 서울: 박영사.

이광윤. (2007). 「신행정법론」. 서울: 법문사.

이상규. (1980). 「개고 신행정법론(상)」. 서울: 법문사.

_____. (1994). 「신행정법론(하)」. 서울: 법문사.

_____. (2000). 「행정쟁송법」. 서울: 법문사.

_____. (2003). 「행정법원론(상)」. 서울: 법문사.

이일세. (2007). 「행정법논단」. 강원 춘천: 강원대학교 출판부.

이재상. (2010). 「형법총론」. 서울: 박영사.

이종수 · 윤영진 외 공저. (2010). 「새 행정학」. 서울: 대영문화사.

이중백. (2010). 「형법총칙론」. 경기 파주: 한국학술정보(주)

이황우 · 김진혁 · 임창호. (2003). 「경찰인사행정론」. 서울: 법문사.

임성일 · 최영출. (2001). 「영국의 지방정부와 공공개혁」. 경기 파주: 법경사.

임의영. (2008). 「행정철학」. 서울: 대영문화사.

_____. (2011). 「형평과 정의」. 서울: 한울.

임 웅. (2003). 「형법총론」. 서울: 법문사.

장노순 · 손희준 · 강인재 · 최근열. (2011). 「지방재정론」. 서울: 대영문화사.

전광석. (2006). 「한국헌법론」. 서울: 법문사.

정하중. (2005). 「행정법각론」. 서울: 법문사.

조강환. (2009). 「광화문 30년」. 경기 파주: 나남.

최규범 · 강 욱. (2005). 「경찰경무론」. 경찰대학.

최영규. (2005). 「경찰행정법」. 서울: 법영사.

최창호. (1997). 「지방자치학」. 서울: 삼영사.

한견우. (2006). 「현대행정법강의」. 서울: 신영사.

허경미. (2003). 「경찰행정법」. 서울: 법문사.

홍정선. (2005). 「행정법원론(하)」. 서울: 박영사.

_____. (2006). 「행정법특강」. 서울: 박영사.

_____. (2011). 「행정법특강 제10판」. 서울: 박영사.

홍준형. (2001). 「행정구제법」. 서울: 한울아카데미.

_____. (2011). 「행정법」. 경기 파주: 법문사.

홍형득 · 강근복 · 김성수 · 이찬구 · 황병상. (2008). 「과학기술정책의 주요쟁점」. 경기 파주: 한국학술정보.

2) 논 문

강대중. (2009a). 교원신분보장에 관한 판례 분석 연구. 「가정보육연구」. 2(1): 25-51.

______. (2009b). 교원 신분보장에 관한 판례 분석, 우석대학교 대학원 박사 학위논문.

강수민. (2006). 교원의 성실의무 위반사건의 유형과 판단논리에 관한 연구: 교원소청심사위원회의 결정과 판례를 중심으로. 고려대학교 대학원 석사학위논문.

강인수 · 허종렬 · 이시우 · 김성기. (2006). 교원징계 및 교원소청심사제도에 관한 연구. 「교육법학연구」. 18(1): 1-20.

고재원. (2007). 교원소청심사위원회의 심사결정 경향분석: 국가공무원법 제63조(품위유지)위반사례를 중심으로. 한국교원대학교 대학원 석사학위논문.

김규석. (2010). 국민권익을 위한 행정심판제도의 운영 개선방안 연구. 울산대학교 대학원 석사학위논문.

김기재. (2008). 공무원의 권익보장과 행정구제. 「영산법률논총」. 5(1): 117-136.

김달효. (2010). 교원의 금품수수와 관련한 교원소청심사위원회의 결정 분석. 「법교육연구」, 5(1): 27-45.

김선욱. (2011). 집단행위 등 관련사건 교원징계 및 소청심사 결정 경향분석: 국 · 공립학교 초 · 중등 교원을 중심으로. 한국교원대학교 대학원 석사학위논문.

김영삼. (2001). 소청심사제도에 관한 고찰: 판례와 결정예(인천광역시를 중심으로. 「인천법학논총」 4: 1-32.

______. (2002). 소청심사제도에 관한 고찰: 판례와 결정예(인천광역시를 중심으로)(Ⅱ). 「인천법학논총」 5: 1-38.

______. (2003). 인천광역시지방공무원의소청과 그 실태분석. 「교수논총」 2: 363-396.

______. (2004). 지방공무원의 소청실태에 관한 비교분석. 「교수논총」 3: 503-543.

______. (2006). 소청심사제도에 관한 비교법적 고찰-미국, 영국, 호주 및 뉴질랜드를 중심으로. 「토지공법연구」 30: 275-305.

______. (2008). 소청심사세도에 관한 비교법적 고찰-한국, 일본, 중국 및 싱가포르를 중심으로. 「토지공법연구」 39: 235-255.

______ · 경재웅. (2010). 소청심사제도의 제 문제. 「토지공법연구」 51: 393-418.

김 용. (2006). 학교 법인의 재판청구권 보장과 사립학교 교원의 권리구제. 「교육법학연구」 18(1): 71-89.

______. (2008). 교육부문 대안적 분쟁 해결제도의 현황과 과제. 「교육법학연구」. 20(1): 27-48.

김원섭. (2003). 지방공무원법상의 소청심사제도. 경북대학교 대학원 석사학위논문.

김준식. (1971). 우리나라 소청심사제도의 운영실태에 관한 연구. 건국대학교 행정대학원 석사학위논문.

김효훈. (1992). 우리나라 소청심사제도 개선방안에 관한 연구. 부산대학교 행정대학원 석사학위논문.

김희중. (2010). 체벌에 있어서 아리스토텔레스의 습관화로서의 도덕교육방법. 「교육연구논총」 31(1): 1-15. 충남대학교 교육연구소.

노재경. (2007). 교원 소청심사 제도의 법적 문제. 충북대학교 법무대학원 석사학위논문.

류호두. (2004). 교원징계처분 행정쟁송에서의 청구유형별 선례동향 분석. 건국대학교 대학원 박사학위논문.

박광섭. (2006). 우리나라 양형의 실태와 합리화 방안. 충남대학교 대학원 박사학위논문.

박규하. (1999). 소청심사위원회의 재결과 행정소송. 「외법논집」 6: 1-15. 한국외국어대학교 법학연구소.

박동호. (1987). 일본 중앙인사기관의 공평심사제도에 관한 연구. 부산대학교 행정대학원 석사학위논문.

박성달. (1965). 우리나라 인사소청제도에 관한 연구. 서울대학교 행정대학원 석사학위논문.

박영규. (2003). 공무원의 신분보장에 관한 연구: 지방공무원법을 중심으로. 고려대학교 법무대학원 석사학위논문.

박정원. (2008). 지방자치제도의 변화와 그 요인에 관한 연구: 역사적 제도 주의 관점에서. 한국외국어대학교 대학원 석사학위논문.

박천오. (2007). 우리나라 공무원 징계와 퇴출: 실태와 대안. 「한국행정학보」. 41(3): 221-241.

박철곤. (1985). 소청심사제도의 실효성에 관한 실증적 연구: 소청심사결과 구제결정된 공무원들의 사후인사관리에 대한 추적조사를 통하여. 한양대학교 행정대학원 석사학위논문.

박호근. (2009). 교원소청심사위원회의 결정 경향에 관한 연구. 「교육법학연구」. 21(2): 145-174.

방현우. (2005). 사용자의 징계권 행사에 관한 연구: 형사법적 원칙의 적용 가능성을 중심으로. 고려대학교 노동대학원 석사학위논문.

배우호. (2006). 지방소청심사제도 운영상의 문제점과 개선방안. 경북대학교 행정내학원 석사학위논문.

배정은. (1996). 양형의 이론과 실제에 관한 비판적 고찰. 이화여자대학교 대학원 석사학위논문.

백윤기. (2008). 소청의 대상이 되는 기타 불이익처분의 범위. 「행정법연구」 22: 1-30.

서범석. (2007). 경찰공무원의 의무위반에 관한 연구: 소청심사위원회의 사례를 중심으로. 연세대학교 대학원 석사학위논문.
서창원. (2006). 감사원 심사청구제도에 관한 연구. 한국외국어대학교 대학원 석사학위논문.
서한순. (2004). 우리나라 소청심사제도의 실효성 확보방안에 관한 연구: 행정부의 운영 실태를 중심으로. 연세대학교 대학원 석사학위논문.
손　홍. (1977). 공무원신분보장제도에 관한 연구: 소청제도를 중심으로. 서울대학교 행정대학원 석사학위논문.
송영주. (2006). 교원소청심사 청구사건분석: 교원의 의무와의 관계를 중심으로. 서울교육대학교 교육대학원 석사학위논문.
승재현. (2009). 양형의 규범적 판단 근거와 합리적인 양형기준방안에 관한 연구: 우리나라 양형위원회의 양형기준에 대한 평가 및 개선방향을 중심으로. 한국외국어대학교 대학원 박사학위논문.
신치재. (1994). 형벌속죄이론은 아직도 정당한가?: 그 사상적 기초 및 로고테라피적 형벌관에 의한 새로운 해석. 「형사법연구」 7: 116-137.
신형석. (2008). 경찰공무원의 의무위반에 대한 징계제도에 관한 연구: 경찰공무원의 의무위반을 중심으로. 중앙대학교 대학원 석사학위논문.
심상돈. (1994). 소청심사위원회 심사결정의 관련요인에 관한 연구. 서울대학교 행정대학원 석사학위논문.
여현구. (1997). 지방소청심사제도의 개선방향에 관한 연구. 인하대학교 행정대학원 석사학위논문.
오창근. (2009). 지방공무원 신분보장제도에 관한 문제점과 개선방안. 충북대학교 법무대학원 석사학위논문.
이건우. (2008). 사립학교 교원에 대한 징계처분의 불복절차. 「법학논총」 19: 1-26. 숭실대학교 법학연구소.
이경운. (2007). 교원소청결정의 기속력. 「행정법연구」 18: 377-397.
이동찬. (2008). 교원소청심사 제도에 관한 연구. 「한양법학」 22: 369-384.
이명진. (2011). 국가공무원 징계제도의 개선에 관한 연구. 강원대학교 산업 과학대학원 석사학위논문.
이상경. (2003). 경찰 징계제도의 문제점과 개선방안. 부산대학교 행정대학원 석사학위논문.
이상국. (2007). 사용자의 징계권에 관한 연구. 「한양법학」 21: 593-621.
이수남. (1983). 행동수정을 위한 벌 활용의 지각과 실태에 관한 조사연구. 「대한신학교논문집」 3: 435-452.
이수영. (2002). 일본 공평심사제도에 관한 연구: 일본 중앙인사행정기관의 고찰 및 한국에의 함의. 중앙대학교 대학원. 석사학위논문.
이순철. (2005). 대학교원기간임용제탈락자구제를위한특별법상 재임용 재심사의 요건과 효과. 「교육법학연구」 17(2): 93-130.
______. (2007). 대학교원 기간임용제 탈락자구제를 위한 특별법상 인용결정의 효력: 재임용거부의 취소에 따른 교수지위확인 판결을 중심으로. 「교육법학연구」 19(1): 127-159.
이시우. (2006). 교원소청심사위원회의 소청심사결정과 행정소송. 「현대사회와 행정」 16(3): 215-248.
이언담. (2008). 교정사고를 경험한 교도관의 심리변화 및 적응과정: 근거 이론적 접근. 경기대학교 대학원 박사학위논문.
이영준. (1988). 아동 체벌의 실태분석에 관한 연구. 「부산교육대학교 논문집」 24(1): 155-182.
이종갑. (2007). 형벌이론과 양형. 한양법학회 「한양법학」 21: 673-696.
이환균. (1969). 한국의 소청심사제도: 현황분석과 개선방향. 서울대학교 대학원 석사학위논문.
임재갑. (2004). 경찰징계제도의 운영 실태와 개선방안에 관한 연구. 계명대학교 대학원 석사학위논문.
임종률. (1989). 근로자 징계의 법리. 숭실대학교 「법학논총」 : 155-169.
장성욱. (2002). 소청심사제도의 실효성에 관한 실증적 연구: 국가, 경찰, 지방공무원의 비교분석. 고려대학교 대학원 석사학위논문.
정용완. (1976). 소청심사제도에 관한 연구. 고려대학교 교육대학원 석사학위논문.
정우일. (2010). 청원경찰 징계의 법적근거와 위헌성. 한국공안행정학회보 39: 354-364.
조광제. (2005). 교원소청심사특별위원회의 재임용재심사 기준에 대한 해석과 그 법적 논리. 「교육법학연구」 17(2): 159-188.
최 준. (2006). 합리적 양형 구조에 관한 연구. 경상대학교 대학원 박사학위논문
한봉기. (2011). 중앙 · 지방소청심사기관의 운영 및 심사결정에 관한 비교연구. 「한국비교정부학보」 15(2): 177-200.
한연국. (1968). 직위해제와 소청심사제도에 관한 연구. 서울대학교 행정대학원 석사학위논문.
함석동 · 홍미정. (2007). 대학교원 재임용 심사 관련 소청 쟁점 검토. 「교육행정학연구」 25(4): 341-368.
황해봉. (2007). 행정심판제도와 행정심판기관에 관한 연구, 경희대학교 대학원 박사논문.

허정원. (2009). 교사 교육권에 관한 판례 및 결정연구. 고려대학교 교육대학원 석사학위논문.
홍태경. (2011). 처벌의 억제효과가 경찰일탈에 미치는 영향에 관한 연구. 계명대학교 대학원 박사학위논문.
홍현철. (1969) 우리나라 소청제도의 연구. 중앙대학교 대학원 석사학위논문.
______. (1970). 우리나라의 소청심사제도. 「법정논총」. 28: 145-160. 중앙대학교 법과대학.

3) 정부간행물, 기타

교원소청심사위원회. (2006). 「결정문집 15」.
__________________. (2007). 「결정문집 16」.
__________________. (2008). 「결정문집 17」.
__________________. (2009). 「2009년도 교원소청교육자료」.
__________________. (2010). 「2010년도 교원소청교육자료」.
국민권익위원회. (2010). 「공무원징계 · 소청심사 실효성 제기 관련 제도개선 권고안」.
법제처(국무총리행정심판위원회). (2002). 「행정심판의 이론과 실제」.
법제처. (2005). 「행정심판 20년사」. 서울: 휘문인쇄.
소청심사위원회. (1984). 「공무원 인사소청제도 분석」. 서울: 삼진기업.
______________. (1981～2011). 「소청결정사례집」.
______________. (2003). 「소청심사실태분석」. 서울: 삼영문화사.
______________. (2004). 「선진국 소청심사제도 정책연수 보고서」.
______________. (2006a). 「오스트리아와 영국의 소청심사제도」.
______________. (2006b). 「유럽 선진국의 소청제도 벤치마킹을 위한 공무 국외출장 결과 보고」.
______________. (2008). 「미국 · 캐나나 공무원 권익보장 제도 연구를 위한 공무 국외출장 결과 보고서」.
______________. (2010a). 「소청 및 고충심사 업무편람」. 서울: 중앙기획.
______________. (2010b). 「소청관련법령집」.
______________. (2012a). 「소청결정사례집 제48집」.
______________. (2012b). 「2012년 일본 공무국외 출장 보고서」.
온준환. (2005). 「장기국외훈련자체연구과제: 중국공무원소청제도」. 서울: 중앙인사위원회.
중앙인사위원회. (2000). 「싱가포르의 공무원 인사제도」. 서울: 중앙인사위원회.

한국법제연구원. (2002). 「주요국가의 행정심판제도: 2002 정책연구개발사업 연구과제 최종보고서」.
______________. (2002). 「행정심판제도의 발전방안 연구」.
행정안전부. (2008). 「징계업무편람」.
__________. (2009a). 「공무원 인사실무」.
__________. (2009b). 「지방공무원 인사실무」.
__________. (2009c). 「국가공무원 인사관계 예규집」.
__________. (2009d). 「2009행정안전백서」.
__________. (2010a). 「공무원 인사관계 법령집」.
__________. (2010b). 「국가공무원 복무 · 징계관련 예규」.
__________. (2011). 「윤리 · 복무편람」.
__________. (2011). 「2011 공무원 인사실무」.
__________. (2012). 「2012 국가공무원 인사관계예규집」.
__________. (2012). 「2012년도 징계업무 편람」.
행정자치부. (1998, 2001). 「통계연보」.
__________. (2003). 「지방공무원제도」. 서울: 삼영문화사.

2. 외국문헌

Hays, Steven W. (1995). "Employee Discipline and Removal: Coping with Job Security" . in Steven W. Hays and Richard C. Kearney eds. *Public Personnel Administration*. 145-161. Englewood Cliffs, New Jersey: Prentice Hall.
Hays, Steven W. (2001). "Discipline and Dismissal" . in Jack Rabin ed. *Encyclopedia of Public Administration and Public Policy*. 344-346. NewYork: Marcel Dekker, Inc.
Hays, S. W.,& Kearney, R. C. (1997). "Riding the crest of a wave: The national performance review and public management reform" . *International Journal of Public Administration*, 20, 11-40.
Kearney Richard C. & Frank Whitaker. (1988). "Behaviorally Anchored Disciplinary Scales(BADS): A New Approach to Discipline" . *Public Personnel Management*. 17(3): 341-350.
Klinger, Donald E., & John Nalbandian. (1993). *Public Personnel Management*, (2nd ed.) New Jersey: prentice-Hall.
Marshall, S. D., (1975). Punishment and education, Educational Theory. 25(5).

Nigro, L. G., & Nigro, F. A. (2000). The New Public Personnel Administration. Belmont, CA: Wadsworth Publishing.
Patton, W. David et al. (2002). *Human Resource Management: The Public Service Perspective*. Boston: Houghton Mifflin Company.
Pollitt, Christopher & Geert Bouckaert. (2004). *Public Management Reform*. Oxford University Press.
Swanson, C. R., Territo, L., & Taylor, R. R. (1993). *Police Administration: Structure, Processes, and Behavior*. Englewood Cliffs, NJ.: Prentice Hall.
Thompkins, Jonathan. (1995). *Human Resource Management in Government*. New York: HarperCollins College Publishers.
Merit Systems Protection Board. (2012). *Annual Report for FY 2011*.
Walters, J. (1997). Who Needs Civil Service? *Governing Magazine*. 10(8): 17-21.
佐藤達夫. (1997).「國家公務員制度(第7次改訂版)」. 東京: 學陽書房.
和田英夫. (1985).「公平審査制度論」. 東京: 良書 普及會.
人事院. (2011).「公務員白書」. 東京: 日経印刷.
______. (2012).「平成24年度 人事院の進める 人事行政について」.

3. 웹사이트

http://encykorea.aks.ac.kr(한국민족문화대백과사전)
http://glaw.scourt.go.kr/jbsonw/jbson.do(대법원종합법률정보)
http://sochung.mopas.go.kr/(소청심사위원회)
http://ssl.jinji.go.jp/hakusho/22nenpoupdf/22nenpo.htm(일본인사원연차보고서)
http://stdweb2korean.go.kr/search/List_dic.jsp(국립국어원 표준국어대사전)
http://www.acrc.go.kr/acrc/index.do(국민권익위원회)
http://www.act.go.kr/(교원소청심사위원회)
http://www.archives.go.kr/next/main.do(국가기록원)
http://www.civilserviceappealboard.gov.uk/(영국공무원소청심사위원회)
http://www.dol.govt.nz/(뉴질랜드 기업혁신고용부)
http://www.doopedia.co.kr/doopedia/index.do(두산백과사전)
http://www.jinji.go.jp/top.htm(일본인사원)
http://www.mosf.go.kr/news/news05.jsp(기획재정부 시사경제용어사전)
http://www.mspb.gov/(미국실적주의보호위원회)

http://www.nanet.go.kr/main.jsp(국회도서관)
http://www.nl.go.kr/nl/index.jsp(국립중앙도서관)
http://www.moleg.go.kr/main.html(법제처)
http://www.mspb.gov/(미국실적주의보호위원회)
http://www.osc.gov/(미국특별심의관실)

[저자 소개]

한봉기

중앙대학교 법과대학 졸업
동 대학원(행정학석사)
강원대학교 대학원(행정학박사)
제22회 행정고시 합격
행정자치부 행정제도과장 · 교부세과장 · 총무과장 · 안전정책관 · 홍보관리관, 중앙공무원교육원 교수부장, 기획예산처 재정개혁국장 · 공공혁신국장, 강원도 산업통상국장 · 행정부지사, 행정안전부 소청심사위원회 상임위원, 국민추천포상심사위원회 위원, 정부포상심의위원회 위원
(현재) 한국지역진흥재단 이사장

〈주요 논문〉
중앙 · 지방소청심사기관의 운영 및 심사결정에 관한 비교연구(2011)
한국 소청심사의 결정요인에 관한 연구(2012)

한강수

한양대학교 공과대학을 중퇴했으며 독학으로 법학사 학위를 취득했다. 공직에 입문한 지 27년째로, 그 중 18년을 근무한 경기도청에서 행정심판과 소송 및 계약업무 등을 담당하면서 행정쟁송에 관한 다양한 사례를 경험하였다. 2010년 1월부터 행정안전부(현 안전행정부) 소청심사위원회에서 3년 넘게 근무중이며, 현재 전문상담관의 직책을 맡아 소청심사에 관한 상담활동과 조사보고서 작성, 간사로서 소청심사 회의에 참여하는 등의 업무를 수행하고 있다.

장익준

연세대학교 정치외교학과를 졸업하고 2008년 지역인재 추천 채용 제3기로 공직에 입문하였다. 행정안전부 인사기획관실과 심사임용과에서 근무하였고, 2011년 5월부터 행정안전부(현 안전행정부) 소청심사위원회에서 소청심사에 관한 조사보고서 작성과 일반행정 업무를 수행하고 있다.

소청심사제도의 이론과 실제

초판인쇄 2013년 4월 10일
초판발행 2013년 4월 20일

지은이 한봉기 · 한강수 · 장익준
펴낸이 안종만

편 집 우석진 · 전채린
기획/마케팅 조성호
표지디자인 김지은
제 작 우인도 · 고철민

펴낸곳 (주) 박영사
서울특별시 종로구 평동 13-31번지
등록 1959. 3. 11. 제300-1959-1호(倫)
전 화 02)733-6771
f a x 02)736-4818
e-mail pys@pybook.co.kr
homepage www.pybook.co.kr
ISBN 978-89-6454-890-5 93360

정 가 29,000원